朝鮮後期 量案 研究에 대한 批判的 檢討

朝鮮後期 量案 硏究에 대한 批判的 檢討

朴 魯 昱

景仁文化社

　　양안이란 조선시대 토지대장으로 조선후기의 군현양안과 궁방전양안
이 다수 현전하고 있다. 이 양안 연구는 김용섭 교수에 의하여 1960년
「量案의 硏究」(『사학연구』 6·7)에서 최초로 시작되었다. 그는 이 고부
군 소재 용동궁전답 양안을 분석하여 지주·소작관계의 사적 지주제를
입론하였고, 그 양안에 나오는 기록된 '起主'를 1708년의 궁방전으로 편
입되기 이전의 민전의 소유자라고 이해하였고, '時作'을 소작인으로 판
단하여 통계표를 제시하여 그 규모가 대단히 컸다고 파악하고, 이를 '經
營型富農'이라고 규성하였다. 이 학설은 그 뒤 거의 비판 없이 학계의
정설로 수용되어 조선후기 농촌사회구조를 설명함에 이용되었다. 또한
이영훈 교수는 1988년에 궁방전 양안을 이용하여 '主-時'관계를 '궁방-
지주-소작'의 重層關係였다는 학설을 제기하였다. 이후에 많은 연구자
에 의해 양안연구가 나왔으나 거의 대부분 그 개념의 틀을 벗어나지 못
했다.

　　이런 연구 성과에 대하여 역사학계에서는 '지주전호제와 전주전객제'
에 대한 구체적 해명이 부족하다든가, 특정 이론의 일방적인 적용과 '궁
방전 연구의 무리한 일반화' 등이 비판, 논란되었다. 하지만 아직까지 구
체적인 사실에 대한 검증을 통해서 비판되지는 아니하였다.

　　본 저자는 오래전부터 역사연구에는 용어에 대한 정확한 개념파악이
중요함을 느껴왔고, 특히 자료의 통계처리에는 이런 기초 위에 이루어져

야 한다고 생각해 왔다. 늦게나마 '記上(己上)'과 관련된 학위 논문을 끝내고, 이를 수정·보완하여 『朝鮮時代 記上田畓의 所有主 硏究』(景仁文化社, 2005)를 출간하였다. 학계에서 '記上'이 어느 하나의 고문서 내용을 가지고 노비가 자기 재산을 주인에게 바치는 것으로 해석해 왔다. 그런데 기상이란 용어를 여러 자료를 검토한 결과 이 용어는 '기록하여 올린다'는 뜻으로 밝혀서, 노비이름으로 기상했다고 기록된 것을 노비의 소유재산으로 파악한 기존 연구의 오류를 지적했다.

이런 작업을 하면서 역사 용어의 개념 정리가 더욱 중요함을 깨닫게 되었다. 이는 한국사 연구가 때에 따라 '선언적'인 기술이나, 잘못된 상식에 의해 이뤄지고 있음의 오류를 통감하였다. 많은 기존의 연구 성과들이 가장 중요한 기본 용어를 소홀히 다루거나, 어떤 이론에 부합하도록 구체적 사실에 대한 철저한 검토 없이 서술된 사례를 많이 볼 수 있었다. 이는 양안연구에서도 마찬가지이다. 그래서 일반 군현양안과 궁방전양안을 구체적으로 꼼꼼히 분석·검토하였다. 그 결과 양안 작성의 목적은 소유주를 밝히는 데에 있지 않고 국가나 궁방에서 수세하는데 있음을 확인하게 되었고, 거기에 나오는 인명은 당시의 경작자임을 확인하게 되었다.

또한 양안 상에 나오는 '同人'은 바로 앞에 기록한 사람을 지칭한 것이 아니라 앞 칸의 즉 같은 성격의 란에 기록된 사람임을 입증했다. 다시 말하면 '同人'은, '起 主'는 앞의 '起 主', '時作'은 앞의 '時作'과 같은 사람일 때 사용된 것임을 구체적 분석을 통하여 확인하였다. '起'는 그 토지가 당시 경작되고 있음을 뜻하고, 경작되지 않고 있는 전답은 '陳'이라고 했다. '主'는 양전을 타량하기 이전의 경작자를 뜻함을 입증했다.

이런 본인의 해석이 타당하다면 경작 규모의 통계가 엄청나게 큰 차이를 가져오게 된다. 용동궁의 고부군 양안에 나오는 '起 主'는 궁방의 전답을 이전에 경작했던 소작인이었다. 이런 사실에서, 대규모의 소작 경영인의 존재를 일반적 추세로 논증하기 어렵다. 특히 양안 상의 '主'가 전답 소유자의 개념으로만 사용되지 아니 했다는 점에서, 앞의 두 연구자가 이를 가지고 '주'를 전답 소유주 즉 지주로 파악한 것은 誤謬라는 것이다. 즉, '起 主'-'時作'이 '지주-소작'관계가 아니라 다 같이 궁방이 소유한 전답의 '경작자'이었다. 특히 용동궁의 토지 중 金淑儀房이 1760년대 '萬餘 金'을 받고 어영청에 전매하였다는 1798년의 『비변사등록』의 기록은 본 토지가 원래 궁방이 소유했던 토지였음을 명백히 입증해주고 있다.

따라서 양안 상의 이른바 '主·時作'關係를 '地主·小作'關係나, 다른 궁방전에서 중층관계로 해석할 수 없다. 또한 이른바 '자작농'의 개념도 창출되기 어렵다고 하겠다. 고부군 용동궁의 양안 상의 '기 주'는 물론 다른 궁방전에서의 '主'도 궁방 소유의 전답을 경작한 '소작인'으로 표기하였음을 밝혀냈다.

하지만 본 저자는 거대 이론이니 담론을 논하지 않았고 또한 그런 능력도 없다. 오직 양안에 나오는 기본 용어에 대하여 구체적 실증에 심혈을 기우렸다. 그래서 이 책에 제시한 많은 통계표는 대부분의 독자에게는 지루하고 재미없는 것이다. 예컨대 양안 상의 '同人'이 어느 란의 인물을 대칭한 것인가를 밝히기 위해 2007년에 기존 두 연구자들이 활용한 고부군 용동궁 양안 상의 고부군 德林面 전답의 '起 主'와 '時作'의 결부를, 엑셀에 의해 동일 인물에 대한 정확한 통계는 물론 전체 통계를 마련하였다. 그 결과 '起 主'는 이 양안에서 전답의 '소유주'가 아니라는 중요한 결론을 얻게 되었다. 만약 '起 主'가 그 토지의 소유자라면 왜 자기의 토지를 남에게 경작하게 하고, 자기는 바로 근처나 옆 필지에 있는 남의 토지를 소작하는 관행을 상식적으로 이해할 수 없음을 발견하게 되었다. 더욱이 '주'의 인명이 '시작'의 인명으로 나오는 경우를 허다하게 발견할 수 있는데 자기 전답을 경작하는 자를 '시작'으로 칭한다고 해석한 것은 논리적인 모순이다. 그러므로 이 경우 경작자가 바뀌지 않았음을 뜻한다고 해석해야 한다는 결론을 얻었다.

게다가 양안에서 '자작농'의 개념도 찾기 어렵다고 보았다. 일반 군현 양안을 구체적으로 검토하는 작업을 했다. 이 자료는 같은 군현의 토지가 시차를 두고 여러 차례 기록된 양안, 예컨대 고산현 양안, 임실현 양안, 능주현 양안 등의 분석을 통해 '主'와 '時作'이 동일한 개념으로 사용되었음을 입증하였다. 거듭 말하지만 양안 상의 '主'는 그 양안 작성되기 이전의 경작자이고 時는 당시의 경작자에 불과함을 밝혀냈다. 시기가 다른 창원의 용동궁 궁방전 양안에서, '주'와 '시작'이 동일 개념으로 사용된 例도 확인하였다.

또한 조선시대 '主'의 개념을 밝히는 논문을 통하여, 이 용어는 전답의 소유자를 칭하는 경우도 있지만 토지의 경작자 또는 토지의 관리자를 뜻하고 있음을 양안 이외의 다른 문헌과 법전 자료를 통해 입증했다.

본 양안연구에 대한 문제의식과 관심은 수십 년 전부터 가져 왔으나, 논문으로 발표하기 시작한 것은 2008년부터이다. 이제 『조선사연구』(17, 2008. 19, 2010, 24, 2015)에 실린 3편의 논문을 하나의 책으로 출판하게 되었다.

이 연구가 이루어지기까지 50년 이상의 知友인 낙암 정구복 교수의 자료해석에 큰 도움을 받았음은 물론 수없이 잦은 토론을 했던 것과, 한국법제사 연구의 태두인 영산 박병호 교수님으로부터 많은 교시를 받았음에 충심으로 감사드리고 싶다. 아울러 많은 분량의 연구물을 학회지에 실어 주신 조선사연구회의 회장 박인호 교수께도 감사를 드린다. 또한 귀중한 서울대 규장각 자료의 열람에 적극적으로 협조해 주신 한국학연구원 박숙희 실장님과 권이태 님께도 감사의 뜻을 표한다.

이 책을 기꺼이 출간해 주신 경인문화사 한정희 사장님과 신학태 실장님, 편집부 남은혜 님께도 감사한 마음을 표하고자 한다.

　무엇보다도 힘들고 어려우면서도 수십 년간 크게 배려해 주고 격려와 용기를 준 사랑하는 나의 반려 정경숙, 그리고 동생 현순, 가족에게 고마움을 전하고 싶다.

2016년 3월

오클랜드 一如書齋에서

‖ 목 차 ‖

序文

第3章 宮房田畓 量案 上의 主와 同人에 대한 再解釋

第1章

量案의 記載樣式과 奴名 檢討

1. 序論

　量案은 量田에 의하여 작성된 토지대장으로서 전세징수의 기본 장부라고 할 수 있다. 이 양안이 田案, 田籍, 臺帳, 田案臺帳, 導行帳, 正案으로도 칭해졌다.

　양안의 종류는 군현단위의 대장인 경우는 군현양안, 면단위에서는 면양안, 동리단위에서는 동(리)양안으로 불리어지는 일반양안과, 折受處나 소유주 혹은 그 소유처를 중심으로 만들어지는 궁방전양안, 영·아문의 둔전양안 및 개인양안 등이 있다. 이들 각 양안에서 소유·경작관계 이외의 기재 내용은 대체로 비슷하지만, 시기와 지역에 따라 그 나름대로의 독특성과 차이를 갖는 것도 있다.

　이 양안에는 전답이 소재한 군현의 面과 里, 洞이나 坪(員; 들)의 이름이 앞에 기재되며 그 다음 字號, 地番, 犯標, 田品, 田形, 尺數, 結負數, 四標, 陳起, 主 等이 표시되어 있다. 그러나 이 중에서도 陳·起의 여부, 전품의 等第(等級), 결부 수, 主 등이 토지가 가지고 있는 주요한 정보를 제공하는 항목이다.[1] 또한 田地의 위치를 더욱 쉽게 확인할 수 있도록 자호 다음에 於德越, 吐(咄; 도랑, 돌)越, 山踰, 還越, 還出 등을 雙書로 橫書하기도 한다.

　그러나 이런 양안의 양식 내지 형식을 일률적으로 일반화 내지 정형화하기는 어렵다. 하나하나 양안의 자료를 꼼꼼히 살펴보면 그 나름대로

---

1) 서울大學校 出版部, 『奎章閣圖書解題』 史剖 2, 1994, 335쪽 參照 ; 吳仁澤, 「17·18세기 量田事業 硏究」, 釜山大學校 大學院 博士學位論文, 1996, 11쪽 參照 ; 廉定燮, 「숙종대 후반 양전론의 추이와 경자양전의 성격」, 『역사와 현실』 36, 2000, 154쪽 參照 ; 崔潤晤, 『朝鮮後期 土地所有權의 發達과 地主制』, 혜안, 2006, 147쪽 參照.

지역과 시기에 따라 그 차이성을 갖고 있기 때문이다. 특히 양안을 작성하는 관리나 書員들이 사용하는 투식과 관행도 살펴보아야만 양안이 제공하는 정보나 또 그 성격과 가치를 제대로 파악할 수 있다.

東西南北의 사표는 전답의 인접지역을 표시한 것이고, 陳起는 陳田인가, 起耕田인가를 말한다. 아울러 전라도 양안 중에는 舊·今陳과 더불어 沒陳도 기재되어 있다. 양안에 따라 다르기는 하지만 진기와 함께 '續'도 기록한다.[2] '時耕'을 사용하기도 하는데, 이는 時起와 같은 의미로 사용되었다. 양안에 따라 量起·量陳, 時·陳, 主名 끝에 起·陳, 結負 바로 앞에 起 또는 起·前起·今起 등의 여러 형태로 기재되기도 한다. 일반적으로 기진 다음에 기록되는 '主'는 전답의 소유자라고 해석해 왔다.

더욱이 양안 하나하나를 살펴보면 그 양식은 지방과 지역에 따라 약간씩 다르다. 기존의 연구자들이 양안에 대한 일반적인 서술을 하지만, 그 서술은 대부분 일반적이지 않으며 바르지 않는 것도 있다. 양안을 꼼꼼히 살펴보면 아직도 해명해야 할 부문이 많다. 양안에 대한 선학들의 방대한 업적들이 이미 많이 있다. 이들 연구자들에 의해 양안을 통한 큰 이론의 틀이 마련되기도 하고, 그러면서도 어떤 경우는 '선언적'인 記述에 의한 논리를 전개하는 경우도 없지 않다. 이런 연구들에는, 자료에 대한 정밀한 실증적인 검토가 부족하지 아니 하였는가 하는 의구심을 갖게 되기도 한다. 따라서 양안 상에 기재된 내용을 면밀히 검토하면, 이에 대한 새로운 이해와 그 의문을 해명할 수 있을 것으로 생각된다.

본고에서는 양안 상에 기재된 내용 하나하나를 면밀하게 검토하고자

---

2) 『全羅右道高山縣己亥量田導行帳』(서울大學校 奎章閣 15034, 1719. 이하 奎로 略稱)에는 필지 란 밖에 續이 씌어 있으나, 『慶尙道彦陽縣北三洞田畓結量案』(奎 15016, 1871), 『慶尙道彦陽縣南三洞田畓結量案』(奎 15008·15013, 1871), 『慶尙道彦陽縣加川洞田畓改量野草』(奎 15019, 1871)에서는 각 필지에 등재된 인물 바로 아래에 陳, 起, 續으로 기재되어 있다. 이처럼 主名 아래에 起가 기록된 예가 특히 궁방전 양안에서 훨씬 많다.

한다. 이는 큰 이론의 틀과 '선언적인' 기술들에 의한 연구를 검토하기
위한 기초 작업이라고도 할 수 있다. 양안에 등재된 전반적인 사항을 검
토하여, 打量한 내용을 양안에 옮길 때 그 나름대로 어떤 양식이나 기재
의 관행과 套式이 무엇이었는가를 살펴보고사 한다. 또한 '起主'란 용어
가 양안 상의 전답의 소유주를 의미하는 것이 바른 것인가. 아울러 奴名
으로만 된 양안 상의 主名의 기재에 있어 어떤 관행과 투식이 있었는가
를 알아보고자 한다. 다음으로 궁방전의 양안 상에 기재된 '時'의 성격
을 구체적으로 검토하고자 한다. 시기가 다른 동일 성격의 양안으로 같
은 지역이면서 시대에 따라 여러 차례 작성된 양안을 비교하여 그 '時'
의 의미를 해석하고자 한다. 특히 일반 군현양안 상의 '主某奴某'와 궁
방전양안 상에 '某宮房(時)奴某'를 비교·검토하고자 한다. 끝으로 동일
지역에서 査陳 등의 양전이 몇 차례에 걸쳐 실시된 전라도 高山縣 西面
의 1719·1748·1759년 세 양안 상의 主와 結負의 변동을 살펴 1759년
기묘양안의 '量·時'에서 그 '量'은 어느 시기의 양안인가를 밝히고자 한
다. 이 '量'이 기해년(1719)의 양안이 아니라면, 이는 일반 군현양안과
그 査陳量案과의 관련성 내지 연속성과노 관련이 있다. 궁방전 등을 접
할 때마다 '量主'나 '主'가 어느 시기의 어느 양안에 등재된 主인지 의
문이 들 때가 많다. 아울러 '時主'의 의미는 물론 양안 등에서 산견되는
'仍起(主)', '前起(主)', '今起(主)' 등의 용어도 알아보고자 한다. 무진양
안과 기묘양안에는 전답의 主가 上典이나 兩班의 名이 없이 모두 奴名
으로만 기재되어 있다. 특히 기묘양안의 奴名 전답 主의 기재에 관심을
갖고 우선 逆으로 노명의 상전이 있는가를 기해양안을 통해 확인하고,
그 노명의 전답이 이 奴의 것인가 아니면 실제 奴主의 것인가를 그 기재
투식을 통해 접근해 보고자 한다.

2. 量案의 記載樣式과 主

일반적으로 양안이 제공하는 정보로서 전세의 부과 대상이 되는 전답의 결부 수와 전세를 부담하는 主名이 가장 중요하다. 主名에는 성명과 명이 기록되거나, 상전 또는 궁방의 명칭과 함께 奴가 기재된 경우와 奴名만 기재된 경우가 있다. 양안 상에 主를 기재할 때 시대와 지역에 따라 어떤 套式과 관행이 있었던 것으로 생각된다.

다음 자료는 전라좌도 남원현의 기해양전도행장(奎 15028, 1720)에서 吾枝面의 지번을 인용·정리한 것이다.

① 豈字 吾枝面
「舊第一北犯伍等直田 東西長柒拾參尺 參負貳束 西時金田南陳 舊 無主
陳」　　　　　　　　南北廣拾壹尺　　　　　二方山　　陳
　第二西犯伍等梯田 …… 參負柒束 …… 起 柳餘慶奴時金
　第三　　　　　　 …… 壹束　　 …… 起 同人
　第五　　　　　　 …… 貳負　　 …… 起 時金
　第九南犯伍等直田 …… 壹負肆束 …… 起 時金

위의 ①은 보통 자호 앞 행에 토지가 소재한 면과 洞 또는 坪(員) 이름이 기재되나, 이 양안은 豈字만 기재되어 있다가 후일에 다른 필체로 굵게 '吾枝面'이 追書된 것으로 보인다. 이는 란 밖에 굵은 글씨의 '吾枝面'을 후에 기록할 때, 이를 함께 추서한 것으로 짐작된다. 豈字는 양전을 한 천자문의 순서를 표시한 것으로 한 자호는 대체로 5결을 단위를 한다. 하지만 전라도 양안에서는 1字5結의 원칙이 모두 지켜지지는 아니 하였다. 위 양안에서 본란 밖에 「舊陳」이란 도장이 찍혀 있는데, 이는 이 양전이 이뤄지기 이전의 '舊陳'을 기록한 것으로 이해된다. 구진뿐만 아니라 「今陳」도 찍혀 있다. 그러나 일반 군현의 모든 양안이 이와 같은 과정을 거친 것은 아니다. 자호 다음에 기재된 第一은 이 필지의 地番이다.

자호 다음에 '北犯'은 犯標 또는 犯向이라 하는 것으로 양전이 이뤄진 방향을 표기한 것이다. 北犯은 남쪽에서 북쪽으로 양전을 하였음을 보여주는 것이다. '伍等'은 바로 등급을 말한다. 국가가 부세를 징수하기 위한 자료로서 주요한 것은 무엇보다도 토질의 등급을 나타내는 田品의 등급이다. 토지의 등급은 그 수정을 막기 위해 壹, 貳, 參, 肆, 伍, 陸의 글자로 대부분 표기되지만, 一·二·三·四·五·六等으로도 기재된다. 전품은『경국대전』에 6등급으로 되어 있음에도 불구하고, 궁방전양안에는 이 전품의 등급 규정에 없는 七·八·九等으로 표기된 몇 사례도 있다.

田形이란 토지의 형태를 나타내는 것을 말하는데, 위의 直田, 梯田 등이 바로 이를 말한다. 효종 4(1653)년에 開刊된『田制詳定所遵守條劃』(이하『條劃』)에서는 方田, 直田, 梯田, 圭田, 勾股田 등 5종류의 전형을 제시하였다. 이 방전은 정사각형, 직전은 직사각형, 제전은 사다리꼴, 규전은 이등변삼각형 그리고 구고전은 직각삼각형의 전형을 가진 전답을 의미한다.[3] 그러나 전답이 변형되거나 원대 여러 형태의 모양이 겹우에는 이를 양전할 때는 적절히 '裁作'하였다는 의미로 '裁作直田' 등으로 표기하였다.[4]

전형 다음에 尺數를 기재했다. ①의 제1 필지는 직사각형 모양의 방전이므로 동서의 長[가로] 길이가 73척이고 남북의 廣[세로] 길이가 11척이다. 따라서 이 직전의 면적은 803평방척이 된다. 이 직전의 전품

---

3) 직각삼각형 모양의 勾股田에서 밑변을 勾闊, 그 높이를 股長이라 칭하나 실제 양안의 기록은 勾나 股는 생략되고 밑변을 활(闊, 濶, 活)과 높이를 長으로 표기되었다. 또한 圭田의 밑변을 활, 높이를 長이라 하였다(『條劃』, 奎 15362·15363, 奎 9915·9916).

4) 基洞員 第四十一北犯四等裁作直田(「古城郡案付靈津寺位田畓庫員字號甲子年打量成册謄書」, 奎 18533, 1707).

은 5등이므로 숙종 44(1718)년의 개정된 結負解負法[5])에 따라 3부 2속으로 결정된 것이 기록된 것이다(803/10,000×0.4=0.03212(結). 즉 3負 2束 1把). 여기서 『조획』의 준정결부의 핵심은 다음과 같다. 즉, 量尺으로 1萬尺의 田積이 1등전이면 1결이 된다. 이것이 2등전일 때는 85부 1파, 3등전은 70부 1속 1파, 4등전은 55부 7파, 5등전은 40부, 6등전은 25부로 환산된다. 위의 결부 환산에서 0.4를 곱한 것은 5등전의 경우 40부에 해당하기 때문이다. 아울러 把는 6 이상은 1속으로 올리고 그 6 미만은 버렸다. 그 후 여기서 負 아래의 把와 束을 버리고 계산한 것이 개정 解負法이다.[6]) 즉, 100부가 1결로서 計積 1萬尺의 1등이 1결, 2등이 85負, 3등이 70負, 4등이 55부, 6등이 25로서 해부되었다. 이렇게 결부로 계산된[解負] 豈字 제1과 제2의 결부 3부 2속과 3부 7속이 이 밭들에 부과되는 과세의 기본단위가 된다.

①의 '西時金田南陳二方山'에서 서쪽은 시금의 밭이고 남쪽은 묵힌 밭이며 동북쪽은 산이란 뜻으로, 이는 토지의 위치를 확인하기 위한 것이다. 이를 四標라고 칭한다.

사표 다음 기재 사항은 전답의 경작 여부를 표기하는 起·陳이다. 즉, '起'는 경작하고 있는 전답을 의미하는 것이고, '陳'은 묵혀서 농사를 짓지 아니한다는 것을 나타낸다. 이 陳에는 舊陳과 今陳으로 구분하여 기재된다. 구진은 보통 流來雜頃田을 의미하며, 오랫동안 묵혀 있다고 해서 久陳이라고도 한다. 지번 제1의 밭이 바로 구진으로 표기되어 있다. 아울러 시기 전답 가운데 묵힌 곳이 '진전으로 査定'[査陳]되지 못하고 세금을 내야하는 경우에 금진이라 표기한다.[7]) 이 금진은 보통 2~3년 동

---

5) 『度支志 外篇』卷 4, 版籍司 田制部 二 量田式 ; 朴廣成, 「朝鮮後期의 土地制度研究」, 『인천교육대학논문집』 8, 1974.『韓國中世社會와 文化』, 仁荷歷史學會, 1991, 209쪽 再收錄.

6) 『萬機要覽』, 財用篇 二 田結 ; 朴廣成, 위의 논문.

7) 一 量舊陳 則如前懸錄爲旀 時起中陳處 入於查陳者 查陳是如懸錄爲旀 未入於查陳

안 묵혀 있는 전답을 말한다. 그러나 금진의 기재가 10년 이상 계속되는 사례를 전라도 고산현 양안에서 많이 볼 수 있다.

마지막 기재 사항이 主 항목이다. 경작이 이뤄지고 있으면 '起' 다음에 主名이 기재되나, 진전인 경우에는 主가 없으면 無主로 기재된다. 묵힌 땅에 主가 있는 경우에는 舊陳·今陳 다음에 名이 기재된다. 그러나 경상 도의 경자양안과는 달리 전라좌도인 남원현의 이 양안에서는 '主'字가 없 이 바로 名이 기재되었다. 물론 전라좌도 양안은 대부분 이런 양식이다.

그런데 ①에서 결부 제5·9 지번(3.4, 單位; 負.束. 이하 동일)의 '時 金'이 主인 것으로 해석하기 쉽다. 따라서 두 필지의 밭의 소유자를 시 금으로 볼 수 있다. 또한 제2·3 지번(3.8)의 '柳餘慶奴時金'은 柳餘慶 奴인 時金이 바로 이 필지의 主로 해석할 수 있다. 그렇다면 '奴'의 표 기가 없다고 해서 '時金'과 '奴時金'은 同名異人으로 해석해야 되는가. 이를 어느 연구자도 분명하게 밝힐 수는 없다.[8] 오로지 양안을 작성할 때의 관행과 투식을 정확히 읽는 수밖에 없다. 上典主와 함께 기재된 유여경 노 시금이나 名만이 기록된 시금은 같은 인물로, 다만 이를 등재

而卽今白紙應稅者 今陳是如懸錄爲乎矣 白紙徵稅之處段 字號卜數作者 并以一一 區別 別件成册修報 以爲憑考之地爲齊(『烏山文牒』, 量田踏驗節目傳令, 己卯(1759), 36쪽). 이 양전답험절목의 내용을 崔潤晤는 "舊陳이란 양전사업 이전부터의 진전 이었지만, 今陳이란 時起田 가운데 査陳이라 하여 陳田으로 인정되지 못한 채 '白 紙應稅'하는 경우이다"(崔潤晤, 「조선후기 양안의 기능과 역할」, 『韓國史의 構造 와 展開』, 혜안, 2000, 609쪽)라고 註에서 밝히고 있다.

8) 金容燮은 "양안에 있어서의 起主의 기입방식은 각양각색이며 통일을 기하고 있지 못한 것이다"라고 하고, 양안 상의 '기주'의 계량·분석을 위하여 이를 판별하는 여 섯 원칙을 제시하였다. 그 중 "名이 같은 者가 兩班層의 奴로도 나오고 賤民의 표 시인 名 二字만으로 나올 경우에는 兩班層의 奴로 간주한다"(金容燮, 앞의 논문, 14·15쪽·앞의 책, 89쪽 再收錄)고 奴의 판별에 관한 기준을 밝혔다. 또한 李榮薰 도 '私奴起主'에 대해 "양안상의 私奴起主가 兩班率奴와 同名일 경우 그들은 동일 인"(李榮薰, 「量案의 性格에 관한 再檢討 -慶尙道 醴泉郡 庚子案의 事例分析-」, 『經濟史學』8, 1984, 31쪽·앞의 책, 51쪽 再收錄)으로 규정하였다. 그러나 두 연구자 의 양안 연구에서, '노비기주'의 성격의 규정에는 현격한 차가 있다.

하는 書員 등이 上典名과 奴의 표기에서 반복되는 번거로움에 상전명을 생략한 것에 불과하다. 많은 군현양안이나 궁방전양안에서 이런 관행과 투식을 볼 수 있다. 적어도 양안의 主名에 독립된 奴名으로 등재된 경우도 대부분 上典主의 名을 생략한 데서 온 결과인 것이다. 따라서 위의 豈字 제2 등 네 필지의 밭은 모두 시금의 상전인 유여경이 主인 것이다. 이런 例를 각각 시대가 다른 전라우도 고산현의 양안에서도 많이 확인된다.

다음 ②는 경기 양주목에 소재한 전답을 明善公主房(시기는 알 수 없으나)이 매득한 36필지 4결 58부 5속을 숙종 9(1683)년에 타량한 成册(奎 18756)에서 인용한 것이다. 명선공주방 양안에서 主로 기재된 것은 先伊, 立春 등 4명이다.

② 君字 第壹北犯越川伍等句田長陸拾肆尺濶貳拾尺貳負陸束東南川
　　　 西同人田北栗園起主光海君奴立春(雙書; 以下 細字 同一)
　　　 第貳西犯　……　　伍束 …… 起 主 立春

위의 ②에서, 그 중 君字 제1 필지의 主가 光海君(在位; 1608~1623)의 奴 立春으로 기재된 반면, 다른 나머지 2~26 필지가 主 立春으로만 기재되어 있다. 이는 25건의 필지에 '光海君奴'가 생략되고 立春의 名만 기재된 것이다. 따라서 26필지 모두 광해군방의 전답이었지만 처음 한 필지만 '光海君奴立春'으로 기재되고, 나머지는 '光海君奴'가 생략되고 '立春'으로 등재된 것이다. 이와 같이 담당 관리나 書員들이 주명을 양안에 등재하면서 반복하여 기록하는 것을 간략하게 하기 위하여, 이를 생략한 사례가 많다.

그런가하면 전라도 나주목에 소재한 安昌·其佐島 전답 양안에서 안창도의 取字丁 제1 지번에서 9복 4속의 主는 '大嬪房(張禧嬪) 作李世昌'으로 기재되어 있고, 그 아래에 '免稅永作'으로 되어 있다. 다른 모든

지번도 한결같이 '主同房 免稅永作'으로 되어 있다. 그러나 동일 양안
인 第2卷 其佐島의 馨字丁 제1 지번의 主는 大嬪房으로 기재되고 그
아래에 作 甘之라 실려 있다. 그리고 궁방이 실제 소유임을 밝히는 '免
稅永作'이 란 밖에 기재된 것이다. 그러나 제2 지번부터는 '면세영작'
은 생략한 채 '主同房 作同人'으로 실려 있다.[9] 이와 같이 같은 지역에
서도 양안을 작성하는 書員들에 의하여 전답에 관련된 사항을 기록하면
서, 한 곳은 같은 내용을 반복해서 기록했지만, 다른 한 곳은 대빈방의
대칭을 同房으로 사용하였다. 그러면서 '免稅永作'은 생략한 것이다.

또한 1720년에 편찬된 전라우도 전주부 仇耳洞面의 양안(奎 15035)
을 살펴보고자 한다.

③　　　　　歸字 仇耳洞面 一作 瓦洞後坪
　第一壹等梯畓南北長捌拾伍尺南大頭貳拾貳尺北小頭拾參尺拾肆負玖束
　　東古工金馬位畓南屎應馬位畓西奴永春畓北奴先生畓起馬位作姜淂

위의 ③에서 歸字의 제1 지번에 실린 '起馬位 作姜淂'은 우리에게
어떤 사실을 보여주는가. 우선 이 논이 국가에서 말을 사육하기 위해 설
치된 位畓임을 알 수 있다. 보통 舊陳, 今陳이나 起 다음에 '主'字의 기
재가 빠져있어 主의 실체를 명확히 알 수 없다. 四標 上에도 동쪽에는
'古工金 馬位畓', 남쪽에는 '屎應 馬位畓'이라 기재되어 있다. 이들은
제2·5 지번에 '馬位 作奴古工金', '馬位 作奴屎應'으로 각각 기재되어

---

9) 取字丁注叱浦坪第一肆等直田南北長陸拾陸尺玖卜肆束東路南陳起主大嬪房　　免稅
　　　　　　　東西廣貳拾陸尺　　　　二方於德　　作李世昌　永作
　馨字丁(第二卷)其佐島第一北壹等圭垈田南北拾玖尺壹卜東道西圣金田起主大嬪房 免稅
　　　　　　　犯　　南闊拾壹尺　　南北道　　　　作甘之 永作
　　第二北陸等直畓南北長拾陸尺貳束東竹乞田西同人畓起主同房
　　　　　　　犯　　東西廣陸尺　　南道北吐乙　　　　作同人
　　(『全羅道羅州牧安昌其佐兩島己亥量案謄書草成册』, 奎 18983, 1724).

있다. 더욱이 제2부터 32까지 歸字 모든 지번뿐만 아니라 다음 자호인
王字까지도 馬位田畓과 作名(洪先占, 金道還, 奴同今 등)으로 실려 있
다. 歸字의 끝에 중간 통계로 기록되는 巳上에는 전답 모두 5결 17부
8속으로 1자5결의 원칙이 지켜지지 아니 하였다. 1791년의 전라도 고부
군 성포면 양안(전북대학교 중앙도서관 소장)의 필지에는 이와는 다르게
'起 舊量主金先己 今量主奴古太(橫·二行竝書) 耆老所免稅'라고 하여
옛 양주는 김선기이고. 지금 양안의 主는 奴 古太임을 보여준다. 奴 고
태가 경작하는 田地는 耆老所의 위전답인데, 이는 국가로부터 절수되어
면세된 전답이다. 면세 기록은 하단 란 밖에 기재되어 있다. 이 전답은
마위전답과 같이 면세된다는 점에서 동일하다. 그러나 위의 마위전답은
位畓으로서 이를 주관하는 관아인 司僕寺에서 매득하여 구이동면의 면
민이 이를 경작하는 것으로 판단된다.

　위의 ③에서 1作은 같은 면의 양안 1冊(卷)을 의미한다. 이 作은 2작,
3작으로 기재되기도 한다. 또한 作은 지번의 分番 또는 경작지의 의미
로 사용되기도 한다.[10] 이 作은 양전할 때에 임시적으로 부여되었다가
정안을 만들 때에 정식 필지 번호를 받은 것으로 볼 수는 없다.[11] 경상
도 이외 다른 지방의 군현양안은 물론 경자양전 이전부터 궁방전의 양안
은 물론 토지매매문기에서도 이 作은 전국적으로 사용된 용어이다. 더욱

---

10) 朴魯昱,「朝鮮時代 古文書上의 用語檢討－土地·奴婢文記를 中心으로－」,『東方
　　學志』, 1990, 90~1쪽.

11) 吳仁澤이 "'2작·3작' 등으로 지번을 임시 설정하여 그 부수와 기주를 기입하게
　　하였다. … (引用者; 이하 같음) 타량이 종료된 후 정안이 작성될 때는 각 필지는
　　새로운 지번을 받아 독립 필지로 기재하였다"(吳仁澤,「肅宗代 量田의 推移와 庚
　　子量田의 性格」,『釜山史學』23, 1992, 70쪽)라고 해석하고, 경상도 경자양안은
　　모두 그러한 원칙에 따라 필지의 지번이 정리되었기 때문에 현존하는 경자양안에
　　서는 그러한 표기의 양안을 볼 수 없다는 것이다. 따라서 필지 번호 아래 '2作·3
　　作'이라 기재된 것이 "전라도 양안의 특징이다"라고 하였다(吳仁澤,「경자양안의
　　시행조직과 양안의 기재 형식」,『역사와 현실』38, 2000, 178쪽).

이 경자양전 이전의 경상도 지방의 궁방전과 토지매매 문기에서도 作이
사용되었다.[12] 경상도 지방의 경자양안에서 作의 기재가 없는 것을 양
안의 正書 과정에서 없어진 것으로 보는 것은, 정서 자체 그 내용도 명
확하지 않음은 물론 「庚子慶尙左道均田使量田私節目」의 내용은 이 지
방의 절목에 그친데 비해, 이를 전국적인 양전의 절목으로 이해하는데서
오는 결과로 생각할 수 있다.

이상과 같은 기재 내용 이외에도 양안 상에는 특이한 내용을 담고 있
는 것도 있어, 몇 개의 양안을 통해서 이를 구체적으로 살펴보고자 한다.

④　　二效字夫奴貴善
　　第一六等直田長捌拾尺廣肆尺捌束內減參束實伍束三方露北海時作高斗益
　　　　第三才徐娗男字
　　第一六等直畓長肆拾貳尺廣拾貳尺壹負參束內減伍束實捌束三方屯北山時作
　　李莫金

위의 ④는 영조 49(1773)년에 황해도 옹진부에 소재한 樂善宮의 田
畓을 壽進宮에 이속한 것을 타량한 후에 작성된 양안(奎 18377)의 일부
내용이다. 效字 제1에는 타량 후 査陳에 의해 결부가 8속 중 3속이 감축
된 내용이 기재되어 있다. 이 양안에도 效와 才字 앞에 '二'와 '第三'
등이 씌어 있다. 이들 효자에는 제1과 함께 2, 7, 8, 9, 10의 전답과 才字
는 1~10까지 있고, 이 자호 이외의 다른 자호의 전답도 이처럼 기록되
어 있다. 이들도 '二' 등 수자 다음에 冊이나 作이 생략된 것이라 하겠
다. 아울러 다른 궁방전 양안처럼 궁방의 전답을 빌려 경작하는 자인 '時
作 高斗益'이 등재되어 있다. 그런데 '二效字 夫奴 貴善'과 '第三才徐
娗男字'에서 夫奴 귀선과 서말남은 이들 전답과 어떤 관계인가는 알 수

---

12) 「慶尙道固城縣明禮宮屬葡萄島田畓打量成冊」, 奎 18248, 1670.
　　「慶尙道固城地葡萄島伏在明禮宮田畓改打量 御覽成冊」, 奎 18247, 1707.
　　李壽健 編, 『慶北地方古文書集成』, 田畓明文 No. 597, 1983, 714쪽.

없다. '夫奴'는 府奴의 異字同音의 夫를 차용한 것이 아닌가로 짐작되고, '徐𣅣男字'는 '第三才字'의 字를 뒤에 기록한 것으로 생각된다. '二效字' 이외의 모든 자호에서 인명을 쓰고 '字'를 붙인 점에서 그렇게 판단할 수밖에 없다. 이들 인명은 이들 자호에 기재된 전답을 관리했거나 옛 양안에 등재된 인물로 보는 것이 타당할 것 같다. 사실 귀선 등이 이 전답을 소유했다기보다는 궁방의 소유전답을 양안에 기재할 때 '主某宮房 時奴某'의 양식이 이렇게 표현된 것으로 추정된다.

　⑤　　召文面 二始字
　　第一北犯陸等直田東西陸拾尺南北廣拾壹尺壹負陸束東七孫田
　　　　西大路南中金田北同人陳田陳主舊卜介今幼學朴師騫奴次先
　　　　　　　　　……
　　以上舊手字 第六東犯渠越 ……
　　　　　　　第七十九東犯肆等直田東北長玖拾尺東西廣拾尺肆負玖束內肆負
　　　　　　　柒束制字去三方渠西斗良田起主舊小叱孫今幼學蔣結夏婢一奉
　　　　　已上田畓五結以 ……
　　　　　　二制字
　　　　　　餘田　　　　　　　　肆負柒束始字來起主同人
　　　加 第十五西犯陸等續直田……參負玖束……起主李玉先

　　위의 ⑤는 1726에 편찬된 경상도 義城縣 召文面의 두 번째 양안 책(奎 14951)에 있는 始字와 制字의 일부 내용을 정리·인용한 것이다. 이 양안에서는 起田은 물론 陳田에도 舊主와 今主를 밝혀둔 점과 아울러 금주의 職役이 표기된 사실이 전라도의 양안과는 차이가 있다고 할 수 있다. 물론 전라좌도의 양안에는 '主'字가 표기되지 아니 하였으나, 전라우도의 양안에는 '主'字가 등재되었다. 하지만 직역의 기재에 있어, 고산현 서면에는 前都事 1명과 前參奉 1명이 직역이 기재되었고 그 인근 面에서도 4명일뿐이다.[13]

────────────────

13) 全羅右道인 高山縣 西面의 양안에는 '前都事具益亨奴海龍'으로 기재된 傳·虛자의

위의 자료에서 '始字 第六' 상단 란 밖에 '以上舊手字'라고 기록되어 있다. 이는 舊量案의 자호에 따라 改量되었음을 보여준 것이다. '舊手字'에 해당되는 전답의 양전이 '始字 第六'까지 란 것이다. 始字의 양전을 마무리하고 그 끝에 전답을 陳과 起로 구분하여 기재하고 통계를 작성하는 것이 已上이다.[14] 한 자호에 포함되는 결부가 정확히 5결이다. 경상도 경자양안에서처럼 5결이 초과되는 결부는 다음 자호로 넘겨 기재하고 있다. 즉, 始字 제79 필지에는 4부 7속이 制字로 移去됨을, 始字 다음 자호인 制字의 지번 란에는 '餘田'이라 기록하고 이 결부가 始字로부터 移來되었음을 '始字來'라 기재하고 있다. 그런가하면 앞에서 언급한 전라우도인 전주부 양안에서는 전답 5결 17부 8속 등으로 기재하고 있는 점이 경상도의 경자양안과 대비된다. '1字5結'의 준수 여부가 대체로 경상도의 경자양안과 전라도의 '己亥導行帳'과 대비되는 사항이다. 또한 전답을 측량하고 작성한 양안에 대한 標題도 대비되기도 한다. 즉, 경상도 지역에서는 '경자양안'이라 표기하는가 하면, 전라도 지역에서는 기해년(1719)에 양전을 시행한 점에서 '己亥量田導行帳'으로 기재되어 있다. 그러나 1724년에 '己亥量案'을 謄書[15]했다는 것으로 보아 이를 바로 두 지방간의 양안 양식이나 量田史의 발전 여부와 관련시켜 그 차이가 있다는 주장도 다시 검토될 사실이다.

위의 ⑤에서 制字 제15의 위 상단 란 밖에 '加'字가 기록되어 있고

3필지가 있고, '前參奉具碩寬奴老生'으로 된 堂字 1필지가 있다. 또한 南面의 양안에는 '前都事具益亨奴海龍'으로 된 것이 聖·名·立·形·表字의 6필지와 '前參奉具碩寬奴老生'으로 된 3필지, '持平洪禹傳奴時男'으로 된 立字 한 필지, '前縣監朴奉錄奴星立'으로 된 한 필지 등 10필지이다.

14) 已上은 자호 끝에 종합 통계를 기록하는 것이다. 면이나 일정 지역의 양전 사항을 册(卷)의 끝에 都已上으로 기록하고 전체 實起田畓, 陳田畓, 免稅結負 등 지역에 따라 다양한 내용이 기재되어 있다. 앞의 연구에서 이를 '己(記)上', '都己上'으로 파악한 것은 잘못이었다. 이를 정정한다.

15) 『全羅道羅州牧安昌其佐兩島己亥量案謄書草成策』, 奎 18983, 1724.

田形 또는 지목을 기재하는 란에 '續直田'이라 기재되어 있다. 이 '加'
는 加耕田임을 나타낸 것으로, 주로 기경전의 주변에서 개간하여 경작
하는 전답으로 양안에 등재되어 있지 않는 전답이었으나 이제 양안에 등
재되었음을 밝혀주는 기록이다. '續'은 이와 같이 개간되었으나 토지가
척박하여 매년 경작하기 어렵기 때문에 어떤 해는 묵히고 어떤 해는 경
작하여 세금을 납부하는 이른바 '隨起收稅'를 할 수 있는 전답임을 의
미한다. 보통 가경전은 전품 6등으로 규정된다. 그러나 양질의 토지를
개간하였을 경우에는 높은 등급의 전품이 부여되기도 하지만, 대체로 주
변 전답의 등급보다 1등급을 내려서 전품을 규정하도록 되어 있었다.16)
사실 가경전이라 해서 모든 전답에 '續'이 接頭되는 것은 아니다. 따라
서 가경전은 '加'로 구분하나, 개간하여 隨起收稅하는 속전인 경우는 밖
에 '加'를 기재하면서 전형 앞에 '續'을 써 두었다. 이는 이 양안에서
'加'만을 상단 란 밖에 기재한 지번이 있는가 하면, 制字 제15와 같은
필지처럼 '續'자까지 기재한 사례는 물론 二制字 33에는 '陸等續直田'
으로 기재된 사례를 통해서 확인된다. 더욱이 소문면의 양전 전답 내용
을 마무리해서 기재하는 面의 都已上에서 이를 명확히 확인된다. 元田
畓이 486결 64부 5속인데, 이를 전답의 각 전품 별로 통계를 제시하면서
'加'와 '續'을 구분하고 있다.17) 사실 이런 가경지는 이미 호조의 收租

---

16) 吳仁澤은 "量不付는 負·束 단위의 소규모 가경전을 지칭하는데, 이는 '俠'字를 기
입하여 구별하고 續田 6등으로 파악하되 … 이러한 형태의 토지, 즉 俠起田은 현
존하는 양안에 거의 나타나지 않는다. 대부분 원전에 편입된 결과일 것이다"라고
서술하였다(吳仁澤, 앞의 논문, 1996. 8, 176쪽). 이는『量田謄錄』의「庚子慶尙左
道均田使量田使節目」에 실린 '一 量不付加耕田乙良 附近元第次下 降一字 書俠六
等續某形田幾負幾束是如爲乎矣'를 해석한 것이다. 그런데 이 '書俠六等續某形
田…'을 '6等 續 某形田…을 써 끼어 넣다'로 하는 것으로 보고자 한다. 물론 起
耕地의 주변에서 加耕하는 조그만 한 전답을 '俠起田'이라고 하는 기록이『量田
謄錄』(奎 經古 333.335 Y17)과『朝鮮王朝實錄』에서 확인된다.
17) 田 299결 17부 5속 內 …
  6等 20결 28부 3속 內 加田 2결 9부 1속

案에 파악되어 수취 대상으로 설정되어 있었다.[18] 그러나 고산현의 己亥量案에는 '續'이 필지 상단 란 밖에 기록되어 있다.

이와 같은 續田이 起陳과 더불어 기재된 것을 1871년의 경상도 彦陽縣 양안에서도 볼 수 있다.[19] 이 양안은 다른 군현의 양안의 기재 방식과는 달리 名을 기록한 하단에 이를 기재한 점은 특이할 뿐만 아니라 '主'字가 생략되고 바로 성명이 기재되어 있다. 主는 별도의 성격을 띠고 등재된 용어인 것이다. 위의 ⑤에서 '起主'는 붙여서 읽을 것이 아니다. '기'와 '주'로 떼어서 읽는 것이 바르다고 생각한다. 이미 '起主'로 사용함이 적절하지 않다는 견해가 있었다. 즉, 宋贊植은 "양안에서도 起主만이 田主 즉 土地所有者가 아니라, '舊陳主' 等도 田主이며, '起', '陳', '舊陳', '量後續陳', '仍起', '成川' 等의 용어는 時起田, 陳田, 舊陳田, 仍起田, 成川浦落田 等의 田地를 구별하는 법제적 용어이고, 전주를 수식하는 용어가 아닌 듯하다. 따라서 起主, 陳主 等의 용어가 양안 이외에도 간혹 쓰여[씌어]진 예가 없진 않지만 적당한 용어는 아니라고 생각된다. 군현양안에 기재된 인명은 별다른 단서가 없는 한, 田主로 보아 무방할 것이다"[20]라고 한 셈이다.

이 '기주'에 대해 기술된 것을 정리하면 대체로 다음과 같다. 즉, 和田一郎은 "又量案ノ記載ニモ耕地ニハ「起主何某」休耕地ニハ「陳主何某」ト記シ地主何某ト記載セルモノナシ. 畢竟當時ニ於チハ今日ノ如ク土地ノ所有權ト小作權トノ區別明瞭セズ"[21]라고 하여 '起主'란 용어를 제시한 것

續田 7결 3부 1속(『義城縣(召文面)庚子改量田案』, 奎 14951).

18) 廉定燮, 앞의 논문, 156쪽.

19) 竟字 余田 壹結捌拾負伍束 同(無字第四 無主) 陳
　　東犯 第五 陸等 直田 … 壹負 … 朴武元 續
　　南犯 第六 伍等 直畓 … 壹負陸束 … 同人 起(『慶尙道彦陽縣華山洞田畓結正案』, 奎 15018).

20) 宋贊植, 「朝鮮後期의 農業史研究에 대하여」, 『歷史學報』 46, 1970, 97쪽.

21) 和田一郎, 『朝鮮土地租稅制度調査報告書』, 宗高書房, 1920(1967년 覆刻), 434쪽.

이, 이에 대한 최초인 것으로 파악된다. 아울러 『朝鮮田制考』에서 "之
に就き種種の解釋を下し「起主時某」「陳主某」と記しあるのは其の土地の所
有主であると解して處分されたのもある. … 又續大典には 凡とそ間曠處は
起耕者を以て主そ爲す と制定されてあるから起主は所有主と認むるのが當
然であらう"22)라고 하여 '起主'를 토지의 소유자로 해석하였다. 그 후 金
容燮은 최초로 방대한 양안 자료를 통한 분석 연구에서 "量田政策과 量
案의 記載樣式에 의하면 起主(田主)는 반드시 대장에 기록하도록 되어
있으며, … 그러므로(따라서) 田主로서 量案에 記載되지 않은 자는 없
다"23)라고 하여 '起主'를 田主로 보았고, 더 나아가 "'起主', '陳主',
'無主' 등 量案의 起主 欄에 쓰이는 用語는 土地의 所有權者, 즉 自作
農이나 地主들에게만 쓰여질[씌어질] 수 있는 어휘"라고 하여 그 의미
를 보강하였다.24) 吳仁澤과 崔潤晤 또한 '起主'를 토지 소유자로 해석
하였다. 오인택은 "정부는 擬制的인 왕토사상과 균전을 표방하면서, 토
지의 위치·면적·起主(所有主)를 조사하여 양안에 등록하였다"라고 하
고, 또한 "(전라좌도) 담양부 양안에서는 '起主'라고 기재하지 않고 그냥
'起'로 기재되었다. … '起 李興達'이란 표기를 '기+주(起+主)'의 의미
로 사용하고 있었던 것"25)이라 하여 '기주' 곧 소유주는 물론 양안에서
'起'에 대한 표기에 대해 독특한 해석을 하였다. 이는 여러 연구 논문에
원용 또는 인용되기도 한다. 최윤오 또한 무주까지 이에 포함시켜 "起主
란 입안을 통해 소유주로 등재된 자인 기주, 진주, 또는 무주를 내용으로
하는 자로서 해당 토지에 대해 권리를 행사하는 자"로 규정하고 "'起耕

---

22) 中樞院調査課 編, 『朝鮮田制考』, 1940, 342~343쪽.
23) 金容燮, 「量案의 硏究」, 『史學硏究』 7, 1960, 13쪽·『朝鮮後期農業史硏究 －農村
    經濟·社會變動－』[Ⅰ], 一潮閣, 1984 重版, 88쪽.
24) 金容燮, 위의 책, 111쪽.
25) 吳仁澤, 앞의 논문, 1996. 8, 3쪽·「경자양전의 시행 조직과 양안의 기재양식」, 『역
    사와 현실』 38, 2000, 180~181쪽.

者爲主'라는 규정은 법전과 양안을 연결시켜 주는 계기를 마련하여 주었다. 양전사업과 관련하여 起主로 기재되던 존재가 법전에서는 '起耕者爲主'로 등장하게 되는 배경이 된다고 할 수 있다. 이러한 起主의 등장이야말로 17~18세기 소유권의 성격을 명확히 보여 주고 있다"26)라고 하여, 그 '기주' 등장의 역사적 의미를 더욱 부여하였다. 이와는 달리 李榮薰과 宮嶋博史는 '起主'는 起(耕)田 主人의 의미로 그 약칭으로 보았다.27) 특히 이영훈은 起主는 양안 상의 소유자를 대변하는 일반적인 의미로 전용되기 곤란하나, 기존 연구자의 용례를 좇아 양안 상의 토지소유자 일반을 起主로 호칭하기로 한다고 하였다. 그 후 "起主란 起 항과 主 항의 결합으로 이루어진 말로서 起田의 주라는 뜻이다. 그래서 陳田에는 陳主라 하였다. 원래 이렇게 두 항의 결합으로서 독자적인 成語가 아니었지만, 이래 기주는 소유자 자체를 가리키는 抽象名詞로서 그 뜻이 발전해 갔던 것이다"28)라고 그 의미를 재해석하였다. 이런 '起主'가 실제 전답의 소유자를 기록한 것인가, 代錄 등인가를 접어두더라도, 양

26) 崔潤晤, 「朝鮮後期 量案의 기능과 역할」, 『韓國史의 構造와 展開』, 혜안, 2000, 602쪽·『朝鮮後期 土地所有權의 發達과 地主制』, 혜안, 2006, 123쪽·「17세기 土地所有權 發達과 起主의 등장」, 『東方學志』 131, 2001, 197쪽. 또한 崔潤晤는 『度支志』·『續大典』·『典錄通告』·『新補受敎輯錄』·『量田事目(1820)』상에 기재된 "'주'·'진주'·'무주'·'본주'는 분명 양안 상의 기주"(崔潤晤, 앞의 논문, 2000, 608쪽·앞의 논문, 2006, 126쪽)라고 해석하였다.
27) 宮嶋博史, 『朝鮮土地調査事業史の硏究』, 汲古書院, 1991, 60쪽. 李榮薰은 "起主는 원래 庚子量案에서 起(耕)田의 主라는 의미로서 陳主와 대칭되는 말로 쓰이고 있다. 그 자체로서는 양안상의 소유자를 대변하는 일반적 의미로 轉用되기 곤란하다. 또 光武量案이나 宮房田量案 등에선 그냥 '主'로 표기됨을 볼 수 있으며, 경우에 따라선 '量主'로도 나타난다. … (引用者) 金容燮의 용례를 좇아 양안 상의 토지소유자 일반을 起主로 호칭하기로 한다"라고 註로 설명하였다(李榮薰, 「양안의 성격에 관한 再檢討-慶尙道 醴泉郡 庚子量案의 事例分析-」, 『經濟史學』 8, 1984, 3쪽·『朝鮮後期 社會經濟史』, 한길사, 1988, 24~25쪽 再收錄.
28) 李榮薰, 「量案 上의 主 規定과 主名 記載方式의 推移」, 『조선토지조사사업의 연구』, 민음사, 1997, 120~121쪽.

안 상의 '主'는 主였을 뿐이라고 생각된다. 물론 '起主'로 된 일반 기록
도 간혹 있다.[29] 이런 용어 자체를 논하지 않더라도 양안 상의 주의 실
체를 파악하는 것은 대단히 중요하다. 우선 양안 상의 主의 기재에 있어
서는 양반일 경우에는 職銜이나 品階와 함께 본인의 성명과 家奴의 名
을 登載하며, 평민일 경우에는 役의 명칭과 성명을 기록한다. 그러나 양
안 상에 '主'字와 직역을 기재하는 것은 전국적으로 지켜진 원칙은 아니
었다. 전라좌도 기해양안에서는 '主'字가 없고, 진·기 표시의 경우 陳일
경우는 금진과 구진으로 구별하였고 '續'자도 표기하였다. 主의 기재에
있어서도 경상도 양안에서는 主의 이름과 함께 그 직역이 대부분 기재
되어 있어서 주의 신분구조를 이해할 수 있다. 군현양안이 아닌 궁방전
의 양안에는 이 起陳을 하단에 기재하는 사례는 대단히 많다. 물론 자호
다음에 바로 '起'를 기재하는 사례들도 있다. 양안의 각 필지에서 '起'
다음에 '主'字가 생략된 예를 전라우도인 長興府 諸島 양안에서도 확인
된다. 이를 '主 규정의 미성립'으로 판단하기는 어렵다.[30] 1868년 전라

---

29) 일반 문헌자료에 나타나는 起主의 예를 『(龍洞宮)事例節目』(奎 18343의 9), 『忠勳
府謄index』(奎 15048-1), 『千一錄』((想白)古 951.053-C421-v.1-10), 『籬山集』(奎 1751.
藏 4-5820)에서 볼 수 있다. 또한 『庚辰 正月 日 改量錄』 更關 草(延世大學校 中
央圖書館)에도 '起主'가 실려 있다.

30) 李榮薰은 전라도 장흥부 諸島面에서 두 차례의 양전에서 1846년의 양안(『全羅道
長興府所在諸島田畓量案』, 奎 18367·18639)에는 陳·起 상태의 '기'만 표기되었
을 뿐인데, 1871년의 양안(『諸島面加士島行審』, 奎 18999)에 이르러 '起主'라는
주 규정이 생기고 있음을 볼 수 있다고 하였다. 즉, 경자양전 당시에 전라좌도에
서는 주 규정이 성립되지 아니 하였고, 거기에 속한 장흥부도 그러다가 19세기
중후반에 이르러 드디어 기주 규정의 성립을 보게 된 것이라 하였다(李榮薰, 앞의
논문, 1997, 135~6쪽 參照). 그러나 우선 1871년의 이 양안은 진도부의 양안이
다. 또한 장흥부는 전라우도에 속한 점에서 이 해석은 재검토되어야 한다. 무엇보
다도 1846년의 장흥부 陸畓量案(『全羅道長興府所在陸畓量案』, 奎 18638)에서는
모든 필지에 '本主'로 기재되어 있다(府內面 北門外坪地 第壹百肆…拾參負伍束…
本主 朴奉觀). 같은 장흥부 지역 내에서도 그 기재 방식이 다른 것이다. 諸島(扇子
島, 來德島)의 양안은 여러 섬들의 양안이고, 陸畓 量案은 장흥의 府內面 등의

도 영광군 寧越申氏 가문 소장의 양안에서는 '主'字의 기재 없이 이름만 기재되어 있다.[31] 양안의 기재에 있어 한 지방이나 지역의 관행과 투식에 의하거나, 서원들이 기재할 때 번거로움에서 '主'字를 생략한 것으로 판단된다. 궁방전양안 중에는 犯向 다음에 바로 主의 姓名이 기재되는 것도 있다.[32]

　이상과 같이 군현양안과 궁방양안에서 양안의 기재양식과 主를 살펴보았다. 양안에 上典名과 奴名이 기재된 것과 동일한 奴名만을 기재한 것을 비교하여, 이는 기재할 때의 번거로움을 피하기 위하여 상전의 名을 생략한 것에 불과하다는 것을 밝혔다. 또한 '起主'는 붙여서 읽어서는 아니 된다고 본다. 이런 관점에서 전라좌도의 양안에서 '主'字가 없는 것도 그 지방의 양안 기재의 관행과 투식에 의한 것으로 보고자 한다.

　전답을 타량한 것이다. 諸島와 陸畓의 양안이 동일 시기에도 각각 그 '主'字 기재에서 서로 다른 것을 볼 수 있다.

31) 『戊辰四月 日 道內立石改量案(同年九月再改量)』(『靈光寧越申氏古文書』), 韓國精神文化研究院 藏書閣(Mf. 35-008064).

32) 談字丁酉犯任乬成陸等勾股畓肆斗落只長伍拾尺濶參拾貳尺捌負東道三方同人時執任好益 (『恋山郡無後內奴同龍奴屹伊等田畓打量成冊』, 奎 20460, 1691, 內題; 恋山郡肅川安□無後內奴同龍奴屹伊等祖上名付田畓打量成冊)
　이 양안의 元 標題는 '內題'인 것이었으나, 이를 改裝하면서 표제를 내제의 것을 그대로 쓰면서 약간 줄인 것이다. 이 양안에는 21필지의 전답이 실려 있는데, 任乬成(14필지), 奴 丁孫·韓京珍(1필지), 朴貴卜·安百守(1필지), 空加(4필지) 등은 舊作으로 실려 있다고 할 수 있다. 時作은 任好益 등 8명이고 그 중 3명(同人은 未包含)은 四標에서 확인된다. '祖上名付田畓'이란 점에서 奴 同龍 등의 조상의 명으로 기재되어 있다가 이들이 無後奴이므로 내수사에 귀속된 것인지, 이미 내수사의 전답인데 이들 조상 명으로 기재되어 있는지 그 여부는 명확하지 않다. 하지만 후자의 추정이 더 바를 것 같다.

3. 宮房田 量案 上의 主·時樣式

조선후기 궁방은 매득이나 개간, 절수 등에 의해서 전답을 집적하였다. 이들의 양안은 대체로 군현양안과 대동소이하나 시기나 지역에 따라 군현양안과 다른 독특성도 볼 수 있다. 경자양안 등 '主'의 란에는 이 필지의 稅租權을 가진 궁방 등의 명칭과 그 아래에 '時'로서 稅租 담당자의 名도 기록하였다. 여기서 稅租의 담당자란 세조를 납부하거나 또는 그 징수와 관리를 하는 자라고 할 수 있다.[33] 궁방전 등의 양안에는 '主'字가 기재되지 않고 바로 '時'만이 기재된 예도 많아서 이 時를 판별하기 어려운 경우가 많다. 그런가하면 宮房名과 함께 奴名만 기재된 경우도 있다. 고산현의 縣內面, 東面上道, 雲東上道, 雲東下道[34]에 소재한 壽進宮의 전답 개타량 성책(奎 18361, 1824)에서, 이를 볼 수 있다.

⑥ 第七南犯道越(雙書)參等直田 南北長伍拾柒尺東西廣參拾尺拾貳負 東水城二方同宮西道 起 壽進宮奴儀日免稅

위의 ⑥은 현내면의 宙字 제7 지번으로서, 그 主 란에 '起壽進宮奴儀日 免稅'로 되어 있다. 그 다음 필지들은 모두 '起 同宮'으로만 기록되어 있다. 이 자체의 양안만 가지고는 이들 전답이 수진궁의 소유인지 여부를 명확히 판단하기 어렵다. 더욱이 奴 儀日은 이 양안에서 어떤 성격의 존재인가를 추정하기도 쉽지 않다. 그런데 1719년 고산현 기해

---

33) 宮嶋博史는 이 '時'를 地租負擔者라고 규정하였으나(宮嶋博史, 앞의 책, 96~7쪽), 궁방전 등에서는 時 즉 時作者로만 이해될 수 없는 사례가 많다.
34) 上道, 下道가 面 아래 행정단위로 큰 面인 경우 상, 하로 각각 구분한 것으로 추정된다. 慶尙上道, 下道의 용어와도 비교될 수 있다. 한편 二道도 그런 의미로 사용된 것으로 볼 수 있다(『憶岐社(面)二道栗山里正續行審册』, 奎 古大 4258 5-15, 1847).

양안에는, 縣內面, 東面上道, 雲東上道, 雲東下道의 4면에 걸쳐 수진궁
의 전답 35필지 3결 84부 7속이 '起 主 壽進宮奴儀日 免稅'로 등재되
어 있고, 主名 하단 란 밖에 '永作'이 씌어 있다. 수진궁의 전답이 계속
될 때는 필시마다 '同宮 免稅'로 略하고 란 밖에 '영자'을 기재한 점이
다르다. 그러면서도 지번의 중간에 다른 인명의 전답이 있으면 필히 약
하지 않고 '起 主 壽進宮奴儀日 免稅'로 기재한 점도 눈에 띈다. 이를
통해 이 수진궁 전답은 궁방의 소유로 개간이나 매득에 의해서 취득해서
'永作'하는 면세전인 것이다. 고산현 기해양안의 雲西上道의 微字 제47
에는 '起 主 奴哲金 明惠公主房免稅'가 기록되어 있고, 아래 밖의 란에
'民結'이 씌어 있다. 같은 면세전(字號 끝의 已上에는 수진궁면세와 명
혜궁공주방 면세로 기록)이지만 微字 제17 필지는 奴 哲金이 경작하는
민전임을 알 수 있다. 그런데 기해양안의 전답 35필지를 바로 개타량한
⑥이 1824년의 수진궁의 양안이다. 이 양안은 개타량이라지만 전품, 결
부 수, 사표 상의 내용이, 어떤 변동된 것이 전혀 없다. 이는 사실상 115
년 전의 양안인 셈이다. 궁방전양안에서 '奴儀日'과 같은 여러 사례를
검토해 보고사 한다.

원래 양안에서 主名 앞에 기재되는 時는 時, 時起, 時主, 時作·時執
등의 용어로 해석된다. 陳의 대칭으로 사용되는 時起를 제외하고, 일반
적으로 時는 이들 용어에서 主나 作 혹은 執이 생략된 것으로 이해된다.
시작과 시집은 같은 의미로 사용된 것이다. 특히 時執이, 법전과, 소송이
나 양전과 관계되는 일반 기록에서 현재 전답을 경작하면서 소유 또는
보유하는 의미로 해석할 수 있다. 궁방전양안에 실려 있는 이 용어는 모
두 궁방의 소유 전답을 경작하는 자로 해석된다.[35] 실제 소유자의 의미

---

35) 吳禮尙, 鄭哀善, 吳順業 등은 順川郡 無後內奴 大元田 1결 70부 4속의 時執(『順川
郡無內奴(大元)田打量成冊』, 奎 20494, 1706)으로 등재되어 있지만, 이들은 어느
경우(內需司나 大元의 전답)라도 소유주로 판단할 수 없다. 규장각 소장의 이와
같은 10여 개의 궁방전양안에서 이 時執들은 동일 성격이다.

로 사용된 例는 더 찾아져야 할 것이다. 그런데 실제 양안에 量主로 등재된, 관아나 궁방 등의 명칭 다음에 기재된 '時'가 그 자체 의미가 있는 용어로, 관아 전답의 租稅를 징수하는 담당자로 판단할 수 있는 기록이 있다.

1737년 서울에 사는 洪大夏는 자기 증조부가 1606년에 前府使 金愉로부터 매득한 廣州面 舊飯字 田 9복 3속, 즉 今據字 제30의 16복 5속의 田을 이후 계속 耕食하여 왔다. 그런데 그는 良才驛에서 금년에 馬位田이라고 칭하여 중간에 횡침하였으니 이를 시정해달라는 議送을 제기하였다. 이 의송에 대한 판결문인 題辭에서, 양재역의 횡침 사실을 인정하고 驛吏 安世弘을 推捉하도록 하였다. 그는 출타 중이었고 그의 형인 萬弘이 증인으로 출두하여 진술하였는데, 만홍은 이 전답이 마위전인가 민전인가 여부는 알 수 없다고 하면서 다음과 같이 진술하였다.[36]

> ⑦ 上年十二月 因巡營甘結 本驛馬位田畓打量時 此田量主以馬位懸錄 量時亦以驛奴許龍伊名字懸錄 故本驛察訪論報營門後 推給於矣身弟世弘處 是如爲有旀 …

즉, ⑦에는 홍대하의 밭을 횡침하게 된 것은 양재역이 마위전을 타량할 때인데, 이 밭의 量主를 馬位로, 量時는 驛奴 許龍伊로 懸錄(登載)하였다. 이를 營門에 보고한 후 이 밭을 동생 세홍에게 찾아 지급하였다는 것이다. 이 밭은 主와 時 그리고 이를 경작하는 역리 세홍이 관련되어 있다. 특히 許龍伊는 量時로 기록되어 있다는 사실이다. 아울러 그보다 앞선 경기도에서 실시된 계묘양전(1663)에서 飯字가 據字로 타량된 내용을 기록한 후 끝에 '主馬位 量時許龍(伊)'이라고 하였다. 한편 전라도 영광 佛甲寺의 寺院田의 양전을 주관하였던 別有司인 李萬喊이 올리려고 한 「己亥量田時上書 草」에서도, 그는 불갑사 사원전의 '主·時'

---

36) 朴秉濠, 『韓國法制史攷』, 法文堂, 1983 再版, 474쪽 所收 再引用.

를 등재함에 어려움을 기술하고 있다.[37] 따라서 관아나 궁방전양안에
기록된 이런 예를 '主·時'樣式 또는 '量主·量時'樣式으로 이해하고자
한다. 이는 많은 전답을 소유한 자나 양반들이 일반군현 양안에 그들의
奴 名義로 기재하는 양식과도 비슷한 것으로 생각된다. 1719년의 고산
현의 기해양안에서 '前都事具益亨奴海龍'으로 기재되는 것도 그 일례
라고 할 수 있다. 여러 궁방전의 양안에서 여러 필지에 한 명의 奴名으
로 '時'가 기재된 경우 이런 양식의 하나로 추정해도 무리가 없다. 즉,
그 奴名은 時作과 時執 혹은 時主일 수도 있지만 대부분 '量主·量時'
양식의 '時'에 해당된다고 판단된다. 이 時는 그 전답을 경작하는 奴라
기보다 그것을 관리하고 담당하며 租稅를 징수하거나 바치는 일을 맡는
이른바 次知로 볼 수 있다. 따라서 이런 시각에서 몇 개의 궁방전 양안
을 더 살펴보고자 한다.

다음 자료는 內需司의 婢인 丁介가 '時'로 기재된 양안의 일부를 인
용한 것이다.

⑧　　　　　瓦洞坊猷岩員
　　恃字 西犯 九等田 三日耕 起 六卜九束 二方山西同人北小路 時 婢丁介
　　　加 西犯 八等田 半日耕 起 二卜三束 二方同人南山北小路 時 同人[38]

우선 1677년에 만들어진 ⑧의 이 양안 자료에서 전품으로 7·8·9등
等外의 밭이 등재되어 있다. 이 양안에 기록된 24필지 가운데 3필지가
6등 전답, 나머지 21필지가 7·8·9등의 전답이다. 7·8·9등은 田品인 것
은 분명한 것 같으나, 전품 6등제인 역사적 사실과는 다른 내용이다. 이

---

37) 標其四方 曰東營室 南瀛洲 西大海長巖擁後地無 其北所見惟天 故北曰天 然後問其
　　主時 則景物本無主 將以無主懸錄 則寧有起無主之理乎 欲以起耕者 重卌者懸主 則
　　眞師洪公忽焉 欲以時執者懸主 則一盂生涯 朝集夕散者 不堪受言 而其如如脫履而
　　逃何 雖然 諺曰 …(李萬喊, 『佛甲寺古蹟』, 「己亥量田時上書 草」).
38) 「成川府無後內婢丁介屬公田畓摘奸成冊, 奎 20493, 1677.

자료만이 아니라 평안도 成川의 다른 양안에서도 이런 전품이 기재되어
있다.[39] 양안에 이와 같은 전품의 등재는 위의 자료와 관련이 있는 1783
년의 다음 양안에서도 동일하다. 전답에는 소가 3일간 갈 수 있는 면적
이라 해서 三日耕이라 기재되어 있거나, 그렇지 않고 좁은 면적일 때는
하루를 6息耕으로 나누어 一·二息耕 등으로 기재하고 있다. 또한 陳起
의 起가 결부 앞에 등재된 것도 특이하다. 물론 이런 기재의 例는 다른
지방에서도 몇 사례가 있다. 이는 양안에서 起와 主가 합성된 용어가 아
니라 起와 主는 분명히 분리되어 있음을 보여주는 예의 하나이다.[40] 의
성현의 경자개량 전안과 같이, 경자양안 이전에도 加起田인 경우 원 필
지 기재 내용 바로 위의 란 밖에 '加'를 기재하였다.

위의 ⑧의 이 양안에는 다른 군현양안과 같이 無後 內需司 婢인 丁
介가 時로 기재되어 있다. 그 內題엔 '屬公田庫'를 조사하여 찾아내 작
성한다고 되어 있다. 무후란 사실 자체가 곧 자식이 없이 정개가 죽은
의미로 해석하기 쉬울 것 같다.[41] 그러나 '무후'인 內婢로 보고자 한다.
무후로 죽었을 때는 무후 앞에 '故'를 接頭한 양안의 예를 볼 수 있는
점에서 더욱 그렇다. 따라서 정개의 사망 여부는 불분명하다고 할 수 있
다. 奴婢 名 앞에 무후가 기록된 전답이나 그 뒤에 記上(己上)이 나오면
바로 이 전답들은 그 노비의 소유인 것으로 잘못 판단하기도 한다. 기상

---

39) 「成川府案付無後內奴後先記上田打量成冊」, 奎 18627, 1692.
　　「成川府案付無後內奴莫孫奴應哲奴應信等屬公田打量成冊」, 奎 18633, 1696.
　　「成川府無後內奴莫孫田打量成冊」, 奎 18629, 1698.
40) '起'가 主와 다른 위치에 기재된 예는 특히 궁방전양안에서 헤아리기 어려운 정도
　　로 많이 확인된다. 더구나 끝 主名 다음에 起를 등재한 예도 많고 '란' 밖에 기재
　　하기도 한다.
41) 李榮薰은 이 양안에 대하여 "內需司婢 丁介가 無後로 죽자, 1677년 그녀의 토지
　　를 조사하여 내수사로 돌린 내용의 양안이다. 여기서는 '時丁介'라 하여 이미 사
　　망한 丁介에 대해 '時'를 붙이고 있는데, 앞의 海南縣 甲戌量案에서처럼 양안에
　　원래 그렇게 되어 있었기 때문에, 量名을 移記하면서 '時'도 함께 등사된 것으로
　　보아야 할 것이다"(李榮薰, 앞의 논문, 1997, 80쪽)라고 해석하였다.

은 申告 또는 記錄, 현대적 의미의 登記移轉이다.[42] 1677년에 공전으로 屬한 곳을 조사한다는 의미에서 이미 속공된 사실을 기록한 것으로 짐작된다. 이렇게 볼 때 이는 궁방의 전답이 이미 양안에 '時婢丁介'로 등재된 사실이 기록된 것으로 이해된다. 당시 무후인 婢 丁介가 '時'로 기재될 수도 있다.

그 후 1695년에 만들어진 成川府 量案에 등재된 無後內奴(婢)인 日立과 丁介의 '屬公田'에서도 이런 추정을 할 수 있다. 더욱이 이 양안의 지번에 기재된 '時奴界男'과 사표에 등재된 末男은 1783년의 양안의 內題에 정개와 함께 '內需司宮屬無後內奴(婢)丁介界萬界男末男'으로 되어 있다.[43] 1695년의 양안 상에 婢 丁介의 밭은 32부 3속인데, 5필지에 '時奴云上' 등 4명이 기재되어 있다. '時' 다음에 기재된 인물을 바로 그 전답의 소유자로 파악하기 어렵다. 양안의 田畓秩 條에 婢 丁介의 전답 내용이 기재된 점에서 그렇다. 또한 '時奴界男'도 같은 성격의 인물로 보아야 된다. 어떻게 보면 시대만 다른 같은 瓦洞坊의 甑岩員과 溫水房乭의 古介員에 있는 필지들이 개타량된 궁방전의 양안인데도 '時'의 의미를 다르게 해석할 여지가 있는 것이나. 더욱이 '時' 말남과 사표에 등재된 계남은 그 후 양안의 내제에 기재되어 있다. 時 말남 등은 당시 그 전답을 경작하는 인물들이다. 따라서 말남과 계남은 시작인 동시에 궁속 奴로서 궁방전의 地租를 담당하는 자로 등재되어 있기 때문에 그 후 내제에 기재된 것으로 짐작된다. 궁방전의 양안을 보면 궁방 소유의 전답 경작자들이 四標에 등재된 사례를 많이 볼 수 있다. 이 양안에 '時李上春'이 사표에 등재된 경우도 그런 예에 불과하다. 그러나

---

42) 朴魯昱, 앞의 논문, 81쪽 ; 앞의 책, 115쪽.

43) 瓦洞坊岐里員 器字丁 …… 婢丁介田 ……
　東犯 九等 起 田 貳息半耕 壹負 東上春南浦西同人北路 時 李上春(『成川府案付無後內奴日立婢丁介田打量成冊』, 奎 18628, 1695. 內題;『成川府案付無後內奴日立屬公田打量成冊』)

1783년의 丁介, 界萬, 界男, 末男의 전답 양안에는 결부가 무려 3결 68부 5속이 등재되어 있다.[44] 이 전답들이 어떤 과정을 거쳐 이렇게 전래 내지 형성되었는가는 검토할 수는 없으나, 앞의 정개, 계남, 말남 등이 등재된 양안의 그 곳의 마을과 들 이름인 甀岩員 瓦洞坊(員), 溫水房(浦北邊員), 康太隅員 등이 그대로 나온다. 그 외의 지명과 들 이름이 나오나 이들의 내력은 확인할 수 없다. 이 양안의 모든 필지에는 '時內需司田'으로 기록되어 있다. 이 양안의 표제처럼 평안도 성천에 있는 내수사 궁속인 무후 內婢인 정개 등의 전답을 타량하여 만든 것이다. 이를 '時內需司田'과 검토하여 보면 분명히 '時'는 전답을 경작하는 시작을 의미하는 것으로 판단된다. 그러나 이는 위의 두 양안과 비교하여 보면 분명히 '時主'의 의미로 보아야 한다. 그렇다고 1677, 1695, 1783년의 성천부에 있는 같은 마을과 들의 전답의 양안에서 '時'의 성격을 다르게 해석하는 것도, 동일하게 해석하는 것도 어렵다. 더구나 지역과 시대가 다른 양안에서의 '時'를 비교·검토하는 것은 더욱 어렵다고 생각한다. 물론 여기서 내수사전의 '時'를 時作 또는 租稅權을 갖는 성격으로 볼 수도 있다.

그런데 1783년의 양안에는 이미 언급한 바와 같이 7·8·9등의 전품이 기재되어 있다. 이는 이 양안의 67필지의 밭 가운데 9등전이 35필지로 절반 이상이나 되는 척박한 곳의 밭인 것이다. 이 양안에는 1677년 양안의 논 19부 9속은 탈락되어 있다. 또한 흥미로운 사실은 5등전은 한 필지에 불과한데, 하나의 필지에 2, 3의 전품이 기재된 사실이다. 즉, 6·7등, 6·8등, 6·9등, 7·8등, 8·9등, 7·8·9등의 8필지가 기록되어 있다. 이런 예는 아직까지 다른 양안에서는 발견되지 않는다. 그런데 이 양안 등

---

44) 「平安道成川府所在內需司宮屬無後內奴(婢)廷介等田打量成册」, 奎 18632, 1783. 內題; 「成川府所在內需司宮屬無後內奴(婢)廷介界萬界男末男等田打量成册」). 『奎章閣圖書韓國本總目錄』에는, 이 廷介를 建介로 誤讀하였다.

에서 7·8·9등의 전답의 필지를 볼 수 있는 것은, 年分9等法은 폐지되었
으나 여기에 田分6等法이 혼입되어 田分을 9등급하여 수세하는 데에서
그 이유를 찾을 수 있다.45) 즉, 『만기요람』에는 인조 갑술(1634)년에 양
전을 한 후에 視年上下의 법(年分9等法)을 혁파하여, 영남은 다만 上之
下의 田만 있게 하고, 兩湖는 단지 中之中의 田만 있게 하되, 그 나머지
5도는 모두 下之下의 田으로 삼아서 전례에 의거하여 수세케 한다고 되
어 있다.46) 또한 『증보문헌비고』에는 인조 12년 갑술양전 후 9等上下의
法(年分9等法)이 폐지되고 三南은 上之下의 田으로부터 下之中의 田
까지는 결수의 가감 없이 분등·수세하고, 그 나머지는 下之下의 田으로
삼아 수세하도록 정한 것이다. 5도는 단지 下之下의 한 等만으로 수세
토록 한 것이다.47) 물론 ⑧과 1783년의 양안에서 下之下의 田만이 아니
란 점과 1783년까지 이런 收稅政策이 지속되었는가도 의문으로 남는다.
아울러 이 양안은 성천부의 다른 궁방전양안과 같이 陳·起의 기재는 결
부 수 앞에 기록되어 있다. 이는 起, 前起, 今起, 陳으로 각 필지에 기재
되어 있다. 한 필지에 前起와 今起가 함께 기록된 필지도 11건이다. 前
起, 今起에 대한 설명은 다음의 고산현 양안의 섬도도 들린다.

　다음의 자료는 1693, 1696, 1712년의 경상도 경주부 內需司 奴 壬秋
田畓의 張字 제55 지번 내용을 그대로 옮긴 것이다.

45) 朴廣成, 앞의 논문, 208쪽 參照.

46) 仁祖甲戌量田後 遂罷視年上下之法 三南則以當初各等所定結數仍錄租案 嶺南只有
　　上之下 兩湖只有中之中 其餘五道皆定爲下之下 依前收稅(『萬機要覽』, 財用篇 二,
　　收稅).

47) 臣勤按 此乃世宗朝年分九等上下 其稅之法而至仁祖十二年 三南量田後 分等上下之
　　法遂罷 三南則自上下至下之中 結數無加減 依分等收稅 其餘皆以下之下爲定 五道
　　則只有下之下一等而已(『增補文獻備考』, 田賦考八, 租稅一).

⑨ a 張字 五十五 五等 方田 捌負 肆斗落只 時 玉立[48]
　　b 張字 伍拾伍 田 捌負壹束 今陳 玉立[49]
　　c 張字 西犯 五十五 伍等 方田 捌負壹束二方渠二方陳量 壬秋 時 汝章
　　　肆負肆負壹束 陳[50]

위의 자료 ⑨ c를 검토하여, '時'는 '舊'의 對句로써, '時'의 일차적
의미는 '量-時'의 對句의 '時'와 같다는 견해가 있다.[51] 우선 자료 ⑨ a를
통해 이미 1693년 無後 內奴인 壬秋로 등재된 전답을 찾아서 문서화한
것임을 알 수 있다. 이보다 앞선 이런 양안이 존재할 가능성도 있다. 그
런가하면 당시 임추가 생존했는지 여부는 판단하기 어렵다. 분명한 것은
당시 이 필지의 경작자는 玉立이란 점이다. 이 양안에는 張字 제55 이
외에 來·暑字의 7필지에는 甘德, 全寬, 順哲, 加音乭伊, 義丙, 小而, 命
宗 등이 경작자로 기록되어 있다. 경작자 이들이 바로 '時'인 것이다. 그
후 1696년의 양안에는 '時'의 기재는 없으나, 玉立, 甘德, 全寬, 姜順哲
등의 名 앞에 今陳이나 全災가 기록되어 있고, 한 필지인 暑字 162 畓
에는 '今覆沙李明宗'으로 기록된 반면에, 그 '3(作)'의 田을 1693년 양
안 등재 인물 중 가음돌이만이 현재 起耕하는 것으로 등재되어 있다. 물
론 暑字 147 필지의 19부 4속 內 3부만이 順弼도 현재 기경하는 것으로
되어 있다. 그 나머지 모든 필지는 全災나 금진인 田地이다. 1696년 양
안에는 1693년의 것과는 달리 來字 129, 137과 暑字 147, 154, 162
2~3(作) 및 往字 50의 필지가 추가되어 있다. 더구나 來字 129의 奉鶴,

---

48)「慶尙道慶州府內奴壬秋田畓摘奸成册」, 奎 20492, 1693.
49)「慶尙道慶州府 司無後奴壬秋田畓乙亥條陳起區別成册」, 奎 18615, 1696.
50)「慶尙道慶州南面內瓦里伏在內需司無後奴壬秋記上田畓改打量成册」奎 18618, 1712.
51) 李榮薰, 앞의 논문, 197, 79쪽 參照. 李榮薰은 1712년 양안에서 인용된 張字 제55
　　필지를 중심으로 이에 대한 해석을 다음과 같이 하였다. "1712년 慶尙道 慶州府
　　의 內需司奴 壬秋가 죽은 후, 내수사가 갑술양안에서 그의 명자로 置付된 토지와
　　1712년 당시의 소유자를 조사하여 내수사 소속으로 돌린 내용의 양안이다. 이처
　　럼 '量'은 量名을, '時'는 1712년 당시를 의미한다."

133의 姜成吉과 順弼, 屠字 162-2(作)의 命祥 등 4명을 제외한 인물들이 1693년의 양안에 등재된 인물과 동일하다. 여기에서 義丙, 小而 두 경작자는 찾아지지 않는다. 그런가하면 1712년의 양안에는 자료 ⑨ b의 같은 필지 수와 결부 수가 기록되어 있다. 張字 55 필지에 '時'로 기재된 인물은 汝章인 것처럼, 모든 다른 필지들도 바뀌어져 있다. 다만 屠字 162-2(作)에 '時貴生柒負 肆負陸束 陳(雙書)'으로 되어 있는데, 貴生은 자료 ⑨ b 屠字 154 田 '玖負陸束貴生 內 伍負陸束今陳'에서의 동일 인물이다. 이는 자료 ⑨ b에 기재된 인물들 앞에 '時'가 생략된 것이다. 따라서 세 자료에 기재된 인물들은 모두 '時'인 것이다. 이 時는 어느 경우에도 양안에 기재된 전답의 당시 소유자가 될 수 없다. '量壬秋'는 어느 시기의 양안에 등재된 임추를 의미한다. 이는 임추가 '主·時'樣式 또는 '量·時'樣式 하의 時로 기재될 수도 있고, 실제 量主일 수도 있다. 자료 ⑨ a 제목에는 內奴 壬秋로도 기재되었으나 b, c의 자료에서는 무후노의 記上田畓이라 하였다. 그렇다고 이 기상전답이 임추의 소유를 의미하는 것만은 아니다. 만약 1693년에 조사하여 찾아낸 것이 임추의 전답이었다면, 그 이후 時 다음에 기록된 인물들이 이 전답들의 소유주라고 할 수 있는 논리를 찾을 수 없다. 반대로 임추가 '主·時樣式' 하의 궁방전에서 時로서, 이 전답들이 내수사의 소유였다고 하면 세 양안에 기재된 時 인물들은 이 전답의 소유주가 될 수 없다. 세 양안에 기록된 '時'는 결코 時主라고 할 수 없다. 이들은 이 궁방전을 起耕하는 소작하는 경작자에 불과하다. 아울러 자료 ⑨ c의 전답 통계로 마무리하는 已上에는 '1결 3부 3속 內 時耕 55부 1속과 陳 48부 2속'으로 기록되어 있어, 이 '時'와 '時耕'을 같은 의미로 해석할 수도 있다. 그러나 이 자료에서는 다른 의미로 사용된 것이다. 그 다음에 연결하여 기록되어 있는 '北安谷永川地境五十井員 內屯秩' 條의 5필지에서, '量內需司屯 二方吐南仇石西末屯山(雙書) 時春金 起' 등의 사례가 이를 반증

해 준다. 즉, '時春金'은 둔전을 차경하여 경작하는 자이거나 '主·時'樣
式의 '時春金'이다. 春金 다음의 이 '起'는 현재 묵히지 않고 경작하고
있음을 밝히는 것으로 '陳'과 대비되는 용어에 불과다. 이 앞의 필지들
에는 起를 생략하고 陳만을 기록하여 陳과 起를 구분하였을 뿐이다.

다음의 자료는 全羅道 興陽縣의 內需司 田畓을 打量한 成册이다(奎
18466).

> ⑩ 邑內面 戶毛洞 重字 第九十四南(犯)四等 直畓長四十尺廣
> 十三尺二卜九束二方金世畓二方成回畓量時兺德 時執奴先卜

위의 ⑩은 1685년 홍양현에서 작성한 양안의 한 지번 내용이다. 이
양안에는 결부 14결 80복 4속의 152필지 모두가 兺德이 量時로 기재되
어 있다. 당시 경작자인 시집으로서 성명이 등재된 자는 裵先奉 등 19
명, 奴婢 名은 先卜 등 12명, 進秋처럼 그냥 名字인 것은 3명으로 모두
34명이다. 그러나 量時는 奴 兺德 한 명인 것이다. 奴 兺卜과 梁兺卜이
중복되나 그대로 성명과 노명으로 각각 분리해 보았다. 奴名에 토지소
유자의 성씨를 붙여 쓰는 例가 다른 양안에서도 확인되는 것52)으로 보
아 梁奴兺卜이 양얼복으로 등재될 수도 있다고 생각된다. 이는 바로 戶
名의 기재로도 볼 수 있을 것 같다.53)

---

52) 『古文書集成-海南尹氏篇正書本-』3(韓國精神文化研究院, 1981, 99·445쪽)에서도
'尹都事宅奴卜哲'과 '尹卜哲' 과 같은 예가 있다. 시기가 다른 『全羅道興陽縣所在
內需司田畓案簿庫員成册』(奎 18467, 1746)과 『全羅道興陽縣所在內需司田畓打
量陳起區別成册』(奎 18468, 1783)을 비교하면 다음과 같은 예들이 찾아진다.

	1746年 成册 '主'	1783年 成册 '時'
亦字 第64	郭漢寶奴己壬	郭己壬
戶字 第66	郭漢弼奴必先 內	郭必先
戶字 第84	朴命輝奴長同	朴長同

53) 李榮薰, 「朝鮮後期 八結作夫制에 대한 研究」, 『韓國史研究』 29, 1980, 102~7쪽
; 앞의 논문, 1997, 146쪽 參照.

이 量時는 '主·時'樣式 또는 '量主·量時'의 한 표기로 보고자 한다. 量時는 1685년 이전 어느 시점의 궁방의 改打量한 양안과 査陳正案에 기재될 수 있고, 그보다 훨씬 전인 甲戌量案에 등재되어 있을 수도 있다. 이의 확인은 뒤에 기술하는 고산현의 査陳正案에서는 물론이고 다른 여러 궁방양안에서도 그 양안의 기재 내용을 꼼꼼히 살펴보면 이런 추정이 가능하다.[54] 여러 필지의 時가 한 명으로 등재된 궁방전의 예는 여러 사례가 있다. 이 '時' 아래 기록된 인물을 田畓 所有主로 추정하는 것은 무리라고 본다. 이 時 아래 기록된 인물은 궁방전의 地租를 담당하는 관리자로 판단된다.[*] 또한 궁방전에서 모든 필지가 '作' 아래 한 명의 奴名으로 기재된 경우 이 '時'와 동일하게 해석해야 된다고 생각한다.[55]

---

54) 李榮薰은 이 양안의 기재 내용에 대하여 "'量時'는 갑술양안 상의 인물이고 '시집'은 1685년 당시의 인물이다. 갑술양안에 '時'라는 표기가 없었으면 51년 뒤에 양명을 등사하면서 '量時'라 할 수 없었을 것이다"(李榮薰, 앞의 논문, 1997, 80쪽)라고 하였다.

* (追補) 후일 많은 검토가 요하지만 이렇게 기록된 사실을 '記上'이라 할 수 있을 것 같다.

55) 「明惠公主房買得田畓及內需司移屬出畓等改打量成冊」(奎 18766, 1686)에는 개타량한 공주방 매득전답 2결 81부 3속과 내수사에서 이속된 것을 개타량한 4결 73부 8속을 합한 7결 55부 1束 내의 모든 필지는 '作奴得立'으로 등재된 것과 같은 사례가 있다. 또한 「高城郡案付靈津寺(乾鳳寺)位田畓庫員字號甲子年打量成冊謄書」(奎, 18533, 1707)에는 靈津寺位 전답의 庫員과 字號를 갑자년(1684)에 타량한 것을 謄書한 已上田畓이 모두 4결 6부 1속이다. 이 전답 모두가 '作奴生立(立生)'으로 기재된 것과 같은 이런 사례도 많다. 충청도 보령현의 仁嬪(宣祖)房에 절수된 水營 屯田畓 18결 31부가 양안(奎 18856, 1693)에 作이나 時가 없이 기재된 宮奴 信達의 사례도 이와 같다. 壽進宮이 새로 매득한 天安縣 新宗面의 논을 타량한 결부 12결 95부의 123(2作 등 포함)필지에 '奴允乭'이 舊作으로 등재된 반면에, 時作은 朴辰甲 등 여러 인물이 기재되어 있다. 이 舊作과 時作은 그 성격이 분명 구별되는 것이다. '新宗面 利字末 舊堰量外'라고 기재되어 자호가 없는 점에서 主가 기재되지 않고, 山火田처럼 作만 기재한 것이라 생각되는데, 매도한 자(궁방일 가능성이 높음)의 奴인 允乭이 작으로 기재된 것이다(「公忠道天安縣壽進宮新買新宗面畓打量成冊」, 奎 18390, 1805). 특히 4필지의 四標에 '私耕畓'이 표기된 점으로 보아, 이 사경답은 允乭에게 지급하여 경작하도록 한 논일 수 있다. '私耕田

물론 戶名으로 이해될 수 있는 경우도 있다. 군현양안에서 田畓 主名 다음에 기재되는 奴名도 이런 성격의 奴名으로 해석하는 것이 바르다고 생각한다.

또한 1685년에 천안군 내수사 전답을 타량한 양안의 已上에는 18결 93복 9속이 등재되어 있다(奎 18423).56) 傾義面에 있는 奉恩寺 次知 '收稅畓' 9결 18복 1속과 明善公主房 次知의 '收稅田' 2복 8속과 '收 稅畓' 9결 73복인 것이다. 내수사의 願刹이라 할 수 있는 봉은사의 次 知秩 條 필지에는 '奉恩寺免時弘伊舊順見'으로 기재된 반면, 明善公 主房의 차지질 條에는 '內需司免時弘伊舊順見'으로 되어 있다. 다만 28필지 중에 한 필지인 粮字에는 順見 대신 '舊加應失'로, 御·績字 두 필지에는 '舊順見'은 등재되지 않고 '時弘伊'로 되어있다. 加應失은 실 제 경작자였으나 그의 답이 궁방전에 투탁·편입되었거나 혼입된 예일 수 있다. 御·績字 두 필지는 '순견'이 사망한 후 '時'가 홍이로 바뀌어 지고 나서 새로 加耕된 답으로 볼 수 있을 것 같다. 또한 已上에 기재된 바와 같이, 時 홍이는 면세전답인 이들 전답의 '收稅' 담당자로 판단할 수 있다.57) 그러나 1725년 평안도 순안현에 있는 法興寺의 位田 3결 19

畓'은 私的으로 경작하는 전답으로 舍音, 墓直 등에게 지급되는 전답이지만 전답 관리인에게 朔料와 더불어 사경전답을 지급되는 것(『華城城役儀軌』, 附篇 二 節 目「大有屯設置節目」, 奎 古 951.2 J466 Mf. v.2; 一 屯監以下 雖有如干朔料 屯所 旣無財力 衣資凡百難以磨錬 都監畓八斗落 … 舍音勸農使令 各五斗落 以私耕劃給 使之無稅耕食 以爲聊賴之地爲乎矣 …(宋亮燮,『朝鮮後期 屯田 硏究』, 景仁文化社, 2006, 221쪽 參照)으로 보아, 이는 상전의 전답 등을 그 노역의 대가 등으로 지불 되어 租稅를 받지 않고 경작한다 해서 양안, 분재기 등에 이렇게 기재한 것으로 판단된다.

56) 已上田畓幷十八結九十三卜九束內 奉恩寺 次知 收稅畓 九結十八卜一束
　　　　　　　明善公主房 次知 收稅田 二卜八束 畓 九結七十三卜

57) 李榮薰은 이 천안군 내수사 전답의 양안의 '舊'와 '時'인 順見과 弘伊 두 인물을 소유자로 파악하였다. 두 인물은 宮奴로서 내수사를 대신해 기록된 자들이라고 하였다(李榮薰, 앞의 논문, 1997, 79쪽 參照).

부 5속(寺坐地 40負 포함)을 타량한 양안에 등재된 '時僧自密' 등 승려 21명은 분명히 당시 경작자로서 '時'이다(「平安道順安縣公田面內需司寺社位田打量成冊」, 奎 18523).

흰편 여주에 소재한 수진궁의 전답을 그 陳起를 타량한 양안(奎 20397, 1680)도 있다. 이 양안에는 이들 전답 중에 願刹인 水鍾寺에 移屬된 것임을 알 수 있는 붙임종이도 있다. 起와 時 및 今時[58]가 기록된 것이 다른 양안과는 차이가 있는 것 같으나, 자세히 살펴보면 '時'에 대한 시기적인 차만 있을 뿐이다. 즉, 時 小儀同은 1680년에 이 밭을 경작하는 자이고, 今時 丁賢은 그 후 어느 시기에 改打量하면서 이 時만을 다시 追書하여 '今時'로 기록한 것을 붙인 데에 불과하다. 그 시기는 이 필지에 왕의 裁可 공문서에 의해 수종사의 위답으로 기입되었다는 '因 啓下公事移屬水鍾寺 已入同位'라고 붙임종이를 붙일 때일 수도 있다. '今時丁賢'의 字體와 墨色이 다른 점도 이를 알 수 있다. 또한 陳으로 타량한 필지의 하단에는 '今時'의 인명이 없을 뿐만 아니라, '起'였던 藏字 제78 필지의 하단에 仍陳이라고 기재되어 있지만 今時 인명이 없는 것도 이를 반증한다고 판단된다.[59] 그런가하면 '起 主 時業武朴之輝'와 같이 主, 時가 동시에 기록된 것을 1719, 1790년의 내수사 김해부 둔전 양안에서 볼 수 있다.[60] 量主·量時의 樣式이지만, 이는 둔전 당시의 主가 박지휘였는데, 동시에 이 둔전을 그가 경작한다는 기록이라고 판단된다. 1790년의 이 양안에 계속 4장의 붙임종이가 있는 것은 계속 '時'인

---

58) 州內宇字 塔立第二北犯二等梯田長九十八尺大豆二十尺小豆十五尺十四卜六束東孝外田南金伊田西眞京田北洞 起 壽進宮位 時 小儀同 今時 丁賢

59) 朴魯昱은 忠淸道 大興郡 內需司의 逃亡妃인 金伊德 등의 記上田畓의 세 양안(1692·1716·1740年)을 비교하여 '舊', '時', '今'은 시기적인 차이만을 표현하는 것일 뿐 거기에 기재된 인물이 소유주인가 소작인가를 구분해 주는 것은 아니라고 밝힌 바 있다(朴魯昱, 앞의 논문, 86~89쪽 參照).

60) 「慶尙道金海府所在朴貴人房屯田畓庚子改量成冊」, 奎 18853.
「內需司(金海府)屯田畓量案」, 奎 18995, 1790.

경작자만을 조사하여 기록하였기 때문이다. 이런 동일 기재 양식이 김해부의 둔전에서만 볼 수 있는 것도 한 지역의 양안 기재의 관행이나 투식에서 비롯된 것으로 보인다.

다음의 자료는 甲戌量案을 등사한 자료로 기존의 연구에서 많이 소개·이용되고 있는 것이다.[61] 따라서 ⑪은 다음의 〈자료 1〉에서 인용한 것이다.

⑪   內需司
　　洪字丁　同丁　餘畓　二卜二束　奴莫同時布金
　　西二等直畓長四十尺廣三十九尺拾參卜參束二方莫同畓南吐北道奴五十同陳時杏龍
　　北二作三等直畓長九尺廣三尺貳束　同人陳時同人
　　第一西三等直畓長四十一尺廣二十八尺捌卜束五十同畓西同(人)畓南吐北連介畓奴莫同時日立
　　西十四吐越三等直畓長一百四尺廣二十尺拾肆卜陸束東吐南貴玄畓西莫同畓北良石畓奴乭ㅓ時良石[62]

위의 ⑪의 양안 題名에서 갑술양안에 등재된 내수사의 庫員과 卜數를 타량해서 開錄한 것이라고 밝히고 있다. 적어도 이 두 사항에 대한

---

61) 李榮薰은 양안의 서명으로부터 이 양안이 갑술양안을 등사한 것임을 알 수 있고 '時'라는 규정 하에 '日立'과 같은 별도의 인물이 나오고 있는데, 이는 墨色이나 字體로 보아 갑술양안의 내용이 아니라, 그것을 등사한 다음에 1685년 당시의 보유자명을 추가로 기재한 것이 확실하다고 하였다(李榮薰, 앞의 논문, 1997, 71~73쪽 參照).
　　吳仁澤은 "숙종 11년(1689[1685])의 宮房量案으로서 甲戌量案으로부터 65[51]년이 지난 시기에 鎭安 수령이 관내의 宮房 소유지를 옮겨 적은 후 교체된 時作者의 명을 조사하여 기록한 것이므로, 時作名을 추가로 기록한 것 이외에는 甲戌量案의 양식을 반영한 것이라 할 수 있는데, 이에서 四標 항목을 볼 수 있다"라고 하고, 또한 "忠淸道 甲戌量案(懷仁量案)과 全羅道 甲戌量案은 양식의 차이점만 뿐만 아니라 田品의 표기 순서에도 차이를 보여주고 있었다"(吳仁澤,「朝鮮後期의 量案과 土地文書」,『釜大史學』20, 1996, 156·157쪽)라고 해석하였다.
62)「全羅道鎭安縣內需司畓甲戌量案庫員卜數開錄成册」, 奎 20361, 1685.

것은 갑술양안과 관련하여 등사한 것으로 볼 수 있다. 일반적으로 양안에서 謄出 또는 傳寫일 때는 제목이나 표제에 이를 분명히 기록하고 있기 때문이다. 강원도에 소재한 명례궁의 位田畓 양안이나 전라도 고부군에 소새한 용동궁의 진답 양인의 말미에 기록된 「買得田畓字號負數謄出」에서 그런 예를 볼 수 있다.[63] 명례궁 양안에는 戊子(1768)年의 量案에 등재된 고원, 자호, 제차, 장광, 범표, 복수를 謄出하여 懸錄한 것으로, 표제가 그 등출 내용을 구체적으로 담고 있다.

이제 진안현 내수사 양안이 제공하는 정보에 더 접근해 보기로 한다. 우선 '同丁 餘畓' 2복 2속이 어떤 字丁(字號)의 논인지 의문이 든다. 이 자료에서는 洪字丁을 대칭하여 同丁이라고 기록한 것으로 이해된다. 의성군의 소문면 양안처럼, 경상도 지방의 경자양안에는 한 자호의 결부가 5결 이상일 때는 그 이상이 된 부수를 다음 자호로 옮겨서 '某字去', '某字來'로 기록되어 있다. 따라서 전라도 양안이지만, 천자문 同丁은 順에 따르면 홍자의 앞 자인 宙字로 볼 수도 있다. 뿐만 아니라 다음 2등 직답 13복 3속과 그 2작인 2속의 결부도 餘畓으로 볼 여지가 있다. 또한 이 기경시 쭈번에서 새로 加耕된 도지이므로 자호기 없는 것으로 판단할 수도 있다. 다음 지번은 제1부터 34 지번까지 한 지번도 결락됨이 없다는 점에서 더욱 그렇다. 이 전답에는 이 필지에 따른 分番이라 할 수 있는 2·3작이 14건이나 등재되어 있어 모두 사실상 51필지가 된다. 만약 宙字의 餘畓이 아니라면 洪字丁을 改打量을 해서 원 결부 수보다 더 측량되어 나온 加出된 전답을 앞에 기록한 것으로 밖에 판단할 길이 없다. 궁방전에서 '加出'된 전답인 餘卜은 끝 已上에 기재하는 것으로 궁방전의 원 결부 이외에 타량된 것을 의미한다.[64] 이 加出된 전답만은

---

63) 「江原道江陵府珍富面所在明禮宮位田畓戊子量案付庫員字號第次長廣犯標卜數謄出懸錄冊」, 奎 26228, 1772.
　　『全羅道古阜郡所在龍洞宮田畓量案』, 奎 18308, 1830.

64) 구체적인 사례로 已上 起田 96卜 6束, 畓 72卜 2束, 舊陳田 73卜 8束의 合 2결

궁방의 노비 名으로 등재되며 민전과 같이 출세되는 토지를 말한다.[65] 그런데 마지막 필지인 제34에 35卜 內의 1束이 '同丁 余'(雙書)라고 기록되어 있다. '餘畓'이 앞에 기록된 것과는 별개일 수도 있다. 이는 이 전답의 주변에서 새로 가경된 것일 수 있다. 이 문제는 다른 자료가 발굴되어야만 검토될 수 있을 것 같다. 그러나 이 궁방전 양안의 전답은 궁방 자체가 이 지역을 개간했거나 이곳의 무주 지역을 절수 받은 것으로 추정된다.

〈자료 1〉은 『(全羅道)鎭安縣內需司畓甲戌量案庫貝卜數開錄成冊』 (奎 20361, 1685)의 첫 쪽의 내용이다. 이 양안이 改裝되면서 內題가 바로 標題로 잘못 기재되었다.

그런데 이 양안의 필지 하단에 기록된 '時布金' 등은 분명 기록된 글씨의 字體나 墨色으로 보아 이후에 추가로 기록한 것으로 보인다. 따라서 이 '時'로 기재된 인물은 1685년이 아니라 다른 시기의 改打量[66]할

42복 6숙 內 '關文下來結卜段 二結六卜八束是如爲良置 其庫貝卽今打量 則加出三十五卜八束'(「忠淸道淸州牧壽進宮奴世吉田畓打量成冊」, 奎 18350, 1695)인 경우다.

65) 諸宮家各衙門折受處 及馬位田畓 一倂打量 數外餘卜 濫冒入錄者乙良 一一査出 區別懸錄 一依民田 施行爲齊(『量田謄錄』, 7쪽). 若是買得與賜牌免稅 而永作宮屯處段 改量後 一以收租案所付數爲准 以免稅懸錄後 加出剩結 該宮自 是定主 以該宮奴名懸錄是遣(위의 책, 庚子 3월 11日, 39~40쪽). 李榮薰은 『양전등록』의 경자 3월 11일의 '加出剩結' 이후 기록을 '다른 한편, 궁방의 소유지에 대해서 宮奴의 이름으로 懸主토록 하였다'(李榮薰, 앞의 논문, 1997, 122쪽)라고 설명하고 있다.

66) 이 양안이 改打量의 양안으로 확인된 것은 이 논문의 서술이 끝난 후 양안 상 판독하기 어려운 '良石'을 확인하기 위하여 재차 원본과 비교하는 과정에서 이었다. 이 양안의 원 標題는 「全羅道鎭安縣內需司畓甲戌量案所付改打量庫貝卜數開錄成冊」으로 되어 있다. 이 양안을 改裝하면서 '所付改打量'이 없는 內題를 그대로 옮겨 적어 표제가 되었고, 원 표제가 있는 면이 Mf.의 촬영에서도 누락되었다. 이는 재제본이 되어 있을 뿐만 아니라 표제의 字體가 內題와 다른 점에서도 그렇다. 그러나 필자가 '改打量'으로 추정한 논지와 사실의 확인에 差가 없어, 이를 수정 없이 그대로 두었다. 따라서 앞으로는 원본의 표제 名을 사용하는 것이 옳다고 생각한다. 이 양안의 원 표제를 〈자료 2〉로 첨부했다.

〈자료 1〉

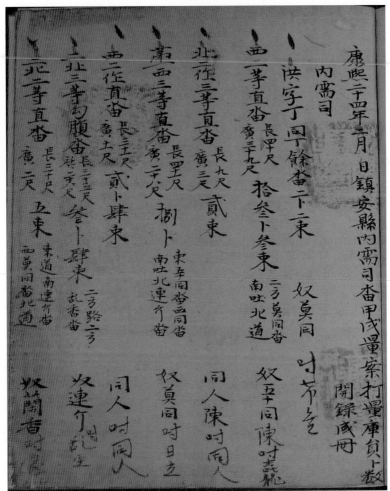

『(全羅道)鎭安縣內需司畓甲戌量案庫員卜數開錄成冊』(奎 20361, 1685)의 첫 쪽의 내용이다. 이 양안이 改裝되면서 內題가 바로 標題로 잘못 기재되었다.

때에 단지 경작자인 '時'名을 조사하여 덧붙여 쓴 것으로 판단된다. 당시에 바로 時名을 기록한 것[67)]이라면 그 자체나 묵색이 다를 이유가 없기 때문이다. 1685년 양안이 작성된 후 어느 시점에 추가로 덧붙여 기록

된 時나 陳 등이 이 양안에 등재된 것이다. 奴 莫同 등과 같이 1685년에
등재된 인물은 17명이 된다. 막동은 진전 3필지를 포함하여 15필지에
등재되어 있어 이 양안에서 가장 많이 실린 인물이다. 이 양안에서 陳田
은 18건이나 된다. 奴 五十同이 등재된 두 필지는 1685년에는 陳으로
기록되어 있으나 追書된 것에는 時로 기재된 점에서 덧붙여 쓸 때 기경
되고 있음을 추측할 수 있다. 莫同의 제4-2作·6·12 필지도 동일하다.
즉, 3필지의 진전만이 일구어 경작하고 있기 때문에 경작자를 각각 㐘
龍, 奉伊, 希金의 名이 바뀌어 기록된 것이다. 다른 진전은 1685년 기록
그대로 변함없이 남아 있는 것이다. 따라서 개타량 이후 경작하고 있는
전답의 경작자가 바뀐 경우는 時를 표기하고 그렇지 않고 계속 경작하
고 있을 때에는 추서가 없는 것이라고 판단된다. 막동의 경우 12필지가
다른 이름의 時名으로 바뀌었다. 한 필지만이 그가 경작하고 있는 것으
로 이해된다. 다른 필지에 계속 이름이 바뀌지 않고 그대로 변함없이 있
는 인물은 朱草(2, 陳 1; 2필지 중 陳 1. 이하 동일), 今同(4, 陳 2), 良石
(3, 陳 1), 春化(2), 千連(3, 陳 1), 石孫(3, 陳 1), 德金(3, 陳 2), 莫同(3,
陳 2), 時男(1), 春石(4, 陳 2) 등 奴들과 吳孫(陳 1)이다. 奴 朱草가 얼마
되지 않은 2복 2속은 계속 경작하고 있으나, 그의 결부 46복 4속은 劉卜
이 경작하는 時로 기재되어 있다. 그런가하면 제14 필지의 奴 蘭香 밑
에는 '時奴良石'으로 기재되어 있다. 즉, 양석은 1685년의 改打量할 때
도 등재되었을 뿐만 아니라 그 후의 추가로 기록한 時에도 등재된 것이
다. 또한 양석이 기재된 제3 필지의 결부는 5속에 불과하다. 그러나 16
필지의 11복 9속 논을 1685년 이래 경작하고 있고(17과 그 2작의 28복
2속은 陳畓), 14 필지의 상당한 양인 14복 6속의 奴 乭亇 밑에 '時良石'
으로 기재된 것이다. 그는 四標에도 기록되어 있다. 양석은 물론 막동
등 모든 인물이 1685년 양안의 각 필지 사표에 등재된 것을 대부분 확인

---

67) 李榮薰, 앞의 註 61) 參照.

〈자료 2〉

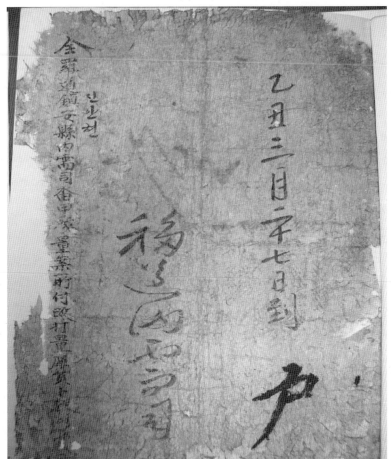

〈자료 2〉는 서울대학교 규장각에 소장된 양안(奎 20361)의 원본 표지를 등사한 것이다. 그러나 규장각에서 이 양안을 改裝하면서 內題를 標題로 옮겨 써 사용하였을 뿐만 아니라 이 원본 표제가 Mf. 자료의 촬영에서 탈락되어 있다. 즉, '所付改打量'이 빠져 있는 것이다. 따라서 앞으로는 『全羅道鎭安縣內需司畓甲戌量案所付改打量庫員卜數開錄成冊』으로 바르게 사용해야 될 것이다.

된다. 사실 궁방전양안의 사표에 등재된 인물은 시작이나 시집이 대부분이다. 군현양안에서 바로 옮긴 궁방전양안의 사표 등재 인물은 그 자체로 主 또는 時가 기재될 수 있지만, 改打量된 양안은 그 당시의 경작관

계를 중심으로 파악된 것이므로 主로 판단할 수는 없다고 본다. 많은 궁
방전에서 이런 사실이 확인된다. 물론 일반적으로 모든 궁방전의 양안을
이렇게 규정하기는 어려운 사례도 있다.

그런데 진안현 양안이 1634년의 갑술양안을 등사한 것으로 이해된다
면, 적어도 1685년 이 양안을 작성할 때는 이미 51년이 경과한 것이다.
이들 奴들이 거기에 언제 追書되었는가라는 사실까지 고려해 본다면,
1685년의 양안에 등재된 17명 가운데 莫同 등 거의 2/3에 가까운 11명
이 생존한다는 것은 불가능하다고 단정해도 무리가 없다. 요컨대 위에서
서술한 내용을 종합해 볼 때, 이 양안은 1685년 이전에 타량된 갑술양안
때의 庫員과 卜數를 당시 改打量한 것으로 해석하는 것이 옳은 것이다.
그 후 교체된 인물을 時 아래에 기재하였을 뿐이고, 바뀌지 않은 논의
時는 1685년 그대로 변함없이 남아 있는 것이다. 따라서 이 양안에 등재
된 논은 궁방이 궁노들을 동원하여 개간했거나, 국가로부터 절수 받은
내수사의 전답이라고 판단된다. 그러므로 이 양안과 함께 충청도 懷仁
縣 양안을 '갑술양안의 典型'을 지니고 있는 것으로 주장하는 가능성이
없어졌다. 그 이유는 회인현 양안 자체가 이미 갑술양안의 전형이 될 수
없기 때문이다. 더욱이 이 회인현 양안에 대한 면밀한 검토에 의해서,
이는 18세기 후반의 양안으로 밝혀졌을 뿐만 아니라, 양안의 필지 하단
의 起陳 다음에 '舊·時' 인물 명으로 된 것을 통해 '時主'의 성격까지
검토하였기 때문이다.[68]

---

68) 왕현종, 「18세기 후반 양전의 변화와 '시주'의 성격-충청도 회인현(懷仁縣) 사례를
중심으로-」, 『역사와 현실』 41, 2001, 234~244쪽 參照. 그런데 이 懷仁縣 量案은
"현재 국사편찬위원회에 소장되어 있으며, 제목은 『田畓等別記』(B13G86)인 것이
다. 1책 분량이며 크기는 38×31.5㎝이다"(위의 논문, 230쪽)라고 註에서 밝히고
있다. 그러나 어떤 이유인지는 확인되지 않으나, 현재 국사편찬위원회에서 이 원
본의 자료를 찾을 수 없다. (追補) 위 사실을 기록해도 된다는 양해까지 받았으나,
그 후 다시 요구하여 그 원 자료를 다른 서고에서 찾아 확인할 수 있었다.

다음 ⑫는 1713년 강화부의 府內面에 소재한 용동궁 매득 전답을 타량한 양안(奎 18290)의 駒字 제13 지번의 내용이다.

⑫ 府內面駒字 第十二束犯五等勾畓參夜味長壹百貳拾尺闊玖拾尺貳拾壹負
陸束貳拾斗落只東辰香畓西玉香畓南禮吉畓北貴案畓　主金孝立　時武香
(雙書)

위의 자료에서 主는 金孝立이고, 時는 武吉로 기재되어 있다. 이 龍洞宮 양안에는 府內面과 艮岾面에 있는 25필지 전답 2결 43부 1속(崔興璧으로부터 매득한 器字 3부 2속 內 量無 1부 2束을 포함하면 2결 44복 3속)이 실려 있다. 그러나 끝의 뒤에 追書한 것으로 판단되는 垈田畓의 合計 3결 87복 2속에는 어떤 전답이 포함되는 지를 밝히기 어렵다. 이 양안을 地目, 負數, 斗落只, 主, 時別로 구분, 정리하여 〈附錄 1〉로 만들어 제1장 뒤에 붙였다.

특히 이 양안의 끝에 붙여진「買得文書謄書記」를 통해 양안에 등재된 전답의 내력을 어느 정도 파악할 수 있다. 양안에서 奴 命吉의 黃·列·成·蓋字의 필지 결부와 누락지로 보아, 이는 이「매득문서등서기」에서 李知華로부터 買得한 것이다. 奴 명길의 상전은 이지화로 생각할 수 있다. 이 등서기에 '畓 4두락지 7卜 9속'은 양안의 蓋字 第18 필지의 '畓 7부 9속 7두락지'가 잘못 기록된 것으로 볼 수 있다. 그러나 '日字 畓 6부 4속 4斗落只'는 비교·확인할 수 없다. 이는 이보다 앞서 매득된 논으로 판단된다. 高以福으로부터 매득한 논 가운데 3두락지 3복 4속은 확인되지만, 4두락지는 이 양안에서 찾을 수 없다. 이는 매득 후 용동궁에서 다른 사람에게 매도한 것으로 이해할 수 있다. 良女 武香, 崔興璧, 金從(終)世, 河宗鶴, 洪忠逸, 金德先, 金成益 등으로부터 매득한 전답의 결부나 두락 수는 대체로 양안과 일치한다. 그러나 하종학의 각 필지의 결부와 두락지가 구별할 수 있게끔 되어 있지 아니 하다. 그렇지만 적어도 '合 18두락지'는 정확히 일치한다. 김성익의 '畓 42두락지'는 畓 43두락지가 잘못 기재된 것으로 생각된다.

金承命으로부터 매득한 '畓 10두락지 11卜'은 양안에는 '畓 10두락 지 13卜 3束'으로 기록되어 있다. 또한 金守命으로부터 매득한 논 가운 데 3두락지 2복 4속은 확인되나, '畓 3두락지 2卜 3속'은 이 양안에는 탈락되었다. 그 이유를 명확히 밝히기 어려우나 용동궁에서 방매한 것으 로 판단된다. 이 謄書記에서 확인할 수 있는 20인으로부터 매득한 田畓 가운데, 이 양안에 등재되지 아니한 경우가 많은 데서 이를 그렇게 판단 한다. 즉, 洪遇擘(畓 16두락지 17卜 9束), 金允克(畓 13두락지 16卜 6 束), 金弼輝(畓 13두락지 17卜 8束), 羅愛珍(畓 3두락지 3卜 1속, 畓 3 두락지 3卜 1束), 金建(畓 10두락지 14卜, 田 4두락지 4卜 8束, 畓 3두 락지 3卜 8束), 私奴 土賓(畓 6두락지 6卜 1束), 奴 朴民(畓 8두락지 19 卜 3束), 朴贊禑(田 4두락지) 등으로부터 매득한 田畓은 이 용동궁 양안 에서 확인할 수 없다.

매득 문서를 등서한 시기가 무자(1708)년인데, 이지화 등으로부터 사 들인 전답 19處의 매득을 '以上은 일찍이 매득'한 것으로, 이를 중간에 기재하고 다음 '追後買得田四斗落只朴贊祐處買得'으로 된 것으로 보 아 용동궁에 의해 19인으로부터 田畓의 매득이 이루어진 것은 1713년 보다 적어도 5년 이상 앞선 시기라고 판단된다.

그러면 1713년 강화부 府內面과 艮岾面에 소재한 용동궁 田畓을 打 量한 양안에 기록된 時는 어떤 의미로 사용되었는가가 의문이다. 이 양 안에 기록된 主의 성격도 밝혀보아야 한다. 田畓 거래가 이루어진 이후 적어도 5년 이상이 지난 시점까지 매도인이 時 아래 기재되어 있기 때문 에 우리에게 흥미를 주는 사실임에 틀림없다. 지금까지 時로 기재되어 있으면 대부분 타인의 전답을 경작하는 時作으로 추정하여 보아왔기 때 문이다.

이 양안에서 '時'는 時起, 時主, 時作, 時執을 약칭한 것 중의 하나로
보아야 한다. 경상도 김해군 泥生田의 打量記와 壬秋 田畓의 말미 已
上에는 '時耕'[69]이 기재된 경우도 있다. 또한 時는 陳의 대칭 개념으로
사용돼 起와 같은 의미로 사용되었다.[70] 일반적으로 궁방전양안에서 현
재 전답이 기경되고 있을 때 時가 기재된다. 이는 時起의 약칭일 수 있
다. 그러나 '主'字의 대칭으로 사용될 때의 '時'는 단순히 경작자만을 의
미하는 것으로 이해되기보다도 경작하는 주체나 수조를 담당하는 자이
거나, 또한 田畓의 소유관계를 표현하는 뜻으로 기재되고도 있다. 그렇
다면 이 양안에서 '時'는 時作 또는 時執으로, 그 아래 기재된 인물이
현재 이 田畓을 경작하는 자로 보는 것이 바른 것인가. 대체로 궁방전양
안 등에서 이런 '起 主'(主)와 '時'로 기재되어 있으면 대부분 이를 '地
主·小作'관계로 파악하여 통계·처리하여 분석하여 왔다. 이 '起 主'와
'時作'을 '지주·소작'관계로 설정하는 자체가 과연 바른 설정인가를 논
하기 전에 자료에 대한 철저한 검증과 분석이 요구된다. 그러나 한 자료
로는 검증 자체가 거의 불가능한 경우가 대부분이어서 주로 연구자들의
추정에 의해서 그 연구 결론이 도출되는 것노 사실이다.

이 양안 자료의 '時'字 아래 기재된 김덕선 등 12명 중, 최굴신만이
謄書記 상에 확인되지 않는다. 위에서 기술한 바와 같이 11명(명길은 이

---

69) 「(內藏院庚子)慶尙道金海郡生林面馬沙貝素史兩字泥生田打量記」, 奎 20251, 1900.
　　「慶尙道慶州南面內瓦里伏在內需司無後奴壬秋記上田畓改打量成册」, 奎 18618, 1712.
70) 경상도 김해군 타량기에는 草皐面, 依谷面, 王倫面에는 모두 10결 10부 8속의 결
　　부와 47필지가 등재되어 있다. 이 필지 모두 時나 陳으로 구분하고, 그 밑에 이름
　　을 쓰고 만약 일부가 묵힌 땅일 때는 다시 밑에 舊陳으로 기재하였다. 그러나 北
　　方面은 43부 2속 14필지인데 모두 起로 표기하고, 이름 밑에 5필지는 '陳'字가 기
　　록되어 있는 반면 五字 제136에는 '起 林奉才 貳負貳束 陳 貳負 實'(雙書)로 기재
　　하여 陳과 實로 구분하였다. 끝 통계에는 實田과 實畓으로 기록한 것도 결국 실제
　　경작하고 있는 밭과 논을 칭한다. 따라서 實起나 時起나 같은 의미로 사용된 것이
　　다(「廣州府所在內需司田畓打量陳實區別成册」, 奎 18508, 1783).

지화의 奴로 추정)의 결부나 두락지에서 다소 차이가 있는 경우도 있지
만 두 자료에 기재된 결부나 두락지가 대부분 정확히 확인된다. 이런 사
실에서 1708년보다 앞선 어느 시기에 田畓을 매도한 자들이 1713년 용
동궁의 打量 成冊에 남의 전답을 경작하는 '時作', 그것도 전혀 경작지
의 변동이 없이 바로 그 田畓을 경작하는 '時作'으로 계속 등재되었다고
보기는 어렵다. 이는 '時主'의 '主'가 생략된 채로 '時'로 기재된 것으로
보아야 할 것 같다.* 이를 확인할 수 있는 예를 『全羅道古阜郡所在龍洞
宮田畓量案』(奎 18308, 1830)에서 볼 수 있다. 이 양안이 '主'와 '時'로
기록된 것과는 달리, 양안의 끝(115쪽)에 기록된 「買得田畓字號負數謄
出」에는 '時主'만이 등재되어 있다. 또한 이 강화양안에서 '主'는 이 時
主보다 앞서 매득하여 경작한 田主로 양안에 등재된 때는 量主라고 할
수 있다.

이와 같이 용동궁의 등서기와 매득양안에서는 경작관계를 밝히는 것
보다 실제로 매도한 인물을 시주로 표기하여 그 매득관계는 물론 매입한
전답의 소유를 확인하였던 것으로 생각된다. 그렇지만 이 '時'를 양안에
서 쉽게 時主로 파악하기 어려운 경우가 많다. 시주는 면밀한 검토가 이
뤄진 후에 그 의미에 걸맞게 판단해야 한다. 즉, '量主·量時'에서 量은
양안을 의미한다. 따라서 이 경우의 量主는 양안에 등재된 전답의 소유
주 즉 主를 칭할 수 있다.71) 量時는 양안 상에 등재된 租稅 담당자로서
의 時를 의미하며, 때에 따라 時 또는 時主로 표기된 경우도 있다. 이때
의 時主는 소유주일 수도 있다. 그러나 量主와 時인 量·時를 '起主'와
時作으로 파악하여 計量한 연구도 있다.72)

---

* (追補) 여기서 '時'는 당시의 경작자에 불과한데 '時'를 時主로 파악하여 소유주로
  이해하려 한 것은 바르지 아니 하였다고 할 수 있다.

71) 李榮薰은 "筆地例 가운데 '量'이란 '量主'로도 표시되는 말인데 갑술양안(1634)
  상의 소유주를 의미하는 말이다. '時起' 혹은 '時' 등은 개량 당시의 時主人이다"
  (李榮薰, 앞의 책, 1988, 148쪽)라고 하였다.

量主와 時主로 파악할 수 있는 군현양안들과 궁방전양안들이 있다. 우선 1724년에 용동궁이 경기도 양주에서 매득한 전답 양안에는 4結 42 卜 5束의 11필지가 실려 있다(奎 18292). 이 양안에서 3필지는 陳田이 고, 한 필시는 20복 중 2복만 기경전이며, 6필지는 기경되는 전답들이다. 이 가운데 習字 제30 지번에는 사표와 함께 '北梁 量主太仁', 그 아래 에 '起時柳元男'이라 기재되어 있다. 그런가하면 福字 111 지번에는, 사표 아래에 '量主成立 起(時)李莫尙'(雙書)이라 표기되어 있다. 다른 지번에는 '時李莫尙'으로 실려 있다.[73] 두 지번에 기재된 이 양주의 기

---

72) 영광군 佛甲寺의 私量案의 '量時'를 '量(起主)'과 '時(時作)'로 판단하여 다양한 계
  량분석을 하였다. 우선 '時'를 시작으로 규정하는 데는 문제가 있다. 金甲周는 「사
  찰의 양안연구 -靈光 佛甲寺의 양안을 중심으로-」에서 "불대인 경우 양안상의
  시작도 기주처럼 그 지상건물이었다는 데 커다란 흥미를 갖게 한다. 조성위답의
  경우, 寺位·三寶·禪堂·明鏡殿·海佛庵·南庵 등이 시작이었으므로 이는 불갑사가
  시작이란 뜻이라 하겠다"(金甲周, 『조선시대 사원경제사 연구』, 景仁文化社,
  2007, 268·269~282쪽·『朝鮮時代 寺院經濟研究』, 同化出版公社, 1983, 212쪽 參
  照)라고 기술하고 있다. 영광 불갑사에 있는 「佛甲寺量案」의 時에는 위에 기재된
  이외 修道庵, 白雲堂垈, 金堂垈, 法堂垈, 文殊殿垈, 靜道殿垈, 悟眞庵垈, 餞日庵庵
  垈, 明道庵垈, 證智庵垈, 佛影垈, 海佛庵垈, 南庵垈, 內元庵垈, 甲山 등이 기재되어
  있다. 白雲堂 등에 '垈'가 기재된 점을 고려해 보아야한다. 또 인물이 한 명도 기
  재되지 아니하였다. 甲山은 佛甲山에서 나온 대칭이 아닌가 생각된다. 특히 '庵
  垈', '堂' 주변의 寺位로 기재된 것 가운데 이들에 부속된 것은 1束부터 5·6·7束
  까지 아주 소규모의 전답이라는 사실이다. 이런 관점에서 이 '時'를 시작으로 규
  정하는 것은 무리가 있다고 본다. 오히려 이 時는 主·時樣式의 時나 時主로 기재
  된 것으로 볼 수 있다. 김갑주는 뒤에 붙인 '佛甲寺位施畓等數卜數量時各 區別
  秩'(위의 책, 269~282쪽·223~236쪽)의 量時 란에서 위의 白雲堂垈 등의 '垈'를
  모두 탈락시켰다. 원 양안의 표제에는 '佛甲寺位施畓等數長廣卜數犯標量時各區別
  秩'로 되어 있다.

73) 궁방전의 양안으로 첫 量主의 표기를 확인할 수 있는 것은 「江原道橫城縣所在明
  禮宮田畓打量陳起區別懸錄成冊」(奎 18256, 1721)이다. 李榮薰은 1717년에 만들어
  진 「慶尙道昆陽郡兩浦面延礽君房起耕量付田打量成冊」(『慶尙道庄土文績』 7, 奎
  19302)의 42필지를 표로 제시하면서 量主와 時主로 표기하였다(李榮薰, 앞의 책,
  535쪽). 그러나 이 양안의 첫 필지가 아래와 같이 기재되어 있어, 이를 검토하지
  않았다.

재 양식도 동일하지 않을 뿐만 아니라 다른 필지에는 主名이 없이 진전
으로만 표기되거나 '起時某'로 기록되어 있는 것도 이 궁방전양안의 한
특색이라 할 수 있다. 이 두 필지만이 이미 기간되어 양안에 등재된 것
으로 이해할 수 있겠으나, 이 양안은 경기도의 양전이 이뤄진 1663년 계
묘양안을 지칭하는 것인지 추정하기 어렵다. 또한 1748년에 작성된 강
화부 毓祥宮畓의 量案修正册(奎 18728)에는 量主와 賣主가 기재되어
있고 붙임종이에는 '時作'을 볼 수 있다. 이 '量'은 경기도 6邑의 양전이
이뤄진 1737년의 것인지 다른 양안을 의미하는 것인지, 이를 확인하기
어렵다. 이 양안에서 河陰面의 熟字 16의 量主 金得禮의 10부 1속을
사들인 자는 賣主 朴萬建이었다. 그 후 어느 시기에 그가 육상궁에 매도
하였던 것이다. 이런 내용을 수정하여 문서화한 것이 이 양안이라고 생
각된다. 이 궁방은 이 전답들을 경작하는 羅仲一 등 당시 궁방전 소유의
전답을 경작하는 時作들의 명을 조사하여 이를 붙임종이에 써서 붙여놓
은 것이다. 그런데 근접지역인 인천부에서 소재한 전답을 타량하여 작성
한 1783년의 내수사 양안74)에서도 '起' 아래 量主와 時作이 橫·二行並
書되어 있다. 같은 지방의 양안 기재에 있어 동일한 관행이 이어져 온
것으로 볼 수 있다. 이런 양안에 실린 量主가 어느 시기의 양안의 主名
인지를 판단하는 것도 중요하다. 그런데 모든 형식을 갖춘 것으로 '時
主'를 확인할 수 있는 가장 오래된 것은 현재로는 1728년에 靖嬪房이
경기도 안성군에서 매득한 전답의 자호, 등차, 부수를 문서화한 양안을
들 수 있다.75) 이 양안은 뒷부분이 缺落되어 그 자체를 거의 판독하기

荕叱項員安字 第肆拾肆 肆等直田 長三十三尺廣十八尺(雙書) 參負參束 奴 白隱同
　　時 金時右
74) 「仁川府伏在內需司田畓打量 御覽成册」, 奎 18410, 1783.
　　「仁川府伏在明善公主房移來內需司田畓打量 御覽成册」, 奎 18411, 1783.
75) 「安城郡靖嬪房買得田畓字號等次負數成册」, 奎 18810.
　　見乃面 隱字第貳百柒束犯陸等裁作直畓玖夜長陸拾玖尺捌負捌束…量主以男

어렵다. 이 양안은 8장 정도인데, 北里面 등 5개 면을 이에서 확인할 수 있다. 이 전답의 각 필지에는 사표 밑에 '量主'와 '時主'로 雙書되어 있다. 군현양안으로는 1759년 전라도 화순과 영광의 '己卯降等降續陳田正案'에서 量과 時를 확인할 수 있다.[76] 한편 『全羅道金堤郡內需司折受量案無主田畓時起打量成册』(奎 18459, 1693)에서 景字 8필지의 논 20부 5속은 현재 기경지이며 '時永白'을 時主名이라고 밝히기도 하였다.[77]

지금까지 살핀 이런 양안 상에 실린 '時主'를 어떤 역사적 의미를 갖는 용어로 보기 어렵다.[78] 앞의 자료 등에서 보다시피 '당시의 主' 또는

味廣伍拾壹尺…(判讀不可) 時主李世珍

76) 「全羅右道靈光郡己卯降等降續陳田正案」, 奎 15140, 1759.
　　「全羅道和順縣己卯降續陳田正案」, 奎 15039, 1759.

77) 李榮薰, 앞의 책, 1988, 146쪽. 李榮薰은 "'時 永白'은 時主名"에 대한 註에서 "宮房田이나 衙門屯田으로서 제2종 유토로 판명되는 장토에 대한 양안이나 추수기에서 시주 혹은 시작 등의 성격은 그 자체로서는 판별하기 어렵다. 후술하듯이 이런 곳에서는 장토 내에 지주-소작 관계가 존재하고 있었으며, 양안 상의 인물은 그 어느 쪽도 될 수 있기 때문이다. 현실의 소작이든 지주든 불문하고, 양안 상에 시주가 기재되어 있는 그 자체가 사실상의 소유자가 존재하고 있음을 의미하고 있다는 것이다"라고 하고 있다.

78) 金容燮은 時主를 '현재의 주인'(金容燮, 『朝鮮後期農業史研究』Ⅰ, 一潮閣, 1970, 329쪽)이라고 규정하였다. 李榮薰은 "시작의 '시'는 현재라기보다 臨時的 내지 限時的의 뜻으로 이해됨이 좋다. … 이러한 의미의 '時'를 '主'에다 붙이는 것은 그 자체 形式論理의 모순이다. 그래서 양전사에서는 물론, 일상 언어생활에서도 그런 말은 없었다고 보이는데, 필자는 아직 조선후기의 公私 諸記錄에서 時主를 보지 못하였다"(李榮薰, 앞의 논문, 1997, 165쪽)라고 하고, 광무양전의 시주는 "요컨대 時主는 國田의 이념을 전제한 주 규정이었다"(李榮薰, 위의 논문, 167쪽)라고 하였다. 그래서 "시주 규정의 본래적 대상은 민의 소유지인 민전에 다름 아니었다"(李榮薰, 위의 논문, 179쪽)라고 하였다. 왕현종은 "회인현 양안 상의 時 표기인물로 보아 시가 경지의 경작자를 표기하기 보다는 역시 時主, 즉 조사할 당시의 토지소유자를 표기한 것으로 보여 진다"(왕현종, 앞의 논문, 241쪽)라고 하고, "따라서 고산현 진전양안 상의 '시'는 양안의 형식상으로는 아직 미완성이었으며, 결국 '시'로서 규정된 소유권의 범위와 내용도 아직 미흡한 것이었다. 그렇지만 이제 회인현 양안에서는 모든 토지를 대상으로 하여 시주를 파악하게 되었다. 그리고 양안 상에 사표 상의 이름과 時主名을 완전히 일치시킴으로써 비로소 소유권자의

'當該 年度의 主'로 판단된다. 따라서 時主는 어떤 역사적인 성격을 지
닌 용어라기보다 당대에 사용된 관용어에 불과하다.

이상에서 살핀 바와 같이 양안은 각자 다른 방식으로 기재된 양상을
살펴보았다. 따라서 한 양안을 제대로 이해하기 위해서는 시기가 다른
여러 양안을 통해 서로 비교·검토할 필요가 있다. 40년간에 세 번의 양
전 사항을 살필 수 있는 것으로 全羅右道 高山縣 西面의 양안을 들 수
있다. 다음 장에서 이 양안을 구체적으로 검토해 보고자 한다.

4. 高山縣 己卯量案 上의 量·時와 奴名 檢討

동일 지역의 궁방전으로 시기가 다른 여러 양안을 접하면서 많은 의
문이 들 때가 있다. 궁방전을 개타량한 것은 군현양안에 반영될 수 있는
가. 아니면 군현양안과는 별도로 관리되는 것인가. 그렇다면 군현양안은
그대로 활용되는 것인가. 동일한 성격의 군현양안은 아니지만 그래도 이
를 파악하는데 실마리를 줄 수 있는 양안자료가 전라우도 고산현의 것이
다. 우선 그 중 西面의 양안을 중심으로 검토하고자 한다. 고산현 서면
의 양안으로는 1719에 양전을 실시하여 펴낸 군현양안과 그 후 1748년
에 진전에 대한 조사를 통해 '戊辰陳改量導行帳'이 만들어졌고, 다시
己卯(1759)年에 진전 등을 조사하여 속전으로 내리거나 전품을 降等시
켜서 펴낸 正案이 남아 있다.[79] 이미 고산현 서면의 두 사진양안을 비교

권리를 보증하는 토지대장으로서의 양안을 완성한 것이었다"(왕현종, 위의 논문,
243~244쪽)라고 그 의미를 해석하였다.

79) 『高山縣己亥導行帳』, 奎 15034. 『高山縣戊辰導行帳』, 奎 15030. 『高山縣己卯正案』,
奎 15031.

·분석하여 1748년 양안에 대하여는 "還起田의 경우에는 토지등급의 재평가와 함께 부수적으로 소유자의 변동도 추적하여 기록하는 성과를 거두고 있었다. 이 점이 바로 당시 토지소유자 파악의 변화를 엿볼 수 있는 측면이다"라고 한 연구 결과도 있다.[80] 아래 자료는 1748년 高山縣 西面의 전답 양안에서 정리·인용한 것이다.

⑬ 正字第一六等陳田二卜一束量起(雙書)第一陸等直田南北長壹百參拾捌尺
　　東西廣陸尺貳負壹束東山西同人田南成元田北同人陳田 起主李奉石 內
　　　　　　　　直田 …… 貳束 …… 仍起主奴亡太
　　　　　　在成川直田 …… 壹負玖束 …… 成川主同人

위의 ⑬ 正字 제1 필지에 대하여, 田의 主가 李封石이었지만 무진 (1748)년에는 해당 토지 내에 새로이 奴 亡太가 경작하는 토지가 생기고, 나머지 땅은 成川이 되어 진전으로 편입됨으로써 '內' 地番을 賦與하여 이 토지를 奴 亡太의 소유로 인정해 준다[81]라는 주장도 있다. 그러나 이 필지가 이 진전 양안에 등재된 것은 '仍起主'에 있는 것이 아니라 냇가에 있는 밭이 成川됨에 있다. 결부 2부 1속 가운데 1부 9속이 밭은 기해양전에도 量起라 등재되어 있고 이후 묵히지 않고 계속 경작해 왔다. 그 후 어느 때인가 냇가로 변해버렸는지는 확인할 수 없지만, 무진년 양전 당시 냇가로 변해 경작할 수 없는 전토가 되었기 때문에 이 양안에 수록된 것이다. 무진양안에 등재된 필지들은 몇 필지의 예외를 제외하고 거의 대부분 진전이나 成川 등의 사유로 무진년 양안에 등재된 것이다. 정자 1 지번은 기해양안에 續이나 진전으로 표기된 것이 아니라, 기경전이므로 무진양안의 구양안의 란에 量起로 기재되어 있다. 또한 이 지번에서 '內' 지번을 부여한 것이 아니라, 계속 경작해 온 망태의 결부 2속

---

80) 왕현종, 앞의 論文, 223쪽.
81) 왕현종, 위의 논문, 223~5쪽 參照.

이 바로 기묘양안에서 정자 제1의 본 지번으로 등재되었음을 확인할 수 있다. 더욱이 『高山縣戊辰導行帳』에서 仍起와 前起의 진전으로 사정된 후 1759년 기묘양안에서는 이런 모든 지번-仍起와 前起-이 동일 지번이지만 결부는 査定된 데로 이렇게 표기되었다.

또한 이 '成川主'의 同人은 奴 亡太이다.[82] 동인의 대칭은 바로 위의 奴 亡太인 것이다. 이 양안의 空字 제27 田에서 그 하단에 '舊陳主白如璧 內 前起主奴若金 仍陳主白如璧'이라고 하였다. 이와 같이 모든 '內' 字 앞에 등재된 인물이 계속 진전의 主일 때는 이런 기재 방법을 사용하고 있었다. 同人으로 기재된 것은 모두 바로 위 인물을 대칭한 것이다. 특히 이 同人의 대칭의 정확한 확인은 어떤 통계를 계량화할 때는 주요한 의미를 지닌다. 內는 한 필지의 '結負 數'의 내를 의미한다. 이런 결부 몇 부 몇 속 內 몇 부 몇 속의 표기는 양안에서 많이 볼 수 있는 사례이다. 이런 內는 한 필지 내의 일부 전답 등이 묵힌다든가 혹은 재해가 생긴다든가 등 어떤 문제 내지 변동이 있을 때 사용되었다. 이를 內頉이라 하였다.[83] 기해양안에 主나 무주로 등재된 경우, 이 무진양안에서 蟄字 18 '主五禮 內' 혹은 '舊陳無主 內'로 기재하고 진전이나 成川의 상황을 제시하고 있다. 이때의 主가 '前起主'나 '仍起主'와 '내' 앞에 등장한 무주나 主名을 그대로 기재하고 그 앞에 계속 묵혀있다고 仍陳을 써놓고 있다는 점이다. 또한 '잉기주'는 전답의 소유관계를 표기한 것이 아니라, 이 밭이 舊量案에 경작하는 토지[量起]로 등재되어 있고 계속 경작해 왔기 때문에 仍起를 사용하였을 뿐이란 점이다. 여기서 奴 亡太는 사실 이봉석의 奴일 가능성도 있지만 적어도 고산현 서면의 양안에서는 확인되지 않는다.

---

82) 왕현종은 '成川主同人(李奉石)'으로 파악하였다(왕현종, 앞의 논문, 224쪽).

83) 所謂內頉段 雖一隅一頭片片畓畓些少被害之處 土豪奸民輩混同冒錄以致漏結之數多是去乎 … 毋論某災某頉畓畓 十卜之內或有一二卜災處是良置 勿爲擧論爲齊(『嘉林報草』戊午(1738) 八月 二十九日 各面傳令).

그런데 이 양안에서 虛字 9 지번의 主 鞠弼元의 奴인 加應失은 계속해서 1748년과 1759년에도 主로 기록되어 있다. 聽字 25의 李南極 奴 永立도 동일하다. 이들의 공통점은 무진양안에서 '起主奴加應失 內'처럼 등재되면서 그 아래 '仍起主 同人'으로 되어 있다는 사실이다. 같은 전답 내에서 이제까지 계속 경작하고 있는 기경지임을 밝힌 것이다. 즉, 무진양안은 소유주를 확인한 것이 아니라 成川 또는 在陳을 사정한 기록이다. 그런가하면 尺字 63 지번의 '今陳主張順玉 內'에서 금진인 田이 기경이 이뤄졌기 때문에 主인 장순옥을 '前起主 同人'이라 기재한 것이다. 원래 금진인 4부 5속의 결부 중 5속을 기해년 이후 어느 땐가 장순옥이 일구어 경작하였기 때문에 '前起主'라 기록한 것이다. 나머지 4부는 仍陳의 田으로 4등이 6등으로 강등되면서 1부 8속으로 감축되었다. 그 主 또한 同人인 장순옥이다. 聽字 25의 지번 내에서도 그 전답을 일구어 내어 기경하는 성격에 따라 仍起와 前起로 기재된다. 원래 3등 제전인 결부 5부 3속의 밭(起主奴永立 內)을 기경한 主인 (李南極)奴 永立은 2부 8속만이 무진년 양전 때까지 묵히지 않고 농사지어 왔다. 그가 仍起한 밭의 전형이 방전으로 변경되기도 하였다. 그렇지만 나머지 2부 5속인 밭(量後續陳主奴永立 內)은, '量後'에 속진전이 되었다가 다시 일구어 낸 2부 1속은 前起로 기록되었고 전형은 직전으로 기재되었다. 아울러 아직도 4속은 무진년에 4등에서 5등으로 강등되면서 2속으로 감축되어 '在陳直田'으로 남아 있었다. 이런 이유로 이 진전양안에 등재되었을 뿐이고, 1719·1748·1759년의 모든 양안에서 '기주, 잉기주, 양후속진주, 전기주, 잉진주' 등 등재상의 '主'는 변함없이 奴 永立이었다. 그런데 금진이나 구진을 다시 일구어 경작한 것을 前起라고 기재하였고, 묵힌 것을 다시 일구어 경작한다는 의미로 還起라고도 하였다. 이 환기는 글자 자체에 다시 기경했다는 의미가 있으나, 묵혔던 전답의 기경이 當該 年에 이루어 졌을 때 이를 今起라 기재하고 말미의 已上에

서, 이를 환기라고 기재한 것이다.[84)

　다음 자료는 量後續起, 量後續陳, 續陳, 續起 등의 용어를 검토하기 위하여 『高山縣戊辰導行帳』(a)과 『高山縣己亥導行帳』(b)에서 인용·정리한 것이다

⑭ a 事字…量起第一百二肆等直田…伍負伍束…仍起主奴士禮 內
　　　　　　直田…參負壹束…仍起主奴士禮
　　　　　　在直田…貳負肆束…量後續起主同人
　　正字…量續第三十五…捌負參束降陸等參負捌束…續陳主白汝淋
　　　…量起第五十一…貳負壹束降陸等壹負參束…量後續陳主奴泰金
　　　…量起第五十六陸等直田…壹負壹束…續陳主奴太金
　　禍字…量續第三十六陸等直田…壹負參束…續起主 李昌永
　　b 正字續第三十五…捌負參束…起主白汝琳
　　　續第五十六…壹負壹束…起主鞠弼譜奴太金

　위의 자료 ⑭ a의 事字 제102 필지 밭 2부 4속 '量後續起'는 무엇을 의미하는가. 量後란 '量田畢量後'나 '畢量之後'에서 알 수 있듯이 양전이 끝난 후를 의미한다. 따라서 양안의 문서 작업이 일단락되고 수정에 들어가는 때를 말하는 것으로 이해되지만, 양전이 끝난 후 어느 시기에 다시 답험해서 사정한 것으로 파악해도 무리가 없다. 물론 양전이 끝난 후 상황을 지칭한다고도 할 수 있다. 그렇기 때문에 구양안의 란에 量起로만 기재되어 있는 것이다. 따라서 이 2부 4속의 필지는 기해년에 양전이 실시된 후 진전(在陣直田이었다가 在直田)이었으나 그 후 또는 어느 시점에 조사하여 속전으로 강속되었으나, 현재는 기경하고 있는 전답을 말한다. a의 옛 양안에 量起였던 禍字 51의 2복 1속 필지는 양후에 속전으로 강속되었으나 현재 기경되지 않고 묵혀 있기 때문에 '量後續陳'

84) 典字丁 量舊陳六十六 … 五等直田 … 壹負陸束 … 量 無主 今起 主 朴時孝
　　… 巳上 … 舊陳田壹負陸束 還起 …(『全羅道興陽縣所在內需司田畓打量陳起打量
　　區別成冊』, 奎 18468, 1783).

이라 기록된 것이다. 量後의 시점을 정확히 파악할 수는 없지만 기해양
전 이후 경신년 이전이라는 것을 이 양안 말미의 已上의 란에 기록된
'量後降續陳田, 庚申降續陳, 戊辰許頉陳田' 등의 기록에서 알 수 있다.

여기서 續田이란 매년 농사를 짓기 어려운 전답을 말한다. 조선전기
에는 續案[85]을 만들어 별도로 관리하면서 경작 여부에 따라 세금을 징
수하는 '隨起收稅'한 전답이다.『量田謄錄』에는 이를 別案이라 하고,
또한 속전에 대한 설명을 자세히 하고 있다.[86] 그런데 ⑭ a 舊量의 正
字 35 필지 8부 3속과 56 필지 1부 1속의 밭은 量續으로 기록되어 있고,
今量의 主字 위에 속진이 표기되어 있다. 이 양속은 바로 1719년의 기
해양안의 이 필지 등에 續字가 기록되어 있음을 뜻한다. 사실 위의 기해
양안 ⑭ b의 자호들의 지번 위의 란 밖에 續이라고 쓰고 있다. 또한 정
자의 끝 통계인 已上에서도 두 필지의 속전(8부 3속과 1부 1속)이 당시
경작하고 있는 기경전임을 '續起玖負肆束'으로 확인된다. 아울러 ⑭ b
에 있는 正字 35·51·56 필지의 속진은 현재 속전으로 분류되었을 뿐만
아니라 현재 묵혀 있는 전답인 것인데 반해, 禍字 26 필지 1부 3속 밭은
기해양안에 같은 속전으로 등재되어 있지만 무진년 현재 경작되고 있는
밭이라 하여 續起로 등재된 것이다.

다음은『고산현무진양안』상에 기록된 庚申續陳과 戊辰陳, 그리고 前
起, 今起 등의 의미를 파악하기 위하여, 이 양안에서 인용하여 제시한다.

⑮ 聲字第十六四等直田一卜一束量起(雙書)第十六肆等直田東西長參拾尺
　　南北廣柒尺壹負壹束降陸等伍束東川三方山庚申續陳主奴乙民

---

85) 戶曹啓… 一 元案付山腰山下薄田及雖在平衍 地品浮虛 草樹茂盛 耕而不穗之地 守
　　令每當秋成 親審覈實 報監司啓聞免稅後 式年量田時 移錄續案 … 一 續案付田 土
　　地膏厚 所收倍多 無異正田者 守令幷審置簿 俟後式年量田 移錄正案(『成宗實錄』
　　卷38, 成宗 5.1.25, 9-85~86쪽).
86)『量田謄錄』, 58~59쪽.

> …量起(雙書)第五十四六等直田…陸束…戊辰陳主奴白龍
> 事字…量起(雙書)第十七伍等直田…貳負…庚申續起主奴莖今
> 正字…舊陳(雙書) 第七十二肆等直田…玖負…舊陳無主 內
> 　　　　　直田…肆負捌束…前起主奴石介
> 在陳直田…肆負貳束降陸等壹負玖束…仍陳

위의 ⑮ 聲字 16 필지 밭 1부 1속은 己亥量案에 '起'이었으나 庚申 (1740)年에는 '속전으로 강속되어 묵혀 있는 진전'으로 기재된 것이다. 당시 영·정조 시대에 충청도 5회, 경상도 3회, 전라도 4회의 査陳이 이뤄졌다는 것이 밝혀졌다. 이 경신년에는 전라도 지역에 降續이 이뤄졌고 경상도 지역에는 降續許頉이 행해졌다.[87] 따라서 궁방전양안에서 필지의 하단에 기록된 이 '庚申' 기록을 많이 접할 수 있다. 같은 54 필지도 기해양안에 '起'로 등재되어 있다. 그러나 무진(1748)년에 진전으로 사정되었다고 해서 '戊辰陳'이라 기재된 것이다. 또한 庚申續起인 事字 제17 필지 2부는 기해양안에서 기경전이던 것이 경신년에 속전으로 강속되었고 현재는 起耕되는 밭이란 것이다.

위의 자료에서 정자 72 필지 9부 밭은 기해양안에 전품은 4등이나 구진무주이었다. 그 후도 계속 구진이었는데, '舊陳無主 內'의 4부 2속은 아직도 그대로 묵힌 밭이기 때문에 '仍陳'으로 기재되어 있는데 반해, 옛날부터 묵힌 밭의 일부인 4부 8속이 다시 일구어 경작되었기 때문에 이를 前起라 기록한 것이다. 즉, 계속 묵혀 왔던 구진이나 묵힌 금진을 다시 일구어 경작하는 전토를 前起라 기록하였다. 이 전기는 이전에 다시 일구어 졌다는 의미에서 바로 還起 또는 今起라고도 기록되었다. 그러나 양안에서 起와 前起 및 今起로 구분하여 기록하기도 하였다. 금기는 당해 년 그 해에 다시 일구어 경작한다는 뜻이다. 물론 구진이나 금진인 경우라도 양전하는 해에 이뤄진 경우에는 금기라 기재하였다. 동일

---

87) 吳仁澤, 앞의 논문, 1996, 120~121쪽 參照.

필지 내에서도 새로 기경한 시기가 다를 때 前起와 今起로 나누어 등재
한 사례가 바로 그런 것이다.[88] 무진양안에서 무진년에 일구어 기간한
11건(習字 18, 聽 26, 寸 51, 資 38, 臨 112, 興 101, 溫 11, 溫 101,
川 40)의 '今起' 사례가 있다.

다음은 『高山縣戊辰導行帳』(a)과 『高山縣己卯正案』(b)에서 같은 자
호 如字 38·50 지번을 비교·검토하기 위하여 정리·인용한 것이다.

⑯ a 如字…量起第三十八伍等直田…捌負肆束…起主高石漢 內
　　　　直田…陸負…仍起主奴士千
　　　在陳直田…貳負肆束 降陸等壹負伍束…戊辰陳主同人
　　b 第三十八南犯二作陸等直田量陳…壹負伍束…量戊辰陳主
　　　　奴士哲時士哲 己巳起庚午還陳
　　a …舊陳 第五十 伍等 直田…拾捌負…舊陳無主 內
　　　　直田…陸束…前起主奴介先
　　　在陳直田…拾柒負肆束降陸等拾負玖束…仍陳無主
　　b 第五十…量起…陸束降陸等肆束…量時奴介先
　　　　二作…量陳…拾負玖束…量陳無主時奴介先 辛未起壬申還陳

위의 ⑯은 우선 무진년 양전에서 a 如字 38 지번의 결부 8부 4속이
구양안인 기해양안에서 기경하고 있는 밭으로 등재되었고, 당시 主는
高石漢이었음을 보여준다. 그 후 어느 때인가 主가 교체되어 奴 士千이
6負는 묵히지 않고 계속 경작하여 왔다. 그러나 '在陳直田'인 5등전 2부
4속은 무진년에 6등전 1부 5속으로 강등·감축되었고 그 主는 여전히 同
人인 奴 士千이었다. 고석한은 무진양안에는 '今陳主奴石漢'으로 등재
(如 제63)되어 있는가 하면, 己卯正案의 之字 26 지번에는 '時高石汗'

<hr>

88) 西犯 玖等 勾田 長壹百尺濶陸拾尺 (雙書) 起　貳負參束 四方山　時 內需司田
　　南犯 玖等 勾田 長壹百參拾尺 前起　　　　　參負伍束 二方山　時 同田
　　　　　　濶柒拾尺　　今起　　　　　　　壹束 二方浦
　　(「平安道成川府所在宮屬無後內奴(婢)廷介等田打量成册」, 奎 18632).

으로 기록되어 있다. 이 1부 5속의 38 지번 2작으로 사정되었으나 다음 해 1750(庚午)년에 묵인 밭으로 남아있다는 것을 알 수 있다. 물론 기묘 양안에는 기경되고 있기 때문에 如字 38 지번은 기록되지 아니 하였으나 새로운 지번(a 如字 38 내 仍起하던 결부 6부)으로 사정되었다. 즉, 如字 38 지번은 같은 지번이지만 그 결부는 다른 새로운 필지가 되었고 현재 기경전이므로 1759년 양안에서는 찾을 수 없다. 이를 통해 전답의 分割 또는 2작, 3작 등이 이뤄지는 과정을 이해할 수 있다. 이런 사례는 뒤의 〈表 1〉에서 많이 확인된다.

위의 a 如字 50 지번은 결부가 18부이나 원래 구진으로 主가 없었다. 그러나 이 중 묵혀있던 결부 6속의 밭을 1748년보다 앞서 일구어 경작한[前起] 主가 奴 介先이다.[89] 당시 1748년 그대로 묵혀 있던 5등의 17부 4속은 6등 10부 9속으로 강등·감축되어 여전히 무주의 진전으로 남아 있었다. 그 후 1759년의 양전에서 介先이 경작하던 5등 田의 결부 6속은 다시 4속으로 감축되었다. 이 밭에 대해서 개선은 무진양안의 前起의 主로서 양안에 등재된 것으로 '量奴介先', 1759년의 '時'로서 '時奴介先'으로, 기묘정안에 '量時奴介先'으로 기록되어 있다. 여기서 '量'이 기해양안이 아니라 무진양안 이전의 어떤 양안임이 중요한 사실로 판단된다. 아울러 a 如字 제50 필지 가운데 '在陳直田'으로 남아있던 10부 9속이 1751(辛未)년에 개간되었다가 1752년(壬申) 다시 묵혔지만 그 개간자인 개선을 時 아래 기재하고 如字 地番 50의 分番인 b 50-2작으로 査定되었다.

여기서 더욱 관심을 끌게 하는 기록은 '量時某'로 등재된 것이라 할 수 있다. 그런데 이 양안에 대해서 "이 양안이 이전 양안과는 현저하게

---

89) 왕현종은 "18부 중에서 6속은 본래의 기주 노개선(奴介先)으로 판정되었으며, 나머지는 진전이 되어 결부를 낮추어 준다는 것이다"(왕현종, 앞의 논문, 224쪽)라고 해석하였다.

달라진 점이 있었다. 그것은 새로운 토지소유자를 찾아내고 있었을 뿐만
아니라 이들을 표시하는 양식상의 변화가 있어 토지소유자를 '量'과
'時'로 표기하고 있다는 것이다. 여기서 量은 곧 量主, 양안 상에 등재된
소유사명을 가리킨다. 즉 기해양인에 기록되어 있는 기주의 이름이
다"[90]라고 한 연구도 있다. 그러나 이 '量'은 양안 자체를 가리키는 것
으로 그 뒤에 기록된 名이 主 또는 作인 것이다. 양안에 양전 사항을
등재할 때 '主'字를 생략하고 그 명만을 기록한 것에 불과한 것이다. 한
편 기존의 연구자들이 쉽게 양주를 군현양안 상의 主로 파악하려고도
한다.

그렇다면 이 양안에 등재된 量主는 어떤 인물일까.

사실 궁방전양안을 살피면서 특히 개타량한 내용을 접할 때는, 主나
作이 되든, 또 변화된 결부 수는 군현양안과는 어떤 관계를 지닐까 하는
의문이 든다. 궁방전의 개타량한 내용이 군현양안 어디에 반영될 수 있
는가 하는 점이다. 아니면 군현양안과 궁방전양안과는 별개로 관리 되었
는가 하는 의문점인 것이다. 더욱 중요한 사실은 이른바 경자양전 이후
전국적인 양전이 실시되지 아니 했으나 이 양안에 의해 조선후기 사회의
수취체제는 유지된 것으로 이해되기 때문이다. 아울러 현존하는 개타량
한 궁방전 등의 양안을 많이 접할 수 있다는 점이다. 이런 양안에서 '양
주'를 접할 때 이 量主는 경자양안 등의 군현양안에 등재된 主만을 의미
하는가를 생각하지 않을 수 없다. 사실 이런 문제를 해결하는데 고산현
서면 양안은, 이를 검토해 볼 수 있는 좋은 자료라고 생각한다. 기해양
안은 군현양안의 正案인데 비해 두 양안은 査陳과 陳田을 改量한 양안
에 불과하지만 이 문제에 어느 정도 접근할 수 있다고 생각된다.

그렇다면 1759년 기묘양안에 등재된 量主는 모두 1719년의 기해양안에
등재된 주인가. 또한 각 필지의 기재 내용 중 가장 중요한 결부 수도 그

90) 왕현종, 위의 논문, 225쪽.

해의 양안과 같은 내용인가. 우선 이를 밝히기 위해 고산현의 1719·1748·
1759년의 세 양안에서 서면의 것을 조사·비교하여 〈表 1〉을 만들었다.

〈表 1〉 己亥量案 상의 主 또는 結負가 己卯量案에서
變動된 事例와 戊辰量案과의 比較

		己亥量案(1719)	己卯量案(1759)	戊辰量案(1748)
順	字號地番	主名(結負)	主名(結負)	主名(結負)
1.	空字第27	舊陳主白如辟奴哲男(4.8)	量奴若金時奴九目金(0.5→0.3)	舊陳主白如辟內起主奴若金(0.5)
2.	谷 2	舊陳主金光弼(7.9)	量時奴盜生(3.6→1.6)	舊陳主金光弼內前主奴道生(3.6)
3.	聲 51	起主南敏悌奴千同(9.0)	量三金時奴者斤老未(3→1.9)	舊陳主奴千同內前起主奴三金(3)
4.	聲 69	舊陳無主(10.1)	量奴九里金時奴莫春(0.8→0.5)	舊陳無主內前主奴九里金(0.8)
5.	聲 71	舊陳無主(3.9)	量時奴淂吉(0.6→0.4)	舊陳無主內前主奴淂吉(0.6)
6.	虛 14	舊陳無主(1.5)	量時奴論世(0.2→0.1)	舊陳無主內前主奴內世(0.1)
7.	虛 14-2作	(分割)	量時奴加應實(0.3→0.2)	舊陳無主內前主奴加應實(0.3)
8.	虛 14-3作	(分割)	量時奴論世(0.2→0.1)	舊陳無主內前主奴內世(0.2)
9.	虛 15	舊陳無主(4.9)	量時奴加應失(4.0→2.5)	舊陳無主內前主奴加應實(4.0)
10.	虛 32	今陳主朴龍伊(3.3)	量若金時奴淂蔓(0.5→0.2)	舊陳主朴龍伊內起主奴若金(0.5)
11.	虛 32-2作	(分割)	量奴淂萬時奴明化(0.3→0.1)	舊陳主朴龍伊內前主奴得晩(0.3)
12.	堂 69	起主金重秋奴承禮(3.4)	量時奴莫金(0.4→0.2)	起主奴承禮內仍主奴承禮(0.4)
13.	習 30	起主文德修奴順春(1.2)	量禮上時奴大今(0.7內0.3→0.2)	起主奴禮尙內仍主奴禮尙(0.7)
14.	聽 31	舊陳無主(3.7)	量時奴馬音金(0.4→0.2)	舊陳無主內前主奴馬音金(0.4)
15.	禍 23	舊陳無主(2.0)	量奴萬伊時奴見良(1.4[1.1]→0.7)	舊陳無主內前主奴萬伊(1.1)
16.	禍 40-2作	起主高乭屎(0.6)	量張召史時奴高者斤老未(0.3→0.2)	起主張召史內仍主奴張召史(0.3)
17.	禍 54	舊陳無主(2.7)	量鄭險丁時奴郞春(0.4→0.3)	舊陳無主內前主鄭險丁(0.4)
18.	因 6	舊陳無主(0.9)	量時靜安堂(0.9)	舊陳起主金星金(0.9)
19.	因 33	起主姜厚元(6.3)	量(美)汗昌時姜龍朴(5.8→3.6)	起主姜汗昌內仍主姜汗昌(5.8)
20.	惡 8	起主朴老郞金(3.6)	量時奴連德(3.6內2.5→1.6)	起主奴連德內仍主奴連德(2.5)
21.	積 11	舊陳無主(1.2)	量(朴)좀生時朴水萬(1.2→0.7)	舊陳起主徐日公(1.2)
22.	積 16	起主朴白男(1.7)	量時金召史(1.0)	續陳主金召史內前起主金召史(1.0)
23.	積 73	起主朴士龍(2)	量金丁三時朴今先(1.5→1.0)	起主金丁三內仍主金丁三(1.5)
24.	積 108	舊陳無主(22)	量奴連德時李今惡(0.3→0.2)	舊陳無主內前起主奴連德(0.3)
25.	福 7	起主鄭應主奴忝同(7.4)	量時奴汗昌(5.5→2.5)	起主奴汗昌內仍主奴姜汗昌(5.5)
26.	福 27	舊陳無主(1.1)	量時尹召史(1.1→0.5)	舊陳起主尹召史(1.1)
27.	福 28	舊陳無主(3)	量貴山時李通達(3.0內1.3→0.6)	舊陳無主(3→1.4)
28.	善 37	起主洪厚元(0.6)	量金今惡時金惡只(0.3)	續陳主金今惡內前主金今惡(0.3)
29.	善 53	今陳主金永達(28.7)	量時李達辰(0.6→0.4)	今陳主金永達內前主李達辰(0.6)
30.	慶 17	今陳主郞毛眞(9.8)	量今陳主郭明先時奴淂亡(5.6內0.7→0.4)	今陳(主)郭明先(5.6)[*]
31.	尺 46	舊陳無主(5.2)	量時奴先日(1.1→0.5)	舊陳無主內前主奴先日(1.1)
32.	尺 63	今陳主崔戊全(4.5)	量張順玉時奴先玉(0.5→0.2)	今陳主張順玉內前主奴張順玉(0.5)
33.	璧 85	舊陳無主(14.3)	量時奴尙辰(0.2→0.1)	舊陳無主內前主奴尙眞(0.2)
34.	非 12	舊陳無主(5.2)	量舊陳無主時奴先日(3.3內1.7)	舊陳無主(5.2→ 3.3)[#]
35.	非 25	起主蘇日三奴四德(4.4)	量千己時奴日金(3.2內1.6→1)	起主奴千己內仍主奴千己(3.2)
36.	非 94	舊陳無主(2.3)	量奴松每(1.3→0.6)	舊陳無主內前主奴松每(1.3)
37.	非 96	舊陳無主(1.4)	量奴金仁(1.4→0.9)	舊陳起主奴金仁(1.4)
38.	非 99	起主姜世亨奴者斤連(6.3)	量千己時奴有巾(3.6內2→0.7)	起主奴千己內仍起主奴千己(3.6)
39.	寶 46	起主高極齊奴先玉(4.6)	量奴松每(3.6內0.8→0.3)	起主奴先玉內仍起主奴松每(3.6)
40.	寶 151	舊陳無主(0.7)	量時奴忠業(0.7)	舊陳起主奴德眞(0.7)

41.	寸 47	舊陳無主(7.2)	量奴喆丹時奴崔召史(1.6→1)	舊陳無主內前起主奴哲丹(1.6)
42.	寸 49	起主鄭右先奴石見(1.4)	量奴世今時奴上男(0.7→04)	起主奴石見內仍起主奴世今(0.7)
43.	寸 51	舊陳無主(14.4)	量奴喆丹時奴崔召史(1.5→0.9)	舊陳無主內今起主奴石丹(1.5)
44.	寸 93	起主申老郎金(9.9)	量奴莫春時奴上代(7.1→3.2)	起主奴莫春仍前起主奴莫春(7.1)
45.	寸 106	起主蘇大潤奴明吉(2.9)	量奴上代時奴怪春(2.2內1.6→0.6)	起主奴明吉內仍起主奴上代(2.2)
46.	是 40	起主奴之聖奴禮化(1.0)	量時奴态同(0.9→0.6)	起主奴禮化內仍起主奴态同(0.9)
47.	賁 30	今陳主鄭碩僑奴上卜(4.6)	量奴烏金時奴金云昌(2.6→1.2)	今陳主奴上卜內前起主奴烏金(2.6)
48.	賁 39	今陳主卓丁(4.4)	量時奴山每(0.4→0.2)	今陳主卓丁內仍起主奴山每(0.4)
49.	父 43	起主奴命立(1.1)	量奴上萬時上男(0.4→0.2)	起主奴命立內仍起主奴上萬(0.4)
50.	父 65	起主金中太(10.9)	量奴儀亡時奴能丹(5.9內1.6→1)	起主金中太內仍起主奴儀亡(5.9)
51.	事 9	起主朴戒先(2.4)	量奴貴萬時奴德男(0.7)	續陳主奴戒先內前起主奴貴萬(0.7)
52.	事 28	起主許連(2.1)	量奴論良時已男(1.7→0.8)	量後續陳主奴論良內前起主奴論良(1.7)
53.	事 29	起主許連(3.2)	量奴論良時已男(1.4→0.8)	量後續陳主奴論良內前起主奴論良(1.4)
54.	事 35	起主朴明化(3.8)	量時奴用化(0.6→0.3)	起主許連內仍起主奴龍化(0.6)
55.	事 64	起主白萬興(9.2)	量時奴丹伊(6.3→4.9)	起主白萬興內仍起主奴丹伊(6.3)
56.	事 64-2作 (分割)起主白萬興		量時奴丹伊(2.2→1.0)	(第64 仍主奴丹伊 方田 2-2)
57.	嚴 35	起主崔秋每(4.9)	量崔萬准時崔才汗(1)	續起主崔秋每內前起主崔萬准(1)
58.	敬 70	舊陳主李云迪(2.6)	量時奴國山(0.6→0.4)	舊陳主李云迪內前起主奴國山(0.6)
59.	孝 51	起主金厚達(1.6)	量金又達時申己(1.6)	續起主金厚達(1.6)
60.	當 61-2作 起主奴張業(7.1)		量時奴先今(3.6→2.2)	起主奴張業內仍起主奴善今(3.6)
61.	當 61-3作 起主奴張業(分割)		量時奴先今(1.0→0.6)	2作 起主奴張業內仍起主奴善今(1.0)
62.	竭 25	起主蔡永萬(7.1)	量蔡石周時太元(6.5→4.1)	起主蔡永萬內仍起主蔡石周(6.5)
63.	竭 45	起主柳請奴德龍(6.9)	量奴先業奴呂丹(6.9→3.1)	○
64.	力 64	起主仁生(1)	量莫同時奴時同(1內0.7→0.4)	○
65.	力 66	起主金加所里(5.7)	量時汝加里(5.7→2.6)	○
66.	則 14	起主柳請奴德龍(2.5)	量崔辰生時奴必奉(0.3)	○
67.	則 15	舊陳主柳請奴德龍(4.8	量吳後璧時奴上伊(0.4)	舊陳主奴德龍(4.8→3)
68.	則 16	舊陳主柳請奴德龍(2.9)	量貴先璧時奴上伊(1.4)	舊陳主奴德龍(2.9→1.8)
69.	則 19	起主柳日興奴萬中(13.8)	量吳後璧時奴必奉(0.7)	○
70.	則 21	起主柳請奴德龍(7.5)	量吳後璧時奴高邑禮(0.8→05)	○
71.	則 27	起主柳日興奴萬中(12.3)	量崔春舍時奴莫上(0.3→0.2)	舊陳主奴萬中(1.9→1.8)
72.	則 28	舊陳主柳日興奴萬中(1.9)	量崔秋每時奴莫上(0.8→0.5)	
73.	則 29	起主奴己丑(8.4)	量崔秋每時奴莫上(0.3→0.2)	○
74.	履 40	起主徐尙日(0.2)	量徐尙吉時李石喆(0.2→0.1)	○ 2作*量徐上日時李石喆
75.	履 131	今陳主洪辰必(4.3)	量洪辰發時洪小才(2.4→1.5分割)	今陳主洪進發內前起主洪進發(2.4)
76.	履 164	(續)起主僧敏宗(2.2)	量僧民字時金ち惡只(2.2)	(續)起主僧敏宗(2.2)
77.	履 173	起主僧自忍(0.4)	量時奴斗汗(5等0.2→6等0.2)	起主僧自忍內仍起主奴金斗漢(0.2)
78.	薄 9	起主了德寺位(20.1)	量僧學摠時徐奉今(18.1內8.5→3.9)	起主了德寺位內仍起主僧嶌摠(18.1)
79.	夙 40	舊陳無主(1.6)	量時朴旬奉(1.6內0.8→0.5)	舊陳起主朴順奉(1.6)
80.	興 29	舊陳無主(13.2)	量時李堂貴(1.1→0.5)	舊陳主內前起主李堂貴(1.1)
81.	興 49	起主金貴良(續1)	量續陳主金九良時金ち惡只(1)	續陳主金貴良(1)*
82.	興 55	今陳主李申男(21)	量鄭召史時鄭召史(0.5)	今陳主李申男內前起主鄭召史(0.5)
83.	溫 42	起主姜准龍(0.2)	量後續陳主姜好明時姜太云(0.2)	續陳主姜好明(0.2)*
84.	溫 88	起主姜一龍(0.3)	量戊辰陳主姜太云時奴件里介(0.2)	戊辰陳主姜太云(0.3→0.2)*
85.	溫 101	舊陳無主(17.0)	量奴先禮時奴旬辰(2.4→1.5)	舊陳無主內今起主奴先禮(2.4)
86.	溫 116	舊陳無主(1.4)	量時金準孫(1.4→0.9)	舊陳主奴姜准金(1.4)
87.	溫 129	起主河太生(0.8)	量河太上時奴玉連(0.8)	○
88.	溫 131	舊陳無主(26.4)	量尹貴先時尹必上(2.6內1.2→0.8)	舊陳無主內前起主尹貴先(2.6)
89.	清 27	起主金千立(3.3)	量時金連每(0.6)	起主金連每內仍起主金連每(0.6)
90.	清 28	舊陳無主(12.4)	量時金㐫忠(0.5)	舊陳無主內前起主金㐫忠(0.5)

91. 淸 48 舊陳無主(12.3)	量時奴連每(1)	舊陳無主內前起主金連每(1)
92. 淸 74 起主河太生(3.6)	量戊辰陳主河太先時丁今春(3.6)	戊辰陳主河太先(3.6)*
93. 淸 76 起主金丁巾(0.4)	量金丁坤時尹召史((0.4→0.3))	○
94. 淸 77 起主金丁巾(0.3)	量金丁坤時尹召史(0.3→0.2)	○
95. 淸 78 起主金丁巾(0.3)	量金丁坤時尹召史(0.3→0.2)	○
96. 淸 148 起主崔世達(0.4)	量奴先禮時裵先萬(0.2→0.1)	起主崔世達內仍起主奴先禮(0.2)
97. 似 9 舊陳無主(2.2)	量時奴禮丹(2.2→1.4)	舊陳起主金儀甲(2.2)
98. 似 76 起主林二興(8.8)	量時許日伊(2.6→1.6)	起主林二興內仍起主許日伊(2.6)
99. 蘭 33 舊陳無主(3.8)	量舊陳無主時徐萬卜(2.3內0.3)	舊陳無主(3.8→2.3)#
100.蘭 36 起主白豆去首里(2.0)	量崔斗去ケ里時徐萬卜(2.0)	○
101.蘭 43 起主商奴今禮(9.2)	量時奴今山(6.2→3.8)	起主奴今山內仍起主奴今山(6.2)
102.斯 16-2作 起主許定(4.8)	量時奴介卜(3.6→2.2)	起主奴卜內仍起主奴介卜(3.6)
103.斯 30 舊陳(2.4)	量時奴尙男(2.4→1.5)	舊陳起主奴業禮(2.4)
104.斯 50 起主許仁(2)	量許日時奴玉丹(1.5)	○
105.斯 57 今陳主許太己(9.1)	量時奴今禮(5.1→3.1)	今陳主許太己內仍起主奴今禮(5.1)
106.斯 98 起主許亢(1.9)	量奴老郞金時奴琴堂(1.9內1→0.5)	○
107.馨 12 起主奴章(4.2)	量時奴終邊(2.1)	起主許長內仍起主奴終邊(2.1)
108.如 38-2作 (起主高碩漢)	量戊辰陳主奴士哲時奴士哲(1.5分割)	再陳直田戊辰陳主奴士千(2.4→1.5)*
109.如 50 舊陳無主(18)	量時奴介先(0.6→0.4)	舊陳無主內前起主奴介先(0.6)
110.如 50-2作 (分割)	量舊陳無主時奴介先(10.9)	在陳直田仍陳無主(17.4→10.9)#
111.松 42 舊陳無主(2.7)	量奴上龍時奴於屯(0.3→0.2)	舊陳無主內仍起主奴上龍(0.3)
112.松 61 起主奴破回(0.7)	量時奴石禮(0.3→0.2)	起主奴石禮內仍起主奴石禮
113.松 62 起主奴破回(5.4)	量庚申續陳主奴石禮時奴石禮(3.4)	庚申續陳主奴石禮(5.4→3.4)*
114.之 13 起主奴垠(4.7)	量時奴今禮(2.4→1.5)	起主奴今山內仍起主奴今禮(2.4)
115.之 17 舊陳無主(42.0)	舊陳無主時奴今禮(26.2)	舊陳無主(42.0→26.2)#
116.之 34 舊陳無主(41.4)	量舊陳時奴戒奉(25.9)	舊陳無主(41.4→25.9)#
117.之 36 起主裵後發(1.8)	量庚申續陳主奴奉時奴戒奉(1.1)	庚申續陳主奴奉(1.8→1.1)#
118.不 3 舊陳無主(12)	量時尹同才(2.4→1.5)	舊陳無主內前起主尹同才(2.4)
119.不 7 舊陳無主(5.7)	量時奴論玉 (1.5→0.9)	舊陳無主內前起主奴內玉(1.5)
120.不 8 起主裵守丁(0.5)	量裵水京時崔上每(0.5→0.3)	○
121.不 9 今陳主裵守丁(0.3)	量裵水京時論玉(0.3→0.2)	今陳起主裵秀廷 (0.3)
122.息 12 起主柳讀奴德龍(6.4)	量望伊時有德(2.7→1.7)	起主奴德龍內仍起主奴望伊(2.7)
123.息 17 起主賣(6.4)	量奴熟丁時奴禮丹(6.4內1.4→0.7)	○
124.息 18 舊陳無主(52.0)	量卓水乭伊(0.8→0.5)	舊陳無主內仍起主卓水乭(0.8)
125.息 33 舊陳無主(6.8)	量時奴蒀同(0.4→0.2)	舊陳無主內前起主許男(0.4)
126.淵 1 舊陳主尹興立(2.9)	量尹同才時奴大石(1.2→0.7)	舊陳主尹興立內前起主尹同才(1.2)
127.淵 17 舊陳無主(4.8)	量時奴小德(0.7→0.3)	舊陳無主內前起主奴小德(0.7)

1. 量案 자료에서 基準 單位는 '負,束'으로 한다. 따라서 空字 27에서 '4,8'은 4부 8속을 칭한다. 또한 '0,5→0,3'은 결부가 5속에서 3속으로 감축된 것을 말한다. 이는 降等의 결과에 따른 것이다. 이하 모든 자료의 기재에서도 동일하다.

2. '谷 2'처럼 기재한 것은 여백 관계로 '字'나 '第'를 생략하였다. 이하 모든 자료의 기재에서도 동일하다.

3. ○; 1748년 양안에서 이 필지가 확인되지 아니함을 의미한다. 이하 표나 부록에서도 이와 같다.

4. '는 己巳起庚午還陳, #는 辛巳起壬午還陳을 의미한다.

기묘양안의 量主 또는 각 필지의 결부가 어떻게 변화되었는가를 검토하는 관계로 시기 순으로 배치하지 않고, 기묘양안의 내용을 중앙에 기재하여 두 양안을 비교하도록 하였다. 이 자료 통계를 설명하기 전에,

기해양안의 主와 고산현의 무진양안의 主 변동을 통계로 간단히 제시하
고자 한다. 기묘양안과는 달리 무진양안에는 그래도 상당히 많은 필지가
수록되어 있다. 이 西面의 양안에는 作을 포함하여 2088건의 지번이 실
려 있다. 이 필지들은 모두 진전 또는 속전이거나 기해양전 이후 진전
또는 속전으로 강속된 필지들이다. 무진양안에는 기해양안의 구진 무주
였던 569필지가 등재되어 있다. 이 가운데 강속·강등은 물론 기간되지
않고 그대로 동일 내용인 62건이 실려 있는 것도 의미 있는 일이다. 물
론 이 구진 무주만이 아니라, 因字 제6 지번처럼 구진이었다가 기간되었
으나 그 결부의 변동이 전혀 없는 지번도 35개나 된다. 구진 무주의 이
전답들은 무진년에는 부분적이고 소규모인 경우도 있지만, 569건 중 67
필지가 일부 개간되어 새로운 主가 등재되었다. 구진 무주의 필지로 본
다면 약 12%의 개간율이라고 할 수 있다. 그런데 부분적으로 개간된 이
67필지를 포함하여 2088필지 중 656필지의 主가 무진양안에 새롭게 변
동되어 실려 있다. 고산현 서면 양안에서 이 主의 변동은 1719년 이후
1748까지 약 30년간에 31.4% 이상의 主 교체가 이뤄진 것이다. 물론 이
양안이 '陳改量導行帳'이라는 점에서 그 한계가 있시만, 직어도 主의
교체를 양안에서 확인할 수 있다는 사실에서 그 의미가 크다.

그러면 量 또는 量主를 검토하려고 하는 『고산현기묘정안』은 어떤
가. 이 양안의 서면에는 총 467개의 경작지가 실려 있다. 435필지는 독
립 필지이고 이 중 32건은 이 필지들에 따른 분할된 지번으로 2作, 3作
으로 기록되어 있다. 또 독립된 필지 내에도 이런 2作, 3作으로만 기재
된 것도 있다. '降續降等' 진전의 기묘정안의 이들 전답 467개 지번 가
운데 27% 이상인 127(변화된 결부 수 5필지도 포함)지번의 양주가 1719
년 기해양안의 主와는 다르게 교체되었고, 또는 결부 수 기록이 다르게
되어 있다. 이는 상당히 의미 있는 사실로 판단된다. 이 〈表 1〉을 더 자
세히 검토해 보면 많은 의미를 밝힐 수 있을 것으로 생각된다. 적어도

기해양전 이후 묵힌 전답이 개간되었거나, 전답의 매매나 상속 또는 증여 등에 의해 主가 교체되었다고 할 수도 있다.

그런데 위의 〈表 1〉에서, 1719년 양안에는 구진 무주의 필지가 39건이 실려 있다. 이 중 1748년 '舊陳 無主 內 前起'와 같이 앞서 개간했다는 의미로 분할되어 기록된 것이 28건이다. 여기서 2작과 3작 등은 제외되었다. 이와는 달리 개간이 이뤄지지 않았으나 田品을 降等시키고 구진 무주로 그 결부만 감축한 것이 5건(표의 26. 福字 28; 3 內 1.3, 32. 非 12; 5.2, 99. 蘭 33; 3.8, 115. 之 17; 42, 116. 之 34; 1.4)이다. 1759년 기묘양안에서는 복자 28 필지만이 이미 개간이 이뤄져 '量金貴山 時李通達'로 등재된 반면, 4필지는 구진 무주로 변동이 없으나 '時 아래 人物 名'(時名으로 약칭. 이하 동일)이 모두 기재되어 있다. 물론 이들의 결부(福字 28; 0.6, 非 12; 3.3, 蘭 33; 2.3, 之 17; 26.2, 之 34; 25.9)는 변동되어 있다. 이 중 복자 28 지번은 무진년에 3부가 1부 4속으로 감축되었는데, 다시 기묘양안에 3부 내 1부 3속을 6속으로 감축한 사실을 정확히 이해하기 어렵다. 이런 예를 몇 개를 접할 수 있어 誤記인지 확인하기 어렵다. 이 5건의 필지는 구진 무주였는데 기묘양안에서 그런가하면, 이미 진전을 기간했다 해서 무진양안에 主名이 올려 진 것이 6건(18. 因字 6, 21. 積 11, 26. 福 27, 37. 非 96, 40. 寶 151, 79. 夙 40, 1.6)이다. 즉, 金星金, 徐日公, 尹召史, 奴 金仁, 奴 德眞, 朴順奉 등이 '舊陳 起 主'로 기재된 것이다. 이들은 1부 내외의 소규모의 전답이지만 각 필지 전지를 묵힌 땅을 남기지 않고 전부 개간하였다는 공통점을 갖고 있다. 사실 위의 표에 있는 무진양안의 구진 무주의 전답 필지 39건 가운데 사실상 개간되어 주명이 기재된 34필지와 아직 개간되지 아니 한 5필지는 결부가 변동되어 있는 점에서도 기해양안의 전답 필지의 성격과는 다르다는 점이다. 그 필지들이 査陳한 내용이 바로 기묘양안에 등재된 점도 또한 의미를 갖는다. 그러면 주명이 등재된 이들과 〈表 1〉에서

무진년 양안의 1 空字 27의 '舊陳主白如辟 內(4.8) 前起主奴若金(0.5)'
과 같은 많은 前起 主나 12의 堂字 69의 '起主奴承禮 內(3.4) 仍起主奴
承禮(0.4)'와 같은 많은 仍起 主와는 어떤 차이가 있는지 의문이 든다.
이를 위해 무진년 양안의 主名 앞에 기재된 용어들을 좀 너 검토해 보기
로 한다.

　우선 기해양안에서 구진무주였던 필지는 무진양안에 당연히 구진 무
주로 기재되어 있다. 무진양안에서 구·금진의 지번은 그 전답의 起墾 여
부에 따라 기경전이면 '舊·今陳 起 主'로, 그렇지 않으면 '구·금진주'로
등재되어 있다. 그런데 구·금진의 전답을 일구어 내어 경작한 경우도 그
전답을 전부 개간한 경우에는, 구·금진 주나 무진 구주를 막론하고 '起'
를 主 앞에 기록하고 있다. 그러나 그 일부만 기간하는 경우에 '內'를
써서 그 결부에서 앞서 얼마를 기간하였다는 '前起'를 主 앞에, 또는 계
속하여 경작해 왔을 때는 '仍起'를 기재하였다. 그리고 기간되지 못한
전답의 내용을 그 사유에 따라 在陣, 成川, 覆沙 등을 主 앞에 표기하였
다. 고산현 서면 지역이 강이나 내를 끼고 있는 지역이 많기 때문에 대
부분 성천으로 표기된 것이라고 하겠으나, 사실 覆沙(0.9; 己上에서도
확인)는 한 필지에 불과하다. 하여튼 主가 바뀐 경우도 동일하다. 그런데
〈表 1〉의 무진양안 4의 聲字 제69 '舊陳無主 內 前起主奴九里金'의
奴 九里金이 기묘양안의 '量奴九里金'으로 기재된 것과 같이, 특히
'內' 없이 기해양안과 무진양안의 주가 서로 다른 경우(변동)는 무진양
안 이전에 이렇게 사진 양전 등을 거친 것을 다음 무진양안에 등재할
때 기재하는 것으로 추정할 수도 있다. 달리 말해서, 이미 무진양안 이전
의 어떤 형태의 양전을 통해서 주로 등재되게 된 것으로 생각된다. 그러
나 이런 추정을 할 수 있는 그 반증을 아직 확인할 수 없다. 따라서 이른
바 '內頉'에 의한 前起 主나 仍起 主의 '主'와, 위에서 언급한 구진 무
주였던 전답을 모두 기간한 경우 '舊陳 起 主 金星金'으로 기재된 '主'

를 이 양안 상의 같은 주의 성격으로 일단 보고자 한다.

이미 앞에서도 기술한 1719년 기해년 이후 어느 시점에 이뤄진 것으로 판단되는 '量後續田'은 그 기진 여부에 따라 '量後續起 主某'와 '量後續陳 主某'로 기재되어 있다. 이는 분명 양후에 강속된 것이 분명하며, 그 속전이 진전을 개량할 때의 기진 여부에 따른 등재 내용이다. 이 중 量後起耕이 이뤄진 것은 16필지 22부 8속에 달한다.[91] 그런데 고산현 서면 양안에서 聽字 28-2작의 전답은 1719년 이후 1748년 이전 이미 어느 때인가 개량된 것으로 판단된다. 즉, 1719년 양안에서 그 결부가 7부 6속(東西長39尺 南北廣28尺)인데 1748년 양안에 8속으로 감축되어 있다는 점이다. 물론 청자 29 필지인 경우는 결부가 3부 3속에서 3부 6속으로 변동되어 있지만 동일 尺數이므로 이는 3부 3속의 誤記에 불과하다. 이런 오기는 다른 예에서 간혹 발견되지만, 이와 달리 청자 28-2작의 경우는 이 양안에서 유일한 사례이므로 어떤 추단을 하는 데는 어려운 점이 있다.

경상도와 전라도에 실시된 경신년의 '降續'도 그대로 기재되고 있다. 즉, 事字 17 지번에서 '起主柳晙奴㪌今'이 1748년 양안의 舊量案 란에는 量起로 기재되어 있으나, 主 란에는 '庚申續起主奴㪌今'으로 실려 있다. 이는 경신년에 속전으로 강등되어 현재 기경됨을 보여준 것이다. 결부가 6부 2속이던 事字 48의 필지도 이런 예에 들어가지만, '(量起)起主奴士禮 內 仍起主同人(6), 在直田庚申續起主同人(0.2)'에서 '在直田續起主士禮'가 의미가 있다. 이 지번은 그 주가 변동되지 아니 했으나 경신년에 그 필지 일부가 陳田(續田)으로 사정되었던 것인데, 이제 기경하고 있기 때문에 續起라고 기재하고 경신년에 진전이었을 때 '在陣直

---

91) 聲字 제103 지번은 舊量에 '量起'로 되어 있고 '量後續 起 主'로 등재되어 있으나 '量起'는 '量續'의 誤記이다. 즉, 기해양안에 '續'으로 기록되어 있다. 따라서 이 필지는 이 통계에 제외되었다. 다른 필지도 기해양안과 대조하여 바르게 검토하였다. 16필지는 聽 28-2作·29·38, 積 33, 善 49, 壁 81-2作, 事 13·27·102, 君 36, 力 28, 深 13-3作, 薄 38, 川 48 등이다.

田'에서 이제 '陳'이 탈락되고 '在直田'만 남아 있다. 이런 사례는 事字 102, 君字 18의 지번에서도 확인된다. 즉, 양후나 경신년에서 속전으로 강속되어 묵혀있거나 기경하든 전답이 일부 진전으로 묵혀 있다가, 다시 기경이 이뤄지면 이런 형태의 표기를 한 것이다. 그런가하면 聲字 16 지번의 '(量起)庚申續陳主奴乙民'처럼, 경신년에 속전으로 강속되었으나 그 해 진전 개량에서 묵힌 것으로 사정을 받은 경우에는 '庚申續陳'으로 등재된 것이다. 1748년 서면의 '陳改量導行帳'에는 1719년 正字 22 지번(舊陳主白汝璧)과 續田인 寶字 143(起主李熙載奴淂亡. 이 자호에서 유일한 속전으로 그 결부는 巳上의 기록과 일치) 지번을 빠트린 경우와 몇 개의 誤記도 있지만 정확히 그 진전 등을 개량하였다. 아울러 무진년에 사정된 진전도 파악되어 기록되었다. 그러나 위에서 기술한 속전 이외 많은 속전이 등재된 것도 관심을 끈다. 즉, 기해양안에 지번 란 밖 상단에 '續'字가 기록되었을 뿐만 아니라 각 자호의 끝 통계인 巳上에도 '起續田'으로 구분하여 그 결부가 기록되어 있는 이 모든 전답은 무진양안에서 舊量案 란에 量續으로 기록되어 있다. 『양전등록』에는 원래 속전은 매년 耕食할 수 없는 전답이지만, 매년 경식할 수 있으면 당연히 元田에 포함된다고 되어 있다. 따라서 띄엄띄엄 묵혀 버려진 경우는 당연히 속전이 되는 것이다.[92] 이는 이미 『경국대전』의 호전 양전 條에도 항상 경작하는 것을 正田이라 하고 혹은 경작하거나 혹은 묵힌 것을 속전이라 규정한 바 있다. 그런데 기해양안에서 續起였던 필지가 진전이 되었으면, 정자 35의 '續陳主白汝淋'으로 표기되듯이 '(量)續陳主某'로 등재된다. 그러나 기경전이면 積字 65 지번의 '(量續)續起 主朴士龍'처럼 舊量案 란에 量續이 기재되고 主 란에는 '續起主某'로 표기되어 있다. 다른 진전들의 등재와 다른 점은 이 '續起'田이다. 다른 필지들은 강등·강속이 이뤄졌거나 혹은 구·금진전이 적어도 개간되었다든가,

---

92) 『量田謄錄』, 庚子 三月 初 六日, 58~59쪽.

기경전이 묵혔다든가, 양후, 경신, 무진에 기진의 변동과 함께 강등·강속
이 이뤄졌다. 또한 기해양안의 필지 란의 밖 위에 '續'을 기록한 기경전
은 그 결부가 已上에서 정확히 확인된다. 이 '續起'田이 무진양안에 기
진과 결부의 변동도 전혀 없이 동일 내용이 舊量案의 量續과 主 란에
'續起主某'로 등재된 것이 74지번(禍字; 2, 積; 3, 福; 1, 善; 6, 寸; 1,
事; 1, 君; 9, 孝; 1, 力; 1, 臨; 2, 履; 12, 薄; 16, 溫; 13, 斯; 6)이 된다.
더욱이 이들이 정안인 기해양안에 등재되어 있는 사실에서 더욱 그렇다.
이는 신·구속전을 무론하고 매년 耕食하는 것은 마땅히 원전으로 한다
는 『양전등록』의 내용과 배치되는 것으로 이해될 수 있다. 더욱이 기해
양안의 구진 무주와 구진 주 및 금진 주의 전답 84지번도 또한 주나 결부
의 어떤 변동도 없이 무진양안에 그대로 기재되어 있다는 점이다.[93]

　그런데 효종 4년(1653)에 開刊된 『조획』에도 속안과 정전 및 속전 등
에 관한 내용이 등재되어 있다. 그 후 이 節目이 『증보문헌비고』에 전재
되어 있다.[94] 진전과 속전 등에 관한 것은 『양전등록』 등의 기술 내용과
비슷하다. 그 중 이 절목에, 도행장에 등재된 진전은 모두 분등하여 속안
에 시행토록 하였다(一 導行帳付陳田 並皆分等 續案施行)는 사실은 위
의 무진양안의 의문을 풀 실마리를 제공한 것 같다. 즉, 모든 진전은 물

---

93) 舊量案과 今量案(1748)의 主와 結負에서 변동이 없는 필지는 다음과 같다.
　　1. 正字 제2, 4, 6, 7. 2. 空 25. 3. 聲 88, 89, 100, 101, 102, 104. 4. 虛 66. 5.
堂 2(今陳 主 奴卜生). 6. 翟 75(今陳 主 奴 內世), 79(今陳 主 奴 內世). 7. 禍 17.
8. 因 4, 13, 44(3). 8. 惡 12(今陳 主 金順才). 9. 積 62, 64, 66(今陳 主 李明元·奴
乬石·朴士龍). 10. 緣 1, 2. 11. 善 61 12. 慶 4, 36(今陳 主 李達辰), 38(今陳 主
金中光). 13. 璧 3(今陳 主 金斗一). 14. 非 13. 15. 寶 115. 16. 寸 54(今陳 主 奴
有巾), 59, 74, 101. 17. 陰 55(今陳 主 奴 戒德). 18. 是 24, 29, 34. 19. 競 64,
65. 20. 嚴 32, 39(*今陳 主 崔太公). 21. 孝 54(*今陳 主 吳以龍). 22. 當 53, 54,
59. 23. 竭. 9. 24. 力 10, 13, 16, 17, 20, 22, 27. 25. 忠 1. 26. 臨 69. 27. 履
16, 68, 70. 28. 興 24, 63. 29. 溫 176. 30. 淸 40, 52, 53, 56, 67, 70, 73, 75,
83. 31. 蘭 35, 39, 42. 32. 斯 25. 33. 馨 16, 17. 34. 如 47. 35. 盛 38. 36. 川
5, 7, 18, 21, 34, 46.
94) 『增補文獻備考』 中 卷 141, 田賦考 一 經界 一.

론 속전으로 강속되면 이는 속안에 계속 등재된다는 것을 뜻한다. 속
안95)에 등재되면 이후 개량이 별도로 이뤄진 것으로 판단된다. 물론 앞
으로 더 검토·연구가 필요하다고 생각되지만, 이를 뒷받침해 주는 사실
이 바로 무진년의 '陳改量導行帳'이라고 본다. 1719년의 양안의 속전은
물론 구·금진전, 양후속전, 경신진전, 무진진전 등이 함께 등재됨은 물
론 결부나 기진 여부에 변동이 없는데도, 이들이 무진양안에 등재된 것
은 이를 반증한 것이다. 일단 진전으로 사정되면 계속 속안에 등재되고,
개량이나 사진이 이뤄져 결부의 감축이나 강등이 이뤄지면, 이를 계속
관리하여 이 속안에 변동 상황을 기재한 것으로 볼 수 있다. 따라서 이
무진양안은 바로 속안에 등재된 필지의 일부 개량과 무진년의 진전 사정
에 의한 것에 의해 작성된 것이라 판단된다. 사실 무진양안의 고산현 서
면의 끝 己上에서도 이를 확인할 수 있다. 즉, 量付의 내용이 구진전,
금진전, 속진전으로 되어 있고,96) 각각 83결 84부 4속, 8결 40부 2속,

---

95) 續案의 존재를 파악할 수 있는 양안으로, 明禮宮의 「黃州所在各坊各里田畓續量案
　謄書册」(奎 18211, 1887)을 들 수 있다. 또한 「憶岐社二道栗山里正續行審册」(奎
　고대 4258 5-15, 1847. 內題; 「憶岐社二道栗山里所付正續及加續幷丙申改打量行審
　册謄書」)에는 정안과 속안으로 구분되고 있다.

96) 吳仁澤은 戊辰陳改量導行帳과 『全羅道和順縣甲戌許頉陳改量大帳』(奎 15038)의
　己上 內容을 참고하여, 진전의 항목은 경자양안의 등록 여부를 중심으로 量陳과
　量後陳으로 크게 구분되고 있다고 하고, 양진은 舊陳·今陳을 지칭하며, 그 나머지
　는 모두 量後陳에 속한다고 하였다. 이 量後陳에는 續陳·量後降續陳·量後仍陳
　등으로 표기되었다고 하였다. 續陳은 장기 진황된 토지를 일컫는 것으로 판단하
　였다(吳仁澤, 앞의 論文, 1996.8, 144쪽). 우선 양진과 양후진으로 구분되어 있다
　고 하는 것은 논외로 하더라도, 그가 제시한 『全羅道全州府陳田畓丁卯改量田畓』
　(奎 15032)과 위 두 양안을 중심으로 만든 표에도 양후강속진 앞에 續陳의 기록은
　물론 量付陳 속에 續陳(전주부 양안)을 기재(화순현의 양안의 표에는 '民續'이라
　했으나 속진의 誤記가 아닌지 미확인)한 사실로 보아 이는 재검토할 사항이라고
　생각된다. 이 '續陳'은 양후에 있을 수도 있지만, 무진양안에서 보면, 기해양안에
　'續'으로 등재된 토지라고 하겠다. 즉, 경자양안 등에 속전으로 등재된 토지라고
　짐작된다. 따라서 이 양안들을 중심으로 판단할 때 續陳은 굳이 구분한다면 量陳
　에 해당된다고 판단된다.

2결 56부 6속이 이에 기록되어 있다. 이 통계는 바로 1719년의 기해양안의 끝의 已上에 기록된 내용과 동일하다. 다만 기해양안의 '續起田'이 '續陳田'으로 표기되어 있을 뿐이다. 실제 무진양안 상의 속전 가운데 속기전은 74필지에 90부 4속이 된다. 그 다음으로 量後降續陳田(5결 18부 9속), 庚申降續陳田(2결 27부 8속), 戊辰許頉陳田(3결 43부 8속)이 실려 있다. 물론 畓은 소규묘의 양이 기재되어 있다. 이는 진전에 대해 누계로 기록하는 것으로 판단할 수 있다. 量後降續陳田은 실제 1748년 무진양안 상의 그 기록을 통계로 내면 2결 61부 3속에 불과하다. 그 차이가 나는 이유를 판단하기 어렵다.

한편 매 30년마다 작성되는 노비안의 정안과는 달리 그 속안이 3년마다 마련되듯이,97) 진전의 속안도 3년마다 작성된 것98)으로 추정된다. 이는 앞으로 더욱 검토·연구가 되어야겠지만, 무진양안에서 1748년 이전에 이미 기해양안의 主名과 다르게 '起 主'로 등장한 사례가 29건이나 된다.99) 즉, '구진 기 주', '속기주', '금진기 주', '起 主' 등의 형태로 등재되어 있다. 일부 기경이 이뤄지고 일부는 진전 혹은 성천된 경우에 양안에 등재된 '內'에서 仍起 主 또는 前起 主의 主가 등장한 시점을 판단하기 약간 모호한 점이 있지만, 29건의 경우는 이미 '起 主'로 등재된 점에서 그 시점은 1748년 이전으로 판단하는데 무리가 없다고 본다.

---

97) 各司奴婢刷卷色上疏 … 一 京外散接奴婢生産子枝 與逃亡物故者 京中各其司外方敬差官 三年一次 明白推考 續案施行 永爲恒式(『太宗實錄』 卷33, 太宗 17.5.6, 2-165쪽).

98) 戶曹啓 … 元案付山腰山下薄田及雖在平衍 地品浮虛 草樹茂盛 耕而不穗之地 守令 每當秋成 親審覈實 報監司啓 聞免稅後 式年量田時 移錄續案(『成宗實錄』 卷38, 成宗 5.1.25, 9-85쪽).

戶曹啓 … 聽令諸道觀察使 籍諸邑諸營屯田結負數及字號四標 一件本曹 一件觀察使營 一件本邑藏之 其濫給土田 推刷還屬 續現田 每三年一次 錄續案上送 其濫給相換田 匿不以告者 勿論赦前後罷職 從之(『世祖實錄』 卷30, 世祖 9.6.5, 7-576쪽).

99) 習字 제30, 禍 54, 因 6·33, 惡 8, 積 11·73, 福 7·27, 非 25·96·99, 寶 46·151, 寸 49·93, 孝 51, 履 164, 夙 40, 興 49, 溫 42·116, 淸 27, 似 9, 蘭 33, 斯 30, 松 61, 之 13, 不 9.

계속 기경하였던 主나 구진 무주 진전이나 구진전을 개간한 주와는 달리, 무진양안에서 '內' 다음에 11건이나 '今起主'로 기록되어 있다는 것은, 이 금기의 기록은 1748년의 시점을 기준한 것으로 생각되기 때문이다. 이는 적어도 '양후속전', '경신진전'의 査定이 아닌 다른 사진이나 진전의 개량이 1748년 이전에 있을 수 있는 가능성이 있다고 판단된다. 이런 관점에서 전라도 고산현에서 매 3년마다 만든 속안이 아니더라도, 이전의 그 속안을 중심으로 무진년에 모든 진전에 대한 개량이 이뤄진 것으로 판단해도 무리가 없을 것 같다.

그러면 다시 기묘양안으로 돌아가 '量主'와 '時'에 대하여 살펴보고자 한다.

앞에서 밝힌 바와 같이, 기묘양안의 467개 지번 가운데 127개 지번의 '양주', 또는 결부가 기해양안의 主 또는 결부와는 다르게 등재되어 있다. 물론 여기에는 같은 지번이지만 결부 수가 변동된 것도 포함되어 있다. 즉, 지번이 분할되는 경우도 있지만, 지번은 기해양안과 무진양안의 것과 동일하지만 기묘양안에서 그 결부가 다르게 등재된 것은 83건이나 된다. 이 83건의 사례 중에는 기해양안의 주가 기묘양안에서 그 변동된 사례와 중복되기도 한다. 이 중 68건은 중복되고, 사실상 결부만 변동하였으나 그 자체는 다른 것으로 지번만 동일한 것이 15건이다.[100] 따라서 기해양안과 기묘양안 상의 필지의 主와 결부가 서로 다른 것은 모두 142건으로, 이는 기묘양안의 467개 지번의 30.4%에 이르고 있다. 하여튼 여

---

100) 15건의 분번 또는 분할 사례를 아래와 같이 예시한다.

正 1(2.1→0.2; 2.1은 기해양안 결부이고 0.2는 기묘양안 결부. 이하 동일), 虛 9(2.5→1.2 降6等 0.6), 聽 25(5.3→2.8 降6等 1.0) 聽 25-2作(5.3→2.1 降6等 0.7. 分割), 積 17(9.6→0.5 降6等 0.3), 積 61(2.4→0.8), 君 18(5.6→0.5 降6等 0.3), 孝 32-2作(3.2→1.4 降6等 0.7), 竭 27(4.3→1.9 降6等 1.2), 竭 28-3作(1.9→1 降6等 0.6), 興 86(0.8→0.4 降6等 0.2), 興 121(9→1 降6等 0.7), 溫 118(3.1→3.1 內 1.5 降6等 0.9), 淸 47(2.7→0.7), 如 65(4.2→1.2 降6等 0.6).

기서 중요한 사실은 이들이 '戊辰陳改量'이나 '己卯降續降等陳田'의 査
陳 후 1759년의 양안에 '量名'으로 등재되었다는 점이다. 즉, 기묘정안
의 '量'은 군현양안의 정안인 己亥量案이 아니라, 己卯量案 자체이거나
무진년 陳改量 이후 査陳된 어떤 양안을 의미하며, 그 '主' 또한 약 1/3
이 기해양안과는 다르게 변동되었다는 것이다. 이는 지금까지 궁방전 등
의 '양주'나 '기 주'를 1634년의 갑술양안과 1720년의 경자양안의 '양주'
나 '起 主'로 추정하는 것이 잘못될 수도 있다는 점에서 중요한 의미를
갖는다. 또한 속안에 실린 진전에 대한 사진 또는 개량이지만, 이 양전
내용들이 당대 자료로 그친 것이 아니라 연속성을 가지고 다음 양안에
계속 반영되고 있다는 점도 주목할 사실이다. 이제까지 양안이 갖고 있는
기능과 역할에 대하여 많은 연구가 있다.[101] 그러나 1720년의 경자양안
을 중심한 연구였지만, 실제 이 양안들이 어떤 양안이며, 어떤 기능과 역
할을 어떻게 할 수 있었는가를 구체적으로 연결시키지는 못한 것 같다.
더욱이 100여 년이 지난 군현양안이 어떻게 활용될 수 있는가 하는 의문
이 이와 관련되는 것이다. 이제 고산현의 기묘정안을 통해서 이런 연결의
실마리를 찾을 수 있을 것 같다. 적어도 진전에 관한 한 이 양안이 수세
대장의 역할은 물론 소유권 대장으로 활용될 수 있는 가능성을 볼 수 있

---

101) 李榮薰은 양안 상의 기주는 代錄, 分錄, 合錄 등 일견 자의적이고 무원칙적인
기준에 의해 파악되고 있었고, 기주를 통한 소유권의 확인은 국가수조지의 확보
와 수조의 원활한 실현을 보장하는 일환으로 중시되었을 뿐이며 양전의 본질적
인 것은 아니었다(李榮薰, 앞의 論文, 1984, 37~38쪽 ; 앞의 책, 57~58쪽 參照)
고 하였다. 이는 양안의 公簿로서의 한계를 지적한 것이라 하겠다. 吳仁澤은 조
선후기 양안이 지니고 있는 한계성을 토지문서로 보완했다(吳仁澤, 「朝鮮後期의
量案과 土地文書」, 『釜大史學』 20, 1996, 151쪽 參照)고 하였다. 崔潤晤는 양안
의 기능은 행심책이나 입안, 매매문기에 의해 재생산되고 있었다고 하였다. 따
라서 양안이 갖는 기능과 역할을 완결시킬 수 있는 형태로서의 행심책과 깃기를
통한 수세 실결 확보 과정으로 파악하고, 행심책이란 양안을 그대로 謄寫하여
行審, 踏驗한 결과를 기재하는 것이라 하였다(崔潤晤, 「朝鮮後期의 量案과 行審
册」, 『역사와 현실』 36, 2000, 224·238쪽).

는 것이다. 여기에 기경전의 양안 내용까지 수록된 것이 있다면 그 시대
의 양안으로서의 본 기능을 모두 할 수 있었을 것이다. 이런 역할을 할
수 있는 것이 군현에도 있다고 추정할 수 있는 收租案인가 아니면 다른
어떤 錄案인가 앞으로의 연구 과제라 생각한다. 토지매매 분기이든, 또
는 立案이든, 아니면 行審이든 이들이 기준을 삼은 양안은 무엇인가 하
는 의문도 이와 관련이 있는 것이다. 물론 전답의 訟事 등에서 그 權原
으로 갑술양안과 경자양안이 제시되는 것과는 별개인 것이다.

그런가하면 기묘정안에는 주가 없거나 주가 있어도 묵혀 있는 전답을
기사(1749)년에 기간하였다가 다음 해인 경오년에 다시 진전으로 된 사실
을 지번 기록의 맨 하단에 細註로 표기되어 있다. 또한 신미(1751)년에
개간하였으나 다음 해인 壬申年에 다시 묵힌 밭이 되었다는 것도 이런
세주로 알 수 있다. 이 때 '時' 아래 새로운 名이 표기된다. 그러나 '時'
아래 실린 人物 名'(時名)이 등재된 시점은 이 양안이 작성되던 1759년으
로 추정되지만 '時'로서 지위를 인정받게 되는 것은 이들이 개간한 시점
이 될 것이다. 그런데도 1759년 양안의 主의 란에는 1748년 양안 상의
무주라든가 '陳主某'로 등재되어 있고, 이 時名 기록과는 다르다는 점이
다. 이 양안의 '己巳起'나 '辛未起'라는 기록에서 '시'의 지위를 얻은 것
으로 보아도 무리가 없으나, 10여 년 기간에 양전이 행해지지 아니 하였
기 때문에 主의 표기에 포함되지 않았다고 판단해야 되는지 의문이 든다.
더욱이 이 양안에서 어떤 과정을 거쳐 量主로 등장되었는가를 확인할 수
없는 例도 있다. 표에서 1759년 양안 상에 같은 인물이 '量時'로 기재된
것은 堂字 제69, 寶 46·151, 事 64·64-2作, 竭 27·28-3作, 力 66, 溫
116, 似 9, 斯 30, 馨 12, 如 50, 松 61, 息 33 등 15건이다.

'量時同人'으로 기록된 15건 중 力字 66 汝加里는 무진양안에서 확
인되지 않아 그들이 언제 量主가 되었는지를 알 수 없고, 1719년의 기해
양안의 主와도 어떤 관련이 있는지를 밝히기 어렵다. 우선 세 양안의 主

가 사실상 변동이 없는 것으로 볼 수 있는 것이 寶字 제46 필지이다. 先玉과 松每는 高極齊 소유의 奴인 점에서 그렇다. 이 46 필지의 1748년 仍起 主인 奴 松每가 1759년 양안에 量·時로 기재된 것은 당연한 것으로 판단된다. 이와 같이 잉기 또는 전기의 主로서 기재된 것은 堂字·寶 46·事 64·竭 27·28-3作·斯·馨·如·息字 등 9필지이다. 1748년 양안 상의 主와 다르게 기재된 것은 堂字, 寶 151, 竭 27, 28-3作, 溫, 似, 斯, 息 등 8필지이다. 적어도 53% 이상이 1748년의 주가 바뀌어 1759년 양안에 새로운 主로 등장하였다. 그런데 松字 61 필지는 主의 변화에서 다른 형태를 보여주고 있다. 1748년 모든 필지에서 잉기나 전기의 主가 기재된 경우 기해양안의 주명 다음에 '內'字가 기재되어 있다. 그러나 이 主는 '奴破回 內'로 기재되지 않고 '主奴石禮 內'로 되어 있는 점이 특이하다. 이는 1719년부터 1748년 어느 해에 양전이 이뤄져 그 양안에 主로 석례가 등재되어 있다는 것을 보여준 사실로 파악할 수도 있다.

또한 1748년의 양안에는 잉기 주가 蔡石柱인데, 蔡永萬은 세 양안에서 竭 27, 28-3작의 主 또는 時로 기재되어 있다. 이를 단순히 그 후 채영만이 이 밭을 다시 사들여 時 아래에 기재된 사실로 해석해야 되는지, 아니면 채영만과 채석주는 父子關係여서 양안 主名 기록을 다시 채영만으로 바뀌었는지를 판단하기 어렵다. 채석주는 잉기 주로 기록된 다른 예도 있지만, 1759년 양안의 竭字 제25에 主로 실려 있다. 주가 바뀌었다면, 계속 농사지어 온 주 채석주를 이어 1748년 이후 어느 시기의 양안에 채영만이 주로 등재된 것으로 추측할 수 있다. 寶字 151의 '量時奴忠業'과 1748년의 '主奴德眞'과의 관련을 밝히는 것도 쉽지 않다. 다만 덕진은 鄭應斗의 奴이고 충업은 鄭應益의 奴란 사실만으로는 어떤 관계를 단정하기 어렵다. 게다가 主로 기록될 수 있는 그 시기와 그 양안을 알아내기도 어렵다. 이런 문제와 主와의 관계를 검토해 볼 수 있는 내용은 양안의 세주는 물론 결부 내용과 主名 위에 붙여 기록된 내용도

중요한 의미가 있다. 따라서 1748년 양안에서 '庚申'(1740)年의 기록도
검토 대상이 된다. 이 양안에 경신년의 속전으로 등재된 것은 59개의 기
록이 확인된다. 이들 속전으로 사정된 59건에서 속진으로 등재된 것은
57건이고 2건이 起耕되고 있었다. 사실 경신년의 속전 상황이 중요한 것
이 아니라 '양주'와 '時名'의 기재 내용과 그 시기 등을 파악하는데 이것
이 주요한 실마리를 주기 때문이다. 이 '경신속전 주' 가운데 '內'의 잉기
주와 일치된 것이 寸字 93, 93-2작, 事 48, 孝 46, 力 61-3작, 履 147,
川 56 등 7건이다. 예를 들어 寸字 93의 奴 莫春은 결부 9부 9속의 밭을
기경하는 주였고, 그 후 무진년에 양전이 행해질 때 그 중 진전으로 묵혀
있는 밭 2부 8속이 6등으로 강등되면서 결부가 1부 3속으로 감축되었다.
막춘은 1740년 이전부터 이 밭을 경작해 왔으며 1748년 양안에는 지금
도 계속 경작하고 있음을 잉기 주로 기재되고 1759년 양안에는 '양주'로
등재된 것이다. 따라서 막춘이 主로 기록된 것은 1748년의 양전과는 전
혀 관련이 없는 사실이다. 다른 사례도 동일하며, 잉기 주인 경우는 모두
경신년부터 이미 主였다는 사실은 매우 의미 있는 사실이다.[*]

그런데 기묘정안에는 起墾이 이뤄진 해와 묵힌 밭으로 된 시기를 '己
巳起庚午還陳', '辛未起壬申還陳'이라 세주로 기록되어 있어, 이 밭들
의 내력과 그 '時名'들의 등장을 판단할 수 있다. 이런 세주가 기록된
것이 모두 20지번이다. 이를 검토해 보면, 慶字 17, 事 16, 孝 18, 興
49, 66, 溫 42, 88, 淸 74, 如 38-2작 등 9지번은 己巳(1749)年에 기간이
이뤄졌다가 다음 해에 다시 묵힌 밭이 된 것이고, 因字 52, 非 12, 竭
44, 力 56, 薄 20, 蘭 33, 如 50-2作, 宋 62, 之 17, 34, 36 등 11지번은
辛未(1751)年에 묵힌 전답을 일구어 내어 경작하였으나 다음 해에 다시
묵히게 된 것이다. 이 중 薄字·如 38-2作·松 62, 之 36의 4필지는 '量'

---

[*] 당시 '主'가 전답의 소유주란 당시의 학계의 연구 성과를 벗어나지 못한 결과에
따른 연구지만, 이 부분을 수정하지 않고 그대로 둔다.

과 '時'에 등재된 인물이 같으므로 세주와 관련하여 검토 대상이 아니
된다. 因字 52 지번의 量主는 '陳 主 崔戊全'이고 '時' 아래 기록된 인
물은 金中光이다. 이와 같이 量과 時에 기록된 인물이 다른 것이 모두
11지번(慶字 量 郭明先 時 奴 淂亡, 事 量 奴 銛今 時 奴 用化, 孝
量 奴 良孫 時 ○化, 竭 量 奴 先業 時 奴 呂丹, 力 量 奴 先業 時
奴 今丹, 興 49 量 金九良 時 金夻惡, 興 66 量 林汗貴 時 金夻惡, 溫
42 量 姜好明 時 姜太云, 溫 88 量 姜太云 時 奴 件里介, 清 量 河太
先 時 丁今春)이다. 아울러 溫 42 지번은 '量後續陳主'로 기재되어 있
으나, 이는 1748년 이전 사실을 밝힌 것에 불과하다. 庚申續陳 主로 표
기된 것은 松 62와 之 36 두 지번이나 이들은 '量時同人'이므로 時와
名의 등장과 관련하여 검토할 필요가 없다. 量에 '무진진주'로 기재된
것은 事字 16, 興 66, 溫 88, 清 74, 如 38-2작(庚申續은 戊辰續의 誤
記) 등 5지번으로, 時名의 등장이 무진년 이후라는 것이 명확하다. 물론
세주가 있는 이 20지번은 구진 무주나 구·금진, 양후속진, 경신속진, 戊
辰陳의 主로 표기되어 있는 진전들이다. 따라서 因字 제52 지번의 김중
광 등 11지번의 時 아래 名의 등장은 1759년이지만, 이는 기사(1749)년
과 신미(1751)년에 묵힌 밭을 일구어 내어 경작한 것과 관련이 있다. 묵
힌 진전인 점에서 매득 또는 상속이나 증여에 의한 主의 변동으로 보기
에 다소 의문점이 있다. 특히 '量舊陳無主'인 非字, 蘭, 如 50-2作, 之
17, 34 등 5지번의 時名은 奴 先日, 徐萬卜, 奴 介先, 奴 今禮, 奴 戒奉
인데, 이들은 분명 신미년에 개간을 통해 1759년 양안에 時名으로 등재
된 것이다. 그들의 밭을 1751년에 묵힌 것을 일구어 냈으나, 다음 해인
1752(壬申)년에 이 밭을 묵혔다고 볼 수밖에 없기 때문에 이들 이외의
사람들이 이 밭들을 경작하였으나, 이제 다시 1759년에 奴 先日 등이
'時'로 등록되었다고 추정하기에는 무리인 것이다. 이는 '起耕者爲主'
에 의한 것으로 해석할 수도 있다. 일단 기경이 이뤄져 收稅案, 時耕案

등에 기록되게 되면 그 후 묵힌 전답이 되더라도 양안에 등재되어 收稅
되는 것으로 이해된다.[102] 그런데 기묘양안의 467필지 중 量과 時 아래
에 동일 인물이 실린 것은 95필지이고, '時' 아래 다른 인물로 교체된
것은 372필지이다. 즉, 약 80%가 1759년 양안에 '時' 아래 새로운 인물
이 등재된 것이다. 이를 11년간의 主의 변동으로 보아야하는지 어떤 결
론을 내리기 어렵다. 기해양전이 실시되고 40년이 지난 후 査陳의 기묘
양안이 이뤄진 것인데, 이때의 主(결부 변동 필지 포함)의 교체율이
30.4% 정도에 그친 것에 비해, 여기에도 전답의 매매는 물론 상속, 증여
등이 포함되겠지만 동일 지역에서 11년간에 量主의 名과 時 아래 기록
된 이름이 서로 다른 것이 80%라는 이 통계가 지나치게 높다는 사실이
다. 이는 다른 요인에 의해서 판단되는 문제인 것이다. 요는 기묘양안
상의 '時' 아래에 기록된 인물을 토지소유자로 판단하기 어렵다는 것이
다.[103]* 이 '時' 아래 등재된 인물은 租稅를 부담할 자를 표기하였다고
도 볼 수 있다. '時'는 時作으로서 그 아래 기록된 인물을 당시 경작자로
해석할 수 있을 것 같다. 앞으로 고산현 전체의 양안을 통해서 면밀한
검토가 요구된다.

---

102) 且無主閑陳可合起墾 而一入稅案則 後雖陳弊 猶且徵稅於當初起主 故不敢生意於
耕墾者多 今若遍審此等處 若磽确薄土不能耕種者 使其田主 每年四月 俱書其字
號負數告于本官(禹夏永,『千一錄』, 田制, 附錄 附農政).

103) 왕현종은 이 '時'에 대하여, "'시(時)'는 이 시기 양안상의 기재형태와 양전규정
상으로 보아 특정한 의미를 담고 있다고 하겠다. 즉 '시'란 법전 규정상으로는
아직 본주(本主)가 나타나기 이전에, 혹은 본주로 확정하기 이전에 '임시로 잠정
적인 소유자'로 규정한다는 것을 의미했다. 이에 따라 양전할 당시에 토지소유
자를 조사할 때는 이전의 토지주인을 뜻하는 구주(舊主)나, 양안 상에 등장한 기
록된 양주(量主)와 대비되는 의미로 썼던 것이다. 결국 양안 상에 등장한 '시'는
토지를 새로 조사할 당시 '현실의 토지소유자'란 의미였다"(왕현종, 앞의 논문,
229쪽)라고 규정하였다.
* 당시 이 연구 과정에서 양안 상의 '主'가 전답의 소유주인가에 대한 의문을 갖
고 있을 뿐이었다. 이후 그 개념에 대한 의문을 해명하고자 하였다.

다음으로 고산현의 기해양안, 무진양안, 기묘정안 상의 主를 상호 검토하고자 한다. 물론 무진년과 기묘년의 양전은 사실 진전을 조사하여 강등이나 강속을 하고 결부를 감축시켜 줌으로써 농민이 땅을 일구어 경작케 하여 국가 세수를 증대시키는 것이 주된 목적이었다. 이 사진양안과 기해양안의 主를 모두 비교하기는 어렵지만 그래도 기묘정안에 기재된 필지를 중심하여 두 양안의 주를 비교하고자 한다. 이 양안의 총 467지번 가운데 17지번의 전답 '主'가 변동되어 기록되었다. 즉, 고산현의 기묘정안에 등재된 主가 우선 1748년의 주와 다른 인물인 경우도 있으며, 무진양안의 주와는 다른 인물이 씌어 있는 기해양안의 등재 인물이 다시 기록된 例도 있다. 이 세 양안의 主가 서로 다른 예를 비교·검토하기 위하여 〈表 2〉를 만들었다. 아래 표에서 a, b, c는 각각 1719·1748·1759년의 양안을 표기한 것으로 각 양안 상의 主와 결부에 관한 내용을 정리한 것이다.

〈表 2〉 高山縣 量案(1719·1748·1759年) 上의 主 不一致 事例

1. 正 1	a起主李封石(2.1)	b起主李奉石 內(2.1) 仍起主奴亡太(0.2) 成川直田成川主同人(1.9)	c量李奉石時奴禮春(0.2)
2. 堂 69	a起主金重秋奴承禮(3.4)	b起奴承禮 內(3.4) 仍起主同人(0.4) 在陣量後續陳主同人(3.0 降6等 1.4)	c量時奴莫金(0.4 降6等 0.2)
3. 聽 38	a起主奴順伊(1.3)	b(量起)量後續起主奴立(1.3)	c奴順伊時奴明介(1.3 降6等 0.6)
4. 因 6	a舊陳無主(0.9)	b舊陳起主金星金(0.9)	c量時奴安堂(0.9)
5. 因 11	a舊陳主靜安堂(0.9)	b舊陳起主郭先日(0.9)	c量靜安堂(0.9 降6等 0.4)時徐險金
6. 積 11	a舊陳無主(1.2)	b舊陳起主徐日公(5等 1.2)	c嵂生時朴水萬(1.2 降6等 0.7)
7. 善 76	a續起主李汝虎奴應發(0.3)	b起主奴枝發(0.3)	c量奴應發時奴山每(0.3)
8. 善 77	a續起主李汝虎奴應發(1)	b起主奴枝發(1)	c量奴應發時奴山每(1)
9. 寶 151	a舊陳無主(0.7)	b舊陳起主奴德眞(0.7)	c量時奴忠業(0.7)
10. 竭 27	a起主蔡永萬(4.3)	b起主蔡永萬 內(4.3) 仍起主蔡石柱(1.9) 在成川直田成川主同人(2.4)	c量時蔡永萬(1.9 降6等 1.2)
11. 竭 28-3作	a起主蔡永萬(1.9)	b起主蔡永萬 內(1.9) 仍起主蔡石柱(1) 在成川直田成川主同人(0.9)	c量時蔡永萬(1 降6等 0.7)
12. 則 15	a起主柳讀奴德龍(4.8)	b舊陳起主奴德龍(4.8 降6等 3.0)	c量吳後璧時奴上伊(0.4)
13. 則 16	a起主柳讀奴德龍2.9)	b舊陳起主奴德龍(2.9 降6等 1.8)	c量貴先時奴上伊(1.4)

14. 則 28　a舊陳主柳日興奴萬中(1.9)　b舊陳主奴萬中(1.9 降6等 1.2)　　c量崔秋每時莫上(0.8 降6等 0.5)
15. 溫 116　a舊陳無主(1.4)　b舊陳起主姜准金(1.4)　　c量時金龍孫(1.4 降6等 0.9)
16. 似 9　a舊陳無主(2.2)　b舊陳起主金儀甲(2.2)　　c量時奴禮丹(2.2 降6等 1.4)
17. 息 33　a舊陳無主(6.8)　b舊陳無主 內(6.8)　　c量時奴䄵同(0.4 降6等 0.2)
　　　　　前起主奴內玉(0.4)　前起主奴戒化(0.8)
　　　　　　　　　　　　前起主奴許男(0.4)
　　　　　　　　　　　　仍陳無主(5.2 降6等 3.2)

☆ 聽 43 宋之泰奴順伊 25 李南極奴永立
☆ 竭 25 a起主蔡永萬(7.1) b起主蔡永萬 內(7.1) 仍起主蔡石柱(6.5) 在成川直田成川主同人(0.6) c量蔡石周(6.5降6等4.1)

　우선 〈表 2〉에서 1748년과 1759년 主가 각각 변동된 것은 무주 진전이었던 因字 제6, 積 11, 寶 151, 溫 116, 似 9, 息 33 등이다. 이 지번들은 1748년에 다소 소규모(0.9, 1.2, 0.7, 0.14, 2.2, 0.4)의 주인이 없는 구진이었던 밭을 개간하여 경작하다가 매도 등 어떤 사유로 主가 바뀌어서 기묘정안에 새로운 主로 등장한 것으로 판단된다. 이 자료만으로는 1748년의 主와 1759년의 양주와의 어떤 상호관계를 판단할 수 있는 가능성이 없다. 또한 1759년에 등재된 이들 量主는 동시에 時名으로도 기록되어 있다. 아울러 467건의 지번 가운데 17건의 지번은 1748년의 仍起 主인 망태가 1759년에 主 이봉석으로 바뀐 것과 같이 그 主들이 바뀌었다. 무엇보다도 이 양안 상의 主의 변동과 관련해서 주요한 검토 대상은 正字 1, 聽 38, 因 11, 善 76, 竭 27, 27-3作 등 6지번이다. 기해양안 상의 이들 필지의 主는 각각 李封石, 順伊, 靜安堂, 李汝虎의 奴인 應發, 蔡永萬(竭字)이다. 1748년 사진양안에서 이 지번들의 주는 각각 亡太, 永立, 郭先日, 枝發, 蔡石柱 등으로 바뀌었다. 그런데 이봉석 등이 다시 각 지번의 1759년 양안의 主로 등재되어 있다는 사실이 특이하다. 정자 1의 주 변동 상황은 망태가 기경하고 있는 이 밭을 다시 이봉석에게 매도한 것으로 추정할 수도 있다. 그러나 이봉석이 어떤 양안에 主로 등재되었기에 '量李封石 時奴禮春'으로 등재되었는가의 그 상황을 추정하기 어려운 것이다. 聽字 38의 필지도 順伊가 기경하던 결부 1부 3속의 4등 직전이 양후에 속전으로 강속되었는데, 1748년 양안에 永立

이 기경하는 主였다. 그 후 1759년의 양안에 이 밭의 양주로 순이가 다시 등재된 것이다. 이는 1748년 이후 어느 시점에 主가 바뀐 것으로 판단되지만, 그 主가 어느 양안에 기록되었는가를 판단하기 어려운 것이다. 그런데 기묘양안의 지번의 주 다음에 기록되어 있는 세주의 己巳(1749)·辛未(1751)年의 '起'와 庚午(1750)·壬申(1752)年의 '還陳'에서 그 실마리를 찾을 수 있다. 즉, 두 해의 査陳으로 만들어진 어느 양안 또는 문서에 순이는 양주로 등재되었다고 추정할 수 있다. 기해양안에서 순이는 李之泰의 奴이고, 영립은 李南極의 奴로 실려 있다. 이런 점에서 순이와 영립은 主를 서로 바꿔 기록될 수 있는 관계는 아니었다고 생각된다. 따라서 영립이 순이에게 다시 1748년 이후 어느 시기에 매도한 것으로 추정하고자 한다.*

靜安堂은 그 名 자체로 볼 때 어느 양반가의 堂號로 판단되나, 그 호명으로 볼 수도 있다. 하여튼 정안당이 主인 위 지번의 토지가 1748년의 사진양안에는 因 11의 '舊陳主郭先日'만이 기록된 것이다. 아울러 1719년의 양안에서 인자 7 지번도 主가 곽선일이다. 기묘양안에 위 지번의 주가 모두 정안당으로 기록된 점으로 보아 무진양안에서 개인 이름으로 나오게 된 이유를 정확히 추정하기 어렵다. 개인 이름으로는 郭先日과 金星金의 이름이 나온다.

〈표 2〉에서, 善字 76·77 필지의 밭을 1759년까지 기경해 온 奴 應發은 1719년 양안에서 主 '李汝虎奴應發'과 동일 인물로 이해된다. 이 토지는 1719년 이후 언젠가 奴 枝發이 경작하여 1748년 양안에 主로 기록되었다. 1748년 이후 어느 시기에 다시 이여호 家에 매도되어 그 奴인 응발의 이름으로 양안에 '量奴應發'로 등재된 것으로 이해할 수밖에 없

---

* '主'를 전답의 소유주로서 만이 아니라 전답을 경작하는 자로 본다면 쉽게 이해되는 사실이다. 이하 이런 사례에 의한 서술도 동일하다. 하지만 이런 추정을 갖지 못한 결과에 따른 연구였다. 원안을 그대로 수정하지 않고 그대로 둔다.

다. 이와 달리 奴 枝發은 이여호의 奴일 가능성도 있지만, 그는 이 두 지번에 주로 기재된 사례 이외는 찾아지지 않는다. 물론 지발이 웅발의 誤記일 수도 있다. 竭字 27, 28-3작 두 지번도 기해양안의 主가 다시 기묘양안의 量·時로 재등장한 것이다. 언뜻 보기에 蔡永萬과 蔡石柱는 혈연관계인 것으로 판단할 수 있을 것 같으나, 이 밭을 계속 기경하던 채석주가 두 필지의 기묘양안의 主에서 탈락되고 채영만이 量時로 기재된 이유를 파악하기 어렵다. 그런 관계라기보다도 이 전답들을 다시 매득한 결과에 의해 변동된 主가 기재된 것으로 생각할 수 있다. 채영만이 主였던 竭字 25 필지에, 채석주가 기묘양안의 量主로 기재된 사실에서 더욱 이런 추정을 뒷받침해 주고 있다. 또한 則字 제15 필지의 양주인 吳後璧도 많은 결부는 아니지만 臨·嚴字의 자호 내에 11필지를 갖고 있다. 그는 奴 德龍이 주로 등재되어 있던 묵힌 땅 가운데 4속을 일구어 내어 경작함으로써 1748년 이후 어느 시기에 양안의 主로 등재된 것이다. 이 덕룡은 柳濟의 奴이다. 柳濟는 고산현 서면 지역에서 가장 많은 전답을 경작한 자였다. 이런 점으로 보아 소규모의 밭이 매매 등에 의한 主의 변동이라기보다도 진전을 기경할 때의 '起耕者爲主'에 의해 主로 기록된 것으로 추측된다.

그런데 1748년의 양안과 1759년의 양안 상에서 則字 15·16 지번의 결부 기록 내용이 서로 연결되지 않는다는 것이다. 즉, 〈表 2〉에서 기록된 바와 같이, 15 지번의 결부 3부와 4속, 16 지번의 1부 8속과 1부 4속이 서로 연결되지 않는다. 아울러 則字 28 지번도 장광척수와 함께 결부 내용도 다르다는 점이다. 따라서 기해양안 등 세 양안을 모두 상호 비교·대조하였으나 그 내력을 확인할 수 없다. 이를 1748년 사진양전 등의 내용이 1759년의 양안에 등재된 것으로 이해하기도 어렵다. 이것을 단순 잘못된 기록으로 보기도 어려운 점은 단순 한 두자의 誤記에 그친 것이 아니기 때문이다. 6등전인 세 필지 15, 18, 28의 長廣尺數(각각 長

28척 廣 6척, 長 29척 廣 19척, 長 40척 廣 5척인데, 이를 解負한 것이 각각 4속, 1부 4속, 5속) 그 자체는 바르게 산정된 것이다. 이는 앞에서 기술한 세주에 기재된 기사·신미년의 '起'와 경오·임신년의 '還陳'과 관련된 것일 수 있다. 만약 이와 관련된 추정이 옳다면 1759년 양안 상의 '量'은 현전하는 1748년의 무진 양안이 아니라 1748년 이후 1759년 사이에 만들어진 다른 양안이나 기록으로 해석될 수도 있다. 아울러 기묘정안의 則字 자호에는 위 세 필지를 포함하여 모두 10개 지번이 있다. 위의 3필지 이외 어떤 변동이 있는가를 검토하기 위해 세 양안에서 정리하여 〈附錄 2〉를 만들어 뒤에 붙였다. 이 부록에서 볼 수 있듯이, 위 3 필지만이 무진양안에서 비교·확인할 수 있고, 7필지는 무진양안에는 등재되어 있지 않기 때문에 기해양안에서 만이 이를 검토할 수 있다. 이 則字 10필지 가운데 제1, 1-2作 두 필지만이 세 양안 상의 기록의 내력 즉 결부 등이 일치된다. 이들 이외의 則字 14, 19, 21, 27, 29의 5필지는 그 결부 내용이 각각 변동(2.5→0.4, 13.8→0.7, 7.5→0.6, 12.5→0.3 降6 等 0.2, 8.4→0.3 降6等 0.2)되어 있다. 이 기묘정안에 변동된 장광척수에 의한 해부는 정확히 바르게 되었다. 그런가하면 사표의 일부에도 변동된 것을 확인된다. 즉, 貴先은 기묘양안에서 16필지의 量主인데 1719년 양안의 15필지의 사표에 등재되어 있을 뿐만 아니라 1759년 양안의 14, 15, 16의 사표에도 등재되어 있다. 그는 1719년 양안에 柳台興 奴로서 척자 2, 3, 3-2作, 6, 6-2作 등의 主로 실려 있다. 또한 1759년 양안의 14 필지의 양주인 崔辰生은 1759년 바로 옆 필지인 제15 필지의 사표에 등재되어 있는가 하면, 같은 양안의 15, 16, 19, 21 필지의 量主인 吳後璧도 기묘양안 14 필지의 사표에 기록되어 있다는 점이다. 이는 1719년 기해양전이 이뤄진 후 1759년 기묘사진이 있기 전 어느 해에, 어떤 형태와 그 성격은 판단할 수 없으나, 다른 양전이 행해진 것을 입증하는 것이라 생각된다. 이는 고산현 양안에서의 量後, 庚申, 戊辰의 사진이나 진전의 개량양전을 뜻하는 것은 물론 아니다. 앞으로 이에 대한 더욱 많은 검토가 요구된다.

위의 〈表 2〉에서 끝의 息字 33의 필지는 기해양안에는 주가 없는 결부 6부 8속의 묵힌 밭이있다. 이 빌 가운데 奴 戒化기 8속, 許男이 4속, 內玉이 4속을 일구어 경작하여 왔기 때문에 무진양전에 각각 主로 등재된 것이다. 아울러 그 나머지 5부 2속은 계속 묵혀 있었기 때문에 5등전이 6등전으로 강등되었고 그 결부도 3부 2속으로 감축되었다. 바로 이 묵혀 있는 이 진전을 查定하였기 때문에 무진양전에 등재된 것이다. 이른바 內頉인 경우 이들 '內' 다음에 부여된 다른 양안의 자호의 순서는 보통 처음에 나오는 前起 또는 仍起의 필지가 그 자호의 원래 지번으로 기재된다. 그러나 이 33 필지의 예는 이와 다르다. 즉, 만약 이 8속의 밭이 다시 묵혀 있다면 몰라도, 奴 戒化가 主로 기재된 필지(0.8)가 '息字 제33'으로, 그 다음 필지는 제33-2작으로 기재되어야 하는 것이다. 사실 무진양안 등에서 加耕田에 새로운 지번을 부여한 것이 한 필지도 없다. 이런 점에서 1748년과 1759년 양안 이외의 다른 사진양안의 존재 가능성을 생각할 수 있다. 그런데 奴 㐫同이 기경한 4속은 허남과 內玉이 기경한 것은 같은 결부 4속의 밭이므로 어느 밭이 '量時奴㐫同'으로 기재되었는지를 확인할 방법이 없다. 허남과 얼동은 기해양안의 다른 전답에서도 실려 있지 않다. 이렇게 본다면 허남과 內玉 가운데 한 밭이 얼동에게 매도된 것으로 보아도 무리가 없다고 생각한다.

한편 위의 〈表 1〉의 기해양안의 필지에서, 1 '白如璧奴哲男'처럼 上典名 다음에 奴名이 등재된 15건의 사례가 있다[104]. 고산현 서면의 양안에는 지역적인 특성에 따른 것인지 혹은 양안 기재의 관행이나 투식에

---

104) 1. 白如璧 奴 哲男, 2. 南敏悌 奴 千同, 12. 金重秋 奴 承禮, 13. 文德修 奴 順春, 25. 鄭應奎 奴 㐫同, 35. 蘇日三 奴 四德, 38. 姜世亨 奴 者斤連, 39. 高極齊 奴 先玉, 42. 鄭右先 奴 石見, 45. 蘇大潤 奴 明吉, 47. 鄭碩僑 奴 上卜, 63. 柳讀 奴 德龍, 72. 柳日興 奴 萬中, 101. 許商 奴 今禮.

의한 것인지는 명확한 판단은 어렵지만 2명의 예를 제외하고는 主名의
앞에 직역의 기록이 없다. 이런 노명으로만 기재된 그들의 상전주의 존
재 여부와 그 전답의 주의 실체에 접근하는 것도 의미가 있다. 더욱이
이 表에서는 모두 직역을 가지지 않는 상전들이란 점에서 더욱 그렇다.
이는 지금까지의 양반을 중심으로 노명의 전답 소유를 파악하는 것[105]
과는 다른 면이라고도 할 수 있다. 더욱이 무진양안과 기묘양안에는 한
명도 예외 없이 모두 奴名만이 기재되어 있을 뿐이다. 이들은 상전이 없
는 독립된 奴들인가를 확인하는 것도 의미 있는 일이다. 따라서 그렇지
않다면, 노명을 중심으로 그 상전명을 밝히고 이에 따라 상전명 다음에
씌어진 奴 名義의 전답들은 사실 상전의 것이고 상전명이 없는 이들의
전답도 대부분 상전의 전답으로 볼 수 있다. 우선 무진양안에 등재된 모
든 奴를 중심으로 1719년 기해양안에서 그 奴名 앞에 기록된 상전주를
확인하기 위하여 〈附錄 3〉을 만들어 뒤에 붙였다. 이 양안에서 奴名 중
심으로 그 전답과의 관계를 확인하기 위해 이미 앞에서 언급한 內字가
있는 필지에서는 그 다음에 등재된 '잉기주'와 '전기주'의 奴만을 검토
대상으로 하였다. 즉, 〈附錄 3〉에서 4번 正字 66의 '奴貴先 內'의 귀선
은 분명히 백여림의 奴임이, 1719년 같은 지번의 양안에서 '白汝琳奴貴
先'을 통해 이를 확인된다. 그러나 仍起 主인 奴 屈卜이 1748년의 양안
에 主로 등재되어 있기 때문에 이때의 귀선은 자료로서 검토하지 아니
하였다. 그러나 같은 內 형식의 11 傳字 2의 仍起 主인 夏介는 李夾의
奴이므로 奴主관계였다고 판단하였다. 또한 같은 지번에서 奴主關係가
확인되지 않더라도 다른 지번에서 이 관계가 찾아지면 그대로 奴名의
상전주로 확인하여 통계에 포함시켰다. 예를 들어 14 聲字 10 필지의
잉기 주는 奴 順春으로 기록되어 있고, 기해양안의 그 지번에는 金時采

---

105) 金容燮, 앞의 논문, 1960·앞의 책, 1984 ; 李榮薰, 앞의 논문, 1984·앞의 책,
    1988,

奴 大今으로 主가 실려 있는 경우이다. 그 후 이 토지는 奴 順春이 기경하는 主로 교체되어 있으나, 기해양안에서의 9 지번에 文德修의 奴 順春으로 등재되어 있으므로 순춘은 문덕수 소유의 奴이다. 사실 그 전지는 문덕수가 소유 또는 보유한 것으로 진자된다.

무진양안 상에 전답 2088필지가 등재된 가운데 主가 奴名으로 된 전답이 188필지이다. 188필지인 것은 한 노명이 여러 필지에 등재되어 있어도 노명을 중심으로 주를 파악하기 때문에 이런 것이다. 이 188필지를 1719년 기해양안과 대비시켜 상전주를 확인하고, 더 나아가 노들이 상전의 '時'로 판단할 수 있는 근거를 '白汝琳奴貴先'과 같은 例에서 찾았다. 이 188건의 奴名 가운데 실제 1719년의 상전의 명이 생략되고 그 奴名으로만 기록된 것이 81건이다. 이는 무진양안에 奴의 이름으로 등재된 것의 약 43%가 실제 노비 상전의 이름이 탈락되어 있다는 것이다. 그런데 조선후기 토지문기 등에서 그 본문의 내용에 따라 그 전답 또는 노비의 소유를 판단하기도 한다. 하지만 양안에서는 이를 추정하기 어렵다고 하겠다. 대체로 양반의 직역과 함께 그 명과 노비 명이 기록된 것은 양반이 소유로 판단한다. 이는 추정적인 이미를 지녔지만 다른 해석의 여지가 없다고 본다. 이렇게 본다면 상전주의 명이 확인되는 奴가 43% 이상이라는 사실은, 달리 말해서 이 양안에 등재된 그 전답의 실제 主도 상전이라는 사실이 43% 이상이 된다는 것이다. 실제 양반의 직역이 기재 되지도 않은 노명 전답주의 상전이 이런 비율이란 것은 그 수치가 상당히 높다고 본다.[106] 물론 이 양안이 '陳改量導行帳'이란 한계성

---

106) 李榮薰은 慶尙道 醴泉郡의 庚子量案의 事例分析을 통해서, 渚谷面의 329명 私奴 起主 가운데 이 面의 兩班 起主 名下의 率奴와 동일한 私奴가 133명임을 확인한 바 있다(李榮薰, 위의 논문, 1984, 33쪽·위의 책, 53쪽 參照). 이는 양반 이름 밑에 노명이 기재된 것이 40% 이상이 된다. 金容燮은 慶尙道 義城郡 龜山面의 경자양안의 분석을 통해서, 兩班層의 職役關係를 品官(7.5%), 幼學,(32.6) 校生(6.1), 業武(15%), 奴婢所有者(34%)로 구분하여 백분비를 내고, 특히 직역이

을 가지고 있지만, 또한 고산현 서면의 仰役奴婢와 納貢奴婢의 比로도 추정할 수 있을 것 같다. 이 통계는 노명을 중심으로 그 전답의 상전주를 밝히는 것이 목적이므로 奴의 전답이 중복되더라도 그 통계는 1건만을 취급하였다. 상전주가 경작하는 전답의 양에 대한 통계는 내지 아니하였다. 그러나 이런 비교·검토는 양안의 사료 해석뿐만 아니라 계량적인 통계 분석에도 중요한 의미가 있다고 본다. 즉, 奴名으로 등재된 양안의 전답에 대한 분석은 우선 양반들과 상전의 '時'로 기록된 여부를 확인하는 작업이 우선되어야 그 전답 주의 실체를 파악할 수 있다는 것이다. 1748년의 무진양안이나 기묘양안만을 중심으로 어떤 통계적인 분석 특히 전답의 주 또는 주의 신분 분석이 이뤄진다면, 이는 역사의 사실과는 다른 虛構的인 분석이 될 수도 있다. 己亥量案의 비교를 통해 바로 이를 보완할 수 있다. 그러나 奴名을 표기하는 사례 중에 '主私奴良孫'[107)]처럼 등재된 奴들은 거의 대부분 두 양안에서 상전주를 확인할 수 없다. 이들이 등재된 전답을 私奴 그들의 전답으로 판단해도 무리가 없다. 私奴로 여러 필지에 계속 등재된 전답 중에 따로 상전의 이름이 기록된 예는 없으나, '白汝琳奴貴先'의 형식과 같이 등재된 奴 가운데 어떤 경우에 상전명이 생략되고 '奴貴先'처럼 기록된 예가 있고, '私奴'를 붙여 명을 기록한 것도 있다. 그러나 아주 소수의 몇 개의 예에 불과하다. 이는 그들 奴가 경작하는 전답을 의미하는 기록이라기보다 한 양안을 여러 서원 등에 의해서 나누어 기록하는 데서 나오는 결과라고 할 수 있다. 사실 고산현 기해양안의 내용에서도 각 면에 따라 여러 사람에

기재되지 않고 '노비소유자'로만 표시된 자 즉, 상전 주명 밑에 노비 명을 기재한 자를 양반임을 표시한 것으로 파악하였다. 이 비율이 34%나 된다(김용섭, 앞의 논문, 18쪽·앞의 책, 92쪽 參照).

107) 私奴 良孫은 전답 38 필지에 걸쳐 舊陳, 수陳 1결 74복 8속과 起耕田 54부 3속으로, 결부 2결 29부 1속의 전답을 경작했다. 이는 西面의 전답 결부와 전답 주의 결부 등을 볼 때 상당히 많은 양이라고 본다.

의해 기재하는 사람이 바뀌어서 양안에 기록한데서 온 결과라고 볼 수
있다. 양안의 기록자가 바뀐 것은 양안의 기재의 필체나 글씨의 굵기에
따라 확인할 수 있다. 사실 양안 자체의 기록은 기록자에 따라 다를 수
도 있지만 임의적인 면이 많음을 볼 수 있다. '奴'를 接頭한 기록 자체가
그렇다. 즉, 〈附錄 3〉을 통해서 대체로 1719년 양안에서 姓名으로 기재
된 전답 주가 1748년 양안에서는 姓이 탈락하고 名 앞에 '奴'로 기재되
어 있다. 그러나 이를 신분상의 변동으로 파악하기도 어렵다. 1748년 양
안에서 44번 善字 25의 '奴日生'은 21 필지에는 '舊陳主崔日生'으로
등재된 점이다.108) 그런가하면 양안의 주명 기재에 있어 위의 경우처럼
바로 가까운 전답의 필지에서도 서로 다른 임의적인 한자를 사용되었다
든가, 앞의 〈表 1〉에서 誤記로 판단하기 어려운 면도 있지만, 59번의
金厚達은 두 양안의 主인데 기묘양안에 金又達로 등재되어 있어, 이는
양안을 轉寫할 때 다른 인물이 구술한 것을 받아 기록한 것이 아닌가
생각된다. 거기에 따른 誤記일 가능성도 있다. 아울러 '奴貴先'처럼 간
략히 등재된 것은 양안에 기재할 때 반복 또는 중복되는 번거로움을 피
해 생략하는 그 관행에서 온 거라고 판단된다. 이처럼 동일 양안에 上典
名 아래 奴名이 함께 등재된 경우는 혹 奴名으로 된 몇 필지의 전답도
대부분 상전의 전답으로 볼 수 있으나, 상전 명이 등장하지 않고 私奴
혹은 奴字가 接頭되어 이름이 기재된 것은 대부분 奴의 소유로 판단해
도 된다고 생각한다. 아울러 동일 양안뿐만 아니라 그 인근 面의 양안

---

108) 奴가 성명과 奴名으로 기재된 예를 예시하면 다음과 같다.
番護 44. 善자 25 a 舊陳 主 崔日生(善 21 舊陳 主 崔日生) b 舊陳 主 奴 日生
(善 21 舊陳 主 崔日生) 89. 資 6 a 今陳 主 朴大業 b 今陳 主 奴 大業 130.
孝 87 a 起 主 張業(當 61 起 主 張業) b 成川 主 奴 張業 145. 力 25 a 起
主 宋論業 b 量後續陳 主 奴 論業 149. 忠 12 a 起 主 朴占先 b 量後續陳 主
奴 占先 176. 馨 48 a 起 主 李壬戌 b 成川 主 奴 壬戌 178. 如 5 a 起 主 高上
龍(陰 40 a 宋秀馨 奴 上龍) * a와 b는 己亥量案과 戊辰量案을 각각 칭한다.

상의 등재 기록까지를 전부 확인할 때 奴名으로 主가 기재된 전답이 상
전의 소유인 것인가 아니면 그 奴 자체의 것인가를 판단할 수 있을 것이
다. 물론 奴가 不在地主의 전답을 그 '時'로 기재하고 있을 때는 그 자
체로는 그 소유의 실체를 판단할 길이 없다고 본다.

5. 맺음말

본 연구의 내용을 아래와 같이 정리하여 맺음말로 하고자 한다.

일반적으로 양안이 제공하는 정보로서 가장 주요한 것은 전세의 부과
대상이 되는 결부 수와 이를 부담하는 主名의 기재이다. 이 주명에는,
奴가 上典主名 아래 奴名이 기재된 경우와 바로 奴名으로만 된 경우가
있다. 각 필지에 2작, 3작 등의 分番이 기재된 경우가 많다. 전답의 대소
에 의해서 작이 정해지는 것은 아니었다. 즉, 필지 내에 변화가 있을 때
그에 조응한 결과로 만들어 진 것이 作이다. 이 作은 양전할 때에 임시
적으로 부여되었다가 正案을 만들 때 정식 지번 번호를 받은 것으로 볼
수만 없다. 이 作은 전국적으로 사용된 用語이다.

전라도 남원현 기해양안에서 主의 표기에 '柳餘慶奴時金'과 '時金'
인 사례와 같은 경우, 바로 '시금'과 같은 인물을 그 필지 전답의 主로
해석하기 쉽다. 이는 조선시대의 양안에서 상전주의 전답 등에 그 노명
이 등재되는 관행이나, 필사하는 書員 등이 옮겨 적을 때의 어떤 투식과
관행을 이해하지 못한 결과에서 초래될 수 있는 것이다. 상전주와 함께
기재된 것과 名만이 기록된 時金은 같은 인물로 다만 이를 등재할 때
상전 성명과 奴의 표기에서 반복되는 번거로움에 상전의 名을 생략한

것에 불과하다. 이와 같이 상전주명과 노명이 등재되면서, 상전주의 이름이 생략되고 그 奴名만 기재된 전답은 上典主가 소유 또는 보유한 전답으로 추정할 수밖에 없다.

경성도 경자양안에는 起田은 물론 진진에도 구주와 수主를 밝혀둔 점과 아울러 금주의 職役이 표기된 사실이 전라도의 양안과는 차이가 있다고 한다. 물론 전라좌도의 양안에는 '主'字가 표기되지 아니 한 반면, 일반적으로 전라우도의 양안에는 '主'字가 기재되어 있다. 한편 다른 군현의 양안의 기재 방식과는 달리 1871년 彦陽縣 양안에는 기진과 함께 '續'이 主名을 기록한 하단에 기재된 점은 특이하다. 여기에는 '主'자가 생략되고 바로 성명이 기재되어 있다. 군현양안이 아닌 궁방전양안에는 이 기진을 하단에 기재하는 사례는 매우 많다. 물론 자호 다음에 바로 起를 기재하는 사례들도 있다. 양안의 각 지번에서 起 다음에 主字가 생략된 예를 전라우도인 長興府 諸島 양안에서도 확인된다. 이를 '主 규정의 미성립'으로 판단하기는 어렵다. 전라좌도의 양안에서 主자가 없는 것도, 그 지방의 양안 기재의 관행과 투식에 의한 것으로 본다. 지금까지 학계에서 양안 상의 전답 소유자 또는 보유자를 어정쩡한 의미로 사용되는 '起 主'는 바른 의미의 용어로 환원되어야 한다. 따라서 양안 상의 전답의 '主'는 '主' 또는 '量主'로, 일반 전답의 '주'는 田主로 칭하는 것이 옳을 것 같다.

경자양안 등 主의 란에는 전답의 租稅權을 가진 궁방 등의 명칭과 그 아래에 '時'로서 租稅 담당자의 名도 기록되었다. 궁방전 등의 양안에는 '主'자가 기재되지 않고 바로 '時'자만 기재된 예도 많아서 이 時의 성격을 규정하기 어려운 경우도 있다. '(量)主馬位 量時許龍伊'의 기재형태를 '主·時' 또는 '量主·量時'樣式으로 이해하고자 한다. 이는 많은 전답을 경작하는 자나 양반들이 일반군현 양안에 그들의 奴名을 기재하는 양식과도 동일한 것으로 생각된다. 궁방전양안에서 한 명의 奴

名이 많은 지번의 '時'로 기재된 경우 이런 양식의 일환으로 추정해도 무리가 없다. 즉, 그 奴名은 시작과 시집 혹은 시주일 수도 있지만 대부분 '量主·量時'樣式의 '時'에 해당한다. 이 時는 그 전답을 경작하는 奴라기보다 그것을 관리하고 담당하며 租稅를 징수하거나 바치는 일을 맡는 이른바 次知로 볼 수 있다.

내수사 無後婢 丁介와 內需司 奴 王秋의 전답양안에 기재된 '時' 아래 기재된 인물들을 다른 시기에 있는 세 양안을 통해 해석하였다. 즉, 이 '시'의 인물들이 그 전답의 소유자가 될 수 없는 것을 입증하였다. 세 양안에 기재된 시의 인물들은 이 전답의 소유주가 될 수 없고, 이 '時'는 결코 時主라고 할 수 없다. 時 아래 실린 사람들은 이 궁방전을 기경하는 작인에 불과하다.

또한 1685년 興陽縣 내수사 전답의 '量時㐣德'은 한 명이나 시집은 34명이나 된다. 이 '量時'를 '主·時' 또는 '量主·量時'樣式의 한 표기로 보았다. 이 '時'를 主로 보기에는 무리가 있다. 이 時는 궁방전의 地租를 담당하는 자로 본다. 또한 궁방전에서 모든 지번에 한 명의 奴名으로 기재된 '作'도 동일하다고 판단한다. 군현양안에서 전답 주 다음에 기재되는 奴名도 이런 성격으로 해석하는 것이 바르다고 생각한다. 천안군의 내수사전답양안 상에 收稅畓 18결 93부 8속의 각 필지에 '時弘伊'로 기재되어 있다. 이 弘伊도 면세 전답의 전세 수세 담당자인 점에서 말덕과 동일한 성격과 위치의 인물이다.

甲戌量案을 등사한 자료로 소개·이용되는 진안현 내수사 양안에 대하여, 이 양안은 1685년 이전에 타량된 갑술양안 때의 庫員과 卜數를 이 때 다시 改打量한 것으로 해석하였다. 사실 개타량 양안이라는 것이 확인되었다. 충청도 회인현 양안 자체가 이미 갑술양안의 전형이 될 수 없듯이, 이 진안현 양안도 갑술양안의 전형으로 주장할 수 있는 가능성이 없어졌다.[109]

강화부의 용동궁 매득전답의 양안(1713)의 끝에 첨부된 「매득문서등서기」를, 이 양안과 상호 비교·검토한 결과 이 양안에 기재된 '時'는 時主의 主가 생략된 것으로 판단하였다.[*] 이런 시주의 예를 고부군의 용동궁 전답 양안의 끝 「매득전답자호부수등출」과 같이 '시주'만이 기재된 것도 있다. 1728년에 靖嬪房이 경기도 안성군에서 매득한 전답의 자호, 등차, 부수를 문서화한 양안은 현재 이 '시주'를 확인할 수 있는 가장 오래된 것이다. 이 전답의 각 지번의 사표 아래에 양주와 시주로 雙書되어 있다. 이 '時主'의 용어는 어떤 역사적 의미를 갖는 용어라기보다, '당시의 主' 또는 '當該年度의 主'로 해석되는 관용어에 불과하다고 판단된다.

무진양안에서 결부 2부 1속인 正字 제1의 '起主李封石 內'에서 '仍起主奴亡太'와 '成川主同人'에 대한 해석을 바르게 하였다. 즉, 이 필지가 진전 양안에 등재된 것은 仍起 主에 있는 것이 아니라 밭이 成川됨에 있었다. 또한 '仍起主奴亡太'의 결부 2속의 밭이 '內 地番'을 부여받은 것이 아니라, 이 2속의 밭이 바로 '정자 1'의 본 지번을 받은 것이다. 이는 1759년의 기묘정안에서 확인된다. 여기서 '內'는 한 필지의 '結負 數'의 內를 의미할 뿐이다. 이른바 '內頉'에서 나온 사례인 것이다. 이 仍起는 계속 경작하여 왔다는 의미로, 묵히지 않고 기경한 토지인 것이다. 아울러 금진이나 구진의 전답을 앞에서 일구어 경작했다고 해서 前起라 하고, 이는 다시 기경되었다는 의미로 還起로도 기록하였다. 묵혀진 전답의 起耕과 개간이 당해 년에 이루어질 때는 이를 今起라 하였다.

기묘정안에는 '量時某'의 기록이 있다. 사실 궁방전에서 量主나 主를 접할 때, 이때의 '量'은 어느 시기의 양안이며 또 어느 양안에 主로 등재되었는가를 확인하는 것은 대단히 중요한 일이다. 대체로 이를 갑술양안

---

[*] (追補) 이 판단은 잘못되었다. 즉, '時'는 궁방전을 경작하는 시작의 개념으로 보는 것이 바르다.

이나 경자양안을 지칭하곤 하였다. 우선 무진양안의 2088필지 중 656필
지의 主가 기해양안의 주와는 변동되어 기재되어 있다. 고산현 서면 양
안에서 1719년 이후 1748년까지 약 30년간에 31.4%의 主 교체가 있었
다. 진전의 개량양안이란 점에서 그 한계가 있지만, 적어도 主의 교체를
양안에서 확인할 수 있다는 사실에서 큰 의미가 있다. 그런데 기묘양안
의 전답 467지번 가운데, 27% 이상인 量主가 기해양안의 主와는 다르
게 바뀌었거나 결부 수 기록이 변동되어 있다. 또한 〈표 1〉에 실려 있는
무진양안의 구진 무주 전답 39건 가운데 사실상 기경되어 主名이 기재
된 34필지와 아직 일구어내지 못한 5필지도 결부가 변동되어 있는 점에
서도 기해양안의 전답 필지의 성격과는 다르다는 점을 밝혔다. 그 필지
들이 바로 기묘양안에 등재된 점은 또한 의미를 갖는다. 기해양안과 무
진양안의 지번은 동일하지만 결부 수가 변동된 것이 83건이나, 기해양안
의 主가 기묘양안의 주가 교체된 것과 중복된 것이 68건이 된다. 이는
사실상 결부는 변동하여 그 자체는 다른 성격을 지닌 지번이 동일한 것
이 15건이 된다.

따라서 기해양안과 기묘양안 상의 필지의 주와 결부가 서로 다른 것
은 모두 142건으로, 이는 기묘양안의 467지번의 30.4%에 이른다. 중요
한 사실은 이들이 무진년 개량이나 기묘 降續, 降等 등의 査陳 결과에
따라 1759년의 양안에 등재되었다는 점이다. 즉, 고산현 서면 기묘정안
의 '量'은 군현양안의 정안인 1719년의 기해양안이 아니라 기묘양안 자
체이거나 무진년 陳改量 이후 사진된 어떤 양안을 의미하며, 그 主 또한
약 1/3이 기해양안과는 다르게 교체되었다는 것이다. 이는 지금까지 궁
방전 등의 '主', '起 主', '量主'를 1634년 갑술양안과 이른바 1720년의
경자양안의 '主', '起 主', '量主'로 추정하는 것이 誤謬일 수도 있다는
점에서 중요한 의미를 갖는다. 또한 續案에 실린 진전에 대한 사진 또는
개량이지만, 이 量田 내용들이 당대 자료로 그친 것이 아니라 연속성을

가지고 다음 양안에 계속 반영되고 있다는 점도 주목할 사실이다. 아울러 속안에 등재되면 개량이 별도로 이뤄진 것으로 판단된다. 즉, 1719년의 양안의 속전은 물론 구·금진전, 양후속전, 경신진전, 무진진전 등이 함께 등재됨과, 결부가 기진 여부에 변동이 없는데도 무진양안에 모두 등재된 점에서 그렇다. 그런데 기묘양안의 467지번 중 量과 時에 동일 인물이 기록된 것은 95지번이고, '時'에 다른 인물로 교체된 것은 372지번이다. 즉, 약 80%가 1759년 양안에 새로운 '時'의 인물이 등재된 것이다. 이를 11년간의 主의 변동으로 보아야하는지 어떤 결론을 내리기 어렵다. 기해양전 이후 약 40년이 지난 후 査陳의 기묘양안에는, 主의 교체율이 30.4%인데 동일 지역에서 11년간에 量主에서 '時'의 인물로 교체된 것이 80%라는 이 통계가 지나치게 높을 뿐만 아니라 모순된다는 것이다.

요는 기묘양안 상의 '時' 다음에 기록된 인물을 토지소유자로 판단하기 어렵다는 것이다. 이 '時'는 租稅를 부담할 자를 표기하였다고도 볼 수 있다. '시'는 '時主'이기보다도 時作으로서 이에 실린 인물은 당시 경작자로 해석할 수 있다. 앞으로 고산현 전체의 양안을 통해서 면밀한 검토가 요구된다고 생각한다.

또한 무진양안에는 전답의 主를 奴名만을 기재한 필지들이 많다. 무진양안의 2088지번 중 主가 노명으로 된 것이 188지번이다. 이는 노명을 중심으로 上典名의 탈락 여부를 확인하기 위하여 동일 인물이 여러 필지에 등재되어 있어도 한 명으로 취급한 결과이다. 188건 중 상전명이 생략되고 그 노명만으로 등재된 것이 81건이다. 이는 고산현 서면의 양안에 奴의 이름으로 등재된 것의 약 43%가 실제 노비 상전의 이름이 탈락되어 있음을 말한다. 아울러 奴名의 전답 필지 188건 중에 실제 上典主의 전답이 그 奴名으로 등재된 것이라고 할 수 있는 것이 81건이라는 것을 의미한다. 즉, 1748년에 奴의 이름으로 등재된 전답 가운데 약

43%가 실제 주는 상전주의 것이었다. 이런 비교·검토는 양안의 사례 해석뿐만 아니라 계량적인 통계 분석에 중요한 의미가 있다. 즉, 奴名으로 기록된 양안의 전답에 대한 분석은 우선 田主나 量主들의 '時'로 기재되었는가의 여부를 확인하는 작업이 우선되어야 그 전답 主의 실체에 접근할 수 있다. 그러나 전답 主로 奴名을 표기된 사례 중에 '主私奴良孫'처럼 등재되어 있는 奴들은 거의 대부분 두 양안에서 상전주를 확인할 수 없다. 따라서 양안에 奴名과 上典 主名이 함께 등재되어 있으면 奴名으로 된 몇 필지의 전답도 대부분 상전의 전답으로 볼 수 있으나, 상전명이 등재되지 않고 私奴 혹은 奴 다음에 이름이 기재된 전답은 대부분 奴의 소유 또는 보유하는 것으로 보아도 무리가 없다고 판단된다.

이와 같이 다른 시기의 동일 양안은 물론 그 인근 面 등의 양안 상의 등재 기록을 전부 확인·비교할 때 奴 名義로 主가 기재된 전답이 상전주의 것인가 아니면 奴 자신의 것인가를 판단할 수 있을 것이다. 그러나 奴가 不在地主의 전답의 그 '時'로 기재되었을 때는 그 자체로는 그 主의 실체를 판단할 길이 없다.

〈附錄 1〉 江華府 府內面과 艮岾面의 龍洞宮 買得田畓 內容

府內面

(單位; 負.束)

字號 筆地	地目	負數	斗落只	主	時
黃 34	畓	14.7	13	劉戒回	奴 命吉
日 50	畓	6.4	4	婢 承春	奴 命吉
列 10	畓	11.3	8	徐舜臣	奴 命吉
成 18	畓	29.9	16	金孝男	奴 命吉
露 36	畓	10.8	9.1	奴 雄建	金德先
駒 13	畓	21.6	20	金孝立	武香
駒 25	畓	2.5	3	金悌吉	金從世
場 15	田	1.8	4	奴 雄建	同人
被 13*	畓	2.4	3	金大先	金守命
盖 18	畓	7.9	7	奴 宗立	奴 命吉
盖 8	畓	13.3	10	奴 起卜	金承命
良 39	畓	17.3	10	婢 貴業	崔在申
己 23*	畓	7.7	4	李永立	
使 54	畓	10	6	李祿世	河宗鶴
可 23	畓	4.8	2	李先	河宗鶴
可 24	畓	11.5	10	朴松	河宗鶴
可 25	畓	2.4	4	趙希建	洪忠逸
覆 52	畓	3.4	3	金先	高以卜
器 26	畓	2*	3	趙希建	崔興璧

☆舊化時被字, 舊生時己字. 三負二束內 一負二束 量無 實二負, 買得文記에는 3卜 2束.

艮岾面

字號 筆地	地目	負數	斗落只	主	時
覇 64	畓	20.4	16	李京申	金成益
寔 59	畓	1.7	3	李京申	金成益
魏 110	畓	9.1	7	李京申	金成益
橫 39	畓	17.1	10	李士先	金成益
橫 43	畓	10.6	6	李京申	金成益
橫 44	畓	2.5	1	李京申	金成益

〈附錄 2〉己卯量案과 戊辰量案 및 己亥量案의 則字 筆地 比較

(單位; 負.束)

則字 15	①5等直田	4.8	南北長75尺東西廣16尺 二方山南同人畓西貴先田	舊陳主柳讀奴德龍
	②5等直田(舊陳)	4.8	降6等 3 南北長75尺東西廣16尺	舊陳主奴德龍
	③6等直田量起	0.4	東西長19尺南北廣6尺 東先德田南貴先田西辰生田北梁	量吳後璧時奴上伊
16	①5等直田	2.9	東西長60尺南北廣12尺 三方山西同人田	舊陳主柳讀奴德龍
	②5等直田(舊陳)	2.9	降6等 1.8 東西長60尺南北廣12尺	舊陳主奴德龍
	③6等直田量起	1.4	東西長29尺南北廣19尺 東同人田二方山西貴先田	量貴先時奴上伊
28	①5等直田	1.9	南北長40尺東西廣12尺 二方道南吐北川	舊陳主柳日興奴萬中
	②5等直田(舊陳)	1.9	降6等 1.2 南北長40尺東西廣12尺	舊陳主奴萬中
	③5等直田量起	0.5	東西長40尺南北廣5尺 東北山二方梁	量崔秋每時奴莫上
1	①3等直田	23.3	南北長111尺東西廣30尺 東道南儀存畓西同人陳田北同人田	起主崔二元
	③3等直田量起	23.3	內 6 降6等 2.1 東西長43尺南北廣10尺 東道南儀存畓 西同人陳田北同人田	量崔以元時太今
1-2作	①3等直田	12.9	南北長71尺東西廣26尺 二方同人田南儀存畓西吐	起主崔二元
	③3等直田 量起	12.9	內 1 降6等 0.4 東西長21尺南北廣7尺 東同人田 南儀存畓西吐北同人田	量崔以元時崔召史
14	①6等直田	2.5	南北長78尺東西廣8尺 東山二方同人田北同人田	起主柳讀奴德龍
	③6等直田量起	0.3	東西長19尺南北廣6尺 東後德田南貴先田西三己田北梁	量崔辰生奴必奉
19	①3等直畓	13.8	東西長16尺南北廣19尺 二方同人田南云達畓北九三畓	起主柳日興奴萬中
	③6等直田量起	0.7	東西長19尺南北廣15尺 東道南山西北同人畓	量吳後璧時奴必奉
21	①4等直畓	7.5	東西長65尺南北廣21尺 東同人田二方同人畓北云達田	起主柳讀奴德龍
	③6等直田量起	0.6	東西長24尺南北廣10尺 東同人田南道西先得田北梁	量吳後璧時古릴禮
27	①4等直田	12.3	南北長86尺東西廣26尺 二方道南先業田	起主柳日興奴萬中
	③5等直田量起	0.3	降6等 0.5 東西長15尺南北廣5尺 東南梁二方山	量崔春金時奴莫上
29	①3等直田	8.4	南北長63尺東西廣19尺 東道南先業畓西先業田北萬中田	起主奴己丑
	③5等直田量起	0.3	降6等 0.2 東西長28尺南北廣8尺 二方梁西北山	量崔秋每時奴莫上

〈附錄 3〉『高山縣戊辰陳導行帳』의 奴名 田畓과 『高山縣己亥導行帳』 上의 主 檢討

番號 字號 地番	戊辰陳導行帳 主名	己亥導行帳 起陳 主名	備考
1. 正 16	起主李奉石 內 仍起主奴亡太	起主李封石	
2.　 33	起主崔亐老未 內 仍起主奴石介	起主崔亐老未	
3.　 51	量後續陳主奴泰金	起主鞠弼諧奴太金	○
4.　 66	起主奴貴先 內 仍起主奴屈卜	起主白汝琳奴貴先	
5.　 74	舊陳主奴乙民	舊陳主鞠弼賚奴乙民	○
6. 空 25	舊陳起主奴貴先	起主白汝琳奴貴先	○
7.　 27	舊陳主白如璧 內 前起主奴若金	舊陳主白如璧奴哲男	
8.　 31	舊陳主金丁伊 內 前起主奴哀山	起主金丁	
9. 谷 1	舊陳主金光必 內 前起主奴道生	舊陳主金光弼	
10. 傳 2	起主奴夏介 內 仍起主同人	起主李夾奴夏介	○
11.　 33	舊陳起主奴大德	舊陳主奴大德	○ *傳27金益賢奴大德
12.　 33	今陳主奴虘金陳主鞠弼世奴虘金		
13.　 46	量後續陳主奴千同	起主南敏悌奴千同	○
14.　 48	量後續陳主奴加應失	起主鞠弼元奴加應失	○
15.　 49	續陳主奴論世	起主趙俁奴論世	○
16.　 51	舊陳主奴千同 內 前起主奴三今	舊陳主南敏奴天同	
17.　 54	戊辰陳主奴白龍	起主南正蕙奴白龍	○
18.　 99	續陳主奴貴金	起主趙信奴貴金	○
19.　 105	續陳主奴內世	起主趙俁奴論世	*谷21趙俁奴內世·習78趙士云奴內世
20. 虛 2	量後續陳主奴立生	起主鞠弼輝奴立生	○
21.　 43	今陳主奴次今	今陳主金德周奴次今	*競31鄭應星奴次今
22. 堂 2	今陳主奴卜立	今陳主杜元赫奴奉立	*虛73杜稀枚奴卜立
23.　 43	今陳起主奴命生	今陳主金德智奴命生	○
24.　 48	戊辰陳主奴春德	起主金德仁奴春德	○
25.　 56	戊辰陳主奴夏禮	起主金德漢奴夏禮	○
26.　 63	今陳起主奴出禮	今陳主金遇秋奴出禮	○
27.　 69	起主奴升(承)禮 內 仍起主同人	起主金重秋奴承禮	○
28.　 74	量後續陳主奴古邑介	起主姜海擧奴古邑介	○
29. 習 5	舊陳主奴二月	起主金德希奴二月	○
30.　 18	起主奴五禮 內 仍起主同人	起主僧哲宗	
31.　 30	起主奴禮尙 內 仍起主同人	起主文德修奴順春	
32.　 31	量後續陳主奴順春	起主文德修奴順春	○
33. 聽 17	今陳主奴永立	今陳主李矗奴白夸	*聽12李南極奴永立
34.　 28-2作	量後續陳主奴順	起主宋之泰奴順伊	○
35.　 50-2作	今陳起主奴先伊	起主鞠弼演奴先伊	○
36. 禍 38	續陳主奴連德	起主李昌永	
37. 因 54	量後續陳主奴仁汗[安]	起主奴仁安	
38. 積 64	今陳主奴夏石	今陳主鞠儀卿奴夏石	○
39. 福 30	今陳主奴千萬	今陳主千萬	*積42高太齊奴千萬
40.　 32	今陳起主奴萬中	今陳主奴萬中	*嚴第1柳日興奴萬中
41.　 94	今陳主奴戊男		
42. 緣 51	今陳主奴先日 內 前起主同人	今陳主高極齊奴松每	○ 緣2高守天奴先日
43. 善 7	舊陳主奴礆卜	今陳主礆卜	○ *寶135李汝挴奴礆卜
44.　 25	今陳起主奴日生	舊陳主崔日生	

No.	字	番			
45.		76	續陳主奴枝發	起主李汝虎奴應發	
46.	慶	41	今陳主奴峇同	今陳主李峇同	○*陰20鄭應圭奴峇同
47.	尺	44	今陳主奴仍邑丹	今陳主李希辰奴明卜	
48.		64	戊辰陳主奴尙男	起主鄭右悅奴上男	○
49.	壁	46	庚申續陳主奴內焉	起主朴戒先	
50.		55	成川主奴右禮	起主文必徵奴又禮	○
51.		59	起主奴有萬 內 仍起主同人	起主朴論生	○*壁26鄭應軫奴有萬
52.		70	舊陳起主奴己焉	舊陳無主	○*陰29卓世興奴己焉
53.	非	25	起主奴千己 內 仍起主同人	起主蘇日三奴四德	
54.		39	舊陳主奴哀吉	舊陳主李照方奴哀吉	○
55.		44	舊陳主奴馬堂	起主李汝好奴馬唐	○
56.		60	今陳起主奴淂亡	今陳起主李熙裁奴淂亡	○
57.		6	今陳主奴奉金	今陳主奴奉金	
58.		70	今陳起主奴㖩今	今陳主柳希暖奴㖩今	○
59.		76-2作	成川主奴山每	起主李熙才奴淂亡	*寶134李汝虎奴山每
60.	寶	23	舊陳起主奴松每	舊陳主高棪裁奴松每	○
61.		32	今陳主奴松耳	今陳主蘇相義奴松耳	○
62.		35	舊陳主奴順卜 內 前起主奴升個	舊陳主蘇大潤奴順卜	
63.		48	量後續陳主奴敏伊	起主卓世興奴己鶴	
64.		56	今陳主奴水生	今陳主宋秀徵奴水生	○
65.		58-2作	起主奴山月 內 仍起主同人	起主高守天奴先一	
66.		94	今陳主奴若先	今陳主奴若先	*卓世標奴若先
67.		96	今陳主奴尙辰	今陳主卓世標奴若先	
68.		98	今陳主奴士禮	今陳主卓慶禮奴士禮	○
69.		103	戊辰陳主奴貴山	起主卓世命奴玉每	
70.		110	成川主奴立伊	起主李德基奴立伊	
71.		140	起主奴有巾 內 仍起主同人	起主鄭應台奴有巾	○
72.		146	今陳主奴每春	起主金有長	
73.		149	成川主奴德眞	起主李熙芳奴哀吉	*寶111鄭應斗奴德眞
74.		166	今陳主奴貴春	今陳主姜世彬奴古長金	
75.	寸	21	起主奴上代 內 仍起主同人	起主宋秀衡奴卜龍	
76.		30	成川主奴禮化	起主鄭之聖奴禮化	
77.		42	戊辰陳主奴鳥金	起主張罒業	
78.		49	起主奴石見 內 仍起主世今	起主鄭友善奴石見	○*壁22鄭友善奴世今
79.		58	續陳主奴有萬	起主鄭應眞奴有萬	○
80.		91	起主奴莫春 內 仍起主同人	起主鄭之聖奴禮化	
81.		102	成川主奴明立	起主李熙眞奴明立	○
82.	陰	16	起主奴有巾 內 前起主奴禮仁	今陳主鄭應台奴有巾	
83.		55	成川主奴二金	起主李熙載奴得亡	*父3鄭來拱奴二金
84.		58	今陳主奴戒德	今陳主李熙載奴得亡	
85.	是	25	戊辰陳主奴應發	起主具宗烈奴春伊	*善54李汝虎奴應發
86.	競	7	量後續陳主奴德男	起主李世郁	
87.		3	成川主奴罒業	起主鄭應台奴罒業	○
88.	資	2	今陳主奴日金	今陳主張漢己	○*慶20趙孟圭奴日金
89.		6	今陳主奴太業	今陳主朴太業	
90.		31	起主奴金仁 內 仍起主奴玉每	起主康世亨	○*寶103卓世命奴玉每
91.	父	43	起主奴明立 內 仍起主奴上萬	起主奴命立	
92.		48	起主崔萬准 內 仍起主奴明禮	起主崔萬准	
93.		65	起主金中太 內 仍起主奴儀亡	起主金中太	
94.	事	10	續陳主奴五月	起主吳太猗奴五月	○
95.		13	量後續起主奴春禮	起主卓世好奴春禮	○
96.		26	戊辰陳主奴致明	起主崔致明	
97.		28	量後續陳主奴論良 內 前起主同人	起主許延	

98.	31	成川主奴龍化	起主李熙順奴貴卜		
99.	48	起主奴士禮 內 仍起主同人	起主卓京來奴士禮	○	
100.	55	戊辰陳主奴丹伊	起主申以義		
101.	56	戊辰陳主奴老郞金	起主奴老郞金	○	*聲30許允奴老郞金
102.	69	戊辰陳主奴士玉	起主許必成奴士玉	○	
103.	78	量後續陳主奴慫山	起主黃道興奴慫山	○	
104.	81	戊辰陳主奴今禮	起主許商奴今禮	○	*軍72許垠奴今禮
105. 君	10	起主奴士玉 內 仍起主元昌	起主金相甫奴士玉		
106.	30	量後續陳主奴良孫	起主奴良孫		
107.	46	量續起主奴德辰	起主鄭應斗奴德辰	○	
108.	49	戊辰陳主奴永丹	起主奴永丹	○	*寶70鄭應守, 131鄭應三奴永丹
109.	87	舊陳起主奴承元	舊陳主李汝虎		
110.	104	成川主奴議丹	起主申二孝		
111. 日	22	舊陳主奴致萬	起主私奴致萬		
112. 嚴	36	續陳主奴介春	起主私奴介春		
113.	38	續陳主奴中石	起主奴中石		
114. 與	29	戊辰陳主奴先伊	起主私奴先伊	○	*聲61鞠弼寅奴善伊
115.	32	舊陳主奴國山	舊陳主張得先	○	*與33柳再振奴國山
116. 敬	5	起主張業伊 內 起主才今	起主張業		
117.	7	起主奴德龍 內 起主奴順己	起主柳讀奴德龍		
118.	73	舊陳奴德龍內 前起主奴海中	舊陳主柳讀奴德龍		
119.	22	起主金貴先 內 仍起主奴古邑丹	起主金貴先		
120.	53	舊陳主奴莫今 內 仍起主同人	舊陳主婢[奴]莫今		
121. 孝	17	量後續陳主奴豆男	起主奴連業		
122.	21	今陳主奴惡山	今陳主奴岳山		
123.	26	今陳主奴莫今 內 前起主奴以山	今陳主奴莫今		
124.	31	今陳主奴可德	今陳主奴可莫德		
125.	36	舊陳主奴先山	舊陳主奴先山		
126.	37	舊陳主奴貴龍	舊陳主奴貴龍		
127.	52	續陳主奴己業	起主奴己業		
128.	64	成川主奴占上	起主朴占先		
129.	66	成川主奴德之	起主奴貴龍		
130.	87	成川主奴長業	起主張業		
131.	111	起主奴德龍 內 仍起主奴順化	今陳主柳讀奴德龍	○	*非82高允齊奴順化
132. 當	7	成川主奴明尙	起主奴命上		
133.	19	量後續陳主百巾	起主奴再達		
134.	41	成川主奴險山	起主奴險山		
135.	52	成川主奴戒先	起主奴戒先		
136.	57	量後續陳主奴山伊	起主奴山伊	○	*堂19朴萬機奴山伊
137.	61	成川主奴用今	起主張業		
138.	66	舊陳主奴善今	舊陳主柳日興奴萬中		
139. 竭	4	庚申陳主奴三日	起主奴三日		
140.	42	庚申續陳主奴善業	起主奴善業		
141. 力	7	舊陳主奴將軍	舊陳主奴將軍		
142.	12	成川主奴加八	起主金云達		
143.	19	成川主奴夛金	起主奴夛金		
144.	21	量後續陳主奴㐫里今	起主奴斗里今		
145.	25	量後續陳主奴論業	起主宋論業		
146.	33	量後續陳主奴三奉	起主奴三奉		
147.	67	舊陳金加所里	起主金加所里		*力61奴加所里
148.	69	起主吳必良 內 仍起主奴恩德	起主吳必良		
149. 忠	12	量後續陳主奴占先	起主朴占先		
150.	44	舊陳主奴慶三	舊陳主奴慶三		

151.	45	舊陳主奴今三	舊陳主奴今三	
152.	47	起主奴元三 內 仍起主奴以才	起主奴元三	
153. 臨	58	舊陳主奴占春	起主私奴占春	
154.	99	成川主奴石禮	起主徐好尙	○ *臨92裴厚寬奴石禮
155. 深	55	成川主奴太玉	起主李載春奴太玉	○
156. 風	73	成川主奴庚申	起主柳讀奴德龍	
157. 風	82	成川主奴哀申	起主僧處成	
158.	103	成川主奴今金	起主韓儀潭	
159. 興	127	成川主奴玉年(連)	起主金起秋奴承立	
160. 溫	19	成川主奴禮丹	起主姜日龍	
161.	118	起主裵厚成 內 仍起主奴己先	主裵厚成	
162. 似	36	今陳起主奴斤上	起主李震夏奴斤上	○
163.	85	今陳主奴戒化	起主卓寅奴戒化	○
164. 蘭	2	成川主奴卮代	起主裵厚寬奴石禮	
165.	43	起主奴今山 內 仍起主奴同人	起主許商奴今禮	○ *蘭71許垠奴今山
166.	48	成川主奴士千	起主裵石辰奴四千	○
167.	67	成川主奴業禮	起主僧法上	
168. 斯	1	成川主奴內禮	起主裵厚成	
169.	5	成川主奴惢丹	起主私奴貴先	
170.	16	起主奴改卜 內 仍起主奴同人	起主許定	○ *蘭54許定奴開卜
171.	26	成川主奴於屯	今陳主奴李震夏奴斤上	
172.	50	成川主奴玉丹	起主許仁	
173.	113	今陳起主奴石哲	今陳主奴石哲	
174. 馨	24	成川主奴上龍	起主石延	○ *陰40宋秀衡奴上龍
175.	38	續陳主奴戒奉	起主裵石才	○ *蘭59裵厚發奴戒奉
176.	48	成川主奴壬戌	起主李壬戌	
177.	100	量後續陳主奴叔丁	起主奴叔丁	○ *馨50·川26起主許寊奴叔丁
178. 如	5	起主奴介先 內 仍起主奴同人	起主高上龍	○ *陰40宋秀衡奴上龍
179.	20	戊辰陳主奴昪堂	起主高永巾	
180.	25	成川主奴順業	起主奴順業	
181. 松	43	成川主奴終還	起主許章	○ *松32.起主許章奴終還
182.	46	起主奴甘丹 內 仍起主奴同人	起主朴世必	
183.	51	戊辰陳主奴山立	起主奴山立	
184.	56	戊辰陳主奴破回	起主奴破回	
185. 川	2	成川主奴石松	起主裵厚發	
186. 不	4	起主奴亡伊 內 仍起主奴同人	起主裵守丁	
187.	6	起主裵昔才 內 仍起主奴上奉	起主裵石才	
188. 淵	19	陳主奴石哲 內 前起主奴小德	起主奴石哲	

第2章

郡縣 量案과 內需司田畓 量案의 再檢討

1. 序論

조선시대의 양안 특히 후기의 양안들이 주는 정보는 대단히 많다. 일반적으로 面과 坪 다음에 자호, 지번, 犯向, 등급, 地目, 長廣尺, 結負, 四標, 起陳, 主名(또는 名)이 군현양안에 기재되어 있다. 그 기재양식에서 지번의 순서에 第를 처음 쓰다가 바로 이를 생략하고 기록하기도 하나, 이는 양안을 기록하는 書員들의 관행이나 투식에 불과하다.

그러나 내수사나 궁방들의 양안을 보면 다소 다른 견해를 가질 수도 있다. 특히 궁방전양안은 군현양안을 轉寫한 것이므로 바로 이를 통해 군현양안을 추정할 수 있다. 1634년 甲戌量田 이후 현존하는 내수사 등의 양안에서 3남 지방과 경기도 지역의 것은 위에 기재 순서로 되어 있다. 그러나 1663년에 전라도 玉果縣에서 작성한 것은 '作木開錄成册'인 때문인지 그 양안에는 字號와 結負만 기록되어 있다. 또한 1783년 전라도 沃溝縣의 내수사 양안 상에는 지번의 앞에 起지기 모두 씌이 있을 뿐만 아니라 사표 다음에 '起 主'가 있다. 이는 '第' 대신 起를 誤記한 것으로 판단된다.

그런데 경상도의 固城縣(1685年), 濟州島의 大靜縣(1726), 황해도의 文化縣(1731·1770)·信川郡(1699·1700·1731), 평안도의 成川府(1677·1695·1783)·三和府(1701·1783)·中和府(1764)·平壤府(1783)·祥原郡(1701·1764)의 양안에는 일반 군현양안과는 달리 지번이 기재되지 않은 字 또는 들[員, 坪]을 중심으로 타량되었고, 처음 西 또는 西犯처럼 犯向이 기재되어 있다. 固城縣 양안만이 犯向 다음 지번이 기재되었을 뿐이다. 위의 평안도 신천군의 내수사 양안은 1754년에 작성된 자호와 지번이 기재된 양안이다. 하지만 평안도의 내수사 양안은 물론 그 군현양안에서는 자호의 지번이 기재된 양안이 아직 확인되지 않는다. 이런 사실들을 量田의 발전 여부로 이해해야 되는지, 아니면 그 지방과 지역의 양안에 등재하는 어떤 관행과 투식의 차로 판단해야 되는지 사실적인 증명이 어렵다.

그런가하면 군현양안은 물론 내수사나 궁방전 등 많은 양안을 살펴보면 각 지방과 지역에 따라, 또는 개별 양안에 따라 그 하나하나 나름대로의 특성과 차이가 있다. 또한 내수사나 궁방의 하나의 양안에도 그 기재하는 양식-이른바 '量·時'에서 '量' 아래 名을 기록한 것과, 舊作 名만을 기재-을 동일한 성격으로 판단하기 어려운 경우도 있다. 또한 개인양안인 경우는 군현양안을 전사한 것으로 보기 어려운 경우도 있다. 즉, 1791년 황해도 長淵 朽船坊(面)의 양안에는 전답을 更字丁 다음에 上·中·下를 각 지번에 기재하고 結負, 사표, 斗落·日耕, 時가 기록되어 있으나, 上, 中, 下 등의 기록은 군현양안에서는 등재되지 않았던 것으로 생각되기 때문이다.

그럼에도 양안 자체의 기존의 연구에서는 양안의 양식이나 그 내용 분석에 너무 쉽게 일반 범주화하거나, 혹은 사실을 정확히 분석하지 않고 건너뛰어 추정한 것을 개념화해 버린 경우도 없지 않았던 것으로 생각된다.

내수사나 궁방전양안 중에 시기를 각각 달리한 같은 지역의 몇 사례를 접하면서, 그 전답을 개타량할 때 그것이 군현양안에 반영될 수 있는가, 아니면 군현양안에서 다시 轉寫한 것인가, 혹은 군현양안과는 별도로 관리되는 것인가, 100여 년 이상 量田이 실시되지 않는 군현양안은 어떻게 활용 되었는가 등 이런 의문점이 있었다.

이런 관점에서 출발하여, 전라우도 고산현 西面의 기해양안과 그 후 査陳과 진전을 개량한 무진, 기묘의 두 양안을 검토함으로써 기묘양안에 등재된 '量·時'의 '量' 아래 기재된 그 名이 기해양안의 主名과는 다를 수도 있다는 사실을 밝혔다. 지금까지 궁방전 등의 '量' 아래 실린 名이 갑술양안과 경자양안의 '量主'나 '起 主'를 추정하는 것이 잘못될 수도 있다는 사실에서, 같은 현의 南面 양안을 다시 세세히 그리고 꼼꼼히 김도해 보고자 힌다.

더욱이 서면의 기묘양안에서의 '時'에 실린 名이 결코 時主의 名으로 규정할 수 없다는 것을 통계로 밝혔다. 경자양안 이전에도 궁방전의 매득양안에 時主가 기재된 사실에서 어떤 역사성을 띈 용어가 아님도 살폈다. 또한 續案에 실린 진전에 대한 査陳 또는 改量이지만 이 양전 내용이 당시 자료로 그친 것이 아니라 연속성을 지니고 다음 양안에 반영되는 것도 살펴보았다.

이제 같은 지방의 각각 다른 시기의 正案과 査陳量案이 있는 전라좌도 綾州牧 東面과 전라좌도 任實縣 縣內面 등의 양안을 이용하여 위의 결과를 재검토하고자 한다. 거기에 덧붙여 이미 '起 主'가 소유주의 합성어가 아님을 기술하였는데, 그렇다면 양안 상에 기재된 '主'가 과연 전답소유자로만 의미를 갖고 있는가에 문제의식을 갖고 접근해 보고자 한다. 또한 고산헌 시면의 무진진견양안에서 미해결로 남아 있던 '起 主' 문제도 더 꼼꼼히 살펴 어떤 성격의 것인가 밝히고자 한다. 즉, 1719년 기해양안에서 확인되지 않았던 인물이 1748년 무진양안에서 '起 主'로 등장한 경우를 말한다. 査陳量案이므로 이른바 '內頉'인 경우에 기경했을 때 '仍起主', '前起主' 등으로 기재하고 있으나, 이와 달리 어떤 細註도 없이 '起 主'로 기록된 경우이다. 이런 이유로 다음 절 처음 서술에서 西面에 관한 주요 내용을 정리·요약하여 이해를 돕고자한다.

한편 郡縣量案은 물론 내수사나 궁방전의 양안 상의 가장 중요한 정보는 바로 각 지번의 量 또는 起 아래 기재된 主名, 혹은 量 또는 起 아래 실린 名의 성격 또는 그 지위이다. 즉, 이는 양안 상에 기재된 전답의 소유주인가 아니면 소작인인가를 밝히는 근거가 된다. 우선 내수사 양안을 중심으로 각 양안이 지니고 있는 내용을 한 지번 한 지번 면밀히 그리고 꼼꼼히 살펴서 그 양안이 제공하는 모든 정보를 재검토해 보고자 한다. 要는 현존하는 내수사 양안에 기재된 전답이 내수사의 소유인가 아닌가를, 즉 유토면세 또는 미면세유토(出稅) 결인가 여부를 검토하고 자 한다.

군현양안과의 비교·검토는, 물론 동일 지역의 시기가 다른 양안이 존재하는 경우 이를 對比함으로써 내수사의 유토 여부를 파악하는 지름길로 삼았다. 이제까지 추정에 그친 것을 1787년의 『內需司及宮房田畓摠結與奴婢摠口都案』(奎 9823. 이하 『都案』이라 稱)과 1908년의 『國有地調査書抄』(國編 中 B13G31. 이하 『國有地』라 稱)를 대비시켜 유토면세 결의 존재를 파악하고자 한다. 아울러 『結戶貨法細則烈』(이하 『細則烈』)에서의 이른바 '제2종 유토면세 결'에 대한 매듭이 없이 넘어가기는 어려울 것으로 생각되었다. 그런데 그 비고란에 있는 두 조항 이외는 학계에서 전혀 인용되지 아니한 끝 조항이 많은 시사를 주었고, 이른바 제2종 유토면세 결의 양안을 내수사나 궁방이 타량하여 관리할 어떤 이유도 없다고 생각되었다. 이런 입장에서 제2종 유토면세 결에 접근해 보고자 한다.

또한 내수사 양안상의 기재 양식 또는 내용-'起 主', '起名', '時', '量', '量作' '記上(己上)'-을 중심으로 검토하고자 한다. 양안 상에 내수사의 무후노비전답의 '기상' 기록이 많은 것도 한 특성이라 할 수도 있지만 그 전답의 소유관계를 밝히기 위하여 많은 지면을 할애하고자 한다. 더욱이 기상의 용어개념에 대한 철저한 재검증을 위해서도 그런 점도 있다. 또한 有土이지만 戶曹에 의해서 출세된 전답의 현존 양안도 몇 사례를 살펴보고자 한다.

量案 자체에 대한 연구사적인 언급을 하지 아니 하면서도 본 연구에서 양안과 관련된 연구자의 기존의 연구 성과를 부담스럽게 인용하였다.

이는 양안이 사료 또는 자료로서 제 위치로 복원시킨다는 작업으로 이해
해 주기 바란다. 즉, 사료를 지나치게 건너뛰어 넘은 해석 또는 거대 이
론에 대해, 바른 사료 해석을 통해 사료가 갖고 있는 바른 위치로 돌려
놓고 싶은 의도일 뿐이다. 많은 叱正을 겸허히 받고 싶다.

2. 己亥·戊辰·己巳·己卯量案 上의 起名·量名·時名에 대한 再檢討

1) 高山縣 南面의 量案

동일 지역에서 査陳 등의 양전이 몇 차례에 걸쳐 실시된 전라도 고산
현 西面의 1719·1748·1759년 세 양안 상의 主와 結負의 변동을 살펴
1759년 기묘양안의 '量時'에서 그 '量'은 1719년의 양안을 의미하는 것
이 아님을 밝혔다. 아울러 '量主馬位 量時許龍(伊)'과 같이 기재된 것을
'主·時樣式' 또는 '量主·量時'樣式으로 이해하였다.

일반적으로 조선후기 궁방전양안에서 현재 전답이 경작이 이뤄지고
있을 때 '時'가 기재된다. 이는 時起의 약칭일 수 있다. 그러나 '主'자의
對稱으로 사용될 때의 '時'는 단순히 경작자만을 의미하는 것으로 이해
되기보다도 경작하는 주체나 수조를 담당하는 자이거나, 또한 전답의 소
유관계를 표현하는 뜻으로 기재되고 있다.

동일한 성격의 군현양안은 아니지만 그래도 이를 파악하는데 실마리
를 줄 수 있는 양안이 시기가 다른 전라우도 고산현의 것이다. 고산현의
양안으로는 1719년 양전을 해서 펴낸 기해양안과 그 후 1748년에 陳田
에 대한 조사를 통해 '戊辰陳改量導行帳'이 만들어졌고, 다시 己卯

(1759)年에 진전 등을 조사하여 續田으로 내리거나 전품을 降等시켜서 펴낸 正案이 남아 있다.[1]

더욱이 고산현의 기묘양안에서 '量時某'로 등재된 것에 대해, "이 양안이 이전 양안과는 현저하게 달라진 점이 있었다. 그것은 새로운 토지소유자를 찾아내고 있을 뿐만 아니라 이들을 표시하는 양식상의 변화가 있었다. 다름 아니라 토지소유자를 '量'과 '時'로 표기하고 있다는 것이다. 여기서 量은 곧 量主, 양안 상 등재된 소유자명을 가리킨다. 즉, 기해양안에 기록되어 있는 기주의 이름이다"[2]라고 한 연구도 있다. 그러나 이 '量'은 양안 자체를 가리키는 것으로 그 뒤에 기록되는 자는 主도 될 수 있고, 作(宮房田 事例)도 될 수 있다. 양안에 量田의 주요 사항을 등재할 때 '主'자 또는 '作'자를 생략하고 그 성명만을 기록한 것에 불과하다고 판단된다.

그렇다면 1759년 고산현 서면의 기묘양안에 등재된 量時에서 量에 등재된 인물이 모두 기해양안에 등재된 主인가. 또한 각 필지의 기재 내용 중 가장 중요한 결부 수도 그 해의 양안의 기재 사항과 동일한가. 우선 이를 밝히기 위하여 고산현의 1719·1748·1759년의 세 양안에서 西面의 것을 조사·비교한 바 있다.

고산현의 서면 기묘양안에는 총 467지번의 경작지가 실려 있다. '降續降等' 진전의 기묘정안의 이들 전답 467개 가운데 27% 이상인 127(結數가 변동된 5필지 포함) 지번에서, '量' 다음에 등재된 명이나 성명(이하 量名으로 稱함)이 1719년의 기해양안의 주와는 다르게 변동되었고, 또는 결수 기록이 다르게 되어 있다. 거기에 같은 지번이면서도 分

1) 『全羅右道高山縣己亥量田導行帳』, 奎 15034. 『全羅右道高山縣戊辰(陳)改量田導行帳』, 奎 15030. 『全羅道高山縣己卯降續降等陳田正案』, 奎 15031.
2) 왕현종, 「18세기 후반 양전의 변화와 '시주'의 성격－충청도 회인현(懷仁縣) 사례를 중심으로－」, 『역사와 현실』 41, 2001, 225쪽. 『조선후기 경자양전 연구』, 혜안, 2008, 508쪽 再收錄.

番 또는 분할된 것이 15필지이다. 따라서 기묘양안 상에서 기해양안의
주 등이 서로 다른 것은 142건이 된다. 이는 기묘양안의 467지번의
30.4%(142/467)에 이른다. 하여튼 중요한 사실은 이들이 '戊辰陳改量'
이나 '己卯降續降等陳田'의 査陳 후 1759년의 기묘양안에 '量名'으로
등재되었다는 사실이다. 즉, 기묘정안의 '量'은 군현양안의 정안인 기해
양안이 아니라, 기묘양안 자체이거나 무진년 진개량 이후 사진된 어떤
양안을 의미하며, 그 '量名' 또한 약 1/3이 기해양안의 主와는 다르게
바뀌어져 있다.

그런가 하면 高山縣의 西面己卯量案에 등재된 '時'를 검토한 결과,
이 양안의 467지번 중 量과 時 아래 동일 인물이 실린 것은 95지번이고,
'時' 아래 다른 인물로 교체된 것은 372지번이다. 즉, 약 80%(372/467)
가 1759년 양안에 '時' 아래 새로운 인물의 성명이 등재된 것이다. 기해
양전이 실시되고 40년이 지난 후에 이뤄진 査陳에 의해 만들어진 것이
기묘양안이다. 이때의 主(결수 변동 필지 포함)의 변동률이 30.4% 정도
에 그친 것에 비해-여기에도 전답의 매매는 물론 상속과 증여 등이 포함
되겠지만-동일 지역에서 11년간에 양명과 時 이래에 기록된 名과 姓名
(이하 時名으로 稱함)이 다른 것의 80%라는 이 통계가 지나치게 높다는
사실이다. 이는 다른 요인에 의해서 판단되는 문제로 생각된다. 요는 기
묘양안 상의 時名을 토지소유자로 판단하기 어렵다는 것이다.[3] 이 '時'
아래 등재된 인물은 租稅를 부담할 자를 표기하였다고 볼 수 있다. '時'

---

3) 왕현종은 이 '時' 대하여, "'시(時)'는 이 시기 양안 상의 기재형태와 양전 규정상
   으로 보아 특정한 의미를 담고 있다고 하겠다. 즉 '시'란 법전 규정상으로는 아직
   本主가 나타나기 이전에, 혹은 본주로 확정되기 이전에 '임시로 잠정적인 소유자'
   로 규정한다는 것을 의미했다. 이에 따라 양전할 당시에 토지소유자를 조사할 때
   는 이전의 토지주인을 뜻하는 舊主나, 양안 상에 기록된 量主와 대비되는 의미로
   썼던 것이다. 결국 양안 상에 등장한 '時'는 토지를 새로 조사할 당시 '현실의 토
   지소유자'란 의미였다"(왕현종, 앞의 논문, 229쪽·『조선후기 경자양안 연구』, 혜
   안, 2008, 583쪽 再收錄)라고 규정하였다.

는 時作으로서 그 아래 기록된 인물을 당시 전답을 경작하는 자로 해석할 수 있다.[4]

　고산현의 西面양안에 대한 검토를 이미 하였기 때문에, 고산현의 南面양안에 대해서는 중요한 문제에 대해서만 다시 비교·재검토하고자 한다. 要는 1759년 남면 기묘양안에 기재된 量名은 1719년 기해양안에 등재된 主인가 하는 점이다. 또한 結數와 그 면적도 그 해의 양안과 같은 내용인가. 아울러 기묘양안의 時名과 量名의 변화를 밝혀보고자 한다. 우선 이를 위해 1759년의 남면 양안에 실린 426지번을 중심으로 그 양명이나 결부가 변동된 것을 알아보기 위하여 1719·1748년 양안에서 관련된 지번들의 기재사항을 정리하여 〈表 1〉을 만들었다.

---

　4) 朴魯昱, 「朝鮮後期 量案에 대한 理解」, 『朝鮮史硏究』17, 2008, 10쪽 參照. 같은 고산현의 南面量案을 통해서 西面의 양안에 대한 검토·분석한 것을 재검증하기 위하여, 이 논문의 이와 관련된 내용을 정리·요약하였다. 이하 고산현의 서면양안에 대한 내용을 언급할 때는 특별한 경우를 제외하고 각주 없이 한 점을 미리 밝혀둔다.

〈表 1〉 高山縣 南面 己亥量案 上의 量名 또는
結負가 己卯量案 상에서 변동된 事例와 戊辰量案과의 比較

(單位; 負 束)

順	己亥量案(1719) 字號地番 主名(結負)	己卯量案(1759) 主名(結負)	戊辰量案(1748) 土名(結負)
1. 敢 16	舊陳無主(5.6)	量朴五壯時全仲伊(1→0.6)	舊陳無主內 前起主朴五壯(1), 在陳仍無主(4.6→2.9?)
2. 18	起主李德行(19.3)	量朴七石時許八月金(18.3內 4.1→1.8)	起主黃玉成內 仍起主朴七夕(18.3), 在成川成川主同人(1)
3. 25	起主黃玉成(21.7)	量時趙必淳(20.2內 5.8→3.6)	起主黃玉成內 仍起主趙必順(20.2), 在成川成川主同人(1.5)
4. 36	起主李文英奴言鶴(1.6)	量奴水山時奴順良(0.7→0.4)	起主黃彦鶴內 仍起主奴水山(7), 在成川成川主同人(0.9)
5. 41	起主李春方(27.7)	量趙孟好時趙元璧(26.6內 10.5→4.8)	起主李春方內 仍起主趙孟好(26.6), 在成川成川主同人(1)
6. 44	舊陳無主(17.5)	量姜三史時韓丁民(2.7→1.7)	舊陳無主內 今起主姜三史(2.7), 在陳仍無主(14.8→9.2)
7. 54	起主張玄丁(3)	量奴水丹時奴水丹(0.4)	起主張玄丁內 仍起主奴水丹(0.4), 在陳戊辰陳主高斗望(2.6)
8. 63	起主任亐惡只(12)	量庚申續陳主奴水丹時奴水丹時奴午起辛未還陳(5.5)	庚申續陳主奴水丹(12→5.5)
9. 64	起主金順萬(11.3)	量庚申續陳主林亐惡時林亐惡 庚午起辛未還陳(6.5→4.1)	庚申續陳主林亐惡只(11.3→6.5)
10. 毀 23	起主金禮丹(1.5)	量時奴今同(0.2→0.1)	起主金禮丹內 仍起主奴今丹(0.2), 在成川成川主同人(1.3)
11. 37	起主李文永奴言鶴(12.6)	量韓召史時文卜男可起(10.2內 1.9→1.2)	起主黃彦鶴內 仍起主韓召史(10.2), 在陳戊辰陳主同人(2.4→1.5)
12. 38	起主李文永奴言鶴(2.2)	量奴汗生時文卜男可起(0.7→0.4)	起主黃彦鶴內 仍起主韓召史(0.7), 在陳戊辰陳主同人(1.5→0.9)
13. 傷 10	起主金貴先(5.5)	量奴水一時金尙玉(4.3→2.7)	起主金貴先內 仍起主奴水日(4.3), 在成川成川主同人(1.2)
14. 女 65	起主金三鶴(? 5)	冒命三焉時奴夢禮可起(1.2→0.1)	起主金三鶴內 仍起主奴夢禮(1.2), 在陳戊辰陳主同人(1.3→0.7?)
15. 烈 7	起主金太白(11.2)	量金太白時金尙爲(9.5→5.9)	起主金太白內 仍起主金上爲(9.5), 在成川成川主同人(1.7)
16. 11	起主姜載渭奴水化(5.9)	量奴守化時奴貴丹(4.8→2.2)	起主奴水化內 仍起主奴水化(4.8), 在成川成川主同人(1.1)
17. 男 47	舊陳無主(2.5)	量崔白伊時河萬金(2.5→1.1)	舊陳起主崔萬白伊(2.5)
18. 48	起主李順太(5.6)	量河次奉時河萬金(1.1)	續陳主李順太內 今起主河次奉(1.1), 在陳仍陳主同人(4.5)
19. 57	起主徐儀宗(6.9)	量奴道叱丹時李於屯(1.3→0.8)	起主徐儀宗內 仍起主奴道叱丹(1.3), 在陳戊辰陳主(5.6→3.5)
20. 57-2作	(起主徐儀宗)	量戊辰陳主徐儀宗時奴道叱丹己巳起庚午還陳(3.5)	戊辰陳主徐儀宗(5.6→3.5)
21. 88	起主李順發(9.7)	量李順發時奴卜男(9.2→4.2)	起主李順發內 前起主李順發(9.2), 在成川成川主同人(0.5)
22. 效 6	起主張泰翼奴戒方(5.1)	量奴五奉時奴癸方(5.1→3.2)	○
23. 7	起主張泰翼奴戒方(9.9)	量奴五奉時奴癸方(9.9→4.5)	○
24. 才 17	舊陳無主(6.1)	量時奴汗生(3.1→1.9)	舊陳無主內 前起主奴汗生(3.1), 在陳仍陳無主(3→1.9)
25. 40	起主徐己特(4)	量奴貴才時順今(2.7內 1.8→1.1)	起主徐己特內 仍起主奴貴才(2.7), 在成川成川主同人(1.3)
26. 良 24-2作	起主韓今生(12.5)	量戊辰陳主奴禮尙時奴禮尙己巳起庚午還陳(5.7)	戊辰陳主奴禮尙(12.5→5.7),
27. 45	舊陳無主(7.2)	量奴大乭(4.1→2.6)	舊陳無主內 今起主奴大乭伊(4.1), 在陳仍無主(3.1→0.4)
28. 59	舊陳無主(2.4)	量奴三金時張汗信(1.8→1.1)	舊陳無主內 今起主奴三金(1.8),

				在陣仍陳無主(0.6→0.4)
29. 必 4	舊陳無主(1.6)	量徐渠伊時張召史(0.3→0.1)		舊陳無主內 前起主徐莒(0.3), 在陣仍陳無主(1.3→0.6)
30. 20	舊陳無主(1.1)	量卜通時昌石乧(0.7→0.4)		舊陳無主內 前起主昌卜通(0.7), 在陣仍陳無主(10.3→6.4)
31. 改 22	舊陳無主(5.2)	時奴升鴈(1.4→0.9), 前起主奴雪每(0.4), 前起主奴梁白軍 (0.7),		舊陳無主內 前起主奴承鴈(1.4), 在陣直田仍陳無主(2.7→1.7)
32. 39	起主李己發(0.4)	量時奴雪每(0.5→0.2)		起主李己發內 仍起主奴雪每(0.5), 在陣庚申陳主同人(3.5→1.6)
33. 47	舊陳無主(53.8)	量金己昌(1.6→0.1) 前起主徐莒(0.6), 前起主金己昌(0.8)在陣		舊陳無主內 前起主金己昌(1.6), 仍陳無主(50.8→31.7)
34. 47-3作		時金己昌(0.8→0.5)		○
35. 55	舊陳主高鳴漢 奴承鶴(13.2)	量時舜者斤老末(1.9→0.9)		舊陳主奴承鴈內 舜者斤老末(1.9), 在陣仍陳主同人(11.3→5.2)
36. 能 3	起主韓莫立(13.2)	量韓莫立時韓國先(11.3內 7.3→4.5)		起主韓國先內 仍起主韓國先(11.3), 在成川成川主同人(19)
37. 莫 13	起主前都事李嘉運 奴萬己(15.5)	量戊辰陳主奴嵩禮時奴嵩禮 己巳起庚午還陳(5.1)		起主奴萬己內 戊辰陳主奴嵩禮(8.1→5.1), 仍起主奴嵩禮(7.4)
38. 忘 2	舊陳無主(1.7)	量奴萬己時奴嵩禮(1.7內 0.4→0.2)		舊陳主奴萬己(1.7)
39. 4	舊陳無主(14.4)	量李者斤老末時奴嵩禮(1.5→0.9)		舊陳無主內 前起主李者斤老末(1.5), 在陣仍陳無主(12.9→0.8)
40. 岡 6	舊陳無主(3.3)	量李世達時奴非我是(3.3→1.5)		舊陳起主李世達(3.3)
41. 18	舊陳無主(4.4)	量舜者斤老末(0.9→0.4)		舊陳無主內 前起主舜者斤老末(0.9), 在陣仍陳無主(3.5→1.6)
42. 19	舊陳無主(8.4)	量時舜者斤老末(1.4→0.6)		舊陳無主內 前起主舜者斤老末(1.4), 在陣仍陳無主(7→3.2)
43. 21	舊陳無主(1.8)	量時舜者斤老末(1.8→1.1)		舊陳起主舜者斤老末(1.8)
44. 己 2	起主成義生(8.5)	量皮夛惡只(4.7→3)		起主成儀生內 仍起主夛惡只(4.7), 在成川成川主同人(3.8)
45. 長 3	舊陳主成辰昌(40.1)	量成陰應(2.7→1.7)		舊陳主成辰昌內(40.1) 前起主成陰應(2.7)
46. 可 19	起主崔伯昌(0.8)	量崔白只時奴馬晉金(0.8→0.4)		○
47. 20	起主申辰奉(1.6)	量奴江汀相時金己汗(0.1→0.6)		起主江上內 仍起主同人(1), 在成川成川主同人(0.6)
48. 23	起主尹己萬(2)	量尹金乧時尹金乧可起(1.6→0.1)		起主尹金乧伊內 仍起主尹金乧伊(1.6), 量後續陳主尹金乧伊(0.4→0.2)
49. 24	舊陳主尹己萬(2)	量時金己汗(1.6→0.1), 仍陳主己汗(0.4→0.2),		舊陳主金己汗內 前起主金己汗(1.6→1), 在陣仍陳主同人(0.4→0.2)
50. 74	起主具德禧奴乧文(0.8)	量時奴哲石(4..2→1.9)		起主金哲石內(0.8) 仍起主金哲石(4.2), 戊辰陳主金哲石(3.8→1.7)
51. 覆 4	起主尹己萬(4.6)	量徐馬晉金(3.3→1.2)		起主徐馬晉金內 仍起主徐馬晉金(3.3), 在成川成川主同人(1.3)
52. 5	起主尹己萬(4.6)	量時徐馬晉金(2.7→1.2)		庚申韓陳主徐馬晉金內 前起主徐馬晉金(2.7)
53. 27	舊陳無主(33.6)	量時奴哲石(0.4→0.2)		舊陳無主內(33.6) 前起主奴哲石(0.4), 仍陳無主(33.2→20?)
54. 36	起主柳台興 奴厚先 (12.2)	量時朴日長(9.2→3.3)		起主朴日長內(12.2) 仍起主朴日長(9.2), 在成川成川主同人(3)
55. 43	今起主具德喜奴乧文(6.6)	量徐者斤老末時朴日長可起(2.2→1.6)		41주陳主徐者斤老末內 前起主徐者斤老末(2.2), 在陣仍陳主同人(4.4→2)
56. 器 24	舊陳主金必上(9)	量奴順德(0.2→0.1)		舊陳主奴順德內 前起主同人(0.2), 在陣仍陳主(8.8→5.5)
57. 25	起主金必上(12.9)	量時奴昌云(3.6→2.2)		起主奴昌云內 仍起主奴昌云(3.6), 仍起主奴昌云(4), 在陣仍陳主同人(5.3)
58. 25-2作 (起主金必上(4))		量奴昌云(4→2.5)		○
59. 欲 45	今陳主申必永(.21)	量今陳主奴金伊時奴金伊己巳起庚午還陳(12→7.5)		今陳主奴金伊(21→12)
60. 量 15	起主申聖基(4.5)	量奴有今時奴寶男(0.5→0.3)		起主奴有今內 仍起主奴有今(0.5), 仍起主同人(1.3), 在成川成川主同人(2.7)
61. 15-2作	起主申聖基	量時奴有今可起(1.3→0.8)		○

62.	18	舊陳主申聖基(29.7)	量奴有今時奴實男(6.6→3)	舊陳主奴有今內 今起主奴有今(6.6)
63.	墨 8	舊陳主尹千右(15)	量時金時奴斗萬(4.4→1.6)	舊陳主奴時金內 前起主奴時金(4.4), 前起主女時金3.9) 在仍陳主同人(6.7→4.2)
64.	25	舊陳主尹三言(28.8)	量徐者斤老未時徐馬晉金(0.6→0.4)	舊陳主徐者斤老未內 前起主徐者斤老未(0.6), 在陣陳主同人(28.2→17.6)
65.	悲 8	舊陳無主(5.2)	量時奴日化(0.7→0.4)	今起主奴日化(0.7), 在陣仍陳無主(4.5→2.8)
66.	14	舊陳無主(5.3)	量時奴怪金(0.6→0.4)	舊陳無主內 前起主奴怪金(0.6), 在陣仍陳無主(4.5→2.8)
67.	15	舊陳無主(7.7)	量時尙民時奴好男(1.1→0.7)	舊陳無主內 前起主奴好男(0.9,) 前起主奴尙民(1.1), 在仍陳無主5.7→3.6) ○
68.		起主崔日生(6.1)	量崔日先時崔亏老未(6.1內 2.2→1.4)	
69.	69	今陳主崔日生(1)	量崔亏老未時崔亏老未(0.4→0.2)	陳主崔亏老未內(1) 前起主崔亏老未(0.4), 在陣仍陳主同人(0.6→0.4)
70.	70	今陳主魯元行(4.7)	量時奴日化(1.1→0.7)	今陳主奴日化內(4.7) 前起主奴日化(1.1), 在陣仍陳主同人(3.6→2.3)
71.	絲 1	今陳無主(132)	量時金夢昌(3.9→2.5) 前起主同人(1.5), 前起主政者斤老未(5.4),	今陳無主內(132) 前起主金夢昌(3.9), 前起主奴貴金(0.8), 前起主奴仁立(1.5), 在陣仍陳無主(118..9→74.3)
72.	1-2作		量時金夢昌(1.5→0.9)	
73.	1-3作		量時鄭者斤老未(5.4→3.3)	
74.	1-4作		量時奴貴金(0.8→0.5)	
75.	1-5作		量時仁立(1.5→0.9)	
76.	8	舊陳無主(2.96)	量時尹太(2.8→1.7), 前起主尹太(6.3), 前起主(6.4)	舊陳無主內(296) 前起主尹太(2.8), 前起主崔永才(2.8), 今起主崔永才(0.4), 仍無主277.3→173.3)
77.	8-2作		量時尹太(6.3→3.9)	
78.	8-3作		量時尹太(6.4→0.4)	
79.	8-4作		量時崔永才(2.8→1.7)	
80.	8-5作		量時崔永才(0.4→0.2)	
81.	10	舊陳主崔太業(28.8)	量時洪德長(5.7→3.6)	舊陳主洪德長內(28.8) 今仍洪德長(5.7), 在陣仍陳主同人(23.2→14.4)
82.	11	舊陳無主(165.1)	量時崔德行(3.8→2.4)	舊陳無主內 今起主崔德行(3.8), 在陣仍陳主同人(161.3→100.8)
83.	12	舊陳無主(56)	量時崔夏成(7.5→4.7) 今起主崔夏成(3.6), 今起主奴仁立(1)	舊陳無主內 今起主崔夏成(7.5), 仍無主(43.9→27.4)
84.	12-2作		量時崔夏成(3.6→2.2)	
85.	羔 27	舊陳無主(42)	量時奴叔女(10.8→6.7)	舊陳無主內 前起主奴凶禮(10.8), 在陣仍陳無主(31.2→.19.5)
86.	景 60	起主李蓉奴者斤禮(6.6)	量奴斗去味時奴小辰(4.3→1.9)	起主奴斗去非內 仍起主奴斗去非(4.3), 在成川成川主同人(2.3)
87.	74	起主李之才(0.3)	量李近神時奴者斤連(0.3→0.1)	○
88.	80	起主李己昌(7.8)	量李己昌時奴者斤連(5.3→2.4)	起主奴者斤連內 仍起主奴者斤連(5.3), 在成川成川主同人(2.5)
89.	86	舊陳主具啓奴必先(288)	量時奴業德(0.6→0.4)	舊陳主奴必先內 前起主奴業德(0.6), 前起主同人(5.7), 在陣仍陳主同人(281.7→176)
90.	86-2作 (舊陳主具啓奴必先)		量時奴業德(5.7→3.6)	
91.	行 1-2作 (起主李萬奴世奉)		量時奴業先(0.9→0.6)☆	
92.	4	舊陳主趙孟貴奴一金9.4)	量奴叔禮時奴先德(2.3→1.4)	舊陳主奴日生內 前起主奴凶禮 (2.3), 前起主先德(1.5), 在陣仍陳主同人(5.6→3.5) ○
93.	4-2作 (舊陳主趙孟貴奴一金)		量時奴先德(1.5→0.9)	
94.	6	舊陳主趙孟貴奴一金72)	量時奴先德(72) 前起主沈世貴(3.5), 前起主奴時德(0.2),	舊陳主奴日金內 前起主奴貴今(0.9), 在陣仍陳主同人(67.4→42.1)
95.	6-2作		量沈世貴時朴萬得(3.5→2.2)	○
96.	6-3作		量時奴時德(0.2→0.1)	○
97.	16	今陳主李善必(14)	量洪金時奴廿丹(7.7→4.8)	今陳主李先必內(1.4) 前起主洪金(7.7), 在陣仍陳主同人(6.3→4)

98.	21-2作 起主李太上(1.6)	量李太白時奴丟卜(1.6→1)	○	
99.	22 起主魯元才(7.4)	量魯元儀時奴日化(7.4內 3.9→2.4)	○	
100. 維 1	舊陳無主(24)	量時奴元丹(4.3→2.7)	舊陳無主內 前起主原丹(4.3), 在陣仍陳主同人(19.7→12.3)	
101.	18 今陳主吳世觀(2.2)	量時奴二月(0.4→0.3)	在陳奴二月內 前起主同人(0.4), 在陣仍陳主同人(1.8→1.1)	
102.	20 起主金必雄(15.5)	量時金時太(12.6→7.9)	起主金必雄內 仍起主金時太(12.6), 在成川成川主同人(9)	
103.	29 舊陳無主(21.6)	量奴件里德時金順金(6.6→4.1)	舊陳無主內 前起主奴件里德(6.6), 在陣仍陳無主(15→9.4)	
104.	32 舊陳無主(30.8)	量時奴貴丹(3.4→2.1)	舊陳無主內 前起主奴貴丹(3.4), 在陣仍陳無主(27.4→17.1)	
105.	34 起主朴吾望(3.1)	量白云萬時白云鳶(2.2→1.4)	起主白云萬內 仍起主同人(2.2), 在成川成川主同人(0.9)	
106. 賢 3	舊陳無主(56.4)	量時奴貴金(5.6→2.5)	舊陳無主內(56.4) 前起主奴貴金(5.6), 在陣仍陳無主(50.8→31.1)	
107.	24 舊陳主崔承發(43.9)	量時奴以用(6.2→3.9)	舊陳無主內 前起主奴以龍(6.2), 在陣仍陳主同人(37.7→23.5)	
108. 剋 6	起主金奉遇奴太生(32.9)	量哲金時奴小德(24.8→8.9)	起主奴太生內 仍起主奴哲金(24.8), 在成川成川主同人(6→2.7)	
109.	12 舊陳主前都事具益亨 奴海龍(15.4)	量奴正月金時奴亥用(7.8→4.9)	舊陳無主內 前起主奴正月金(7.8), 在陣仍陳奴亥龍(7.6→4.7)	
110.	27 舊陳主奴小先(2.1)	量時崔小同(0.6→0.3)	舊陳主奴小先內 前起主崔小同(0.6), 在陣仍陳主同人(1.5→0.7)	
111.	28 舊陳主奴小先(14.3)	量時崔小同(2→1.3)	舊陳主崔小同內 前起主崔小同(2), 在陣仍陳主同人(12.3→7.7)	
112.	43-2作 起主金中秋 奴孫禮(1.1)	量時奴升禮(1.1→0.5)	○	
113. 念 13	舊陳無主(185)	量金八先時金順鳶(8.7→5.4)	舊陳無主內 前起主金八先(8.7), 在陣仍陳無主(9.8→6.1)	
114.	14 舊陳無主(6.8)	量金八先時趙必淳(6.8→3.1)	舊陳起主金八先(6.8)	
115.	16 舊陳無主(25.5)	量金八先時趙必淳(1.6→1)	舊陳無主內 前起主金八先(1.6), 前起主正月金(6.5), 前起主金時得(2.8), 仍陳無主(14.6→9.1)	
116.	16-2作 (16舊陳無主)	量時奴正月金(6.5內 2.4→1.5)		
117.	16-3作 舊陳無主	量時金時得(2.8→1.7)		
118.	22 今陳主韓尙獨(15.2)	量時朴汝才(0.8→0.5)	今陳主韓尙獨內 前起主朴汝才(0.8), 在陣仍陳主同人(14.4→0.9)	
119.	29 起主金辰盛奴士男(21.2)	量時奴仁香(21.2內3.2→1.4)	起主奴士男內 仍起主奴仁香(6.6), 庚申轉陳主同人(14.6→6.6)	
120.	36 舊陳無主(0.6)	量士男時奴己辰(0.6→0.3)	舊陳主奴士男(0.6)	
121.	41 起主金碩丁(3.5)	量時奴卜供(2.4→1.1)	起主奴膒只內 仍起主同人(2.4), 成川主同人(1.1)	
122.	44-2作 起主陳國必(38.8)	量己男時奴順禮(14.4→6.6)	起主奴己男內 仍起主同人(14.4), 在成川成川主同人(24.4)	
123. 作 1-2作	(舊陳主呂完先(16.2)	量奴戊尙時李旬才(0.7→0.4)☆		
124.	4 舊陳主呂汗星(20.2)☆	量奴戊上時奴七玄(7.1→4.4)	舊陳主呂汗成內 前起主奴戊上(7.1), 在陣仍陳主同人(13.1→8.2)	
125.	9 舊陳無主(1.8)	量奴戊上時姜老未(1.8 內 0.5→0.3)	舊陳主奴戊上(1.8)	
126.	12 舊陳無主(0.9)	量奴上時奴七玄可起(0.9→0.6)	舊陳主奴戊上(0.9)	
127.	14 舊陳主金宗才(84)	量金宗才時金丁萬(21.1→13.2) 前起主金宗才(2.7)	舊陳主金宗才內 前起主金宗才(21.1), 在陣仍陳主同人(60.2→37.6)	
128.	14-2作 (舊陳主兪道己)	量金宗才時金丁萬(2.7→1.7)		
129.	16 舊陳無主(6.7)	量時金宗才(6.7→4.2)	舊陳起主金宗才(6.7)	
130.	26 舊陳主兪道己(105.6)	量奴四月(8.6→5.4) 前起主奴每先(2.1), 前起主奴鄭石(2.3),	舊陳主奴四月內 前起主奴四月(8.6), 在陣仍陳主四月(92.6→57.9)	
131.	26-2作 (舊陳主兪道己)	量時奴每先(2.1→1.3)	○	

		起主 등	量時		비고
132.	26-3作	(舊陳主兪道己)	量時鄭石(2.3→1.4)		○
133.	聖 1	舊陳主兪宇亨奴壬申(1.8)	量時韓江㳔時奴順立(0.5→0.3)		舊陳主韓江㳔內 前起主同人(0.5), 前起扙水立(0.7), 仍陳扙壬申(14.8→10.5)
134.	1-2作	(舊陳主兪宇亨奴壬申)	量時奴水立(0.7→0.5)		
135.	11	舊陳無主(4.8)	量時奴上元(0.9→0.5)		舊陳無主內 前起主奴上元(0.9), 在陳仍陳無主(3.9→2.4)
136.	德 42	舊陳主趙行斗(14.4)	量奴每化時奴苩丁(1.5→0.9)		舊陳主奴每化內 前起主同人(1.5), 在陳仍陳主同人(12.9→8)
137.	54	起主李枝檜(1.1)	量時金儉應(0.5→0.3)		起主金儉應內 前起主同人(0.5), 在成川成川主人(0.6)
138.	名 29	舊陳主李台徵(29.4)	量李台徵時安取卜(0.8) 前主同人(1.4),		舊陳主李台徵內 前起主同人(0.8), 在陳仍陳主同人(27.2→17)
139.	30	起主李台徵(2.2)	量李台徵時安取卜(1.8→1.1)		起主李台徵內 仍起主安夢東(1.8), 量後續陳主安夢東(0.4→0.2)
140.	31	起主李三亨奴命德(15.9)	量奴才金時奴時德(11.7→5.3)		起主奴再會內 仍起主同人(11.7), 在成川成川主人(4.2)
141.	33	起主柳完碧(4.3)	量安夢同時安取卜(2.2→1.3)		起主柳完碧內 仍起主安夢東(2.2), 在陳庚申續陳主同人(2.1→1.3)
142.	34	今陳主柳完碧(3.8)	量奴時德時安取卜(2.5→1.6)		今陳主柳完碧內 前起主奴時德(2.5), 在陳仍陳主同人(1.3→0.8)
143.	35	起主李儀發(13.7)	裵相休時金雪男(10.6→6.6)		起主李儀發內 仍起主裵相尙休(10.6), 在成川成川主人(3.1)
144.	37	起主金儉丁(11)	量裵相休時金雪男(7.2→3.2)		起主裵相尙休內 仍起主同人(7.2), 在成川成川主人(3.8)
145.	形 4	今陳主呂二官(4.8)	量時金儉應(0.7→0.4)		今陳主金儉應內 仍起主同人(0.7), 在陳仍陳主同人(4.1→2.5)
146.	8	起主具德明奴崔卜(9.4)	量時崔卜只(1.6→0.7)		起主崔卜只內 仍起主同人(1.6), 戊辰陳主奴(7.8→3.5)
147.	10	今陳主前都事具益亨奴海龍(5)	量時黃玉成(1.6→0.7)		今陳主黃玉成內 前起主同人(1.6), 仍陳主同人(3.4→1.6)
148.	12	起主前都使[事]具益亨奴海龍(39.3)	量奴儀金時美厚乞(23.6→10.7)		起主奴儀金內 仍起主同人(23.6), 在陳仍陳主同人(15.7)
149.	15	起主金先男(11.5)	量時洪者斤老未(6.9→3.1) 庚申續陳主洪斤老未內(4.6) 前起主同人(1.6),		起主洪者斤老未內(11.5) 仍起主 同人(6.9), 仍陳扙(5 →1.4)
150.	16	起主張必達(6.3)	量金天水時金攸同(42→1.9)		起主金千水內 仍起主同人(4.2), 庚申續陳主同人(2.1→0.1)
151.	19	起主趙順奉(3.5)	量奴壬申(19.6→8.9)		起主奴壬申內 仍陳主同人(19.6)
152.	20	起主玄三男11.5)	量時洪者斤老未(7→4.4) 仍起主庚申續陳主同人內(9.5),		起主洪者斤老未內(11.5), 前起主同人(6.9), 仍陳主同人(2.6→1.6)
153.	25	起主兪秀亨(6.5)	量奴明立時奴汗生(3.4→2.1)		起主奴明立內 仍起主同人(3.4), 量後續陳主同人(3.1→1.9)
154.	27	起主具碩亮奴戒先(17.8)	量時奴每仙(0.8→0.5)		起主奴每先內 仍起主同人(0.8), 戊辰陳主奴戒先(17→10.6)
155.	27-2作	(起主具碩亮奴戒先	量戊辰陳主奴季先時奴每仙已已起主午還陳(10.6)		戊辰陳主奴戒先(17→10.6),
156.	28	舊陳主具碩亮奴戒先(44.5)	量時韓江双(2.2→1.3)		舊陳主韓江双(2.2), 在陳仍陳主同人(42.3→26.5)
157.	30	起主具碩亮奴戒先(2.2)	量鄭石時韓江双(1.2→0.7)		起主韓丁內 仍起主同人(1.2), 庚申續陳主同人(1→0.6)
158.	端 1	起主張必達(40.6)	量奴太奉時奴時德(8.7→4)		起主奴太奉內 仍起主同人(8.7), 仍起扙趙尙元(7.7), 在陳成川成川主人(24.2)
159.	1-2作	(起主張必達)	量奴上元(7.7→3.5)		○
160.	9	起主呂尙元(22.8) ☆	量呂上元時趙希禁(12.9內 8.2→3.7)		起主趙必信內 仍起主同人(12.9), 在成川成川主人(9.9)
161.	15	今陳主兪道基(22)	量奴壬申時李希得(3→1.8)		陳主奴壬申內(3), 仍陳主同人(19→11.9)
162.	17	舊陳無主(10.8)	量韓季弘時朴有黨(4.5→2.8)		舊陳主內 前起主同人(奴壬申)(4.5), 在陳仍陳無主同人(6.3→3.9)

163.	19 起主朴海吉(12.6)	量時俞彦成(1.9→1.2)	起主俞彦成內 前起主同人(1.9), 在陳川成川主同人10.7)
164.	22 舊陳主鄭錆奴山奉(6.9)	量奴山奉時朴有簾(3.3→2.1)	舊陳主奴山奉內(6.9) 前起主同人(3.3), 仍陳主同人(3.6→2.2)
165.	24 起主俞秀亨(13.9)	量時奴旬立(13.9→6.3)	○
166.	25 舊陳主金先興(60)	量金天水時朴有簾(3.4→2.1)	舊陳主金千水內 前起主同人(3.4), 前起主同人(0.6), 在陣仍陳主同人(56→35)
167.	25-2作 (舊陳主金先興)	量金天水時朴有簾(0.6→0.3)	○
168. 表 6	起主 俞聖基(17.8)	量時金吉元(16.2→7.3)	起主金吉元內 仍起主同人(16.2), 在陳成川成川主同人(1.6)
169.	7 起主崔卜11.9)	量時趙右平(7.6→3.4)	起主趙右平內 仍起主同人(7.6)
170.	9 舊陳主高永(10.8)	量高永伊時河中伊(1.5→0.9)	舊陳主高永內 前起主同人(1.5), 在陣仍陳主同人(9.3→6.4)☆

☆ 女 74 起主金宗基奴順良(5)量奴旬良時奴汗生(5內1.8→0.8)起主奴順良內仍起主奴汗生(2.1)在陣戌辰陳主同 (2.9 →1.3).
☆ (南北長參拾柒尺東西廣玖尺(1.8)
☆ (南北長陸拾參尺東西廣陸尺(2.1) 戌辰陳主同人(2.9→1.3)
☆ 行 1 起主李萬奴世奉(4.4) 起主奴東伊內(4.4)前起主同人(2.5)仍起主奴業先(0.9) 庚申續陳主同人(1→0.6)
☆ 作 4 舊陳主呂完先內 前起主奴戌上(11.1), 前起主奴戌上(0.7); 前起主同人(0.7), 在陣仍陳主(4.4→2.8)
☆ 端 9-2作起主呂尚元(4.3)量呂上元時趙希碧(4.3內3→1.9)起主趙必信內仍起主同人(3.3)在成川成川主同人(1)

기묘양안의 量名 또는 각 필지의 결부가 어떻게 변화되었는가를 비교·검토하기 위하여 시기 순으로 배열하지 않고, 기해·기묘·무진양안의 순으로 하였다. 기묘양안 상의 426지번 중에는 2지번이 기해양안에서 확인되지 않는 것도 있다. 즉, 결부가 11부 6속인 '量時奴旬立'의 表字 第4-2作은 기해·무진양안에서 찾아지지 않는다. 무진양안 이후 새로운 기경이 이뤄진 加耕田일 수도 있거나, 기해양안에 등재할 때에 누락되었다고도 할 수 있다. 결부가 8속인 '量庚申續陳主亥龍 時亥龍'의 表 19-2作은 무진양안에 등재되어 있을 뿐만 아니라 '庚申續陳 主'로 기재된 점에서 1740년에 이미 속전으로 사정된 것이다. 그 후 庚午(1750)年에 기경이 이뤄졌고 바로 다음해에 묵혀 있는 필지인 것을 기묘양안에 기록된 細註를 통해서 확인된다. 이 지번은 기해양안에서 누락되었거나, 아니면 1719년 이후 1740년에 기경되다가 속전으로 사정된 것이다.

그런데 기묘양안의 表 19-2作의 양시 아래 細註에는 '庚子(1720; 筆者. 이하 같음)起辛未(1751)還陳'이 기록되어 있다. 이를 보아 이 지번이 기해양안의 등재에서 누락된 것이다. 기해양안의 表字號에는 20지번

(18-2作 포함)이 있는데, 자호 끝의 통계인 己上에는 4결 9부 4속이 정확히 실려 있다는 점이다. 서면의 사진양안에 가경전이 기재된 사례가 없는 것으로 보아 두 필지 모두 기재상의 누락으로 추정할 수 있다. 따라서 表字의 끝 통계인 己上 결부는 12부 4속이 늘어난 4결 21부 8속이 되어야 한다. 물론 이 늘어난 결부수를 面의 都己上에 추가할 수 있을지 정확히 판단하기 어렵다.

원래 기묘양안에 등재된 426지번 중에는 이전 기해양안에는 기경되지 않고 묵혀 있던 '舊陳無主'의 38필지가 있었다. 그것의 일부가 개간되거나 아직도 진전으로 남아 있기도 하거나, 어느 필지는 2작뿐이 아닌 5작까지로 필지가 분할되기도 하였다. 이는 상호·비교하는데 중복되는 것이므로 본 필지 이외 26필지5)는 제외시켰으나, 기해양안에서 이미 분작된 것으로 기재되었다던가, 무진양안 이후 기경 여부에 의해 전답의 분할이 이뤄져 독립 필지로 등재된 것이 그대로 비교 대상이 된 것은 5필지(良 24-2作, 行 1-2作, 21-2作, 念 44-2作, 作 1-2作)이다. 또한 기해양안 상의 主와 기묘양안 상의 量名이 동일인이면서도 결부 수와 함께 필지의 면적이 바뀐 것이 11필지(女 65, 列 7, 11, 男 88, 能 3, 景 80, 名 29, 30, 形 8, 端 9, 表 9)이다. 따라서 고산현 南面의 1719년 양안 상에 기재된 主名이 1759년의 양안 상에서 새로운 인물로 바뀌거나 그 결부 수에 변동이 있는 것은 155(〈表 1〉 170-26+11=155)필지이다. 이는 1719년부터 1759년까지 40년간에 약 36.4%(155/426)의 그 변동률을 보여주고 있다. 순수 主名만의 변동률도 33.8%(144/426) 이상이 된다. 이 변동률은 이미 검토한 西面의 사례와 대동소이하며, 모두 1/3

---

5) 男 57-2作, 改 47-3作, 器 25-2作, 絲 1-2·3·4·5作, 8-2·3·4·5作, 12-2作, 景 86-2作, 行 4-2作, 16-2·3작, 念 16-2·3作, 作 14-2作, 26-2·3作, 聖 1-2作, 形 1-2作, 27-2作, 端 1-2作, 25-2作 등 26필지. 形 27-2作에는 유일하게 戊辰量案의 陳 主 具錫亮의 奴 季先이 己亥量案의 起名으로 등재되어 있기 때문에 변화된 통계에 적용되지 않는다. 다른 分作은 이미 기해양안에서 등재된 필지이다.

이상의 主名 기재의 변동이 확인된다.

요컨대 기묘양안에서 '量'은 바로 기해양안의 양안을 지칭한 것이 아님이 다시 한 번 더 검증된 셈이다. 일반적으로 궁방전양안에서 '量'을 갑술양안이나 경자양안의 '量'으로 추정하여 그 인물들을 計量化하는 것은 큰 오류를 범할 수 있다.

다음으로 기묘양안에 등재된 量名과 時名의 그 변동을 다시 살펴보고자 한다.

사실 西面의 기묘양안에서 양명에서 다른 인물이 時名으로 교체된 변동률이 너무 높아 당시의 '時'는 '時主'로 추정하기 어렵다고 밝혔다. 또한 '主'에 너무 치중하여 분석하다보니 그 변동의 연결이 애매한 점을 밝힐 수 없었다. 거기에다 기해양안과 연결되지 않는 무진양안에서의 '舊陳主', '起 主', 무진양안과 그 연결이 안 되는 기묘양안에서의 양명에 대한 해명이 미흡했다. 적어도 무진양안의 끝에 총통계로 기재된 已上의 '量後降續', '庚申(1740)降續', '戊辰(1748)許頉' 이외의 사실을 확인하기 어려웠다. 거기에 전답 지번의 量·時名 아래 細註로 된 '己巳(1749)起 庚午(1750)還陳', '辛未(1751)起 壬申(1752)還陳'을 통해서 몇 필지 진전 전답의 기경과 다시 진전이 된 내력이 확인된다.

고산현 南面 양안의 已上 기재 방식도 서면과 같다. 細註에 '庚子起辛未還陳', '己巳起庚午還陳', '庚午起辛未還陳'으로 실려 있다. 1749년부터 매년 기경이 이뤄지는 필지와 진전이 되는 필지를 조사하고 있다는 사실이다. 어느 특정한 해에만 조사하는 것이 아니라는 점이다. 하지만 무진양안의 두 면의 已上에는 '自庚子至丁卯(1747)還起'의 기재 사항이 있는 것을 필자가 쉽게 간과하였다. 적어도 기해양전 후 1747년까지 진전이 다시 개간[還起]된 내용을 통계 처리한 결부의 전답 중, 실제는 다시 개간되지 않았으나 서류상에 개간한 것으로 기재된 '空中還起' 결부와 陳田畓으로 사정한 무진년 '改量許頉'과 '實 還起', '戊辰改量

還起', '追査落起' 등의 사항으로 분류하고 있다. 이런 여러 사항을 고려하여, 밝히기 어려웠던 필지의 戊辰 主, 續陳 主, '起 主' 등에 대해 뒤에 다시 검토하고자 한다.

양안 상의 '量·時'를 어떻게 규정하는가 하는 문제는 중요한 의미를 지녔다.

南面 기묘양안 426지번 가운데 양명과 시명이 동일한 것이 117개 지번이다. 따라서 1749년 戊辰改打量 이후 1759년에 量名과 時名이 서로 다른 것은 309개 지번으로 그 변동률은 72.5% 이상이 된다. 이 필지들에는 1748년 무진양안에 등재되지 않은 21개 지번6)이 포함된다. 量·時의 변동률에는 관련이 없다고 판단되지만, 이를 제외하고 비교한다면 양명이 시명으로 다른 인물이 변동된 것은 309건으로 전체 76.3%(309/405) 이상이 된다. 즉, 10년간에 그 교체율이 76.3%가 된다는 사실이다. 이는 앞에서 40년간에 기해양안의 主가 기묘양안에서 바뀌어 다른 양명으로 교체된 그 비율이 36.4%에 그친 점에 비하면 배 이상이 된다. 이는 西面의 기묘양안의 量·時에서 그 변동도 대동소이하다. 두 面에서의 이와 같은 분석의 결과는 '時'를 時主로 보기 어렵다는 것이다. 이 時名은 당시의 경작자[時作]로 추단하고자 한다. 앞으로 더 많은 연구에 의해서 해결할 과제라고 생각한다. 물론 사진이나 강속·강등되는 비옥도가 낮은 전답 또는 진전이라고는 하지만 이 전답들의 경작자 변동률이 높은 원인도 밝혀져야 한다. 그렇다고 해서 이 時名을 당시 전답의 所有主로 파악하면 그 기재 내용에서 연결이 안 되는 사례가 너무 많다는 사실이다. 이는 뒤의 서술로 미룬다.

---

6) 女字 第39, 效 4, 改 23, 詩 69-2作, 賢 16, 念 38-2作, 立 30, 形 9, 表 4·4-2作, 〈己亥量案~〉 覆 14·64, 器 25-2作, 難 54, 量 6, 悲 8, 景 76, 剋 43, 43-2作, 端 11, 24 등 21지번이다. 특히 '詩 69-2作 量李萱時奴乭卜'에서 李萱과 奴 乭卜은 奴主關係이고 '端 11 量時 奴七玄'에서 奴 七玄과 기해양안에서 이 필지의 主 李 泰尙도 노주관계이므로 量時名이 변동하지 않은 지번에 포함시켰다.

남면의 기묘양안에서 量 아래 씌어진 量名의 명이나 성명이 다음의
時 아래 기록되지 않고 다른 명이나 성명으로 변동된 비율이, 서면의 변
동률 약 80%와 비슷하다. 이런 결과를 더 보완하는 입장에서, 무진양안
의 주와 기묘양안의 '量名'이 서로 다른 경우와 무진양안의 主가 기묘양
안의 시명으로 기재된 사례를 아래와 같이 〈表 2〉로 만들었다.

〈表 2〉南面 戊辰量案의 主와 己卯量案의 量名이
다른 경우와 戊辰量案의 主가 己卯量案의 時名으로 記載된 事例

(單位; 負.束)

己亥量案(1719)	己卯量案(1759)	戊辰量案(1748)
1. 毀 38 起主李文英奴言鶴(2.2)	量奴汗生時文卜男可起(0.7→0.4)	起主奴彦鳶內 仍起主奴汗生(0.7), 在陣戊陳陳主同人(1.5→0.9)
2. 女 65 起主金三鶴(2.5)	量金三鳶時奴夢禮可起(1.2→0.1)	起主金三鳶 仍起主奴夢禮(1.2), 在陣戊陳陳主同人(1.3→0.7)
3. 女 74 起主金宗基奴順良(5)	量奴旬良時奴汗生(5內 1.8→0.8)	起主奴順良內(5) 仍起主奴汗生(2.1), 戊辰陳主同人(2.9→1.3)
4. 烈 7 起主金太白(11.2)	量金太白時金尙爲(9.5→5.9)	起主金太白內(9.5), 在成川成川主同人(1.1)
5. 能 3 起主韓莫立(13.2)	量韓莫立時韓國先(11.3內 7.3→4.5)	起主韓國先(13.2) 仍起主韓國先(11.3), 在成川成川主同人(1.9)
6. 羔 27 舊陳無主(42)	量時奴叔女(10.8→6.7)	舊陳無主內 前起主奴凶禮(10.8), 在陣仍陳無主(31.2→19.5)
7. 景 80 起主李己昌(7.8)	量李己昌時奴者斤連(5.3→2.3)	起主奴者斤連內 仍起主者斤連(5.3), 在成川成川主(2.5)
8. 行 4 舊陳主趙孟貴奴一金(9.4)	量奴叔禮時奴先德(2.3→1.4)	舊陳奴日生內 前起主奴凶禮(2.3), 前起主奴善德(1.5), 在陣仍陳主同人(5.6→3.5)
9. 念 16-2作	量時奴正月金 (6.5內 2.4→1.5)	舊陳無主前起主金八先(6.5)
10. 名 30 起主李台徵(2.2)☆	量李台徵時安取卜(1.8→1.1)	起主李台徵內 仍起主安夢東(1.8), 在陣量後續陳主同人(0.4→0.2)
11. 端 9 起主呂尙元(22.8)	量呂上元時趙希弱(12.9內 8.2→3.7)	起主趙必信內 仍起主同人(12.9), 在成川成川主9.9)
12. 端 9-2作 起主呂尙元(4.3)	量呂上元時趙希弱(4.3內 3→1.9)	起主趙必信內 仍起主同人(3.3), 在成川成川主同人(0.1)
13. 端 17 舊陳無主(10.8)	量韓季弘時朴有衆(4.5→2.8)	舊陳無主內 前起主奴壬申(4.5), 在陣仍陳無主(0.6→3.9)

☆ 名 33 起主柳完碧(4.3) 量安夢同時安取卜(2.2→1.3)   72 起主柳完碧內 仍起主安夢東(2.2)
☆ 己卯量案의 476지번 중 172지번이 무진양안에 같은 자호의 지번으로 확인된 것이다.
☆ 戊辰量案의 主가 己卯量案의 시명으로 등재된 것 14건 중 6건이다.

1748년 무진양안의 主(舊陳, 今陳 起, 戊辰 陳, 起)로서 기묘양안의
양명으로 등재되지 않거나 기해양안의 主와 다른 인명이 등재되거나 무
진양안의 주가 시명으로 등재된 사례는 172개 지번(무진양안 필지 수로
기묘양안에 등재된 필지)이다. 이 가운데 〈表 2〉의 毀字 第38 등 13지

번만이 그 主名이 변동되었을 뿐이다. 즉, 1748년부터 1759년까지 11년
간의 그 변동률이 8.1%(14/172)에 그친 것이다. 이 지번 가운데 女 65·
74, 列 7, 能 3, 覆 46, 景 80 등 6필지는 당시까지 경작하고 있던 전답
을 묵히지 않고 일부는 계속 기경하고 있고, 그 일부가 묵힌 땅이 되거
나 무진년에 진전으로 查定된 전답이다. 전답 내에 일부가 진전이 되거
나 成川이 된 경우 이른바 '內頉'의 필지이다. 물론 舊陳 無主나 舊·今
陳主의 전답을 그 이전 해에 기경하였을 때는 端 17의 지번에서처럼 前
起라고 기재한다. 그런데 이 6필지의 主들이-적어도 1749년 이후 1759
년까지 10년 동안 다른 양전이 시행되지 않았다면-당연히 기묘양안에서
양명으로 등재되어야 한다. 이와는 달리 이들은 양명이 아닌 時名으로
기록되어 있다. 이런 사례는 이 양안에서 빈번하다. 이를 '主'의 변동사
실로 해석해야 되는지, 또한 '時' 아래 기재된 인물을 당시의 경작자로
추단한 바와 같이 그렇게 보는 것이 바른지 해명의 여지를 남길 수밖에
없다. 서면 양안의 비교·검토에서 본 바와 같이, 사실 전답소유주인 '主'
의 변동으로 보는 데는 많은 문제점과 아울러 그 연결이 안 되는 경우도
많았다. 단순히 主의 변동 사항으로 해석한다면 고신현의 서면과 남면의
조작된 통계에서 보여준 양명에서 시명으로 너무 많은 변동을 해명하기
어렵다는 점이다.

다음으로 남면 기해양안의 主로 등재된 자가 무진양안에서는 바뀌어
그 전답의 主 변동의 내력을 파악하기 어려운 것이 50개 지번이다. 즉,
남면 기묘양안 426지번 가운데 50지번의 주가 교체된 것이다. 그 변동
률은 11.7%에 그친다. 적어도 30년간에 그 主의 변동은 아주 미미하다.
남면의 세 양안에서 50지번을 정리하여 〈表 3〉을 만들었다.

〈表 3〉南面 己亥量案의 起名이 戊辰量案에서
교체되어 그 연결이 안 되는 筆地

(單位; 負.束)

	己亥量案	己卯量案	戊辰量案
1.	敢 63 起主任夆惡只(1.2)	量庚申續陳主奴水丹時奴水丹庚午起辛未還陳(5.5)	庚申續陳主奴水丹(12→5.5)
2.	敢 64 起主金順萬(11.3)	量庚申續陳主林夆惡時林夆惡	庚申續陳主林夆惡只(11.3→6.5)
3.	良 24-2作 起主韓今生(12.5)	量戊辰陳主奴禮尙時奴禮尙己巳起庚午還陳(5.7) 庚午起辛未還陳((6.5→4.1)	戊辰陳主奴禮尙(12.5→5.7)
4.	可 20 起主申辰夆(1.6)	量奴江相時金己汗(0.1→0.6	起主江上內 仍起主江上(0.1), 在成川成川主人(0.6)
5.	可 23 起主尹己萬(2)	量尹金夛伊時尹金夛可起(1.6→1)	起主尹金夛伊內 仍起主尹金夛伊(1.6), 在陳量後續陳主同人(0.4→0.2)
6.	可 24 舊陳主己萬(2)	量時金己汗(1.6→1)	舊陳主金己汗內 前起主金己汗(1.6→1), 在陳仍陳主同人(0.4→0.2)
7.	可 74 起主具德禧奴夛文(8)	量時奴哲石(4.2→1.9)	起主金哲石(8) 仍起主金哲石(4.2), 在陳戊陳陳主(3.8→1.7)
8.	覆 4 起主尹己萬(4.6)	量時徐馬晉金(3.3→1.2)	起主徐馬晉金內 仍起主徐馬晉金(3.3), 在成川成川主人(1.3)
9.	覆 5 起主尹己萬(4.6)	量時徐馬晉金(2.7→1.2)	庚申續陳主徐馬晉金內 前起主徐馬晉金(2.7, 在陳陳陳主人 (1.9→0.8)
10.	36 起主柳台興奴厚先(12.2)	量時朴日長(9.2→3.3)	起主朴日長內(12.2) 仍起主朴日長(9.2), 在成川成川主人(3)
11.	43 今陳主具德喜奴夛文(6.6)	量徐者斤老未時朴日長可起(2.2→1.6)	今陳主徐者斤老未內 前起主徐者斤老未 (2.2), 陳仍陳陳主人(4.4→2)
12.	器 24 舊陳主金必上(9)	量時奴順德(0.2→0.1)	舊陳主奴順德內 前起主奴順德(0.2), 在陳仍陳主人(8.8→5.5)
13.	器 25 起主金必上(12.9)	量時奴昌云(3.6→2.2)	起主奴昌云內 仍起主奴昌云(3.6), 仍起同人(4), 在成川成川主人(5.3)
14.	欲 45 今陳主申必永(21)	量今陳主奴金伊時奴金伊	今陳主奴金伊(21→12), 己巳起庚午還陳(12→7.5)
15.	量 15 起主申聖基(4.5)	量奴有今時奴寶男(0.5→0.3)	起主奴有今內 仍起主奴有今(0.5), 仍起主同人(1.3), 在成川成川主人(1.7)
16.	量 18 舊陳主申聖基(29.7)	量奴有今時奴寶男(6.6→3)	舊陳主奴有今內 今起主奴有今(6.6), 在陳仍陳主同人(23.1→10.5)
17.	墨 8 舊陳主尹千右(15	量奴時金時奴斗萬(4.4→1.6)	舊陳主奴時金內 前起主同人(3.9), 前起主奴同人(4.4), 在陳仍陳主人(6.7→4.2)
18.	墨 25 舊陳主尹三言(28.8)	量徐者斤老未時徐馬晉金(0.6→0.4)	舊陳主徐者斤老未內 前起主徐者斤老未 (0.6), 在陣仍陳陳主同人(28.2→17.6)
19.	悲 69 今陳主崔日生(1)	量崔夛老未時崔夛老未(0.4→0.2)	今陳主崔夛老未內 前起主崔夛老未(0.4), 仍起主同人(0.6→0.4)
20.	悲 70 今陳主魯元行(4.7)	量時奴日化(1.1→0.7)	今陳主奴日化內 前起主奴日化(1.1), 在陳仍陳主人(3.6→2.3)
21.	絲 10 舊陳主崔太業(28.8)	量時洪德長(5.7→3.6)	舊陳主洪德長內 今起主洪德長(5.7), 在陳仍陳主人(23.1→14.4)
22.	景 60 起主李蓉奴者斤禮(6.6)	量奴斗去昧時奴小辰(4.3→1.9)	起主奴斗去非內 仍起主奴斗去非(4.3), 在成川成川主人(2.3)
23.	行 1-2作 (1起主李萬奴世奉)	量時奴業先(0.9→0.6)☆	
24.	行 4 舊陳主趙孟貴奴一金 (9.4)	量奴叔禮時奴先德(2.3→1.4)	舊陳主奴日生內 前起主奴囚禮(2.3), 前起主奴先德(1.5), 在陳仍陳主人(5.6→3.5)
25.	維 18 今陳主吳世觀(2.2)	量時奴二月(0.4→0.3)	今陳主奴二月內 前起主同人(0.4), 在陳仍陳主人(1.8→1.1)
26.	維 34 起主朴吾望(3.1)	量白云萬時白云嵐(2.2→1.4)	起主白云萬內 仍起主同人(2.2), 在成川成川主人(0.9)
27.	念 41 起主金碩丁(3.5)	量時奴卜伊(2.4→1.1)	起主奴福只內 仍起主同人(2.4),

		在成川成川主同人(1.1)
28. 念 44-2作 起主陳國必(38.8)	量奴己男時奴順禮(14.4→6.6)	起主奴己男內 仍起主同人(14.4),
		在成川成川主同人(24.4)
29. 聖 1舊陳主兪宇亨奴壬申(18)	量韓江渡時奴順立(0.5→0.3)	舊陳主韓江渡內 前起主同人(0.5),
		前起主水立(0.7)
		在陣陳主奴壬申(14.8→10.5)
30. 德 42 舊陳主趙行斗(14.4)	量奴每化時奴芿丁(1.5→0.9)	舊陳主奴每化內 前起主同人(1.5),
		在陣仍起主同人(12.9→8)
31. 德 54 起主李枝格(1.1)	量時金儉應(0.5→0.3)	起主金儉應內 仍起主同人(0.5),
		在成川成川主同人(0.6)
32. 名 31 起主李三亨	量才金時奴時德(11.7→5.3)	起主奴再金仍起主同人(11.7),
奴命德(15.9)		在成川成川主同人(4.2)
33. 名 37 起主金儉丁(11)	量襄相休時金雪男(7.2→3.2)	起主襄尙休內 仍起主同人(7.2),
		在成川成川主同人(3.8)
34. 形 4 今陳主呂二官(4.8)	量時金儉應(0.7→0.4)	今陳主金儉應內 仍起主同人(0.7),
		在陣仍起主同人(4.1→2.5)
35. 形 10 今陳主前都事具益亨	量時黃玉成(1.6→0.7)	今陳主黃玉成內 前起主同人(1.6),
奴海龍(5)		在陣今陳主同人(3.4→1.6)
36. 形 12 起主前都使[事]具益亨	量奴儀金時姜厚亡(23.6→10.7)	起主奴儀金內 仍起主同人(23.6),
奴海龍(39.3)		在成川成川主同人(15.7)
37. 形 15 起主金先男(11.5)	量時洪者斤老未(6.9→3.1)	起主洪者斤老未內 仍起主同人(6.9),
	庚申續陳主洪者斤老未內(4.6) 前起主同人(1.6)	在陣今陳主同人(3→1.4)
38. 形 16 起主張必達(6.3)	量金天水時奴敀同(4.2→1.9)	起主金千水內 仍起主同人(4.2),
		在陣庚申續陳主同人(2.1→1)
39. 形 19 起主趙順奉(35)	量奴壬申(19.6→8.9)	起主奴壬申內 仍起主同人(19.6),
		在成川成川主同人(15.4)
40. 形 20 起主女三男(11.5)	量時洪者斤老未(7→4.4)	起主洪者斤老未內 仍起主同人(2),
	庚申陳主同人內(9.5) 前起主同人(6.9)	仍陳主同人(2.6→1.6)
41. 形 25 起主兪秀方(6.5)	量奴明立時奴汗生(3.4→2.1)	起主奴明立內 仍起主同人(3.4),
		量後續陳主同人(3.1→1.9)
42. 形 27 起主具碩亮	量時奴每仙(0.8→0.5)	起主奴每先內 仍起主同人(0.8),
奴戒先(17.8)		戊辰陳主戒先(17→10.6)
43. 形 28 舊陳主具碩亮	量時韓江双(2.2→1.3)	舊陳主韓江床內前起主同人(2.2),
奴戒先(44.5)		在陣仍陳主同人(42.3→26.5)
44. 形 30 起主具碩亮	量鄭右時韓江双(1.2→0.7)	起主鄭于內 仍起主同人(1.2),
奴戒先(2.2)		庚申陳主同人(1→0.6)
45. 端 1 起主張必達(40.6)	量奴太奉時奴時德(8.7→0.4)	起主奴太奉內 仍起主同人(8.7),
		仍起主尙元(7.7), 在成川成川主同人(3.8)
46. 端 15 今陳主兪道基(22)	量壬申時李希得(3→1.8)	今陳主奴壬申內 前起主同人(3),
		在陣仍陳主同人(19)
47. 端 19 起主朴海吉(12.6)	量時兪彦成(1.9→1.2)	起主兪彦星內 仍起主同人(1.9),
		在成川成川主同人(10.7)
48. 端 25 舊陳主金先興(60)	量金天水時朴有兼(3.4→2.1)	舊陳主金千水內 前起主同人(3.4),
	前起主同人(0.6)	在陣仍陳主同人(56→30)
49. 表 6 起主兪聖基(17.8)	量時金吉元(16.2→7.3)	起主金吉元內 仍起主同人(16.2),
		在成川成川主同人(1.6)
50. 表 7 起主崔卜(11.9)	量時趙右平(7.6→3.4)	起主趙右平內 仍起主同人(7.6),
		在成川成川主同人(4.3)

☆ 行 1 起主李萬奴世奉 起主奴東伊內 仍起主同人(2.5) 仍起主奴業先(0.9) 庚申續陳主同人(1→0.6)

기해양안에서 기묘양안과 비교·검토할 수 있는 구진 무주의 필지가 38건인데 비해, 무진양안과 연결되는 것은 17건으로 모두 55건이 된다.

그럼에도 불구하고 50필지의 主만이 바뀐 것도 그 미미함을 강조할 수 있는 요인 중의 하나라고 하겠다. 그런데 기해양안의 이 필지들의 主 변동의 시기를 추정케 하는 단서가 실려 있는 것이 11건이다. 敢 第63, 64, 覆 5 지번의 '主' 앞에 '庚申續陳'이라 기재되어, 적어도 1740(庚申)년 이전이나 그 해에 주로서 등재되었는데 속전으로 査定되었고 묵혀 있다는 것을 파악할 수 있게 되어 있다. 形 15, 16, 20, 30 필지는 그 필지 가운데 일부는 계속해서 묵히지 않고 기경되어 왔으나 일부는 경신년에 속전으로 사정되었던 것이다. 또한 경신년에 속전으로 사정되어 그 후 다시 묵힌 전답을 경작한 것이 形 20 지번이다. 良 24와 形 27은 무진년에 續陳으로 사정되었으나 1748년 이전이나 그 해에 주로 등재되었다고 판단된다. 可 23, 形 25의 지번은 양전이 끝난 후 1740년 이전 어느 시점에 주로 등재되었다고 판단된다. 일반적으로 量後는 量田이 완료된 후를 의미하나, 여기서는 무진양안의 面 已上의 통계 내역의 용어로 경신년 査陳 앞에 기재되어 있기 때문에 이런 추정이 가능하다. 그런가하면 主의 등재시기를 추정할 수 있는 11지번 이외의 39지번은 전혀 그 내력을 파악할 방법이 없다.

그러므로 앞에서 간단히 기술한 기묘양안의 量·時名 아래에 기재된 細註를 다시 주목할 수밖에 없다. '己巳起 庚午還陳', '辛未起 壬申還陳', '庚子起 辛未還陳', '己巳起 庚午還陳', '庚午起 辛未還陳' 등이 바로 서면과 남면의 양안에 기재된 세주이다. 이는 1749년부터 1752년까지 매년 묵혀있던 전답이 다시 기경되고 있는가의 조사는 물론 다시 묵히는가도 매년 확인하고 있었다는 반증인 것이다. 거기에다 戊辰陳改打量導行帳의 面 已上에는 庚子年부터 丁卯(1747)年까지의 환기 전답의 결부 수를 등재하고 항목별로 나열하였다. 이에는 무진년 개타량에 의해 허탈된 것도 등재되어 있다.

要는 面의 已上에 기록되어 있는 '量後降續', '庚申降續', '戊辰許

頃'에 의해 진전의 허탈과 진전 등의 降續이 이뤄지는 것만이 아니라 매년 수세를 위한 조사에 의해 이와 연관된 업무가 이루어지고 있었다고 판단된다.

더욱이 이런 문부나 改量案의 존재를 추정할 수 있는 양안에서의 내용도 있다. 이를 〈表 4〉로 만들었다.

〈表 4〉 南面量案 상에서 改量 또는 査陳과 다른 文簿 存在 가능성 事例

(單位; 負.束)

	己亥量案	己卯量案	戊辰量案
1.	改 22 舊陳無主(5.2)	量時奴升鳥(1.4→0.9)	舊陳無主內 前起主奴承鳥(1.4), 前起主奴雪每(0.4), 前起主奴梁白軍(0.7), 仍陳無主(2.7→1.7)
2.	改 47 舊陳無主(53.8)	量時金己昌(1.6→1)	舊陳無主內 前起主金己昌(1.6), 前起主徐莒(0.6), 前起主金己昌(0.8), 仍陳無主(50.8→31.7)
	改 47-3作	量時金己昌(0.8→0.5)	
3.	絲 12 舊陳無主(56)	量時崔夏成(7.5→4.7)	舊陳無主內 今起主崔夏成(7.5), 今起主崔夏成(3.6), 今起主奴仁立(1), 仍陳無主(43.9→27.4)
	絲 12-2作	量時崔夏成(3.6→2.2)	
4.	行 1-2作☆	量時奴業先(0.9→0.6)	
5.	悲 15 舊陳無主(7.7)	量時奴尙民時奴好男(1.1→0.7)	舊陳無主內 前起主奴好男(0.9), 前起主奴尙民(1.1)
6.	作 1-2作☆	量奴戊尙時李旬才(0.7→0.4)	

☆ 行 1 起主李萬奴世奉(4.4) ○ 起主奴東伊內仍起主同人(2.5)仍起主奴業先(0.9) 庚申續陳主同人(.1→0.6)
☆ 作 1 舊陳主呂完先(16.2) ○ 陳主呂完先內前起主奴戊上(11.1) 前起主同人(0.7) 仍陳主同人(4.4→2.8)

〈表 4〉의 改자 22는 기해양안에서 十진 부수 5부 2속의 필지이다. 이 진전 토지는 무진양안 이전에 奴 承鳥, 奴 雪每, 奴 梁白軍에 의해서 각각 결부 1부 4속, 4속, 7속을 기경하였으나, 그 나머지는 기경되지 못하고 2부 7속이 1부 7속으로 降等되어 있었다. 이 필지의 분할에 의해 1759년 기묘양안의 改 22 필지가 1부 4속으로 변경되어 등재된 것이다. 따라서 묵혀 있던 陳田을 起耕된 奴 雪每, 奴 梁白軍의 결부 4속과 7속의 지번은 改 22-2·3작으로 分作된 것이다. 이런 필지가 등재된 문부 또는 대장의 존재를 추정할 수 있다. 改 47 필지는 3필지로 분할되었다. 기묘양안에는 改 47, 47-3작이 등재되어 있으나, 徐莒가 묵힌 토지를 일구어낸 결부 6속, 즉 改 47- 2작은 이 양안에서는 찾을 수 없다. 이는 무진양안 이후의 다른 양안에 등재되어 있으나 속진, 강속·강등에 해당되지 않기 때문에 기록되지 않는 것으로 생각할 수 있다. 絲 12는 상당히 넓은 구진 무주의 토지로 최하성과 奴 仁立에 의해 무진년 당년에 묵힌 땅을 일구어 낸 것의 결부가 최하성이 7부 5속과 3부 6속이며, 인립은 1부이다. 絲 12, 12-2作은 기묘양안에서 그 결부가 강등되어 기재되어 있으나, 그 3作은 이에 해당되지 않기 때문에 실리지 않은 것이다. 기경된 결부 1부 이 땅은 다른 문부나 양안 등에 등재되어 있을 것이다. 그런가하면 行·作字 1-2作은, 본 필지는 기재되지 않고 그 分作만이 기묘양안에서 찾을 수 있다. 그러나 悲 15 지번은 분작의 순서가 바뀌어 등재되어 있으나 그 이유를 추정하기 어렵다. 즉, 묵힌 밭을 일구어 낸 奴 好男과 奴 尙民이 각각 결부 9속과 1부 1속인데, 뒤의 상민이 悲 15의 지번을 부여받고 그 양명으로 기재된 것이다. 서면 기묘양안에서도 그런 예를 접할 수 있다.

2) 綾州牧 東面의 量案

다음으로 전라우도 고산현의 양안과 같은 시기에 작성된 전라좌도의 綾州牧 東面의 양안을 검토하고자 한다. 능주목 양안으로 시기 별로 연결해 볼 수 있는 1719년 기해양전도행장(奎 15040)과 1748년 '陳田戊辰改量正案'(奎 15041), 그리고 1759년 '己卯降續陳田正案'(奎 15042)이 남아 있다. 이 가운데 능주목 동면의 양안이 서로 비교·검토할 수 있는 것이다. 그러나 동면 기해양안의 처음이 龍字丁부터 시작되고 있는 점도 특이하다. 결코 이는 처음 쪽이 결락된 것이 아닐 뿐만 아니라, 그 후의 진전의 改打量과 강속·강등한 정안은 天字부터 기재되고 있다. 아마 다른 1作(册, 秩; 和順縣 己亥量案 東面一道 二秩)의 별도의 양안이 존재할 것으로 짐작될 뿐이다. 1719년 동면의 기해양안은 龍字 필지 앞 72개의 자호가 탈락되어서 그 앞의 전답들은 다른 두 양안과 비교할 수

없다. 그러나 무진양안과 기묘양안에서는 玄字부터 鹹字까지 14개 자호
에 18개의 지번이 있다. 이 세 양안(185필지)을 비교하기 위하여 〈附錄
1〉을 만들어 제2절 뒤에 붙였다.

우선 東面 기해양안의 起名이 기묘양안의 양명으로 기재되지 않는
사례를 밝히기 위해 아래와 같이 〈表 5〉를 만들었다. 〈附錄 1〉에는 기
묘양안의 185필지를 실었지만, 실제 대비할 수 있는 것은 帝字 第8 지
번부터 木字 325 지번까지 164필지가 된다. 〈表 5〉를 통해 164필지 가
운데 23필지가 그 名이 바뀌어 14% 정도의 변동률을 보임을 알 수 있
다. 〈附錄 1〉의 기해양안에는 舊陳 無主의 4필지(伐 103, 拱 227, 育
72, 體 65)가 실려 있다. 이를 굳이 제외하고 보면 11.5% 정도의 변동률
이 된다.

그런데 동면 무진양안의 기재양식은 고산현의 남·서면의 것과 약간
차이를 보이고 있다. 全羅右道와 달리 左道의 기해양안에는 '主'의 표
기가 없는 것은 논외로 하더라도, 전라좌도와 우도의 양안에서 사표 다
음에 기재되는 起·陳 항목에 舊·今陳 이외에 '沒陳'이 다수 기재된 점
이다. '몰진'된 후 다시 기경된 후에는 '沒陳起'라고 기록되고 필지 宁
號의 已上에도 기재되었다. 이 양안의 面의 都已上에는 '合沒陳'은 물
론 '量後合沒陳'의 항목이 있다.[7] '합몰진'이 한 지번 상에 기재된 경우
도 있다. 몰진은 진전과 같은 성격의 전답이지만 구진과 금진이 아닌 새
로 모두 묵힌 전답으로 보고자 한다. 이는 추후 더 검토가 요한다고 판
단된다.

또한 무진년 능주목의 진전 개타량 양안 상에 이른바 '內頉'의 필지
에 대한 기재가 고산현의 양안과 다르다. 고산현의 양안에서는 묵힌 땅

---

7) 吳仁澤은 '〈표 7〉 영·정조대 査陳의 현황'에, 영조 19년에 전라도의 '合沒陳'을
   기재하고 있으나(吳仁澤, 「17·18세기 量田事業 硏究」, 釜山大學校 大學院 博士學
   位論文, 1996, 120쪽), 그 구체적인 내용 설명은 없다.

의 일부가 개간된 경우 그 내력을 '仍起, 前起, 在陳'으로 구분하여 기재되어 있다. 물론 '續陳'도 기록하여 속진과 속진기로 구분하기도 한다. 아울러 '量後續陳 主', '量後續陳起 主', '戊辰陳 主', '庚申續陳主', '在陣仍舊陳 主', '在成川 主'로 사정하여 기록했다. 그러나 능주목 동면의 양안에는 '起, 續陳, 戊辰頉陳, 沒陳, 起·舊陳, 川反, 成川'으로 구분하여 등재하였다. 어떻게 보면 더 상세한 기재 항목으로 판단할 수 있으나 실은 내용이 아주 부실하다고 생각된다. 〈附錄 1〉의 1 玄字 제92 지번에서 '婢春伊 內 戊辰頉陳 同人(0.6→0.4)'은 起耕하던 3부 1속의 밭 가운데 6속을 5등에서 6등('→'로 강등을 표시하였으나 모두 동일한 등급의 강등은 아님. 이하 同一함)으로 降等하여 4속으로 무진년에 許頉되어 양안에 등재되었다. 그러나 그 나머지 2부 5속의 밭에 대한 기록은 찾아 볼 수 없다. 모든 필지가 이렇게 기재된 것만은 아니나 대부분 이런 형태를 취하고 있다. 4 律字 68 지번도 결부가 6부 2속인데 '黃采太 內 戊辰頉陳 同人(1.7→1)'으로만 실려 있어 그 나머지 결부 4부 5속의 起陳 與否 등을 확인하기 어렵다. 또한 116 育 72 지번은 舊陳 無主(127.6)였는데, '舊陳無主 內 起婢太今(1.6), 舊陳無主(21→13.1), 起世九(1.9), 起婢西非(22.7), 舊陳無主(96.9→70.6)'와 같이 起·陳 與否 등을 정확히 반영하고 있다. 하여튼 능주목 동면의 무진양안에서 '內頉'인 필지의 기재 양식 내지 투식은 그 해당 사항, 즉 頉陳, 起, 續陳 등 그 해당 내용의 결수 등만을 기록한 것이다.

그런가하면 동면 기해양안에서 時作이 기재된 필지에 戊辰量案 상에서는 그 時作이 그 필지의 起名으로 기록되거나 그 시작명이 변동되어 등재된 지번이 46건인데, 이 중 변동되지 않고 그 시작명이 기묘양안에 등장하는 것이 6건이다. 특히 기해양안의 伐字 159의 '起具壎奴天上時金中'에서의 時 金中은 무진양안에서 '金中伊內 起婢內先 陳金中伊'로 되어 있는데, 이 '陳金中(伊)'을 어떻게 해석해야 되는가. 陳 다음에 主

가 와야 되는가. 아니면 時作이 와야 되는가.[8] 이들 6필지는 民자 31
지번에 '具壎奴天上 時婢士戒'이던 것이 그대로 기묘양안의 기명으로
'婢士戒'가 기록된 것 등을 말한다. 물론 39 지번의 인물도 具壎이나 그
奴인 天上이 아니라 다른 인명이 등장한 것은 바로 그들도 시작인에 불
과하다는 것을 보여준다.

　요는 무진양안에서의 起名 등도 전답의 소유주이기보다 남의 전답을
빌려 경작하는 소작인일 수 있다는 점이다. 또한 동면의 기해양안 상에
는 다른 군현양안에서 접하기 어려운 기재양식이 발견된다. 즉, 앞에서
이미 예를 제시한 바와 같이, 〈表 5〉의 民자 49 지번에서 '起具壎奴天
上 時淡立'으로 기재된 것이 바로 그것이다. 같은 字號의 第18~26,
28~31, 34~50, 52, 54~114, 116~128과 伐字丁 1~18, 20~41,
42~66, 162~174, 177~209, 211~239 지번이 모두 '起具壎奴天上 時
某某人'으로 되어 있다. 弔(59~75·81)·民字(16·17) 지번에는 '時'가 없
이 '起具壎奴天上'으로만 기재된 것이 20필지가 있다. 伐자 125 지번에
는 '起尹元己'로 기재되어 있는데, 126~157, 159 지번에는 '起尹元己
時千申'처럼 '起尹元己 時某某人'으로 기재되어 있다. 이 외에도 罪(3
건; 이하 同一함)·周(1)·發(6)·坐(2)·朝(2)·問(8)자 지번에 22건의 이런
시작 기재 사례가 있다. 여기에는 具壎 家와는 달리 1명의 '起' 아래
'時'로 기재된 사례 5건도 포함되어 있다. 여기서 具壎 家 등이 많은 전
답을 소유했는가의 관심보다는 '時'가 기재된 사례이다. 일반적으로 궁
방전양안에서는 이런 예를 많이 찾을 수 있다. 상전·奴名에 이어 '時'가
기재된 것은 주목할 수 있는 사례가 아닌가 생각된다. 그런데 이 지번들
의 사표에는 48의 '北淡立家'와 47의 '西時作人家' 같이 時名과 더불
어 '時作人田', '時作人畓' '時作人家'로만 기재된 것이 많이 있다. 물

---

8) 民字 第31 婢士戒, 伐 20 乭今, 伐 63·64 今生, 伐 159 金中伊內起婢內先陳金中
　伊, 伐 186 沒陳奴淡立.

론 時名이 모두 四標에 실려 있다. 바로 이 '時'는 時作人으로 판단된다. 여기서 분명 시작인은 당시의 경작자로 타인의 소유 토지를 빌려 경작하는 자를 의미한다. 이와 같이 군현양안에서 시작인을 기록하는 것은 양안 상의 起(主)名 등도 경작자 위주로 등재된 것으로 판단할 수도 있는 중요한 사례로 볼 수 있다.

그런데 기해양안에서 時作이 기재된 필지의 起名이 기묘양안의 양명에서 변동된 사례를 파악하기 위하여 아래와 같이 〈表 5〉를 만들었다.

〈表 5〉 東面 己亥量案의 起名이 己卯量案의 量名에서 變動된 事例

(單位; 負.束)

己亥量案(1719)	己卯量案(1759)	戊辰量案(1748)
1. 民 49具壎奴天上時淡立(1.5)	量奴二龍時婢正月(1.5→0.7)	
2. 民 50具壎奴天上時貴同(0.8)	量奴貴同時婢正月(0.8→0.4)	
3. 民 82具壎奴天上時自明(0.8)	量奴自明時奴惡山(0.8)	
4. 民 89具壎奴天上時必先(15.8)	量奴必先時奴德男(15.8內 1.8→0.8)	
5. 民 94具壎奴天上時自立(1.4)	量奴淡立時婢正月(1.4→0.9)	
6. 民 105具壎奴天上時自命(2.5)	量奴自明時奴惡山(2.5內1.2→0.8)	奴昌極內 戊辰頉陳同人(1→0.6)
7. 伐 43具壎奴天上時九月(7.2)	量奴九月時婢正月(7.2內 3.8→2.4)	
8. 伐 103今陳無主(6)	量奴件里同時奴太元(6→2.7)	(今陳)起婢件里同(6)
9. 伐 129尹元己時淡立(2.4)	量奴淡立時奴墓直還陳((2.4→1.5)	
10. 伐 130尹元己時南秦(0.8)	量奴淡立時奴世良(0.8)	
11. 伐 173具壎奴天上時淡立(1)	(庚申陳)起量淡立時婢正月還陳(1)	續陳奴廷回(1)
12. 伐 203具壎奴天上時壬申(4.5)	量奴壬申時奴者斤老味(4.5)	
13. 伐 239具壎奴天上時仁白(6)	(庚申陳)量奴連山內(6) 北犯(庚申起) 量奴連山時婢今禮還陳(0.6)	陳奴連山內 起同人0.6)
14. 伐 261李同金(2.5)	量內金時婢禮化(2.5)	戊辰頉陳婢內金(2.5)
15. 垂 199教魚人(1.2)	量奴千山時奴先男(1.2)	
16. 拱 227舊陳無主(4.5)	(量今陳起)量婢水禮時婢水禮	起婢水禮(4.5) 可起(4.5內 1.4→0.9)
17. 育 72舊陳無主(126)	(量舊陳)量奴太今時奴太今(126內 0.8→0.5)	陳無主內 起婢太今(1.6), 舊主21→13.1), 起世九(1.9), 起西非(4.6), 舊陳無主(96.9→70.6)
18. 體 65今陳無主(0.9)	(量今陳起)量婢老禮時婢靑今(0.9→0.4)	起婢老禮(0.9)
19. 壹 114張永元(4.3)	量奴命化內(4.3)(庚申陳起)北犯	續陳奴命化內 起婢甘德(0.5), 量奴命化時婢春良還陳(2.3), 續陳同人(3.8→2.3)
20. 白 122金致世(4.6)	量婢每善時婢每先(4.6內 1.8→0.8)	續陳金致世內 起婢每先(1.8)
21. 木 311高自云(2.5)	(庚申陳起) 量奴今時婢今還陳(1)	(2降整等直田)續婢奴今(1.6)
22. 木 313朱男伊(3.3)	量奴斗男時婢丁月(4.5)	(降陸等)戊辰陳頉婢九月(2.1)
23. 木 321崔己里金(0.4)	(戊辰陳起)量婢順眞時婢丁丹還陳(0.4)	戊辰頉奴順眞(0.4)

위의 〈表 5〉에서, 기해양안의 기명이 기묘양안의 量名에서 바뀐 사례가 무주 4건을 포함하여 23건이다. 또한 동면 기묘양안 상에 기재된 量

名을 살펴보면 民字 49의 '奴二龍', 伐字 130 '奴淡立', 239의 '奴連山' 이외 12 사례 중 9명이 모두 기해양안 상의 時名, 즉 時作人이 그 양명으로 기재된 것이다. 이를 이 시작인들이 전답을 매득하여 그 主의 변동으로 파악하는 것이 바른 것인가. 아니면 그 전답에 대한 起名과 量名이 갖는 권한이나 성격이 다른 것인가. 기명과 양명이 그 전답의 경작자를 중심으로 기재되어 있었다면 이 문제가 해결된다. 그러나 한 두 개의 사례로 판단할 수 있는 것은 아니다. 이런 이유로 다른 군현양안의 몇 사례를 살펴보고자 한다.

우선 경상도 南海縣 三東面의 양안(奎 14713, 1720)에 실린 能字의 몇 지번을 아래에 제시하고자 한다.

第十一南犯肆等直畓 東西參拾伍尺 壹負壹束 東丘西渠南俊乞 起 主 舊 無主
　　　　　　　　南北廣陸尺　　　　　　畓北同人田　　今 興善牧 時 正兵崔尙邑
第十二西犯參等直畓 東西長伍拾壹尺捌負玖束二方上邑畓南發 起 主 舊 牧場位
　　　　　　　　南北廣貳拾伍尺　　　　太畓西渠　　　今 龍洞宮 時 司果 崔俊傑
加第十八東犯陸等直田 南北長柒拾壹尺 陸負陸束 三方丘　　起 主 興善牧
　　　　　　　　東西廣參拾柒尺　　　　北允井田　　時 居士 文明吉

能字 第11 지번에 前의 양안에서는 무주였으나 이것을 개간하여 현재 기경하는 자는 正兵 崔尙邑이나 今主는 홍선목으로 되어 있다. 이 자료만으로는 누구에 의해서 땅이 일구어 졌는지는 명확하지 않지만 '主'가 홍선목이라는 것을 부인할 수 없다. 바로 12 지번은 원래 목장 위토답이었는데, 移屬·移來에 의하거나 매매 등에 의해서 龍洞宮의 답이 되었고, 그 '時'가 崔俊傑인 점에서 더욱 그렇다. '時 崔俊傑'은 소유주로 판단할 수 있는 여지가 없는 것이다. 바로 용동궁의 답을 경작하는 소작인에 불과하고 다른 時도 동일한 성격의 소작인인 것이다. 18 지번은 홍선 목장에서 새로 일구어 낸 땅이 양안에 등록되면서 '加'가 앞에 기록되어 있는데, 이는 加耕田을 의미한다. 홍선 목장의 땅을 어떤 형태

로 개간했는지 논할 수 없지만 바로 홍선목장의 소유로 홍선목장이 주체
가 되어 개간하였기에 '主'를 홍선목으로 한 것으로 판단된다. 제12 지
번의 '시'와 제18 지번의 '시'를 다르게 해석할 여지가 없다고 생각한다.
要는 이때의 時는 소작인을 지칭한 것이다.

그런데 이 삼동면 양안에서도 시작인들이 그 사표에 기재됨을 위의
時 최준걸, 최상읍을 각각 11·12 지번의 사표 상에서 볼 수 있다. 이
양안의 面의 已上에는 대동미와 전세를 면해 주는 '면부세질'에도 용동
궁 折受田畓 150결과 목장 위전답 120결 등이 포함된 점에서도 그렇다.
그런데 이 면부세질 條의 끝에 合 無稅田·畓 통계가 각각 150결 49부
8속[149결 50부 2속]과 113결 13부 6속[112결 66부 1속]이다. 그런가
하면 남해현 邑內面 양안(奎 14717, 1720)의 都已上에서는 免稅出賦秩
條에는 學位田 59부 4속, 驛 公須位田 1결 11부 9속 다음에 合 無稅田
176결 50부가 기록되어 있으나, 이는 앞의 면부세질의 전세까지 포함되
는지 판단하기 어렵다. 그렇다하더라도 군현양안에서 時作이 양안의 사
표 상에 기재된 사례가 대부분이고, 내수사 위전답일 때 내수사를 사표
에 기재되기도 한다.9) 앞으로 이에 대한 많은 연구와 검토가 요구된다.

다음으로 '具壎奴天上'과 같이 상전의 명 아래 奴名이 기록되어 있

---

9) 郡縣量案 上의 '主'란의 時作의 併記와 四標 上 記載 事例
  1. 上新德面 天字(『全羅左道任實縣己亥量田導行帳』, 奎 15026 10-2, 1719)
     3南···肆負壹束 北渠南山東 起 淑安公主房位 出稅
     犯   岩西萬業田 時作 崔二生
     4東···肆負參束 東河南以生田 起 淑安公主房位 出稅
     犯   北產西同人田 時作 葛萬業
  2. 東面一道 二秩 霜字(『全羅左道和順縣己亥量田導行帳』, 奎 15037, 1720)
     34西犯···參負壹束 東申元田西渠南道北山 起 內需司 時 梁進江
     (33 東南西孝元田北內需司田 35 東渠南內需司田西北山)
  3. 一南面 積字(『南海縣庚子改量田案』, 奎 14714, 1720)
     第五十七···直畓東西長陸拾參尺拾參負貳束北時海畓洞磊西 起 主 舊鄭進外
           南北廣參拾尺   太用田南陳田 今 龍洞宮 時 土兵 黃泰龍

을 때, 이를 어떻게 이해해야 되는가. 이를 위해 고산현 남면 양안에서
奴主關係에 있는 이들이 어떻게 양안에 기재되고 있는가를 살피기 위해
아래와 같이 〈表 6〉을 만들었다.

〈表 6〉主와 量時의 記載 比較

(單位; 負.束)

	己亥量案(1719)	己卯量案(1759)	戊辰量案(1748)
1. 效 4	起主張泰成奴五奉(20.3)	量時奴五奉(20.3→10.2)	○
6	起主張泰翼奴戒方(5.1)	量奴五奉時奴癸方(5.1→3.2)	○
7	起主張泰翼奴戒方(9.9)	量五奉時奴癸方(9.9→4.5	○
2. 詩 65-2作	起主李萱奴突卜(2.8)	量奴乭卜時奴玉禮(2.8→1.7)	○
69-2作	起主李萱(1.6)	量李萱時奴乭卜(1.6→1)	○
4. 讚 19	起主李葵奴仁介(0.8)	量奴仁介時奴善丹(0.8→0.3)	○
讚 22	起主李葵(0.9)	量奴仁介時奴先丹(0.9→0.4)	○
5. 端 20	舊陳主兪東彬奴良金(21)	量奴東彬時奴莫奉(21→13.1)	舊陳主兪東彬內 前起主同人(2.1)
端 20-2作	舊陳主兪東彬奴良金)	量奴東彬時奴莫奉(4→2.5)	○
6. 形 26	起主兪秀生(17.1)	量奴介同時奴上元(17.1→10.7)	○
7. 表 12	舊陳主兪聖基(4.18)☆	量奴乑老未時奴安取卜(1.2→0.7)	舊陳主兪聖基奴乑老未內 前起主同人(1.2), 前起主同人(0.8), 舊陳主同人(39→24.9)

☆ 德 93 起 主 兪秀生奴介同
☆ 表 12-2作 舊陳 主 兪聖基   量 奴 乑老未 時 安取卜(0.8→0.5)

위의 자료에서, 1 效자 제4 지빈의 主는 張泰成 奴 五奉이고 地番
6, 7은 張泰翼 奴 戒方이다. 두 필지의 주인 장태성과 장태익은 형제관
계로 볼 수도 있을 것 같다. 기묘양안에서는 奴名으로 기재되어 있다.
이를 代錄으로도 볼 수 있다. 地番 時 65-2作, 讚 9 등은 이에 해당한다.
고산현의 양안에서는 이런 사례가 대부분임을 밝힌바 있다. 그러나 지번
6, 7의 양명으로 奴 五奉이 기재된 사실과, 다시 奴 戒方이 등장하는
것을 어떻게 해석해야 되는지 어렵다.

그런가하면 기묘양안 2 지번 詩 65-2作의 主는 李萱 奴 突卜이고 양
명은 奴 乭卜인데, 地番 69-2작의 主와 量名은 이훤이고 時名은 奴 乭
卜이다. 또한 지번 讚 22의 主는 李葵인데, 量名에 그의 奴인 仁介가
실려 있다. 6, 7의 形자 26, 表 12, 12-2작의 세 지번에도 기해양안에

기재되지 않은 상전들의 奴名이 양명으로 등재한다. 이를 主의 교체로
판단하기는 어렵다고 생각한다. 당시 양안에 양전한 내용이나 작황의 조
사 사항을 기재하는 서원들의 등재하는 투식이나 관행에 의한 차이로 판
단된다. 지번 端 20, 20-2作의 양명은 奴 良金이 아니라 상전인 兪東彬
으로 실려 있다. 이는 아주 적은 사례일 수도 있지만 언제나 상호 교체
되어 기재될 수 있음을 보여주는 것으로 판단해도 무리가 안 된다.

  그런데 능주목의 동면양안에서는 이와는 반대로, 奴名이 量名으로 등
장하는 例가 극히 적고 대부분 奴의 上典名이 등재되어 있다는 사실이
다. 기해양안의 전답 필지에 '兪東彬奴良金'과 같은 奴主關係에서, 기
묘양안에 奴의 上典名이 양명으로 기재되는가를 알아보기 위해 아래와
같이 〈表 7〉을 만들었다. 기묘양안의 426필지 가운데 기해양안의 상전
이름 아래에 奴名이 기재된 필지는 25건인데, 기묘양안에 上典名으로
양명이 기재된 사례가 23건이다. 이는 지방과 지역에 따라 기재양식 내
지 투식이 다를 뿐인 것이다. 이는 대단히 중요한 사실로 판단된다. 이런
점에서 이 사례에서 양안 상의 奴名 기재를 대록으로 보기는 어렵다고
생각된다.

  게다가 1의 帝자 第28 李尙謙은 帝 35, 48, 49와 島 19, 20의 5지번
은 기해양안은 물론 기묘양안에도 노명이 없이 기재되었다. 2의 帝 64의
李遇謙이 帝 75, 76 지번에도 奴名 없이 실려 있다. 어느 지방과 지역의
노비 대록의 사례는 밝혀졌지만, 奴婢名의 기록을 대록 또는 戶名으로
파악하는 것도 신중함이 요한다고 판단된다. 이에 대해 많은 사례에 의
한 실증적인 연구와 검토가 요구된다.

  다시 말해서, 기해양안의 상전 아래 기재된 奴名이 기묘양안에 量名
으로 등재된 것은 帠 69의 '具壎奴天上'·平 57의 '趙吾世婢士良'의 두
필지만이 奴名이 실린 것이다. 동면 양안 상에서 23지번은 모두 奴名이
아니라 기묘양안의 양명으로 奴의 上典名이 등재된 것이다.

〈表 7〉 綾州牧 東面의 己卯量案에서 奴主관계의 奴名
대신 上典의 量名 登載 與否 檢討

(單位; 負.束)

	己亥量案(1719)	己卯量案(1759)	戊辰量案(1848)
1. 帝 28	李尙謙奴檢丁(6.7)	量李上兼時奴惡金(6.7內 2→0.7)	
2. 帝 64	李遇謙婢愛禮(2.1)	量李右兼時奴表上(2.1→0.5)	
3. 帛 8	李遇謙奴愛禮(8.5)	量李右兼時奴加五金(8.5→3)	
4. 帛 9	李萬璧奴姜山(6.1)	量李萬璧時奴加五金(6.1→2.2)	
5. 唐 41	趙光世婢士香(25.3)	量趙光世時婢禮化(25.3內 3.5→1.2)	
6. 周 155	鄭釆周婢玉之(10.9)	(量起)量奴丁今內(10.9) 東犯參等直田戊辰陳起 成川 奴丁今(10.9)	
		量鄭釆周時奴丁今還陳(0.4→0.2)	
7. 朝 84	金晶甫婢惑葉(2.8)	量金晶甫時奴介金(2.8內 1.3)	
8. 朝 94	崔太怕奴善山(1.1)	量崔太怕時婢梁小禮還陳(1.1)	
9. 問 59	金碩器婢今化(2.8)	量金石已時婢仁介(2.8)	
10. 問 60	俞應星婢元化(2.1)	量兪應星時婢木禮(2.1)	
11. 問 132	文光翰山直奴必生(1.1)	量文光汗時奴必生(1.1→0.5)	
12. 問 153	朴恩哲奴非永金(12.1)	量朴恩哲時奴必生(12.1內 9.1→3.2)	
13. 道 28	崔運海山直奴今奉(6.9)	(量起)量奴今奉內(6.9) 北犯伍等直田戊辰陳起 奴今奉內 戊辰頉陳 同人(6.1)	
		量崔云海時婢己德(6.1)	
14. 道 34	李震杓奴乭男(3.5)	量李辰杓時婢菓禮(3.5內 0.9→0.2)	
15. 道 75	李辰衡婢元愛(5.6)	量李辰衡時奴朴用德(5.6內 2.2→1.4)	
16. 垂 231	韓太運奴守奉(1.4)	(合沒陳起)量韓太云時奴連奉還陳(0.9) (1.4降伍等直田)沒陳奴水奉(0.9)	
17. 垂 240	趙徽泰奴丁信(0.9)	量趙徽太時奴孝介(0.9→0.4)	
18. 拱 197	洪履中山直奴斗見(0.7)	量洪履中時奴貴才(0.7→0.3)	
19. 拱 206	洪履中奴木禮(0.4)	量洪履中時奴斗見(0.4→2.5)	
20. 章 24	洪履中山直奴斗見(2.5)	量洪履中時奴邑內金(2.5)	
21. 育 27	許英奴甲生(6.2)	(庚申陳起)量奴許永時婢西非還陳(4→1.8) 續陳 奴甲生內 起西非(2),	
			續陳奴甲生(6→3.9)
22. 育 31	許英奴甲生(3.8)	量奴許英時婢正月(3.8→1.4)	
23. 木 32	許命婢玉禮(2.4)	(戊辰陳起)量奴許命時奴文順太還陳(2.4) 戊辰陳頉許命(2.4)	

〈表 7〉에서 기해양안의 6의 周자 155 지번의 상전은 鄭釆周였다. 무
진양안에서 경작 여부는 분명치 않으나 냇가로 변한 이 필지의 경작 담
당자 또는 主를 奴 丁金으로 볼 수 있다. 무진년에 진전이었던 이 필지
의 일부인 4부가 개간되었으나 다시 기묘년에 降等되어 2부로 査定되었
다. 그런데 이 필지의 量名은 정채주이고 時名은 奴 정금이란 사실이다.
그것도 아주 조그만 한 면적의 밭인 것이다. 이런 변동을 밭의 매매관계
에서 해명하기에는 어색하다. 앞에서 기술한 바와 같이 고산현의 무진양
안과 능주목 동면무진양안의 기재양식에는 약간의 차이가 있다고 판단된
다. 즉, '內頉'이 있는 전답 필지에서 '內' 다음에 고산현 양안은 仍起,

前起 등이 主 앞에 씌어 있지만, 동면 무진양안에서는 主 표기 없이
'起', '沒陳' 등을 표기할 뿐이다. 더욱이 무진양안에서 진전 등의 査定
에 의해 분할된 전답에 대한 자호를 부여하지 않고 본 필지의 地番 (右
側) 아래에 北犯, 東犯 등의 犯向부터 기록하고 있다는 점이다. 즉, 정식
자호의 분할 지번인 '2작', '3작' 등의 기록을 찾기 어렵다.

더욱이 능주목 동면의 양안의 기재방식은 '舊陳無主'의 필지를 기경
하였을 때, 이를 기묘양안에 등재하는 데에서도 고산현의 양안과 다르
다. 기묘 양안의 185필지와 對比할 수 있는 동면의 양안에는 舊·今陳
無主 6필지(平 第50, 育 69, 壹 9, 王 55, 駒 61, 形 27)가 등재되어 있
다. 戊辰年에 改打量할 때 일부 기경되었는데도 기묘양안에는 모두 '量
無主'로 기재하고 있는 점이다. 分作인 경우 2·3작의 정식 자호를 기재
하지 않고 査定하는 것도 일반 필지의 例와 동일하다고 하겠다.

또한 13의 道자 28 지번도 같은 사례이지만, 奴 수봉은 상전인 崔運
海의 山直奴이나 양명은 물론 시명에도 실리지 못했다. 무진양안의 '內'
다음에 기재된 인물이 기묘양안에서 양명으로 등재되지 못했으나 시명
으로 기재되기도 한다. 6의 周 155 지번의 奴 정금은 사실 '量丁金 內'
로 표기한 바와 같이, 道자 28 지번도 '量奴今奉 內'로 기록되어 있다.
이는 무진양안 전후 또는 무진양안 전답의 양전이나 조사 사항을 기록한
것으로, 이 기록된 것을 '量'으로 판단할 수 있다. 그럼에도 奴 정금은
시명으로 기록되었고, 山直奴 금봉은 아예 여기에서 탈락되어 있다. 11
의 間자 132의 主奴는 각각 量名과 시명으로 기재되어 있다. 더구나 18
의 拱 197·20의 章 24 지번의 '洪履中山直奴斗見'에서 奴 斗見은 기묘
양안의 量·時名에서 빠졌으나, 19의 拱 206 지번의 洪履中은 산직노
斗見과 奴主관계임은 물론 奴 木禮와도 같은 관계인데, 목례는 등재되
어 있지 않고 홍이중과 두견이 기묘양안의 量名과 時名으로 각각 실려
있다.

어떻게 하면 이런 사례에 대해 바르게 이해·해명할 수 있을까.

한편 앞에서 기술한 바와 같이 동면의 기해양안에는 '民 第50起具壖奴天上 時貴同(0.8)'과 같은 사례 12건이 등재되어 있음을 〈表 5〉에서 확인된다. 이들이 동면 기묘양안의 양명으로 기재된 것은 상전 具壖도, 奴 天上도 아니고 기해양안에서 '時' 다음에 기록된 인물이거나 달리 교체된 인물이 등재되어 있다. '伐 130 尹元己 時南奉(0.8)'의 사례도 동일하다. 따라서 이들은 노주관계의 전답 필지의 사례 검토에서 제외될 수밖에 없는 것이다.

우선 제2장 뒤에 붙인 〈附錄 1〉에서 능주목 동면의 戊辰量案 상의 起·陳名과 己卯量案 上의 量名이 연결이 안 되는 事例가 전체 185건 중 64건인데, 이를 통해 동면의 무진양안과 기묘양안을 서로 비교·검토할 수 있다. 그 중 절반에 가까운 30건이 무진양안의 기·진(주)명이 기묘양안에 다른 명으로 등재되었다. 이를 살펴보기 위하여 대표적인 사례를 중심으로 〈表 8〉을 만들었다.

〈表 8〉 綾州牧 東面戊辰量案 上의 起·陳名과 己卯量案 上의 量名이 연결이 안 되는 事例

(單位; 負.束)

己亥量案(1719)	己卯量案(1759)	戊辰量案(1748)
1. 黃 42	量辛順玉時婢乽仁連 可起(4.2內 0.6→0.4)	續陳辛順玉內(4.2) 起婢於仁延(0.6)
2. 黃 74	量奴介今時婢乽仁連(1.9→0.9)	(量起)沒陳起李才(1.9)
3. 律 68	量鄭伊光時奴釆太(6.2內 0.8→0.5)	黃釆太內(6.2) (陳)戊辰頉陳同人(1.7→1)
4. 釼 36	量朴時右時婢䢘上(2.1內 1.6→1)	奴亐同內(2.1) 戊辰頉陳同人(0.5)
5. 號 131	量奴尙業時奴順奉(1.8內 0.9→0.6)	金玉金內(1.8) 沒陳同人(0.9)
6. 芥(東面下) 50	量崔檢金時奴孟好還陳(2.4)	續陳奴孟虎(2.4)
7. 醎 7	量具諧時奴三萬(6.8內 1.6→0.7)	具永內(6.8) 川反同人(2.7)
8. 皇 73 量奴戒奉(1.3)	量奴戒奉時奴斗去非可起(0.6→0.3)	成川文汝江(1.3)
9. 民 105 具壖奴天上時自命(2.5)	量奴自命時奴惡山(2.5內 1.2→0.8)	奴昌極內(2.5) 戊辰頉陳同人(1→0.6)
10. 伐 69 李得春(6.6)	量婢順丹內(6.6) 北犯戊辰陳起 量李得春時奴辰白還陳(4.6)	婢順丹內(6.6) 戊辰頉陳同人(4.6)
11. 伐 113 斗里奉(2.7)	(戊辰陳起)量奴斗里奉時奴內先還陳(2.7)	戊辰頉陳婢內先(2.7)
12. 伐 121 朱連珠山(6.8)	量朱連珠山時奴世月(6.8內 3.3→1.5)	奴貴贊內 戊辰頉陳同人(3.5→1.6)
13. 伐 173 具壖奴天上時淡立(1)	(庚申陳起)量淡立時婢正月還陳(1)	續陳奴廷回(1)
14. 周 155 鄭釆周婢玉之(10.9)	(量起)量奴丁今內(10.9) 東犯(戊辰陳起) 量鄭釆周時奴丁今還陳(0.4→0.2)	成川奴丁今(10.9)
15. 坐 98 崔五月(0.8)	(庚申陳起)量婢五月時婢自今還陳(0.4→0.3)	(0.8降伍等直田)續陳婢自今(0.4)

16. 章 211 金辰己(1)	(戊辰陳起)量金辰己時奴玉上(1)	戊辰頃陳婢七禮(1)
17. 章 277 呂有淡(5.3)	量呂有淡時婢申禮(5.3內 2.2)	呂有談(5.3) 戊辰頃陳陳石 儀(2.1), 戊辰頃陳同人(1)
18. 章 278 李先男(3.6)	量李善男時婢海春(3.6內 2.5)	李善男(3.6) 戊辰頃陳婢海春(1.1)
19. 育 69 舊陳無土(40)	(量舊陳)量無土內(40) (量舊陳起)南犯 量無土時婢分上還陳(1.2)	舊陳無土內(40) 起金召史(0.4) 起白江伊(0.4)外 6, 無主 4筆地.
20. 黎 50 朴善生(17.4)	量朴善生時婢禾里德(17.4內 3.1→1.4)	奴善生內(17.4) 成川梁太云(2)
21. 戒 27 舊陳無土(135.8)	(量舊陳)量無土內(135.8) (量舊陳起)南犯 量無土時婢奴日今還陳(2.9)	舊陳無土內 起婢己良(1.4) 無主 2筆地 起貴化 等 6筆地. 日今 無
22. 壹 9 仍陳無主(23)	(量舊陳起)量無土時婢善丹(1.7→1)	起婢善丹(11.7)
23. 壹 114 張永元(4.3)	量奴命化內 (庚申陳起)北犯 量命化時婢春良還陳(2.3)	續陳奴命化內(4.3) 起婢甘德(0.5), 續陳同人(3.8→2.3)
24. 體 112 高夢汝(15.7)	量高夢汝時千禮(0.157內 3.6→1.3)	高夢汝內(15.7) 成川婢天禮(3.9)
25. 鳴 12 高夢良(1.5)	(庚申陳起)量高夢良時婢貴禮還陳(0.9)	(1.5降陸等直田)續陳奴山伊(0.9)
26. 鳴 76 徐亨道(12.2)	量徐亨道時婢日德(0.122內 1.2→0.7)	奴亨道內 戊辰頃陳婢甘德(4.5→2.9)
27. 木 196 崔信才(4.8)	(庚申陳起)量奴婢才時奴汝恒還陳(3)	(4.8降陸等直田)續陳奴汝恒(3)
28. 木 197 李元彩(1.3)	(庚申陳起)量李元朵時奴慎才(0.8)	(1.3降陸等直田)續陳奴丹(0.8)
29. 木 313 朱早伊(3.3)	量奴斗男時婢丁春(2.1)	(降陸等直田.戊辰陳頃婢九月(2.1)

   능주목 東面의 戊辰量案 上의 起·陳名과 己卯量案 上의 量名이 연
결이 안 되는 이런 유형의 事例는 전라도 고산현의 서·남면양안에서도
많이 있다. 東面의 무진양안에서 우선 1의 黃字 42 지번의 續陳의 신순
옥 결부 4부 2속 가운데 婢 어인연이 6속을 기경했다는 사실을 확인시
켜 준다. 그런데 기묘양안의 양명은 속진의 신순옥이고 그 대신 시명은
어인연이다. 이를 결부 6속의 전답 소유자의 변동으로 이해해야 하는가.
물론 시명을 당시의 경작자로 파악하는데 무리가 없다고 판단된다. 그러
나 신순옥이 양명으로 등재되었다는 것은 신순옥이 단순히 이 6속을 기
경한 자로 해석할 때만 가능하다. 2의 黃자 74 지번은 起名 李才가 아
닌 奴 개금이 양명으로 등재되어 있다. 그간의 변동으로 이해할 수도 있
다. 그런가하면 6의 芥자 50 지번은 속진 奴 맹호가 시명으로 기재되어
있다. 무진양안의 黃 74 등 6필지 등은 기해양안과도 비교할 수 있는데,
23의 壹 114 지번을 제외하고 기해양안의 起名이 기묘양안의 양명으로
등재되어 있다. 무진년에 이 전답을 기경하거나 묵히고 있었던 것은 婢
감덕인데, 奴 명화가 기묘양안의 양명으로 실려 있다. 특히 9의 民 105
지번의 '時' 自命은 時作 자명이다. 고산현 양안에서는 이와 달리 무진

양안의 '奴昌極'이 양명으로 등재되는 것이 보편적인 사실인데, '時'名이 양명으로 등재된 것이다. 사실 이런 사례를 전답 매매에 의한 변동으로 파악하기 어렵다고 본다.

구진 무주의 19의 育자 69 지번에서는, 1748년 査陳할 때 金召史(0.6) 등 7명이 7필지를 기경한 것이 확인된다. 구진 무주의 필지는 강등된 3건(16.5→10.3, 2→1.3, 1.8→1.2)이 있었다. 그러나 시명으로 기묘양안에 양명으로 기재된 分上은 발견되지 않는다. 아마 구진 무주로 강등된 1부 2속이 그 후 1748년 이후 어느 때 기경된 것으로 추정된다. 이런 이유로 양명은 그대로 구진 무주로 기재되고 시명은 분상으로 등재된 것으로 이해할 수 있다. 하지만 〈附錄 1〉에서 99의 拱 227 지번의 구진 무주 4부 5속은 무진년에 婢 수례가 기경한 것으로 사정되어 그 후 기묘양안에 수례가 양명과 시명으로 등재되어 있다. 이렇게 보면 전답의 기경을 중심으로 양명이 등재된 것으로 해석해야 합리적이다.

이제 동면 기묘양안 상의 量名과 時名의 교체를 비교해보고자 한다. 〈附錄 1〉에서 기묘양안에 등재된 총 필지는 185건이다. 이 가운데 오직 8건(帝 第8·38·106, 拱 206, 平 227, 育 72, 白 122, 木 311)만이 그 양·시명이 변동 없이 그대로 일치한다. 즉, 185필지 가운데 177필지의 양명이 시명에서는 교체되어 그 변동률이 95.7%가 된다. 이는 고산현 서·남면의 변동률보다 15~20% 이상 더 높다. 그 원인을 밝히기 어렵지만 적어도 '時' 다음에 등재되는 성명과 명이 그 전답 필지의 소유주로 판단할 수 없다는 것이 재확인된다. 이 時名은 전답의 소유주와 소작인을 모두 포함한 당시의 경작자를 칭한 것이다.

또한 동면의 戊辰陳改量正案에 실린 지번 가운데 기묘양안과 비교·검토될 수 있는 것도 85건에 해당된다. 이 지번의 陳·起名이 기묘양안에 등재되지 않고 다른 명으로 교체된 것이 〈表 8〉에서 보는 바와 같이 29건으로 그 변동률은 34.1%에 불과하다. 이 변동률을 바로 기묘양안의

양명에서 시명으로의 변동률을 대비하기는 어렵지만, 두 배 이상 되는
量·時名의 변동률에서 '時' 다음에 기재되는 성명이나 명들이 당시 전
답을 경작하고 있는 時作으로 볼 수 있는 또 하나의 반증이 된다. 아울
러 이 85필지 가운데 '內' 다음에 '陳·起'名이 기묘양안의 양명으로 등
재되지는 아니 하였으나, 시명으로 실려 있는 것이 11건이다. 이를 〈表
9〉로 만들었다.

〈表 9〉 戊辰量案의 起名이 己卯量案에서의 時名으로 登載된 事例

(單位; 負.束)

己亥量案(1719)	己卯量案(1759)	戊辰量案(1748)
1. 黃 42	量辛順玉時婢苂仁連可起(4.2內 0.6→0.4)	續陳辛順玉內 起婢於仁延(0.6)
2. 律 68	量鄭伊光時奴采太(6.2內 0.8→0.5)	黃采太內 戊辰頉陳同人(1.7→1)
3. 芥 (東面下) 50	量崔檢金時奴孟好還陳(2.4)	續陳奴孟虎(2.4)
4. 伐 113 斗里奉(2.7)	(戊辰陳起)量奴斗里奉時奴內先還陳(2.7)	戊辰頉奴婢芀先(2.7)
5. 周 155 鄭采周婢玉之(10.9)	(量起)量奴丁今內(10.9) 東犯(戊辰陳起)	成川奴丁今(10.9)
		量鄭采周時奴丁今還陳(0.4→0.2)
6. 坐 98 崔五月(0.8)	(庚申陳起)量崔五月時婢自今還陳(0.4→0.3)	(0.8降伍等直田)續陳婢自今(0.4)
7. 章 278 李先男(3.6)	量李善男時婢海春(3.6 內 2.5)	李善男內(3.6) 戊辰頉陳婢海春(1.1)
8. 育 27 許英奴甲生(6.2)	(庚申陳起)量奴許永時婢西非還陳(0.4→1.8)	續陳奴甲生內 起西非(0.2),
		續陳奴甲生(6→3.9)
9. 壹 9 仍無主(1.7)	(量舊陳起)量無主時婢善丹(1.7→1)	起婢先丹(17.)
10. 體 112 高夢汝(15.7)	量高夢汝時千禮(15.7內 3.6→1.3)	高夢汝內 成川婢天禮(3.9)
11. 木 196 崔信才(4.8)	(庚申陳起)量奴愼才時奴汝恒還陳(3)	(4.8降陸等直田)續陳奴汝恒(3)

위의 자료에서 바로 이 時名들을 이 전답을 빌려 경작하는 자로 판단
해도 무리가 없다. 〈表 9〉에서 黃·律·介字의 지번은 원래 양안에서 결
락된 것이 아니라 등재되어 있지 않아 (처음 龍字號) 기해양안의 기명을
확인할 길이 없다. 다른 8필지는 기해양안의 起名이 바로 양명으로 그대
로 기재된 사실에서 이런 추정이 더욱 가능하다.

3) 任實縣 縣內面의 量案

한편 1749년에 펴낸 全羅左道 任實縣 改量陳大帳(奎 15027)은 다른
양안 자료와는 그 형식과 내용에 있어 매우 달라 많은 것을 제시해 준다.

그래서 아래와 같이 정리하여 〈表 10〉을 만들었다.

〈表 10〉 全羅左道 任實縣己巳改量陳大帳

```
    縣內面

      天字 全巨里員
  1. 加 起 第南4-3作 南1作直田(0.6)        起 主 奴 儀永
  2. 續 第 8西犯(0.2)                      續 量 奴 今先 時 今先
  3. 量 今陳 第19 南犯(2.2)                量 今陳 量 李進建 時 崔生
  4. 舊陳 第35(20.1)                       舊陳 量 無主 時 無主 內
                                          第東犯 1作(1.3)  乙卯(1735; 筆者. 이하 同一)起 主 奴 儀永
      在東犯                              舊陳 量 無主 時 無主

      小渴馬洞員 地字
  5. 第33 南犯(5)庚申(1740)續             第33南犯(5)  癸亥(1743)起 量 奴 承善 時 奴 桂月
  6. 第35 南犯(2.5)量起 第35南犯(2.5)      己巳(1749)許頉 今陳 量 奴承善 時 奴 李墨金

      外渴馬洞員 地字
  7. 第113 北犯(2.4)己酉續 第113北犯(2.4)  續今陳 量 趙慶錫 時 車先貴 內
                第1作 北(1.2)            己巳起 主 車先貴
                在陣(1.2)               己酉(1729)續 量 趙慶錫 時 車先貴
  8. 第114—2作(1.1)庚申續 第114-2作(1.1)  癸亥起 主 [起] 量 趙之錫 時 奴 次令

      還全巨里員 女字
  9. 第49 南犯 量 今陳(5)                 量 奴 九月金 時 奴 艺同 內
                第北1作(1.9)量 實 奴 艺同
                在成川(3.1)             仍成川 量時 奴 艺全

    里仁面
    己亥量 餘字        堂後坪      餘字
  10. 第西(0.03) 2作(1.4)  量 今陳 第西(3) 作(1.4  0.9)  量 今陳 量 朴泰極 時 奴 五山
  11. 第南7-2作(2.7)      丙午續 第南7-2作(2.7) 5等直田 丙午續 量 同人(權時夏) 時 奴良非 內
                                     第北(7-2作)1作(1.4) 5等直田 甲寅(1734)起 主 奴世才
                在陣 降6等直田(0.8) 丙午(1726)續 量 權時夏 時 奴 世才
  12. 第北3作(1.1)        量 今陳 第北3作 降6等(0.7)  量 今陳 量 同人(權時夏) 時 奴 良非
```

☆ 單位; 負.束

우선 〈表 10〉에서, 전라좌도인 능주목 동면 양안과는 달리 기경전답일 경우 '主'를 기재한다는 점이다. 대체로 전라좌도의 양안은 우도와 달리 양안 상에 '主'가 생략된 것으로 이해된다. 이 '主'는 묵힌 전답을 일구어 경작하거나 양안에 등재되지 않는 곳을 개간[加耕]하였을 때 사용되었다. 縣內面 天字의 1의 第 南 4-3作 南 1作, 6의 第35 第 東犯 1作과 外渴馬洞員의 7의 第113 北犯 第1作 北 필지 등이 이에 해당된다. 이 양안이 査陳 개량양안인 점을 고려하더라도 의미 있는 것으로 판단된다.

다음으로 기재 사항 분류가 다소 다른 점이 있다. 일반적으로 主名 위에 '起·陳, 續, 戊辰, 己巳' 등이 기록되어 있지만, 3에서처럼 '量今陳'이라 하여 '量'이 기록된 것이다. 이 '量'은 기해양안을 칭한다. 위의 자료에서 里仁面의 양안에는 '己亥量'이라 기재되어 있고 상단의 기해 양안 내용 아래 '舊陳, 庚申續, 己酉續' 등이 등재되어 있다. '舊陳'과 '續' 그리고 '己巳許頉今陳'을 기록한 지번에는 그 앞에 量이 기재되어 있지 않다. 따라서 '量' 아래 기재된 '今陳' 등은 기해년 양안에 기록된 것으로 이해된다. 고산현 남면의 기묘양안과 능주목 동면의 기묘양안의 검토에서 이미 量·時名에 대하여 기술하였다. 이 '量·時'가 '主·時' 또 는 '量·時'樣式의 일환으로 추정할 수 있다.

그러나 이 양안의 검토를 통해서 가장 중요한 사실은 고산현의 서·남 면의 양안에서 사실상 미해결로 남아 있던 무진양안에서의 내력을 밝힐 수 없었던 '起 主'문제를 해명할 수 있다는 데에 있다. 즉, 1719년의 기 해양안의 主가 1748년 무진양안에 등재되지 않고 다른 인물이 '起 主' 로 기록된 것은 바로 묵힌 전답을 기경하였을 때 主로 사정한 것임을 보여준다. 위의 표에서, 4, 7, 10의 '乙卯(1735)起主奴儀永', '巳巳起主 車先貴', '甲寅(1734)起主奴世才'가 이에 해당된다. 임실현은 기간된 것 을 査定할 때의 해를 干支로 정확히 기록해 두었던 것이다. 그러나 고산 현의 서·남면 무진양안에서는 그 간지 기록을 생략한 것임을 추단할 수 있다. 임실현의 현내면 己巳改量陳大帳의 面의 已上에는 '丙午(1726) 續, 戊申(1728)續, 己酉(1729)續, 庚申(1740)續, 己巳許頉(1749)'의 기 록이 있고 '自庚子至戊辰 還起 捌結捌拾壹負貳束'과 '己巳改量 還起 壹結拾柒負貳束'도 기재되어 있다. 즉, 面의 已上에 속전과 허탈 등의 내용은 그 사정한 해를 기록하고 있지만, 還起 전답 결수는 庚子年부터 戊辰年까지의 누계로 표기한 것이다. 아울러 기사년 還起 전답 결수는

별도의 기록으로 표기하였다. 따라서 〈表 10〉에서 甲寅(1734)·乙卯
(1735)·癸亥(1743)年의 기록은 바로 묵힌 전답 등을 다시 일구어 낸[還
起] 해를 지칭한 것이다.

이 현내면 양안에는 丁卯(1747)年의 기록도 있다. 이 '起 主'의 기록
이 등장하는 것은 전답이 다시 기경되어 분할되는 경우에 사정되는 '作'
에서 출현한다. 표에서 1의 '第 南 4-3作 南 1作'은 제4-3작의 일부 전
토가 기경된 것이 6속인데 바로 이것이 다음의 양안이나 전답관계의 文
簿에서 1작으로 사정되어 당시 양전이 북쪽에서 남쪽 방향으로 시작된
'第 南4-3作 南-1作'으로 기록된 것이다. 第4-3작 내에는 진전 등으로
남겨진 것이 존재한다. 물론 外渴馬洞員의 8의 第114-2작처럼 전부 기
간되었을 때도 그 '起 主'를 표기하기도 한다.

이와 같이 임실현 현내면과 里仁面의 양안은 진전 등 묵힌 전답을 일
구어 낼 때 이를 기경전으로 사정하는 해의 간지를 양안 등에 정확히
등재한 반면에, 고산현의 서·남면 무진양안에는 '起' 앞에 기록하는 그
간지를 생략하였던 것이다. 바로 이런 '主' 등을 등재한 것이 서·남면
기묘양안의 量名인 것이다. 따라서 고산현의 기묘양안 등에서 '量'은 결
코 기해양안을 지칭한 것이 아니었다. 이는 당시의 양안 또는 무진 이전
과 그 이후의 양안이나 전답의 기경 여부를 사정한 문부까지 포함할 수
있다고 판단된다.

아울러 현내면의 기사년 改量陳大帳에는 이른바 '內頒'인 경우, 地
第21 지번은 今陳이었던 것이 1747년과 1749년 다시 일구어 경작할 때
그 필지를 각각 1작과 2작으로 분할한 것은 고산현의 양안과 동일하나,
9의 亥 49 지번에서와 같이 같은 '內頒'인데도 '時 乭同 內 第 北 1作
量 實 奴 乭同'으로 기재된 것이다. 즉, 다른 필지에서는 '起 主'로 기재
된 반면, 이 필지에서는 '量 實'로 기재된 점이 다르다는 것이다. '起
主'는 기경한 주체 또는 인물로 해석할 수 있다면, '量 實'은 묵히지 않

고 계속 實起하고 있는 사실을 표현한 것으로 판단된다. 고산현의 양안에서 묵히지 않고 계속 경작해 온 전답을 仍起라 하였는데, 이와 같은 의미로 이를 기재한 것으로 생각된다.

물론 그 '內'에는 냇가가 되어 버린 것이 계속 그렇게 경작하지 못한 것을 '仍成川 量時奴丏仝'이라 하였다. 실제 임실현 동면 기해양안에서, 玄자 49 지번에는 '起魯鳳徵奴九月金'으로 되어 있다. 그 후 일부가 今陳으로 사정받고 그 나머지 1부 9속은 묵히지 않고 계속 밭농사를 지어 왔음을 판단할 수 있다. 이런 사례도 상당히 많이 있다.

그런데 '內頉'의 같은 '在陣'의 표기에도 의문이 남아 있다. 즉, 地 32 지번의 '量奴承善 時奴順鶴 內'의 舊陳 量時는 奴 順鶴인데, 地 37 지번의 '量奴承善 時申生 內'의 舊陳 量名은 承善이고 時名은 申生인 점이다. 전자는 소유권이 바뀐 것이고 후자는 단순한 시작인으로 봐야 하는지 판단하기 어렵다.

또한 현내면 양안에서는 기해양안에서의 上典·奴의 姓名이 그 기사 양안에서 어떻게 변동 되었는가를 알아보기 위하여 天자부터 珠자까지의 전답 필지를 조사하여 上典, 奴의 姓名이 기재된 71건을 확인하였다. 이 중 15건의 양명에 노명이 기재된 것이 아니라 上典名이 그대로 실려 있다.10) 나머지는 대부분 奴名으로 기재되어 있다. 거기에 더해 상전과 奴가 각각 量名과 時名으로 기재되기도 하였다. 즉, 天 25(量周應參 時奴太生), 地 16(量周應軫 時奴龍介), 地 17, 26(量周應虎 時奴貴先)의 4지번이 그것이다. 전체적인 통계가 아니고 제한된 범위 내의 현상이지만 이런 사례도 이 전답 소유권을 상전을 대신하여 노비들의 이름으로 代錄한 현상으로 판단하기는 어렵다. 적어도 소유권을 이렇게 쉽게 교차로 사용하기는 사회적 관행이나 통념상으로 판단하기 어렵다는 점과 상전명이 양명으로 21.1% 이상 기재된 사실에서 그런 추정을 할 수 있

---

10) 天字 第25·39, 地 16·17·26·109·110·112·113·123, 玄 38, 黃 89, 宇 9·10, 宙 7.

다. 더욱이 1759년 영광현의 陳田正案 育자 두 지번에 時名이 '山直'[11]
으로만 기재된 것도 전답의 소유권자만을 양안에 기재한다는 주장에 그
설득력이 줄어들 것 같다.

3. 第2種 有土와 內需司田畓 量案에 대한 再檢討

1) 第2種 有土

17세기, 조선왕조에서 궁방전의 면세결수 제한과 급가매득제, 민결면
세제를 시행한 것은 당시 사익을 추구하지 않을 수 없었던 왕실과, 국가
재정 파탄을 우려하여 이를 견제하지 않을 수 없는 양반 관료층의 타협
의 산물이었다고 하겠다.[12] 그 후 궁방전은 크게 절수지, 매득지, 민결면
세지라는 세 유형으로 구분되고, 다시 18세기 중엽 궁방전이 유토, 무토
로 분화되는 과정에서 절수시의 일부는 민결면세지로 전화되어 무토로
되고 나머지 절수지는 매득지와 함께 유토에 포함되어 유토의 다양한 구
조를 이루었다고 한다.[13] 그런가하면 18세기 중반에 유토와 무토로 궁
방전이 분화 되었다기보다, 유토와 무토로 궁방전을 파악하는 방식이 변
화되었다[14]고도 할 수 있다.

---

11) 『全羅右道靈光縣己卯降等降續陳田正案』, 15140.

12) 宋洙煥, 『朝鮮前期 王室財政 研究』, 集文堂, 2002, 410쪽 參照.

13) 朴準成, 「17·18세기 궁방전의 확대와 소유형태의 변화」, 『한국사론』 11, 1984, 187쪽.

14) 염정섭, 『17~18세기 궁방전의 변화추이』, 『조선후기 宮房田과 宮房量案』, 조선 후기~대한제국기 양안의 정리 및 해설 팀 중간발표회, 2008, 16쪽. 조선후기 이 하를 중간발표회로 略稱.

그런데 궁방이 전답을 집적해 가는 방법에는 籍沒屬公地의 賜與·折受, 營·衙門屯田의 移屬, 양안 상의 無主陳荒地·양안 외 加耕地의 賜與·折受, 황무지의 개간, 買得, 민전의 절수, 民田投託 등이 있었다.

이런 궁방전의 확대는 왕실 재정을 확보하는 측면에서 이뤄졌다. 즉, 조선후기 왕실재정은 두 가지 범주로 구분할 수 있다. 하나는 정부재정을 담당한 기관인 호조 또는 선혜청을 통해―수십 처의 供上衙門에 의해―왕실이 수요한 각종 물자가 조달된 공상이나, 왕실의 다종다양한 수요가 공상을 통해서 모두 충당되기에는 부족하였고, 특히 정식화되지 않는 임시적·자의적 수요에 대처하기 어려웠다. 이러한 단점을 보완하기 위해 왕실이 운영한 조달 경로가 1사4궁 즉 內需司 및 四宮(壽進宮, 明禮宮, 龍洞宮, 於義宮)으로 대표되는 '內帑'이다. 공상 이외의 추가적 수요물자의 조달이 이들 내탕을 통해 이루어졌으며, 당대인에 의해 '私藏' 또는 '私財'라 표현되기도 하였다. 1사4궁은 면세의 특권이 부여된 궁방전[15]을 소유한 것이다.

이런 궁방전의 양안 상에서 주요 기재 사항인 '起名', '量名', '時名'을 어떻게 이해해야 되는가가 중요한 문제라고 판단된다. 사실 전라좌도 양안이든 궁방전이든 '起' 다음에 기재된 성명의 인물을 앞에서 기술하였듯이, 그 전답 필지의 소유주인가 아니면 소작인인가를 명확히 규정하기 어려워 '起名'이라 하고자 한다. '量名'과 '時名'도 그런 의미로 사용하고자 한다.

이에 대한 이해에 앞서, 무엇보다도 궁방전에서의 '第2種 有土'도 다시 검토해야 된다고 생각된다.[16] '제2종 유토'란 용어가 기재된 것은『結

---

15) 趙映俊, 「19世紀 王室財政의 危機狀況과 轉嫁實態: 壽進宮 財政의 事例分析」,『經濟史學』44, 2008, 47~48쪽 參照.

16) 李榮薰은 "제2종 유토에서의 지대수취와 민간에서의 결세수취를 상호 비교하여 전체적으로 양자가 비슷한 것이었음을 논증할 필요가 있다"는 전제하에 "분석의 전제로 결당 租 130 내지 150 두까지의 궁방전과 아문둔전의 지대는 현실적으로

戶貨法稅則烈』(奎 古5127-10)[17]이 유일하다. 즉, 이의 '免稅結收入表'

는 민전의 결세와 동질적인 부담이었다고 간주하기로 한다"(李榮薰, 『朝鮮後期
社會經濟史』, 한길사, 1988, 189·190쪽)는 입장에서 아문둔전과 궁방전 사례를
통해 제2종 유토임을 밝히고자 하였다. 그런데 그 후 金載昊는 『國有地』를 통해
서 한말 궁방전의 지대를 산출하여 제2종 유토에 접근하고자 하여, "제2종 유토
의 지대수준은 정의상 지세에 해당하므로『국유지』의 '前上納額'이 租 50斗 수준
인 궁방전을 제2종 유토의 전형이라 할 수 있는데, … 50두 이하가 전체(677處;
引用者)의 66.1%를 점하고 있다"고 밝히고, 아울러 "(궁방전의; 引用者) 기원으로
부터 제2종 유토를 판별하는 것은 더욱 어렵다"고 하였다. "도장에 의해 관리되거
나 본군에서 지대를 상납하는 궁방전으로서 그 기원이 분명치 않거나 연원이 오
래되고, 결부제에 의해 면적이 파악되고 있으며 지대를 금납하고 있는 지대수준
이 낮은 궁방전이 존재"하였는데, 이것이 "결국『결호화법세칙』의 '제2종 유토'
에 해당하는 것이다"라고 정의하였다. 그러면서도 "지대수준을 기준으로 위와 같
은 유형으로 궁방전을 구분할 수 있을지 몰라도, 궁방전의 기원이나 관리유형을
지대수준과 일의적으로 관련짓기는 매우 어려운 바가 있었다"(金載昊, 「한말 궁방
전의 지대-『국유지조사서 초』의 분석-」, 『조선토지조사사업의 연구』, 민음사,
1997, 273~4·276·294·295쪽)라고 결론을 대신하여 피력하고 있다. 궁방전의 지
대가 결세수준이든 아니든 두 연구자의 그 격차가 너무 큰 것을 알 수 있다. 한편,
趙映俊은 궁방 회계장부의 체계와 성격에 관한 기초적 해설을 시도하면서, 수입
부에 해당하는 수진궁의 "『捧上冊』상의 수입 내역은 元庫를 기준으로 한 入庫 내
역으로서, 전답의 소출과는 일치하지 않는다. 이러한 사실은 소출이 입고되기 전에
일부 분배된 내역을 보여 주는 『鄕味冊』을 통해 확인할 수 있다. … 수진궁 소유
전답의 실 수확고 중에서 궁속들에게 우선 지급되는 향미를 제외한 나머지로서 원
고에 들어가는 것만이 『捧上冊』에 기재되는 것이다"라고 밝히고 수진궁의 "전답으
로부터의 수입은 대개 전체 조세액의 '반액'만이 수진궁의 수입으로 計上되는 것"
(趙映俊, 「宮房 會計帳簿의 體系와 性格」, 『古文書研究』 32, 2008, 182~183쪽)으
로『捧上冊』의 내역을 실증적으로 해명하였다. 『稅則烈』의 기록에도, 호조에서도
제1종 유토와 제2종 유토를 구분하기 어렵다고 되어 있다.

17) 奎章閣에 있는 원 자료에 『結戶貨法稅則烈』로 되어 있고, 끝에 1955년에 필사했
다고 밝힌 것이 『結戶貨法稅則』(奎 상백 古 351.71 G989)이다. 柳永博이 소개한
이병도의 소장본(柳永博, 『韓國近代社會經濟史研究』, 東方圖書, 1990, 259쪽)도
있다. 趙映俊은 처음으로 규장각 소장의 이 필사본『結戶貨法稅則』은 1908년에
度支部 司稅局에 의해 『財政統計』(國中 6807-2)로 발간되었음을 밝혔고, 『재정통
계』의 내용은 이 『結戶貨法稅則』과 완전히 일치하며 이 조사 주체는 탁지부이며
조사 시점 또한 1895년(趙映俊, 「18世紀後半~20世紀初 宮房田의 規模, 分布 및
變動」, 『朝鮮時代史學報』 44, 2008, 182쪽)임을 밝혀 학계의 미해결의 문제를 풀

에는 '(一) 各宮房有土免稅結', '(二) 各宮房無土免稅折受結', '(三) 各
衙門免稅結(有土無土混合)' 항목이 있는데, 그 하단 '備考'에 실린 것
이 그것이다. 그 내용을 모두 옮겨 보면 다음과 같다.

　一 有土免稅結에 二種이 有ㅎ야 其 區別이 左와 如ㅎ나 但 此 二種의 結數는 戶
　　曹에서도 판명치 못홈
　　第一種　各宮의 財産으로써 買入흔 土地에 其 租稅를 免除ㅎ야 流來흔 者를
　　云홈이니 但 各宮은 槪 小作人으로붓터 每年 收穫의 一半을 徵收ㅎ는 例가
　　有홈
　　第二種　官으로붓터 或 民有地를 限ㅎ야 其 稅金을 與흔 者를 云홈
　一 無土免稅結이라 홈은 或 民有地를 限ㅎ야 官으로붓터 其 稅金을 與ㅎ는 者를
　　云홈이니 前揭흔 有土免稅 第二種과 差異는 左와 如홈
　　(一) 有土는 其 土地를 永久히 變치 아니 ㅎ나 無土는 槪 三四年에 其 土地를
　　　變換홈

────────

었다. 그러나 이 사본들은 『재정통계』와 다른 데가 있음을 알 수 있다. 우선 柳永
博의 전사본에는 목록이 없다. 전사할 때 4쪽 정도의 목록을 탈락된 것이 아닌가
로 판단되나, '1. 八道五都田結總攷'의 비고의 '이라 홈은'과 '云홈이라'를 '이라
함은'과 '云함이라'고 한 전사본의 기록이 옳다면 다른 세 종류와도 다르다. 『結
戶貨法稅則烈』과 『結戶貨法稅則』은 필사한 저본이 동일한 것 같은데, 그래도 후
자는 목록 '十九 稅制改正을 위하야 增收함이 가한 地稅'라고 기재하여 'ㅎ야'와
'홈이'를 현대어로 바꾼 점이다. 목록에서도 그런 예를 많이 볼 수 있는데, 이는
후대에 전사했기 때문이라 생각된다. 목록 卄一에 '舊銅貨量目…'이 있는데, 이는
'貨' 다음 錢이 누락된 것인데, 이 기록은 두 사본이 같다. 그러나 『財政統計』와는
두 필사본이 분명 다른 점은 두 필사본의 목록 '十一 前三箇年間中央政府歲入歲
出平均年額調査書' 다음 소제목 항목에 緖言이 있는 반면 차례를 표기하지 않고
7개 항목에 ○으로 표시하였다는 점이다. 그러나 본문 제목의 순서 번호가 전혀
기재되지 아니 하였고, 더구나 본문에는 '十一'의 제목과 그 아래 소제목 '緖言'이
탈락되어 있다. 또한 '四 免稅結收入表' 다음 소항목 위에 '附'가 기재된 점도 『재
정통계』와는 다르다. 그러면서도 세 자료 모두 '卄四 舊銅貨種類一斑'이 본문에서
는 '舊銅貨'가 '韓貨'로 수정되어 있다. 이는 『結戶貨法稅則烈』이나 『結戶貨法稅
則』의 필사본의 저본이 『財政統計』보다 시기적으로 앞선 자료임을 말해 준다고
본다. 1908년에 『재정통계』를 간행하면서 그 내용들을 보완한 것으로 판단할 수
있다는 점이다. 그렇지 않으면 이 자료의 끝의 1938년 '修理'와 관련 있는지 모르
겠다. 이 자료에 『結戶貨法稅則烈』이란 제목이 없어진 것도 이런 이유인지 생각
해 볼 여지가 있다.

(二) 無土는 必 官에서 徵稅ᄒ야 各宮에 與ᄒ나 有土는 不然ᄒ야 各宮으로붓
　터 直接으로 徵收ᄒ거나 又 各邑으로붓터 各宮에 送納케ᄒ거나 二者 中
　其 一에 居흠
一 人民所有의 土地로서 名을 皇族의 有土에 藉托ᄒ야 脫稅를 謀ᄒ는 弊習이 從
　來 黃海道에 多有ᄒ나 然ᄒ나 昨年으로붓터는 有土免稅도 徵稅흠으로 此 弊
　가 將無흘지로되 但 第一種에 屬흔 有土地에 在ᄒ야는 各宮에서 直接으로 小
　作人에게 穫 一半을 依然 徵收흠

위의 자료에서 궁방전 등의 유토면세 결에는 두 종류가 있는데, 궁방
이 매득한 전답의 제1종과 민유지에서 그 결세만을 지급받는 제2종으
로 구분되고 있음을 알 수 있다. 그러나 각 궁방 등의 이 二種의 結數
는 戶曹에서도 법적으로 판명하기 어렵다고 밝히고 있다. 第2種 有土
는 무토이면서도 무토면세 結과의 차이는, 무토가 반드시 결세를 官(戶
曹)을 거쳐 궁방 등에 지급한 반면, 궁방이 직접 매득한 전답이 아니면
서도 각 궁방이 직접 그 결세를 직접 징수하거나 각 읍이 직접 징수하
여 궁방에 납부한다는 것이다. 아울러 제2종 유토는 영구히 변환되지
않고 그 궁방 등에 고정되어 있으나, 무토 면세지는 3, 4년에 變換(輪
定)된다는 것이다.

『稅則烈』에서 이런 제2종 유토와 무토의 구별과 함께 사실상 제2종
유토의 실례를 제시하고 있다고도 볼 수 있다.[18] 즉, 일반 민전으로서
탈세를 꾀해서 황족의 有土에 投託(藉托)한 토지임을 말하고 있다. 조선
후기 일반민전의 궁방전에의 투탁 행위는 빈번하여 이를 정치쟁점화된
것도 사실이다.

다음은 肅宗 12(1686)년 호조에서 내수사의 땅을 원 주인들에게 돌려
주도록 건의 한 것도 바로 이런 투탁행위에 따른 것임을 보여주고 있다.

18) 많은 연구자들이 『結戶貨法稅則烈』의 '免稅結收入表'의 '비고'란의 기록을 인용
　　하면서 끝의 '(一) 인민소유로서 名을 황족의 有土에 藉托' 기록이 있는 항목을
　　전혀 제시하지 아니 하였다.

　　처음에는 호남 백성들이 本邑의 田賦가 너무 지나치게 무거운 것을 꺼려
하고, 내수사의 수세가 가볍고 헐한 것을 이롭게 여겨 그 전토들을 내수사에
거짓 소속[投託]시켜 놓았다. 이어 내수사는 그 位田의 명칭으로서 양안에
등재해 두었다. 그 후 내수사가 마침내 이를 움켜쥐고서는, 모두 그 전토를
推尋하고 (稅를 담당하는) 差人들이 그대로(예전대로) 참여해서 그 稅를 (투
탁한 백성에게) 균일하게 배분하였다. 백성들이 비로소 이를 괴로워 하다가
다투어 대대로 집에 내려온 토지 문권을 가지고 호소해 마지 아니 하였다.
　　암행어사 金萬吉이 돌아와서 그 실상을 아뢰자, 이를 戶曹에 내려 다시
올리도록[覆奏] 하였는데, 萬吉의 말과 같이 그 전답을 백성에게 돌려 줄
것을 청하였으나, 왕이 양안에 등재된 지 오래된 전답을 지금 내수사가 추심
한 후에 갑자기 문권이라 稱託해서 이런 호소를 하는 것은 정상이 대단히 나
뿐 것이라 하여 이를 시행하지 못하게 하였다. 우승지 尹以道가 백성의 의
견, 상소 등을 왕에게 아뢰기[執奏]를,
　　"먼 지방의 어리석은 백성이 처음에는 비록 속였다 하더라도 대대로 내려
온 그 문권이 모두 있고, 양안의 主名이 분명히 실려 있는데 백년 후에 와서
하루아침에 빼앗기게 된다면 그 원통함을 호소하는 것이 事勢로 보아 반드
시 올 것입니다. 어찌 내수사의 약간의 전답을 만들기 위해 먼 지방 백성의
무한한 원망을 사심이 옳겠습니까?"
하니, 왕이 드디어 앞의 命을 거두고 各 邑에 (收稅를 담당하는) 監色을 정
해서 수세해서 내수사에 바치도록 命하였다. 이때에 이르러 金壽興이 왕에
게 아뢰기를,
　　"이는 전에 없었던 規例로써 후일에 폐단이 있을까 두렵습니다."
하니, 왕이 말하기를,
　　"그렇다면 다만 내수사의 差人으로 하여금 거두어 바치도록 하는 것이 옳
다"고 하였다.19)

---

19) 初湖南民人等 憚本邑田賦之偏重 而利內司收稅之輕歇 以其田土 冒屬內司 仍以內
　　司位號 懸錄於量案 其後內司 遂爲據執 盡推其田土 差人輩仍與之 均分其稅 民人等
　　始以爲悶 爭持其世傳券契 呼訴不已 暗行御史金萬吉歸白其狀 下戶曹[曹]覆奏 請
　　如萬吉言 還其田于民 上以量案懸錄之久遠田土 到今自內司推尋之後 遽稱文券 有
　　此呼訴 情狀痛惡 使之勿施 右承旨尹以道執奏言 遐方愚民 始雖行詐 而其世傳文券
　　俱在 量案主名昭載 而百年之後 一朝見奪 其爲呼冤 勢所必至 何可爲內司若干田土
　　而取遠方無限民怨也 上遂收前命 令各其邑定監色 收稅領納于內司 至是 金壽興白
　　于上曰 此無前規 恐有後弊 上曰 然則只令內司差人收納可也(『肅宗實錄』卷17, 肅
　　宗 12.1.13, 39-57~58쪽).

호남 백성들이 그들의 민전을 내수사에 투탁하였다가 아예 내수사 전
답으로 추심되어 이의 수세담당자인 差人(導掌)들이 내수사 소유의 전
답으로서 세금을 균일하게 배분하자,[20] 이의를 제기하고 이에 따라 조
정에서도 논의된 것이라 하겠다. 호조가 암행어사 金萬吉의 보고와 같
이 백성들에게 그 전답을 환원하도록 覆奏하였으나 왕은 이를 거부하다
가 철회한 것이다. 그러나 왕은 내수사의 투탁 자체를 철회할 의사는 전
혀 없기 때문에 各邑에서 수세를 담당할 수 있는 色吏를 선정하여 백성
들에게서 전세 등을 거두어 들여 내수사에 직접 바치도록 하였으나, 領
中樞府事 金壽興이 이는 規例가 없고 후일 폐단이 있을 것을 아뢰자
내수사 차인으로 수납토록 한 것이다. 사실상 호남 백성들의 민전은 예
전 그대로 내수사의 전답에 투탁되면서 수세도 내수사 차인들이 담당하
게 되었음을 보여준다.

『稅則烈』에 第2種 有土는 各宮이 直接 徵收하거나 혹은 各邑이 各
宮에 送納케 하거나 두 가지 방법 가운데 그 하나를 취한다고 하였다.
바로 내수사가 직접 차인을 파견하여 수세토록 한 것은 두 방법 중 전자
에 해당하는 것이다. 호남 백성들의 전답은 그들의 소유 전답이므로 무
토임이 확실하지만 내수사에 투탁되어 있기 때문에 관에서 그 전세 등을
징수하는 것이 아니라 내수사가 직접하고 있는 것이다. 내수사로서는 무
토이지만 직접 수세할 수 있기 때문에 이런 전답을 후일에 이른바 제2종
유토에 해당된다고 추정할 수 있다.

궁방전에의 민전의 투탁 행위를 1684년 於義宮田畓 量案(「於義宮折
受全羅道全州府東一道南一道等地量無主田畓改打量成册」『全羅道庄
土文績』, 奎 19031) 上에서 볼 수 있다. 즉, 南一道面의 蘭字 第14 지번
2결 43부 2속 등 7필지가 量名 善龍에 의해서 어의궁에 자원 入屬(投

---

20) 李榮薰은 "내수사가 양안을 근거로 토지를 推尋하고 전주들과 함께 전토의 '稅'를
균분하려 했다("差人輩 仍與之均分其稅")"(李榮薰, 앞의 책, 181쪽)라고 해석하였다.

託) 되었음(己未年打量時 自願入屬爲有如可 量案付元田畓是如 到今
稱寃)을 알 수 있다. 남일도면의 양안 상에는 모두 41필지가 수록되어
있는데, 이 중 12필지가 私田畓으로 기재되어 있다. 스스로 원해서 한
투속 여부를 논하지 않더라도 이 私田畓은 궁방전에 투탁되었다는 것을
밝히고 있다. 다만 景字 西邊과 南邊의 각각 3부 9속과 34부 4속 등
5필지의 私田이 절수나 타량 시에 궁방전에 割入되었음을 細註하고 있
다. 아울러 남일도면의 끝 통계에는 12필지의 量付私田畓 5결 68부 3속
(3.9·17.9·3.9·3.2·34.4·243.2·69.6·7·10.8·18.5·38.5·117.4. 單位; 負.
束, 이하 동일함)임이 정확히 기록되어 있다. 또한 어의궁 전답 起田 1결
17부 1속, 起畓 99부 9속, 陳畓 3결 75부 3속이 착오 없이 실려 있다.
다만 진전은 1결 19부 3속[1결 29부 3속]이다.

이와 같이 각 필지의 란에 私田畓임을 세주하였음은 물론 已上 란에
도 별도로 기록한 점에서 분명 어의궁의 절수 답이 아님을 밝혔다. 5필
지(私田割入)를 제외한 7필지는 분명 어의궁에 투탁된 전답으로서 그에
대한 수세는 어의궁이 하였을 것이다. 어의궁이 소유하지 않는 무토이지
만 유토처럼 징수한다는 의미에서, 이런 사전답을 『세칙열』의 第2種 有
土로 보아도 무리가 없다고 본다. 全州 두 面의 어의궁 전답 22결 29부
6속은 그 후 1787년의 『都案』의 出稅田畓秩 條에 24결 60부 7속으로
약간 변동된 것으로 기재되어 있다. 그렇지만 이 출세된 결부 가운데 어
의궁에 투탁된 兩面의 사전답 7결 14부 5속은 포함되지 않은 것으로 추
정된다.

또한 純祖 때 公主房, 翁主房, 君主房 등에 有土 條로 지급된 무토
면세지가 第2種 有土라고 생각된다.

순조 2년 12월 대왕대비가 호조판서 李書九에게 요사이 다른 옹주방
은 200결이 넘는데 비해 淑善翁主房의 설치에 대비해서 戶曹에서 전결
200결만을 마련한 이유를 묻자, 『續大典』 이후에 신설된 옹주방에는 모

두 元結 200결을 劃給(支給)한 것이 무토면세이며 그 나머지 600결은 매득한 것과 折受를 물론하고 本房으로부터 토지를 마련한 뒤에 내수사에서 望呈하여 면세를 재가하면 이것이 유토면세인데, 최근에 옹주방, 군주방의 견결이 그 법에 정해진 결수보다 초과되는 것은 격식 밖의 특별한 은혜에 의한 것이거나 혹은 유토를 혼동해 무토로 지급하는데 그 원인이 있다고 하고, 이는 誤謬를 답습한 결과라고 평하고 있다.[21]

요는 法規에 없이 지급되는 면세결이거나 유토를 혼동해 무토를 지급되는 이들이 제2종 유토임을 추정할 수 있는 실마리가 된다.

또한 순조 3년 12월 숙선 옹주의 吉禮를 앞두고 교체된 호조 판서 李晚秀에게 다시 前 戶曹判書에게 면세전을 획급하도록 下敎한 바 있음을 상기시키고, 그렇다면 획급하는 것은 마찬가지이니 600결을 有土免稅의 예에 의하여 지급할 것을 요구하기도 하였다. 유토면세의 例에 의해 무토를 지급하는 것은 법규에 어긋나는 일이었다. 그런데도 결국 숙선옹주방에 호조에서 무토 600결을 지급하였다.[22] 그 후 순조 22년 9월에 명온공주방에 850결을 元結에서 지급하도록 한 왕의 命이 있었다. 250결의 무토로는 궁방의 모양을 이룰 수 없고, 궁방이 전답을 매득한 것이 600결이 되어, 이를 내수사에 望呈한다는 것도 黃河의 물이 맑아지는 것을 기다리는 것과 같이 어렵기 때문에 시행토록 한 것이다. 그 방법으로 우선 850결을 호조에서 채워서 떼어주고, 앞으로 해당 궁방에서 망정하여 알려오거나 혹 기타 代數가 지난 먼 宮家에서 응당 出稅해야 할 것이 그대로 면세 받고 있는 것이나, 量外 加耕하는 것과 隱結 등을 조사해서 얻은 것으로 대체하도록 그 방법도 제시하였다.[23]

순조 24년 1월 호조는 朴淑儀房에 이미 200결의 무토 원결을 지급하

---

21) 『純祖實錄』 卷4, 純祖 2.12.15, 47-445쪽.

22) 『純祖實錄』 卷5, 純祖 3.12.25, 47-470~471쪽.

23) 『純祖實錄』 卷25, 純祖 9.9.5, 48-207쪽.

였는데, 다시 각 궁방의 代數가 멀어진 전결을 호조에 내주는 것 중에서
600결을 옮겨주도록 한 傳敎가 있었으나 이를 거행하지 못하자, 왕은
다시 하교하기를,

> 卿의 曹에서 어렵게 여기는 것은 괴이할 것이 없으나, 다만 사리에 있어서는 또
> 한 크게 그렇지 않는 바가 있다. 600결인 有土에 대해서 예전에는 어떻게 처리했
> 는지 모르나 지금 宮中의 입장에서는 유토를 충당해 줄 방도가 전연 없으니, 지
> 난번 明溫宮의 結을 元結로써 주라고 명하지 않을 수 없었던 것은 이런 것이었
> 다. 일에는 經權이 있지만 時宜에 따라야 한다. 또 代의 數가 다된 궁결은 다시
> 出稅를 해야 하기 때문에 本曹에서 비록 이것을 어렵게 여기지만 만약 지난번에
> 還收한 일이 없었다면 역시 본조의 원결이 아니었다. 일이 궁한 데 이르렀으니,
> 비록 원결이라 하더라도 떼어주지 않을 수 없다. 더군다나 이 결이겠는가? 더는
> 어렵게 여기지 말고 즉시 거행하라.

라고 하였다.24) 순조는 숙선공주방에 처음 전례와 法例에 없는 무토
원결을 지급할 것을 호조에 명할 때는 特例로 처음 시행하는 것이니 만
일 다른 궁방에서 이를 이용하여 先例로 삼을 경우 유사의 신하가 법에
의거하여 거절하고 절대로 거행하지 않도록 하라고 비답을 내리기도 했
다.25) 그러나 그 후 숙선옹주방은 물론 명온공주방, 박숙의방까지 無土
元結을 有土 條로 지급하였다.

純祖 27년 7월에 다시 福溫公主房의 면세전 가운데, 有土 條로 600
결을 명온공주방의 例에 따라 무토면세로 떼어주도록 하였다.26) 복온공

---

24) 敎曰 卿曹[曹]之持難 容或無怪 而但事理亦有大不然者 六百結有土 未知在昔則如
何料理 而以今宮中所見 萬無有土充給之道 頃於明溫宮結 不得不以元結命給者 此
也 事有經權 隨時之宜 且代盡宮結 有還出稅之擧 故本曹[曹]雖爲此持難 若向無還
收之事 亦非本曹[曹]之元結也 事到窮處 雖元結 不得不割給 況此結乎 勿復持難
卽爲擧行(『純祖實錄』 卷27, 純祖 24.1.6, 48-237쪽).

25) 『純祖實錄』 卷6, 純祖 4.2.24, 47-477쪽.

26) 命福溫公主房免稅中 有土條六百結 依明溫公主房例 並以無土免稅劃送戶曹[曹] 引
法典覆難 不允(『純祖實錄』 卷29, 純祖 27.7.8, 48-291쪽).

주방 등 유토 조로 무토를 지급한 사실을 '載省別單'(『備邊司謄錄』 247, 哲宗 11.3.4, 1860), 『各宮房折受無土免稅結摠數』(奎 16612, 이 하 『各宮摠數』로 稱), 『財政統計』(『稅則烈』, 1895) 등에서 확인된다. 숙선옹주방은 '載省別單'에만 유토 233결 62부 3속을 포함하여 1,033결 62부 3속이 기록되어 있는데, 이는 『대전통편』의 규정 200결(祭位條限 四代)보다 833결 62부 (3속)가 超過되었는데, 이를 '今加'로 구분하여 법적으로 위반되는 이 사실을 잠정적으로 거론하지 말도록 하단에 籤書 를 붙이도록 하였다. 이는 이미 순조 23(1823)년에 호조에서 면세 받는 전결 중에 법전대로 출세하도록 문건을 작성해 올리자, 四宮과 제향이 있는 각궁은 거론하지 말도록 하고 또한 和順·和平·和協·和柔·和寧· 和吉翁主房은 文蹟과 王牌가 있다는 이유로 그 결의 다과에 관계없이 거론하지 않도록 한 사실에서 이미 확인된다. 이 '今加'는 숙선옹주방의 유토 면세결이 『대전통편』의 규정보다 많은 것을 출세, 감축하지 못하 도록 당시 증가된 결을 기재한 것이다.

이 결에는 순조 때 유토 조로 지급된 무토 600결이 포함되어 있다고 판단된다. 명온공주방(유토 1868.9), 복온공주방(유토 無)은 『대전통편』 의 규정 250결을 제외하고 각각 618결 68부 9속과 600결이 초과되었다. 또한 하단에 같은 단서 조항을 붙이도록 되어 있다. 순조의 셋째 공주인 德溫 公主에게 무토를 획급한 데 따른 호조의 반대 등의 기사가 실록에 서는 확인되지 않으나, 850결 중 600결이 有土 條로 떼어주었음이 확인 된다. 박숙의방도 유토 조로 613결 13부 5속이 지급되었다. 이 '今加'의 기록 하단에는 '受敎', '永世文蹟', '王牌文蹟' 등이 대부분 세주되어 있다. 그러나 숙선옹주방은 『대전통편』의 규정 200결은 '祭位條限四 代', 명온·복온·덕온공주방은 각각 그 규정 250결은 '祭位條限四代'라 고만 세주되어 있을 뿐이다. 또한 박숙의방도 그 규정 200결은 '祭位條 限四代'라고 되어 있다.

그런데『各宮摠數』,『財政統計』(『稅則烈』)에는 세 공주방의 무토면
세 결이 동일하게 739결만이 기재되어 있을 뿐이고, 특히『各宮摠數』에
는 그 ('739結 內') 수세 내역을 米結과 錢結로 구분하고 있다. 전체 무
토면세 결수를 기록하여 미결과 전결로 나누고 나서 다음은『대전통편』
의 규정인 250결('250結 內')에 대해 다시 각각 125결씩 미결과 전결로
나누어 기재하고 있다.[27] 무토면세 결에서 250결은 바로 원결을 공주방
이 획급 받은 것으로 그 규정에 의거한 것이지만, 나머지 489결은 같은
무토이지만 규정 이외에 떼어 받은 것이기 때문에 이를 구분한 것으로
판단된다. 이는 바로 제2종 유토면세 결로 판단해도 무리가 없다. 숙선
옹주방의 무토면세 결은 670결 65부 1속인데, 200결을 제외한 470결 65
부 1속이 제2종 유토면세 결에 해당된다고 생각된다. 박숙의방에는 100
結인데, 이는 '載省別單'에 '無土八百結 祠版移于壽進宮祭位條外減
付籤書下'와 관련이 있을 것이다.

한편 '載省別單'에서 수진궁의 3,693결 83부 9속의 면세결은『대전
통편』의 규정 1,000결보다 2,693결 83부 9속이 초과되어 있음을 기록하
고 있다. 이 초과를 '大典通編 一千結 比加'로 표기한데 반해, 和順公
主房, 和平·和協·和柔·和寧·和吉翁主房, 淸衍·淸璿君主房 등은 순조
때의 세 공주와 옹주 그리고 朴淑儀房과 같이『대전통편』규정보다 초
과된 것을 '今加'로 기록하고 있는 점이 다르다. 이는 화순공주방 등의
면세결이 획급된 것이 최근에 이뤄진 것으로 판단된다. 그러나 이들에는
'可傳 永世文蹟, 王牌文蹟, 受敎 등이 있다'는 細註를 기록한 것으로
보아 국왕에 의해서 특혜에 의한 면세결을 떼어준 것으로 볼 수 있으나,
'有土' 條로 획급된 것인지 여부는 확인할 길이 없다.

---

27) 明溫公主房 七百三十九結 內   二百五十結 內
    　三百八十九結　錢結   一百二十五結　錢結
    　三百五十結　　米結   一百二十五結 米結

그런가하면『都案』에는 내수사의 4곳의 유토 면세전답 結數 하단에 '民畓'이라 細註 되어 있다. 즉, 高陽 내수사 起畓 6결 62부, 振威 田畓 14결 25부 3속, 金浦 起畓 3결 21부 1속, 務安 전답 10결 27부 8속 등의 오직 4곳만이 民畓으로 기재된 점이다. 내수사 이외의 어느 궁방도 이렇게 '民畓'이란 세주가 기재된 例가 없다. 백성들이 내수사의 절수지인 황무지나 진전 등을 개간하여 기경지로 하였기 때문에 이에 세주를 써 놓은 것인지 확인할 길이 없다. 그런데『도안』에 4지역의 '민답'이라 기재된 결부가 기록된 양안은 확인되지 않는다. 우선 고양군의 부원면에 내수사 전답 1결 39부 3속이 있으나, 이는『도안』이 작성된 이후 1791년의 양안이라 이와 관련이 없을 뿐만 아니라, 6결 62부 결부의 전답은 고양군 下道面 淸潭里에 소재하는 것으로 부원면과는 다른 것이다. 이『도안』의 6결 62부가 그대로『國有地』에 기록된 것으로 보아, 만약 그 일부라도 민답이 포함되었다면 그 후 국유지의 조사에서 소유권 분쟁의 실마리가 되었을 것으로 보인다. 바로 이 民畓이 제2종유토로 추정된다.

또한 아래의 〈表 11〉에서처럼 振威縣 西面 檜花亭에 소재한 저경궁 전답 14결 99부(時起; 814.2. 이하 時起를 略하고 數値로만 表記)외 내수사에 이속된 전답이 있었음을 1756년 양안(奎 18861)은 물론『도안』과『國有地』를 통해 확인된다.[28] 따라서 이 결부는『국유지』의 民畓 14결 25부 3속(994.6)과는 별개임이 명확하다. 그런가하면 1804년의 振威縣 量案에는 여러 면에 걸쳐 다양한 성격의 내수사 전답 131결 35부 4속이 있다. 그런데『국유지』의 振威郡 二西面에 實結 9결 94부 6속이 기재된 점에서, 1804년의 양안 상에서 二西面 면세결을 찾아 산출해 보

---

28) 양안과『도안』의 時起結의 차는 1756년 양안에서의 진전답이 7결 31부 4속인데 『도안』에서는 5결 99부 1속으로 감소된데 말미암은 것이다. 국유지의 조사 시점에는 1787년보다 진전답이 약간 늘어나 기경하고 있는 것이 8결 50부 2속으로 감소된 것으로 판단된다. 이렇게 時起結이 각각 다르게 기재된 사례는 몇 건이 아니 된다.

면 모두 1결 14부 5속에 불과하므로 이와는 다른 것으로 판단된다. 다른 것이 아니더라도 실제 13결여가 '不明'으로 확인되는 것이다. 진위군에는 위 '不明'의 이 결부를 제외하고도, 전답의 기원이 확인되는 縣內面 西門里의 43결 88부를 비롯하여 二夾面(451.9), 二西面 上奈川(488.4), 二西面 下奈川(295.8) 등지에 많은 전답이 있다. 이렇게 보면 이서면의 實結(994.6)은 민답 자체로서 그 기원이 불투명하여 내수사전에 투탁 또는 혼입된 것으로 판단할 수 있으며, 이를 제2종 유토로 판단할 수도 있다. 한편 진위현 현내면의 소재 장용영 둔전답에 대한 타량성책(奎 18670·18671)이 1789·1798년 두 번 이루어져 바로 그것이, 1804년 진위현 打量 成冊에 '壯勇營移來秩' 45결 51부 2속(3,461)으로 등재되어 있다.

金浦와 전라도 務安에 내수사의 양안이 있는 것을 확인할 수 없다. 김포의 기록은 石朋面 淸水洞에 3결 21부 1속의 起源을 알 수 없는 '不明'의 전답이 존재한다는 사실 이외에 밝힐 길이 없다. 무안의 新老面 裵洞坪 민답 10결 27부 8속의 실결(973.6)이 『국유지』에는 본사의 庄土인데도 年代가 오래되어서 그 전답의 기원이 '不明'하다고 기재되어 있다. 그 비고란에 '內 28結 60負 7束이 民結이다'라고 기재되어 있을 뿐이고 '不明' 기록은 씌어 있지 않다. 內는 裵洞坪 전답들이 있는 곳을 의미하며, 아마 무토의 민결인 것으로 짐작된다. 이 민답 이외 전답의 기록이 없는 점에서도 그렇다. 이들 '민답'이라고 세주가 기재된 유토면 세결의 공통점은 양안이 남아 있지 않다는 사실이다. 그것이 당연한 귀결이라고도 생각된다. 민답인 경우 내수사가 그 양안을 관리할 하등의 이유가 없기 때문이다. 이는 서류상에서만 확인된 사항일 수도 있기 때문으로 추정된다. 이 4곳의 민답을 제2종 유토로 추정해도 무리가 없다고 판단된다.

앞으로 더욱 많은 사례[29]나 새로운 자료에 의해서 이를 어떻게 해석해야 할지는 더욱 검토가 요한다고 본다.

2) 內需司의 有土

조선후기 내수사의 전답은 전국 각지에 널리 퍼져있었다. 現在 남아 있는 211건의 내수사의 量案[30] 가운데 중요 양안으로 파악되는 것을 아래에 〈表 11〉과 같이 만들어 『都案』, 『國有地』와도 비교하였다. 양안에 기재된 '起', '量', '時' 다음에 실려 있는 인명 등을 起名, 量名, 時名으로 기술 한다. 그 구체적인 내용은 자료의 분석에 따라 설명되어 진다. 즉, 조선후기 군현양안과 내수사양안의 기재양식과 그 起名, 量名, 時名에 대한 분석이다.

우선 내수사의 양안을 중심으로 살펴보고 다음 연구에서 稿를 달리하여 다른 궁방전 양안에 대하여 검토하려 한다. 내수사 양안 가운데서도 학계에서 자주 거론된 것과 재검토할 만한 의미가 있다고 판단되는 몇 자료를 살펴보고자 한다.

---

29) 염정섭은 영조 때 "홍봉한의 언급에 등장하는 유토면세에 대한 설명은 앞서 등장하는 영작궁둔이나 소유지로서의 유토면세의 규정과 다르다"고 하고, 이는 "이른바 '제2종 유토'의 설명에 잘 들어맞는다"고 하였으나, 그 구체적인 설명이 무엇인지 이해하기 어렵다. 아울러 제2종 유토의 실례로 "종친부는 1결에서 23두만 거두는 타작궁둔도 아닌 본부의 전토가 호조의 출세에 포함된 사정이 억울하다는 주장을 펴고 있는 것"을 소개하며, "종친부 전답은 다름이 아니라 무토면세와 동일한 수세액을 갖고 있고, 또한 종친부의 절수처이므로 움직이지 않는(변환하지 않는) 그러한 토지였다. 『결호화법세칙』에서 지적하는 제2종 유토면세결에 해당하는 토지로 볼 수 있다"(염정섭, 앞의 중간발표회문, 44·45~46쪽)라고 기술하고 있으나, 우선 그 전답을 戶曹가 '出稅'한다는 자체가 '유토는 그 토지를 영구히 變치 아니하나'라는 규정에 맞지 않는 것은 아닌지 재검토될 내용이다.

30) 김인걸, 「총론 : '조선후기~대한제국기 양안의 정리 및 해설 사업'의 성과와 전망」, 위의 중간발표회, 2010, 5쪽. 박현순은 193건(박현순, 「내수사 양안에 수록된 토지의 성격과 主기재 방식」, 위의 중간발표회, 2008, 74·80쪽)으로 제시하였으나, 그 후 추가된 것으로 이해하고 총론 통계를 인용하였다.

(1) 全羅左道 綾州牧 西一面 量案과 內需司 量案

뒤에 제시한 〈表 11〉에서 1의 능주목 西一面 量案에는 다행히 1719
년의 군현양안은 물론 내수사의 양안이 年代 別로 1719·1740·1783년
의 것이 남아 있다. 1719년 능주목 내수사위 전답이 西一面 大谷坪의
地·玄·盈·昃字丁 등 75필지 4結 98負이다. 이 필지들이 능주목 기해양
안에 그대로 기재된 것도 사실이다. 군현양안인 서일면 양안의 끝 통계
인 已上에 기록된 각 자호의 내수사위전답의 결수도 정확히 일치한다.
그러나 군현양안에는 서원의 실수로 '內位'가 누락된 것으로 짐작되는
것이 地字丁 第28, 玄字丁 2, 3, 盈字丁 36~38 등 6개 지번이다. 내수
사 양안에서는 地字丁 19의 시명에 金이 빠진 得華만 기재되어 있다.

또한 盈字 52-2作이 있지만 군현양안에는 '2작'이 실려 있지 않다. 고
산현 양안에는 대체로 본 자호 다음의 2작 등은 묵힌 진전을 기경하였을
때 분할된 필지의 자호로 사용되는 경우였다. 이 능주목 군현양안에는
盈字 46-2작, 47-3작, 50-2작만이 등재되어 있고 46, 47, 50의 지번이
없는 것으로 보아 어느 것이 착오인지 확인하기 어려우나 후일 그 내수
사위 전답의 양안에는 그 2작이 없는 것으로 보아 盈字 52가 옳은 것으
로 판단된다. 따라서 능주 기해양전에서는 갑술양안에 등재된 필지라도
진전으로서 더 이상 개간하기 어려운 경우, 그 필지 중 개간된 필지만
2작 또는 3작이 부여되어 양안에 수록되었다고 판단된다. 한편 이 양안
에는 두 양안의 起名과 時名에는 변동이 없으나, 時名에서는 기명의 상
전명의 아래 실린 그 奴名이 탈락 되었다는 점이 다르다. 1740년 내수사
위전답양안에서도 동일하다. 奴名이 탈락되고 그 上典名만이 등재된 이
를 어떻게 해석하여야 하는가?

1719년의 서일면 기해양안에 內位로 기재된 75필지(위의 6필지 포함)
중에는 상전명의 밑에 노비명이 등재된 것이 30건[31]인데, 같은 해의 내
수사위전답양안에서는 이 지번들의 노비명은 탈락되고 모두 그 上典名

만이 등재되어 있다. 사실 서일면의 기해양안의 사표에는 분명히 그 전
답 지번에는 노비의 상전명이 아니라 그 노비명이 실려 있다. 학계의 일
반적인 경향은 사표와 필지 하단에 등재된 '起 主' 또는 起名이 일치할
때 그 상전의 전답이 그 노비로 대록 되었다든가 아니면 그 자체가 바로
소유자라고 해석한다. 또한 일반적인 起名이 사표와 일치할 때도 그렇
게 해석한다. 만약 노비의 기록이 상전을 대신한 대록이었다면 다음 기
록에서도 그렇게 기재됨이 마땅하다. 같은 시기인 1719년에 작성된 내
수사위전답양안에서는 물론 그 후 1740년에 작성된 같은 내수사위전답
양안에서도 동일 지번의 기록 사항은 노명이 탈락되고 그 上典名만이
기록되어 있다. 이를 전답 소유자의 변동으로는 결코 해석될 수 없는 것
도 사실이라 하겠다.

<표 11> 内需司 有土 免稅田畓

(單位; 負.束)

田畓 所在地	量案 負	『都案』負	『國有地』負	奎番號,年度	備考
1. 綾州牧西一面	498			15040, 1719	己亥量案 時起
綾州牧西一面	498			20518, 1719	
綾州牧西一面	498			18485, 1740	
綾州牧西一面	498	498	498.8[498]	18484, 1783	家垈 72戶
2. 金堤郡兩面	20,862.2(4,919.6)	○	○	18459, 1693	之山面 月山面 陳起(時起)
金堤郡邑內面	955.8			18457, 1746	時起
金堤郡邑內面	955.8	955.8	94[5]5.8	18456, 1783	時起, 陶唐里
3. 鎭安縣	400[500]			20361, 1685	實結
鎭安縣	500	500	500	18458, 1783	實結
4. 井邑縣	1,724			18862, 1755	儲慶宮
井邑縣	1,724	1,724	○	19568, 1783	儲慶宮移來
井邑縣	33.6			18448, 1780	時起, 貴字 5 한 筆地
井邑縣	33.6	33.6	33.6	18449, 1746	結란 336은 訂正

31) 裵宗澈 奴 卜男(4)·曹漢聃 奴 金伊春(2)·金聖獜 奴 好男(4)·田萬成 婢 乙化(2)·梁
　　之浩 奴 萬生(4)·梁再夏 奴 夢金(3)·裵有恒 奴 好同(2)·曹允泰 婢 先良·金聖秀 婢
　　正月·崔鳳瑞 奴 靑云·梁之浩 奴 先鶴·田萬春 奴 上直·閔守儉 奴 百子(2)·裵宗淵
　　奴 厚奉. 괄호 안의 數字는 地番에 기록된 回數를 의미한다.

5. 寶城郡道村面	209(196.9)			18479, 1720	陳起
寶城郡道村面	209(196.9)			18481, 1740	陳起
寶城郡道村面	209(199.3)	209(201.7)	201.7	18482, 1783	陳起, 拘山坪
6. 沃溝郡會眉縣	85.3			18453, 1739	1729年降等減8.8
沃溝郡	85.3	85.3	85.3	18452, 1783	時起
7. 咸悅縣東一面	70.5	170.5	170.5	18455, 1739	時起己酉降等0.344減
8. 龍安縣	131.4	131.4	131.4	18444, 1783	時起
9. 長城府南上面	327.1[3](251.4)			18478, 1740	實計; 327.3
長城府南上面	327.1[3](251.4)			18473, 1745	
長城府南上面	327.3(247.3)	327.3(247.3)	327.8[3]	18477, 1783	陳田畓 80 除
10. 龍潭縣	48.6			18446, 1745	136.8에서 8.2 出稅
龍潭縣	48.6	48.6	48.6	18445, 1783	免稅出稅區別成冊*
11. 興陽縣大江面	741.7(547.6)			18467, 1746	
興陽縣大江面	741.7(539.2)	741.7(539.2)	339.5	18468, 1783	時起, 大江面
12. 錦山郡	406.4	406.4	406.4	18434, 1745	時起 西一面 杜谷里
13. 雲峯縣	66.3(57.3)	66.3(66.3)	66.3	18433, 1745	時起
14. a玉果縣	14.5			20489, 1663	記上
b玉果縣縣內面	162.2			18464, 1740	實計;151.7結 98.1 免稅
c玉果縣縣內面	104.5			18463, 1745	
d玉果縣縣內面	104.5	104.5	104.5	18462, 1783	時起
15. 茂長縣	53.1	53.1	53.1	18435, 1740	時起 時作 4標 記載
16. 潭陽府西邊面	688.5			18469, 1740	時起
潭陽府西邊面	688.5	688.5	88.5[688.5]	184.70, 1745	免稅畓, 郡內面 民結
17. 長水縣任縣內面	77.3(79.1)			18450, 1745	79.1에서 18出稅除
長水縣任縣內面	79.1	79.1	79.1	18451, 1783	時起
18. 任實縣下東面	145.5			18472, 1740	
任實縣下東面	145.5(95.2)	145.5(95.2)	95.2	18471, 1783	結 란 952는 錯誤訂正
19. 茂朱府府內	147.4			18440, 1713	加大里面 田 3,220
茂朱府府內	147.4			18437, 1713	
茂朱府府內面	147.4			18438, 1745	
茂朱府	147.4	147.4	147.4	18439, 1783	時起
20. 慶州府	42.8			20492, 1693	內奴壬秋田畓
慶州府	103.3(34.9)			18615, 1696	內需司無後奴壬秋田畓
慶州府	103.3(55.1)	103.3(54.8)	103.3(54.8)	18618, 1712	實計[54.8]無後奴壬秋記上
21. 成川府	106.3(95.5)			20493, 1677	
成川府	51.2(51.2)			18628, 1695	成川府案付5日三息半耕
成川府	368.5(363.9)	305.7(301.1)	62.8. 181.3	18632, 1783	溫水三岐陳田46 同
22. 三和府	484(355.6)			18634, 1701	陳起 實計. 記上
三和府	484(396.7)	484(396.7)	396.7	18635, 1783	無後奴婢田畓
23. 信川郡	923.8(923.8)			18620, 1699	故無後內奴 作 4標 登載
信川郡	1,807.2(1,807.2)			18621, 1700	故無後內奴 作 4標 登載

信川郡	340.9(160.6)			20590, 1706	無後內奴等名付
信川郡加介左	2,623.9(2,623.9)	[2,768(2,562)]	490.3(354.6)	20448, 1731	無後內奴朴奉守韓應堅
信川郡加介左	1,502.6(1,502.6)			18619, 1754	1747改打量. 陳起. 實計
信川郡加介左	1,422.5(1,259)	1,562.1(1,398.6)	1,398.6	18512, 1783	陳起. 加介洞
24. 龜城府	210.8(206.1)	210.8(164.3)	163[4].3	18607, 1706	記上. 陳起
25. 臨陂縣	514.4(421.6)	514.4(421.6)	421.6	18447, 1739	主名 4標 登載
26. 積城縣	145.4(100.9)	145.8[145.4]	145.4	18600, 1783	都案起田. 明惠公主房移來
27. 公州牧	206.3(108.7)	206.3(102.7)	95.2	21600, 1771	時起陳起變動
28. 英陽縣	520.7(320)	520.8[7](318)	318	18500, 1713	時起陳起變動
29. 比安縣	205.1(82.7)	205.1(136.6)	143.8	18494, 1713	時起陳起變動
30. 善山府*	151(147.8)	151(147.8)	147.8	18496, 1783	記上(奎 18616). '東內' 同
31. 順興府	153.8(134.2)			18493, 1713	道講面伐峴員
順興府	139.3(97.2)			20450, 1749	道干面伐峴員
順興府	139.3(88.3)	139.3(88.3)	88.3	18492, 1783	時起. 道講面
32. 義城	38(38)	65.5(53.3)	53.3	18502, 1713	時起. 屯田 不明
33. 昌原府	63.1(50.2)	253.4(35.7)	35.7	18617, 1722	西一運 同一
34. 振威縣	1,499(814.2)	1,499(899)	850.2	18861, 1756	儲慶宮移來. 槐[檜]
振威縣	13,135.4(4,549.5)	1,425.3(994.6)	994.6	18412, 1804	振威縣
振威縣	114.5	1,425.3(994.6)	994.6	18412, 1804	民畓. 不明. 二西面
35. 高陽郡	139.3	662	662	18420, 1791	民畓. 不明. 下道

☆ 10. 龍潭縣의 1783년 내수사전답 양안의 표제는 「全羅道龍潭縣句管內需司田畓免稅區別成冊」(奎 18445)으로 되어 있으나 개장할 때 元 表題에서 '出稅'가 漏落된 것으로 판단된다. 이는 이 전답의 結錢과 三手粮을 징수하기 위하여 成冊한 것이다.

☆ 30. 선산부 내수사 둔전양안 상에는 1675년 1결 53부 9속(107.3)이었다가 1713년에는 3결 92부 2속으로 확인되나, 명혜·명선공주방에 모두 출급하고 1결 82부 1속이 계속 남아 있다.

다음은 능주목 기해양안과 내수사위전답의 양안 가운데 地字丁 제15 지번을 年代順으로 옮긴 것이다.

a (第)15 南貳等直田 東西長陸拾陸尺 陸負柒束 東西吐西道 起 金必先 內位*
　　犯　　　　南北廣拾貳尺　　　　　　北申奉畓

b 第15 南犯貳等直田 東西長六十六尺 陸負柒束 時 金必先(1719)
　　　　　　　南北廣十二尺

c (第)15 二等直畓 東西長六十六尺 六負七束 東西吐西道 起 金必先(1740)
　　　　　　南北廣十二尺　　　　　　　北申奉畓

d (第)15 南犯貳等直田　東西長陸拾陸尺 陸負柒束 東西乙西路 時 件連(1783)
　　　　　　南北廣拾貳尺　　　　　　北申奉畓

*己亥量案(1719)

1719년의 전라좌도인 능주의 기해양안에 '起 主' 다음 성명이 기록된 다른 지역 양안과는 달리 '起' 다음 성명이 기재된 것은 당연한 기재 방식이라 하겠다. 그러나 같은 성격의 양안이면서도 1719·1783년의 내수사 양안은 '時'로 표기되어 있으나, 1740년의 내수사 양안은 '起'로 기재된 점이 특이하다면 특이하다. 전라좌도의 '起'만 기재된 것은 이 '起' 자체가 '主'를 내포하고 있다[32]는 주장도 있다. 이미 '起 主'라는 것은 전답의 기경 여부를 판단하여 경작하여 수세를 부담하는 전답은 '起'이고, 묵혀서 경작하지 못한 전답을 '陳'이라고 구분하였을 뿐이므로 起와 主의 合成語일 수 없다는 점을 밝혔다.[33] 따라서 기해양안 상의 '起'는 陳·起로 구분할 때의 起로 해석함이 타당하다고 본다.

같은 해의 내수사 양안 상의 '時'는 어떤 의미로 기재된 것인가. 時는 時, 時起, 實起, 時作, 時主 등으로 해석된다.[34] 時로 기재되어 있으면 보통 時作으로 판단하기 쉽다. 또한 이 시작을 바로 남의 토지를 빌려 경작하는 소작인으로 판단해 버린다. 이는 사실과 다른 해석을 낳을 수 있는 소지가 많다. 이 내수사 양안에서의 '時'는 陳·起를 구분할 때의 實起 또는 時起로 해석함이 타당하다고 본다. 그렇게 해석해야 만이 1783년 양안의 '起'와도 같은 맥락으로 연결해 볼 수 있다. 물론 '時'를 당시의 경작자 의미로도 이해할 수 있다. 이와 달리 1719년 기해양안 상의 '起' 다음 인물 명을 전답의 소유주로 추정하고, 내수사 양안 상의 인물을 '時主' 또는 '時作', '起 主'로 해석한다면 동일 필지의 같은 인물이 전답의 소유주인 동시에 다른 해는 내수사의 전답을 빌려 경작하는 소작인으로 이해해야 되는 모순되는 해석을 할 수 있다. 그러나 어떤 이

---

32) 吳仁澤,「경자양전의 시행 조직과 양안의 기재형식」,『역사와 현실』38, 2000, 180~181쪽.「경자양전의 시행 조직과 양안의 기재형식」,『조선후기 경자양전 연구』, 혜안, 2008, 303~304쪽 再收錄.

33) 朴魯昱, 앞의 논문, 93~96쪽 參照.

34) 朴魯昱, 위의 논문, 117~118쪽 參照.

유로 적어도 20년 이상 1740년까지 내수사의 전답을 동일인물이 변동 없이 계속 경작할 수 있었는가를 해명할 길이 없다. 거기에다가 1783년까지는 생물학적으로 거의 불가능한데도, 그 양안의 盈字 第43 지번의 所二이 유일하게 세속 이 필지를 경작하고 있는 것으로 기재된 사실이다. 地字 14 지번의 日欠金 또한 등장하기 어려운 인물이다. 日音(欠)金은 1719년 기해양안 상 黃字 26, 27 지번 등에 梁泰夏 奴로 등재되어 있고, 地字 14 지번 등의 사표에도 실려 있다. 양안 기재 상의 착오거나 양태하 가의 作名 또는 作號로 기재될 수 있다고 판단할 수밖에 없다.

한편 1720년 같은 전라좌도인 보성군 己亥量田의 道村面 내수사위 전답의 成册(奎 18479)에서는 25필지 중 '舊陳 無主'의 두 필지를 제외한 23필지가 모두 '起私奴乙立'과 같이 현재 기경되는 토지임을 밝히는 '起'가 기록되어 있다. 게다가 좌도인 보성군에서 궁방양안이지만 '起主私奴乙立'과 같이 1740년 양안(奎 18481)에서 '主'를 기재한 것도 한 특색이라 할 수 있다. 그러나 1783년 양안(奎 18482)의 위의 지번에는 '量內需司 時身禮'가 기재되어 있다. 이는 奴 乙立과 身禮가 내수사위전을 경작하는 시작에 불과함을 확인시켜준다고 하겠다. 따라서 보성군 내수사위전답양안의 '起'와 같은 성격의 능주목 양안의 '時'는 같은 의미로 해석되어야 한다. 보성군에 인접한 谷城縣에 소재한 내수사 전답의 改打量한 成册(奎 18461, 7745)에는 起의 대칭으로 舊陳 대신 量을 기재하기도 하였다. 즉, 同縣의 石谷面의 稱字 86·86-2作 지번에는 각각 '起甘金', '量同人(甘金)'으로 기재되어 있고 86 지번의 사표 위에 기재된 결부 아래에 '仍成川'으로 세주하였다. 다른 지번에도 '仍今陳', '丙辰陳(2件)' 등이 註로 실려 있다. 이 量은 기해양안을 의미할 수도 있지만, 丙辰(1736)년의 간지로 보아 당시의 기록하는 문부 또는 양안을 지칭한 것으로 판단된다.

요는 일반적으로 궁방전 양안이 작성된 것은 起耕田 여부를 판단하

여 결부를 파악하는 경우에는 '起'와 '時'를 사용하였고, 특히 전답의 耕
作者 중심으로 결부 등을 조사할 때는 '時'를 사용한 것으로 판단된다.

더욱이 1739년의 公洪道(忠淸道)의 恩津縣 豆上·豆下面의 양안(奎
18432)이 이를 보완해 준다. 이 豆上面 양안의 한 지번을 정리하여 아래
와 같이 실었다.

昌字第拾陸南犯壹等裁直畓…伍拾負參束 東太命畓南次禮畓 起 時 內需司
　　　　　　　作　　　　　　　西墨不畓北士日畓　　舊 內需司
內西犯壹等直畓…玖負貳束 東南內需司畓　　起 時 金石乭伊
　　　　　　　西水昌畓北寺位畓　　舊 內需司

위의 자료에서 時를 舊보다 먼저 기재한 것도 드문 例로 생각되나,
같은 時로 內需司와 金石乭伊를 기재하고 있는 사실이 중요하다. 내수
사는 사표 상에도 기재되어 있다. 여기서의 時는 경작자 이외의 다른 의
미로 사용할 수 없을 것 같다. 내수사도 內奴 등을 통해 둔전을 자경하
였을 뿐만 아니라, 김석돌이에게 차경도 시켰다고 판단할 수 있다.

내수사나 궁방이 전답을 매득할 때는 本主(舊主)를 기재하는 사례도
있는 것으로 확인되나, 그 외의 내수사 다른 전답 자체에서는 主를 기재
할 이유가 없다고 생각된다. 궁방전 등 연구에서 이를 혼동하여 '時'를
'時主'로 파악하는데 문제가 있다고 생각된다.

그런데 중요한 사실은 〈表 11〉 아래에 제시된 능주목의 내수사전답
의 유래는 적어도 갑술양안 이전까지 올라갈 수 있다는 사실이다. 地字
'第九十二南犯降肆等'이라 기해양안과 같이 기재되어 있음에도 불구하
고, 1719년 내수사 양안의 지번 하단에는 '瘠薄降等'이라 細註를 달고
있다. 그 이유는 그 결부가 감축된 것을 더욱 분명히 파악하기 위한 것
이라 이해된다. 기해양안은 물론이고 내수사 양안에 내수사의 위토전답
이 4결 98부라고 기재되어 있는데, 내수사의 已上 下段에 '比甲量縮肆

拾參'(負, 束; 缺落 判讀不可)이라고 세주되어 있다. 갑술양안에 등재된 결부보다도 43負 이상이 '瘠薄降等' 때문에 減縮되었음을 보여 준 것이다. 이를 통해 이 내수사위전이 적어도 갑술양안 상에서도 등재되어 왔음이 판단된다. 더욱이『都案』에 이 내수사위토전답이 '本司田畓'이라 표기된 점이다. 거기에다가 이 전답은 한말까지 존속하여『國有地』에 綾州 大谷面 三村(現 화순군 도곡면)에 家垈 72戶가 있는 4結 98負 8[0]束이 실려 있다. 따라서 이 위토전답은 적어도 1634년 갑술양전 이전부터 내수사 소유의 유토란 사실이다.

이는 위에서 '起'와 '時'에 대한 해석의 타당성을 보완해 주는 거라 생각된다. 분명히 기해양안 상의 이 필지들의 기명은 그 전답의 소유주가 아니라 내수사의 전답을 빌어 경작하는 소작인이라고 판단된다. 이런 사례는 비단 이 양안에서만이 아니다. 능주 양안에서 '時作' 명이 함께 병기되어 있을 뿐만 아니라 사표에도 시작이라 기록되어 있다. 지금까지 대부분의 양안의 기존 연구에서, 군현양안에 기재된 인물을 그 필지의 소유주로 해석하여 군현양안은 반드시 소유주를 기재한다고 하였는데, 이제 이 문제도 새김도의 필요성이 요구된다고 생각된다.

(2) 全羅道 金堤郡 內需司 量案

전라도 김제군의 내수사 양안으로는 折受量案(1693)과 內需司位田畓量案(奎 18457, 1746. 奎 18456, 1843) 3건이 전존한다. 1693년 양안의 전답이 어느 때 절수되었는지를 정확히 파악하기는 어렵다. 그 표제『全羅道金堤郡內需司折受量案無主田畓時起打量成冊』(奎 18459)처럼 어느 때인가 無主 田畓을 절수하였는데, 이 때 당시 개간되어 경작하고 있는[時起] 전답을 파악하여 전세를 수취하기 위하여 타량한 것이다. 이 장토의 소재지는 洪之山面과 月山面 兩面으로 그 전답 결부는 208結 62負 2束(起 4,919.6, 陳 15,942.6)이다. 적어도 이 당시 약 1/3 정도

가 개간된 지번에는 '時'를 표기하고 그 아래 人名을 기록하였다. 이 양
안 상 첫 제1 지번 논 20부 5속을 기경하고 있는 "'時 永白'은 時主名을
밝힌 것이다"라고 해석하고, "양안 상에 時主가 기재되어 있는 자체가
사실상의 소유자가 존재하고 있음을 의미하고 있다"[35]고 밝힌 연구도
있다. 아울러 이 장토는 이후 9결여에 불과할 정도로 되었고 지대수취
상황으로 보아, 장토는 사실상의 민전, 곧 제2종 유토로 존속하고 있었
다[36]라고 보았다.

　그러나 이 장토의 그 후 존폐여부는 확인할 길이 없다. 이 전답은 김제
의 1746년 邑內面의 위전답과는 별개의 장토란 점에서 더욱 그렇다. 장
토의 표제처럼 '無主 田畓'을 절수하여 기경하고 있는 者가 바로 '時名'
이라 판단된다. 양안 상의 '時永白'은 내수사의 무주 전답을 기경하고 있
는 영백에 불과하다. 앞에서 서술한 것처럼 時는 時起, 實起, 時作 등의
의미로 사용된 것이다. 사실 묵힌 전답을 누구에 의해서 개간되었는가는
별개의 문제이다. 양안 상의 '景字十七 貳拾壹負舊陳 仍無主'는 이를
더욱 반증한다. 절수 당시 舊陳이었는데, 1693년 당시 타량 시에 아직도
계속[仍] 개간되지 아니 하여 무주로 등재되어 있는 것이다.

　전라우도 김제군의 내수사위전답은 邑內面에 소재하였다. 天·地자
陶唐里坪, 張자 道方坪 장토의 전답 결부는 1746·1783년 공히 起田畓
9結 55負 8束(田 206, 畓 749.8)이다. 이 양안 상의 몇 지번을 검토하기
위하여 아래에, 이를 옮겨 실었다.

邑內面 天字 陶唐里坪
a 第一參等田東西長參拾肆尺參負參束東北路南億玲垈田 起 時 二男 (1746)
　　　南北廣拾肆尺　　　　　　西德昌垈田
b 第一束…東西長參拾肆尺參負參束東北道南應呂 起 主 朴碧 時 金於屯金(1783)

35) 李榮薰, 앞의 책, 146쪽.
36) 李榮薰, 위의 책, 507쪽.

南北廣拾肆尺　　　　　岱西金德昌垈
c 第四十二參等畓東西長玖拾壹尺拾柒負捌束東順己畓南國呂畓 起 時 二男(1746)
　　　　南北廣貳拾捌尺　　　二方道
d 第四十二…東西長玖拾壹尺拾柒負捌束東順己畓南國呂 起 主李興延 時李男(1783)
　　　　南北廣貳拾捌尺　　畓二方道

위의 자료 a에서 '起 時'의 二男은 3부 3속의 第1 필지를 경작하고 있는 자로 해석된다. 앞의 '起'는 묵히지 않고 起耕되고 있는 사실을 기록한 것이고, 뒤의 '時'는 자기 소유가 아닌 전답을 경작하는 時作인 것이다. 이들 時名人들이 전혀 사표 상에 등재되어 있지 않는 데서도 이런 추정은 가능하다. 1783년 양안 상의 時 金於屯金도 시작으로 해석하더라도 전혀 무리가 없다고 본다. '起 主' 朴碧이 사표 상에 기록된 점에서 더욱 그렇다. 主 朴碧 등은 모두 1719년의 기해양안을 轉寫한 것으로 판단되는 사표에 등재되어 있다. 그런데 42 지번의 二男은 1783년의 양안 상의 時作인 李男으로 유일하게 등재되어 있을 뿐이다. 1746년 이후 37년이 지난 시점에 그가 시작으로 남아 있다고 할 수 있다. 그렇게 보면 바로 主 李興延과 時作 李男을 이른바 '지주·소작'관계로 파악할 수 있는가.[37] 1783년에 등재된 主와 時 관계를 그렇게 추단할 수 있는가가 중요한 문제라 여겨진다. 우선 主 이흥연이 1719년에 군현양안에 등재된 主라면 64년이 지난 시점에서 그런 관계를 설정하기에는 특수적인 사항일 때는 가능할 수 있지만 한 자료상 98필지의 모든 主名과 時名을 그렇게 추정할 수 없다. 즉, 1783년의 '起 主'와 '時'는 당시의 관계를 기재한 것이 아니라고 판단된다. 1719년의 기해양안을 그대로 전사하여 지번의 하단에 시명만 기재한 것으로 본다. 전라좌도 능주목 양안과는 달리 右道인 김제 내수사위전답양안에는 起 다음에 주명이 등재된 것이고 그 하단에 '內位' 또는 '內位免稅'로 등재된 기해양안을 轉

---

37) 李榮薰, 위의 책, 507~508쪽 參照.

寫한 것인데, 이 '內位' 등을 생략한 것으로 생각된다.

한편 1783년 양안에서, 天字 第28 지번에는 유일하게 '起 主趙次山 時趙次山'이 기록되어 있다. 1746년 양안에는 28 지번의 時는 石昌으로 되어 있다. 이 자료대로 이해한다면, 1719년의 主였던 趙次山이 1746년에는 석창에게 대여하여 경작토록 하다가 64년이 지난 당시에 다시 직접 경작한다는 뜻이 된다. 이는 일반적인 사회 통념이나 관행상으로 거의 불가능하다. 당시 양안을 담당하여 기록한 아전이 실수로 위의 성명을 아래에 그대로 옮긴 것으로 짐작된다.

이런 추정을 뒷받침해 주는 자료가 바로 1787년의『도안』이다. 이『도안』상에는 김제의 내수사위·둔전답 9결 55부 8속이 有土免稅田으로 등재되어 있다. 유토임을 더욱 확실하게 해주는 자료는『국유지』이다. 이 자료에는 내수사의 전답으로 金堤郡 邑內面 陶唐里에 9결 45[55]부 8속이 실려 있다. 물론 그 전답의 기원에 대해서 내수사 장토인데도 年代가 오래되어서 '不明'이라고 기재하고 있다. 이는 본사, 즉 내수사 장토로서 그 결부의 다소를 불문하고 모두 그렇게 기재되어 있다. 김제에서 1746년 양안부터 그 位·屯田畓이 바로 같은 지역에 존재해 온 것이다. 따라서 1746년과 1783년의 김제군 읍내면의 內需司位·屯田畓은 내수사의 有土免稅田으로서 이른바 第2種 有土免稅田이라 규정할 수 없다.

(3) 全羅道 鎭安縣의 內需司畓 量案

全羅道 鎭安縣에 소재하는 내수사 전답양안으로는 「全羅道鎭安縣 內需司畓甲戌量案(所付改)打量庫貝卜數開錄成冊」(奎 20361, 1685)(a) 과 「全羅道鎭安縣所在內需司畓打量成冊」(18458, 1783)(b)이 있다. 이미 a開錄成冊에 대해서, 이 양안에 등재된 답은 궁방이 궁노들을 동원하여 개간하거나, 국가로부터 절수 받은 내수사의 전답이라고 실증하였

다. 실제 이 양안 표제 명에서 '甲戌量案' 다음 '所付改'가 漏落되고 그 表題로 표기한 것을 밝힌 바 있다. 또한 '洪字丁 同丁餘畓 二卜二束 奴 莫同 時 希金'에서 餘畓 2복 2속은 앞 자호에서 5결이 초과돼 이래된 것이며, 奴 莫同은 1685년 당시의 내수사 답을 경작하는 자이고 '時' 布 金은 그 후 어느 때인가 새로 교체되어 내수사 답을 경작하고 있는 자라 고 해석하였다. 즉, '時' 다음 기재된 인물들은 내수사 답을 빌려 경작하 는 자에 불과할 뿐 아니라 '時' 앞에 실린 막동 등도 1685년 당시의 내수 사 답을 借耕 하는 자에 불과하다는 것이다. 그런데 마지막 지번인 第34 에 35복 내의 1束이 '同丁 余'(雙書)라고 기록되어 있는데, 앞의 餘畓 2卜 2束과는 별개일 수도 있고, 새로 加耕된 것일 수도 있다고 하였 다.[38] 이제 甲戌量案에서 정확히 1字5結의 원칙이 지켜진 결과에 따라 다음 자호로 '移去'될 1束을 기재한 것에 불과한 것이다. 이는 이 양안의 끝의 통계에 '肆結 內'로 잘못 기재되어 있으나 각 지번의 결부를 실제 로 계산해보면 伍結이 된다는 데서 그 실마리를 풀 수 있다. 더욱이 鎭 安縣 馬靈面 洪字 平地坪의 b 내수사답 타량성책도 洪字라는 字號 이 이 지번, 결부, 사표 모두 바뀌어졌지만 '伍結'은 그대로 유지되고 있다

그런데 이 鎭安縣 洪字畓 5結이 1787년의 『都案』에 유토로 기재되 어 있을 뿐만 아니라, 『國有地』에도 鎭安郡 馬靈面 5結의 존재가 확인 된다. 즉, 이 답은 내수사의 소유인 有土로서 有土免稅畓인 것이다.

(4) 全羅道 井邑縣의 內需司田畓 量案

井邑縣 소재 내수사 양안으로 남아 있는 것은 4건(a 奎 18448, 1740. b 奎 18449, 1746. c 奎 18862, 1755. d 奎 19568, 1783년)이다. 이들 양안의 전답은 『都案』상에 유토면세전답으로 실려 있어 내수사 소유의

---

38) 朴魯昱, 앞의 논문, 109~115쪽 참조.

전답으로 이해하는데 무리가 없다.[39] 『국유지』에서는 北面 九良里(現 九龍里) 九良坪에 많은 전답의 결부가 기록되어 있지만 이들 양안의 결부와 대비하기 어려워 이를 확인할 수 없다. 1783년 내수사전답 양안에 通字 承富坪의 기록으로 보아, 이 양안은 北面 承富里(現 承富里) 등의 내수사의 전답을 타량한 것으로 파악된다. 구량리와 승부리가 서로 경계를 접한 마을이지만 동일 부락은 아닌 것으로 이해된다. 이와 별개의 구량리 내수사 유토 답이 『국유지』에 실린 것으로 추정할 수밖에 없다. 내수사 양안은 4건이지만 실은 시기가 다른 동일 지역의 같은 전답의 양안이므로 2건이라 할 수 있다.

우선 a와 b의 정읍현 소재 내수사 양안 면세전답의 같은 지번을 아래에 실어 '起 主'를 검토해 보고자 한다.

a 西一面貴字第五北參等直畓東西長壹百尺參拾伍負東襄奉孫畓南徐京元畓起主朴海京
　犯　　　　　南北廣伍拾尺　　　　西金萬才畓北㫄阿只畓
b 貴字第五三等直畓東西長一百尺參拾參負陸束東奉孫畓南京元畓起主朴命右仍前免稅
　　　南北廣四十八尺　　　　西萬才畓北㫄惡畓

위의 a의 第5 지번 35負의 논을 기경하고 있는 主가 朴海京이다. 그런데 이 양안의 끝 통계인 已上에는 舊陳田 8속을 事目에 의해서 甲寅(1734)年에 처음 민결 진전으로 移去 되었다는 것을 밝히고 있다. 아울러 기경하는 논 4결 50부 4속 가운데 33부 6속은 지금처럼 계속해서 면세된다는 것을 기록하고 있다. 또한 그 나머지 4결 15부 1속도 사목에 의해서 1734년부터 出稅하게 되었다는 것을 써 두었다. 거기에 새로 起耕한 加耕 畓이 1부 7속이라 기재되어 있다. 우선 중요한 사실은 a양안의 전답은 면세 전답인데, 1734년을 시점으로 33부 6속만이 면세 답으로 남아

---

39) 李榮薰은 이 양안(奎 18862·19568)을 제2종 유토 사례로 분석하였다(李榮薰, 앞의 책, 533쪽).

있고 다른 답은 출세되어 일반 민전과 동일하게 세금이 부과되게 되었다는 것이다. 그런데도 모든 26지번(作 포함)에 '起 主'로 기록되어 있다. 면세답인 西一面 貴字 5 필지의 '起 主 朴海京'도 같은 사례이다. 그후 약 6년이 지난 1746년에는 다른 지번들은 모두 제외되고 오직 한 지번만 수록되어 있는데 그것이 b양안의 5 지번이다. a양안의 5 지번에 비해 b양안의 5 지번은 1734년 사목에 의해 결정된 '仍存免稅' 畓 33負 6束(南北廣四十八尺)만이 기록되어 있고, '起 主'가 朴命右로 교체되었다는 사실이다. 그 경작 상속이 가능할 수도 있지만, 그 지번은 엄연히 내수사 논임을 알 수 있다. 그런데도 '主'를 기재하고 있는 점이다.

그렇다면 이 '起 主'이든 '主'이든, 내수사가 이 논을 소유한 것으로 판단할 수 있는 자료는 있는가. 이는『都案』에서 분명히 '本司起畓參拾參負陸束'을 有土임을 밝히고 있다. 거기에다『국유지』에 井邑 北面 九良坪에 33부 6속이 존재하고 있음을 보여준다. 일반 군현양안은 물론 내수사양안이나 궁방전양안 상의 起名, 量名, 時名에 대한 이해나 재해석이 더욱 필요한 것으로 생각되는 것도 이런 이유이다.

아래에 제시된 c양안은 井邑縣 소재 儲慶宮의 면세전답을 改打量하여 成冊한 것이다. 결부 17결 24부(1,233.8)인 이 전답들이 어느 때인가 내수사로 移來된 것이 d양안이다. 이 두 양안은 量名과 時名 또는 時作, 舊作 등을 검토하는데 주요 자료로 생각되나 특히 d양안에 기재되어 있는 기재양식이 다양해서 그들을 전부 해명하기에는 너무 벅차므로 몇 사례만을 정리하여 검토하고자 한다.

우선 時作名이 量名으로 記載된 사례를 살펴보고자 한다.

　　通字 承富坪

c 第參拾參　北 肆等直畓　參負 東生月畓南 量 同宮(儲慶宮)(1755)
　　犯　　　　　　道西北山　　時作 奴 戒生

d 第三十三　西 四等直畓 參負 東生日[月]畓南 量　　啓生(1783)
　　犯　　　　　　道西北山　　　　時　甲金

　위의 자료에서 승부평은 현재 정읍군 북면 승부리에 있는 들이다.
1755년의 양안 상에 第33에 量名이 儲慶宮이고 이 내수사의 답을 경작
하는 자가 奴 戒生인데, 이 時作 계생이 1783년 量案 上에 양명으로
기록되어 있다. 1783년 양안만이 현존할 때는 '量啓生'을 어떻게 해석
해야 되는지 매우 어렵다. 이는 時作이거나 量案 상의 主이거나 그 중
하나로 판단해야 된다. 분명히 여기서 계생은 시작에 불과하다. 따라서
'量啓生'은 '量作啓生'으로 보는 것이 순리라고 판단된다. 기존의 연구
에서 일반 궁방전 등의 양안 상에 사표 다음에 기재된 '量'과 인명이 기
재된 경우에, 이 量이 군현양안을 의미 하는 것으로 이해한다. 이미 군현
양안 특히 查陳量案에서 '量'은 앞의 양안을 지칭하거나 '量·時'樣式
또는 '主·時'樣式의 量으로 파악하였다.[40] 그런데 松峴宮이 仁祖 생부
인 元宗의 舊邸였는데, 英祖 31(1755)년에 원종의 생모인 敬惠裕德仁
嬪金氏의 神位를 봉안하고 享祀하면서 儲慶宮으로 고쳤다.[41]

　이 저경궁의 전답을 같은 해 절수되어 개타량이 이뤄졌다고 보기보다
松峴宮의 전답인데, 이 해에 다시 개타량한 것으로 보아 '量儲慶宮'은
당시 처음 타량하면서 기재할 수도 있지만 송현궁의 칭호로 등재된 것을
다시 개명된 명칭으로 기재하였다고도 볼 수 있다. 이런 추정을 더 가능
케 하는 것은 內題에 乾隆 20년 다음 月과 日 앞에 여백으로 있는 사실
에서 이다. 요는 이 '量'은 군현양안만을 지칭할 수 없다는 것이다. 이런

---

40) 朴魯昱, 앞의 논문, 96~122쪽.
41) 李弘稷 編, 『國史大事典』, 知文閣, 1963.

시작이 量作으로 등재된 사례는 通字 34, 茂字 32 지번 등을 들 수 있다. 이는 1755년 이후 1783년 이전 어느 시기에 개타량이 이뤄져 그 양안에 時作 奴 戒生 등이 量作으로 파악되어 등재되었기 때문에 1783년 양안에 '量啓生' 등으로 실린 것으로도 짐작된다.

한편 量名과 時(時作)名이 동일한 사례를 d양안 通字 49 지번의 '量時啓生'에서 볼 수 있다. 계생은 1783년 당시의 경작자로 남아 있었던 것으로 이해할 수 있다.

다음으로 1755년 時作名과 1783년 量名이 다르게 記載된 사례를 살펴보고자 한다. 茂자 24, 24-2作, 碑字 26 지번의 時作은 각각 李星才, 李星才, 朱鳳儀인데, 1783년 양안의 量名은 각각 崔夏星, 崔夏星, 李哲明[明哲]으로 확인되고 崔夏星, 李明哲이 사표에도 등재되어 있다. 이는 1755년 이후 1783년 사이에 적어도 한 번의 打量이 있을 경우, 최하성과 이명철이 量作이었을 경우에만 가능하다. 즉, 이성재와 주봉의보다 앞서 기경하였던 量作이 최하성과 이명철이라고 생각된다.

그런가하면 1746년 時作인 자가 1783년 양안 상에 舊作으로 표기된 사례도 있다. 溪자 41 지번에는 결부가 1결 2부 1속인데, 그 內에 1~20作이 있다. 溪자 41 지번의 西犯 5작 田만이 '時金乞'로 기재되어 있을 뿐이고, 나머지 18개의 작 지번은 모두 '量'자가 기재되지 않고 舊作으로 표기되어 있다. 다만 20작만이 '今陳主貴孫'이 '舊陳主貴孫'으로 실려 있다. 濟자 1 지번도 時作 奴 宗孫이 舊作 宗孫으로 기재된 사례인데, 이는 溪자 分作 이외의 유일한 것에 속한다. 앞으로 더욱 검토되어야 그 이유가 밝혀질 것 같다. 이는 그대로 하나의 동일 성격의 양안으로 이해하지만 그 자체에 다양한 기재 양식에 대해 많은 검토가 있어야 바른 이해를 할 것 같다.

3) 量案의 記載樣式

다음으로 〈表 11〉에 기록된 자료들이 이제 내수사 소유의 전답여부를 확인하는 것은 별 의미가 없다고 생각된다. 이들 양안 상에 기재된 起名·量名·時名들을 중심으로 이들을 어떻게 이해해야 되는가와 記上 등으로 구분하여 정리해 보고자 한다. 또한 내수사 출토결의 양안에 대해서도 검토하고자 한다.

(1) '起 主'記載 樣式

우선 양안 상의 '起 主'로 표기된 것은 〈表 11〉에서 5, 6, 7, 8, 9, 25, 26, 36 등의 양안 상의 기록이다. 이를 검토하기 위하여 아래에 몇 사례를 정리하여 제시한다.

　a 玄字 第三十…捌負 西亇堂金田北道東汝輝田南鳳岐畓 起 主 金天祐
　　玄字 第三十…捌負 西亇堂田北道東汝輝田南奉丁[鳳岐]畓 起 主 明山
　b 盈字第二六二作…捌負伍束 三方同人田西北處根畓 起 主 張貴山
　c 約字第三十九…伍負壹束東回達畓南道西同人畓北石山畓起主金會選奴有德
　　約字丁第三十九…伍負壹束 東回達[選]畓南道西同人畓北石山畓 量時 有德
　　約字 第三十九…伍負壹束 東回達[選]畓南道西同人畓北石殘[山]畓 量 內需司免稅
　　時作 金會選

위의 a양안은 전라우도 옥구현 會尾縣의 1739년과 1783년의 내수사 전답 양안의 玄字 第39 지번이다. 이 양안은 8필지에 불과한 전토인데, 1739년 양안의 마지막 통계 기록에 己酉(1729)年에 강등되어서 8부 8속이 감축되었음을 보여준다. 사표 상에는 1739년의 主가 기재되어 있다. 30 지번 主 金天祐는 옆 지번인 31의 사표에 '東天右田'으로 실려 있고, 30 지번의 사표 상에 기재된 亇堂金는 31 지번의 主 亇堂金로, 鳳岐는 33 지번의 주로 기재되어 있다. 다른 변동 내용은 없지만 대부분 지번 상의 主가 바뀌어졌다. 또한 사표 상의 인물의 기재사항은 변동이 없으나, 마당쇠만은 당시까지 그 지번의 主로 기재되었을 뿐만 아니라 32, 32-2作의 두 지번의 主로 실려 있다. 일반적으로 학계에서는, 이런 '起 主' 金天祐는 3님지빙의 양전이 이뤄진 경자·기해양안 상의 이 지번 전답의 소유주로 이해한다. 만약 이런 이해가 옳다면 1783년 같은 지번의 바꾸어진 '起 主' 明山은 어떻게 이해해야 하는가. 이는 잘못된 常識에 의한 것으로 생각된다. 더욱이 이 양안 전답의 결수는 『도안』과 『국유지』에서 확인되고 있으니 더 말할 나위가 없다.

위의 b양안은 전라도 龍安縣의 1783년의 내수사 면세전답 양안 중 盈자 26-2作 지번이다. 이 양안에는 19필지가 수록되어 있으나, 그 主들을 사표 상에서 찾을 수 없다. 또한 사표 상에 '同人'은 더욱이 어떤 인물을 대칭한 것인지 단정적으로 판단할 수가 없다. 소수의 자호들의 지번일 때나 앞과 뒤 지번이 없을 경우, 사표 상에 주가 등재되었는지 여부를 확인하기는 어렵다. 그러나 26-2作 지번 그 앞에 24-3作 지번이 있고 연달아 9필지가 기재되어 있다. 특히 張貴山은 네 지번에 주로 실려 있다. 이런데도 主들의 이름이 사표 상에서 찾을 수 없는 것은 사표와는 별개 또는 主 만을 파악해서 기재한 것으로 볼 수 있다. 이 '主張貴山'은 내수사 소유의 면세전답을 경작하는 인물로 파악해도 무리가 없다. 그런가하면 明惠公主房의 매득 면세전답의 양안에서도 그 '主'를 전답을 매도한 전 소유자인 本主로 판단하기 어려운 사례도 있다. 그 주명에 '主石只代丁日'의 代稱이 기재된 점에서도 그렇다.[42]

---

42) 『振威縣西面二北兩面明惠公主房買得免稅田畓懸錄成冊』, 奎 18762. 1672.
　　改字 第147 內 東3作 6等梯畓…四卜…主 同人(石只)
　　　　 第148 東犯5等梯畓…三卜六束… 主 同人代丁日
　　　　　　　內 東2作4等梯畓…八卜五束…主 同人(丁日)
　　得字 第151 西犯5等……　　　　　　　　主 石只
　　　　 第193 北犯6等…七卜…　　　　　　主 石只代戒生

위의 C양안은 전라도 長城府에 소재한 내수사 면세전답의 기록인데, 1740·1745·1783년의 것이 있어 더욱 의미 있는 자료로 생각된다. 1740년 양안에는 각 지번의 주를 사표 상에서 볼 수 있다. 이 양안에는 31필지(作 포함) 3결 27부 1속[3속]의 전답이 수록되었다. 約자 39 지번의 '起 主 金會選奴有德'이 그 지번의 사표 상에서 奴 유덕의 上典인 會達[選]이 기재되어 있다. 奴主名이 사용된 다른 필지에서는 거의 奴名이 사표에 등재되기도 했다. 그 외의 다른 主들도 대부분 사표 상에 그 명이 실려 있다. 그런데 5년 후인 1745년 양안에서는 '量·時'樣式에 의해서 그 표기가 다르게 되어 있다. 즉, 위의 자료 C의 1745년 양안에서 볼 수 있는 바와 같이 '量時有德'으로 기재되어 있다. '起 主趙紳奴士金'으로 된 約자의 40 지번에서도 '量時士金'으로 되어 있다. 여기서 이 '量'은 1740년의 양안으로 이해해도 무리가 없으며, 時는 장성부에 소재하는 내수사 전답을 빌어 경작하고 있는 경작자로 추정해도 된다. 즉, 위의 奴 有德과 奴 士金은 39·40 지번의 경작자임이 분명한 것이다.[43]

이를 뒷받침하는 자료가 1783년의 양안 상에 '時作'의 기록이다. 1783년 장성부 내수사 전답 양안 상 각 지번에 내수사 면세라 기재하고 그 옆에 시작 명을 병기하고 있는 것이다. 그런데 奴名이 아닌 그 상전인 金會選은 39, 39-2作 두 지번의 時作으로, 奴 石山의 主인 金翊夏가 41 지번의 시작으로 기재되어 있을 뿐, 모든 시작들은 1745년의 인물이 아니란 사실이다. 양안 상(군현양안과 그 사진 양안)에서 奴主의 명이 바뀐 거나 노명이나 상전 명으로 기록된 것을 田畓 主의 변동으로 고산현 서면 양안에서 잘못 이해하였다.[44]

　　　　　　　第194 西犯5等…六卜八束…　　　　　主 石只

43) 박현순은 앞의 「내수사 양안에 수록된 토지의 성격과 主 기재 방식」(93쪽)에서, "量時의 의미는 유덕이 경자양안 상에도 주인이며 현재도 주인이라는 의미로 파악된다"라고 하였다.

44) 朴魯昱, 앞의 論文, 150~152쪽 參照.

이는 경작자 名의 교체로 판단될 뿐이다. 어느 지방의 타량된 사항을
기록하는 아전들이 이를 그 관행이나 투식에 따라 표기했을 뿐이며, 이
관행과 투식의 차에서 비롯된 것으로 여겨진다. 이 1783년 양안에는 여
러 필지를 경작하는 시작이 있지만, 萬迪, 殘伊, 加之介, 己有, 禿殘, 月
良, 己貴, 分辰, 殘伊, 有福, 加午德, 占發 등이 시작으로 양안에 실려
있다. 이들은 1731년의 毛治, 1735년의 分每, 1765년의 毛先 등의 成川
主와 舊陳 主 分辰, 升萬을 제외한 인물들이다. 더욱이 이 시작들이 양
안의 사표 상에서 모두 확인된다는 사실이다. 이는 1745년 이후 1783년
이전 어느 때인가 새로운 타량이 이뤄졌음을 보여준다. 읍양전이 시행되
어 이런 결과가 나온 것인지는 더 확인해 봐야 하겠지만, 분명한 것은
사표 내용까지 바뀐 양전인 것이다. 하여튼 1740년부터 장성에 소재한
내수사 전답을 경작하던 자는 모두 내수사의 전답을 빌어 경작하는 소작
인에 불과하다. 이 내수사 전답은 〈表 11〉에 있는 두 자료를 인용할 필
요도 없이 내수사의 유토 면세결인 것이다.

(2) 量·時樣式과 時

이제 '量·時'樣式 또는 '主·時'樣式과 '時' 등을 살펴보기로 하자.[45]
〈表 11〉의 2, 11, 12, 16, 17, 18, 19, 21, 29, 32(量·時作)의 양안이 이
기재 양식에 해당한다. 2의 김제 내수사 전답양안 상의 '主·時'에 대해
서는 앞에서 이미 서술한 바 있다. 이때의 主가 결코 내수사 전답의 소
유주가 될 수 없고, 時는 내수사 전답을 빌려 경작하는 시작인에 불과함
을 『도안』과 『국유지』를 통해서도 확인하였다. 아울러 21의 평안도 성
천부에 소재하는 1677·1695년 내수사 양안 상의 '時婢 丁介'와 '時界
男'의 時는 분명히 내수사 전답을 빌려 경작하는 자로 입증하였다. 그러

---

45) 전남 영광의 佛甲寺에 소장된 『佛甲寺量案』은 「佛甲寺位施畓等數長廣卜數犯標量
　　時各區別秩」의 표제에 있는 것처럼 '量·時'樣式으로 되어 있다.

나 1783년의 내수사 無後奴인 建介, 界男, 末男 등 田을 타량한 양안
상에서 '時內需司田'의 時를 時主로 보아야 한다고 하면서, 성천부에
소재하는 같은 마을과 같은 들의 전답양안에서 '시'의 성격을 다르게 해
석하는 것도 동일하게 해석하는 것도 어렵다고 한 바 있다. 이 '時'를
시작 또는 稅租權을 갖는 성격으로 볼 수도 있다고 부언하였다.46) 이
시를 당시의 경작자, 즉 내수사가 內奴 등을 통해 자경하는 것으로 파악
할 수도 있다.

표에서 11의 전라도 興陽縣 내수사 양안은 대단히 흥미로운 자료이
다. 우선 1783년 양안에는 量·時樣式으로 기재되어 있다. 이때의 量은
기해양안을 의미할 수도 1746년의 양안을 지칭할 수도 있다. 1746년 양
안 상의 典字丁 67 지번의 量名 宣萬雄이 68 지번의 사표에 '東萬雄
田'처럼, 모든 지번의 양명을 사표 상에서 대부분 찾을 수 있다. 그런가
하면 1783년 양안 상의 時名은 典字丁 67 지번의 '量宣萬雄 時宣士化'
와 같이, 전답들의 상속 또는 승계를 추정할 수 있는 사례가 너무 많이
볼 수 있다는 점이다. 물론 亦字丁 6 지번의 같은 인물인데도 '時宣永
金'으로 기재되어 있는 경우도 있지만, 孔, 郭, 白, 徐, 孫, 宋, 吳, 張,
曹, 許 등이 희귀 성씨인데도 같은 지번에 같은 성씨가 1783년 時名으
로 기재된 것은 충분히 그렇게 추정하는 것도 무리가 아니라고 생각할
수 있다. 1783년에 150필지로 늘어났는데 이 중 48필지가 이에 해당된
다. 약 1/3 정도가 같은 집안에서 상속 또는 승계가 이뤄졌다. 여기에는
戶자 57, 66 지번은 각각 그 奴名이 그 주의 성을 가진 時名으로 기재된
것도 포함된다. 즉, '郭漢寶奴己壬'이 '郭己壬'으로 변동된 것을 말한
다. 이 곽기임이 실명인가 혹은 호명 내지 작명인지도 더 많은 사례에
의해 검토되어야 할 것이다. 戶자 84~87 지번의 '朴命輝奴長同'도 '朴
長同'으로 표기되어 있다. 물론 1746년 양안 상의 朴·李 氏 등도 1783

---

46) 朴魯昱, 앞의 논문, 102쪽 參照.

년 양안 상의 時名으로 많이 연결된 것을 확인할 수 있다. 홍양현에 소재한 내수사 결부 7결 41부 7속의 전답이 130필지에서 150필지로 늘어났는데, 이 중 82필지가 같은 성씨로 연결된다는 점이다. 이는 같은 집안에서 상속 또는 승계된 것으로 판단할 수 있는 통계가 되는 것이다. 이를 제2종 유토 면세전으로도 판단할 수도 있는 것이다. 그러나 興陽縣 大江面의 내수사 이 전답은 1907년 실결이 감축되어 있지만, 적어도 1746년부터 내수사의 소유 장토임을 『도안』과 『국유지』에서 확인된다. 『국유지』에서 이는 본사 장토인데도 年代가 오래되어서 그 기원이 '不明'이라고 밝히고 있는 것이다. 사실 내수사나 궁방전답의 양안이 존재한다는 것은 그 양안에 실린 전답이 내수사나 궁방의 소유임을 말해준다고 판단된다. 내수사나 궁방이 그들 소유가 아닌 민답을 양전한 그 양안을 어떤 이유로 보관하고 관리·타량한다는 것은 있기 어렵다.

다시 1783년 양안 상의 기재 사항에 대해 더 살펴보고자 아래에 양안 몇 지번을 정리하여 제시한다.

a 大江面 典字丁 六十八西犯參等直田…拾柒負陸束…量 白文宗 內
　　　　西犯參等直田…唎負…宋奎換 舊川
　　　在 西犯參等直田…玖負陸束…時 同人
b 封字丁 十四西犯參等直畓…玖負五束…量 鄭成贊 內
　　　　西犯參等直畓…貳負伍束…舊川 起 主 張八禮
　　　在 西犯參等直畓…柒負…時 張八禮

양안 상의 전답의 필지가 증대됐다고 하는 것은 엄밀한 의미에서 바른 것은 아니다. 땅을 개간하거나 매입해서 이뤄진 것이 아니라 그 자체 묵힌 땅을 개간해 일부 分作되기 때문일 뿐이다. 查陳 양안에서 분작에 따라 2·3·4作으로 표기되기도 한다. 또한 묵힌 전답을 그 해 다시 일구어 경작할 때 '今起(還起)', 묵히지 않고 계속 경작해 왔을 때 '仍起', 당시보다 앞서 어느 시점에서 묵힌 것을 다시 일구어 경작할 때 '前起'

란 용어를 써 왔다. a에서와 같이, 원래 1746년 양안 상의 量名인 白文
宗이 '起'인 이 필지를 경작하고 있다가 언제인가 송규환에게 넘겼으나,
그가 경작하던 결부 8부의 밭이 무너져 개천으로 되었다는 것을 보여주
고 있다. 물론 전답 9부 6속을 경작하는 자는 '時' 송규환이다. 그런데
b의 第14 지번도 '起'로 기재되어 있는데, 그 후 묵히지 않고 경작해 온
것이 7負인데 이 전답의 '時'가 張八禮이면서도 개천이 되었던 결부 2
부 5속을 다시 일구어 개간하여 경작하고 있다고 해서 그를 '起 主'라
기재하고 있다. 이 '時'를 내수사 전답을 경작하는 소작인으로 파악한다
면, '起 主'인 張八禮를 내수사의 묵힌 전답을 개간한 '전답의 소유주'
라고 이렇게 기재되었다고 판단할 수 있는가. 이런 사례가 모두 15건이
나 된다.47) 이 '起 主'를 묵힌 땅을 개간한 주체 인물로 파악하는 것이
훨씬 자연스럽다. '起耕者爲主'라는 법문에 따라 전답의 '主'가 되지만
이를 전답의 소유주로 파악하는 것은 많은 무리가 따른다. 이런 사례는
1783년 전라도 영암에 소재한 용동궁 전답양안에서도 많이 있다.48)

奈字丁 中山坪 第五十三四等直田 東長伍拾尺 伍卜伍束 南延守田 量 舊陳 主同(龍洞)宮
南廣貳拾尺　　　　三方山　　　還起 主 仲才

영암군 소재한 宮屬陳地의 舊·今主인 용동궁양안에는 '量付陳田畓'
총 391필지 결부 59결 65복 2속이 실려 있는데, 위의 자료의 第53 지번

47) 典字丁 ① 第66 (量舊陳)量 無主 今起 主 朴時孝, 群字丁 ② 第8 量 宋仁徽 內
舊川 起 主 宋德壬 時 宋延每, 戶字丁 ③ 第54 量 朴命輝 內 舊成川 起 主 朴正元
時 朴命淡 ④ 第55 量 朴命輝 內 舊川 起 主 朴正元 時 朴德禮 ⑤ 第82 量 無主
內 今起 主 曺命水 在 量 無主 仍陳 ⑥ 第83 量 無主 內 今起 主 曺命水 在 量
無主 仍陳 ⑦ 第93 量 無主 今起 主 曺命水 ⑧ 第95 量 無主 今起 主 曺命水,
封字丁 ⑨ 第10 量 無主 今起 主 黃松代 ⑩ 第11 量 無主 今起 主 韓德男 ⑪
第16 量 朴世命 今起 主 李德今 ⑫ 第18 量 朴世命 今起 主 李德今 ⑬ 第28 量
無主 內 今起 主 金右三·李得千 ⑭ 第29 量 無主 內 今起 主 金右三.
48) 『全羅道靈巖郡宮屬陳地田畓打量後陳起區別摠數成册』, 奎 18302, 1783.

에서 '還起主仲才'와 같이 기재된 것이 41필지(3필지는 2인이 起)이다. 묵힌 땅을 다시 일구어 내 경작하는 중재는 이 땅에 대해 어떤 지위에 있는 인물인가. 이른바 '起 主'의 개념으로 보면 분명히 이 땅의 소유주로 해석할 수도 있다. 그런데 이 53 지번의 '舊主'는 용동궁으로 기재되어 있는 점에서 '起耕者爲主'로 이해하여 이 땅을 仲才의 소유로 판단해도 무리가 없다는 것이다. 이런 필지가 모두 391필지 중 41건으로, 田 還起 1결 1복 9속과 畓 還起 13복 8속 모두 다시 일구어 경작한 것이 1결 15복 7속이다. 그런 반면에 그 나머지는 모두 진전으로 남아 있는 것이다. 만약 '기 주'를 그 전답의 소유주로 이해한다면 어떤 이유로 舊·수主인 용동궁이 이 전답을 打量한 후에 陳·起를 구별하여 摠數를 낼 수 있을 수 있는가이다. 이는 사회적 통념이나 어떤 다른 합리적 방법으로 해석할 수 없다는 데에 문제가 있다. 이는 '還起主'를 잘못 이해한데 그 이유가 있는 것이다.

더욱이 이 양안에서 환기된 전답 1결 15복 7속이 『도안』의 용동궁 '有土未免稅秩' 條에 즉, 有土出稅畓으로 정확히 기재되어 있다는 점이다. 仲才와 같은 '還起主'들은 용동궁 전답을 일구어 경작하는 소작인에 불과한 것이다. 게다가 내수사의 홍양현 양안과 같이, 『도안』 등에서 유토전답임을 밝히고 있는 점에서 양안 상의 '主'나 '起 主'를 전답소유자로 해석하는 것도 재검토되어야 한다. 1746·1783년 두 양안의 양명으로 기재된 자들이 대부분 사표 상에서 확인된다. 즉, 이들은 내수사 소유의 전답을 경작하는 존재로 파악된다.

또한 1745년에 전라도 금산군 소재 내수사면세위전답을 개타량하여 成冊한 양안(奎 18434)에서도 같은 量·時樣式을 볼 수 있다. 이 양안 師字 8 地番에는 '量奴自分'과 '時李順發'로 기록되어 있는데, 이때의 자분과 이순발은 각각 내수사 소유의 전답을 경작하는 자로 量作과 時作에 불과하다. 自分이 9 地番 사표 상에 '南自分畓'으로 기재되어 있듯이, 대부분 量作은 여러 地番의 사표 상에서 그 명을 확인할 수 있다. 위의 〈表 11〉에서도 4결 6부 4속의 유토전답임이 확인된다.

　다음은 전라도 무주부에 소재하던 내수사전답양안으로 1713·1745·1783년 세 시기의 것이 남아 있다. 양명과 시명을 명확히 이해하기 위해 그 내용을 정리하여 제시한다.

　　　　　　　　　府內
　　a 往字丁十…參負肆束東同人畓南德吉畓二方彥非畓量柳仁夫時同人(奴三郎)(1713)
　　b 署字第陸拾貳…壹負捌束南同人畓西擇民畓東仁夏畓北擇民畓 時 李文郁(1745)
　　c 署字六十二…壹負捌束南同人畓西擇民畓東仁夏畓北擇民畓量李萬必時奴時禮

　위의 a에서 量名 柳仁夫는 앞 지번 9의 사표 상에서 '二方仁夫畓'으로 기재되어 있고, 사표 상의 덕길은 12 지번의 양명이다. 이 양안은 두 秩이 규장각에 남아 있다. 내용은 동일하나 內題의 '册'자가 다음 줄을 바꿔 '量'자 옆에 쓴 것과 끝까지 한 줄에 바르게 쓴 것이 다를 뿐이다. 당시에 양안을 여러 부 만들면서 현재까지 동일한 것이 남아 있는 것으로 판단된다. 그 후 이 내수사위전답은 1719년 기해양전이 실시됨에 따라 자호는 그대로이지만 필지 수와 결부 수는 대변동이 이뤄진 것이다. 1719년 양안에서 두 字號 署(2필지, 30.1)·往字(13필지, 117.3)와 加次里面 草자(1필지, 38.2)의 총 논 1결 47부 4속과 밭 38부 2속인 것이, 1745년 양안에서는 우선 加次里面의 논 38부 2속의 필지가 탈락되었다. 字號 署자에는 6필지에 26부 9속이 수록되어 있고, 往자에는 1결 17부가 기재된 것으로, 실제 총 결부는 已上의 1결 47부 4속보다 5속이 부족한 1결 46부 9속이 된다. 1783년의 결부도 동일하다. 이는 아마 長廣尺의 해부에서 잘못된 것으로 판단된다. 그러나 여기서 무엇보다도 중요한 것은 1783년 c양안에는 '양·시'양식으로 기재되어 있다는 것이다. 署자 62 지번의 量名인 李萬必은 64 지번의 사표에서 '東萬必畓'으로 확인되고, 62 지번의 사표 상의 擇民과 仁夏는 63 지번과 64 지번에 있다. 다른 지번에도 그 명이 기재되어 있다. 즉, 量名으로 기재된 인물들이 대부분 이 양안의 사표 상에서 확인된다는 사실이다. 이 '量' 아래에 기재된 인물들이 기해양안에 등재되어 있었더라도 결코 '量主'는 아닌 것이다. 이들은 내수사 소유의 전답을 경작하는 소작인에 불과한 것이다. 더욱이 이를 뒷받침해 주는 『도안』과 『국유지』를 다시 거론할 필요조차 없는 것이다.

〈表 11〉의 17, 18, 29, 32의 양안은 재론할 필요성이 없이 같은 '양·시'양식을 지닌 것으로 앞에서 설명한 것으로 충분하다. 한편 양안 자체에서 민결이 아닌 유토임을 판단할 수 있는 자료가 16「全羅道潭陽府內需司位畓改打量 御覽成冊」(奎 18470, 1745)이다. 즉, 西邊面 水字 28 지번의 결부 21부 4속의 내역이 民結 9부 2속과 내수사 12부 2속이라고 정확히 구분되어 있다. 이는 양안 상의 다른 결부 모두 내수사 有土라는 의미로 해석된다. 그런 사례가 1745년 전라도 장수현에 소재한 내수사위답 개량성책(奎 18470)에도 있다. 그 지번을 소개하면 다음과 같다.

任縣內 荣字
第十束參等主畓南北長參拾貳尺參負內壹負捌束甲寅年出稅二方道西双民 量 奴明山
犯　　南活拾肆尺　　　在壹負貳束　　　畓西先民畓　　時 奴順吉

위의 자료에는 '양·시'양식으로 기재되어 있는데 '量奴明山'은 바로 다음 第11 지번의 사표 상에, 10의 사표 상에 기재된 双民은 11 지번에 '量僧双民'으로 실려 있다. 우선 量名 奴 明山을 양안 상에서 어떤 인물로 규정지을 수 있는가. 이른바 그가 量主인가 量作인가 하는 문제이다. 어느 연구자도 쉽게 판단하기는 어렵다. 이 10 지번에는 호조의 關文에 의해서 갑인(1734)년에 出稅된 것이 1부 8속이고, 면세로 남아 있는 결

부가 1부 2속이라 기재되어 있다. 이는 1부 8속을 제외한 다른 필지의
내수사위답은 모두 내수사 소유의 免稅畓임을 뜻하는 것이다. 任縣內面
에 있는 내수사위답의 총 결부가 77부 3속으로 집계되어 있는 것은 바
로 1부 8속을 제외한 산출 통계이다. 바로 이를 통해서 노 명산 等은
量作에 불과하고, 時名 奴 順吉 등도 내수사 전답을 경작하는 시작인
것이다.

그런데 〈表 11〉의 17에 있는 바와 같이, 1783년 양안(奎 18451) 등에
는 다시 1부 8속이 포함되어 79부 1속으로 기재되어 있다. 1907년 溪內
面(任縣內面) 塔洞 앞들에 있는 그 전답이 『국유지』에 조사·등재되었
던 것이다.

그런데 시기는 다르지만 전라우도인 a光州牧(奎 18465, 1740)과 b南
平縣(奎 18474, 1783)의 내수사 전답 양안도 비교해 보고자 한다.

```
 a 霜字丁 第十一吐越 參等圭畓…貳拾負 東奉業畓 量 內需司
        東犯            三方吃   時 盧時業
 b 縣內面戾字丁第四北貳等直畓…柒負玖束 東甫債畓西貴全畓南同 量 吳亨大 內需司
        犯            人畓北裵應時畓
```

위의 자료 a에서 내수사를 量主로 이해하는 것은 자연스러우나, b양
안의 吳亨大를 量主로 판단하는 데는 주저할 수밖에 없다. 사실 '時盧時
業'은 그 다음 지번인 第12의 사표 상에, 吳亨大는 또한 5 지번의 사표
상에 기록되어 있다. b양안의 전답은 민결로서 내수사의 무토 면세전으
로 추정할 수도 있으나, 이들은 동일한 내수사 전답의 作人으로 등재되
어 있을 뿐이다. 그 지역의 양안 기록을 담당하는 서원들의 관행과 투식
에 의해 기재양식이 다를 뿐이다. 이 두 양안의 전답이 『도안』에 유토면
세결의 전답으로 등재된 점도 더욱 그렇다고 본다. 이 광주 양안의 통계
에는 '所畊捌結陸拾負肆束 內'라고 하여, '所畊'이 結負와 같은 의미로

사용된 것을 토지문기가 아닌 양안에서 확인하는 것도 의미가 있다. 이런 사례 연구를 통해 이미 結負의 의미라는 것을 밝혔지만,[49] 양안에서는 유일한 예로 생각된다. 이는『고려사』와『조선왕조실록』등에서 경작의 의미로 사용되기도 하였지만, 몇 結 몇 負 등이 기재된 것은 물론 '所耕多少'의 所耕도 바로 結負의 의미로 사용된 것을 재확인하는 셈이다.

要는 내수사나 궁방전 양안 상에서 起名, 量名, 時名으로 主와 小作人을 구분한다는 자체가 있기 어려운 사실로 판단된다. 내수사나 궁방의 전토 양안에 사실상 그리고 법적인 전답의 소유주를 어떤 이유로 필요했고, 가능하였는가도 밝혀봐야 한다. 내수사나 궁방전 등의 전답을 경작하는 개념으로 경작자 앞에 '時'를 사용한 반면에, '起陳'의 起, 즉 현재 기경하고 있는 전답을 표기하는 '起'의 개념을 잘못 이해한 결과라고 판단된다. 단지 궁방전 등의 매득 양안에서 그 權原을 밝히기 위하여 앞의 本主를 밝히는 사례는 있다고 본다.[50] 사실상 내수사전답 가운데 그 전답의 소유주로 등재된 사례가 거의 없다[51]는 실증에서도, 量 또는 量作 등 다음에 기록된 인물을 바로 소유주인 '主'로 파악하는 것은 재검토되어야 한다.

49) 朴魯昱,「朝鮮時代 古文書上의 用語檢討-土地·奴婢文記를 중심으로-」,『東方學志』 68, 1990, 92~97쪽 참조.
50) 1792년 전라도 부안현 소재의 내수사 매득전답의 타량한 성책(奎 18442)을 그 사례로 들 수 있다. 그러나 '主'를 매득 전의 본주로 보는데도 앞으로 검토될 소지도 있다.
51) 1801년 전라도 고창현 소재의 내수사전답의 改打量한 성책(奎 18860)의 통계에는 결부 17결 57부 7속(1,648.2)이 실려 있고 모든 지번에는 '起主奴多福'이라 기록되어 있다. 奴 多福은 내수사의 作號名으로, 고산현의 양안 상에 '壽進宮奴儀日'이 기재된 전답은 모두 永作이었던 점으로 보아 이 전답도 영작인 것으로 짐작된다. 奴 儀日은 100년 이상이 지난 후에도 그대로 수진궁 양안 상에 '壽進宮奴儀日'로 등재된 점으로 보아 '奴多福'도 어느 시기의 궁노인지 판단할 수 없다고 본다.

(3) 內需司奴婢의 無後田畓記上과 無後田畓 比較

다음으로 내노비 무후전답기상과 내노비 무후전답의 전답이 각각 다른 성격으로 대비될 수 있는가를 살펴보고자 한다.

내수사 전답양안은 물론 궁방양안에는 記上(己上)이 씌어 있는 것이 많다. 無後奴婢 名이 이들 양안에만 실려 있는 것은 아니지만, 대체로 무후 노비 명이 많이 실려 있는 것도 사실이다. 기상은 일반 일기나 문헌에서도 많이 볼 수 있는 용어이다. 이 기상은 글자 자체에서 기록의 의미를 갖고 있는 바와 같이, 많은 사례 연구를 거쳐 등재, 기록, 소유권 신고 또는 소유 신고(고지) 등의 의미로 입증한 바 있다.[52) 내수사 양안 자체에서도 그것이 입증되고 있다. 즉, 1726년 濟州의 大靜縣의 郡縣量案에 등재되어 있는 田案 가운데[大靜縣案付內需司己上田案 中] 개인의 전답이 잘못 混錄되어 있기 때문에 별도의 成册[53)을 한데서 '己上'이 기록의 의미임을 알 수 있다. 여기에는 6필지를 소유한 柳春興 등은 내수사 전답이 아니라 그들의 전답임을 입증하기 위하여 先代나 妻家의 선대로부터 관에서 입안 받은 문권이나 매득문기를 官에 現納한 것으로 기록되어 있다. 아울러 이런 기록이 같은 해의 內需司 奴婢無後 己上田畓의 陳起를 타량한 양안에 '有文券懸頉'이라 細註되어 있다.[54) '案付內需司'의 기상과 '노비무후'의 기상은 같은 의미인 기록 또는 등재로 사용된 용어임에 틀림없다. 또한 靈光 寧越申氏의 田畓案 1에서,

---

52) 朴魯昱, 「16~18세기의 扶安金氏의 財産實態研究-土地·奴婢文記를 中心으로-」, 忠南大學校 大學院 碩士論文, 1988; 「朝鮮時代 古文書 上의 用語檢討-土地·奴婢文記를 中心으로-」, 『東方學志』 68, 1900; 『朝鮮時代 記上田畓의 所有主 研究』, 景仁文化社, 2005, 250~258쪽.

53) 「大靜縣案付內需司己上田案中文券混入私田畓別件成册」, 奎 21958, 1726 ; 「大靜縣案內需司己上田案中混入私田畓別件成册」, 奎 20592, 1726 ; 朴魯昱, 앞의 책, 64~65쪽 參照.

54) 「大靜縣案付內需司奴婢無後己上田畓陳起打量成册」, 奎 20400, 1726.

1635(崇禎 8)년 양전 起田畓 결수에는 '戶奴元金·奴檢山·奴彦鶴名付'로 각각 3결 33복 2속, 2결 39복 1속, 1결 40복 8속이 실려 있는데, 田畓案 2의 '田畓數'의 玉字 畓 두 지번과 玉·玄字畓 두 지번에는 奴 檢山·彦鶴記上이 쓰여 있다.[55] 그린데도 '記上(己上)' 용어에 대한 잘못된 상식에 의해 虛構的인 歷史像을 제시하기도 한다.[56]

55)『古文書集成－靈光 寧越辛氏篇(Ⅱ)－』28, 韓國精神文化研究院, 置簿·記錄類, 田畓案, 1996, 18·40·41쪽.

56) 이정수·김희호는「조선전기 노비의 토지소유와 성격」,『조선시대 노비와 토지소유방식』(경북대학교 출판부, 2006)에서 "노비가 자기 소유지를 상전에게 바친 '기상전답'의 문제는 노비 토지소유의 성격을 이해하는데 많은 시사를 주고 있다"라고 하면서 기상과 관련된 사례를 구체적으로 검토하였다. 그러면서 "'記上'(혹은 '己上')이라는 의미는 '기록하여 상납한다'는 뜻"으로 이해하여 과거 이에 관계된 저서와 논문을 주에 제시하였다. 필자의 1988년의 논문에서 기상에 대한 주장은 분명히 '상납'이라는 개념과는 다른 것인데도 공동 저자는 그 註에 잘못 인용하였다. 이에 앞서 공동 저자는 필자가 "기상의 의미를 '소유(권) 신고(고지)' 행위로 해석하였으며, 또한 기상전답의 소유주는 노비가 아니라 노비소유주의 전답인 경우가 많았다"고 註로 달았다. 필자는 기상을 결코 '상납'의 개념과는 다른 개념으로 보았는데도 그 개념에 대해서 애매한 기술을 하고 오해의 소지를 낳게 하였다. 필자는 분명히 '노비기상전답'인 경우 그 전답의 소유주는 매우 판별하기 어렵다고 하였고, 사실 노비상전의 소유인 것을 많이 밝히기도 하였다. 공동 저자는 "기존 해석과 같이, 기상전답은 노비의 사적 소유지로 생각하는데, 이러한 입장을 견지하며 이하에서 논지를 전개하겠다"(이정수·김희호, 위의 책, 142쪽)라고 註에 끝맺음을 하였다. 따라서 기상의 개념과 관련된 중요한 법전 자료와 일반 사료에 대한 해석을 다시 간단히 검토하겠다.
『續大典』刑典 私賤條의 記上 관련 기록은 다음과 같다.
私賤無子女身死者己物 給己之主 見大典公賤條 ○公賤 則給其官亦見大典 而身死久遠勿施 當身生時具證筆放賣他人者 毋得混入 如或娶他婢有子孫而己主記上者 以制書有違律論 公賤同 ○公賤有收養爲者 仍屬續案 而傳孫[係]者 亦毋得記上
위의 記上을 이정호·김희호는 "그 (노비) 주인이 (노비재산을) 기상 받는 것은 …", "그 자손에게 전해 준 것은 역시 (노비 주인이) 기상 받을 수 없다"라고 해석하였으나, 이는 분명히 기상의 주체가 官·主인 것이다. 따라서 '기상을 하는 것'과 '공천이 수양한 아들이 있어서 속안에 속해 있어, 그가 이어가는 자[相續者]의 경우에는 관에서 소유권 이전을 신고[기상]하지 못한다'(朴魯昱, 앞의 책, 57쪽 參照)라고 해야 법의 정신과도 부합되는 것이다.『受敎輯錄』刑典 公賤條의 "及收養

〈表 11〉에서 14의 a양안은 1663년 전라도 玉果縣의 無後內婢인 加

爲者 仍屬續案傳孫[係]者 毋得混同沒入"의 '混同沒入'이 '記上'으로 대치된 것이
다. '混同沒入'하는 주체 행위는 노비가 하는가. 이는 노비의 상전이 하는 것이다.
더욱이 『新補受敎輯錄』 刑典 贖良條에 기상의 주체를 분명히 하고 있다. 즉, "至
於身死之奴有子女 田宅己物 盡爲己上 並與生前所賣之田畓 而又爲推尋 已贖之奴
稱以膳物 逐年來納者 俱係犯法 不可不痛禁 …"(朴魯昱, 앞의 책, 40쪽 國譯 參照)
이라 한 것이 그것이다. 기상을 하는 주체는 노비의 자녀인가. 이는 노비의 상전
이 기상의 주체가 된다. 따라서 형전 사천조의 기상은 어느 경우에도 '상납'으로
해석할 수 없을 뿐만 아니라 기상의 주체를 잘못 파악한 誤譯이다. 다음 "… 而洪
哥稱以奴子舊物 欲爲己上 來索本文記於塊孫 塊孫不給 則稱以侵辱 誣訴臺諫 …"
(『烏山文牒』, 550쪽)의 기상이 상납의 의미를 가질 수 없고, 현대 사회의 소유권
등기 이전에 해당되는 경우라고 판단된다. 宣祖 5년 10월 실록(『眉嚴日記』 卷7,
3-270쪽)의 기사인 "見昨日府啓 淸原府院君韓景祿 … 尹興禮之奴希孫 沒爲其奴
則希孫田畓家舍等物 全數記上 …"에서 "희손이 한경록에게 재산을 기상하게 된
구체적 이유는 알 수 없지만 전후 사정으로 보아 희손의 재산이 강제적으로 충분
히 기상되었음을 짐작할 수 있다"(이정호·김희호, 위의 책, 156~7쪽)라고 하였으
나, 필자는 "淸原府院君 韓景祿이 尹任의 아들인 尹興禮가 소유하였던 종 希孫을
빼앗아 그의 종으로 삼고 희손의 전답과 가사 등의 소유물을 모두 소유권 신고
[記上]하였다가 …"(朴魯昱, 앞의 책, 114쪽)로 설명한 바 있다. 기상한 주체는 韓
景祿이며, 그렇게 해석하는 것이 문리에 맞는 것이다. 공동 저자가 한경록에게 강
제적으로 기상되었음으로 설명한 것은 잘못된 것이다. 奴婢死後에 기상된 예로
'父主下敎內 故義浩物故之後 其矣田畓乙 若干記上爲乎矣 …'(『古文書集成』 3, 土
地文記, 韓國精神文化硏究院, 1986, 279, 276~277쪽. 朴魯昱, 앞의 책, 204~208쪽
參照)을 들 수 있다. 기상의 주체는 상전이다. 『安東府立案』에는 義城金氏와 노비
들과의 전답쟁으 시에 원고와 피고 간에 서로 '稱以己上'(朴魯昱, 위의 책, 251쪽)
이라 진술한 것과 같이 신분에 관련된 용어도 아닌데, "노비가 자신의 재산을 소
속된 관청이나 상전에게 바치거나 노비의 재산을 소속 관청이나 상전이 차지하는
경우에 사용하였다"(이정수·김희호, 위의 책, 149쪽)라고 하여 기상을 다룬 연구
를 註에 제시하였을 뿐이다. 바치거나 차지하는 것은 전혀 별개의 의미인데 '기
상' 용어에 과연 그런 복합적인 개념이 있는지 의문이 든다. '기상' 용어와 관련해
서 '노비기상전답'의 성격을 규정짓기 전에 우선 그 기상 개념부터 명확히 하고,
아울러 사료나 자료 해석에서 주어와 목적어를 분명하게 구분되어야 할 것 같다.
학문연구 내용이 공유되려면, 그 연구에 대한 엄정한 비판이 있어야 하나, 거의
대부분 필자가 인용해서 해석한 자료나 사료를 다시 해석한 것인데 '註' 하나로
처리한 것은 학문의 발전을 위해서 있어서도 안 되고 있을 수 없는 일이라고 판단
된다. 적어도 사료 등의 그 해석이 서로 다른 경우에는 더욱 그렇다.

之介 記上 田畓庫員과 縣內面과 只佐谷面의 결부 實 1결 4부 5속
(149.8)을 每 15負에 베[木] 1필씩으로 산정하여 庚子·辛丑 兩年(1660,
1661)의 結稅가 14匹임을 기록한 성책이다. 그 후 기해양전을 거쳐서도
계속 내수사위전으로 면세되어 1740년에는 두 面의 전답 1결 62부 2속
[1결 51부 7속]인데, 이 중 水陳田은 12부 8속이고 起田畓은 1결 41부
4속이다. 그러나 실제 내수사위전답으로 면세된 것은 1734년에 戶曹의
關文에 의해서 出稅된 51부 3속을 제한 98부 1속이다. 한편 c와 d양안
에는 필지의 追入과 필지의 결부 수의 변동이 있으나 면세전 1결 4부
5속은 변동이 없다. 이 옥과현의 內婢 가지개 기상 전답은 내수사의 유
토로서 계속 지탱되어 왔음은『도안』과『국유지』에서도 확인된다. 양안
상의 양명과 시명 등은 앞에서 기술한 바와 같으나, 이 無後內婢 '加之
介記上' 전답이 과연 내비 가지개의 전답인가 여부는 대단히 밝히기 어
려운 점이다.『경국대전』공천조에는 公賤으로서 자식이 없이 죽은 자
의 奴婢와 田宅은 본사와 本邑에 속하며, 사천도 아울러 그 재산을 本
主가 區處할 수 있다고 규정되어 있다. 이후에도 그 법 정신이 계승되어
『속내전』에 공천이 자식이 없이 사망했을 때 그 己物(所有物)은 관에
주는 것[給]으로 반영되어 있다. 無後와 記上을 동시에 연결시킴으로써
무후노비의 기상전답은 바로 무후노비의 소유전답이 그 主에게 귀속된
것으로 해석한다. 記上과 歸屬의 개념은 별개인데도 쉽게 그렇게 판단
한다. 개별 사례에 의해서 판단할 문제이지만 기상을 記錄의 의미로 볼
때 그런 판단이 옳지 않을 수도 있다고 본다. 우선 내수사의 무후노비들
의 전답이 무후였기 때문에 귀속된 토지로 본다면, 사회통념상 납득이
안 되는 경우가 많다. 물론 무후노비로서 자식이 없이 죽었을 때 그 전
답이 내수사에 귀속된 경우 이 전답의 양안도 남아 있을 것이다. 그러나
옥과현의 加之介가 女婢인데다가 자식도 없이 인접된 면에 거주했을 가
능성도 부인할 수는 없지만, 두 面에 걸쳐 있는 1결 49부 8속(114.5)의

전답을 경작한 자로 보기엔 약간 의문점이 든다. 사실 옥과현의 내수사 전답인데, 婢名으로 등재된 사실로 이해할 수도 있을 것이다.

한편 숙종 21년에 宮奴田畓이 팔려나간 지가 이미 오래되었는데도 宮差가 이미 放賣 여부를 묻지도 않고 함께 모두 점탈한 데에 그 궁차를 법대로 처단하도록 한 바 있다.[57] 궁차가 법을 어긴 것은 사실이지만, '궁노전답'에 궁차가 개입한 것은 궁노 개인의 소유가 아니라 궁방의 소유 전답일 수도 있다고 생각된다. 그런가하면『묵재일기』(1558. 2.26, 276쪽)에는 '奴連守文卷 經官斜出'이라는 기록이 있다. 이는 奴 연수 전답의 문권으로 해석할 수 있으나, 실은 이문건이 종 연수 앞으로 사들여 관에 신고하여 입안을 받은 것임을 확인할 수 있다(같은 책, 1558. 1. 26, 265쪽). 이와 같이 '奴名田畓' 등을 바로 그 소유전답으로 추정하는데도 어려움이 있다.

더욱이 임란 이전부터『朝鮮王朝實錄』의 기사에는 宮奴, 宮差, 差人, 導掌, 次知, 宮隷 등이 민전을 침탈하는 궁방들의 하수인으로 무수히 등장한다. 이미 내수사와 그 노비들의 권세는 공권력보다 대단했음을 알 수 있는 仁祖 4년 閏6월의 기사를 아래에 옮겨놓는다.

> 吏曹啓曰 內需司 人主之私藏也 … 臣等今到政廳 接得內需司牒呈數度 其一 因全州內婢之呈訴 以其夫上典 擅自橫侵之故 移囚重治事也 而其橫侵與否及其事之首末是非 臣等皆未知也 然因一婢之訴 遽將士人至於移囚重治 揆之事理 萬分未安 而內需司至以移囚啓請允下 恐非聖朝美事也 該曹不敢容易奉行 敢啓[58]

위의 자료 내용은 全州의 內需司 婢가 呈訴한 것으로 말미암아 그

---

57) 憲府以各邑年分之時 … 定山地有宮奴田結 出賣已久 而宮差不問已賣與否 並皆占奪 窮民失業 號哭道路 請令該道明査 還給其主 令攸司科斷宮差之罪 允之(『肅宗實錄』卷29, 肅宗 21.9.11, 39-394쪽).

58)『仁祖實錄』卷13, 仁祖 4.閏6.2, 34-111쪽.

남편의 上典이 (재산 등을) 불법으로 횡침하였으니 그 士人을 移囚하여 엄중히 治罪하라는 것이다. 여기에는 내수사가 사인을 이수할 것을 啓請하여 왕의 允許를 받기까지 한 사실을 알 수 있다. 吏曹가 결코 타당하지 않다고 함으로써 '죄수를 옮겨 치죄하는 것'은 옳지 않다고 결론이 나기는 하였다. 적어도 일개 내수사 婢의 사건에 내수사까지 개입할 정도임을 알 수 있다. 그런가하면 현종 때 대사간인 민정중이 泰仁 등 邑의 民田을 점유하여 빼앗은 宮奴를 잡아 가두기를 청하였다. 종전에 궁둔전으로 절수한 지역 속에 민전이 있다하더라도 그때마다 갑자기 궁노들이 세력을 믿고 함부로 침탈하므로 지방의 민원이 이보다 더 심한 것이 없다고 밝히고 있다.[59] 또한 선조 39년 개성 유수로 떠나는 申磋은 궁노의 폐단은 물론 궁노의 일족이나 서로 관련된 자들의 侵虐이 갈수록 심해져 방백 수령도 협박하여 모욕을 가하고 있다고 지적할 정도로 宮家의 掌務와 궁노들의 폐단이 많았던 것으로 이해된다.[60] 이 보다 앞서 司憲府가 근년 이래로 여러 왕자궁의 종들이 남의 집 노비와 전답 및 재산을 강탈하였는데도 어느 누구도 감히 이를 막지 못하였으므로 이미 국가가 치유할 수 없는 병폐[膏肓之病]가 되었다[61]고 말한 것도 다소 과장된 표현일 수도 있지만, 내수사나 궁방의 노비들의 폐단이 상당한 지경에 이르렀다는 것을 알 수 있다.

내수사나 궁방은 전세의 징수를 맡아보는 宮奴, 次知, 差人, 宮隷, 導掌[62] 등을 통해서 이를 징수하였을 뿐만 아니라 전답의 집적을 꾀하였

---

59) 『顯宗改修實錄』卷7, 顯宗 3.5.17, 37-272쪽.

60) 申磋曰 … 宮家掌務等 作弊民間之事 王子 豈能盡知人心 大可畏也 … 都城則天日照臨 宮家之作弊 不至已甚 而至於宮奴一族 相連之人 侵虐滋蔓 方伯守令 亦被迫脅之辱 如此等事 …(『宣祖實錄』卷203, 宣祖 39.9.10, 25-259쪽).

61) … 近年以來 王子諸宮奴子輩 强奪人家臧獲田産 而莫之誰何 已成國家膏肓之病 …(『宣祖實錄』卷40, 宣祖 26.7.8, 22-29쪽).

62) 差人, 宮隷, 導掌 등은 모두 收稅 등을 맡아 보는 자로 동일한 개념으로 사용되었다. 이는 '諸宮家之導掌 卽差人之號'(『顯宗實錄』卷 4, 顯宗 2.4.4, 36-293쪽)와

다고 할 수 있다. 17세기 이후도 이런 방법을 통해 내수사나 궁방의 전
답을 집적시킨 것으로 추정된다. 궁가의 차인들이 궁전을 타량할 때에
민전을 마구 빼앗아서 사사로이 자기 소유를 만드는 경우, 법에 적용할
적당한 형률이 없으니 법률을 제정토록 한 점이라든가,[63] 충주에 사는
백성 80여 명이 呈狀하여 수년 전에 옹주의 집 도장이라고 하는 자가
本面의 황무지에 농장을 설치하고 民田을 침탈하여 차지할 뿐만 아니라
날로 증가시켜 온 면내의 산천을 모두 옹주 집안 소유라고 하여 모든 橫
弊를 부린다고 그 억울함을 호소하는 것[64]으로 보아 내노비의 전답 또는
무후노비기상 전답을 바로 이와 같은 類의 전답이라고도 추정할 수도 있
다. 물론 기상의 사례로는 자식이 있는 노비의 전답으로 확인되는 사례도
많지만 무후노비의 전답으로 판별되는 경우도 있다. 바로 奴婢己物로 기
재된 것이 그것이다.[65] 또한 1691년 慈山郡 肅川의 內奴 同龍, 奴 屹伊

'癸酉年自於義宮下送導掌 即宮隷專收稅之稱'(『肅宗實錄』 卷27, 肅宗 20.7.18,
39-339쪽)에서 확인된다.

63) 刑曹判書閔鎭厚言 宮家差人打量宮田時 混奪民田 私自入己者 法無當律 宜定律名(『肅
宗實錄』 卷37, 肅宗 28.12.2, 39-703쪽).

64) 憲府啓 … 忠州居民八十餘名 呈狀訴寃云 數年前翁主家導掌稱號者 設庄於本面陳
荒處 不但侵占民田 日漸增加 一面山川 皆稱主家之物 蒭蕘灌漑 一切呵禁 …(『顯宗
實錄』 卷3, 顯宗 1.10.7, 36-281쪽).

65) 豊基 東北面畓田畓 成均館折受
問於該館 則甲子年分 無後奴婢己物記上是如爲白置 仍存(『備邊司謄錄』, 肅宗 34.
12.30, 884쪽). 그런데 아래에 제시한 중종과 영조 때의 司鑰(大殿 및 각 문의 열
쇠를 담당) 崔千孫 등의 記上 관련 내용에서 그 田地는, 민전을 침탈한 것으로 이
를 제군과 두 공주방에 기상하는 것으로 최천손 등의 전지가 아니었다(朴魯昱, 앞
의 책, 100~105쪽 參照).
(追補) 이는 기상된 것으로도 해석할 수 있다.
京中居 內需司稱名人崔千孫 德山居尹起貞等田地奪取二公主家記上(『中宗實錄』卷
94, 中宗 35.10.24, 18-424쪽). 司鑰崔千孫諸君公主家記上稱云 奪占民田(『中宗實
錄』卷94, 中宗 36.1.23, 18-439~440쪽).
… 又啓言 昨秋因成均館啓 發遣郎屬 檢田收稅 貽弊多端 至於湖西 則良民世耕之地
或稱記上 或稱折受 勒令分半 數百良民 …(『英祖實錄』卷37, 英祖 10.2.4, 42-418쪽).

등 전답 1결 77부 8속을 타량·성책한데서, 그 전답이 그들의 '祖上名付'
로 되어 있음을 원 表題에서 확인된다.[66] 조상명부의 전답이라도 그 조
상의 소유라고 추단하기는 어렵지만 그렇게 볼 수도 있다.

　이제 위의 〈表 11〉을 통해서 구체적으로 내수사 노비전답을 검토해
보기로 한다.

　表에서 20은 1693·1696·1712년 경상도 慶州府 내수사 奴 壬秋 전
답의 끝 통계를 옮긴 것인데, 이미 이 양안에 기록된 時는 어느 경우에
도 양안에 기재된 전답의 당시 소유자가 될 수 없다고 하였다. 또한 '無
後奴壬秋記上田畓'의 1712년 양안 상의 '量壬秋'는 어느 시기의 양안
에 등재된 壬秋를 의미하며, 壬秋는 '量·時'樣式 하의 時로 기재될 수
도 있고, 실제 量主일 수도 있다[67]고 밝힌 바 있다. 1712년의 실결은
양안의 끝에 55부 1속으로 기재되어 있으나, 실제 계산하면 54부 8속으
로 『도안』과 『국유지』의 기록과도 일치한다. 이 양안의 內題에 표기된
'기상'은 '量壬秋'의 量에 기재된 사실로 해석해도 무리가 없다. 또한
황해도 信川郡 무후내노의 '名付'畓[68]의 名付와도 같은 의미로도 이해
될 뿐만 아니라, '成川府案付'된 無後內奴 莫孫 등의 전답을 타량한 양
안[69]의 '案付'도 같은 의미[70]로 보아도 무리함이 없다. 더욱이 같은 무

---

66) 「慈山郡無後內奴同龍奴屹伊等田畓打量成冊」(奎 26460). 이 양안을 改裝하면서 다
　　시 內題의 것을 기록한 것에 불과하다. 따라서 내제로 되어 있는 「慈山郡無後內奴
　　肅川案付無後內奴同龍奴屹伊等祖上名付田畓打量成冊」이 원 表題임이 틀림없다.

67) 朴魯昱, 앞의 論文, 2008, 105쪽.

68) 「黃海道信川郡無後內奴等名付田畓打量成冊」, 奎 20590. 1706.

69) 「成川付案付無後內奴莫孫奴應哲奴應信等屬公田打量成冊」, 奎 18633, 1696.
　　「成川付案付無後內奴後先記上田畓打量成冊」, 奎 18627, 1692.

70) 全炯澤은 "「무후노비전답」의 명칭에 屬公, 移屬, 記上(己上), 名付 등의 용어가 일
　　반적으로 쓰이고 있는 것을 볼 수가 있는데 이것도 이들 토지가 원래 무후노비
　　자신들의 소유지였음을 알려준다"라고 하였으나, 그 자체로는 이를 입증되는 것
　　은 아니었다. 더욱이 "記上(己上)이란 용어는 "기록하여 바친다"는 의미로 노비들
　　이 자기의 재산을 상전에게 주로 사용하고 있었다"(全炯澤, 「朝鮮後期 內奴婢의

후노비에 대한 기록이라는 점에서 더욱 그렇다고 하겠다.

경상도 善山府의 1675·1713·1783년의 내수사 둔전답 양안(奎 18497·18498·18496)과 內需司 奴 金伊 田畓 記上 成册(奎 18616, 1708) 등 4건의 양안이 남아 있다. 그런데 세 둔전양안과는 같은 府東內(面)에 별개인 1708년 양안의 召溪員 右字 '東犯四十九三等圭畓八負九束時作 次申'의 필지 아래에 畓主인 奴 金伊가 죽어 埋葬할 때에 그의 妻가 次申에게 매도하였다는 註가 있다.[71] 이는 원래 내수사의 전답인데 內奴인 金伊 명으로 記上(登載)되어 있었는데, 김이가 죽은 후 추심할 때에는 그의 아내가 결부 63부 4속(54.9) 중 그 지번의 8부 9속의 전답을 팔아 장례비용으로 사용한 후였기 때문에 이에 註로 사실을 기록한 것으로도 해석된다.[*] '畓主'도 해명되어야 하나, '放賣' 자체를 부인한 타량·성책이라면 이런 해석이 가능하다. '記上'을 이른바 잘못된 의미인 '上納'으로 해석하면, 상납된 전답을 타량할 때에 매도된 필지가 포함될 수도 없을 뿐만 아니라, 상납된 토지가 어떻게 방매될 수 있는가. 무후노비가 생전에 신고의 의미로 '기상'을 파악하더라도, 김이의 처가 남편의 전답을 차신에게 방매한 것이 인정될 수 없다는 것은 상상하기 어렵다. 이렇게 볼 때 이 '金伊田畓記上'은 金伊 이름으로 실려 있는 내수사의 전답일 수 있다고 생각한다. 만약 위 방매 사실이 확인되고 次申이 그대로 그 필지를 내수사의 소유전답에 투탁하여 혼입한 상태로 있는 경우일

土地所有」,『歷史教育』35, 1984, 127~128쪽)라고 함으로써 바른 해석에 이르지 못한 것으로 보인다.

71) 東犯四十九 三等圭畓 捌負九束 時作 次申 畓主奴金伊身死埋葬時 其妻放賣於次申處 朴魯昱은 이 註를 全炯澤이 내수사에서는 방매를 인정하지 않고 무후노비의 소유토지로 파악하여 속공하였다고 해석한 것을 아내의 재산 처리권을 전혀 고려하지 않는 것이라 비판하였다. 당시 법전이나 사회 통념상 '무후'라 해서 無後인 아내가 죽은 남편의 전답을 부당한 증여 등이 아닌 방법으로 방매한 것을 상전이나 官이 무효화할 수 없다고 주장하였다(朴魯昱, 앞의 책, 177쪽).

* (追補) 전답의 소유권보다도 경작권을 매도한 가능성이 검토될 수 있다.

수도 있다. 물론 '時作'이 당시의 경작자의 의미로 사용되었을 때에는
여러 추정도 할 수 있다.

일반적으로 시작을 남의 전답을 경작하는 이른바 소작인으로만 해석
하는 데도 문제가 있다. 그렇다고 이 時作을 정확한 자료에 의한 검증이
없이 전답소유자로 파악하는 것도 재검토가 필요하다고 생각된다.

그런가하면 내수사 無後內奴의 전답양안 상에서 기재된 인물을 그
전답에 대한 같은 성격과 그 지위로 이해하기 어려운 사례도 있다.

1701년 평안도 祥原郡 無後內奴 孝立, 奴 哀垣, 婢 亂玉 등의 밭을
타량·성책한 양안(奎 18624)에 수록된 노비 명으로 된 몇 지번을 아래에
제시하고자 한다.

    a 奴孝立田庫秩   南面 藏字丁
      直陸等田拾負伍束 朴彦忠 東同人田南山二方路(內參負伍束作李太有柒負作朱石興)☆
    b 律字丁 奴哀垣田庫秩
      直陸等田拾陸負壹束奴哀垣 二方奴南浦西永(作 高擎夏)
    c 男字丁 婢亂玉田庫秩
      直伍等陸拾參負捌束奴亂松 三方路北貴汗(作 安仁煥)
      ☆ () 안에 기록된 것은 1764년 양안(奎 18625) 상의 자명이다

위의 자료에서 보는 바와 같이, b의 哀垣만 전답질 명과 지번에서의
명이 일치하고 있을 뿐이다. a奴 孝立田庫秩에는 藏字丁과 더불어 閏·
餘자 지번에는 모두 6필지인데, 朴彦忠, 徐松進, 婢 福眞이 각각 3, 2,
1지번씩 그 명이 기재되어 있을 뿐만 아니라 彦忠과 福眞은 사표 상에
서도 확인된다. 분명히 內奴 孝立의 田庫秩로 되어 있기 때문에 이들
지번에 기재된 3인은 내수사의 전답이든 효립의 전답이든 소작인에 불
과하다. 당시에 효립은 사망했거나, 단순한 내수사의 전답을 관리하는
자이거나 作名을 이렇게 기재했는지 판단하기 어렵다. 그러나 그런 성
격의 奴로 판단하기에는 c의 노 애원의 전답 필지와 비교해도 옳은 판단

이 아닐 것 같다.

'婢亂玉田庫秩' 條에는 男, 能 등 자호에 각각 한 필지씩 奴 亂松과 婢 亂玉으로 기재되어 있다. 婢 난옥의 기재는 당연한 것이지만 난송은 소작인으로 판단할 수 있다. 그렇다면 律, 調, 陽, 雲, 致, 結, 霜, 生자 등 8자호의 32필지에 기재된 奴 애원은 어떤 인물로 이해해야 되는가 하는 문제에 직면한다. 또한 '奴哀垣田庫秩'이므로 애원이 각 지번에 기재된 것은 당연하다. 그러나 그가 생존해 있는 경우는 어떤 이유로 무후노인 그가 그의 전답 지번이 궁방전 양안에 수록되어 있을 수 있는가가 문제가 된다. 무후 內奴인 경우 그가 죽었을 때는 그의 전답 등 재산이 내수사에 귀속된다는 규정에 의해, 애원이 사망했을 때에는 그의 밭이 내수사의 '奴哀垣田庫秩'로 기재될 수 있을 것이다. 그런데 두 奴婢 田畓秩에는 한 秩에는 작인만이 기재되어 있고, 한 秩에는 각각 작인 난송과 그 질의 婢名 난옥이 실려 있다. 언제인가는 판단하기 어렵지만 두 노비명의 秩 지번에는 실제 작명이 실려 있는데 반해서, 노 애원의 지번(358.3)에 그가 作號로 기재된 것으로 어느 때인가 이것이 하나로 통합되어서 각각 다른 성격-작호 명과 작인 명-이 혼재된 것 아닌가 추정된다. 사실 3명의 내노비들은 그 이전 양안에서도 내수사전의 각각 작인과 작명으로 기재된 것에 불과하다는 것으로 판단될 뿐이다.

그런데 1706년의 무후내노비의 전답을 屬公하여 타량한 양안(奎 18623, 19.2)에는 婢 亂玉屬公秩(得·能자 5지번. 1702년 양안 能자 지번과 다름)이 포함되어 있으나, 그 후 양안에서는 찾을 수 없다. 1764년 양안에서는 사표 상의 기재 사항 등이 전혀 변동이 없이 그대로 적혀 있고 결부 기록은, 어느 양안 것의 기재상의 착오인지 확인할 수 없지만 8속의 차가 있을 뿐이다. 두 양안 모두 실제 통계는 바르게 산출되지 않았다.[72] 즉, 63년이 지난 후 타량한 양안에는 전 양안에서는 없던, 앞에

---

72) 「平安道祥原郡無後內奴孝立奴哀垣婢亂玉等田庫打量成册」(奎 18624, 1701)과 「平

서 1701년 양안의 지번 괄호 안에 덧붙여 기록된 바와 같이, 새로운 작인만이 기록되어 있을 뿐이다. 앞의 양안에 작인 또는 작호로 기재된 박언충, 복진, 서송진, 奴 애원 등이 그대로 기재되어 있음은 논할 필요도 없다. 다른 점은 표제에 '無後內奴孝立奴哀垣婢亂玉等田庫打量成册'을 '無後內奴婢等田庫記上改打量成册'으로 바꾼 것 밖에 없다. 이 표제 변동에서 1764년에 와서야 일부 내수사 노비전답을 記上하는 것으로 해석할 수 있는가가 검토될 수 있다. 이 해석이 바른 해석이 될 수 없는 것은 우선 이 시점에서, 이미 1701년의 양안 표지에 다음해인 壬午年 정월 초6일에 '移內需司'로 기재되어 있다. 또한 1764년 양안에도 바로 그 해 갑신년 11월 10일 '移內需司'로 기록되어 있다. 요는 1701년 양안도 이미 屬公되었음을 확인할 수 있다는 점이다. 따라서 '기상'을 1764년에 내수사 노비 전답을 기상하는 것으로 이해하는 것은 바르지 않다는 점이다.

이는 당시 개타량할 때의 아전이 필사하는 경우 노비 명으로 기재된 전답을 양안(1701년 양안 등)에서 추심해서 확인한다는 의미로 기재한 것으로 보아도 무리가 없다. 평안도 상원의 내수사 전답은 그 후 매도되었는지 그 변동을 확인할 길이 없다. 즉, 內奴 孝立, 奴 애원, 婢 난옥 등은 물론 박언충, 婢 복진, 서송진, 奴 난송 등도 작인으로서 군현양안 등에 등재된 인물로 볼 수 있다. 그 후 평안도 상원의 내수사 전답은 매도되었는지 그 변동을 확인할 길이 없다.

그러면 같은 무후노비인데도 '記上'의 기록이 없는 양안의 전답과는 그 전답의 성격이 다른가.

安道祥原郡無後內奴等田庫記上改打量成册」(奎 18625, 1764)의 결부는 양안 끝에 각각 4결 98부 9속과 5결 3부 8속이나, 실제 바른 통계는 각각 5결 5부와 5결 4부 2속이 맞다. 두 양안의 차는 雲字丁 直續田 7부 1속, 勾陸等田 2부, 圭6等田 5부 1속의 결부가 각각 7부 6속, 2속, 5부 6속으로 기재된데 그 이유가 있다. 이는 서원들의 기재상의 실수로 생각된다.

〈表 11〉에서 23의 황해도 信川郡 故無後奴 박봉수전답 타량·성책의 전답과 다른 無後奴 기상 전답과는 그 성격이 다를 수 없다고 본다. 내수사의 소유전답인 것을『도안』과『국유지』에서도 확인할 수 있기 때문이다. '기상'의 유무에 관계없이 똑 같은 성격의 무후노비 명으로 등재된 전답이란 점에서 공통점을 지녔고 양안의 전답 성격을 규정하는데 어떤 차이점이 있다고 판단되지 않는다. 문제는 1699년 이미 사망한 박봉수 전답을 타량한 것이 實結 9결 23부 8속(밭 835.2. 논 88.6)이란 점이다. 그 시대상이나 그가 無後奴인 점으로 볼 때 이를 박봉수 한 개인이 소유한 전답의 결부로 보기는 어렵다고 본다. 박봉수는 내수사의 전답을 집적하는 차인 혹은 궁차의 역할을 한 것으로 그 명이 作號로 기재된 것으로 추정하고 싶다. 물론 1701년 평안도 三和府 무후내노비 전답 기상 타량·성책(奎 18634)의 경우도 같은 추정이 가능하다. 이 양안에는 각 필지에 6명의 奴名이 기재되어 있는데, 몇 필지에는 노명이 확실하지 않은 경우 '奴江知不喩奴彦龍'이라고 2명이 거론되기도 하였다. 이 6명의 총 결부는 4결 84부 4속(實起 355.6)인데, 그 평균 결부 수는 80부 7속이 넘는다. 그 평균 결부 수도 많지만, 개인 奴별로 보면 亂立과 江知는 1결을 넘어서 각각 2결 5부 6속과 1결 7부 1속의 전답을 소유 또는 보유한 것이다. 奴 彦立도 74부 6속이나 된다는 점에서 박봉수의 예와 같이, 이들이 내수사의 內奴로서 그 전답의 작명으로 기재된 차인 혹은 도장이었다고 추정된다..

그런데 신천군 故無後奴 박봉수 전답 양안의 경우는 약간 복잡한 과정을 거친 것이다. 즉, 1699년의 양안 결부가 9결 23부 8속(922.9)이던 것이 다음해 改打量한 量案에서 약 배인 18결 7부 2속(1,818.6)으로 늘어난다. 이 신천 양안의 자호 변화를 비교하기 위하여 〈附錄 2〉를 만들어 뒤에 붙였다. 이에서 1699년 加介左 垂字丁 등 23字號였던 것이 1700년 양안에서는 鳳자가 누락되어 있으나, 실은 在자에 포함되어 잘못 기록된 것에 불과하고 賴·事자 등 두 자호가 추가되어 25개의 자호가 실려 있다. 실제 두 자호의 추가에 따른 결부는 50餘 負에 그친다. 그러나 두 양안의 필지를 상호·비교하여 보면 자호 내에 새로운 필지들이 대부분 追入된 것이다. 즉, 23字號 중 垂자를 비롯하여 16자호 내에 62필지(加耕 1)가 늘어나 그 결부도 9결 24부 3속이 증가되었다.

1700년의 양안에서는 두 필지(1.8)가 탈락되었는데, 실제 통계를 내보면 총 18결 18부 6속이 산출된다. 무엇보다도 9결 이상의 밭이 1년간에 증가·등재된 사실 자체가 대단히 중요한 의미를 지닌다. 1699년 이전 자식도 없이 이미 사망한 奴 박봉수의 전답을 타량한 것이었다면, 1700년에 다시 9결 이상의 결부가 어떻게 증가할 수가 있느냐 하는 점인 것이다. 단순히 사무적인 착오에 의해서 누락된 것으로 판단될 성질의 것이 아니다. 더욱이 별도의 문건을 취합한 것이 아니라 새로운 두 자호 賴, 事의 지번을 제외하고 모두 1699년에 등재된 같은 자호 필지 내의 주위에서 追入된 점에서 누락으로 보기 어려운 것이다.

한편 賴 字號는 及·萬·方·盖자 바로 위라는 점에서 주변의 같은 들에 있는 것으로 판단할 수 있고, 事 자호도 尾·競지외 曰·與·敬자 사이에 있는 점에서 같은 의미로 해석된다. 이는 내수사가 그의 공권력에 의해 그 결부의 밭을 매입했거나 다른 방법에 의해 취득하지 않고는 이루어질 수 없는 전혀 불가능한 일이라고 추정된다. 내수사 무후노비의 전답이 이렇게 많은 전답을 소유할 수 있었겠는가 와는 별개의 문제인 것이다. 무후노비의 전답이 그 사후에 官·主에게 귀속되는 사례를 배제할 수는 없다고 하더라도, 몇 부 정도의 착오가 아닌 이런 사례는 이 광대한 전답의 소유자가 노비-무후노비-가 될 수 없다는 것은 물론 이제까지의 '무후노비전답'에 대한 해석에 문제가 있는 것을 보여주는 반증으로도 볼 수 있다. 무후로 죽은 박봉수는 그 전답의 소유자가 아니라 내수사의 궁차 또는 도장으로서 내수사의 전답을 집적하는 그런 인물로 보는

것이 타당하다고 본다. 내수사나 궁방들이 초기에 장토를 집적하는 방법
으로 무후노비를 이용한 것은 아닌지 추정도 가능하다고 본다.

이제 박봉수 전답의 결부 변동 등에 대해 약간 개괄적으로 살펴보고
자 한다. 우선 1706년 양안의 '無後內奴等名付'의 韓應見 등의 전답 결
부 3결 40부 9속(160.6)이 1731년에 포함되었다. 그러나 실제는 韓應見
등 名의 전답은 실제 계산한 결과 4결 90부 3속(354.6)이 기재되어 있다.
이는 읍양전이 있었거나 내수사전답만을 개타량한 결과라고 판단되나,
황해도의 읍양전은 현종 10(1669)년의 황주, 해주, 안악, 평산의 4읍과
숙종 27(1701)년 강령, 옹진, 은율의 3읍이 실시되었을 뿐이다.[73] 이렇게
볼 때 내수사 전답만의 타량이 이뤄진 것으로 판단할 수 있다.

이 양안 상의 각 필지를 비교해도 결수와 사표 상의 기재내용도 바뀐
것을 알 수 있다. 24년이 지난 점과 개량에 따른 결부의 변동을 감안하
더라도 1731년 양안 상에 너무 많은 결수가 증가되었다. 즉, 1706년의
3결 40부 9속에서 1결 49부 4속(149)이 증가된 4결 90부 3속(354.6)인
것으로 약 결수의 절반이 늘어난 것이다. 이는 奴 옹견 등과는 관련이
없는 단순한 증가가 아니라 내수사에 의해서 이뤄진 장토 집적이라고 판
단해도 무리가 없다.

그러면 1699년 이전에 이미 죽은 奴 박봉수 전답의 결부는 얼마나 증
대되었을까.

우선 '加介左 垂字丁' 등 지역과 자호의 변동은 없는 것이나, 자호
내의 필지 수와 그 결부는 많이 변동되었다. 1700년의 양안 상에는 垂자
에는 39부 4속의 6(加耕田 1)지번이 기록되어 있었으나 1731년 양안 상
의 7지번에는 40부 6속의 결부가 실려 있다. 이와 같이 각 필지의 수와
결부에 크게 변동이 있다. 전체적으로 보면 〈附錄 2〉에서 보듯이 새로
운 자호로 기재된 것은 身·髮자인데, 두 자호에 무려 결부 3결 99부 3속

---

73) 『度支志』 外篇 卷 4, 量田.

이 등재되어 있다. 이 양안에서 박봉수 전답 필지로 등재된 것은 모두 145필지에 22결 17부 9속인 것이다. 이는 두 자호의 증가분 3결 99부 3속을 제하면 바로 1700년의 결부 18결 18부 6속이 되는 것으로 보아 身·髮 사호 이외의 증대된 것은 없었다는 것을 뜻한다. 그렇지만 약 4결의 전답이 새로 집적된 것이다. 이 집적된 전답은 박봉수와는 전혀 관계가 없는 전답의 결부인 것이다. 즉, '박봉수'라는 作號에 실려 있을 뿐인 것이다. 1731년 양안의 끝 통계에는 전답 43결 97부 3속 가운데 無後內奴 田畓이 韓應見 등의 결부를 포함하여 26결 23부 9속(實計 2,708.2)이 기록되어 있다.

그런가하면 영조 23(1747)년에 信川郡에서 개타량한 후에 성책한 것이 「黃海道信川郡所在無後內奴朴奉守韓應見等田畓去丁卯改打量後査實成册」(奎 18619, 1754)이다. 이미 영조 23년에 황해도에서 信川만의 읍양전이 행해졌다.[74] 하여튼 이 양안에는 1747년의 개타량에 따라 자호가 완전히 바뀌어졌으나 그 수는 하나 줄어든 26자호이고, 지번 수도 많이 줄었다. 이에는 유일하게 '漏落査出秩' 條에 52부 4속이 실려 있지만 실제 결부 수는 내폭 감축된 15결 2부 6속이다. 어떤 이유인지 확인할 길이 없지만 내수사가 전토의 일부를 방매한 것이 주된 요인이 아닌가로 추정된다. 1783년 양안에는 거의 1결에 가까운 결부가 줄어든 14결 22부 5속이 남아 있고, 26자호 중 似자가 如로 바뀐 것 외 25字가 동일하다. 그러면서도 甲子 등 9자호가 새로 기재되어 있어 35자호가 되나, 실제 결부는 감소된 점이다. 이는 내수사 자체에서 많은 전답을 방매하기도 하고 그 후 다시 매입한 결과로 나타난 사실로 짐작된다. 1783년 양안의 表題에는 이제 무후노 박봉수와 한응견 등의 이름이 빠져 있다.

---

74) "戶曹判書鄭錫五 以信川郡量田後減縮田結 至於一千七百餘結 請推該邑守令 上令備局稟處"(『英祖實錄』 卷64, 英祖 22.8.3, 43-220쪽, 1746(丙寅))의 記錄으로는 1746년이 분명하나, 『度支志』 外篇에 '二十三年丁卯改量申川'과 이 1754년 양안 상의 '丁卯改打量'으로 보아 그 후 打量 成册한 것이 영조 23년인 것으로 판단된다.

이런 과정을 거친 신천군 내수사 전답은 『도안』에서 15결 62부 1속 (1,398.6)의 유토임이 확인된다. 또한 『국유지』에도 그 實結이 그대로 실려 있다. 1706년 평안도 順川郡守가 無後內奴 大元의 田 1결 70부 4속(110.1)을 타량·성책하기도 하였다(奎 20494).

그런데 濟州島의 大靜縣 量案에 등재된 두 名-故奴 孟孫·故婢 眞香 今 田畓秩-의 無後奴婢 己上 田畓이 9결 87부 8속(689.3)이나 된다. 앞에서 이미 서술한 바와 같이 「大靜縣案付內需司己上田案中文券混入私田畓別件成冊」(a奎 21958·20592, 1726)에서 '己上'은 기록의 의미로 내수사전답으로 등재되어 있다는 의미로 해석된다. 동일 지역이며 동일 시기의 이 양안 상의 '己上'을 달리 해석하기 어려울 뿐만 아니라, 당대의 故內奴·婢에 의해서 이렇게 많은 전답을 거의 비슷하게 소유했다고도 보기 어렵다. 더욱이 거의 대부분의 지번의 사표에는 '內田·畓'으로 표기된 점으로 보아도 그렇다. 이렇게 표기된 필지가 56건으로 전 필지의 절반에 가깝다.[75] 대정현의 세 양안(b奎 18612, c奎 20400, d奎 18460, 1726) 중 d양안은 放賣價와 庫員의 落種 數와 買得人 성명을 기록한 점이 다른 두 양안과 다르며 특히 사표의 기재 내용이 더 세밀하다. 즉, 두 양안은 같은 내용의 異種本으로 '東內畓' 등으로 한 방향의 사표만을 기재한 반면 d양안은 동, 서, 남, 북의 사표를 대부분 기록하였다는 점이다.

그러면 내수사의 奴婢 名의 전답이나 宮奴婢 名의 전답은 어떤가.

1713년 경상도 英陽縣에 소재한 1결 77부(56.9) 宮奴 自仲의 '屬公屯田畓'을 개타량하여 성책하였다(奎 18912). 궁노 자중이 無後奴 여부

---

75) 경상도 지역에서 자호 중심이 아니라 員[들]을 중심으로 양전이 이뤄졌듯이, 員을 중심으로 양전이 이뤄졌다. 員의 처음 시작에는 地目이 먼저 기록되었으나, 다음은 犯向을 먼저 썼다. 그 다음에 片을 기록했는데, 이는 夜味나 뙈기에 해당된다고 본다. 좀 떨어진 곳에 있는 전답은 庫로 기록한 경우도 있다(一 加內員 … 北犯田二庫合十負). 그 다음에는 陳·起와 경작자 名과 사표가 실려 있다.

를 확인하기 어렵지만 기록 자체로는 무후라고 할 수 없으나 그 명의
전답이 이미 속공된 것이다. 이 '屬公'으로 보아 자중은 內奴인 것이다.
전답의 속공 이유가 무엇인지 헤아리기 어렵다. 1737년 평안도 中和府
故內奴 順業 등의 전답 68부 3속을 타량한 성책(奎 18630)도 같다. 아
울러 같은 府에 소재한 內婢 照惡古里, 內奴 卜同, 愛奉 등의 田畓 結
負 1결 56복 5속(蘆田 21 포함)도 무후였기 때문에 그 명의 전답들이
속공되었다고 추단하기 어렵다. 경상도 星州牧에 소재하는 내수사 둔전
답을 개타량한 성책(奎 18503, 1713)의 禾谷坊 廣林員 聲자 제366, 408
의 지번에는 '量內奴溫大'가 기록되어 있고 그 아래에 時名이 기재되어
있다. 이 內奴 등의 전답이 바로『도안』의 유토 면세결질 條에 있다. 더
욱이 다른 궁방들의 사례에서도 奴名의 전답을 그의 소유가 아니라 궁
방의 소유란 점에서도 그렇다. 즉, 1685년에 전라도 淳昌郡 明禮宮의
連金田畓은 56결 59부 2속(時起 744.2)은 분명히 명례궁의 전답이라고
판단된다. 1731년 황해도 文化縣의 於義宮奴 劉同·還水·終水 田畓秩
條의 9결 63부 2속(640.3)도 어의궁의 전답으로 추단된다. 더 검토를 요
하는 문제이나, 우선『도안』상 문화현의 어의궁의 출세 결부 14결 3부
5속(1,197.8)도 이와 같다.

끝으로 1692·1716·1740년의 양안이 현존하고 있는 충청도 대흥군의
내수사 逃亡婢인 金伊德 等 記上田畓을 타량한 것[76]을 다시 살펴보고
자 한다. 이에 대해서는 이미 살펴본 바 있지만 당시는 金伊德을 중심으
로 검토하는데 치중하였기 때문에 이제 자료로서 전반적으로 검토하고
자 한다. 이를 위해 세 양안 상의 결부, 舊, 時, 舊, 今, 起, 陳을 중심으
로 〈表 12〉를 만들었다. 1692년 김이덕은 이미 逃亡한 婢이므로 이 당

---

76) 「忠淸道大興郡內需司逃亡婢金伊德記上田畓打量區別成冊」(奎 18609, 1692).
　　「忠淸道大興郡內需司婢金伊德等記上田畓字號庫員改打量成冊」(奎 18611, 1716).
　　「公洪道大興郡內需司婢金伊德田畓改打量成冊」(奎 18610, 1740).

시의 경작자일 수가 없는데도 1716년의 양안에서도 표기를 그대로 사용
하고 있는 점에서, 이는 우선 '기상'의 주체가 도망친 김이덕이라 볼 수
없고 이 타량 이전의 양안에 나오기 때문에 표제에 기록된 것이라 해석
하였다. 아울러 '舊', '時', '今'은 시기적인 차이만을 표현하는 것일 뿐
그 아래 기록된 명이 전답의 소유주인가 소작인가를 구분해 주는 것은
아니라고 하였다. 더욱이 도망노비의 재산은 무후노비의 경우와 같이 그
상전에게 귀속된다.[77] 따라서 대흥군에 거주하던 內婢 김이덕이 도망함
으로써 그 전답이 내수사에 귀속되었다면 1740년의 양안에서와 같이,
'舊金伊德 今奴士萬' 또는 '舊水香' 등이 빠지고 '起士萬'으로 등재되
어 질 수 없다. 요는 '內婢金伊德等記上田畓'은 甲戌量田 이전 어느 시
기에 내수사가 買入하였거나, 折受, 賜與된 전답을 金伊德, 一龍 등의
名으로 등재된 것으로 보아도 무리가 없다.[78]

〈表 12〉 大興郡의 1692·1716·1740年의 量案 比較

(單位; 負.束)

1692年量案				1716年量案			1740年量案				
字號地番	結負	舊名	時名	字號地番	結負	舊	字號地番	結負	起舊名	今	起陳 名
暎 31	8.3	一龍	一龍	暎 31	8.3	一龍☆					
32	20.3	同人		32	20.3	一龍☆					
令 11	5.5	南世	一上	令 11	5.5	南世	令 9	7.1	士萬		
所 3	14.6	南世	屯三	所 3	14.6	南世	所 2	14.6	士萬		
基 28	2	金伊德	先伊	基 28	2	金伊德	基 25	1.7	金伊德	奴士萬	
47	1.9	金伊德	京南	47	1.9	同人	42	8.2	金伊德	奴士萬	
48	5	同人☆	一千	48	5	同人	46	8.8	金伊德	奴士萬	
52	14.9	南世	一男	52	14.9	南世					
53-2作	26.6	南世	一男	53-2作	26.6	南世					
籍 10	0.8	金伊德	山春	籍 10	0.8	金伊德	籍 9	2.1	金伊德	奴士萬	

---

77) 『古文書集成 －海南尹氏篇 正書本－』三, 韓國精神文化硏究院, 土地文記 No.218,
   1986, 262쪽.
78) 朴魯昱, 앞의 논문, 1990, 86~90쪽 參照.
   위의 논문(88쪽)에서 '1740년의 양안'을 포함시킨 것은 필자의 실수로 바로 잡는
   다. 아울러 〈表 2〉의 '擾字 第4·16'(87쪽)에서 '擾'를 攝으로 정정한다.

16	6.4	南世	世男	16	6.4	南世	15	8.4	南世	奴士萬
				19	43.2	仁龍	8[18]	33.9	仁龍	奴士萬
				21	18.7	同人	20	2.6	仁龍	奴士萬
28	5.6	南世	崑山	28	5.6	南世	26	7.5	南世	奴士萬
29	2.2	同人☆	五男	29	2.2	同人	32	9.7	仁龍	奴士萬
				38	2.8	仁龍	33	2.9	仁龍	奴士萬
				39	3.4	同人				
				40	3.7	同人				
甚 2				甚 2	4.5	水香	甚 1	2.9		起奴士萬
3	2.4	南世	一男	3	2.4	南世	2	2.4		起奴士萬
4	15.4	同人		4	15.4	同人	3	15.4		起奴士萬
				7	11.9	仁龍	6	11.9		陳奴士萬
8	2.8	南世	一男	8	2.8	南世	7	1.1		起奴士萬
9	1	同人		9	1	同人	8	0.9		起奴士萬
10	1.3	同人		10	1.3	同人	9	1.3		陳奴士萬
18	1.3	南世	一男	18	1.3	一龍☆	16	1.6		起奴士萬
19	5.6			19	5.6	南世	17	6.4		起奴士萬
30-2作	10.6	同人		30-2作	10.6	同人	27-2作	10.3		起奴士萬
無 5	8.1	同人		無 5	8.1	南世	無 4	8.3		起奴士萬
12	5.8	南世	彘男	12	5.8	南世	11	1.5		起奴士萬
23-2作	53.1	南世	戒龍	23-2作	53.1	同人	22-2作	63.2		起奴士萬
初 3				初 3	24.2	忠男	初 2	10.3	士萬	
宜 42				宜 42	20.2	仁龍	宜 40	23.5	士萬	
深 7				深 7	7.9	仁龍	深 6	7.9	士萬	
				12	8.5	同人	11	5.6	士萬	
竟 3				竟 3	6.7	仁龍☆				
				4-2作	29.7	仁龍☆				
				14	55.8	仁龍	竟 12	56.7		起奴士萬
優 28				優 28	25.4	金伊德☆				
攝 4				攝 4	20.9	金伊德☆				
16				16	3.3	金伊德☆				
政 39				政 39	5.4	南世	政 35	51		起奴士萬
樂 39				樂 29	2.1	仁龍	樂 29	3.2		起奴士萬
計	221.5	實158.6			519.8			416.3		

☆ 基 第48 同人은 橫書로 된 바로 옆의 時 京男을 對稱한 것이 아니라 같은 '舊 金伊德'을 받는다.

☆ 籍 第29 同人은 橫書로 된 바로 옆의 時 崑山을 對稱한 것이 아니라 같은 '舊 男世'를 받는다.

☆ 暎 第31·32 舊 一龍 細註에 移錄 男世.

☆ 甚 第18 舊 一龍 細註에 移錄 男世.

☆ 無 第23-2作은 20부 上陳 舊 南世, 33부 1속 時 戒龍.

☆ 1692년 양안 상의 陳田은 62부 9속이 아니라 88부가 바르다(基 第28還陳 2·第47還陳 0.2·第48還陳 5·第53仍陳 27, 籍 第10還陳 8·第28成林陳 6, 甚 第9成林陳 1, 無 第23-2作 2),(53.1 內 上(沙)陳).

우선 〈表 12〉에서 각 양안의 결부 통계는 2결 21부 5속(實起; 158.6. 實計; 133.4), 5결 19부 8속(368.1), 3결 70부 4속[4결 16부 3속](254.2) 이다. 1692년의 양안의 진전 통계는 62부 9속이 아니라 실제 계산된 88 부 1속이므로 起耕地가 1결 33부 4속이 된다. 그런데 2결 21부 5속의 결부가 金伊德, 一龍, 南世 3명의 舊作 명으로 기재되어 있는 반면, 時作은 一龍 이하 13명이다. 당시 3명 중 一龍만이 유일하게 시작인 점도 간과할 수 없는 사실이다.

이 量案 表題의 記上을 '상납'으로 해석한다면 너무 무리한 해석이 될 수밖에 없다. 갑술양안에 등재된 '逃亡婢金伊德'은 도망 전에 그 전 답을 상납하였다는 결과가 되고, 또한 갑술양안에 載錄된 一龍은 그 전 답을 내수사에 상납하고 다시 이를 경작하는 현재의 소작인 격이 되는 것이다. 전답의 많고 적음을 떠나 이런 현상은 사회적 관행이나 통념상 있을 수 있는 일이 아니라고 본다. 1716년 양안에는 그 결부가 배 이상 이 증대되었다. 이는 舊作 김이덕의 전답과 더불어 舊作 仁龍, 忠男의 전답이 추가되었기 때문이다. 즉, 내수사에 의해서 이들 명으로 된 前의 내수사의 타량양안이나 갑술양안에 기재되어 있는 전답을 추심한 결과 인 것이다.

이를 반증하는 것이 優자 第28과 攝자 4·16 지번의 김이덕 전답의 推尋에 관한 세주이다. 즉, 이 필지들이 1634년 갑술양안에 김이덕 名으 로 懸錄(登載)되어 있는데 김이덕이 공·사천인지 여부도 卜別함이 없 이, 그런데도 오로지 백성들이 서로 소송을 하였으나 (내수사 전답임을) 세 번의 판결을 받아 그 입안이 현존한다고 세주로 밝히고 있는 것이 다.[79] 어떤 형태이든 1716년 양안에서의 전답들은 내수사 소유임에도 그 표제에 '記上'을 쓴 것은 바로 갑술양안에 '金伊德名字懸錄'과 '一 龍載錄' 등과 관련이 있는 것이다. 그 '名字'들이 있는 전답을 추심하면

---

79) 甲量以金伊德名字懸錄 公私賤與否 無所卜別 而但民人等相訟 三度得決 立案現存.

서 사용한 것으로 보아도 된다. 또한 竟자 3, 4-2作 지번의 '舊仁龍' 아래 세주에도, 즉 갑술양안 중에 一龍으로 載錄되어 있어 本司(內需司)로부터 吳二明에게 出給한 것이다. '關文을 서로 살펴본즉 출급이 확실하다'라고 되어 있다. 따라서 그 결부 5결 19부 8속에서 36부 4속을 除하도록 통계 끝에 세주 하였으므로, 이를 제외한 4결 83부 4속이 실제 1716년 양안의 전답 결부이다. 여기서 '舊仁龍'은 갑술양안 상의 기록이 아니고 어느 시점(1692 보다 이전 일 수도 있는)의 내수사 타량양안일 수 있다. 과거 推尋이 잘못되어 이미 내수사에서 그 관련자인 吳二明에게 그 전답을 내주었음을 의미한다고 하겠다.

그런데 경자양안 이후에 타량된 1740년의 양안 상에서 그 자호와 결부가 많이 변동되어 있음을 위의 〈表 12〉에서 확인된다. 즉, 쉬자 11은 쉬자 9로, 그 결부는 5부 5속에서 7부 1속으로 증가되었다. 1740년의 양안 상의 지번은 앞뒤로 한두 지번씩 밀리기도 하였고 그 결부도 약간 증대된다든가 감소된다든가 하였다. 그런가하면 그 결부가 1716년의 것과 동일한 것도 32필지 중에 所자 2 지번 등 6건이나 된다. 하지만 1716년의 43개 지번 중에 자호나 그 일부가 탈락된 것이 무려 11개 지번이 된다. 경자양전과 이에 따른 이런 이유로 1716년 양안의 결부 4결 83부 4속이던 것이 1740년에는 4결 16부 3속으로 감축되었고, 아울러 39부를 咸知事 奴 己奉에게 出給함을 끝의 통계에 기록되어 있으나 실제 계산한 결부는 3결 77부 3속이 된다. 거기에다 이 중 자호 자체가 탈락된 것은 두 지번의 暎자, 세주가 기록된 優자 한 필지와 攝자 두 필지 등이고, 基자 52, 53-2作의 두 지번과 1716년에 追入된 籍자 39, 40과 竟자 34-2작처럼 자호의 일부 지번이 빠져있으나 그 이유를 밝히기 어렵다.

그런가하면 1740년 양안 상의 그 기재 사항도 눈여겨 볼 대목이다. 이미 1692년과 1716년의 대홍군의 양안 상에서 舊와 時는 舊作과 時作으로 판단하는데 무리가 없다. 또한 1740년의 今은 今作으로 해석하였

다. 1740년 양안 전체를 검토하면서 위의 〈表 12〉에서와 같이 그 표기
가 다양하다. 그 사례를 소개하면 다음과 같다.

　　a 令字 第九東犯…柒負壹束…起 舊 士萬
　　b 基字 第二十五南犯…壹負柒束…起 舊 金伊德 今 奴 士萬(橫·二行竝書)
　　c 甚字 第一西犯…貳負玖束…起 奴 士萬
　　d 甚字 第六北犯…拾壹負玖束…陳 奴 士萬

　위의 사례가 1740년의 양안에서 찾아진다는 점이다. 이를 어떻게 이
해해야 되는지 매우 어렵다. 당시 양안에 기재하는 그 관행이나 투식을
이해하지 못한다면 해명하기 어려울 것 같다. 우선 c와 d는 현재 경작하
고 있는가 아니면 묵힌 것인가를 起·陳으로 표기한 것임이 분명하다. 이
양안 필지 중 절반인 16건이 이런 기재인 반면, a의 사례는 6건이다. 원
양안에서 처음의 深·初·宜·令·所字의 지번이 a의 이런 양식인데, 동일
인물인 士萬이 여기서는 그 名 앞에 '奴'가 씌어 있지 않다. 또한 起 아
래에 雙書할 수 있게끔 오른쪽으로 치우쳐 가는 글씨로 써 있어 다음
'今' 등을 기록할 예정인 것으로 이해된다. b의 사례는 基·籍字 10지번
의 舊作과 今作으로 쉽게 파악할 수 있으나, 이 32필지의 舊名, 起名,
今名 등이 모두 士萬으로 표기된 사실이 중요하다. a의 사례의 '舊'名
士萬은 1716년 이후 1740년 이전 어느 시기의 내수사 개타량 양안에
등재되었다고 추단할 수 있다. 또한 '今'名 士萬은 1740년 타량 시 현재
기경자로서 기재된 것으로 파악해야 될 것으로 본다. c와 d의 '起·陳'名
士萬은, 타량하여 양안을 작성할 때 起·陳 여부만 파악하고 作號를 표
기한 것으로 본다. 要는 b의 今作은 실제 10필지를 사만이 경작자임을
의미하나 다른 필지들은 그 전답의 作號나 舊作만을 기재한 것이라고
판단된다. 따라서 '舊', '時', '今' 등 아래 실린 名은 내수사의 전답을
경작하는 자로 추단된다.

1716년과 1740년 양안 상에서 本司의 出給과 咸 知事의 奴에게 出給한 사실이 있는 데도 내수사의 대흥군 전답 32개 지번의 土萬을 內奴로서 代錄 또는 이른바 그 戶名으로 이해한다면 1692·1716년의 양안상의 '舊'名을 해석하기 어렵다. 그러나 이렇게 해석하게 되면 '金伊德等記上田畓'은 내수사의 전답이라는 결론에 이르게 되어 '記上'의 의미는 갑술양안 등의 '名字'와 부합되는 면도 있다. 즉, 奴婢名의 記上田畓이 그들의 소유가 아니라 官主인 내수사의 소유 전답이 되는 한 사례로 추가될 수도 있다는 것이다.

(4) 量案 上의 四標의 時作(作)

현존하는 신천군 양안에는 같은 지역의 시기가 다른 것이 6개나 있는데, 이는 양안 상의 사표를 검토하는데 유일한 사례로 생각된다. 이 양안 상의 기재 내용을 살펴보는 것도 의미가 있다고 생각되어 몇 사례를 정리해 제시한다. 이는 궁방전 등을 타량·성책할 때 결부의 변동과 作 또는 時作의 사표 상의 기재여부를 검토하기 위해서이다.

a 加介左垂字丁北犯伍等直田…拾肆負伍束 東婢從之畓南李云田二方渠 作 婢 信禮(1699)
b 加介左垂字丁北犯伍等直田…拾肆負伍束 東婢從之畓南李云田二方渠 作 婢 信禮(1700)
c 於項右奴一奉名付經字…拾貳負捌束東婢禮成田南大路西同宮北小路作婢㖾加(1706)
d 加介左垂字丁北一直田…五等拾肆負九束 東西金順民南北奴善男 作 婢 玉生(1731)
　於項右經字丁奴日奉名付東一圭田…拾貳負九束東西金世會二方奴惡男作鄭尙己
e 加介左命字丁第三十五梯田…拾貳負壹束東東西北川南奴貴哲 起 作 魯贊柱(1754)
　於項右獎字丁第二十五六等直田…玖負壹束東東禮今南大路西目加北丁德 陳 李世
f 加介左命字第三十五北犯梯田…拾貳負壹束東東西北川南奴貴哲 起 (1783)
　於項右獎字第三[二]十五六等直田…玖負壹束東東禮今南大路西㖾加北奴丁德 起

위의 자료는 각 시기의 신천군 양안에서 字號의 첫째 지번 것을 제시하였다. 처음 지번은 보통 사표 상의 인물을 확인하기 어려운 점도 있으나 많은 자료를 제시하기 때문에 일관성 있게 첫 지번을 옮겨 놓은 것이다. 우선 a와 b 그리고 c양안에서는 1731년 이전까지 어떤 변동 상황을 확인하기 어렵다. 물론 앞에서 기술한 바와 같이 追入된 많은 필지가 기록된 것은 사실이다. 그러나 1699년의 양안 지번은 1700년의 양안에서 전답의 경작자인 '作' 이외는 변동이 없다는 것이다. 1년 만에 作이 변한 것은 바로 垂자의 동일 두 지번에서 '作金淑良'이 '作白今孫'으로 바뀐 것에서다. 다음으로 作名이 사표 상에 실려 있다는 점이다. 婢 信禮는 확인할 수 없으나 사표 상의 婢 從之는 1699년 在字丁의 첫 필지의 작인으로 기재되어 있다. 바로 두 字 앞의 壹자의 사표에도 실려 있음으로 이 사표와 작인이 관계있는 지도 확실하지 않다. 그러나 四字丁의 作인 婢 加赤은 바로 옆 지번의 사표에 기재되어 있고, 옆 지번의 作 婢 宋台는 바로 옆 지번에 있다. 1700년에 작명은 바뀌어도 사표 상에는 그대로 1699년의 사표를 그대로 필사한 것이다.

황해도는 현종 10(1669)년 4읍과, 숙종 27(1701)년 3읍의 邑改量田이 실시된 것 이외는 없었기 때문에 1731년 이전 신천군의 邑改量田은 없었다고 할 수 있다. 그런데 d와 b·c 자료를 비교하면 바로 타량이든 어떤 형태의 改量田이든 1731년 혹은 그 전에 있었음을 보여주고 있다. d를 보면 14부 5속이던 결부는 14부 9속으로, 사표 상의 인명도 婢 從之가 金順民 등으로 바뀐 데서 그런 판단이 된다. 그렇지 않다면 내수사 전답만을 별도로 타량이 행해진 것이 바로 1731년 양안이라고 할 수 있다.

또한 d에서 1706년 양안의 기재 내용이 변동된 것도 동일하다. 於項右의 奴 日奉 이름으로 양안에 기재된 전답은 經·將字丁 각각 한 필지에 불과한데 결부는 12부 8속과 27부 2속이 12부 9속과 27부 8속으로 약간 변동되었다. 사표 상의 기재 내용이 바뀐 것은 말할 것도 없다. 그런데 將자 지번의 사표 상에 '西婢탁加'가 기재된 것도 c의 作名과 관계되는 지는 밝히기 어렵다. 1706년 두 필지의 양안 상의 작명은 婢 탁加

였는데도 사표 상에는 기록되어 있지 않기 때문이다. 그러나 奴 老郞名으로 등재된 振者의 '作韓順民'은 네 필지이기 때문에 바로 그 지번의 사표 상에서 그 명이 확인된다. 奴 孝同의 경우도 한 필지의 作인데도 그 지번이 사표 상에 그 名이 실려 있다. 요는 신천군 내수사 양안에서 作名이 사표 상의 명으로 등장한다는 사실이다. 龜城府에 있는 無後奴 田畓 記上屬公 打量成冊(奎 18607, 1706) 등 다른 양안에서도 이런 사례는 많다.

위의 e는 앞에서 서술한 바와 같이 1747(丁卯)년에 改打量한 것으로 1669·1700·1706·1731년 양안의 기재 내용과는 아주 다르다. 지명이 표기되어 있어 그래도 대강 윤곽만이라도 비교할 수 있다. 즉, 加介左의 垂자는 命자로, 於項右의 經·將자는 樊·靑자로 타량된 것으로 판단된다. 그러나 결부를 비교해 보면 垂자 40부 6속이 命자 32부 1속으로 그 결부가 감소된 반면 經·將자 40부 7속이 樊·靑자 45부 8속으로 변동되었다. 그러나 於項右의 필지는 다른 매득 등 다른 요인이 없으면 그 자체로 추정하는 데는 무리가 따른다. 아울러 작과 사표 상의 명이 변동된 것은 당연하나, 1706년 c의 作 婢 탁加가 1731년 양안 將자의 지번의 사표 상에 '西婢탁加'로 실려 있을 뿐만 아니라, 1754년 양안의 樊자 지번에 기재된 점으로 보아 대체적인 추정은 바르게 접근한 것으로 생각된다. 두 양안에서도 많은 필지의 作名이 사표 상에 기재되어 있다. 1783년 신천군 내수사전답 改打量 양안은 1754년 e양안을 그대로 전사한 것에 불과하고 기·진 여부를 판별하였을 뿐 그 작명은 기록되어 있지 않다.

(5) 量案 上의 量作

이미 量作에 대해 기술한 바 있지만 全州府 양안을 통해 量作을 간단히 살펴보고자 한다. 1689년 전라도 전주부에서 無後身死 內奴인 加外田畓 가운데 漏落된 것을 추심하여 屬公·打量한 성책(奎 20467)이 있다. 아래에 그 峯上 2作(卷)에 실려 있는 無字 한 지번을 제시한다.

第二東犯吐越叄等直畓 長玖拾陸尺 柒負肆束 東川二方 量作 世京
            廣拾壹尺   吐西道   時作 李希安

위의 제2 지번의 畓은 다른 것과 떨어져서 개울[吐] 건너 있음도 기
재하고 있는데, 漏落된 것을 추심한 것이기 때문인지 甚字 등 6자호에
7필지(作 포함)에 불과하지만, 그 결부는 1결 15부 1속이나 된다. 우선
이 내수사 전답은 다른 양안이나 『도안』, 『국유지』에서 확인되지 않는다.
『도안』의 전주 내수사 전답에는 大嬪房에서 移來된 출세결 5결 28부
9속과 저경궁에서 移來된 무토면세전 100결이 기재되어 있을 뿐이다.
『국유지』에는 내수사전답으로 寧嬪房에서 이래된 192결 76부 1속 등이
남아 있다. 따라서 위 1결 15부 1속의 전답이 어떤 이유로 이들에서 확
인되지 않는 지는 밝히기는 어렵다. 그러나 내수사전답이라는 사실은 無
後內奴 加外田畓을 '屬公'한 기록에서 더 추론을 요구하지 않는다.[80]
이 전답이 원래 가외 소유인가 혹은 내수사 소유이나 가외 명으로 등재
되어 있든 간에 당시 시점에서 그렇다는 것이다. 따라서 위의 자료에서
時作 이희안은 1689년 타량 시 이 필지를 경작하는 소작인임은 분명한
사실이다.

그럼 '量作世京'은 어떤 성격의 경작자인가.

위 전주부 양안에서 7필지 모두 '量作世京'으로 실려 있다. 이보다
앞선 시작으로 등재된 인물로 판단할 수도 있고, 내수사를 대표하여 내

---

80) 박현순은 앞의 중간발표회문(91쪽)에서, "전주부 양안을 보면 '量作 인명 時作 인
   명'의 형식으로 주를 기재하였는데, 양안 상에는 작인을 기록하지 않았다는 점으
   로 미루어 作의 의미는 주로 파악되기도 하였음을 알 수 있다"라고 하고, "작인이나
   작자가 주인으로 파악되는 경우는 경자양전 이전에 상당수의 사례가 있는 것으로
   확인 된다"라고 하고 註(李榮薰, 「양안 상의 주 규정과 주명 기재 방식의 추이」,
   『조선토지조사사업의 연구』, 민음사, 1997)를 달았다.

수사의 타량 양안에 作號로 기재된 자로 추정할 수도 있다. 그러나 분명한 사실은 '作'으로 기재된 세경은 無자 등 7필지의 소유자는 아니란 것이다.

이를 더욱 명확히 이해하기 위하여 1695년 충청도 淸州牧의 '壽進宮奴世吉田畓'을 타량·성책한 것(奎 18350)을 그 사례로 들어 살펴보고자 한다.[81] 이 양안에는 20필지의 전답 2결 6부 8속(242.6 중 6.8의 加出을 除한 것. 時起 168.8)의 作이 모두 石吉로 기재되어 있다. 石吉은 처음 지번과 時가 다르거나 舊陳主인 경우 등 세 번 기록되어 있고 모두 同人으로 대칭되었다. '舊陳主石吉'의 기록은 1695년 양안 이전의 다른 양안에 기록되어 있음을 뜻한다. '舊陳主'는 時作인 경우도 대부분 이렇게 기록되어 있는데, 이런 경우 소유주의 개념으로 파악하면 誤謬를 범할 수도 있다.

그렇다고 이 '壽進宮奴世吉田畓' 양안에서 世吉이 無後奴가 아니라고 이 전답을 세길의 소유로 판단할 수 있는가. 이는 수진궁의 전답에 불과하다고 판단된다. 그렇다고 하더라도 이 양안의 '作石吉' 아래에 '甲量乭山莫金厚龍命孫江同'이라고 기재된 지번이 9건이 된다는 사실이다. 즉, 1634년 갑술양안에 이들이 그 지번에 기재되어 있음을 밝히고 있는 것이다. 우선 '舊陳主世吉'에서 1695년 앞의 양안은 결코 군현양안인 갑술양안이 될 수 없음을 확인할 수 있다. 아울러 이 석길이 '作'으로 등재된 것도 작호에 불과하다고 판단된다. 만약 世吉의 田畓이라면 석길이 소유주로 판단할 수 있는 근거가 없다는 것이다.

---

81) 李榮薰은 "'作石吉', '甲量莫今', '時作李時弼 등'의 3종의 인물이 등장하고 있다. … '석길'은 아마도 수진궁의 궁노였다고 짐작된다. 궁노의 명자에다 '작'을 붙인 것은 그가 현실의 경작자라는 뜻이 아니라, 노명을 대록하는 시대적 관행이 전제된 위에, '作'이란 표기가 실은 소유권의 소재를 대변하는 규정으로서의 의미를 지니고 있었기 때문이다"(李榮薰, 위의 論文, 81쪽)라고 밝히고 있으나, 표제의 世吉에 대한 언급이 없다.

더욱이 尋자 5복 4속의 지번에는 '作同人(石吉) 甲量後龍 時信民'이
라고 기재되어 있는데, 그 하단에 있는 細註가 많은 것을 암시하고 있
다. 즉, 신민은 후룡에게서 이 필지를 매득한 지가 오래되었는데도 궁둔
에 혼입되어 있다고 원망하고 있다(信民段 厚龍處買得年久 而混入宮
屯是如稱寃)는 사실이다. 그런가하면 默자 등 7지번에는 時作 李時弼
등이 그들 조상 전답이 궁둔전에 혼입되어 있음을 원망하고 있다는 것도
註로 달았다. 민결이 궁둔전(내수사전)에 혼입 또는 투탁되었음을 알 수
있다. 그럴 리도 없지만 '世吉田畓'에서 '石吉田畓'으로 바뀌었다 하더
라도, 淸州牧에서 수진궁의 전답이므로 打量 成册한 것이기 때문에 그
作을 소유주로 볼 수는 없는 것이다. 1805년의 禮山縣 壽進宮의 新買
得畓을 타량한 양안(奎 18356)에서의 量作도 동일하게 해석할 수 있다.

1740년 全羅道 茂長縣 내수사 면세전답 改打量案(〈表 11〉의 15)의
二阿字 54 지번에는 '起主內需司免稅時作田汝昌太明'이라 기재되어
있고, 그 지번 사표 상에 '東汝昌畓'이 있다. 즉, 사표에 시작이 등재되
어 있는 것이다. 앞에서 기술한 바와 같이 내수사 소유 전답을 경작하는
소작인들이 내수사전과 궁방전의 사표 상 많이 등재되어 있음을 밝혔다.
시작 전여창이 소작인임이 틀림없는 것은 위의 〈表 11〉의 15에서『도안』
의 유토 면세지와『국유지』에서 판별된다는 점이다.[82]

요는 궁방전 등의 양안에서 '量作' 또는 '作'과 '時作'을 그 전답의
소유주로 판별하려면 보다 더 구체적이고 실증적인 검토에 의해서 이뤄
져야 한다.

---

82) 박현순은 앞의 중간발표회문(91쪽)에서 "이중 다소 의아스러운 부분은 무장현
    (1740)의 '시작'이다. 광무양안에서와 달리 '시작'이 본주 명으로 파악되기 때문이
    다" 하였다. '시작'이 본주 명인가를 논하기 전에, 궁방전 양안 상에 '본주'로 기
    록한 경우가 다소 있지만, 적절한 용어 선택인지 검토해야 된다. 本主는 주로 고
    문서 등에서 舊主를 의미하기 때문이다.

(6) 出稅田畓 量案

이제까지 유토면세의 전답을 중심으로 살펴보았는데, 내수사의 출세 전답을 검토해보고자 한다. 유토전답에 비해서 현존하는 양안이 그렇게 많지 않은 것으로 생각된다. 필사가 轉寫하여 가지고 있는 자료가 7건에 불과한데서 그렇게도 여겨지는 것이다. 『도안』상에서 내수사가 원래 소유하였던 전답이 9건인데 비하여 貴人房, 寧嬪房, 大嬪房, 禛嬪房, 明善公主房, 明惠公主房, 昭儀房, 延祜宮 등 궁방에서 移來된 것이 많은 것도 한 특색이다. 또한 『도안』상에서 本司의 전답 결부가 43결 51부 7속인데 비하여 궁방에서 이래된 것은 2,532결 85부 2속과 加火田이 60결인 점에서도 더욱 그렇다. 어떤 이유로 본사의 소량의 결부가 출세 되었으며, 궁방들의 많은 전답이 이래되어 출세되었는가는 필자로서는 아직 추정하기 어려운 일이다. 물론 내수사의 전답 결부의 정액이 있어 출세되었겠지만 그 기준이 무엇이었는지 밝히기 어렵다.

우선 내수사의 『도안』상의 출세 전답 결부 등은 그 끝 통계에는 '出稅 田畓 2,532結 84負 4束[實計 2,532결 85부 2속] 內'로 기재되어 있다. 그 중 貴人房에서 이래된 水原의 '起畓' 5결 63부 6속이 왕의 傳敎에 따라 壯勇廳에 移屬하였음을 出稅田畓秩 條에는 물론 그 통계에 세주되어 있다. 따라서 出稅 田畓은 2,527결 21부 6속이 된다. 거기에다 全州 加火田 60결과 유토면세 결에서 출세 결로 전환된 陳畓 1결 6부 8속, 새로 査得하였으나 면세가 되지 않은 6결 50부까지 하면 모두 2,534결 78부 4속과 加火田 60결이 된다.

그런가하면 내수사의 출세전답의 結果는 달리, 유토면세 결은 궁방으로부터 이속된 것보다 본사 내수사가 소유한 것이 많다. 즉, 『도안』상의 통계는 409결 64부 5속에서 振威縣의 儲慶宮 移來 陳田에서 1결 6부 8속을 출세하도록 세주한 것을 제하면 408결 57부 7속이 된다. 그러나 실제로는 本司는 231결 30부 8속과 궁방 이래 전답이 179결 40부

7속의 합계 410결 71부 5속이 되지만, 이에 出稅 結(106.8 陳田)을 除하면 409결 64부 7속이 된다. 아울러 遂安 등 6지역의 화전 3,943日耕 그리고 귀인방, 延祐宮에서 이래된 洪川의 두 收稅 지역도 유토면세 결에 포함된다. 그런데 柴場 9, 郊草坪 4, 栗園 3, 菜田 5, 漁場 1 등을 합하면 기타가 22處가 된다고 하겠다. 하지만 본 내용 기록에는 시장이 9처로 확인되지만 砥平의 연호궁 移來 시장 2處는 戊申(1788)年에 壯勇營83)에 이속이라는 세주가 있고, 끝 통계에도 '柴場 7'로 기록된 점으로 보아 20처로 파악된다.84)

그런데 이 20處가 마지막 '寺位免稅田畓秩'의 내용이 기재된 다음 京畿道 砥平부터 기재되었으나 끝 統計에는 출세전답의 끝 내용인 加

---

83) 壯勇營이 설치된 것은 1785년(乙巳)이고, 1793년(癸丑)에 都提調 1員을 두어 그 체제가 완비되었다고 하겠다.
… 乙巳 號壯勇衛 仍增二十人 此壯勇營設施之權輿也 自是逐年增置 … 都提調 一員 癸丑創以大臣中時帶扈衛大將人例兼合扈衛廳於壯勇營(『正祖實錄』 卷37, 正祖 17.1.12, 46-372~373쪽).
御春塘臺 行壯勇營試射(『正祖實錄』 卷24, 正祖 11.7.27, 45-662쪽).

84) 원래 내수사의 출토면세 결을 인용하려고 하다가, 박현순의 앞의 중간발표회문(77쪽)에서 『都案』의 끝 통계에 대한 언급이 없이 제시된 것이 그 차이가 남을 어떻게 할 것인가 고심하다가 본의 아니게 전체 통계를 확인할 수밖에 없었다. 출력상의 착오이거나, 중간발표회의 본 연구논문에서 바로 잡을 줄 알면서도 다소 다른 면도 있어 언급하지 않을 수 없다. '出稅田畓秩' 條에서 昭儀房에서 移來된 것이 50결 68부 1속으로 기재되어 있으나 43결 38부 1속이 바른 것으로 판단된다. 寧嬪房과 暎嬪房 두 궁방의 移來가 아니라 寧嬪房으로 통합해서 기재되어야 하며 全州 加火田 60결도 포함되어야 한다. 『國有地』에서 그것이 그대로 파악된 점에서 더욱 그렇다. 물론 細註 사항도 漏落되었다. '有土免稅秩' 條에서 그 합계는 409결 71부 5속(本司 23,130.8, 宮房移來 17,840.7)이나 실제 통계를 산출하면 410결 71부 5속(本司 23,130.8, 宮房移來 17,940.7)이라고 판단된다. 火田도 『국유지』 상에서 연호궁 1,690[1,693]·169日耕, 延祐宮[貴人房] 1,413.4, 瑞興 1,455(日耕)를 확인할 수 있는 점에서 통계에 포함하는 것이 바르다고 본다. 洪川의 두 隨起收稅 지역도 고려해야 하는 이유는 귀인방 移來 지역은 3결로 『국유지』에서 확인된다는 점에서 그렇다. 그리고 柴場 등 其他 處는 20이 된다. 이 모든 통계가 『도안』 상의 내수사 토지로서 통계적 의미를 지니는 것으로 판단된다.

火田 60결 다음에 기록되어 있어, 어떤 성격의 토지로 파악하는 것이 바른지 파악하기도 어렵다. 하지만 이들 지역이 『국유지』에서 확인되는 경우도 있어 무토면세 결에는 포함할 수 없는 것으로 이해되어 출세 결에 넣었다. 또한 『도안』 상에는 無上免稅 722結과 寺位免稅 356結 38負 3束이 기재되어 있다.

그런데도 『도안』 상의 내수사의 출세 전답 결이 『국유지』에서는 거의 확인되지 않는 것은 바로 궁방전답으로부터 移來인 경우가 많다는 점과 그 양안이 현존한 것이 몇 건뿐이라는 점과도 관련이 있을 것으로 짐작된다. 『도안』 상의 내수사유토면세 결의 양안은 거의 현존할 뿐만 아니라 전라도 지역의 것이 대부분이고 몇 지역을 제외하면 모두 확인되는 것도 한 특색이라 할 수 있다.[85] 또한 유토면세 결은 내수사 자체의 장토가 대부분이고, 궁방으로부터 이래된 것은 저경궁 전답에 불과하다. 더욱이 이들 유토면세 결은 『국유지』에서 그대로 확인되나, 어떤 이유인지는 파악하기 어렵지만 저경궁 이래 전답은 대부분 이에서 탈락되어 있어 확인할 수 없다. 이런 점에 대해서는 앞으로 연구가 요하는 것으로 생각된다. 이를 위해 우선 자료의 통계를 정확히 한다는 의도로 『도안』 상의 내수사 유토면세 결과 출세전답 결의 통계를 〈附錄 3〉과 〈附錄 4〉를 만들어 뒤에 제시하였다. 아울러 『도안』 상에 있는 토지나 현존 양안의 전답이 『국유지』에서 확인되지 않는 것을 〈附錄 5〉로 제시하여 뒤에 붙였다.

그런가하면 1792년의 전라도 부안현 소재 내수사의 매득전답을 타량한 성책(奎 18442)에는 두 面의 전답이 144결 55부 5속(7,200.4)임을 확

---

85) 박현순은 위의 중간발표회문(85쪽)에서 『도안』에 수록된 토지는 모두 268종인데, 그 중에서 현존하는 양안과 일치하거나 동일한 토지를 포함하는 것으로 파악되는 토지는 94종이라고 밝혔고, 또한 유토 면세지는 전체 87종 중 59종으로 2/3 가량의 토지에 관련된 양안이 현존하고 있는데 비해 출세지는 96종 중 32종으로 1/3에 해당되어 유토 면세지에 비해 현존하는 양안이 많지 않다고 하였다.

인할 수 있으나, 그 후 『도안』에서 확인할 수 없고 다만 『국유지』에서
부안·고부의 乾先面과 南部面에 9결 95부 1속이 남아 있다. 바로 내수
사의 부안 兩面의 매득토지와 관련된 것으로 판단되나 그 나머지의 행
방을 알 길이 없다. 중요한 사실은 부안현의 내수사 전답매득은 1792년
에 이루어진 것이 아니라 훨씬 전에 이뤄졌음을 끝의 통계 내역에서 확
인된다. 즉, 己卯(1759년)·丙申陳田(1776년)과 甲戌量浦落 등이 과거의
진전내용 등을 기재한 것으로만 해석할 수 없다는 것이다. 내수사가 매
득한 후의 진전 내용을 기재한 것으로 판단한다면, 이 매득전답이 『도안』
에서 漏落된 이유도 검토될 사항이라 하겠다. 이는 『도안』 상의 통계가
모든 내수사의 전답 결수가 아닐 수 있다는 의미다. 더욱이 『국유지』에
는 『도안』 상에 수록되지 않는 전답 결수가 많다는 것은 바로 〈附錄 5〉에
서 확인되기 때문이다.

〈附錄 3〉과 〈附錄 4〉에서 확인할 수 있듯이, 『도안』과는 달리 『국유
지』에서의 결부는 時起結로 조사되어 기록됨이 원칙이었다고 판단된다.
즉, 묵혀있는 진전 등까지 파악한 것이 아니라 收稅 위주로 조사되었다
는 점이다. 몇 건의 결부는 진전이 일구어 진 결과로 기경전이 된 경우
또는 기경전답이 다시 묵혀서 축소된 것으로 판단되거나 기록자의 실수
로 기재된 것으로 이해할 수 있는 사례들도 있다. 거기에 『국유지』에서
탈락된 몇 건을 제외하고는 특히 내수사 유토면세결 조에서 『도안』의 時
起 결수와 『국유지』의 결수는 정확히 일치한다.[86]

이제 『도안』 상에서 현존하는 출세결의 내수사 양안에 대해 살펴보고
자 한다. 〈附錄 4〉에는 本司 토지로 등재된 것이 모두 9지역인데, 仁川

---

86) 金載昊는 앞의 논문(260쪽)에서 『도안』과 『국유지』와는 면밀히 비교하기는 불가
능하지만, 궁명, 지역 명, 결수가 일치하는 궁방전이 상당수 존재한다고 하였다.
그러나 일치하지 않는 경우가 다수 존재하기 때문에 『국유지』가 『도안』으로부터
그대로 등사한 것은 아니다 라고 밝혔다. 하지만 이는 특히 결수는 時起 전답 위
주로 기재된 것을 고려하지 않은 것으로 본다.

(奎 18410, 1783, 52.3(時起; 36.5. 이하 同一함)), 定州(奎 18626, 1696, 1,244.9), 成川(奎 18633, 1696, 177.1(160.6)), 文化(奎 18515, 1783, 1,403.5[1](1,197.8. 1,235.5, 1907년)) 등 4지역의 양안을 확인할 수 있다. 이들 양안 상의 결부 기록과 『도안』상의 그 기록은 일치하지 않는 경우도 있다. 그러나 『국유지』에서 그 토지의 기원을 밝히면서 공통적으로 본사 장토인데도 그 年代가 오래되어 '不明'이라고 하고 있다. 要는 본사 장토란 점에서 내수사 소유의 토지였다고 이해되지만, 그간에 이 양안들의 결부는 묵힌다거나 또는 다른 방법에 의해 다소 변동되었던 것이다. 이들이 출세된 것은 당시 내수사의 결부의 총액이 초과됨으로 호조에 의해 이뤄진 것으로 생각된다. 아마 이를 반증하는 것이 1783년의 晉州牧의 내수사 전답 결부가 15부 4속인데, 이 중 '9속'을 출세(奎 18489)한 例가 아닌가 짐작된다. 1783년 전라도 龍潭縣의 내수사 전답 1결 36부 8속 가운데 88부 2속이 甲寅(1734)年에 호조에 의해서 출세되어 48부 6속만이 면세된다는 사실로도 어떤 다른 규정에 의해서보다도 내수사의 규정 또는 定數의 전답 결수를 초과할 때 출세한 것으로 판단할 수 있다. 또한 이 양안의 元 表題에 '免稅出稅區別成冊'이라 기재되어 있는 것도 한 특색이라 할 수 있다.

또한 仁川府의 府內面에 소재하였던 1783년의 내수사 전답양안 상에서 寒字 55 지번 하단에 '起量主論同 時作乭山'(起 아래 橫·二行並書)으로 된 것을 볼 수 있다. 量主 論同은 遠又수面의 河字 9 지번의 진전의 量主로 기재되어 있고, 河자 22 지번의 사표 상에서도 '東論同田'의 실려 있다. 이 '量主'는 이 전답에 대하여 어떤 성격의 지위를 가졌을 지가 의문이다. 그런데 인천 지역의 양전은 '顯宗四年癸卯改量京畿'[87]의 기록만이 확인된다. 그 후 영조 13(丁巳, 1737)년의 경기 8읍

---

87) 『度支志』外篇 卷 4, 田制部 2 量田. 宮嶋博史는 『朝鮮土地調查事業史の研究』의 '表 1 量田施行狀況'(43쪽)에서 1662년(顯宗 3)에 경기양전이 시행된 것으로 밝히

개량에도 인천이 양전되지 않은 것으로 보아, '量'이 1663(癸卯)년 양전한 후 만들어진 量案이라면 '量主論同'은 당시의 인물로 파악할 수밖에 없다.

그렇다고 바로 논동이 당시 이 전답의 소유주라고 단정하기도 어려운 문제이다. 능주목 동면 양안의 起名은 '所有主'가 아니라 내수사의 전답을 借耕하는 시작이었음이 파악되었기 때문이다. 더욱이 1787년의 『도안』에서 출세 전답이란 점에서 '主'의 표기는 단순히 관행상 또는 군현 양안을 그대로 전사하는 데서 생기는 기록에 불과하다고 생각된다.* 이와 같은 사례는 명선공주방에서 이래된 2결 65부 8속(184.3)의 1783년의 전답양안도 동일하다고 본다. 이 양안에도 府內面, 多所面, 南村面 세 면의 전답인데, 남촌면의 '量主愛奉, 沈忠, 海男, 論從' 등도 사표상에 등재되어 있으나, 이들을 전답의 소유자로 추정할 수 없는 이유는 명선공부방으로부터 이래되었다는 점에서도 그렇다. 『국유지』에는 이 전답들이 명혜공주방에서 이래된 것으로 잘못 표기되었고 결부가 2부 20부 8속(36.5＋184.3)으로 본사 전답과 합해 기재되어 있다.

한편 평안도 定州牧의 내수사 출세 결부는 〈附錄 4〉에서 보듯이 1696년 양안에서 12결 44부 9속이던 것이 1787년에는 출세전답 5결 14부 8속으로 변동되다가 『국유지』상에는 時起 結이 3결 12부 5속으로 감축되었다. 이를 이렇게 이해하는 것은 본사 장토로서 年代가 오래되어 그 전답의 기원이 불명이라 한 점에 있다. 이 전답은 1696년 內奴 金興立이 學位畓을 陳告한 것을 내수사에 屬公[88]한 것이었다는 점에서도 더욱 그렇다.

또한 성천부양안에 無後內奴 莫孫, 應哲, 應信 등의 名으로 실려 있

고 있지만, 『顯宗實錄』의 기록에서도 분명하지 않다.

88) 「平安道定州牧內奴金興立所告學位畓內需司屬公打量成册」, 奎 18626, 1696.

* '主'의 표기에 대한 이 推定은 잘못한 것이다.

는 밭을 屬公한 것을 打量한 것이 1696년의 양안으로, 그 결부가 1결
77부 1속(160.6, 瓦家 6間)이다. 당시 무후 내노의 생존여부를 확인하기
어려운데 무후노비 재산이 관에 귀속된 것으로 추단하기 어렵다. 따라서
이 전답들이 그들의 소유인가 여부를 여기서 재론할 필요는 없다. 이보
다 앞선 1677년의 성천부 양안이 현존하나 이와는 다른 내수사 유토면
세 결 전답임을 위의 〈表 11〉에서 확인할 수 있다. 이 양안의 기재방식
이 다른 것과 다른 점도 있어 한 지번을 아래에 제시하고자 한다.

城岩坊玄峯貝雅字 北犯柒等田 半日耕 起 參負參束 三方浦東山 時 奴 玉山

위의 자료에서 필지의 字號, 番號가 기재되지 않고 들[貝]을 중심으
로 하여 犯向부터 시작된 점이 다른 지역의 양안과 다르다. 들을 위주로
타량한 경상도와 제주도의 양안을 동일 성격으로 파악해야 되는지는 추
후 더 검토되어야 한다. 특히 성천부 양안에서만 전품 9등의 등급이 존
재함을 알 수 있으나 그 이유를 명쾌하게 해명할 수 없다.[89] 또한 日耕
과 結負를 동시에 사용함을 알 수 있고, 양전에서의 陳·起 기재순서가
바뀌어 결부 앞에 있는 것도 다르다. 이는 '起'와 '主'가 합성어가 아닌
별개의 용어임을 판단할 수 있는 사례라고도 할 수 있다. 이 지번에는
'時奴玉山'으로 기재되어 있는데, 時는 당시 이 필지를 경작하는 소작인
임에 의문의 여지가 없다. 바로 이 양안에 기재된 전답들은 모두 屬公된
것이기 때문이다.

그런가하면 황해도 문화현의 내수사 전답은 1770년 양안 상에 14결
3부 5속(1,197.8)인데, 『도안』 상에는 14결 3부 1속(1,235.5)이다. 17년
여에 그 결부와 起耕 결부에 약간 변동이 있었다고 생각된다. 사실 5속
이 1속으로 감축된 것은 기록자의 誤記일 가능성도 있다. 그러나『국유지』

---

89) 朴魯昱, 앞의 論文, 2008, 102~103쪽 참조.

상에서 기경전답이 1결 87부 1속으로 감축된 것은 내수사에서 방매 등 다른 요인에 의한 것이라고 생각된다. 그런데 선조 36(1603)년에 경기, 해서, 관동, 관서, 함경 등 5도의 양전이 이뤄질 때 황해도의 양전도 실시되었다. 그 후 숙종 27(1701)년에 강령, 옹진, 은율 등 3읍의 邑量田이 실시된 후에도 몇 지역의 읍양전이 이뤄졌으나,[90] 문화현이 포함된 것을 확인할 수 없다. 北一道面의 10부 1속의 日字 6등 직전에는 '起金以大'로 기재되어 있는데, 이는 전라좌도와 같이 '起' 아래 '主'가 생략된 기재양식인지 눈여겨 볼 사항이다.

　이제 궁방으로부터 내수사에 移來된 전답양안은 충청도 德山縣과 황해도 長湍府 上道面의 大嬪房 것이 현존하는데,[91] 이를 살펴보고자 한다. 덕산현 양안은 분명히 崔淑嬪(1718年 卒)房이 이전에 매득한 결부 24결 81부 1속(2,418.6)인 것을 1723년에 개타량한 것인데, 어떤 과정을 거쳐 1787년의 『도안』상에 대빈방에서 내수사로 24결 9부(630.9)가 이래되었는지 밝힐 방법이 없다. 한편 1716년 숙빈방이 덕산현 非方串面에 갯벌을 논으로 전환한 것이 162결 6부 8속(奎 18797)이나 되었는데. 그 후 1723년 海棠草 지역을 掘浦하여 논으로 만들어 나눈 것이 79결 67부 6속(3,592.6, 奎 18583)이다. 이 전답 지번에는 '起作名'이 사용되어 있을 뿐만 아니라 '起大嬪房'과 '起淑嬪房'으로도 기재되어 있다. 두 房이 같은 可자 내에서 앞뒤로 하여 각각 5결 5부 1속과 4결 98부 8속의 결부를 가지고 있는 점에서, 공동으로 換浦하여 논을 만들어 그 지분을 동일하게 갖고 기경도 함께 하고 있는 것으로 파악된다. 다른 나머지는 다른 작인들에게 경작하게 하고 있지만 단순한 경작자이기보다도 공동투자로 굴포에 참여한 자인 것으로 판단된다. 作人 同面은 岡자 第2,

---

90) 『度支志』外篇 卷 4, 田制部 2 量田.
91) 「忠淸道德山縣淑嬪房買得田畓改打量成冊」, 奎 18799, 1723.
　　「長湍府上道面大嬪房田畓打量成冊」, 奎 18859, 1783.

2-2作 지번에서 4결 26부 6속이 되고, 貴鶴은 3 지번에 2결 91부 2속, 莫失은 5·6 지번에 2결 31부 1속이 실려 있다. 이 전답 필지가 어느 시기에 대빈방에 모두 이속되어『도안』상에 '大嬪房 移來'로 기록되었는지는 추측하기 어렵다. 또한 1696년 희빈이 매득한 전답을 타량한 양안(奎 18875)에는 결부가 9결 61부(738)가 기재되어 있다. 이와 관련 있는지는 정확히 검증하기 어렵다.

그런가하면 1783년 대빈방의 장단부의 上道面 양안은 원래 결부 8결 52부 9속이고, 이 時起 結은 7결 89부 2속으로『도안』과『국유지』의 기록과 정확히 일치한다. 그러나 양안을 살펴보면 善자 1~40, 慶자 41~71 필지까지 한 지번도 빠진 것이 없다는 것은 민결일 수도 있다는 추정도 가능하다. 물론 궁방전 양안에서 몇 자호가 계속 연결된 永作 전답도 많이 있다. 또한 善자 3 지번의 '起主安辰喆'과 같은 起名들이 동시에 사표에 기재되어 있다는 점이다. 장단의 양전은 '英祖三十四年戊寅改量長湍'[92]을 통해 1758년에 시행되었음을 알 수 있다.

그런데 경종 2(1722)년에 禧嬪 張氏가 玉山府大嬪으로 追尊되었으나,[93] 2년 후 영조가 즉위한 정지석 상황으로 미루어볼 때 장단의 전답은 약 2년 동안에 매득하거나 절수되거나, 그 이전의 전답이 후에 대빈방 전답에 통합되면서 이 位號가 사용되었다고 보아도 무리가 없다. 그렇다고 대빈방이 어느 때인가 매득할 수도 있다는 사실을 배제할 수는 없다. 한편 이 양안의 內題에는 '陳起區別'이 기재된 것이다. 더구나 약 40년이 지난 1758년에 양전이 이뤄진 점으로 볼 때 당시 '主安辰喆' 등이 사표 상에 그 기록이 그 때의 양전 사항을 등재한 것으로 보기 어렵

---

92) 『度支志』外篇 卷 4, 田制部 2 量田. 宮嶋博史는『朝鮮土地調査事業史の研究』의 '表 1 量田施行狀況'(43쪽)에서 영조 33년(1757) 수원과 장단의 양전이 시행된 것으로 밝히고 있으나,『英祖實錄』에서 수원의 양전 시행의 기록을 확인할 수 없고, 시기에도 착오가 있다.

93) 『景宗實錄』卷10, 景宗 2.10.10, 41-255쪽.

다. 이는 그 때의 양전 내용을 그대로 전사한 것으로 볼 수도 있다. 다른 궁방전 양안에서도 그런 사례를 많아 접할 수 있다.94) 그렇다고 해서 물론 당시의 '主安辰喆' 등을 그 필지의 소유자로 추단할 수도 없다.* 앞에서 기술한 능주목의 東面 내수사 양안에서 '起名'이 그 소유주가 아님을 밝혔다.95)

한편 正祖 즉위(1776)년에 법을 위반하면서 받고 있는 면세 전결을 査定하였다. 즉, 궁방전결에 있어서 혹 법 규정의 정액 이상을 더하여 받은 것과 제사를 받들 代數가 다 되었는데도 회수하지 못한 것, 또한 이미 법전 규정 결수를 받고 있음에도 그 기준에 미달한 것으로 가장하고 있는 것 등이 사정 기준이었다. 그리하여 제사를 받들 대수가 다 된 궁방의 전결은 다시 출세토록 하였다. 이에 따라 溫嬪·安嬪·明善公主·明惠公主·寧嬪·貴人·禩嬪·昭儀·張貴人房 등의 전결을 다시 호조에 소속시키도록 하였다. 아울러 대빈궁방에 있어서는 궁방을 다시 둘 필요가 없으므로 그 전결을 모두 還屬시켰다.96) 이와 같이 이 때 대빈방 등 여러 궁방의 전결이 호조 또는 내수사에 환속되거나 출세된 것이 『도안』에서 대부분 확인된다.

그러나 1783년의 장단부의 상도면 양안만을 가지고 논할 때, 이 당시까지 대빈방의 전결이 아직 호조나 내수사에 환속 또는 移來되지 않는 것으로 판단된다. 더구나 정조 8(1784)년에 왕이 대빈궁의 享祀는 반드시 의례대로 설행하도록 하교하면서 궁결은 제사를 받드는 대수가 다 되어 출세된 그 후 사정을 언급하고 있는 사실97)에서 이 궁결은 1783年과

---

94) 1824년의 「全羅道高山縣所在壽進宮房田査改打量成册」(奎 18361)은 1719년의 『全羅右道高山縣己亥量田導行帳』(奎 15034)을 그대로 轉寫한 것이다.
* (追補) '主'의 개념에 대한 검토가 있기 전의 서술이다
95) 앞의 '(1) 全羅左道 綾州牧 西一面 量案과 內需司 量案'을 參照.
96) 『正祖實錄』 卷1, 正祖 卽位年.4.10, 44-570쪽.
97) 『正祖實錄』 卷17, 正祖 8.2.3, 45-425쪽.

1784年 간에 내수사에 이래된 것으로 본다.

　이런 관점에서, 대빈방의 전결을 모두 환속토록 한 자체에서 1783년의 양안 상의 '主安辰喆' 등이 각각 그 필지의 소유주로 보기 어렵다. 그 후『노안』상의 내수사의 출세 전결로서의 기록,『국유지』에서 그 양안,『도안』상의 기경 결이 모두 일치하고 있다는 사실은 '主名 또는 起名'의 기록은 군현양안 등의 기록을 단순히 관행적으로 전사한 데서 말미암을 수도 있다.* 더구나 군현양안의 여러 지방과 지역의 그 기재 양식이 그 궁방전 양안에 반영됨으로써, 이를 잘못 이해할 수도 있는 것이다.98) 따라서 그 당시로서도 그 '主名 또는 起名'이 그 필지의 소유주

---

* (追補) '主'와 '시(시작)' 用語가 같은 개념으로 사용된 것에 대해, 당시는 자료로서 확인하지 못한 결과의 서술이다.
98) 郡縣量案에서 起名 또는 主名이 기재된 양식의 몇 사례를 정리하여 제시한다. 특히 全州府에서는 각 面의 기재 양식도 서로 다름을 알 수 있다.
　1. 宮奴 名을 作號 또는 戶名으로 記載
　　東面上道 羽字 長德(洞)坪 第七十四 '起 主 壽進宮 奴 儀日' 永作(欄 밖)(『全羅右道高山縣己亥量田導行帳』, 奎 15034, 1719), 東面上道 羽字長德洞坪 第七十四 '起 壽進宮 奴 儀日'(『全羅道高山縣所在壽進宮房田畓打量成册』, 奎 18362, 1824).
　2. 起 主(舊今)와 時로 記載
　　一南面 積字 第四十四 '起 主 舊 朴男
　　　　　　　　　　　今 龍洞宮 時 土兵 李自邑
　　　　　加 第四十二 '起 主 興善牧 時 通政李致夏'(『南海庚子改量田案』, 奎 14714).
　3. 主名 다음 宮房 名의 記載
　　寸字 新里 北坪第四十四 起 主 權大生 明禮宮 出稅
　　寸字 新里 北坪第四十五 起 主 同人(權大生) 明禮宮 免稅永作(『全羅右道全州府己亥量田導行帳』, 奎 15035).
　4. 起 主 또는 起 다음 宮名·作 記載
　　寸字 新里 北坪 第一'起 明禮宮免稅 作 李貴奉 永作'
　　時字 新里 南坪 第一'起 主 三學 明禮宮出稅'(奎 15035).
　　仇耳洞面 一作 瓦洞 後坪 第一'起 馬位 作 姜得'(奎 15035).
　5. 起 主 다음 宮房 免稅 永作 作名
　　取字丁 注叱浦坪 第一'起 主 大嬪房 永作免稅(雙書)

가 아닐 수도 있다. 아울러 군현양안 상의 '主'가 당시 전답 소유자만을 기록한 것이 아니란 점이다. 따라서 장단부의 상도면 양안 상의 '主'도 이런 점이 고려되어야 할 것이다.

그런데 1700년 희빈방의 長湍地 상도면에 소재한 泥生 築筒處와 時起畓을 타량한 양안(奎 18876)이 현존한다. 이 상도면 紅浦 盧字 1 지번부터 22 지번과, 洛河 상도면 盧자 23 地番의 결부 6결 52부 2속(622.5) 및 홍포로부터 洛河까지 今番 새로 만든 筒內에 '未起耕畓' 네 필지의 2결 67부 7속, 즉 9결 19부 9속(622.5)이 등재되어 있다. 지번이 계속 이어지는 것도 바로 이 전답양안이 1783년 상도면 양안과 연결될 수도 있다고 할 수 있다. 그간 새로운 築筒 내의 '未起耕地'의 起耕으로 1783년 양안에 時起結이 증대된 것으로 추정할 수 있다.

그렇다면 1783년의 양안 상의 '起 主'는 더욱 전답의 소유주로 설 자리가 없다. 1700년 양안 상의 지번에는 모두 '時作'명이 기재되어 있으나, 각 지번의 사표 상에는 모두 '同宮(禧嬪房)畓'이 등재되어 있는 사실에서, 이 시작은 당시 희빈궁 소유의 전답을 차경한 자에 불과하다는 점에서 그렇다. 따라서 1783년 양안 상의 '主'는 그 전답의 소유자일 수가 없다.

作 李世昌'(『全羅道羅州牧安昌島己亥量案謄書草成册』, 奎 18983).

6. 起名에 宮房 名과 時作 記載
　　新德面 天字 (第)四'起 淑安公主房位出稅 時作 葛萬業'(雙書)
　　　　(第)五'起 崔以生'(『全羅左道任實縣己亥量田導行帳』, 奎 15026, 1719).
7. 起名 다음 宮房 名의 記載
　　西一面 地字丁 笛低坪 (第)十四 '起 申奉 內位'
　　　　(第)二十二 '起 金水哲'(『全羅左道綾州牧西一面己亥量田導行帳』, 奎)
　　　　(第)十四 '時 申奉'(「綾州牧內需司位田畓己亥改量成册」, 奎 20518).
　　　　'第十四 起 申奉'(「全羅道綾州牧內需司田畓打量成册」, 奎 18485).

4. 맺음말

조선후기 高山縣 南面, 綾州牧 東面, 任實縣 縣內面의 양안 상의 起名, 量名, 時名의 검토와 궁방전 등의 第2種 有土 및 내수사 전답양안에 대하여 검토한 것을 요약하여 맺음말에 가름하고자 한다.

전라우도 고산현 서면의 기해양안, 査陳과 진전을 개량한 무진양안, 降續降等의 기묘양안을 비교·검토함으로써 기묘양안에 등재된 '量·時'의 量 아래 실린 名이 기해양안의 主名과는 다를 수 있다는 사실을 이미 밝혔다. 아울러 時 아래 실린 名이 결코 時主로 규정할 수 없다는 사실도 통계로 제시하였다. 여기서는 이를 재검증하기 위한 작업의 하나로 남면의 양안은 물론 능주목의 동면과 임실현 현내면의 양안을 나름대로 면밀히 검토하였다. 남면의 기묘양안에는 426필지가 등재되어 있는데, 고산현 남면의 양안 상에 기재된 주명이 1759년의 양안 상에서 새로운 인물로 바뀌거나 그 결부 수에 변동이 있는 것은 155필지이다. 이는 40년간에 약 36.4%가 변봉하였음을 보여준디. 순수 主名만의 변동도 33.8%(144/426)가 된다. 이는 이미 검토한 서면 사례와 대동소이함을 입증한 셈이 된다. 要는 기묘양안에서 '量'은 바로 기해양안의 양안을 지칭한 것이 아님이 다시 한 번 더 검증된 것이다.

기묘양안에 등재된 양명과 時名의 변동을 살펴본 결과, 1749년 무진 개타량 이후 1759년에 양명과 시명이 서로 다른 것은 309필지로 그 변동률이 72.5%(309/426) 이상이 된다. 그 중 무진양안에 등재되지 않은 21필지를 제외하면 사실상 76.3%(309/405)가 되는 것으로 서면의 약 80%와도 서로 비슷하다. 남면의 기해양안에 주로 등재된 자가 무진양안에서는 바뀌어 그 전답의 주 변동의 내력을 파악하기 어려운 것이 50필지인데 그 중 11필지는 主 앞에 시기를 추정케 하는 '庚申續陳' 등이

있지만, 39필지는 기묘양안의 量·時名 아래 '己巳起庚午還陳' 등의 세
주를 통해서 그 실마리를 풀 수밖에 없다. 거기에다 무진양안의 面의 己
上에는 경자년부터 정묘(1747)년까지의 還起田畓의 결부수를 기록하고,
이를 항목별로 나열하였다. 이에는 무진년 개타량에 의해 許頉된 것도
등재되어 있다. 요는 이에 기록되어 있는 '量後降續', '戊辰許頉'에 의
해 진전의 허탈과 진전 등의 강속만이 사정되는 것이 아니라 매년 수세
를 위한 조사에 의해 이와 연관된 업무가 이뤄지고 있음을 알 수 있다.
    또한 이와 관련된 文簿나 改量案의 존재를 양안 분석을 통해 그 가능
성을 제시하였다. 전라좌도 능주목 동면의 무진양안의 기재양식은 고산
현의 것과는 약간 차이가 있다. 즉, '主'의 표기가 없는 것을 논외로 하
더라도, 전라도의 양안에서 사표 다음에 起陳 항목에 구·금진 이외에
'沒陳'이 다수 실려 있다.
    게다가 능주목의 진전 개타량에서 '內頉'의 기재 양식 내지 투식은
그 해당 사항, 즉 탈진, 기, 속진 등 그 해당 내용의 결부 수만을 기록한
것도 다르다. 그런가하면 동면 기해양안에서 시작이 실린 필지에 무진양
안에서는 그 시작이 그 필지의 기명으로 기록되거나 그 시작명이 변동되
어 등재된 필지가 46건인데, 이 중 변동되지 않고 그 시작명이 기묘양안
의 양명으로 등장하는 것이 6건이나 된다. 要는 무진양안에서의 起名
등도 전답의 소유주이기보다 남의 전답을 빌려 경작하는 소작인일 수 있
다는 것이다.
    한편 동면의 기해양안 상에는 다른 군현양안에서 접하기 어려운 기재
양식으로 '起具壃奴天上 時淡立'과 같은 것을 상당히 많은 지번에서 볼
수 있다. 上典名, 奴名에 이어 '時'가 양안 상에 등재된 것은 주목할 수
있는 사례로 판단하였다. 게다가 사표에 時名과 더불어 '時作人田', '時
作人畓', '時作人家'로 기재된 사례가 많다. 물론 時名이 모두 사표에
실려 있다. 바로 이 '時'는 시작인으로 당시의 경작자로 남의 토지를 빌

려 경작하는 자이다. 이와 같이 군현양안에서 시작인을 등재하는 것은 양안 상의 起(主)名 등도 경작자 위주로 기재된 것으로 판단할 수 있는 중요한 사례로 보고자 한다.

그런데 東面의 기해양안에서 시작이 기재된 필지의 起名이 기묘양안에서 변동된 사례는 무주 진전 4건을 포함하여 23건이다. 또한 그 중 기묘양안 상에 실린 量名을 살펴보면 民字 49, 伐字 130, 239를 제외한 9지번의 9명은 모두 기해양안의 時名이 그 양명으로 기재된 사실이다. 이는 이 時作이 전답을 매득하여 그 主의 변동으로 해석하는 것이 바른 것인가. 아니면 그 전답에 대한 기명과 양명이 갖는 성격이나 지위가 다른 것인가. 起名과 量名이 그 전답의 경작자를 중심으로 기재되어 있었다면 이 문제가 해결된다고 파악하였다. 아울러 南海縣 三東面의 양안을 살펴 '起 主 今興善牧 時正兵崔尙邑'에서 '主'가 홍선목이고 '時'는 최상읍으로 그가 소작인임에 틀림없다고 밝혔다.

다음으로 '具壎奴天上'과 같이 상전명 아래 奴名이 기록되어 있을 때, 이를 어떻게 이해해야 되는가를 살폈다. 즉, 고산현 남면 양안에서 구체적 사례를 통해 상전명 아래 奴名이 기해양안에는 기재되지 아니하였으나 바로 기묘양안에 실린 사례를 主의 교체로 보기 어렵다고 판단하였다. 반대의 사례도 동일하다고 보았다. 이는 아주 적은 사례일 수도 있지만 언제든지 상호 교체되어 기재될 수 있음을 보여주는 사례인 것이다. 당시 양전한 내용이나 작황의 조사 사항을 기록하는 서원이나 아전들의 등재하는 투식이나 관행에 의한 차이라고 보았다.

그런데 능주목의 동면 양안에서는, 기해양안의 상전명 아래 기재된 奴名이 기재된 것이 25건인데, 이 중 23건이 모두 상전명으로 기묘양안에 量名으로 등재되었다. 또한 능주목 동면의 무진양안 상의 기진명과 기묘양안 상의 양명이 연결이 아니 되는 사례가 전체 185건 중 64건인데, 이를 통해 동면의 무진양안과 기묘양안을 서로 비교·검토하였다. 그

중 30건이 무진양안의 起·陳(主)名이 기묘양안에 다른 명으로 등재된
것을 밝혔다. 이의 구체적 사례분석에 의해 전답의 起耕을 중심으로 양
명이 등재된 것으로 파악해도 무리가 없다.

더욱이 능주목 동면의 기묘양안 상의 양명과 시명의 교체는 총 185필
지 중에 177필지가 변동되어 그 변동률이 95.7%가 된다. 또한 동면의
무진양안과 기묘양안을 비교할 수 있는 것은 85건인데, 이 중 '內' 다음
의 '陳·起'名이 기묘양안의 양명으로 실려 있지 아니하나 시명으로 기
재된 것이 11건이다. 바로 이 시명들을 이 전답을 경작하는 자로 판단해
도 무리가 없는 것이다.

1749년 전라좌도 임실현 현내면의 改量陳大帳 양안은 능주목 동면의
양안과는 달리 기경전답일 경우 主를 기재한 점이 다르다. 묵힌 전답을
일구어 경작하거나 양안에 등재되지 않는 곳을 일구어 낼 때 사용되었
다. 이 양안이 사진 개량양안인 점을 고려하더라도 의미 있는 것이다.

다음으로 기재 사항 분류가 다소 다른 점이다. 즉, 일반적으로 主名
위에 起, 陳, 續, 戊辰, 己巳 등이 기록되어 있지만 '量今陳'이라 하여
'量'을 기록한 것이다. 이는 己亥量案을 의미한 것으로 판단된다. 舊陳
과 續 등을 기재된 위에는 量이 실려 있지 않다. 그런데 고산현의 서·남
면 무진양안에서 사실상 미해결로 남아있던 '起 主' 문제를 풀어낼 수
있는 실마리를 밝혀낼 수 있었다. 즉, 기해양안의 주 아닌 다른 인물이
무진양안에 '起 主'로 실린 것은 바로 묵힌 전답을 기경하였을 때 主로
査定한 것이다. 임실현 양안에서 '乙卯起主奴儀永' 등의 사례가 바로
그것이다. 이는 임실현 양안에서는 기간된 해를 정확히 기재한 반면, 고
산현 양안에서는 그 干支를 생략한 것으로 추정된다. 아울러 면의 끝 통
계에는 '自庚子至戊辰 還起還起 捌結拾壹負壹束'과 '己巳改量還起
壹結柒負貳束'도 기재되어 있다. 적어도 매년 누계로 기경전 등을 기록
하고 있다. 이는 군현양안 이외 다른 文簿를 매년 사용하고 있음을 의미

하는 것이다. 이 '起 主'의 등재는 전답이 다시 기경되어 분할되는 경우에 사정되는 '作'에서 찾을 수 있고, 한 필지의 전답이 전부 일구어 낼 때도 사용되었다. 이런 主 등을 등재한 것이 바로 고산현 서·남면 기묘양안 상의 量名인 것이다. 따라서 고산현의 기묘양안 등에서 '量'은 결코 기해양안을 지칭한 것이 아님을 다시 확인할 수 있는 것이다.

또한 이른바 '內頉'인 경우 이 필지의 일부가 일구어 질 때 1作과 2作으로 分作되는 것은 동일하나, 任實縣 양안에서는 같은 묵힌 전답이 있는 內頉이어도 '時 乭同 內 第 北 壹作 量 實 奴 乭同'으로 기재된 점이 한 특색이다. 즉, 다른 지번에서는 '起 主'로 기록된 반면, '量 實'로 기재하고 있다. '起 主'를 田地를 일구어 낸 주체 또는 인물로 해석할 수 있다면, '量 實'은 양안에 기재된 전답이 묵히지 않고 계속 實起 또는 實耕하는 사실을 기술하고 있는 것이다. 고산현 양안에서 '內頉' 중에 당시까지 묵히지 않고 계속 경작하여 온 전답을 '仍起'라 하였는데, 이와 같은 성격의 용어가 '實'로 판단된다. 한편 현내면 기해양안의 天자에서 珠자까지 起名으로 上典·奴姓名으로 된 것은 71건이다. 이 중 그 기사양안에서 노명이 아니라 상전넝반으로 기재된 것이 15건이다 게다가 上典과 奴가 각각 量名과 時名으로 기재된 사례도 4건이나 된다. 전체적인 통계가 아닌 제한된 범위의 현상이지만, 이런 사례도 이 전답소유권을 상전을 대신하여 노비의 이름으로 대록한 사실로 판단하기는 어려울 것 같다. 적어도 소유권을 이렇게 쉽게 변동하기는 사회적 통념으로 판단하기 어려운 점은 물론 상전명이 양명으로 21.1% 이상이 실린 점에서 그런 판단을 할 수 있다.

이른바 '第2種 有土'란 용어는 『稅則烈』(『재정통계』)의 '免稅結收入表'의 내역 다음 그 하단 '備考'에 실린 것이 유일한 예이다. 그 비고의 세 번째에 있는 내용은 연구자들이 紹介·引用하지 아니 하였다. 즉, 人民所有의 토지로서 名을 皇族의 有土에 藉託하여 脫稅를 꾀하는 폐

습이 종래 황해도에 많이 있었다는 내용이다. 바로 이런 일반 백성들의 투탁 전답이 제2종 유토로 판단된다. 전라도 전주부의 어의궁전 양안에서 私田畓의 투탁을 그 필지에 세주로 기재하였다. 그 통계에도 '量付 私田畓 伍結陸拾捌負參束'이라 정확히 기재하고 있다. 이 사전답의 결부가 바로 제2종 유토인 것이다. 또한 순조 때 공주방, 옹주방, 군주방, 숙의방 등에 지급된 무토면세지가 제2종 유토라고 판단된다. 要는 법규에 없이 지급되는 면세결이나 유토를 혼동해 무토로 지급되는 이들이 제2종 유토임을 추정할 수 있는 실마리가 된다는 것이다.

그리고 '載省別單'을 통해서 『대전통편』 규정보다 초과된 결부를 '今加'로 기재한 것이 바로 제2종 유토에 해당하는 것으로 추정하였다. 게다가 이 '今加'의 기록이 있는 공주방 등에는 대부분 '可傳 永世文蹟, 王牌文蹟, 受敎' 등이 있다는 세주가 있는 것으로 보아 국왕에 의해 면세결을 떼어 준 것으로 볼 수 있다. 그런가하면 『各宮摠數』, 『재정통계』에는 그 후 세 공주방의 무토면세결이 동일하게 739결만이 실려 있다. 특히 『各宮摠數』에는 그('739결 內') 수세 내역을 米結과 錢結로 구분하고 있다. 전체 무토면세 결수를 기록하고 미결과 전결로 나누고 『대전통편』의 규정인 250결('250結 內')에 대해 다시 각각 미결과 전결로 나누어 기재한 점이 이채롭다. 무토면세 739결에서 250결은 바로 元結을 공주방이 劃給받은 것으로 그 규정에 따른 것이지만, 그 나머지 489결은 같은 무토이기는 하나 법규에 어긋난 것이기 때문에 이를 구분한 것으로 판단된다. 이 489결은 제2종 유토로 추정되는 것이다. 숙선옹주방의 무토면세 결은 670결 65부 1속인데, 원결 200결을 제외한 470결 65부 1속이 바로 제2종 유토로 생각된다.

아울러 『도안』상에 고양, 진위, 김포, 무안 등의 결부 하단에 '民畓'이라 세주되어 있다. 내수사 이외 다른 궁방의 결부에도 이 세주는 없다. 이 4지역의 '민답'이라 세주된 내수사 유토도 제2종 유토로 추정된다.

전라좌도 능주목의 西一面 양안과 같은 해의 내수사 양안을 검토하였는데, 두 양안 상의 起名과 時名에는 변동이 없으나, 시명에서는 기명의 상전명의 아래 실린 노명이 탈락되었다는 점이 다르다. 이는 1740년의 내수사위전답양안에서도 동일하다. 1719년 시일면 기해양안에 '內位'가 기재된 75개 지번 중에는 상전명의 아래에 노비명이 실린 것이 30개 지번인데 내수사 전답에서는 이 지번들의 노비명은 모두 탈락되고 모두 그 상전명만이 등재되어 있다. 기해양안의 사표 상에는 상전명이 아니라 그 노비명이 실려 있다. 학계의 일반적인 경향은 양안의 사표와 지번 하단에 실린 '起 主' 또는 起名이 일치할 때 그 상전의 전답이 그 노비로 代錄되었다든가 아니면 그 자체가 바로 소유자라고 해석한다. 또한 특히 궁방전 등에서, 일반적으로 起名이 사표와 일치할 때도 그렇게 해석한다. 만약 노비의 기록이 상전을 대신한 대록이었다면 다음 기록에서도 그렇게 등재됨이 마땅하다. 같은 시기의 내수사전답양안은 물론 1740년의 같은 양안에서도 같은 지번의 기재 사항은 노명이 탈락되고 그 상전명만이 실린 것이다. 이를 전답 소유자의 변동 또는 교체로 결코 해석될 수 없는 것도 사실이다.

다음으로 起와 時의 성격을 규명하였다. 즉, 능주목이 전라좌도인 점에서 기해양안에 '主'없이 起名만이 기재된 것은 일반적인 관행에 합치하나, 1719·1783년 내수사 양안은 '時'로 표기되고 1740년 양안에는 '起'로 되어 있는 점을 밝혔다. 起는 '陳·起'의 대칭상의 묵히지 않고 기경한다는 의미이고, 時는 實起 또는 時起, 혹은 時作으로 해석하였다. 이렇게 해석할 때 만이 1783년의 양안의 '起'와도 같은 맥락으로 연결해 볼 수 있다. 이와 달리 1719년 기해양안 상의 起名을 전답 소유자로 추정하고, 내수사양안 상의 인물을 '시주', '시작', '기 주'로 해석한다면 동일 필지의 같은 인물이 전답의 소유주인 동시에 다른 해에는 내수사 전답을 경작하는 소작인으로 이해해야 되는 모순되는 해석을 내리게 된다.

게다가 중요한 사실은 이 내수사 전답의 유래는 갑술양안 이전까지 올라 갈 수 있다는 점이다. 또한 『도안』에 '본사전답'으로 수록되어 있고, 『국유지』에도 능주 大谷面 三村에 家垈 72戶가 있는 4결 98부 8[0]속이 실려 있다. 따라서 이 위토전답은 적어도 갑술양전 이전부터 내수사 소유의 유토란 사실이다.

한편 1746·1783년의 김제군의 내수사 전답 9결 55부 8속의 양안 몇 지번을 분석하였다. 이를 통해 '起 時'와 '起 主·時'의 名, 특히 1783년 양안 상의 '起 主'와 '時'는 당시의 관계를 기록한 것이 아니라 1719년의 기해양안을 그대로 轉寫하여 지번의 하단에 時名만 기재한 것이라 판단하였다. 즉, 좌도인 능주목 양안과는 달리 우도인 김제 내수사 양안에는 '起' 다음에 主名이 등재된 것이고 그 하단에 '內位' 또는 '內位免稅'로 기재된 기해양안을 전사한 것으로 추정된다. 이런 추정을 뒷받침해 주는 것이 바로 『도안』과 『국유지』이다. 따라서 1746·1783년의 김제군 읍내면의 내수사 전답은 유토면세전으로서 이른바 제2종 유토면세전이 될 수 없다. 또한 진안현에 소재한 내수사전답 양안을 검토하여 그 전답들이 갑술양안에서부터 내수사의 전답이었고 『도안』과 『국유지』에서도 유토로 확인된다는 것을 밝혔다.

그런가하면 정읍현 내수사전답 양안은 4건이지만 시기가 다른 동일 지역의 같은 전답의 양안이므로 2건이라 할 수 있다. 『도안』에 유토면세전답으로 실려 있어 내수사 소유의 전답으로 이해하는데 무리가 없다. 특히 井邑縣 西一面 貴자 第5 지번의 1740년 박해경이 33부 6속의 '起 主'로 등재되어 있고 계속 면세된다고 기재되어 있으나, 다른 지번의 결부 4결 16부 8속은 1734년부터 출세되었다. 그 후 1746년 양안의 그 지번의 '起 主'는 朴命右로 교체되었다. 그 필지는 엄연히 내수사 논임을 알 수 있으나 그런데도 '主'를 기재하고 있다. 더욱이 『도안』에서 본사 유토임을 밝히고 있고, 『국유지』에 北面 九良坪에 33부 6속의 답이 있

음을 기재하고 있다. 이런 이유에서, 일반 군현양안은 물론 내수사나 궁
방전의 양안 상의 起名, 量名, 時命에 대한 이해가 더욱 정확해야 된다.

1755년의 정읍현의 저경궁 양안이 移來된 1783년의 내수사 양안에는
기재양식이 다양해서 모두 검토할 수 없었다. 우선 時作名이 量名으로
기재된 사례로, 通자 33의 戒生을 들 수 있다. 1755년의 '量'은 저경궁
인데, 그 후 1783년의 내수사 양안에는 '量啓生'으로 실려 있다. 분명히
'量啓生'의 계생은 여기서 시작에 불과하다. 따라서 '量啓生'은 '量作啓
生'으로 판단하는 것이 순리라고 본다. 이는 1755년 이후 1783년 이전
어느 시기에 개타량이 이뤄져 그 양안에 時作 奴 啓生 등이 量作으로
파악되어 기록되었기 때문에 1783년 양안에 '量啓生' 등으로 기재된 것
으로 판단할 수 있다. 또한 量名과 時(時作)名이 동일한 사례는 通자 49
지번의 '量時啓生'이다. 계생은 1783년 당시의 경작자로도 파악된다.

그런가하면 1755년 時作名과 1783년 量名이 다르게 기재된 사례는
茂자 24·24-2作 지번과 碑자 26 지번의 시작은 1783년 양안에는 각각
李星才, 李星才, 朱鳳儀가 崔夏星, 崔夏星, 李哲明[明哲] 등이다. 최
하성과 이명철이 사표에 등재된 점으로 보아, 이는 1755년 이후 1783년
사이에 적어도 한 번의 양전이 있을 경우 최하성과 이명철이 量作이었
을 경우에만 가능하다. 즉, 이성재와 주봉의보다 앞서 내수사 전답을 경
작하였던 '量作'이 최하성과 이명철이라고 판단된다. 거기에 1746년의
시작인 자가 1783년 양안 상에 舊作으로 표기된 사례도 있음을 밝혔다.
이 양안을 모두 해명하기에는 그 한계가 있다. 앞으로 더 검토되어야 할
문제라고 본다. 우리는 그대로 하나의 동일 성격의 양안으로 이해하지만
그 자체의 다양한 기재양식에 대한 면밀한 연구가 있어야 할 것 같다.

내수사 양안 상에 기재된 起名, 量名, 時名들을 중심으로 몇 사례를
더 검토하였다.

'起 主'로 표기된 옥구현과 용안현의 양안을 살펴 이 主들이 내수사

전답의 경작자로 파악함과, 옥구현의 양안의 전답 결부가 동시에 『도안』 과 『국유지』에서도 확인됨을 밝혔다. 그런가하면 명혜공주방의 매득 면 세전답의 양안에서도 그 '主'를 그 전답을 매도한 소유자인 본주로 판단 하기 어려운 사례로, 그 主名에 '主石只代丁日'과 같은 대칭이 있는 양 안 지번 등도 제시하였다.

장성부에 소재한 1740년 내수사전답 양안에서 約자 39 지번의 '起 主金會選奴有德'의 會選이 사표에서 확인된다. 노주명이 실린 다른 지 번에서는 거의 노명이 사표에 실려 있다. 1745년 양안에서는 '量時有 德'으로 표기되었고, 40의 '起主趙紳奴士金'도 '量時士金'으로 실린 것 이다. 時名은 장성부에 소재하는 내수사 소유의 전답을 경작하는 자로 판단하였다. 이를 뒷받침해 주는 자료가 1783년의 양안 상의 '時作'의 기록이다. 이 양안의 각 지번에는 내수사면세라 기재하고 그 옆에 時作 名을 병기하고 있는 것이다. 유덕의 상전인 회선은 39, 39-2作, 石山의 主인 金翊夏는 41 지번의 시작으로 기재되어 있을 뿐 다른 시작들은 1745년의 인물이 아니란 사실이다. 이는 내수사의 전답을 경작하는 소 작인에 불과하다. 군현양안과 그 査陳양안에서 노주의 명이 바뀐 거나 노명이나 상전명으로 기록된 것을 전답주의 변동으로 고산현 서면 양안 에서 잘못 이해하기도 하였다. 이런 기재양식은 이를 기재하는 아전들이 그 관행이나 투식에 따른 것에 불과하다고 판단된다. 萬迪 등 11명이 새로운 시작인데, 이들은 과거 成川 主인 毛治, 分每, 毛先과 舊陳 主 인 分辰, 升萬을 제외한 인물이다. 이 시작들이 양안의 사표 상에서 모 두 확인된다는 것은 1745년 이후 1783년 이전 어느 때인가 다른 타량이 있음을 의미한다. 要는 1740년부터 장성에 소재한 내수사 전답을 경작 하던 자는 내수사 전답을 빌려 借耕하는 소작인에 불과하다.

量·時樣式과 時의 記載를 살펴보았다.

전라도 흥양현의 내수사 양안은 언뜻 제2종 유토로 판단할 수 있는

가능성을 양안의 구체적인 분석을 통해서 제시하기도 하였다. 그러나 홍양현 大江面의 1746·1783년의 양안 상의 전답이 내수사 유토임과 庄土임을 『도안』과 『국유지』에서 확인된다. 특히 『국유지』에서 이는 본사 장토인데도 年代가 오래 되어서 그 기원이 '不明'이라고 밝히고 있다. 사실 내수사나 궁방전 양안이 현존한다는 것은 그 양안에 등재된 전답이 내수사나 궁방의 소유임을 말해 준다고 판단된다. 어떤 이유로 내수사 등이 그들 소유가 아닌 민답을 타량한 그 양안을 보관하고 관리·타량·성책하는 것은 있기 어렵다.

그런데 大江面 封字丁의 14 지번에 있는 '量時'의 量은 鄭成贊인데 內頉의 필지로 '內'에 2부 5속의 '舊川起主張八禮'가 있고, '在' 아래 7부의 '時張八禮'가 실려 있다. 또한 장팔례가 옛 냇가이었던 논의 결부 2부 5속을 기경하였다고 해서 '起主'로 표기된 것이다. 이 지번의 時를 내수사 소유의 전답을 빌려 경작하는 시작인 소작인으로 파악한다면, '起主'인 장팔례를 내수사의 묵힌 전답을 일구어 낸 소유주라고 판단할 수 있는가에 대한 의문을 제기하였다.

이 양안에는 '起主'로 표기된 사례가 모두 15건이 된다. 이 '起主'를 묵힌 땅을 일구어 낸 주체 인물로 파악하는 것이 훨씬 자연스럽다. 아울러 이런 사례는 영암의 龍洞宮의 전답 양안에서, 舊·今陳主 龍洞宮의 391필지 중 '還起主'로 표기된 것이 41건을 확인하였으며, 그 나머지 전답은 모두 진전으로 묵혀 있다. 만약 '起主'를 그 전답 필지의 소유주로 파악한다면 어떤 이유로 용동궁이 이 전답을 타량한 후에 진·기를 구별하여 그 摠數를 낼 수 있는가이다. 이는 사회적 통념이나 어떤 다른 합리적 방법으로 해석할 수 없다는 데에 문제가 있는 것이다. 바로 '還起主'를 잘못 이해한데 그 이유가 있는 것이다. 그런데 이 용동궁 양안에서 묵힌 것을 일구어 낸[還起, 今年에 일구어 내면 今起] 1결 15복 7속이 『도안』에 용동궁의 '有土出稅(未免稅)畓'으로 정확히 등재되어 있다는 점이다.

내노비 무후전답기상과 내노비 무후전답의 전답이 다른 성격으로 대
비될 수 있는가를 검토하였다. 記上이라는 용어는 그 자체에 기록의 의
미를 지닌 것으로 등재, 기록, 소유권 신고 또는 소유 신고(고지) 등의
의미이다. 내수사 양안 자체에서도 그 의미를 파악할 수 있는 것이 바로
'大靜縣案付內需司己上田案中'이다. 案付, 名付, 名字, 記上(己上) 등
구체적인 내수사 양안을 통해서 무후노비의 기상전답이 실제 내수사의
전답일 수 있다는 것을 밝혔다.

그런가하면 무후내노비의 전답양안 상에 기재된 인물을 그 전답에 대
한 같은 지위의 성격으로 이해하기 어려운 사례도 검토하였다. 즉, 1701
년 祥原郡 무후내노 孝立, 奴 哀垣, 婢 亂玉 등의 전답을 타량·성책한
것에서 두 奴婢의 秩 條에는 각 필지의 작인만이 기재된 반면에 한 질
에는 각각 作人 亂松과 그 질의 婢名 亂玉이 실려 있다. 이는 언제인가
는 판단할 수 없지만 두 노비명의 질 지번에는 실제 작명이 실려 있는
데 반해서 奴 애원의 필지(358.3)에 그가 작호로 기재된 것으로 어느 때
인가 이것이 하나로 통합되어서 각각 다른 성격-작호명과 작인 명-이 혼
재한 것이 아닌가로 추정하였다. 그런데 1706년의 무후내노비를 屬公하
여 타량한 양안에는 1701년의 것과 다른 '婢亂玉屬公秩'이 포함되어 있
다. 1701년 양안의 기재 내용이 1764년의 양안에 그대로 기재되어 있는
반면에, 표제에 '無後內奴婢等田庫記上改打量成冊'으로 바뀐 점이다.
1764년에 와서야 내수사 노비 전답을 기상한 것으로 해석할 수 없음을
밝혔다. 이는 1701년 양안에 임오년 정월 초 6일에 그 토지가 이미 '移
內需司'로 기록되어 있다는 사실때문이다.

요는 이미 1702(임오)년에 屬公되었음을 확인할 수 있다. 따라서 이 기
상은 당시 개타량할 때의 아전이 필사할 경우 노비 명으로 작인이든 아니
든 양안에 기재된 박언충, 婢 복진, 서송진, 奴 난송, 奴 효립, 奴 애원,

婢 난옥의 名 등의 전답을 推尋해서 확인한다는 의미로 보아도 무리가
없다.

　그렇다면 무후노비인데도 기상의 기록이 없는 양안의 전답의 성격은
다른가를 검토하였다. '信川郡 故無後奴 朴奉守田畓打量成册'의 전답
과 다른 무후노비의 기상전답과는 그 성격이 다를 수 없다고 본다. 내수
사의 소유전답으로『도안』과『국유지』에서 확인할 수 있기 때문이다.
더욱이 박봉수 전답의 양안은 약간 복잡한 과정을 거친 것으로 1699년
의 양안 결부는 9결 23부 8속이던 것이 1700년의 개타량한 양안에서 약
배인 18결 7부 2속으로 증가된 것이다. 무엇보다도 약 9결이 늘어난 것
은 중요한 의미를 지녔다. 무후노비의 전답이 그 사후에 관, 주에게 귀속
되는 사례를 배제할 수는 없다 하더라도, 몇 부 정도의 누락에 의한 착
오가 아닌 이런 사례는 이 광대한 전답의 소유자가 노비-무후노비-가 될
수 없다는 것은 물론 이제까지의 '무후노비전답'에 대한 이해에 문제가
있는 것을 보여주는 반증으로도 볼 수 있다.

　또한 제주도의 大靜縣 양안에 등재된 두 명-故奴 盟孫·故婢 眞香今
田畓秩-의 無後奴婢 己上田畓이 9결 87부 8속이나 된다 동일 지역 동
일시기에 기록된 양안에서의 己上을 달리 해석하기 어려울 뿐만 아니라,
당대에 무후노비가 각각 많은 전답을 비슷하게 소유했다고 판단하기 어
렵다. 더욱이 거의 대부분의 지번의 사표에는 '內田'과 '內畓'으로 표기
된 점으로 보아도 그렇다. 거기에다 양안의 표제에서 내수사가 군현양안
에 등재[己上]되어 있음을 밝히고 있다. 이 전답들은 그들 명으로 등재
된 내수사의 전답인 것이다.

　1692·1716·1740년의 양안이 현존하는 대흥군의 내수사 逃亡婢인 김
이덕 등의 기상전답을 타량한 것을 분석하였다. 양안 표제의 기상을 '上
納'으로 해석한다면 너무 무리한 해석이 될 수밖에 없다. '逃亡婢金伊
德'은 도망 전에 갑술양안에 그 이름으로 懸錄된 그 전답을 상납하였다

는 결과가 되고, 一龍은 갑술양안에 載錄된 그 전답을 내수사에 상납하고 이를 다시 빌려 경작하는 당시의 시작인 격이 된다. 전답의 다과를 떠나 사회적 관행이나 통념상 있기 어려운 일이다. 기상은 갑술양안에 김이덕 名과 一龍 명으로 등재된 세주의 사실과 관련이 있다. 또한 1716년의 양안에 세주로 기재된 갑술양안에 金伊德 명이 기록되어 있어 민인들이 公·私賤인가를 변별하지도 않고 소송을 하였다는 자체도, '기상'의 잘못된 의미로 해석하는 이 '上納'을 배제시킨다. 따라서 '舊', '時', '今' 등의 아래 실린 名은 내수사의 전답을 경작하는 소작인에 불과하다.

그런데 1716년과 1740년의 양안 상에서 本司의 出給과 咸 知事의 奴에게 출급한 사실을 도외시하고 대흥군 내수사 전답 32필지의 士萬을 內奴로서 대록 또는 이른바 그 戶名으로 해석한다면, 1692·1716년의 양안 상의 '舊'名을 해명하기 어렵다. 그러나 이렇게 해석하게 되면 '金伊德等記上田畓'은 내수사의 전답이라는 결론에 이르게 되어 '기상'의 의미는 갑술양안 등의 '名字'와 부합되는 면도 있다. 즉, 노비명의 기상 전답이 그들의 소유가 아니라 官主인 내수사의 소유 전답이 되는 한 사례로 추가될 수도 있는 것이다.

내수사 양안 중 현존하는 것으로 같은 지역의 시기(1699, 1700, 1706, 1731, 1754, 1783)가 다른 것이 6건이나 되는 신천군 양안의 검토를 통해 시작 또는 작이 사표 상에 기재된 것을 확인하였고, 내수사 전답 등을 타량·성책할 때 결부의 변동은 물론 시작(작)도 변동됨을 보았다. 따라서 改打量된 양안의 사표 상에 시작도 변동되었다. 즉, 내수사 전답은 1699년 이후 1731년까지 3회의 양전이 이뤄졌다. 이때까지는 1699년의 양안이 저본이 되어 轉寫하고 작명만 바뀌었으나, 1731년이나 혹은 그 전후의 타량에 의해 결부는 물론 작명과 사표 상의 기재내용도 바뀌었다. 그러다가 1754년 양안에는 結負는 물론 작과 사표 상의 명이 변동되었다. 1783년 개타량 양안은 1754년 양안을 그대로 轉寫한 것에 불과하고 起·陳 여부를 판별하였고 작명은 실려 있지 않다.

양안 상의 '量作'을 파악하기 위하여 1689년 전라도 전주부에서 無後身死 內奴인 加外田畓 중 漏落된 것을 추심하여 屬公·打量하여 成册한 것을 검토하였다. 이 양안의 지번에 기재된 '量作世京'과 '時作李希安'을 어떤 성격의 경작자인가를 밝혔다. 즉, 이희안은 당시의 내수사 전답을 경작하는 소작인임은 분명한 사실이다. 이는 가외전답을 '屬公'하였기 때문에 이론의 여지가 없다. 7필지 모두 '양작세경'으로 기재되어 있다. 이보다 앞선 시작으로 등재된 인물일 수도 있고, 내수사를 대표하여 내수사의 타량양안에 작호로 기재된 자로 판단할 수도 있다. 분명한 사실은 '作'으로 기재된 세경은 그 전답의 소유자는 아니란 것이다.

끝으로 내수사의 출세전답 양안을 검토하였다.

유토면세 결 전답양안은 대단히 많은데 비해, 출세 전답양안은 그렇게 많지 않은 것으로 판단된다. 本司가 소유한 전답보다 궁방 등에서 移來된 것이 많은 것도 한 특색이다. 그 결부에 있어서도 본사의 43결 51부 7속에 그친데, 궁방에서 이래된 것은 2,532결 85부 2속과 加火田이 60결인 점에서 그렇다. 어떤 이유로 내수사의 소량의 결부 전답까지 출세되었으며, 移來 전답이 출세되었는가는 필자로서는 아직 추정하기 어려운 일이다. 『도안』 상의 끝 통계에는 '출세전답 2,532結 84負 4束 內'로 기록되어 있지만 실제로 바른 것은 위의 통계다. 거기에다 세주 사항을 반영하여 계산하면 모두 2,546결 5부 6속과 가화전 60결이다. 또한 다소 구분하기 어려운 柴場 9處 등 모두 20處가 여기에 포함될 수 있다.

한편 유토면세 결은 궁방으로부터 이속된 것보다 본사인 내수사가 소유한 것이 많다. 즉, 『도안』 상의 통계는 '409結 64負 5束 內'로 되어 있지만, 실제 통계로는 본사는 231결 30부 8속과 移來 전답 179결 40부 7속의 합계 410결 71부 5속이 되어 세주의 출세 결을 제외하면 409결

64부 7속이 된다. 아울러 遂安 등 6지역의 火田 3,943日耕 그리고 귀인방, 연호궁에서 移來된 홍천의 두 隨起收稅 지역도 유토면세 결에 포함된다. 『도안』상에는 이외도 내수사의 무토면세 772結과 內需司屬寺位免稅 356결 38부 3속이 기재되어 있다.

　그런데 『도안』상의 내수사의 출세전답 결은 『국유지』에서는 거의 확인되지 않는 것은 바로 궁방전답으로부터 이래된 경우가 많다는 점과 그 양안이 현존한 것이 몇 건뿐이라는 점과도 관련이 있을 것이다. 한편 『국유지』에서의 결부는 時起結로 조사되어 기록됨이 원칙이었다고 추정된다. 『도안』상에서 본사 전답으로 등재된 것이 모두 9개 지역인데, 인천, 정주, 성천, 문화 등 4개 지역의 양안이 현존한다. 이들 양안 상의 결부 기록과 『도안』상의 그 기록은 일치하지 않는 경우도 있다. 그러나 『국유지』에서 그 토지의 기원을 밝히면서 공통적으로 본사장토인데도 그 연대가 오래되어 '不明'이라고 하였다. 요는 본사장토란 점에서 내수사 토지였지만, 그간에 이 양안들의 전답은 묵힌다든가 또는 다른 방법에 의해서 감소되었다고 생각된다. 이들이 出稅된 것은 내수사의 결부 총액이 규정보다 초과됨으로써 호조에 의해 이뤄진 것이다.

　1783년 인천부의 本司와 명선공주방의 '量主'는 당시의 인물이 아니며 그 전답의 소유주로 파악하기 어렵다. 더욱이 『도안』에서 출세 전답이란 점에서 '主'의 표기는 단순히 관행상 또는 군현양안을 그대로 전사하는 데서 생기는 기록에 불과한 것으로 판단하였다(追補; 주와 시작이 같은 개념일 수 있다는 사실을 확인하기 전의 잘못된 추정이다). 아울러 궁방으로부터 이래된 전답양안도 구체적으로 검토하여 지번에 기재된 '起 主'가 전답의 실제 소유주가 아닐 수도 있다는 것을 밝혔다. 이는 군현양안 상의 '起名' 또는 '起 主名'이 당시 전답 소유주만을 기록한 것이 아니란 점과도 관련이 있다.

　조선후기 양안에 대한 기존의 연구에서 양안의 양식이나 그 내용 분석에 너무 쉽게 이를 일반 범주화하거나, 개개 사실이나 사료를 정확히 검토·분석하지 않고 추정하여 일반 개념화해 버린 것이 아닌가하는 것에 대한 의문점을, 이 연구에서 풀고자하였다.

요컨대 일반적으로 궁방전양안 등에서의 '量'은 갑술양아이나 경자양안의 量으로 추정하여 그 인물들을 해석하거나 계량화하는 것은 오류를 범할 수 있다고 판단된다. 陳田改量案이지만 기묘양안 등에 기재된 '時'는 전답의 소유주를 기재한 것이 아니라, 그 소유주인가의 여부를 떠나 경작자인 時作임을 밝혔다. 더욱이 양안 상의 '主'나 '起 主'의 田畓 所有者 개념도 내수사나 궁방전은 물론 군현양안에서도 재검토되어야 한다. 양안 상의 '主'의 개념은 전답을 경작하는 주체로 판단된다. 내수사 등의 '무후노비기상전답'과 '무후노비전답'에서 그 전답의 소유주는 차이가 없다는 것을 밝혔다. 아울러 이 전답들의 소유주에 대한 파악에 문제가 있는 것을 보여주는 반증도 제시하였을 뿐만 아니라 '記上'이란 용어의 개념으로 '上納'일 수 없음을 재확인하였다.

끝으로 大興郡의 逃亡內婢 金伊德의 이름이 갑술양안에 懸錄된 사실만을 갖고 公·私賤인지 변별하지 않고 民人들이 서로 다투어 소송했다는 기록이 다시 상기된다. 양안 하나하나가 지니고 있는 특성 내지 성격을 면밀하게 파악하지 않고 개념화 또는 범주화거나, 기본적인 용어에 대한 정확한 해명 없이 연구를 하는 것도 이와 같지 않은가라는 생각이 떠오른다. 한국사 연구에서 어떤 개념의 用語를 활용하면서 先行研究에 대한 정확한 검증 없이 그 연구 성과를 引用 또는 援用하는 사례가 많다. 기존 先行研究의 假說을 通說 또는 정설로 수용하고자 할 경우에는 앞으로 연구자들은 더 신중해야 되지 않나 하는 생각도 든다. 이런 이유로 번잡하고 판독하기 어려운 통계 자료인데도 이를 제시하여 언제라도 검증할 수 있도록 하였다.

〈附錄 1〉 全羅道綾州牧의 己亥量案 상의 主 또는 結負가 己卯量案 상에서 變動된 事例와 戊辰量案과의 比較

己亥量案(1719)	己卯量案(1759)	戊辰量案(1748)
1. 玄 92(東面上)	量婢春伊時奉惡(3.1內 0.4→0.2)	婢春伊內(3.1)戊辰姬陳同人(0.6→0.4)
2. 黃 42	量辛順玉時婢芬仁連可起(4.2內 0.6→0.4)	續陳辛順玉內 起婢於仁延(0.6)
3. 黃 74	量奴介今時婢芬仁連(1.9→0.9)	(量起)沒陳起奴才(1.9)
4. 律 68	量鄭伊光時奴采太(6.2內 0.8→0.5)	黃采太內 戊辰姬陳同人(1.7→1)
5. 致 164	量奴平世時婢可福可起(1.4內 0.9)	奴平世內 沒陳同人(0.5)
6. 雨 64	量奴鳥才時奴七連可起(8.6內 1.1→0.7)	奴位才內 續陳同人(1.4→0.9)
7. 麗 38	(合沒陳起量奴今老味時奴春長還陳(0.8)	沒陳奴今老味(0.8)
8. 釖 36	量朴時右時婢莶上(2.1內 1.6→1)	奴莽同內戊辰姬陳同人(0.5)
9. 釖 39	(庚申陳起量文今惡時婢莶上(0.2)還陳	續陳文今惡只(0.2)
10. 號 128	量玉金時奴順泰(3.3內 1.5→1)	金玉金內 續陳同人(1.8→1.1)
11. 號 130	(戊辰陳起)量奴尚業時奴順泰(1.3)還陳	戊辰姬陳奴尚業(1.3)
12. 號 131	量奴尚業時奴順泰(1.8內 0.9→0.6)	金尚業內 沒陳同人(0.9)
13. 號 132	量奴玉金時奴順泰(5.1內 1.9→1.2)	金玉金內 沒陳同人(3.2→2)
14. 號 134	量奴石春時奴斗先(1.5)	沒陳奴石春(1.5)
15. 號141	量奴愛失時同人(婢覿德(5.3內 3.3→2.1)	奴愛失內 沒陳同人(2→1.3)
16. 巨 82	量婢六月時婢五德(6.5內 2.7→1.7)	婢六月內 沒陳同人(2.4→1.5. 1.4→0.9)
17. 芥(東面下) 50	量崔檢金時奴孟好遷陳(2.4)	續陳奴孟虎(2.4)
18. 鹹 7	量具譜時奴三萬(6.8內 1.6→0.7)	具永內 川反同人(2.7)
19. 帝 8新院三(2.6)	量時院三(2.6→0.9)	
20. 帝 22李碩徹(1.3)	量李石亭時奴六泰(1.3→0.5)	
21. 帝 28李謙奴檢丁(6.7)	量李上兼時奴惡金(6.7內 2→0.7)	
22. 帝 33婢六月(0..8)	量婢六月時奴惡金(0.4)	(0.8降陸等直田)戊辰姬陳婢六月(0.4)
23. 帝 35李上兼(1.5)	量李上兼時奴惡金(1.5→0.7)	
24. 帝 36李錫亨(2.4)	量李石亭時奴海龍(2.4→1.1)	
25. 帝 37奴志立(5.4)	量奴志立時奴悅立(5.4內 3.9→1.8)	奴志立內 沒陳同人(2.2→1)
26. 帝 38奴志立(1.2)	(合沒陳起)量奴志立時奴志立還陳(0.5)	(1.2降陸等直田)沒陳奴志立(0.5)
27. 帝 41奴志立(3.2)	量奴志立時奴惡金(3.2→2)	
28. 帝 47奴卜先(3..3)	量奴卜先時婢士禮(3.1[3]內 2.2)	
29. 帝 48李尚徹(1)	量李上兼時奴月今(1→0.6)	
30. 帝 49李尚徹(3.3)	量李上兼時奴惡金(3.3→2)	
31. 帝 50奴卜先(3.1)	量奴卜先時婢月今(3.1→1.4)	
32. 帝 51奴太先(1.6)	量奴太善時奴海龍(1.6→1)	
33. 帝 64李遇兼婢愛禮(2.1)	量李右兼時奴京上(2.1→0.5)	
34. 帝 75李遇兼(3.6)	量李右兼時奴眞化(3.6→1)	
35. 帝 76李遇兼(2.6)	量李右兼時奴京上(2.6→1.2)	
36. 帝 106新院三(1.1)	量時院三(1.1→0.3)	
37. 島 3金時丁(9.1)	量金時丁時奴貴山(9.1內 1.9→0.9)	
38. 島 8李遇兼奴愛禮(8.5)	量李右兼時奴加五金(8.5→3)	
39. 島 9李萬璧奴姜山(6.1)	量李萬璧時奴加五金(6.1→2.2)	
40. 島 19金尚鼎(6.1)	量金上丁時婢禮良(6.1→2.8)	
41. 島 20金尚鼎(4.3)	量金上丁時奴禮良(4.3→1.9)	
42. 島 66奴八金(3)	量奴八金時婢奉每(3→1.9)	
43. 人 18奴檢失(11.4)	量奴檢失時婢今每(11.4內 2.1→1)	奴儉失內 川反同人(0.9)

44. 皇 71奴戒奉(5.9)　量奴戒奉時奴斗去非(5.9內 1.1→0.5)　成川文汝江(1.1)
45. 皇 73奴戒奉(0.6)　量奴戒奉時奴斗去非可起(0.6→0.3)
46. 推 89婢山今(1.4)　(庚申陳起)量婢山今時婢七德還陳(1.4)　繼陳婢山今(1.4)
47. 唐 41趙光世婢土香(25.3)　量趙光世時婢香(25.3內 3.5→1.2)
48. 弔 69具塤奴天上(3.6)　量天上時婢占亡(3.6內 1.3)
49. 民 49具塤奴天上時淡立(1.5)　量奴二龍時婢正月(1.5→0.7)
50. 民 50具塤奴天上時貴同(0.8)　量奴貴同時婢正月(0.8→0.4)
51. 民 82具塤奴天上時自明(0.0)　量奴自命時奴惡山(0.8)
52. 民 89具塤奴天上時必先(15.8)　量奴必先時奴德男(15.8內 1.8→0.8)
53. 民 94具塤奴天上時淡立(1.4)　量奴淡立時婢正月(1.4→0.9)
54. 民 105具塤奴天上時自明(2.5)　量奴自命時奴惡山(2.5 1.2→0.8)　奴昌極內 戊辰頃陳同人(0.1→0.6)
55. 伐 43具塤奴天上時九月(7.2)　量奴九月時婢正月(7.2內 3.8→2.4)
56. 伐 69李得春(6.6)　量婢順丹內(6.6) 北犯戊辰陳起　婢順丹內 戊辰頃陳同人(4.6)
　　　　　　　　　　量李得春時奴辰白還陳(4.6)
57. 伐 70劉信貫(5.2)　量俞信觀時奴惡金(5.2內 3.8)
58. 伐 77金今生(3.1)　量金今生時奴先(3.1內 2.3)
59. 伐 85金希奉(3.1)　量金希奉時婢玉(3.1)
60. 伐 103今陳無主(6)　量奴件里同時奴太元(0.6→2.7)　(今陳)起奴件里同(6)
61. 伐 107黃生(1.4)　量奴黃生時奴水京(1.4)
62. 伐 108張志奉(2.7)　量張志奉時奴先(2.7)
63. 伐 109崔元金(5.4)　量崔元金時奴者斤老味(5.4內 1.9)
64. 伐 110曹乙云(2)　量曹乙云時奴望供(2)
65. 伐 113斗里奉(2.7)　(戊辰陳起)奴斗里奉時奴先還陳(2.7)　戊辰頃陳婢先(2.7)
66. 伐 121朱連珠山(6.8)　量朱連珠山時奴世月(6.8內 3.3→1.5)　奴貴贊內 戊辰頃陳同人(3.5→1.6)
67. 伐 129尹元己時淡立(2.4)　量奴淡立時奴墓直還陳(2.4→1.5)
68. 伐 130尹元己南奉(0.8)　量奴淡立時奴世良(0.8)
69. 伐 173具塤奴天上時淡立(1)　庚申陳起量奴淡立時婢正月還陳(1)　繼陳奴廷回(1)
70. 伐 203具塤奴天上時壬白(4.5)　量奴壬申時奴者斤老味(4.5)
71. 伐 239具塤奴天上時仁白(6)　(庚申陳)量奴連山內 (6)北犯庚申陳起　陳奴連山內 起同人(0.6)
　　　　　　　　　　量奴連山時婢今禮還陳(6)　繼陳同人(5.4)
72. 伐 260李元必(1.3)　量李元必時奴亡元(1.3)
73. 伐 261李同金(2.5)　量內金時奴轉金(2.5)　戊辰頃陳婢亏金(2.5)
74. 伐 270鄭明(1.5)　量鄭明時婢莫禮還陳(1.5)
75. 罪 33曹能白(10)　(量起)奴能白內(0.1) 南犯戊辰陳起(1.3→0.8)　川反奴能白(1)
　　　　　　　　　　量奴能白時奴申奉還陳
76. 周 34鄭萬(5.8)　量奴先時婢白連(5.8內 1.1→0.5)
77. 周 155鄭采周婢玉之(10.9)　(量起)奴丁今內(10.9) 東犯戊辰陳起　成川奴丁今(10.9)
　　　　　　　　　　量鄭采周時奴丁今還陳(0.4→0.2)
78. 湯 84徐千白(1.1)　量徐千白時金元己(1.1)
79. 湯 114李時太(3.5)　量李時太時奴上立(3.5)
80. 坐 88金禮春(18.5)　量金禮春時姜石己(18.5內 10.2→6.4)
81. 坐 98崔五月(0.8)　(庚申陳起)量婢五月時婢自今還陳(0.4→0.3)　繼陳婢自今(0.4)
82. 坐 127梁水八(9.7)　量梁水八時奴應金(9.7內 3.6→2.2)
83. 朝 63崔占春(3.5)　量崔占春時婢介上(3.5內 1.3→0.6)
84. 朝 84金晶碩婢志策(2.8)　量金鼎乃時奴介金(2.8內 1.3)
85. 朝 94崔泰仁奴善山(1.1)　量崔大任時婢梁小禮還陳(1.1)
86. 問 59金頓器婢今亿(2.8)　量金石亿時婢仁亿(2.8)
87. 問 60兪應星婢元化(2.1)　量兪應星時婢水禮(2.1)
88. 問 132文光翰山直奴必生(1.1)　量文光汗時奴必生(1.1→0.5)

89. 問 153朴恩哲奴非永金(12.1)   量朴恩哲時奴必生(12.1內 9.1→3.2)

90. 道 28崔運海山直奴今奉(6.9)   (量起)量奴今奉內(6.9) 北犯戊辰陳起   奴今奉內 戊辰㗲陳同人(6.1)
                                 量崔云㗲時㗲己德(6.1)還陳

91. 道 34李震杵奴乭男(3.5)   李辰杵時㗲業禮(3.5內 0.9→0.2)

92. 道 75李辰衡㗲元愛(5.6)   量李辰衡時朴用德(5.6內 2.2→1.4)

93. 垂 81鄭必元(3)   量鄭必元時㗲順介(3)

94. 垂 199敎魚山(1.2)   量奴千山時奴先男(1.2)

95. 垂 231韓大運奴守奉(1.4)   (合沒陳起)量韓太云時奴連奉還陳(0.9)   (1.4降伍等直田)沒陳奴水奉(0.9)

96. 垂 240趙徴泰奴丁信(0.9)   量趙徴太時奴孝介(0.9→0.4)

97. 拱 197洪履中山直奴斗見(0.7) 量洪履中時奴貴才(0.7→0.3)

98. 拱 206洪履中奴大禮(4)   量洪履中時奴斗見(4→2.5)

99. 拱 227舊陳無主(4.5)   (量今陳起)量㗲水禮時㗲水禮可起(4.5內 1.4→0.9) 起㗲水禮(4.5)

100. 平 37趙吾世㗲士良(2.5)   量㗲士良時奴孝介(2.5)

101. 平 50今陳無主(6.8)   (量今陳)量無主內(3.9) (量今陳起)(6.8降伍等直田)北犯 今陳無主(3.9)
                               量無主時奴斗見(2.2→1.4)

102. 章 24洪履中山直奴斗見(2.5) 量洪履中時奴邑內金(2.5)

103. 章 94文日金(0.9)   量文日金時奴內德(0.9)

104. 章 96姜甘金(0.7)   量姜甘金時㗲海春(0.7)

105. 章 197姜甘主(1.5)   量甘生時奴宗今(1.5內 1)

106. 章 200姜甘金(3.4)   量姜甘金時㗲海春(3.4→2.2)

107. 章 211金辰己(1)   (戊辰陳起)量金辰己時奴玉上(1)   戊辰㗲陳㗲七禮(1)

108. 章 268呂有淡(0.6)   量呂有淡時㗲申德(0.6)

109. 章 271呂有淡(1.3)   量呂有淡時㗲申德(1.3)

110. 章 277呂有淡(5.3)   量呂有淡時㗲申德(5.3內 2.2)   呂有談內 戊辰㗲陳奴石儀(2.1),
                                                                         戊辰㗲陳同人(1)

111. 章 278李先男(3.6)   量李善男時㗲海春(3.6內 2.5)   李善男內(3.6) 戊辰㗲陳㗲海春(1.1)

112. 愛 42李聖三(6.5)   量李聖三時㗲仁德(6.5→3)

113. 育 27許英奴甲生(6.2)   (庚申陳起)量奴甲永時㗲西非還陳(4→1.8)   纘陳奴甲生內(9) 起西非(0.2), 纘陳奴甲
                                                                         生(6→3.9)

114. 育 31許英奴甲生(3.8)   量奴甲永時㗲正月(3.8→1.4)

115. 育 69舊陳無主(40)   (量陳起)量無主內(40)   舊陳無主內 起金召史(0.6),
                               (量舊陳起) 南犯量無主時㗲分上還陳(1.2)   起白江伊(0.4), 同人(0.5), 起㗲太德(0.7),
                                                                         舊陳無主(16.5→10.3), 起㗲大德(1), 起
                                                                         文件里同)1), 起㗲莫今(2.4), 舊陳無主
                                                                         (2→1.3), 起李迪干(0.8), 舊陳無主
                                                                         (1.8→1.2), 起太今(0.9).

116. 育 72舊陳無主(126)   (量舊陳)量奴太今時奴太今(126內 0.8→0.5)   舊陳無主內 起奴太今(1.6), 舊陳無主
                                                                         (21→13.1), 起世九(1.9), 起西非(22.7),
                                                                         舊陳無主(96.9→70.6)

117. 黎 38崔己里金(2.5)   量崔己里金時㗲奉化(2.5→1.1)

118. 黎 50朴善生(17.4)   量朴善生時㗲禾世德(17.4內 3.1→1.4)   奴善生 內(17.4) 成川梁太云(0.2)

119. 戒 4張永元(2.8)   量張永元時㗲甘德(2.8→0.8)

120. 戒 14朱命伊(8.1)   量朱命時㗲千德(8.1內 2.4→1)

121. 戒 27舊陳無主(135.8)   (量舊陳)量無主內(135.8) (量舊陳起)南犯量無主   舊陳無主(135.8)內 起㗲己良(1.4),
                               時㗲日今還陳(2.9)   舊陳無主(47.3降六等21), 起㗲貴化(2),
                                                                         起太㢝(3.2), 起㐑禮(2.8), 起惡金(2.3?), 起
                                                                         貴起(2.8), 起惡金(0.3), 陳田無主(69.7→
                                                                         43.7), 起尹可(1.4), 今陳無主(1.6→0.7)

122. 壹 9仍陳無主(1.7)   (量舊陳起)量無主時㗲善丹(1.7→1)   起㗲善丹(1.7)

123. 壹 58朴重先(1.1)	量朴中善時婢小春(1.1)	
124. 壹 59乞納金(1.5)	量奴乞納金時婢小春(1.5)	
125. 壹 76金重華(1.5)	量金中化時婢上辰(1.5)	
126. 壹 78林時成(6.3)	量林時成時婢介德(6.3→4.1)	
127. 壹 90林秋生(0.4)	量林秋生時婢介德(0.4)	
128. 壹 108文聖一(1.1)	量文聖日時婢今化(1.1)	
129. 壹 114張永元(4.3)	量奴命化內(4.3) (庚申陳起北犯	纏陳奴命化內 起婢甘德(0.5)量奴命化時婢春良還陳(2.3)纏陳同人(3.8→2.3)
130. 壹 115李㖈金(6.7)	量奴㖈金時奴命化(6.7內 1.2)	
131. 壹 120李㖈金(3.2)	量奴㖈金時奴得命(3.2)	
132. 壹 125金水良(3.7)	量金水良時奴㴑立(3.7→2.3)	
133. 壹 128李破回(3.8)	量李破回時奴上立(3.8)	
134. 壹 129林秋生(1.6)	量林秋生時奴上立(1.6)	
135. 壹 134金元必(2.2)	量金元必時奴必才(2.2→1.4)	
136. 壹 135李㖈金(1.1)	量李㖈金時奴必才(1.1→0.7)	
137. 壹 136李[金]元必(4.1)	量金元必時奴必才(4.1→1.5)	
138. 壹 137朴重先(2.1)	量朴中先時奴必才還陳(1.3)(2.1)降6等勾田)	纏陳丁德(1.3)
139. 壹 138朴之三(0.9)	量朴之三時奴必才(0.9→0.5)	
140. 壹 140李玉每(0.8)	量李玉每時婢命化(0.8內 0.5)	
141. 壹 141金一萬(2.8)	量金一萬時婢命化(2.8)	
142. 壹 142金一萬(0.2)	量金一萬時婢栗晉禮(0.2)	
143. 壹 211李億萬(0.5)	量李億萬時奴上立(0.5)	
144. 壹 212李龍迪(2.5)	量李用迪時奴春良(2.5)	
145. 壹 213婢水良(0.5)	量婢水良時婢春良(0.5)	
146. 體 61高夢良(2.8)	量高夢良時婢大惡全(2.8)	
147. 體 65今陳無主(0.9)	(量今陳起)量婢老䐑時婢青今(0.9→0.4)	起婢老䐑(0.9)
148. 體 112高夢汝(15.7)	量高夢汝時婢千德(15.7內 3.6→1.3)	高夢汝內成川婢天禮3.9)
149. 歸 23張永元(6.6)	量張永元時婢甘德(6.6→4.8)	
150. 王 55今陳無主(3.4)	(量今陳起)量無主時奴五月金還陳(2.1)(3.4)	(降陸等)今陳無主(2.1)
151. 嗚 12高夢良(1.5)	(庚申陳起)量高夢良時婢貴禮還陳(0.9)	(1.5降陸等直田)纏陳奴山伊(0.9)
152. 嗚 76徐亨道(12.2)	量徐亨道時婢日德(12.2內 1.2→0.7)	奴亨道內戊辰頃陳婢甘德(4.5→2.9)
153. 鳳 22金斗愁里(0.6)	量金斗愁里時奴斗去非(0.6→0.3)	(0.6降陸等直田)纏陳金斗愁里(0.4)
154. 在 16良女仁西非(4)	量婢仁西非時婢海上(0.4→1.8)	
156. 白 106金間金(0.5)	量奴陳金時婢千德(0.5→0.2)	
157. 白 122金致世(4.6)	量婢多善時婢每先(4.6內 1.8→0.8)	纏陳金致世內 起婢每先(1.8),纏陳同人(2.8→1.3)
158. 駒 22朱芝朴(1)	量朱芝朴時奴次丹(1→0.4)	
159. 駒 41全企同(2.1)	量全企同時奴正月金(2.1→1.3)	
160. 駒 43全企同(0.5)	量全介同時婢翁德(0.5→0.2)	
161. 駒 61今陳無主(3.2)	(今陳起)量無主內(3.2)(量今陳起西犯 量無主時奴萬哲還陣	今陳無主(3.2)
162. 駒 62良女占化(1)	量婢占化時婢明月(1內 0.3→0.2)	婢占化內 戊辰頃陳同人(0.7→0.4)
163. 駒 69李者斤老昧(0.9)	量李者斤老昧時婢今德(0.9→0.4)	
164. 食 104朴千石(3.2)	量奴千石時奴莫金可起(3.2→2)	
165. 食 105朴千石(2)	量奴千石時婢於屯可起(2內 0.8→0.5)	
166. 食 165郭業奉(3.1)	量郭業奉時奴莫金(3.1→2)	
167. 被 12金先伊(1)	量金先伊時婢大三春(1→0.6)	
168. 草 9朱卜凡(0.4)	量朱卜時婢㖈德(0.4)	
169. 木 71林無應哲(0.8)	量林無應鐵時奴莫金(0.8)	
170. 木 160張卜上(0.5)	量張卜上時婢土月(0.5)	

171. 木 196崔信才(4.8)	(庚申陳起)量奴愼才時奴汝恒還陳(3)	(4.8降陸等直田)續陳奴汝恒(3)
172. 木 197李元彩(1.3)	(庚申陳起)量李元朵時奴愼才(0.8)	(1.3降陸等直田)續陳婢日丹(0.8)
173. 木 235李毛之里(1.2)	量李毛頉時奴宗才(1.2)	
174. 木 236李毛之里(0.5)	量李毛頉時奴宗才(0.5)	
175. 木 305金俊白(3.2)	量金准白時奴大惡金(3.2)	
176. 木 311高自云(2.5)	(庚申陳起)量今時婢孝今還陳(1.6)	(2.5降陸等直田)續陳孝今(1.6)
177. 木 312梁奉業(0.9)	量梁奉業時婢孝丁春(0.9)	
178. 木 313朱男伊(3.3)	量奴斗男時婢丁春(2.1)	(3.3降陸等)戊辰陳頉婢九月(2.1)
179. 木 314兪亇阿只(0.2)	量兪亇惡時奴月金(0.2)	
180. 木 315兪亇阿只(0.7)	量兪亇時奴月金(0.7)	
181. 木 321崔己里金(0.4)	(戊辰陳起)量婢順眞時婢丁丹還陳(0.4)	戊辰陳頉奴順眞(0.4)
182. 木 322兪延奉(2.2)	量兪連奉時婢丁春(2.2)	
183. 木 323崔己里金(1.5)	量崔己里金時奴莫金(1.5)	
184. 木 324許命婢玉禮(2.4)	(戊辰陳起)量許命時奴大順太還陳(2.4)	戊辰陳頉許命(2.4)
185. 木 325兪延奉(0.7)	(戊辰陳起)量兪連奉時奴丁春還陳(0.7)	戊辰陳頉續陳兪連奉(0.7)

☆ 單位: 負.束.
☆ 育 第69 時 分上(1.2)도 무진양안의 內에서 기록이 無
☆ 形 第27 日今은 무진양안의 內에서 기록이 無

〈附錄 2〉黃海道 信川君 所在 無後內奴 朴奉守田畓打量成册

1699年 量案	1700年 量案	1731年 量案	1754年 量案☆	1783年 量案	1783年追加
垂	垂	垂	命	命	甲
拱	拱	拱	臨	臨	樊
壹	壹	壹	深	深	九
王	王	王	似	如	涼
鳳		鳳	松	松	盜
在	在	在	之	之	釋
草	草	草	盛	盛	佳
及	及	及	川	川	壹
萬	萬	萬	映	映	體
盖	盖	盖	容	容	
此	此	此	止	止	
四	四	四	若	若	
大	大	大	思	思	
是	是	是	言	言	
資	資	資	辭	辭	
君	君	君	安	安	
日	日	日	定	定	
與	與	與	盡	盡	
敬	敬	敬	綵	綵	
孝	孝	孝	仙	仙	
忠	忠	忠	靈	靈	
	競 (追加)	競	丙	丙	
	方(追加)	方	舍	舍	
	賴(追加)	賴	傍	傍	
	事(追加)		啓	啓	
		身(追加)	肆	肆	
		斅(追加)			

☆ 1747年 打量後

〈附錄 3〉 內需司의 『都案』上 有土結負와 『國有地』上의 田畓結의 比較

(單位; 負.束. ( )의 數字 時起 田畓 結)

地名	有土 結	『國有地』結	田畓 起原	現存 量案
陽川	612.7(335.4)	起35.4	本司庄土年代遠不明	×
廣州	229.1(221.4)	起11.7	上同	× 奎18508, 別途1,119.1(363.3),奎18509·10, 1779
高陽	662(662)	起662	民畓. 不明	奎18422, 1791 別途 139.3
高陽	儲慶宮移來610.7(378.7)		脫落	
積城	145.8[4](145.8[4])	起145.4	本司. 明惠房誤記	○ 奎18600, 1783, 145.4(100.9)
驪州	302.2(271.8)	起271.8	庄土年代遠不明	
驪州	儲慶宮移來184.7(184.7)	起184.7	儲慶宮移來	
振威	1,425.3(994.6)	起994.6	民畓. 不明	奎18412, 1804 별도, 466
振威	儲慶宮移來1,605.8(900.2)	起850.2	106.8出稅移來	○ 奎18861, 1756, 1,499(767.6).
金浦	321.1(321.1)	起320[1],1	民畓. 不明	
楊州	儲慶宮移來469.1(127)		儲慶宮 記錄 無	
江華	儲慶宮移來152.6(149.8)		脫落	
果川	儲慶宮移來613(420)	起422[420]	儲慶宮移來	
公州	206.3(102.7)	起95.2	庄土年代遠不明	○ 奎21600, 1771, 206.3(108.7)
懷仁	488.2(488.2)	起488.2	上同	
恩津	59.5(59.5)☆	起59.5	上同	○ 奎18432, 1739. 奎18424. 59.5
結城	儲慶宮移來6,409.2(3,158)		脫落	
鐵山	488.6(415)	起415	本司明善公主房誤記	
龍川	945.3(942.8)	起815.7	上同	
寧邊	201.5(96.1)	起96.1	庄土年代遠不明	
肅川	45(45)	起45	上同	○ 奎20450, 1691, 177.8 奎18552, 1783
嘉山	277.7(205.9)	起205.9	上同	
成川	305.7(301.1)	起244.1	上同	○ 奎18632, 1783. 上歧坊 溫水坊
价川	36.8(36.8)	起36.8	上同	
陽德	220.3(189.2)	起189.2	上同	
順安	321.5(228.2)	起228.2	上同	
中和	242.5(165.5)	起165.5	上同	○ 奎18631, 1764, 156.5
三和	484.4(396.7)	起396.7	上同	
平壤	229.6(200.2)	起200.2	上同	○ 奎18521, 1783, 200.2 奎18520, 1783
龜城	210.8(164.3)	起163[4].3	上同	○☆
信川	1,562.1(1,398.6)	起1,398.6	上同	○
遂安	延祐宮1,693日耕 火田	1,690[3]日耕	延祐宮 移來 火田	
兎山	延祐宮169日耕 火田	169日耕	延祐宮 移來 火田	
平山	貴人房484日耕 火田		脫落	

新溪	貴人房1,250日耕 火田	1,413.4	延祉宮移來田畓	
谷山	明善公主房39日耕 火田		脫落	
瑞興	明善公主房308日耕 火田	火田1,455(日耕)	明善公主房 移來	
錦山	406.4(406.4)	起406.4	庄土年代遠不明	○ 奎 18434, 1745
金堤	955.8(955.8)	起94[5]5.8	上同	○
鎭安	500(500)	起500	上同	○
光州	872.6(842.4)	起83[4]2.4	上同	○ 奎 18465, 1740, 860.4(830.2)
順天	522.7(522.7)	起521[2].7	上同	○ 奎 18486, 1740, 522.7
興陽	741.7(539.2)	起339.5	上同	○ 奎 18466, 1685년 別途, 1,480.4(1,331.1)
沃溝	85.3(85.3)	起85.3	上同	○
沃溝	儲慶宮移來4,466.1(407.4)		脫落	
寶城	209(201.7)	起201.7	庄土年代遠不明	○ 奎 18479, 1720, 209(196.9)
綾州	498(498)	起498.8[498]	上同	○
務安	1,027.8(936)	起973.6	上同	民畓. 不明 未記載
潭陽	688.5(688.5)	起0[6]88.5	上同	○
臨陂	514.4(421.6)	起421.6	上同	○
龍安	131.4(131.4)	起131.4	上同	○
井邑	33.6(33.6)	起33.6	上同	○
井邑	儲慶宮移來1,724(1,247.8)		脫落	
咸悅	170.5(170.5)	起170.5	本司庄土年代遠不明	○
茂長	53.1(53.1)	起3.1	上同	○
谷城	187(115)☆	起115	上同	○ 奎 18461, 1745, 187(133.6)
康津	104.6(71.8)	起71.8	上同	○ 奎 18613, 1703, 83.3. 奎 20483, 1746
靈巖	89.3(85.9)	起85.9	上同	× 奎18984·18561, 1746.
南平	141.1(141.1)	起141.1	上同	○ 奎 18474, 1783, 141.1
昱峯	66.3(66.3)	起66.3	上同	○ 奎 18443, 1745, 66.3(57.3)
同福	101.2(96)	起101.2	上同	○ 奎 18483, 1739, 101.2
和順	128.1(128.1)	起128.1	上同	○ 奎 18475, 1740, 142.5
長水	79.1(79.1)	起79.1	上同	○
茂朱	147.4(147.4)	起147.4	上同	○
玉果	104.5(104.5)	起104.5	上同	○
興德	64.6(64.6)	起64.6	上同	○ 奎 18476, 1740, 64.6
任實	145.5(95.2)	起95.2	上同	○
長城	327.3(247.3)	起247.8[3]	上同	○
長興	187.6(187.6)	起187.7[6]	上同	×
龍潭	48.6(48.6)	起48.6	上同	○ 奎 18445·6, 1745·1783(48.6)
南原	1,906.6(850.6)	起850.6	上同	×
高敞	儲慶宮移來1,705.5(1,638.5)☆	起1,638.5	儲慶宮移來	○ 奎 18441, 1755. 18860, 1801, 1,757.7(1,648.2)
慶州	103.3(54.8)	起54.8	庄土年代遠不明	○
順興	139.3(88.3)	起88.3	上同	○
英陽	520.7(318)	起318	上同	○
榮川	93.5(93.5)		脫落	

義城	65.5(53.3)	起53.3	庄土年代遠不明	○ 奎 18501, 1783, 68.8 중 3.3 國用入
比安	205.1(136.6)	起143.8	上同	○ 奎 18494, 1713
晋州	14.5(14.5)☆	起14.5	上同	○ 奎 18489, 1783, 14.5
星州	85.5(67.7)	起67.7	上同	○ 奎 18503, 1713, 85.8
金海	158.4(152.3)	起152.3	上同	× 奎18925, 1790. 奎18995, 1790(進禮面)
泗川	77(77)☆	起77	上同	○ 奎18491,1713, 85.2(今年加得 8.2)
昌原	253.4(35.7)	起35.7	上同	○ 奎18617, 1722
善山	151(147.8)☆	起147.8	上同	○ 奎18496~8, 1675·1713·1783(151(147.8))
洪川	貴人房火田收起收稅	300	貴人房移來 火田	
洪川	延祜宮火田收起收稅	移來	脫落	

☆ 總計 410결 71부 5속(本司 23,130.8, 宮房田畓 17,940.7) 중 實有土 總計 409결 64부 7속(106.8 陳田出稅 結 除) (量案의 統計 409결 64부 5속 중 408결 57부 7속(106.8 除))

☆ 總 80地域

☆ ○☆은 〈表 11〉에 제시된 자료이므로 자료 등을 생략하였다.

☆ 奎 18630, 1737, 68부 3속 中和.

☆ 中和『國有地』. 奎 18516, 1901, 1결 55부 8속.

☆ 平壤 奎 18519, 1794, 12결 38부 3속은 別途.

☆ 高敞 起田畓 16결 48부 2속 內 16결 19부 5속 槧帳所報實結 除 今加結 28負 7束(1801).

☆ 泗川 양안(奎 18491) 上에 上州內沙介坪員 多字 西 22 地番에 '8負 2束 奴 得男' 다음 四標 아래 註가 '今年加得'이라 기재되어 있으나, 이 결부를 除하면 77부 7속이 된다. 이는 가득된 것은 그 후 내수사 屯田畓으로 인정되지 않는 것으로 추정된다.

☆ 晋州 양안(奎 18489, 1783)에는 15부 4속으로 기재되고 細註에 1729년(己酉)에 호조의 關에 의해 9속이 출세되었음을 기록하고 있어, 정확히 그 통계는 일치한다.

☆ 善山府 내수사 둔전답은 1675년의 양안(奎 18497) 上에 1결 53부 9속(107.3)이나, 1713년의 量案(奎 18498) 上에는 원 3결 92부 2속인데, 이 중 명혜공주방에 出給한 것이 2결 10부 9속이었고, 仍存한 것이 1결 82부 1속임을 확인할 수 있다.

☆ 恩津 내수사 둔전답은 1739년 양안(奎 18432) 上에는 85결 2속(79.2)이었다.

☆ 谷城 내수사 전답은 1745년 양안(奎 18461) 上에는 2결 33부 3속이나, 46부 3속을 1734년에 호조의 관문에 의해 처음 출세하였다는 기록으로 보아, 이를 제하면 정확히 1결 87부가 된다.

〈附錄 4〉 內需司 出稅田畓의
『都案』上 結과 『國有地』上의 結 比較

(單位; 負.束. ( )의 數字 時起 田畓 結)

起原과 地域	『都案』結	『國有地』結	同一與否	備考
本司				
廣州	907.2(209.7)	11.7		本司庄土年代遠不明. 奎 18510, 1779, 819.3(168.3)
龍仁	17.8(17.8)	17.7	○	本司庄土年代遠不明.1895以後 17.7[8]
仁川	52.3(36.5)	220.8	○	奎 18410, 1783.明惠公主房移來統合記錄. 36.5+184.3
定州	514.8(514.8)	312.5	○	奎 18626, 1696, 1,244.9. 庄土年代遠不明.經理院移去
義州	38.5(38.5)	38.5	○	上同
成川	62.8(62.8)	62.8	○	本司庄土年代遠不明
載寧	17.8(17.8)	17.8	○	上同
長淵☆	1,337.4(1,313.2)	1,003.4	○	蘆田400(407) 奎 18514, 1,097.2 買收 奎 18513, 1,749.2)
文化	1,403.1(1,235.5)	187.1	○	奎 18515, 1770, 1,403.5(1,197.8) 本司庄土年代遠不明
	4,351.7			
貴人房移來				
長湍	372(361.6)	361.6	○	貴人房移來 奎 18839, 1720, 124.8(124.8)
安山	1,169.6(236)	236	○	上同
水原	758(563)			563 壯勇營移屬
豊德	887.9(408.4)☆	408.4	○	移來 移屬內需司(奎 18414, 789(578.3)).庚辰 奎 18415
利川	205.1(103.4)	103.4	○	貴人房移來 奎 18415, 1783, 234.4(226.2) 內需司
高陽	10,273.6(500)	500	○	上同. 1896 以後 奎 18828, 10,273.6(草坪 1,211.3)
積城	290.6(290.6)	290.6	○	貴人房移來
平澤	666.6(120.4)	120.1	○	賓[貴]人房移來 120.1[4]
白川	480.3(480.3)	480.5	○	貴人房移來 480.5[3]
載寧	2,150.7(2,074.7)	2,074.7	○	貴人房移來 英親王宮 移去
鳳山	941.7(646.6)			草田 11.2. 脫落
順天	3,583.3(3,060.4)			脫落
求禮	124.4(124.4)			脫落
務安	17,427.7(15,490)			脫落
	39,331.5			
寧嬪房移來				
定州	5,847.2(4,946.8)			脫落
金海	10,243(9,337.7)	9,337.7	○	寧嬪房移來
	16,090.2			
大嬪房移來				
長湍	852.9(789.2)	789.2	○	大嬪房移來 奎 18876, 1700, 652.2(622.5)
陽城	347.6(302.9)	302.9	○	上同

振威	530.2(451.9)	451.9	○	上同. 奎 18858, 1783
安山	606.2(70.4)	70.4	○	上同
洪州	523.8(379.3)	330.9	○	上同
德山	248.9(630.9)	630.9	○	奎 18799, 1731. 上同. 226.9+404
天安	615.4(263.3)	263.3	○	奎 18423, 1685. 上同
禮山	700.7(655.8)	656	○	上同. 656.0[8]
平澤	671.9(671.9)	671.9	○	上同. 甲午(1894)以後 1[6]71.9
羅州	23,255.6(13,824.2)			脫落
靈巖	23,400(1,5831.2)			上同
全州	528.9(187.5)	187.5	○	大嬪房移來
全州	加火田 6,000	6,000	○	上同. 火田
雲峯	5,921.3(2,391.9)			脫落
開寧	511.8(341.5)	341.5	○	奎 18386, 1680. 大嬪房移來
	60,955.3			
禑嬪房移來				
果川	705.7(228)	228	○	禑嬪房移來 124.6+103.6
衿川	300(124.5)			脫落
白川	500(295.8)	295.8	○	禑嬪房移來
黃州	388.2	388.2	○	上同
黃州	蘆田 1,694.4	1,694.4	○	上同. 蘆田
長興	39,435(25,250.2)			脫落
金海	855.3(412.8)	412.8	○	禑嬪房移來 年久
密陽	5,858.1(350.6)	305.6	○	上同. 305.6[350.6]
梁山	6,229.3(3,440.1)	2,140.1	○	禑嬪房移來 辛卯(1891) 以後 取
	56,076			
明善房移來				
振威	529.7(245.6)			脫落
坡州	226.1(123.6)	123.6	○	明善公主房移來
仁川	265.8(184.3)			脫落
利川	240.9(106)	106	○	明善公主房移來
高陽	244.9(193.7)	193.7	○	上同
楊州	462.3(140.4)	140.4	○	上同. 奎 18756, 1683, 458.5(226.7)
江華	422(422)			脫落
南陽	129(100)	90	○	明善公主房移來
洪州	867.7(341.4)	381.4		上同. 38[4]1.4
鐵山	2,261(2,241)	2,242	○	上同. 224.2(1,627+415)
龍岡	4,665.9(4,415.7)	2,195		上同
咸從	2,946.9(2,946.9)	2,242		上同. 1899年 經理院移去
載寧	540.3(386.3)	386.3	○	明善公主房移來
延安	391.9(123.6)	233.8		明善, 明惠 兩公主房移來
安岳	3,376.6(1,552.9)	112.2		蘆田 3,202.9. 明善公主房移來

黃州	1,512.2			蘆田 1,512.2. 脫落
臨陂	9,505(517.7)	468.7	○	明善公主房移來
全州	2,000	2,000	○	蘆田 2,000. 上同
河東	2,332.7(1,262.3)	2,159.7	○	明善公主房移來 奎 18818, 1783, 2,332.7(1,262.3)
	32,920.9			
明惠房移來				
振威	1,145.7(488.6)	488.4	○	公主房移來 4.884[6].買得免稅奎 18762, 1672, 1,104.5)
陰竹	304(165)	165	○	明善[惠]公主房移來
高陽	177.2(135.8)	135.8	○	上同
楊州	85.5(85.5)			脫落
積城	145.4(100.9)	145.4	○	明惠公主房移來
金浦	157.9(157)	157.9	○	上同
交河	1,979.2(372.7)			脫落
平澤	886.2(832)	832	○	明惠公主房移來 甲午(1894)以後
載寧	1,601.2(501.9)	501.9	○	明惠公主房移來 英親王移去 奎 18767, 1677, 1,109.4(431.2) 買得
延安	755.1(755.1)	233.8		明善,明惠 兩公主房移來 奎 18766, 1686, 755.1
黃州	1,586(1,344)	1,372.2	○	明惠公主房移來
黃州	蘆田 3,535.9	3,535.9		上同. 蘆田 3.53[5]5.9
南原	1,513.8(996.8)	996.8	○	明善公主房移來乙未(1895)以後 陞總
古阜	664.7(516.3)	563		起田46.7都案漏落可能性 明善公主房移來
昆陽	673.9(446.6)	446.6	○	
	15,211.7			
昭儀房移來				
衿川	2(2)			脫落
永柔	1,251(1,100.1)	1,250.1	○	昭儀房移來 1,250.1[1,251]
博川	3,085.1(3,085.1)			脫落
	4,338.1			
延祜宮移來				
水原	4,956.5(291.9)	292.4		延祜宮移來 292.4 錯誤 가능성
楊州	315.9(235.1)	124.1	○	延祜宮移來
金浦	844.1(844.1)	1,085.7		上同
通津	228.1(228.1)	172.7	○	上同
安城	971.4(710.8)	708	○	上同
博川	525.8(525.8)			脫落
安州	1,050.8(1,050.8)			脫落
咸從	草田6,042.5	6,042.5	○	延祜宮移來 蘆田
新溪	3,144.8(1,413.4)	1,413.4	○	上同
咸悅	880.1(803.9)	805.7	○	上同
昆陽	2,036.7(701.3)	701.3	○	上同
尙州	401.8(401.8)		○	上同. 結論錄 無 綿花 50斤. [401.8]
永興	2,611.3(1,717.4)	1,717.4	○	延祜宮移來 乙未以後 陞總

漢城 訓鍊院	禑嬪房 菜田 1	菜田 半日耕	禑嬪房移來 1903年 軍部의 練兵場에 入
漢城 蓮池洞	延祜宮 菜田 1	菜田	延祜宮移來 1903年 以後 取
砥平	延祜宮 柴場 2		戊申七月日移屬壯勇營. 脫落
陽川	本司 郊草坪 1	陽川鐵串草坪	砲隊로 移去
陽川	大嬪房郊草坪	陽川鐵串草坪	大嬪房移來 年久
陽川	明善房郊草坪1		脫落
陽川	明惠房郊草坪1		上同
楊州	延祜宮菜田 1		上同
楊州	延祜宮栗園 3	楊州西山栗園	延祜宮移來
楊州	本司 菜田 1	楊州廣津菜田	脫落. 儲慶宮移來 469.1(127)과 관련
楊州	明善房菜田1		脫落
楊州	明善房柴場1		上同
廣州	本司 柴場 1	廣州雲吉山柴場	1895年 以後 取
交河	明惠房柴場1		脫落
水原	延祜宮魚場 1		上同
槐山	本司 柴場 1		上同
金川	本司 柴場 1		上同. 奎 18511, 1708, 208.7(191.3) 內 屯田
金川	延祜宮柴場 1		上同
金川平山	大嬪房柴場 1		上同
小計	本 24,009.8	移 229,275.4	
計	253,285.2	259,478.4	(加火田)
	(無土免稅)	72,200	
	(寺位免稅 結)	35,638.3	

☆ 長湍의 1772년의 양안(奎 18514) 상의 끝 통계에는 實在 6결 71부 6속의 壩畓과 蘆田 4결 7부의 기록으로 보아 『도안』의 기록과 일치하는 것으로 간주될 수도 있으나, 내수사가 매득한 訓局壩畓을 타량·성책한 양안(奎 18513, 1794)에는 元帳付 畓 15결 19부 7속(1,499.2)과 장외가경 답 1결 84부 5속(103.2)이 기재되어 있는 이 결부가 『국유지』에 기록되어 있다. 이는 본사가 매수했다는 기록과도 일치한다. 두 양안 상의 자호가 상호 다른 점도 별개의 壩畓으로 판단된다.

☆ 豊德의 金貴人房免稅畓 移屬 內需司 改打量成冊(奎 18413, 1797)에는 9결 8부 1속(519.8)인 점에서, 출세면세 전에서는 유토 면세답보다 기·진의 변동이 큰 것으로 생각된다.

☆ 壽進宮 振威 35결 7속(2,611.8) 丁未 11月 日 壯勇營移去

〈附錄 5〉『都案』에 記載되지 않은 『國有地』上의 內需司 土地

地名	結負 斗落 日耕	土地 起原	備考
漢城桃楮洞	菜田	壯勇營移來	
漢城興德洞	家垈 田	壯勇營移來	
漢城安岩洞	畓10斗落	上同	
漢城三仙坪	田	上同	
漢城惟馬場	田2日4息耕畓2石10斗5升落 85.5	明惠公主房移來	
漢城惟馬場前坪	田6日耕草坪畓 94	上同	
漢城東門外塔洞	栗園	延祐祜宮移來	
楊州廣津	田3石15斗落畓1石8斗5升落 124.3	本司庄土年久不明.469.1(127)	儲經宮移來 脫落☆
楊州西山	菜田	上同. 1897年流落	
高陽德瞻里	田9日耕畓5石7斗落 256.7	壯勇營移來	
高陽甘古山	草坪 田 281.3		
廣州雲吉山☆	柴場		1895年 以後에 收取不
加平	火田	壯勇營移來	上同
陰竹北面	堤堰畓	本司起耕	
竹山內北面	上同	上同	
豊徳	上同	上同	
抱川內北面	田8日耕畓7石5斗落 513	寧嬪房移來	
振威縣內面	田4石5斗4升落畓38石17斗落 438.8	元糧餉廳折受 壯勇營移來	
振威二西面	畓6石6斗落 295.8	不明	
積城南面	田6日耕畓1斗落 241	本司庄土年久不明	
開城江南面	柴場	本司柴場年代久遠	
始興東面	田半日耕	昭儀房移來	
槐山	火田 1,428.4	乙未 以後 取	本司 柴場 1
全州	蘆田 1,9276.1	寧嬪房移來	
臨陂郡內面	991	上同	
咸悅東一面	805.7	延祐祜宮移來	
咸悅	328.6	寧嬪房移來	奎 18790, 1783
益山	1,286.8	上同	奎 20491, 1680
扶安古阜乾先南部面	995.1	本司庄土年久不明	奎 18442, 1792☆
智島安昌其佐島	結稅 7,571.8, 8,782.1	牧場 大嬪房移來	奎 18983, 1724.永作
莞島 露兒島	結稅 15,831.3	上同	奎 18561·18984, 1776
鳳山西湖坊	畓4石4斗落 110	寧嬪房移來	
鳳山赤城面	火田 11,520	不明	
甕津		壯勇營移來	乙未以後陞總 收取不
永柔元塘洞	776.7	宜嬪宮移來	
安州青山面	田 畓 蘆田	最近投託	
永興	1,717.4	延祐祜宮移來	乙未以後陞總 收取不

☆ 儲經宮移來 脫落 奎 18509, 奎 18510, 1779. 奎 18508, 1783. 奎 18418, 1905.

☆ 廣州雲吉山 奎 18507, 1756, 儲經宮移來.

☆ 扶安과 古阜에 있는 兩面의 1792년 양안(奎 18442) 상의 結負는 144결 55부 5속(7,200.4)이나, 『국유지』 상의 兩面의 결부와는 비교가 안 되지만 이 지역에서 매득한 144결 55부 5속 중에서 남아 있던 것이 9결 91부 5속이라 추정된다.

第3章

宮房田畓 量案 上의 主와
同人에 대한 再解釋

1. 序論

10여 년 전 '記上(己上)'이란 용어의 개념을 밝히면서 다소 외람된 표현을 하였다. 즉, 한국사 연구가 기본 용어의 개념을 소홀히 하거나, 그 기본을 철저하게 다지지 않고 지나치게 거시적인 안목만을 위주로 한다면 그 연구는 무너질 수 있는 아름다운 樓閣에 그칠 수 있다고 한 바가 있다.

조선후기 양안에 관한 기존의 연구업적을 접하면서 '起主' 또는 '主', 특히 궁방전 양안에서 '同人'의 대칭에 대한 의문이 생겼다. 필자도 전에는 '기주'란 용어가 전답의 소유주인 '主'로 사용됨이 바르다고 보았다.[1] 그러나 군현양안이나 궁방전 양안을 재검토하면서 '주'가 소유주의 의미로만 사용된 게 아니란 사실이 밝혀졌다. 또한 '時作'이란 용어도 泛稱으로 사용되어 타인의 전답을 빌려 경작하는 이른바 '소작인'으로만 규정하기 어렵다고 판단되었다.

25년 전 한 논문에서 후일 '時作'에 대해 검토하겠다고 한 바 있다.[2] 그 후 두 편의 논문을 통해 양안에 대한 기초적 작업을 하였다.[3] 여기에서 양안 상의 특히 시작 란의 '同人'이 바로 위 칸에 씌어진 '주' 란의 주를 대칭한 것인가, 아니면 위 칸의 '시작' 란의 인명을 대칭한 것인가에 깊은 관심을 가져 왔다.

본 연구에서는 양안 자료와 일반 문헌을 통하여 主의 개념과 시작의

---

1) 朴魯昱, 「朝鮮後期 量案에 대한 새로운 理解」, 『朝鮮史研究』 17, 2008.

2) 朴魯昱, 「朝鮮時代 古文書 上의 用語檢討－土地·奴婢文記를 중심으로－」, 『東方學志』 68, 1990.

3) 朴魯昱, 앞의 논문, 2008 및 「朝鮮時代 量案에 대한 再檢討」, 『朝鮮史研究』 19, 2010.

문제, 동인의 대칭을 해석하는 방법 등을 실증적으로 밝혀보고자 한다. 특히 이런 궁방전답 양안을 검토하면서 궁방전의 형성 등과 관련하여 절수, 무토면세와 무토, 제2종 유토 등의 문제와도 부딪히게 되어 이들의 개념에 대해서도 먼저 정리하고 이와 관련된 '折受' 문제도 검토하고자 한다.

절수지, 매득지, 민결면세지로 구성된 궁방전은 17세기 후반이나 18세기 중엽에 유토와 무토로 분화되어 갔다는 기존의 연구가 있다.4) 이 연구에 따르면 민결면세지에는 호조로부터 劃給[支給]된 實結과 무주지 명목으로 절수한 개간지에서 개간자의 소유권을 인정받아 민결면세지로 轉化된 토지가 포함되어 있다는 것이다. 즉, 무토에는 무주지에서 전화한 민결절수지, 실결[원결]을 민결면세지로 획급한 것, 이 두 가지 형태가 있다고 밝혔다.

박준성은 궁방전 안에서 민인들이 일정한 소유권을 확보하여 궁방-기주·중답주·도장-작인의 구조를 이루고 있는 유토도 다수 있고, 그 가운데는 무토와 크게 차이가 없는 '第二種 有土'로 파악될 수 있는 有土도 있다고 하였다.5)

또한 이영훈은 『經世遺表』, 『備邊司謄錄』(英祖 5.2.1, 1729), 『均役廳節目』(1752), 『度支志』(1788)의 자료를 인용하여, 이를 『結戶貨法稅則』에 대입하였다. 제1종 유토가 '宮屯'(『經世遺表』), '買得地'(『備邊司謄錄』), '永作宮屯'(『均役廳節目』)이며 이는 매득과 개간에 의해 성립된 장토이고, 제2종 유토가 곧 '有土免稅'(『經世遺表』, 『均役廳節目』), '朝家折受'(『備邊司謄錄』, 『度支志』)이며 이는 折受나 賜與에 의해 성립된 장토라고 하였다.

이영훈은 『균역청절목』에는 궁방전이나 아문둔전에 '유토면세', '영

---

4) 李榮薰, 『朝鮮後期社會經濟史』, 한길사, 1988 ; 박준성, 「17·18세기 宮房田의 확대와 所有形態의 변화」, 『韓國史論』 11, 1984.

5) 박준성, 위의 논문, 1984, 273쪽.

작궁둔' 및 '민결면세'가 있는데 유토면세와 영작궁둔이 유토의 두 종류였음은 『經世遺表』의 표현과도 일치하고, 이 규정은 유토면세와 영작궁둔이 민결면세와는 '比而同之' 될 수 없는 궁방과 아문의 사적 소유지임을 분명히 하고 있다고 하였다. 『균역청절목』에서 강조하듯이, 유토면세 즉, 제2종 유토는 私田과 다를 바 없고 결코 민유지와 '比而同之' 될 수 없는 것임을 분명히 할 필요가 있다고 하였다.[6] 따라서 유토면세의 二種 가운데 하나로 제2종 유토가 이에 해당하는 것으로 추단하였다. 제2종 유토는 무토와 민유지인 점에서 동질적이나, 무토와 달리 移定되지 않기 때문에 유토라는 규정을 받고 있다는 것이다.

또한 결세수준의 지대수취 위에서 궁방, 아문의 법률적 소유와 농민의 사실 상의 소유가 결합된 것이 제2종 유토라고 한다면, 이것의 소유구조는 '궁방·아문-地主-小作'의 重層的 구조였을 것으로 파악하였다.[7] 특히 무토는 원칙적으로 乙亥定式 이후의 산물로 각 궁가에 200결의 절수가 그 원형이 되었는데, 종전의 제2종 유토와 현실적으로 구분될 어떠한 차이가 없다고 했다.[8]

李景植은 17세기 이후 절수가 조선후기의 토지 소유관계에 커다란 변화를 준 것으로 파악했으며, 궁가, 영·아문의 토지절수제와 전결면세는 이들 기구의 사적소유를 기본 전제로 한 위에서 취해진 시책이었다고 하였다. 아울러 이를 과전·직전제도의 수조권과 대비시켰다. 한편 『속대전』에서 말하는 永作宮屯은 稅租制가 적용되는 宮屯인데, 후에 이른바 '유토면세'라 하고 혹 '제2종 유토'라고도 지칭된다고 하였다.[9]

본고는 위의 선행연구들에 의해 궁방전 이해에 많은 도움을 받았다.

---

6) 李榮薰, 앞의 책, 133~134·137~139쪽 參照.
7) 李榮薰, 위의 책, 188쪽.
8) 李榮薰, 위의 책, 183쪽.
9) 李景植, 「17世紀 土地折受制와 職田復舊論」, 『東方學志』 54~56, 延世大學校 國學研究院, 1987, 474~475쪽.

그런데도 기존의 연구자들의 견해에 대한 비판은 물론 많은 자료와 통계를 장황하게 많이 인용한 점에 대하여 넓게 혜량하기를 바라는 바이다.

2. 折受와 無土免稅 및 第2種 有土 再檢討

1) 折受

조선시대의 토지 등과 관련하여 折受, 立案, 立案折受는 같은 의미로 사용되었다. '或稱立案 或稱折受', '宮家柴場立案 火田折受' 등이 그러하다. 立案이란 文案을 세운다든가, 만든다든가 라는 데에 개념의 본질이 있다. 주로 토지와 관련해서는 無主地를 신고하여 자기 소유로 하는 일종의 관의 허가서를 뜻한다. 사인이든 공인이든 신청한 사실의 인증 또는 확인과 판결 등에 따라 발급된 문서와 이들에 의해 접수, 등재된 문서도 입안이라 하였다.[10] 이와는 달리 관에 있는 문서, 문안, 기록 등 그 자체도 입안에 해당된다.[11]

절수는 조선시대에 통시대적으로 사용된 용어이다. 이를 일반적으로 조선후기에 토지나 결수를 '떼어 받는 것'을 의미한다. 우선 임진왜란 이전까지는 관료, 군인, 옹주 등에게 주로 택지, 田地, 과전, 군전, 泥生地, 空閑地의 절수가 이뤄졌다.[12] 특히 옹주 등은 上言 또는 呈狀을 통

---

10) 朴秉濠,『韓國法制史攷- 近世의 法과 社會-』, 法文社, 1974, 292~293쪽 ; 崔承熙,『韓國古文書硏究』, 韓國精神文化硏究院, 1983 重版, 212쪽 ; 박준호,『예의 패턴: 조선시대 문서 행정의 역사』, 소와당, 2009, 209쪽.

11) 近者推刷時 嫁良父所生從良立案內 平民嫁公賤所生男女雖至十口 並皆從良 大抵雖元勳子孫嫡子衆子 皆有等差 而平民 娶賤口所生 獨無差等 一皆從良 甚無意謂(『世祖實錄』卷21, 5.8.29, 7-346쪽).

해서 개인 소유의 전지를 만들었다.『중종실록』의 다음 기록은 그런 사
실을 분명하게 보여 준다.

> 憲府啓 廣州鄭金院坪 … 今淑靜翁主望呈折受 祖宗朝百餘年設場之地
> 一朝遽革爲私家之田 脫有徵兵之事 許多諸道軍馬 於何結陣 於何取辦
> 水草乎13)

이는 廣州 鄭金院 들녘이 군사훈련장으로서 講武할 때 각 도의 군마
가 진을 치는 곳인데, 숙정옹주가 空閑地를 칭탁하고 望呈하여 절수한
사례에 대해 사헌부가 啓한 것이다. 옹주는 高揚의 鴨島도 이생지라고
칭탁하여 절수하였다. 중종은 정금원 들녘은 '上言折受'이며, 압도는
'賜田'의 例로써 받은 것이나, 반드시 후일에 폐단이 있을 것이라고 하
여 원래대로 묵히도록[還陳] 하였다.14)

그런가하면 다음과 같이 개인이 제언이나 그 주변 전지를 절수하기도
하였고, 이것을 매매하기도 하였다.

> (大司憲宋)麟壽曰 恃强兼幷 法所當治 而舒川堤堰 丁世純等收稅耕食已
> 久 而康長孫謀奪百計 折受堰傍百結之田 加二畫爲三百 侵入世純之田
> 世純三度得伸 長孫之計已窮 則又故賣於內需司奴哲金 哲金又轉而進上
> …15)

仁宗 1(1545)년의 기록으로, 정세순과 강장손이 서천 제언을 중심으
로 전지를 절수하였음을 보여준다. 정세순 등이 서천에 제언을 만들고

---

12)『太宗實錄』卷11, 太宗 6.6.7, 1-360쪽.『太宗實錄』卷24, 太宗 12.7.9, 1-643쪽.
  『太宗實錄』卷18, 太宗 9.7.19, 1-499쪽.『世宗實錄』卷66, 世宗 16.11.1, 3-601쪽.
  『宣祖實錄』卷20, 宣祖 19.10.1, 25-547쪽.
13)『中宗實錄』卷77, 中宗 29.7.20, 17-524쪽.
14)『中宗實錄』卷88, 中宗 33.9.30, 18-212쪽.
15)『仁宗實錄』卷2, 仁宗 1.4.11, 19-226쪽.

그곳을 개간하여 다른 사람들에게 경작도 시켜 收稅(收租)한 지가 이미 오래 되었는데, 그 전지는 200결 이상이었다. 그런데 제언 주변에 100결의 땅을 절수한 강장손이 300결인 양 위조하여 정세순 등의 200결 땅을 침입하였던 것이다. 이 과정에서 궁지에 몰린 정세순이 이를 내수사 종 철금에게 팔아버렸고 철금은 이를 전매하여 내수사에 進上함으로써 내수사가 간사하고 교묘하게 민전을 침탈하는 사례가 되었다. 그러나 무엇보다 중요한 사실은 절수 받은 곳을 개간하여 타인에게 경작시켜 조세를 징수한다는 것이다. 이는 정세순 등이 절수한 곳을 바로 사적 소유지화한 것이다. 정세순 등의 땅 200결을 여러 계략으로 침입한 강장손이 이를 내수사의 종에게 매도했다는 사실은 그가 절수한 100결과 함께 300결이 사적 소유지였다는 것을 반증한다.

하지만 조선후기 절수의 用例는 전기의 전답의 경우와는 달리 많은 다른 사례가 있다. 즉, '宮家之折受寺刹 元非法例'와 같이 궁가의 절수 용례에 사찰도 포함된다.16) 곡물과 쌀을 절수한 사례도 있으며,17) 羅巖浦 절수, 恩津·江景浦 場稅 절수, 德源·元山浦 船稅의 절수, 四學의 島稅 절수 등18)은 물론 전체 섬을 절수했다19)는 기록도 있다. 그런가하면 혁파한 궁가가 절수하였던 노비와 第宅을 호조와 내수사로 하여금 啓聞하게 하거나, 臧獲의 절수는 내수사와 度支에 첩보하게 한 기록에서 노비와 제택에도 절수 용어가 사용되었다.20)

그런데 임진왜란 후 절수가 시작되었다는 학계의 논의는 다음의 몇몇

---

16) 『肅宗實錄』 卷17, 肅宗 12.3.28, 39-62쪽.
17) 『備邊司謄錄』, 英祖 5.閏7.24. 『備邊司謄錄』, 正祖 6.9.16.
18) 『備邊司謄錄』, 英祖 15.4.24. 『英祖實錄』 卷8, 英祖 1.11.9, 41-564쪽. 『英祖實錄』 卷10, 英祖 2.10.10, 41-605쪽. 『英祖實錄』 卷70, 英祖 25.11.25, 43-355쪽.
19) 『英祖實錄』 卷1 英祖 6.12.29, 42-242쪽.
20) 『正祖實錄』 卷1, 正祖 卽位年.4.10, 44-570쪽. 『正祖實錄』 卷17, 正祖 8.3.11, 45-431쪽.

자료들에서 연유된다.

⑤左議政元斗杓曰 壬辰亂前 有宣飯之擧 故諸處漁場 禮賓寺收稅 經亂
之後 物力不逮 宣飯遂廢 漁場亦不收稅 作一閑地 宣祖大王仍命賜給宮
家 此折受之所以創 而至于今日 其弊無窮矣[21]
⑥又敎軍門衙門曰 土地折受之法 卽故相柳成龍一時權宜之奇略 壬辰之
後 疆界混淆 主客難分 因是而豪右兼幷 公田日蹙 故相建白此制 使來告
者 給所告之土 以其稅付公 此所以有折受之名也 今過壬辰二百年 疆界
已定 主客(已分)(引用者 追加) 折受稱號之尙此循襲已 (萬萬)(引用者 追
加)無義 幷與屬稅之法 而中間抛棄 名以折受 則輒許免稅 甞所切慨者[22]

위의 ⑤는 어염, 어장, 柴炭地 등이 임진왜란 후에 賜給됨으로써 궁
방 등에 처음으로 절수되었다는 내용이다. 좌의정 원두표는 임진왜란 전
에는 관아에서 관리들에게 식사를 제공하는 宣飯의 행사와 왜인을 접대
하기 위해 각처의 어장과 염전에서 예빈시가 수세하여 왔으나, 임란 후
에 물력이 미치지 못하여 선반도 폐지되고 어장 등도 수세하지 못하여
묵힌 곳이 됨으로써 宣祖 때 왕자와 공주 등의 궁가에 사급하게 한 것이
절수의 創始라고 밝혔다.

다른 자료에서도 임란 후 '절수'가 주로 어염과 柴場을 중심으로 논
의되었다.[23] 이미 인조 15년에 우의정 申景禛은 여러 궁가의 어염 면세

---

21) 『顯宗實錄』 卷7, 顯宗 4.12.26, 36-392쪽.

22) 『正祖實錄』 卷32, 正祖 15.1.22, 46-197·198쪽.

23) ○ 領議政南九萬曰 折受之規 非古也 壬辰亂後 地曠民少 而王子公主相繼出閤 故
故相臣韓應仁戶判 請以亂前 百官宣飯倭人接待 魚鹽柴炭所出之地 割而與之 仍成
謬例(『肅宗實錄』 卷19, 肅宗 14.4.23, 39-125쪽).
　○ 備局以臺啓 別立一司 摠括魚鹽事 覆奏曰 … 壬辰亂後 諸宮家新歸 無所聊賴 其
時度支之臣 乃請給魚鹽之場 此折受之所權輿也(『肅宗實錄』 卷58, 肅宗 42. 11.19,
40-619쪽).
　○ 領議政徐文重陳箚辭職 兼進別單 答曰 … 其別單曰 … 陳田折受 初出壬亂之後
而今至百有二年 地有盡而折受不已 今之所給 無非有主之土 而或稱空閑 而奪人累
世傳土 …(『肅宗實錄』 卷37, 肅宗 28.8.4, 39-694쪽).

가 점점 지나치게 넘치므로[濫觴] 그 폐단을 變通할 수밖에 없으니, 비록 모두를 혁파할 수 없더라도 궁가가 소유하는 일정한 定數를 정하기를 주장하였다.24) 그 후 현종 4(1663)년에도 吏曹 判書 洪命夏가 바다가 절수되는 例가 祖宗朝에서는 없었는데, 선조 때 병란을 거친 후 궁가의 면세전이 부족하여 어장을 절수한 원인이 되었다는 것이다.25)

위의 자료 ⑥은 전답의 절수에 관한 내용이다. 정조 15년에 경기 감사가 壽進宮任이 圖書를 멋대로 사용하여 음죽현의 민전을 강점한 사실을 아뢰자 왕은 일을 주관한 宮任에게 엄한 벌을 내리도록 하고 여러 도에도 申飭하여 그런 일이 드러나는 대로 아뢰도록 명하고, 다시 각 궁방과 영문·아문에 전교하였다.26) 왕은 토지를 절수하는 법은 임진왜란 때의 재상 柳成龍에 의해서 취해진 한 때의 임시방편의 정책에서 나온 것이라 하였다. 임진왜란 이후 토지의 경계가 뒤섞여 혼란스럽고 거기에 주객을 구분하기 어렵게 되니 이로 말미암아 토호들이 토지를 겸병함으로써 국가의 공전이 위축되었다. 이에 대한 대책으로 버려진 땅을 陳告한 사람에게 주어 그 토지를 경작토록 하고 국가는 그 토지에서 수세를 하였다. 왕은 이로써 '절수'라는 이름이 생기게 되었다는 것이다. 따라서 지방 토호들의 토지 겸병을 막고 묵혀있는 땅을 개간하거나, 기경하도록 하는 권농정책에 의해 백성의 경제생활을 안정시킬 뿐만 아니라 더불어 국가의 수세를 증대시키는 이 대책은 시행이 가능한 정책이었다.

하지만 숙종 19(1693)년 諸宮의 差人들이 공·사 소속의 田地인지를

---

24) 『仁祖實錄』 卷35, 仁祖 15.12.22, 34-713쪽.
25) 『顯宗改修實錄』 卷8, 顯宗 4.6.3, 37-318쪽.
26) 『備邊司謄錄』에 실린 정월 22일의 같은 기사와는 다소 차이가 있다. '又敎軍門衙門曰'('傳曰各宮房營門衙門')의 기록도 그런 예의 하나이다. 또한 『비변사등록』과 『度支志』에서도 '疆界已定 主客 折受稱號之尙此循襲已 (萬萬)無義'의 主客 다음의 '已分'이나 '明分' 등이 漏落된 것으로 생각된다. 아울러 '萬萬'은 『비변사등록』에 기록되어 있는 점과 문장 구성상 추가되는 것이 바르다고 생각된다.

가리지 않고 내수사에 混告케 하는 '宮家因陳告望呈'[27]이 있는가 하면
1691년 충훈부의 소속인 인천 三木島의 전답과 어전을 永宗鎭에 移給
하고 다른 전답을 환급키로 하여, 1695년에 그 전답을 진고한 자가 감관
에 差定된 金時憲 등 서울과 지방이 20명이나 된다.[28]

위의 자료는 1600년 임진왜란 이후에 어염, 시장과 진전이 궁방 등에
절수되거나 陳告法을 통해 이 '절수'가 창출되었음을 기존의 연구에서
밝힌 것이다. 하지만 1596년에도 '折受之始'란 기록이 있다. 즉, 선조
34년에 난리 이후 桑田을 어느 관사에서 절수하였는가를 묻는 전교에,
지난 병신(1596)년 2월에 비변사가 入啓하여 奉常寺, 司圃署, 濟用監의
園頭菜田을 제외한 그 밖의 묵은 땅은 근처의 백성들에게 경작토록 하
여 관사에서 그 소득의 절반을 받아서 그것으로 舟師의 군량으로 삼았
는데 이것이 상전 절수의 시초였다.[29]

그런데 현종 8년 우의정 鄭致和는 이른바 둔전은 혹 空閑地를 개간
한 곳이나 역적 집안의 전지를 속공한 곳도 있으며, 혹은 민전을 소속시
켜 수세하는 곳도 있다고 하였다.[30] 그런가하면 숙종 1년 영의정 許積
은 대개 전부터 궁가에서는 반드시 공한지를 얻어 절수하였고, 전답을
절수한즉 공한지를 받거나 혹은 各邑의 숫자를 초과한 둔전을 받았을
뿐이란 것이다. 하지만 근년에 궁방들이 鹽盆과 漁箭[어살]을 공공연히
각 읍으로부터 빼앗고 전답은 管餉 등 아문의 둔전이 절수되고 있는데,
이 일이 궁가와 관련되어 있어 감사와 수령이 거역하지 못하고 궁가에
방임하고 있다고 그 부당함을 지적하였다.[31] 또한 대체로 祖宗朝 이래,
본래 전토를 절수되는 일은 없으나, 혹 官田과 몰수되어 公田된 땅이

---

27) 『備邊司謄錄』, 肅宗 19.11.14.
28) 『備邊司謄錄』, 肅宗 21.1.13.
29) 『宣祖實錄』卷133, 宣祖 34.1.3, 24-174쪽.
30) 『備邊司謄錄』, 顯宗 8.10.8.
31) 『備邊司謄錄』, 肅宗 1.5.27.

있는 경우에 사패한 규정이 있다는 것이다.32)

이와 같이 적어도 1700년에 이르기까지는 절수문제가 민전의 침탈보다는 어염, 어전, 시장 등에 주로 집중된 것으로 생각된다. 이는 광해군 즉위년에 주인이 있는 전답을 하나하나 本主에게 돌려주어서 경작토록 한 사례에서도 보인다.33) 그 후 정조 2년 왕은 각 궁방 전답 중에는 양안에 등재되지 않은 곳을 추가로 개간한 곳[加耕]과 여러 무릇 궁방이 망정하여 절수한 토지에 대해서는 국가에서 면세토록 하되 이는 이조와 호조의 공적 조치를 반드시 거쳐 그 토지가 있는 本道에 알리도록 했다. 이런 법적 조치는 아문과 영문의 둔전과 절수에도 똑같이 적용시켰다.34) 그러나 후대에 올수록 광해군 즉위년에 '泛然히 절수라고 칭하는 것은 당연히 수리하지 말 것'과는 크게 달리 각 궁방의 전답 가운데 '加耕量外及諸凡折受之自宮房冒者'가 면세되는 데까지도 이르렀다.

임진왜란 이전에도 절수가 광범위하게 행해졌음은 실록의 기록을 통해 알 수 있다. 이제 임란 이전의 절수가 이후의 절수와 어떤 차이가 있었는지, 아니면 별다른 차이가 없는 것인지를 살펴보고자 한다.

대체로 왕실의 君도 진황지, 泥生地, 사패전 등을 받을 수 있었다. 그렇지만 官屯田은 절수되지 않았으며, 이를 받는 경우에는 다소 논란이 되었다. 중종 때 성종의 아홉째 아들인 利城君 李慣이 관둔전을 절수 받는 문제에 대해 호조와 관찰사의 견해가 달라 왕은 이 문제를 호조에 하문하기도 하였다.35) 그 후 숙종 30년에 홍주 유학 李世亨 등이 先祖 이성군이 직전으로 태안의 크고 작은 산과 옛 목장을 망정해 절수 받은 것이 이미 200여 년이 되었는데, 太僕寺에서 이것을 빼앗아 둔전을 설

---

32) 『備邊司謄錄』, 肅宗 14.4.15.
33) 『光海君日記』卷9, 光海君 即位年.10.14, 31-361쪽.
34) 『正祖實錄』卷6, 正祖 2.12.17, 45-82쪽.
35) 『中宗實錄』卷73, 中宗 28.2.20, 17-395쪽.

치한 것에 대해 還屬하도록 呈訴하였다. 환속이 받아들여지지 않자 다
시 사헌부에 伸訴하였다. 사헌부에서 절수 입안을 살펴보고 태복시에서
折入한 것은 부당하다고 주장하였으나, 왕은 이를 받아들이지 아니 하
였다.[36]

그런데 왕자, 공주 등에게 사패전이 부족하여 어전, 착어처가 절수되
었다. 착어처는 곤궁한 백성들이 漁採하여 資生하는 곳이고 관에서는
그 세를 거두어 公供에 대비함으로써 백성들은 그 이익을 보고, 국가는
그 사용하는 비용을 여유롭게 할 수 있는 곳이었다. 그런데 착어처나 어
전 등을 개인의 소유물로 만듦으로써 그 폐해가 막심하므로, 사헌부에서
啓를 올려 다시 관에 환속시키도록 하였다. 그러나 왕은 선왕조에서 이
미 사패한 것이므로 변경시킬 수 없다고 하였다.[37]

또한 진황지가 절수되거나, 죄인의 전지를 추쇄하여 속공시킬 때, 그
家戶를 같이 한 전지가 京中의 재상에게 절수된 경우도 있다.

> ⑦花川君沈貞 以忠勳府意 貞爲曹司堂上 啓曰 仁川三木島 去丁卯年受賜
> 後 朴元宗等多入功夫 開墾作田畓 可種四十餘石 而田三十餘日耕也 恭
> 愼翁主 辛酉年呈上言 癸亥年折受此島 啓于戶曹 而戶曹防啓 大抵 此島
> 本放馬之地 而甲子年 昌寧大君折受後 移放於他處 癸亥 乃先於甲子 則
> 翁主陳荒折受之言 左矣 其違法上言 明矣 而今也 還折給翁主 恐天鑑未
> 盡洞察 故敢啓 傳曰 右島 癸亥年翁主折受 而其明年見誚 厥後 昌寧大
> 君之折受 其勢然矣 已爲大君己物 故屬公而賜給于忠勳府矣 … 且忠勳

---

36) 憲府啓曰 今日茶時, 洪州幼學李世亨等 呈狀以爲 (以爲)其先祖利城君 以成廟第九
    王子 爲其職田 泰安大小山舊牧場 望呈折受 已至二百餘年 今有奸人 誣告太僕 只據
    古牧場三字 橫奪設屯 呈訴太僕 而終不聽施, 伸訴法府 云 臣取考其折受立案 則乃
    正德八年中廟朝啓下文書 而蓋以馬場陳荒 特爲折受 打量結數 斑斑可考 設令此地
    果爲舊牧場 先王朝折受親王子賜牌之地 今至二百年之後 法不當折入於太僕 今又爲
    許多民人買賣世耕之地 則尤不可公然奪屬於太僕 請依日昨臺啓中兩處民田還給之命
    一體出給 以慰民情 … 答曰 勿辭(『肅宗實錄』卷39, 肅宗 30.6.1, 40-87쪽).
37) 『中宗實錄』卷43, 中宗 16.10.4, 16-64쪽. 『明宗實錄』卷7, 明宗 3.2.8, 19-561쪽.
    『仁祖實錄』卷3, 仁祖 1.11.11, 33-566쪽.

府 雖非此島 將折受南原地 此島折給翁主爲當38)
⑧且臣(特進官金益壽)聞之 罪人田地 推刷屬公時 有或同戶而見奪者 蓋
常時百姓之有田地者 例付勢家 同戶載錄 欲其役歇也 今於屬公 一切不
分 雖有文券 守令刓於國法 不爲辨正 京中宰相 旣已折受 窮村愚民 豈
能訴憫於九重乎39)

위의 ⑦을 보면, 인천 삼목도는 정묘(1507)년에 사여되어 朴元宗 등
이 많은 공력을 들여 개간한 것으로 논은 40여 석지가 되고 밭은 40여
일경이었다. 충훈부 당상이던 심정이 이것을 공신옹주에게 환급하는 것
이 옳지 않다고 하였다. 특히 계해(1503)년은 창녕대군에게 절수된 갑자
년보다 앞선 해이므로 공신옹주에게 진황지가 절수되었다고 말하는 것
은 틀리다는 것이다. 이에 대해 왕은 그 섬은 계해년에 옹주에게 절수되
었는데 그 다음 해에 귀양을 가게 되어, 창녕대군이 절수하여 소유했다
가 충훈부에 사급되었기 때문에, 섬을 옹주에게 다시 주는 것이 합당하
다고 하였다.

위의 ⑧은 죄인의 전지를 추쇄하여 속공하는 과정에서 제기된 문제
였다. 당시의 인심이 교사하여 전토를 가진 백성들이 요역 등을 헐하게
하려고 전토를 세력 있는 집에 붙여두는 경우가 많았는데, 이로 인해 속
공되는 경우에 문권이 있는 전토라도 중앙의 재상이나 공신들에게 절수
되는 경우가 있었으며, 궁촌의 어리석은 백성들은 어디에 하소연할 수도
없다는 것이다.

위에서 살펴 본 자료를 통해 임란 전과 후의 전답절수에서 소유관계
의 변동에 어떤 차이가 없다. 하지만 궁방전 면세에 대한 조처 상황 및
사폐 등에 대해 간략히 짚고 넘어갈 필요성이 있다.

『조선왕조실록』,『비변사등록』,『승정원일기』에서 궁가가 받는 면세

---

38) 『中宗實錄』 卷43, 中宗 16.10.4, 16-64쪽.
39) 『明宗實錄』 卷7, 明宗 3.2.8, 19-561쪽.

에 대한 최초의 기사는 인조 1년의 '八路免稅諸宮家田結'[40]로 추정된
다. 궁가가 받는 면세전결이 팔도에 걸쳐 무려 수백 결이었다. 더구나
현종 3년 장령 朴世堅은 궁가면세전[41]이 5백결로 정함이 과다하다고
주장하였다.[42] 영조 14(1738)년에도 호조 판서 兪拓基가 여러 왕자와
옹주들의 면세를 임인(1662)년의 釐正例를 보아도 단지 100결에 불과하
거나 그에 미치지 못했는데, 이는 사들인 전답으로 민결면세를 불허한
것을 의미한다고 하였다.[43]

　이와 같이 선조, 광해군, 인조 때까지는 선조 이후에 실시된 궁방전의
면세 규모가 많지 아니하여 사회적 갈등과 조가의 쟁론이 그리 많지 않
았다. 물론 인조반정 이후에 廢朝 때의 면세 등을 혁파하였지만, 그 후
광해군에 소속된 전답이라 하더라도 민전을 침탈한 것이 아니면 다시 전
례대로 면세할 수 있었다.[44]

　그러면 궁가에서 직접 받는 궁방전 면세는 어떤 제도적 근거를 두고
시행된 것인가. 사실 궁방면세가 원래 先王의 成法이 아니며, 사헌부가
論爭한 것도 실로 한 때의 공론에서 나왔다는 기록에서,[45] 이에 대한
제도적 근거는 명확하지 않다. 이는 諸道의 면세가 비록 '流來之規'라
든가, 궁가의 전결면세는 본래 法典[경국대전]에 규정되어 있지 않은
단지 先王朝의 '一時規例'에 불과하다든가, 여러 궁가의 면세는 '非法
典所裁'[46]라는 데서 알 수 있다. 그런데도 효종 10년 사간원은 궁가면

---

40) 『仁祖實錄』 卷3, 仁祖 1.11.11, 33-566쪽.
41) 궁가 면세전이란 백성이 호조에 납부해야할 세를 내지 않고 궁가가 직접 차지하
　　는 전답을 의미한다.
42) 『顯宗實錄』 卷6, 顯宗 3.9.20, 36-347쪽.
43) 『備邊司謄錄』, 英祖 14.10.12.
44) 『仁祖實錄』 卷6, 仁祖 2.7.15, 33-631쪽. 『仁祖實錄』 卷18, 仁祖 6.6.4, 34-275쪽.
45) 『仁祖實錄』 卷20, 仁祖 7.5.23, 34-329쪽.
46) 『仁祖實錄』 卷6, 仁祖 2.7.15, 33-631쪽. 『仁祖實錄』 卷20, 仁祖 7.6.9, 34-331쪽.
　　『仁祖實錄』 卷21, 仁祖 7.10.16, 34-350쪽.

세의 전답이 본디 '國家定制'가 있으므로 그 면세 결수는 법전에 의해
서 절급하도록 啓하였다.47) 이보다 앞선 인조 7년 사헌부가 전결의 면세
에 대해 '自有定制'가 있음으로 법전에 의해서 전결면세를 시행할 것을
啓하였으나 왕은 그 근거가 없다고 하였다.

> ⑨憲府啓曰 田結免稅 自有定制 決不可規外給復 … 而臣等伏聞 安山陽
> 城陰竹等邑田結 或稱二大君所買 或稱貞明公主房折受 幷免稅 云 此實
> 違法 日後濫觴之弊 不可不慮 請依法典施行 答曰 免稅與復戶有異 不必
> 煩論 仍下敎于政院曰 憲府辭中所謂免稅自有定制者 指何法而言 諫院
> 蒙允者 亦指何事而言耶 旣曰免稅 則似非給復之意 依法免稅之說 實無
> 所據 予亦不識法文 諫院啓辭亦未記憶 承旨徐景雨啓曰 法典內 只官屯
> 田 … 祭享供上諸司桑田 內需司田 惠民署種藥田 並無稅 云 而他無免
> 稅處 憲府之有定制云者 似指此也 … 而本廳(宣惠廳)公事 以安城陽城
> 田結免稅爲主 意亦必指此也 田結則云免稅 家戶則云給復 實是二事 而
> 近來田結給復 爲恒用之言 啓辭中措語 或出於此 免稅一依法典云者 似
> 是法典外 勿許免稅之意也 答曰 其措語似乎不實 故問之矣48)

즉, 사헌부는 전결면세는 본래 일정한 제도가 있으므로 결코 그 규정
이외 給復은 안되고, 두 대군이 매득한 전답과 정명공주방이 절수한 전
답의 면세는 위법이라고 啓하였다. 이에 왕은 면세와 급복은 다르고 사
헌부가 아뢴 내용 중에 이미 면세를 말한다면 급복의 뜻은 아닌 것 같으
니 법에 의해 면세를 해야 한다는 주장은 실로 근거하는 바가 없다고
하였다. 承旨 서경우는 『경국대전』의 호전 諸田條의 관둔전 등 '自耕無
稅'와 내수사전 등 '無稅' 전답이 모두 無稅이므로 사헌부가 '有定制'로
말한 것은 이를 지칭한 것으로 보았고, 전결면세는 한결같이 '依法典'한
다는 말은 이 법전에 실린 것 외는 면세를 허용해서는 안 된다는 뜻으로
추정하였다. 이보다 앞선 인조 1년에 왕은 전결은 복호를 허용하지 말고

47) 『孝宗實錄』 卷21, 孝宗 10.閏3.19, 36-187쪽.
48) 『仁祖實錄』 卷20, 仁祖 7.5.15, 34-329쪽.

戶役만 可하다고 하였다.[49]

　전결면세가 법전에 의한 규정이 아니었음에도, 다소 그런 가능성을 보여주는 기록도 있다. 인조 12년 備局이 각 도의 量田使들과 회의하여 다섯 개의 조목으로 열거해서 啓하였다. 이 가운데 여러 궁가와 각 아문의 免稅元數 이외 冒稱한 것을 낱낱이 조사하여 민전에 귀속[50]하도록 한 데서 추정할 수 있다. 하지만 이는 원래 궁가와 아문에 면세되는 元數를 벗어나 민전을 침탈하여 면세로 모칭한 것을 환원·조치한다는 의미로 판단된다. 따라서 전세면세에 대한 일정한 규례가 없이 당대 선왕들에 의해서 '先朝定式'으로 내려오다가 현종 4(1663)년에 적어도 궁가의 면세전의 '定限'이 정해진 것이다.

　명종 12(1557)년 이후 직전법의 기록을 확인할 수 없는데, 그 후 절수가 바로 궁방 등에 행해져 이를 代用한 것으로 추정하기는 어렵다. 하지만 영조 4년에 實錄廳堂上 宋寅明이 祖宗朝에서는 왕자, 공·옹주에게 오로지 직전만이 있었고 중간에 비로소 절수가 이뤄졌고, 절수가 폐해가 되므로 면세로 고쳤으나 이마저도 이어가기 어려우므로 다시 전답을 살 수 있는 가격을 계산하여 은화를 지급하였다[51]고 한 사실에서 이런 추정도 가능하다.

　그런데 다음 기록들은 면세와 절수가 구분하여 사용되고 있음을 보여주고 있다.

　　⑩副應教南九萬等上箚 略曰 … 今者宮家折受之革罷 免稅之減數 … 吏曹參議徐必遠 … 折受免稅之弊 諸臣業已實陳 今不必條舉 而殿下爲一

---

49)『仁祖實錄』卷3, 仁祖 1.11.11, 33-566쪽.

50) 其三 諸宮家各衙門免稅元數外 如有冒稱者 一一查出 屬之民田(『仁祖實錄』卷30, 仁祖 12.9.27, 34-572쪽).

51) (實錄堂上宋)寅明曰 祖宗朝王子公翁主 只有職田 中間始有折受 以折受爲弊 故改以免稅 以免稅難繼 故又計價給銀(『英祖實錄』卷15, 英祖 4.2.27, 42-13쪽).

　　二宮家 自壞其法 …52)
　　⑪(院啓曰) … 諸宮家勳臣賜牌免稅及折受立案等事 極其滋蔓 或有廣占
民田 抄集逋逃 …53)

　　위의 두 자료는 궁가절수의 혁파와 면세의 결세 수의 감소, 궁가와
훈신의 사패면세와 절수입안으로 나누어 논하고 있다. 한편 영조 6년에
사간원에서 전라도 금성현의 荷衣, 苔錦 上·下島 등 세 섬의 면세와 절
수 문제로 인한 송사를 거론하였다. 이때 이 송사의 핵심은 면세와 절수
의 分別에 있고 절수여부는 王牌의 有無에 있다고 啓54)한데서 절수와
면세를 분명히 구분하고 있다.

　　따라서 현종 1년 判書 許積이 '卽今折受處 皆免稅'55)라고 대답한 내
용이 그 시대의 면세를 바르게 표현한 것인지 의문이 든다. 또한 유일한
자료로 생각되는 이 기록에 의해 궁방전답에서 '절수-면세'의 등식으로
추정한 것이 아닌가 생각된다. 허적의 대답은 궁방전의 면세가 많이 이뤄
지고 있다는 문제점을 지적한 일반적인 언급으로 판단된다. 이 시기는 아
직 궁방전의 지급 규모에 대한 규정도 없다. 그 후 궁방전 면세의 규모가
정해진 사실56)에서, 이를 일반화하기는 어렵다. 궁가의 절수 가운데는 면
세가 많아서 '宮家折受 又是免稅'57)라고 하나, 절수 중에는 '賜與' 또는

---

52) 『顯宗改修實錄』 卷7, 顯宗 3.10.14, 37-292쪽.

53) 『仁祖實錄』 卷33, 仁祖 14.8.1, 34-642쪽.

54) 故京兆訟案 取來考見 則大抵此訟肯緊 在於免稅折受之分別 折受與否 在於王牌之
有無 而京兆處決時 此等委折 置而不問 反以民人等二百張文書 謂之無官斜 而置之
落科 夫奴婢買賣外 田畓文書 勿論京外 絶無官斜之事 …(『英祖實錄』 卷28, 英祖
6.12.29, 42-242쪽).

55) 上曰 昨日左參贊進言 大君公主以下 古有職田 而無折受之規 今宜倣而行之 此言如
何 (領議政鄭)太和曰 浚吉之言是矣 折受則無定限 若復職田 誰敢濫雜乎 上曰 戶曹
得失如何 判書許積對曰 卽今折受處 皆免稅 若復職田之法 本曹稅入必增矣 又曰 大
君職田 二百二十五結 一年所收之稅 不爲不多矣 上曰 宜思公私兩便之道 從容議定
可也(『顯宗改修實錄』 卷2, 顯宗 1.4.3, 37-150쪽).

56) 박준성, 앞의 논문, 188·206쪽 참조.

'賜牌'로 증여된 것도 있다. 또한 같은 양안 상에서 호조의 사정에 의해 소규모의 전결이 '出稅'와 면세로 기록되어 있거나 궁방 전답이 출세되기도 하였다.58) 1787년의 『內需司及各宮房田畓摠結與奴婢摠口都案』(奎 9823, 이하 『都案』이라 칭) 상에는 有土未免稅秩(出稅) 條까지 있다. 1729년 '己酉定式' 이후 신결(유토면세 결) 600결이 궁방 자체의 매득지나 量外加耕地를 망정 절수하여 면세 받은 규모라는 사실을 통해서도 제도적인 궁방전의 정한이 이뤄진 후(1663)는 이런 주장이 있기 어렵다.

　조선후기 궁방에 주어진 사여 또는 사패에 대하여 약간 검토하고자 한다. 숙종 29(1695)년에 諸宮家의 절수를 혁파할 때도 賜與는 그 대상에 포함되지 않았다. 하지만 마땅히 혁파되어야 할 절수 전답을 대부분 사여로 만들거나 '變作'시켰기 때문에, 절수를 금지한 1688년 이후 절수라는 이름으로 궁방에 편입된 토지는 모두 혁파하도록 하였다.59) 그 후 『도안』에는 각 고을에 있는 어의궁의 무토면세는 각각 5궁에 준 1000결과 같은 世子宮의 관할인 수진궁과 더불어 추가된 500결을 나누어 기록하고 있다. 고을 결부 수의 하단에 각각 '乙亥(1695) 別賜與'와 '癸亥(1743) 別賜與'의 細註가 있다. 용동궁의 有土免稅·有土未免稅(出稅)秩 條의 고을 결부 수 하단에 '王牌'라는 細註가 있고 또 무토면세질 조의 고을 결부 수 하단에 '별사여'라는 세주가 있다. 또한 慶壽宮의 무토면세질 조에는 풍덕 등의 결부 수 하단에는 '特敎賜與'로 된 세주가 있다. 그런가하면 화순옹주방의 유토면세질 조에는 '彰義宮 賜與'로 기재되어 있다. 그

---

57) 『顯宗改修實錄』 卷9 顯宗 4.8.24, 37-337쪽.

58) 已上 … 參拾參負陸束 仍存免稅 肆結拾伍負壹束因事目 甲寅爲始出稅(「全羅道井邑縣所在內需司免稅田畓改打量成冊」, 奎 18448, 1740)
　　暎嬪房旣有元定結數 而今次兩宮田畓 合爲九百九十餘結 旣屬該宮後 免稅之數 過於八百結定式之數 則出稅與否 稟定而後 宜有區別擧行之道 何以爲之乎(『承政院日記』, 英祖 7.9.20, 元本 731冊/脫草本 40冊(15/15)).

59) 『肅宗實錄』 卷29, 肅宗 21.9.21·21.9.30, 36-396쪽.

런데 화평옹주방의 유토면세질 조에는 고양의 결부 아래 '彰義宮來王牌
賜與'라고 세주가 달려 있으나, 장단의 전답 결부 수 하단에는 '以司僕
屯王牌賜與'로, 영광, 고성, 평강, 재령과 무토면세질 조의 석성, 안악은
'王牌 賜與'인데, 남원, 고창, 금산의 전답 결부 수 하단에는 '義烈宮別
給來'의 세주가 있다. 화협옹주방의 무토면세질 조의 청풍 등의 고을에
는 '義烈宮來 王牌 賜與'가 기재되어 있다. 이에 따라 순조 23년에 면세
전결의 釐正에, 왕의 명령에 따라 4궁과 祭享이 있는 各宮은 거론하지
않도록 하고, 화순옹주방 등의 각 궁가가 가지고 있는 별사의 문적과 왕
패를 가져와서 참고토록 하여, 이를 釐正토록 하였다.[60)]

사여나 사패된 궁방전은 이정 대상에서 제외되었다. 1860년의 『비변
사등록』 '裁省別單'(이하 '裁省別單')에도 여러 궁방절수 전답을 혁파
또는 이정할 때, '有免稅傳敎受敎', '有可傳永世文蹟', '因傳敎依前免
稅', '有永世賜與文蹟', '有可傳賜與文蹟', '有王牌文蹟'인 경우에 '勿
論'토록 기록하여 이 籤紙를 붙여, 이를 아래에 쓰도록 하였다.

사여지는 유일하게 면세가 허용되었지만, 궁가에서 사사로이 매득한
것을 면세하기도 하였다. 인조 3년에 왕은 임진란 후 祖宗朝의 일을 아
는 것이 불가능하며 先王朝[광해군]의 일은 무주진황처를 허락한 것으
로 想像된다[61)]고 한 것으로 보아 민전을 사들여 면세하는 것은 허락하
지 않고 무주진황처이지만 면세를 받은 것으로 추정된다. '재성별단'에
는 冒錄免稅한 사실이 많이 실려 있다.

호조의 覆啓에 각 도의 전안을 가져다 살펴보면 훈련도감 둔전, 충훈
부 절수, 비변사 召募陣, 사복시·館學·서원전 등이 통틀어 2,090여 결
인데, 법전에서 살펴보면 사여이든 절수이든 간에 백성들이 경작하여 그
수확의 반을 받아들이는 경우라도 면세는 되지 않는다며 대간의 논의에

---

60) 『純祖實錄』 卷26, 純祖 23.10.14, 48-235쪽.
61) 『承政院日記』, 仁祖 3.5.20, 元本 6冊/脫草本 1冊(19/19).

따라 시행하기를 청하였으나, 왕은 오로지 훈련도감만이 수세를 못하도록 하였을 뿐이다[62]고 한 사실에서 면세와 절수는 분명히 구분된다.

그 후에도 궁가의 어염에 대한 면세가 지나치게 과도하므로 定數를 두면 公私가 모두 편하다고 아뢰자, 왕은 그것이 사패한 곳이라면 혁파가 불가이나 사패가 아니면 각 고을에서 수세함이 마땅하다고 하였다. 그러나 호조가 諸宮家와 각 아문 소속의 해택, 어염, 전결의 면세를 모두 혁파하기를 청하기도 하였다.[63]

면세전 증가 문제는 대신들 간의 논쟁거리가 되었다. 효종 즉위년 호조의 수조안에서 조사한 바로는 면세전결이 500결 혹은 300결이 되는 궁방도 있고 200결이 되는 궁방도 매우 많다[64]는 데서 이미 여러 궁방에 대한 면세전결이 지급되었다고 하겠다. 이는 민결의 지급이, 사여는 물론 절수에 의해 이루어져 그 후 하나의 '先朝定式'으로 된 것이라 판단된다. 명종 12년의 직전에 대한 마지막 기록 이외는 찾을 수 없는 직전법은 이후 유야무야 되면서 그 명맥을 유지하지 못한 것으로 추정된다. 직전을 대행한 것은 '誤恩', '私恩'의 절수나 사여로 추정해 볼 수 있다. 명종 이후 임진란 이전 기록에서 '사여'나 '왕패' 등의 기록을 찾기 어렵다는 점도 많은 시사를 준다.

2) 民結과 民結免稅 및 無土免稅

민결은 백성의 전답을 말하는 것으로, 명종 21년 "尹元衡이 강제로 빼앗은 민결이 전국에 퍼져 있다"[65]라고 한 것이 첫 기록이다. 또한 민결은 주로 백성이 부담하는 결세를 뜻한다. 민결이 임진왜란 이후 궁방 등에

---

62) 『仁祖實錄』 卷12, 仁祖 4.3.16, 34-83쪽.
63) 『仁祖實錄』 卷35, 仁祖 15.12.22, 34-713쪽.
64) 『承政院日記』, 孝宗 即位.11.26, 元本 110冊/脫草本 6冊(12/18).
65) 『明宗實錄』 卷33, 明宗 21.7.26, 21-102쪽.

절수되는데, '民結免稅'란 백성의 세금을 면제해 준다는 뜻이 아니라 호
조에 납부할 세금을 수령의 衙祿·公需位田과 여러 궁가에서 백성의 전
답 중에서 세를 받아들여 관용 혹은 궁납으로 사용된 것을 말한다.66)

'민결면세'는 1720년 기해 또는 경자양전이 이뤄질 때까지도 널리 사
용된 것은 아닌 것으로 짐작된다. 『비변사등록』에서 숙종 14·45년의 두
사례만 있다는 것도 그렇다. 민결면세는 매 結 米 24두를 징수하였다.
즉, 아산, 직산 등의 성균관 위전에서는 원래 민결의 例에 의해 收捧하
였는데, 1733년부터 억지로 '已上田畓'67)이라 하여 1결에 100두를 수조
한다고 하자 백성들의 擊錚이 있었다. 이 때 비변사에서 1결에 미 24두
를 거두는 것을 정식화하였다.68)

또한 숙종 34(1708)년에 '諸宮家와 각 아문에서 절수한 곳 중 存置할
곳과 혁파할 곳을 일일이 後錄하여 叡裁를 청하는 啓와 그 後錄'에서
민전의 절수를 통해 궁방에서 세금을 받는 것을 '免稅受出者'로 통칭하
면서,69) 이를 '免稅折受' 또는 '免稅受出'로 기술하였다.

임란 후 대군에게 京中奴婢 50口, 외거노비 200口, 田畓 200결을 함
께 賜給되었다.70) 이는 민결에 대한 수세권을 준 것으로, 현종 2년에 비
변사에서 선조 때 왕자와 駙馬에 사패된 면세전결을 혁파할 것을 該曹
에서 결정하여 재가된 것을 法文과 兩朝의 受敎로써 變通하기를 청하
고 있다고 한 啓71)에서 면세전결과 함께 민결로 파악된다.

사실 전결면세의 사례는 이 보다 앞선 선조 32년 上使와 副使에게

---

66) 『備邊司謄錄』, 英祖 16.9.20.
67) 『備邊司謄錄』, 英祖 21.1.20. 註 167) 參照.
68) (備邊)司啓辭 … 癸丑年間 自本館勒謂之 已上[己上]田畓 每結捧百斗租 其時因人
　　民擊錚(『備邊司謄錄』, 英祖 21.1.20).
69) 『備邊司謄錄』, 肅宗 34.12.30.
70) 『宣祖實錄』卷209, 宣祖 40.3.5, 25-313쪽.
71) 『備邊司謄錄』, 顯宗 2.11.23.

田結과 노비를 사급하는 전례가 있었다. 즉, 계유(1573)년에 상사는 노비 5구, 부사는 3구가 주어졌고 전결은 田稅字로서 주어졌다.[72] 이 字는 양안의 字號를 의미하는 것으로 이를 기준하여 세금을 징수하였는데 이는 몇 자호에 해당하는 전세를 지급한 것으로 이해된다. 이보다 앞선 명종 11년에 居僧位田으로 별사전을 지급할 때도 '字'로 지급하였다.[73] 또한 이 '田結賜給' 또는 '元結免稅'는 그 후도 계속 있었다.[74] 이는 궁가에 대한 전결 지급의 제도화에 따른 결과이기도 하다. 여기서의 전결과 원결은 바로 민결로 이해된다. 한편 임진(1712)년에 헌납 朴熙晉이 올린 상소문에서, 은진현에서 부당하게 세금징수를 한 궁가의 差人을 조사하여 처단하고, '免稅田結'은 各邑을 輪回하여 한 고을이라도 그 폐해가 치우치는 일이 없도록 각 該曹와 함께 稟處하게 할 것을 주장하였다.[75] 이 '면세전결'의 전결은 '전결사급'의 전결과 같은 의미로, '민결면세'를 일컫는다. 더욱이 '면세전결'은 전답을 지급한 것이 아니라 전결을 지급하여 그 세금을 국가 대신 궁가 등이 받는 것을 말한다. 특히 여러 궁가에 면세된 결은 賜給되는 전답에 등재되지 않고 민결에 등재되어 그 세금만을 實結에서 받아들이기 때문에, 이를 마음대로 8도에 移定할 수 있어 그때 국가에 많은 손실도 있었다.[76] 하지만 무토면세지의 윤회는 3년이든 10년이든 그렇게 활발하게 이뤄지지 아니 하였다.[77]

---

72) 『宣祖實錄』 卷112, 宣祖 32.閏4.15, 23-612쪽.

73) 『明宗實錄』 卷20, 明宗 11.6.9, 20-344쪽.

74) 『光海君日記』 卷29, 光海君 2.5.12, 26-624쪽. 『英祖實錄』 卷80, 英祖 29.11.15, 43-502쪽. 『純祖實錄』 卷3, 純祖 1.10.27, 47-411쪽.

75) 『備邊司謄錄』, 肅宗 39.4.8. '疏箚抄略覆啓別單'.

76) 『備邊司謄錄』, 英祖 5.10.3.

77) 龍洞宮과 於義宮의 무토의 移定의 推移를 조사한 결과 거의 변동이 없었다. 원고 편집 상 여기에 수록하지 못하였다. 한편 심재우는 "무토의 輪回는 실제로는 그리 활발하게 이루어지지 않았음을 분명히 알 수 있다"(심재우, 「조선후기 宣禧宮의 연혁과 소속 庄土의 변화」, 『朝鮮時代史學報』 50, 2009, 215쪽)라고 밝혔다.

이런 전답에 대한 절수와 면세에 대한 많은 논란을 거쳐 '절수'의 제
도화가 된 것은 궁방전의 면세에 대한 定限을 규정한 이후부터라고 생
각된다. 현종 3(1662)년 면세 법전을 마련하면서 대군과 공주는 500결로
정하고 왕자와 옹주는 350결을 한도로 정하였다. 아울러 절수된 것 가운
데 陳結이 있으면 모두 實結로써 충당해 주도록 하였다.78) 그 후에도
많은 논의를 거쳐 현종 4(1663)년에 대군과 공주는 400결, 왕자와 공주
는 250결을 한계로 정하여 궁방전 절수면세의 규정이 최종적으로 확정
되었다.79) 그 후 숙종 14(1688)년에는 절수를 허용하지 않도록 결정하
고, 그 대안으로 전답을 매입할 수 있도록 대군, 공주는 5000兩을, 왕자,
옹주는 4000兩을 지급하는 것을 定式으로 삼았다.80) 이는 민결면세로
도 '절수면세'를 해결하기 어려울 뿐만 아니라, 갑술양안에 비록 그 때
無主였으나 백성들이 起耕하여 자기 물건으로 만든 지가 이미 수십 년
이 지난 후에 '量案無主'를 핑계로 그런 전답이 궁가에 奪入되는 폐단
을 개선하기 위한 정책의 일환이었다.

무진년 이후 궁가절수에 대한 보완 조치가 숙종 21(1695)년의 '乙亥
定式'이다. 이는 각 궁방에 200결을 절수하는 것을 정식으로 삼되, 진결
이 아닌 實結로써 채워주도록 하였다. 수진궁 등 4궁과 명선, 명혜 두
宮은 무진년을 한계로 무진 이전의 절수한 곳은 그대로 두고, 그 이후에
절수한 곳은 모두 혁파하도록 하였다. 또한 무진년에 궁가의 職田 대신
왕자와 옹주방에 은화 4000兩을 지급하기로 결정된 바와 같이, 신설 궁
방에 대해서는 은화 4000兩과 5년을 기한으로 하여 매년 선혜청으로부
터 쌀 200석, 군자감으로부터 콩 100석을 지급받도록 하였다.81)

---

78) 『顯宗實錄』 卷6, 顯宗 3.9.5, 36-345쪽.
79) 『顯宗實錄』 卷7, 顯宗 4.9.18, 36-382쪽.
80) 『備邊司謄錄』, 肅宗 14.12.5.
81) 『肅宗實錄』 卷29, 肅宗 21.7.23, 39-389쪽. 『肅宗實錄』 卷29, 肅宗 21.8.3, 39-391쪽.

하지만 1695년에 각 궁방에 200결을 지급하기 전에도 그런 사례가 많았다. 즉, 병인(1686)년에 숙의방에 전답 200결이 주어진 것을 '依例割給事傳敎'로 기술되었다든가, 갑술(1694)년 두 궁방에 200결이 주어진 것도 '依前例割給事命下'라고 한 것이다.[82] 이때 와서 궁방에 획급하는 200결이 '을해정식'에 의해서 공식적으로 확인된 셈이다.

그런데 영조 즉위년에 을해정식에서의 은화와 쌀은 그 절반으로 줄어 각각 2000兩과 100석으로 되었다.[83] 영조 5(1729)년에는 각 궁방의 면세전답의 정액 이외는 모두 세금을 호조에 내도록 하는 조치가 이뤄졌다. 수진궁 등 다섯 궁가의 면세전을 1000결로 한정하되, 명례궁과 용동궁 두 궁가는 東朝(대왕대비와 왕비의 처소)가 관할하는 바이므로 특별히 500결을 더 주도록 하였으며, 그 밖의 궁방의 면세전답은 800결로 하였다. 아울러 각 아문의 둔전으로서 면세되는 것은 모두 응세토록 하였다.[84] 그런데 영조 18(1742)년에 당시 호조 판서인 知經筵 徐宗伋이 경연에 나와서 옹주방에 민결로써 別賜한 것에 대한 폐단을 아뢰었다.

⑫上行晝講 講訖 知經筵徐宗伋 時長地部 進曰 各宮免稅 曾於己酉以元結二百結 新結六百結爲定式 而其後間有別賜 則乃屯結也非民結 而向翁主房別賜二百結之命 此乃民結也 此路一開 將爲後弊 請一依己酉定式 還寢成命 上曰 此非在下所可操縱者 遂不許[85]

영조 5년의 '기유정식'에 각궁 면세의 범위가 '800결'로 한정되고, 이를 元結 200결과 新結 600결로 구분했다. 즉, 각궁에 200결의 민결면세지가 주어진 것이다. 양전에서 민전과 더불어 踏驗하지 않는 전답은 舊

82) 『備邊司謄錄』, 肅宗 21.7.24.
83) 『英祖實錄』 卷2, 英祖 卽位年.11.4, 41-420쪽.
84) 『英祖實錄』 卷21, 英祖 5.1.9, 42-98쪽.
85) 『英祖實錄』 卷55, 英祖 18.4.20, 43-56쪽.

結로 파악된다. 그 대칭인 新結은 새로 타량한 결을 의미한다. 그러나
'新結 600결'은 궁방이 새롭게 갖는 전답(매득과 절수)을 뜻한다. 당대
의 사료로는 '800결'의 定限과 신결 '600결'이 위의 ⑫에서 유일하다.
물론 公·翁主의 면세에는 각각 定數가 있는데 800결을 넘길 수 없다는
호조 판서 송인명이 건의한 기사가『영조실록』에 있다.[86) 그 후『속대
전』호전 궁방전 조에 新宮(諸宮房在世時. 先朝의 후궁 방으로 제사가
없는 궁방)일 때 후궁 800결, 대군, 공주 850결, 왕자, 옹주 800결이 절
수되는 것으로 실려 있다.

그러나 후대의 기록에서는 이 800결 가운데 '200결'은 無土免稅로,
'600결'은 有土免稅로 지칭된다.

⑬次對 大王大妃敎曰 … 戶曹判書李書九曰 續大典王子翁主田結 新宮
八百結 舊宮二百結 … 肅廟朝 因宮房田結之漸至增加 以元結二百結酌
定 其外濫受者 一切革罷 其代以銀子四千兩 給價買田 而田土未備間 限
五年歲輸戶曹米二百石 惠廳太一百石事 有所定式 英廟朝 銀與米 又減
其半 永爲定制 故續大典以後 新設翁主房 亦皆以元結二百結劃給 此所
謂無土免稅也 其餘六百結 無論買得與折受 自本房操備土地後 望呈內
司 啓下免稅 此所謂有土免稅也 有土則只免田稅四斗 無土則竝田稅大
同 故一結所收爲二十三斗 此所以無土 事體比有土尤重 決不可數外加
劃也 近日翁主郡主房田結之多踰其數 雖未詳其委折而似或有格外特恩
又或因有土之混作無土 因緣襲謬之致也 伊時度支 未知緣何許施 而論
以法意 似不當然矣 且新設時二百結 乃是按例擧行者 依草記施行 恐爲
得宜矣[87)
⑭次代 大王大妃曰 … (戶曹判書李)晚秀曰 前後慈敎之下 若係大典應
行之事 則有司之臣 曷敢不奉承 而免稅折受之法例 恐有所未盡俯燭者

---

86) 上召見大臣 備堂 戶曹判書宋寅明奏曰 諸宮免稅 視舊典有加 不可爲法於後世 上曰
… 公翁主免稅 各有定數, 無過八百結 文書當在地部 豈卿未之見耶 異日諸宮如有違
式濫請者 予雖許之 自本曹計除八百結外 一切勿許(『英祖實錄』卷37, 英祖 10.1.20,
42-414쪽).

87)『純祖實錄』卷4, 純祖 2.12.15, 47-445쪽.

矣 蓋自宣廟壬辰以後 軫念諸宮家之無所聊賴 始刱折受之法 而法久弊
生 害及小民 至顯廟朝 大臣諸臣 多所建白 三司之論 閱月相執 倣大典
職田法 以大君王子三百結公翁主二百結 定爲免稅之式 又以有土免稅六
百結 許令各宮家陳告而劃給之 仍以錢四千兩代劃 至于肅廟朝遵行矣
英廟朝 特軫經費 乃有二千兩減半劃給之例 列聖朝成憲 有如是矣 今當
初元出治之日 尤宜監于先王成憲 恐不當行此祖宗朝所未行之事 更加深
思焉 大王大妃曰 然則等是劃給也 六百結則以有土免稅例 加劃似好矣
晚秀曰 無土則就惟正之稅 而自戶曹劃付 蠲歲與臭載 皆無加減 有土則
必令本宮自買 而免給者 前例然矣 今若以有土例加劃 則亦係無前例之
事矣[88]

위의 ⑬, ⑭에서 원결 중 민결면세 200결이 바로 '무토면세' 200결이
된다는 뜻이다. 이 원결로 획급되는 무토면세는 호조에 내는 전세와 대
동세 등 1결에 23두를 궁방에 지급되는 것을 뜻한다.

그렇다면 이 무토면세가 언제부터 사용된 용어인가. 순조 2(1802)년
과 3년의 당시 호조 판서인 李書九와 李晚秀 등이 제시하고 있는 기록
도 정확하지 않다. 따라서 무토면세가 사용된 시기도 정확히 파악하기
어려운 일이다. 우선 이서구가 주장하는 호조의 쌀 200석과 선혜청의 콩
100석은 숙종 때의 '을해징식'에서는 호조가 아닌 선혜청이고, 선혜청은
군자감으로 확인된다. 숙종 당시의 기록이 후대에 와서 호조와 '선혜청'
으로 바뀌었다. 더욱이『속대전』이후 신설되는 옹주방에 모두 200결을
지급하는 것이 이른바 '무토면세'라 한다. 면세 定限인 800결 가운데
600결은 本房인 궁방이 매득하거나 절수를 통해 토지를 마련한 후 내수
사에 망정하여 면세의 재가를 얻는데, 이를 '유토면세'라고 한다. 무토면
세는 그 용어의 사용 여부를 떠나 이미 을해정식 이전부터 있었다. 그러
나 이 유토면세는 언제부터 행해졌는지 정확히 추정하기 어렵다.

이만수는 현종 때『경국대전』에 있는 직전법을 모방하여 면세의 '定

限'을 대군과 왕자는 300결, 공주와 옹주는 200결이고 유토면세는 600
결이었다는 것이다. 면세에 대한 정식이 숙종 때까지 준행되었다는 것이
다. 하지만 현종 4년 면세 '정한'이 이뤄져 대군과 공주는 400결, 왕자와
옹주는 250결이다.[89] 이만수의 주장이 실록 기록과 일치되지 않으며, 그
가 거론한 기록이 다른 데서 검증되지 않는다. 숙종 34년의 기록에서
'免稅受出' 또는 '免稅折受'를 확인하듯이 당시로는 이런 용어가 등장
하기 어렵다. 더욱이 을해정식에서도 各宮에 민결인 200결만 절수 면세
한다는 기록만 찾을 수 있는 데서 숙종 때까지 준행하였다는 주장도 그
근거가 미약하다.

　'無土'의 기록이 처음 확인되는 것은 1750년『승정원일기』의 기록이
다.[90] '유토면세'는『균역청사목』(1752)에서, '무토면세'와 '유토면세'는
1754년『승정원일기』의 기사이다.[91]

　한편 정조 5(1781)년 내수사로부터 호조에 移屬된 전주, 고산, 운봉,
부안, 영암, 남원 등 여섯 고을의 전답을 추심하였는데, 기해양안에 등재
된 '宮屯' 또는 宮名 아래 '民結免稅'에 대한 조정과 내수사의 인식이
보인다. 우선 전주는 文蹟으로 이를 徵據할 수 없고, 운봉의 궁방 전답
의 일부는 신해(1731)년 대홍수 이후 원결에 귀속되었다는 것이다. 호조
에 있는 전안과 병신(1776)년에 出稅(궁방전이 면세되던 것이 호조에 납
세)할 때에 전라도로부터 보고된 有·無土成册을 참고하면, 이 두 고을
의 전답이 기해양안에 용동궁 둔세 또는 대빈방으로 기록된 점에서 無
主의 토지를 절수하여 該 궁방의 屯庄으로 만들어 진 것이다. 운봉은
신해년 때 14結零[92]만이 원결로 옮겨졌고, 나머지는 그 곳에 남아 있었

89)『顯宗實錄』卷7, 顯宗 4.9.18, 36-382쪽.

90) (左議政金)若魯曰 黃海道監司嚴瑀報狀 以爲金川蛤灘面火田七百餘日耕 耆老所曾前
　　折受 而已無土可執 革罷矣(『承政院日記』, 英祖 26.1.25, 元本 1052册/脫草本 57册
　　(19/21)).

91)『承政院日記』, 英祖 30.1.11, 元本 1102册/脫草本 61册(27/27).

다. 1781년 운봉현의 용동궁에 절수된 무토면세전답 23결 91부 9속은 혁파되어 민결이 되었으나, 1782년에 호조가 재타량을 통해 궁토로 還屬시킨 사실이 1790년과 1813년에 있었다.[93] 이런 사례는 寧嬪房에도 있었다.[94] 즉, 영빈방이 1692연간에 함열에 있는 진전을 절수하였다가 1720년에 安岳 등의 고을의 전결과 相換하고 함열의 진전은 백성들이 기경토록 하여 해마다 호조에 세를 바치기도 하였으나, 1742년에 영빈방이 다시 추심하여 그 세를 勒徵하였다.

부안과 영암은 기해양안에 민결 혹은 '宮免稅'로 실려 있는데, 민결은 '無土'를 말하지만 궁의 면세로 기록된 것은 '有土'임이 분명하다고 주장하였다. 1776년 네 고을의 성책 가운데 無土免稅秩 條에 혼입된 것은 당시 營邑이 잘못하였다고 한 것이다. 현재 이 고을들의 보고서는 久遠 文書를 살피지 않고 읍민의 말만 믿고 있다는 것이다. 따라서 이를 '무토'라고 하는 것은 襲謬란 것이다.

남원은 기해양안에는 '明惠宮免稅'로 등재되어 있으나 1776년 出稅할 때에 '有土'로써 보고하여 이미 '宮稅'라고 한 사실에서도 '有土'란 것이다. 더욱이 1687년의 打量成冊의 첫 줄에 '無土改打量'이라 特書되어 있고 아직도 내수사에 그 문건이 남아 있으니, 이는 민결이 아니고 유토란 것이다. 그렇지만 高山의 전답은 내수사에 久遠 打量冊子가 있으나 기해양안에 '명혜궁면세' 아래 '민결'로 기록되어 있기 때문에 이를 '민결면세'로 볼 수밖에 없다는 것이다.[95] 이들 민결 면세는 분명 무토면세에 해당한다.

---

92) 零은 零數를 뜻한다. 零數는 整數 이외의 뒤에 있는 數를 말한다(『漢語大詞典』, 漢語大詞典出版社, 1994年版). 우수리.

93) 『正租實錄』 卷30, 正祖 14.4.7, 46-118쪽. 『承政院日記』, 純祖 13.8.10, 元本 2031 冊/脫草本 106冊(23/32).

94) 『備邊司謄錄』, 英祖 21.6.2.

95) 『承政院日記』, 正祖 5.11.9, 元本 1497冊/脫草本 81冊(22/26)

무토면세가 행해진 것은 이미 민결이 賜給되었을 때부터 시작되었다.[96] 하지만 '무토면세'란 용어의 기록이 나타난 것은 명확히 검증되지 않는다. '을해정식' 이후 각 궁방에 민결 200결의 면세를 허용하는 것은 분명히 무토면세이다. 그 이전에도 민결면세가 행해진 것은 무토면세이다. 이를 '무토'에 대한 면세로 이해할 수 있는 것은 각 궁방에 대한 면세전 정액 외는 應稅하도록 한 1729년 '己酉定式'[97] 이후부터로 추정된다. 이는 면세결이 수진·명례·용동·어의·창의궁 등 5궁에 대해 1,000결로 정하고, 기타 궁방을 800결로 한정함으로써 이미 면세된 민결 200결을 제외한 다른 전답 600결과 구별하기 위해서는, 이 민결과 구분하기 위해 다른 명칭이 필요한데서 무토·유토면세의 개념이 등장한 것이다. 1734년 호조 판서인 송인명이 여러 궁의 면세가 舊典에 비하여 더 늘어났음을 아뢰자, 왕이 공·옹주면세는 각각 정수가 800결을 넘지 못하도록 되어 있으므로 호조도 궁방이 이 법식을 어기고 초과하는 것을 허락하지 않도록 한 데서, 또한 민결 200결과 다른 600결의 존재를 알 수 있다.[98] 영조 7년(1731)의 아래 자료에는 800결에 대해 더욱 분명하게 기술하고 있다.

⑮(戶曹判書金)東弼曰 新宮家免稅田畓八百結 乃是定式 而今番兩翁主卒逝後 該宮民結 則盡數出稅 而至於折受與買得免稅田畓 並爲移屬於暎嬪房事 自內司手本啓下 而免稅一款 姑無區處之事 暎嬪房旣有元定結數 而今次兩宮田畓 合爲九百九十餘結 旣屬該宮後 免稅之數 過於八百結定式之數 則出稅與否 稟定而後 宜有區別擧行之道 何以爲之乎 上曰 此例 自癸酉年始之 而本宮之物 送于新生房 移屬之物 次次給本宮矣 姑不宜擧論也[99]

96) 『備邊司謄錄』, 顯宗 2.11.23.
97) 『英祖實錄』卷21, 英祖 5.1.9, 42-98쪽.
98) 『英祖實錄』卷37, 英祖 10.1.20, 42-414쪽.
99) 『承政院日記』, 英祖 7.9.20, 元本 731冊/脫草本 40冊(15/15).

기유(1729)년에 여러 궁가와 각 아문의 각양 면세가 함께 혁파되었는데, 이 때 新宮房에 대해 면세전답은 800결이 定式이었다. 이는 궁방에 대한 면세가 증액되었음을 의미하지만, 증액되는 과정은 알 수 없다. 위의 ⑮에서 두 옹주가 사망하였는데 그들에게 주어진 민결은 모두 出稅토록 된 것이다. 여기에 면세민결이 200결이라고 기술되어 있지는 않지만, '을해정식'에서 各宮에 지급하도록 된 민결 200결을 말한다. 출생당년인 1728과 1730년 각각 일찍 죽은 두 옹주에게는 절수된 민결 400결은 이미 출세되었지만 절수나 매득에 의한 990여 결이 남아 있었던 것이다. 封爵된 지 얼마 되지 않은 두 옹주에게 민결 이외 이런 전답이 마련된 것은 순조 때 공주나 옹주에게 '유토 600결'을 궁방이 스스로 마련하지 못하여 무토면세지로 획급하는 것과는 크게 대비된다.

한편 영조 7(1731)년 호조판서 김동필이 갑자기 사망한 두 옹주의 남은 전답을 그의 생모인 暎嬪房(1730년 封)에 移屬하는데 있어 '800결 정수'의 규정을 초과함으로 이를 출세할지 여부를 물은데 대해, 영조는 이런 예가 '계유(1693)년'부터 시작되었다고 밝히고 있다. 하지만 이는 각 궁방에 200결의 면세를 허용한 1695년 '을해정식'의 내용과도 배치된다. 1729년 '기유정식'의 '其他宮房 限八百結'과도 어긋나는 사실이다. 또한 영조가 당대의 사실이 아니면 干支보다는 先朝 등의 표현을 사용한 것이 옳을 것이다. 따라서 癸酉年은 己酉年이 잘못 기록된 것으로 추정된다.

그런가하면 을해정식에서 新宮 등에 200결만을 주는 내용은 그 후에도 있다. 숙종 25(1699)년 왕은 舊宮에 대한 절수는 이미 하나같이 정지하였으며 新宮은 오로지 200결로써 定數하고 다시 절수하지 않는 것이 옳다고 하였다.[100] 영조 원년 左副承旨 朴聖輅는 호조의 啓로써, 을해년에 신설하는 궁가의 전답은 절수는 허용되지 않되 收租 가운데 원결

---

100) 『承政院日記』, 肅宗 25.8.29, 元本 386册/脫草本 20册(7/11).

200결로써 本房 스스로 망정한 것을 획급해야 된다고 아뢰었다.101)

　영조 18(1742)년 호조 판서이던 徐宗伋이 각궁의 면세는 일찍이 기유년에 元結 200결과 新結 600결로 정식을 삼았다고 進達한 사실이 있다.102) 원결 200결은 민결이요, 國結인 것이다. 신결 600결에는 궁방에 양외가경지 등이 절수된 것과 궁방이 사들인 전답이 들어간다. 그런데 신결 600결은 바로 유토면세에 해당된다. 신결은 궁방의 전답으로 새로 타량하여 실린 전답을 의미하며 이의 대칭인 舊結은 이미 타량한 전답 곧 양안에 등재된 것을 말한다.103)

　이와 같이 궁방에 원결 200결의 면세는 宮房이 전답을 望呈하여 행해졌으며, 유토 600결은 해당 궁방이 전답을 매득하거나 量外 토지를 새로 起耕한 것을 절수하여 면세를 받는 것이다.104) 따라서 무토면세는 민결 즉 원결을 지급해서 호조에 바치는 세가 면세되어 각 궁방 등에 지급되는 것을 의미한다. 유토면세는 궁방 등에 한정된 면세결수 800결 중 민결 200결을 제외한 600결에 대해서 면세하는 것으로, 이는 궁방에서 국가에 전세를 내지 않는다는 뜻으로 말 그대로 免稅에 해당하는 것이다.

---

101) 『承政院日記』, 英祖 元年.3.3, 元本 588冊/脫草本 32冊(43/72).
　　같은 달 다음 날 靖嬪房에 劃給하는 문제로 '元定二百結之數'라든가, 그 해 5월 27일 '元結二百結 前已劃屬'이라 하였다. 英祖 2년 11월 18일에도 新宮 淑儀房에 대해서 '元結田畓二百結'을 本房으로부터 망정한 후에 지급토록 하였다.
102) 『英祖實錄』 卷55, 英祖 18.4.20, 43-56쪽.
103) 『備邊司謄錄』, 純祖 23.7.1. 『承政院日記』, 顯宗 4.11.27, 元本 181冊/脫草本 10冊(7/10).
104) 戶曹啓言 淑善翁主房 當爲八百結 而無土二百結 則以元結劃送 有土六百結 則皆自該宮買土後免稅 或以量外加耕折受 今以無土一齊劃送 乃是法式之外 有難創行 敎曰 守經之言 非不是矣(『純祖實錄』 卷6, 純祖 4.2.24, 47-477쪽).
　　『承政院日記』, 純祖 4.2.24, 元本 1877冊/脫草本 99冊(19/31). 『承政院日記』, 純祖 24.1.6, 元本 2174冊/脫草本 111冊(17/24쪽).

3) 유토의 무토로의 전환과 제2종 유토에 대한 再檢討

『結戶貨法稅則㤼』(古 5127-10, 1895. 이하 『稅則㤼』. 『財政通計』,
度支部, 國立中央圖書館 6807-2, 1907)에서만 확인되는 제2종 유토의
사례, 혹은 유토의 무토화의 사례로 보는 寶城과 순천의 용동궁 전답 자
료를 검토해 보고자 한다.

이영훈과 박준성은 전라도 보성의 용동궁 장토 50결이 1849년 『龍洞
宮捧上井間冊』(奎 19575, 이하 『井間冊』이라 稱)에는 유토면세지이었
으나, '1865년 全州移送'의 기록을 근거로 유토에서 무토로 전환되었다
고 하여 전형적인 제2종 유토라고 파악하였다. 그리하여 보성 유토 50결
이 전주 50결의 무토로 전환하였다고 판단하였다.

그런데 1692년의 양안을 통해 보성의 용동궁 장토는 전답 263결 48
부 1속 內에 起田 34결 80부 8속과 起畓 6결 61부 3속(合 實 41결 42부
1속, 表에 기재 등의 편의상 負를 단위로 하여 '4,142.1'식으로 표기. 이
하 같음)이고 陳田畓은 222결 9부이다.[105] 하지만 1787년의 『도안』에
는 용동궁의 보성 유토면세 田과 畓이 각각 25결 통합 50결이 등재되어
있는 것과의 명확한 연관 관계를 찾을 수 없다. 그런데 같은 기록이 『井
間冊』 제3책(1849~1855)에 있다. 그런가하면 1856~1867년의 같은 책
제4·5책(1859~1868년)에는 1864년 보성 유토면세 세미 28석 3두 5승
이라 등재되어 있다. 전주와 무장의 원결 50결에서 같은 양의 세미를 징
수한 기록으로 원결과 유토면세의 세미가 동일한 지는 판단하기 어렵다.

또한 『度支田賦考』(이하 『田賦考』)에는 1825·1855년에 용동궁의
보성 무토면세지 50결이 각각 실려 있다. 『龍洞宮捧上冊』(奎 19042,
1~23. 이하 『봉상책』이라 稱) 제6책(1825), 제8책(1828) 등에도 원결 즉
무토 50결이 기록된 것이다. 이는 『도안』상의 용동궁의 보성 소재 밭과

---

105) 「寶城郡龍洞宮折受參面量付無主田畓打量成冊」(奎 18303).

논 각각 25결이 '유토면세'란 기록과는 相馳된다. 양안에 무주인 전답을
절수하여 타량한 1692년 양안의 전답이 1787년 『도안』 상에 유토면세
질 조에 기재된 것으로 판단하는 기존의 연구는 1825·1855년의 『전부
고』와 1825·1828년의 『봉상책』 상의 '무토 50결'이 이미 유토에서 무
토로 전환한 사례를 간과하고, 1865년의 기록으로 '유토의 무토화' 사례
로 든 셈이다.

순천 소재 용동궁의 면세지도 자료에 따라 유토면세지, 무토면세지로
각각 다르게 기록되어 있다. 1786년 순천의 依山 六面 양안에 367결 19
부 2속이 용동궁의 면세지[106]로, 『도안』에는 367결 19부 5속이 유토면
세지로 실려 있다. 이 가운데 9결 98부는 왕패에 의한 사여라고 밝혀져
있어 유토임이 분명하다. 1678년의 「全羅道順天府龍洞宮舊設屯處改
打量成冊」(奎 18306)에서는 이를 '內需司移屬田畓'이라 표기하고 있
다. 궁방전의 토지를 총괄한 『탁지지』(1788)의 '諸宮房免稅總結數'에
의하면 용동궁 유토·무토면세지는 2,366결 88부인 반면, 『도안』에는 유
토 970결 52부 2속과 무토 1,380결 35부 2속 도합 2,360결 87부 4속이
다. 1807년 『만기요람』의 '八道四都免稅田畓結數'에는 용동궁의 유토
623결 15부 6속, 무토 1,797결 9부 6속 도합 2,420결 25부 2속이라고
기재되어 있다. 유토면세지 가운데 湖南은 133결 36부 2속이고 嶺南은
323결 2부 6속이다. 이 자료를 통하여 앞에서 언급한 『도안』의 기록인
순천의 유토면세지 367결 19부 2속이 변동된 것이라고 유추할 수밖에
없다. 『전부고』(奎 5740)의 1825년 조에는 순천의 용동궁 유토면세지를
576結零, 무토면세지 1,797結零으로 기록되어 있다. 1855년 조에는 유
토, 무토 모두 증가한 비슷한 통계로 유토 634結零, 무토 1,846結零이
다. 또한 「용동궁면세안」(奎 20687. 이하 「면세안」)과 '裁省別單'에는

---

106) 「全羅道順天府所在依山六面龍洞宮火粟加耕打量陣雜頃時起區別成冊」(奎 18305,
1786).

모두 용동궁 유토면세지로 631결 76부 7속과 무토면세지 1,854결 9부 6속의 같은 통계가 보인다. 하지만 「면세안」에는 순천의 용동궁 유토면세지는 10결 43부 1속이고, 무토면세지가 366결 74부 4속이다. 또한 『稅則烈』에는 유토 581결 76부 7속과 무토 1,854결 9부 6속의 합은 위 두 자료와 같은 2,435결 86부 3속으로, 유토와 무토면세지 결수는 수시로 변동되었다. 오히려 유토가 줄어들어 순천의 화속가경전이 무토였을 가능성이 더욱 높아질 뿐이다.

1786년 순천 용동궁 양안의 화속가경전이 다음 해의 『도안』에는 유토로 기재되었으나, 같은 양안에 기록된 和寧翁主의 화속가경전 71결 79부 9속은 무토면세지로 등재된 이유를 명확히 판단하기 어렵다. 오히려 화속가경전이 대부분 무토로 절수되는 사례가 많은 점에서 순천의 화속가경전은 유토면세전이라기보다 무토면세전일 가능성이 더욱 높아진다.

그런데 기존의 연구에 따르면 무토 가운데 그 면적이 '결-부-속' 단위로까지 표시되어 있는 경우를 찾을 수 있고, '결-부-속' 단위의 무토가 다수 존재함은 이들 무토가 원래 양안무주지=기경지=제2종 유토임을 의미한다는 것이다. 『도안』에서 무토면세 총 21,603결 56부 9속 가운데 '결-부-속'의 형태로 된 무토면세는 3,541결 86부 9속에 이른다. 대부분은 원래 제2종 유토이다가 무토화한 것으로, 이런 무토면세지는 대부분 절수지에서 전화된 형태로 보고 있다.[107] 하지만 1725년 이후 창설된 옹주방, 군주방 그리고 군방에 절수된 무토면세지를 살펴보면, 결수의 표기가 대부분 '결-부-속'으로 되어 있다. 따라서 이를 예외적인 현상으로 판단하기 어렵다. 더욱이 永屬宮房에서 무토의 輪定 또는 移定이 그렇게 빈번하게 행해지지 않은 사실도 검토되어야 한다.

궁방이 절수한 '무주지'를 개간한 이후 법률적 소유와 실질적 소유로 구분하여 접근하는 것도 보다 구체적 자료에 의해서 추정해야만 설득력

---

107) 박준성, 앞의 논문 268쪽 ; 李榮薰, 앞의 책 186쪽.

이 있다. 과연 궁방이 절수한 전토를 일구어 경작하였을 때 그런 관계가
성립될 수 있는가도 재검토될 소지가 있다. 더욱이 이는 '제2종 유토'의
개념과는 배치되는 논리라고 본다. 분명히 제2종 유토는 민유지인데, 법
적인 권한은 궁방에 있고 실질적인 소유권의 행사를 할 수 있는 전답은
그 개념과는 부합되지 않는다.

　'제2종 유토'의 개념이 적어도 17세기 이후 통시대적으로 사용된 용
어가 아닌 듯하다.[108] 그런 궁방전의 양안을 확인하기 어렵다. "유토면
세와 영작궁둔이 민결면세와는 '非而同之' 될 수 없는 궁방의 사적 소
유지임을 분명히 하고 있다"와 『균역청절목』이 강조하듯이 유토면세,
곧 제2종 유토는 私田과 다를 바 없고 결코 민유지와 '非而同之' 될 수
없는 것임을 분명히 해둘 필요가 있다"[109]라는 기술은 같은 내용으로
파악하기 쉽지만 다른 면이 있다. 이는 『경세유표』와 『균역청사목』 상
의 유토면세[110]를 '제2종 유토'로 해석한 것으로 생각된다. 또한 옹주
등 궁방에 한정된 800결의 유토면세에는 원결과 매득한 토지와 절수한
토지 등이 포함되는데,[111] 매득 토지와 절수지를 유토면세의 두 종류로
해석하여 절수한 토지를 제2종 유토로 해석한 것으로 이해된다. 그런데

---

108) 朴魯昱, 앞의 논문, 2010, 89~102쪽 참조.

109) 李榮薰, 앞의 책, 134·139쪽.

110) 臣竊觀 宮房免稅之田 總有三樣 或以原帳之田 賜以幾結 卽有土免稅 或以原田之
　　 稅 賜以幾結 卽無土免稅 或開荒築堰 永作宮田 卽所謂宮屯(丁若鏞, 『經世遺表』
　　 卷8, 地官修制, 田制 12 井田議 4).
　　 各衙門各宮房之有土免稅及永作宮屯 雖曰免稅 而自是該衙門該宮房之田土 則其
　　 隨地饒瘠 定稅收捧 與私田無異 此不可比而同之於民結免稅是白乎矣 …(『均役廳
　　 事目』, 古 4256-23, 1752).

111) 傳曰 … 新宮家則 自先朝後宮房 非祭祀宮家 則皆新宮矣 固無定數免稅者 多者或千餘結
　　 今後許給免稅 毋過八百結 其餘應稅者 以補經費 至於祭祀宮家 … 今則依彰義宮
　　 例許免稅 世子私親祭位田 定以三百結 而此則指嬪宮百世後也 今則從新宮免稅 右
　　 免稅者 非特民結也 買得者折受者 皆在此中 令各其宮望呈定式 而此後免稅之中
　　 或出稅者 出稅之中 或還爲免稅 並從手本擧行 …(『備邊司謄錄』, 英祖 5.2.1).

유토면세지 600결은 본방이 마련한 후 내수사에 망정하여 면세를 재가
하였는데, 전세 4斗만을 면제하였다. 그러나 무토면세의 경우 전세와 대
동세를 합하여 1결에 23두를 궁방에서 징수하였다. 순조 2년 호조판서
이서구는 최근에 옹주·군주방의 전결이 한정된 수를 넘는 것은 격식 밖
의 特恩 혹은 別賜與에 의하거나, 혹은 유토를 뒤섞어 무토로서 만드는
데 있다[112]고 주장하였다. 궁방이 스스로 마련하지 못하여 민결로 미리
지급하는 것으로, 유토면세 600결을 대치한 것이라 할 수 있다. 이런 토
지가 제2종 유토로 판단된다.

궁방전 연구자들은 무토면세 결 중『도안』상에 整數가 아닌 기록으로
남아 있는 3,541결 87부[3,541결 86부 9속][113]는 '대부분 절수 면세지에
서 전화된 형태였다'든가, '이들 무토가 원래 양안무주지=기경지=제2종
유토였음을 의미 한다'라고 밝혀 '유토의 무토화'의 증거로 삼았다.

그런데『도안』과『전부고』상에서, 영속궁인 어의궁과 용동궁의 무
토면세지에 '부·속' 단위가 기재된 사례는 각각 13·17건에 불과하다. 또
한 용동궁에 무토면세로 배정된 통진의 무토 63결 71부 8속은 1787·
1825·1855년 條에는 같은 결수였으나, 1875년 조에는 5결에 불과하였
고, 1885년 조에는 15결 30부 2속이었다. 1885년 조의 결은 63결 71부
8속과는 무관한 새로운 결의 획급이다.[114]

그런데다가 和順翁主房 등 39개 궁방에는 무토면세지로서 '부·속' 단
위가 있는 것으로 배정된 것이 267건이다. '유토의 무토화' 또는 '무토

---

112)『純祖實錄』卷4, 純祖 2.12.15, 47-445쪽.

113)『도안』상의 결수를 합한 것이 3,541결 86부 9속이 바르다는 것이다. 기록 상
오기나 연구자의 잘못 집계 등의 다른 표기도 이와 같으나, 이 [ ]를 생략하고
바른 통계만을 기재한다.

114)『井間册』제4책(1856~1867)에 통진의 무토면세 63결 71부 8속은 병진년 란에
'南陽移定 辛亥九月 日 寶城移定'(三橫書)은 병진(1856)년 남양으로 이정되었다
고 판단되고, 신해(1851)년 9월에 보성으로부터 이정된 기록이라고 짐작된다.

의 분화' 시기가 연구자마다 견해가 다르지만,『도안』의 비영속궁을 통해, 이를 살펴보고자 한다. '부-속' 단위의 무토면세 기록이 남아 있는 和順(1725~58)·和平(1728~48)·和協(1731~52)·和柔(1741~77)·和寧(1752~1821)·和吉(1754~72)翁主房, 貴人房, 淸衍(1754~1821)·淸瑞郡主(1756~1802)房, 恩信君(1755~71), 義烈宮房 등이 그 대상이다.

영조의 庶長女인 화순옹주는 출생한 그 해 2월에 封爵되어 무토면세 결을 절수 받았다.115)『도안』상의 옹주의 무토면세 1,025결 76부 1속 가운데 진산 48결 66부 1속과 비안 57결 10부가 '부-속' 단위이다. 그 후 진산은 변동 없이『전부고』에 1825년 이전까지 등재되어 있을 뿐이나, 1787년의 비안 57결 10부는 1825년 이전 어느 해에 현풍으로 移定되었다. 이 기록으로는 정수가 아닌 것만 확인될 뿐이다. 화평옹주방의 1815년의 청주 64결 58부 4속은 분명 1787년의 기록에는 없는 새로운 배정이었고, 1825년에 40결로 다시 배정하여 결수가 조정되었다.

그런데 화협옹주방의 태인 189결 49부 2속이『전부고』상의 1825·1855년 조에 각각 39결 49부 2속과 169결 49부 2속(왕패)으로 변동되었다. 같은 지역에 배정된 결이 '부-속' 단위를 그대로 유지하면서도 150결이 감축되거나 다시 130결이 증액되기도 하였다.『도안』상의 황주 40결 92부 7속은 그 후 40결로 조정되어 적어도 67년 이상 한 지역에 무토면세 결이 배정되었다. 신천에는 87결이 배정되었으나, 1787~1825년 사이 어느 해에 87결 89부 9속으로 조정되었다. 화령옹주방의 영광 무토면세 50결은 1825년 이전까지 153결 2부 2속으로 변동되었고, 그 후 103결 2부 2속으로 재조정되었으며, 그 결이 조금도 변동 없이 1855년에는 전주로 이정된 것도 주목해야 할 것이다.

호조의 배정 결수의 조정은 10·50·100결 단위에서만 있지 않고, '부-속' 단위에서도 있었다. 화길옹주방에 절수된 곡성의 34결 40부는 37년

---

115)『承政院日記』, 英祖 元年.3.3, 元本 588册/脫草本 32册(43/77).

이상 그대로 유지되다가 1825년에는 34결 30부 6속으로 배정되고, 이 결부는 1855년 강진으로 이정된 것임을 『전부고』에서 보여준다. 1885년 청선군주방의 양근 3결 99부와 파주 60결 1부, 은신군방의 장단과 파수는 각각 무토면세 14결 28부 7속과 5결 71부 3속이다. 이는 무토면세의 배정에 '부-속' 단위까지 배려한 것이다. 慶善君房과 方淑儀房에서도 그런 예가 있다. 親盡이 다된 경선군방에는 1825·1855년에 통진 유토 1결과 무토면세 고양 3결 67부 4속, 신천 33결 32부 6속, 횡성 12결, 모두 50결이었다. 고양과 신천의 결수는 정수가 아니지만 그 합은 정수가 된다. 1875·1885년에도 같은 배려 위에 무토면세 결이 배정되었다. 1885년 방숙의방의 무토면세 결에서 김포와 양성이 각각 25결 66부와 24결 34부도 그런 사례이다.

또한 慶壽宮房은 『도안』상에 整數의 무토면세 900결이 실려 있다. 1855년 『전부고』상에는 경수궁방에 무토면세 183結零과 유토면세 16결영으로 모두 200결이 획급되었음을 보여준다. 그러나 1826년 화빈 윤씨의 3년상을 계기로 免稅都數 유토 16결 55부 9속과 무토 900결에서 무토 716결 55부 9속을 그해부터 출세하여 호조에서 조세를 받게 하고, 경수궁방에는 무토·유토면세 200결(무토 18,314.1, 유토 1,655.9)로 減定되었다.[116] 이 과정에서 안산의 무토 33결 44부 1속, 재령, 신천의 유토 8결 90부 2속과 7결 65결 7속의 재배정이 이루어졌다. 이천에 배정되었던 光海君房의 무토면세 11결 50부 1속이 60년이 지난 후 70결 40부 7속으로 변동되었으나, 포천의 4결 10부는 50년 후 교하로 移定되었다.

그런가하면 延齡君房의 안동 무토면세 108결 30부 5속은 1825년의 배정에서 빠졌으나, 1855년 혹은 그 이전 어느 시기에 창녕에 그대로 재배정되었다. 숙선옹주방의 경기도 利川 무토면세 165결 32부 5속은 10

---

116) 『承政院日記』, 純祖 26.7.5, 元本 2205/脫草本 112册(17/17). 『純祖實錄』卷28, 純祖 26.7.5, 48-265쪽.

여 년 후에 청주에 170결로 증가하여 移定되었지만, '32부 5속'은 그대로 유지되었다.

그런데『도안』과『전부고』상의 서로 다른 기록에서는 물론『전부고』상의 같은 지역의 같은 수치로 다른 시기의 무토면세나 유토면세와 상치된 것을 바르게 판단하는 것은 매우 어렵다. 明溫公主房의 가산 유토면세 18결 68부 9속이 1855·1875년 조의 기록에는 그 도수가 18결영이다. 그렇지만 1885년 조에는 같은 지역의 무토면세 17결 68부 9속으로 기재되어 있다. 1결의 차이가 있는 두 통계 기록을 각각 다른 전답으로 쉽게 판단할 수도 있으나, 바로 도수에 유토 17결영이 있는 것으로 보아 '무토 17결 68부 9속'에서 무토는 유토의 오기로 추정된다.

이제 각 궁방의 전체 면세전답 도수의 변동을『조선왕조실록』,『비변사등록』,『승정원일기』,『전부고』,「도안」등을 통해 상호 비교·검토함은 물론 그 통계를 정확히 파악하고자 한다.

정조 3(1779)년 左副承旨 徐有防이 舊宮이 된 화순·화협옹주방의 면세결 都數가 각각 1,493결 22부 1속(원결 127,305.6, 유토 21,016.5)과 1,733결 84부 8속(원결 166,499.3, 유토 6,885.5)임에 대하여, 법전에 의한 祭位條 200결 이외는 出稅를 호조의 啓로써 아뢰었으나, 영조는 下敎를 기다려 거행토록 하였다.[117] 두 궁의 원결 절수는 '기유정식'이나 전례로 볼 때 2배 이상이다. 순조 이전까지는 대체로 옹주 등의 면세 800결에는 무토 200결과 본방이 스스로 마련한 유토 600결이 포함되었다. 이렇게 보면 두 궁방은 원결 즉 무토면세에서 각각 1,073결 5부 6속과 1,464결 99부가 초과된 것이다. 이는 별사 문적이나 왕패에 의한 특별 사여에 의한 것으로 추정된다. 면세전답의 혁파는 지연되다가 순조 23년(1823) 10월에 비로소 실현되었다.[118] 이보다 앞선 9월에는 좌승지

---

117) (左副承旨)徐有邦 以戶曹言啓曰 取考法典 則翁主房新宮時 免稅八百結(『承政院日記』, 正祖 3.1.6, 元本 1433册/脫草本 79册(24/30)).

徐春輔가 호조의 계로써 전교와 면세책자 가운데 踏·啓字 이하에 있는
것은 지금부터 무토는 환수하고 유토는 출세해야 된다고 아뢰었다. 이에
순조가 '知道'라고 하였으나, 그 실행은 절반에 그쳤다. 익안대군방과
경순군주방은 1825년『전부고』상에서 51결영이 묶어서 삭제된 것이
확인된다. 특히 인평대군방은 1825·1855년에 무토 187결영, 유토 421결
영이 면세되었으나, 1875·1885년까지 50결의 유토면세 전답만이 있었
다. 한편 화순·화평·화유·화령·화길옹주방은 各家의 별사 혹은 왕패 문
적을 모아서 備考한 후 전교에 의해서 실행하기로 하여,[119] 그 해 10월
에 각 궁방의 면세전결 가운데 代數가 다된 것[代盡]은 법전에 의해 출
세토록 하였다. 정조 3년의 화순·화협옹주방의 結數 각각 1,493결 22부
1속, 1733결 84부 8속은『도안』에는 각각 1,194결 53부 2속, 1624결 40
부 5속으로 감소되었다. 각궁이 각각 약 300결과 약 110결이 감소되었
고, 무토면세 전결로써 파악한다면 화순옹주방은 247결 29부 5속이 감
축된 데에 비해 화협옹주방은 122결 59부 9속이 감소되었다. 무토면세
지의 감소를 어떻게 해석해야 되는지는 앞으로의 연구과제로 남겨둘 수
밖에 없다 궁방이 가지고 있는 과두한 무토면세의 전결을 혁파할 가능
성도 있지만 위에서 검토한 바와 같이 그럴 가능성이 있기는 어렵다.

　오히려 '재성별단'에서와 같이 궁방 간의 무토면세 전답의 매매가 이
뤄진 경우로 볼 수 있다. 1805년 숙선옹주방이 화평옹주방으로부터 유
토면세전인 충청도 汚川 지역의 21결 74부 8속(『도안』 2,258.5)과 홍양
(홍주) 3결 5부 9속을 사서 면세를 받고자 하였으나, 호조 판서 金達淳
은 '私商賣買'는 면세가 허용될 수 없으므로 '準價買取'는 하되 '면세'
는 숙선옹주방이 화평옹주방에서 취래하도록 하여 이 '準價買取'의 사
실만 인정하였을 뿐이다.[120] 1829년에는 매득전답을 숙선옹주방에 別

118)『純祖實錄』卷26, 純祖 23.10.14, 48-235쪽.
119)『承政院日記』, 純祖 23.9.1, 元本 2170册/脫草本 111册(24/30).

賜與하여, '특례'로 면세를 거행토록 하였다.[121] 이런 과정을 거쳐 1855
년『전부고』상에 오천의 21결 74부 8속과 홍양 3결 5부 9속의 전답이
숙선옹주방의 有土免稅秩 條에 등재된 것이다. 궁방 간의 매매 후 사여
가 따른 것은, 이것이 궁방 절수의 定限에 들어가지 않기 때문이다. 또
한 '재성별단'에서 화평옹주방이 장단 중서면에 있는 31결 24부 4속을
덕온공주방에 이미 팔아 사여하였음[已賣賜與]으로 '出稅'를 '姑勿擧
論'한 사례도 이와 같다. 그러나 1855년『전부고』상의 덕온공주방에는
무토면세 800결만이 절수된 것으로, 전답이 매도되기 전인 것으로 짐작
된다.

1823년 10월의『순조실록』의 정안옹주 등의 유·무토면세 전답 出稅
기록은『승정원일기』의 내용과 동일하다. 하지만 1823년 9월에 영성군
방의 41결 57부 7속에서 실제 유토 2결 64부 7속(2結零)을 제외하고 출
세한 것으로 판단되는, 이 유토면세지는 같은 해 10월에 '출세 38結零'
이라 등재되어 있다. 하지만 이는 1825년『전부고』상에 유토면세 전답
으로 남아 있다. 또한 숙선군방의 9월의 193결 20부 8속이 10월의 기록
에서 150결영으로 기록된 것은 193결영의 오기로 판단된다.[122] 아울러
익안대군 등 대군과 공주 및 군주의 면세 전답의 代盡에 따른 출세는
시행되지 않았다.

『전부고』를 검토하면 1825년 화순옹주 등의 면세전답이 대폭 감축되
었다. 이는 1823년 10월 별사 문적 또는 왕패에 의한 전답과 제위 조
200결을 제외하고 출세하게 한 결과이다. 화순옹주방은 왕패에 의해서

---

120)『承政院日記』, 純祖 5.8.28, 元本 1898冊/脫草本 100冊(23/23).
121)『承政院日記』, 純祖 29.5.11, 元本 2241冊/脫草本 113冊(11/12).
122) 숙선군의 순천의 무토면세지 100결이 제위전이었고 김제전답 100결도 인조 때
　　특별 사여하였기 때문에 면세전을 釐正할 때에 定限에 포함되지 아니 하였다(『英
　　祖實錄』卷22, 英祖 5.6.29, 42~136쪽). 또한 1825년『전부고』상에 순천 무토
　　100결, 김제 유토 93결 20부 8속이 삭제되었다.

543결영과 제위조 200결 모두 743결영이 면세되고 471결영이 출세되었다. 화령·화길옹주방의 면세결은 왕패에 의한 면세와 제위 조 200결을 더해서 각각 619결영과 502결영이었다. 이는 『도안』, 『전부고』, 『순조실록』의 기록과 정확히 일치한다.

한편 1823년 각 궁방의 전결을 釐正하면서 4궁과 祭享이 있는 各宮은 거론하지 않고, 1825년의 『전부고』에서 非永續宮의 면세결이 삭제된 것은 이정의 결과를 반영한 것이다. 그런데 『대전통편』에 의하면, 4대에 한해서 후궁은 200결, 대군·공주궁방은 250결, 군·옹주는 200결의 면세전답이 제위 조로 주어졌다. 하지만 무토면세인 200결이 궁방 간에 매도되는 경우도 확인된다. 즉, '재성별단'에서 순조 18년 12월의 전교로 유토면세전과 무토면세전을 아울러 200결로 기준하여 다시 면세하게 하였다. 이는 1818년 12월 趙貴人房 革罷 결수 중 유토 82결 79부 3속과 무토 117결 2부 7속을 합하여 200결을 '還免稅出給'한 데서도 알 수 있다.[123] 이보다 1년 전에 조귀인방 원결은 호조에 환속시키고 祠版은 이미 화유옹주(조귀인 소생)방에서 봉안하고, 또한 외손으로 하여금 봉사토록 하고 매득한 田畓은 奉祀孫家에 移屬토록 하였다. 호조의 면세안에 등재된 결은 806결 7부 7속인데, 이는 『전부고』 상의 귀인방 結과 정확히 일치한다. 이 결은 당년부터 출세토록 하였다.[124] 이는 궁방의 면세전답 결이 혁파되었다가 다시 면세되는 사례이다.

또한 조귀인(영조 후궁)방이 무토면세 200결 중 150결을 용동궁에 판 것을 '재성별단'에서 볼 수 있다. 『도안』의 귀인방은 『전부고』의 조귀인방과 일치한다. 1855년의 귀인방 무토 200결이 1875년 조귀인방의 무토면세 50결로 된 이유도 여기에 있다. 또한 화평옹주방에서는 유토면세

---

123) 『承政院日記』, 純祖 18.12.20, 元本 2107册/脫草本 109册(16/20).
124) 『承政院日記』, 純祖 17.11.13, 元本 2089册/脫草本 108册(24/27). 『純祖實錄』 卷 20, 純祖 17.10.27, 48-123쪽.

전답 332결 18부 3속 가운데 장단 중서면의 전답 31결 24부 4속을 덕온공주에 판 후 사여되었고, 谷山 등의 전답을 어의궁에, 成川 대곡방의 전답은 명례궁에 이미 매도하였기 때문에 그 나머지에 대해서는 세금을 내도록 조치되었다. 무토면세 전답 420결 가운데 130결을 용동궁에, 50결은 명례궁에 이미 팔았기 때문에 논하지 말고, 제위 조 200결은 4대에 한한다고 하였다. 거기에 552결 18부 3속이 늘어났는데, 이는 대를 이어 전할 수 있는 文蹟도 있었기 때문이다. 이 결은 중서면의 전답 31결 24부 3속만을 제한 것으로 추정되지만 정확하지 않다. 하지만 제위 조의 200결은 말할 것도 없고 유토면세전은 장단 19결영을 제외하고 모두 있지 않은 것으로 보아 420결에서 위에 판 것을 제한 240결의 무토면세전도 모두 팔아버린 것으로 추정된다.

또한 경숙군주방은 1860년에는 代盡되었으나, 200결 7속 가운데 166결 64부 1속은 대를 이어 전할 수 있는 문적이 있었다. 유토면세전 1결 2부 82속은 출세토록 하였으나, 무토면세전 198결 72부 5속은 이미 용동궁에 매도하였으므로 그 이상 논하지 않도록 하였다. 제위 조의 무토면세전을 대진하기 전에 이미 문적이 없는 33결 36부 6속을 포함하여 매도한 것으로 보인다. 화협옹주방은 1855년 『전부고』에 기재된 무토면세 밭 962결영(96249.2) 가운데 利川 무토 5결을 1860년 이전에 내수사에 팔았으므로 이를 논하지 않기로 하였다. 더욱이 화유옹주방은 제위 조로 무토면세전이 1855년에 200결이던 것이 그 후 50결을 용동궁에 팔아서 무토면세전이 1875년 『전부고』에는 150결인 것이다.

그런가하면 『도안』상 화길옹주방의 무토면세전 1,075결 10[40]부 4속이 1825년의 『전부고』상에서는 지워져 있고, 그 위에 484결 30부 6속이 덧씌워져 있다. 그 이유를 정확히 판단할 길이 없다. 이는 무토면세전을 다른 궁방에 매도한 데 따른 것으로 이해된다. 27결 63부 4속의 유토면세전도 1825에는 18결영(18결 36부 8속)으로 감소된 것으로 보아

무토면세지도 매도한 것으로 추정된다. 숙선옹주방의 무토면세지의 변
동에서도 무토면세전의 매도를 볼 수 있다. 1825년『전부고』에서 숙선
옹주방은 원결 200결과 유토 조의 무토 600결을 더해서 800결이 절수되
었디. 그 후 1855년에는 유토면세지 233결 62부 3속이 늘어났다. '재성
별단'에서는 해궁의 1,033결 62부 3속에 대하여 '姑勿論'이라 籤紙를
부쳐 면세를 유지시켰으나, 1875년에는 무토면세지 124결 34부 9속이
줄어든 670결 65부 1속이 남아 있다. 이는 무토면세지를 매도한 결과로
짐작된다. 1885년에는 유토면세지 209결 14부 2속이 줄어든 반면에 무
토가 209결 14부 2속이 늘어났다. 1875년 숙선옹주방의 전답이 언뜻 보
면 유토가 무토로 전환한 것으로 이해할 수 있으나, 이는 그렇지 않은
것 같다.

해궁의 면세결은 경기도 325결영, 충청도 189결영, 전라도 379결영씩
배정되었다. 1885년에는 전라도 장흥의 무토면세지 209결 14부 2속을
제외하고는 모두 충청도에 배정되었을 뿐만 아니라 청주의 335결 32부
5속처럼 대부분 몇 지역에 집중되어 있다. 1875년 장흥의 유토면세지
208결 81부 6속이 1885년 무토면세지 209결 14부 2속으로 전환되었다
고 추단하기는 어렵다. 자료상으로는 유토를 팔아서 다른 궁방의 무토면
세지를 산 것이라 할 수 있다.

순천과 보성의 용동궁 면세전답에 관한 기록을 다시 검토해 보고자 한
다. 현전 자료에서 용동궁의 총 결부와 유·무토면세지 결부를 〈표 1〉로
정리하였다.

〈表 1〉資料上의 龍洞宮의 有土免稅와 無土免稅 總結負 比較

(單位; 負束)

資料	年代	總結	有土免稅結	無土免稅結	備考
都案	1787	235,087.4	97,052.2	138,035.2	順天有土☆
度支志	1788	236,688			
萬機要覽	1807	242,025.2	62,315.6	179,709.6	湖南有土☆
田賦考	1825	244,368.2	57,676.7	179,709.6	帳外☆
	1855	265,568.2	63,176.7	195,409.6	上同
	1875	250,209.6	94,974.4	156,235.2☆	
	1885	269,509.6	94,974.4	173,500.7☆	
裁省別單	1860	248,586.3	63,176.7	185,409.6	
謄錄☆	1860	248,586.3	63,176.7	185,409.6	
免稅案		248,586.3	63,176.7	185,409.6	
稅則烈	1895	248,586.3	58,176.7	190,409.6	
各宮房☆	1892☆		58,176.7	190,409.6	
順天量案☆	1867	37,717.5☆			免稅田畓
		5,000☆			免稅起畓
	1868	37,840.8☆			免稅田畓
		5,000☆			屯起畓

☆ 『도안』에 順天有土 377결 17부 5속이 실려 있다.

☆ 『만기요람』에 湖南有土 133결 36부 2속이 실려 있다.

☆ 장외 69결 91부 9속이 실려 있다.

☆ 1875년의 『전부고』의 무토는 1,558결영이고 趙映俊의 통계도 1,558결(趙映俊, 「18세기後半~20세기初 宮房田의 規模, 分布 및 變動」, 『朝鮮時代史學報』 44, 2008, 223쪽)이나, 실제 계산한 것은 1,562결 35부 2속이 올바른 통계로 '1,562결영'이 된다.

☆ 1885년의 『전부고』의 무토는 1,740결영이나, 1,735결영(趙映俊, 위의 책, 223쪽)이 옳다. 무토의 통계는 1,735결 35부 2속이다.

☆ 『용동궁등록』의 '各宮房免稅秩 龍洞宮所管處㘱謄出 他宮則勿書'에는 용동궁 2,485결 86부 3속 內 유토 631결 76부 7속, 무토 1,854결 9부 6이 기재되어 있고, 內에 '追記'(考見戶曹田案則 與此相符 而本宮稅總則相左 報內司副件及戶曹考準成冊校 見則可知而內司成冊亦未的 實考見元摠錄 則可知悉其詳)가 되어 있다(高東廷 外 3人, 규장각학술총서 『龍洞宮謄錄 脫草本』, 소명출판, 2015, 131쪽).

☆ 유토면세 결 631결 76부 7속은 집계가 잘못되어 있어 581결 76부 7속이 옳고, 무토면세 결 또한 1,854결 9부 6속이 아니라 1904결 9부 6속이 옳다.

☆ '각궁방절수무토면세결총수'(이하 『무토면세결총수』라 稱)이 작성된 것은 의화군이 면세절수한 1892년 이후 흥선대원군이 사망한 1898년 이후까지 추정할 수 있을 것 같다. 1892년 이후에 '新設'된 雲峴宮에 획급된 1,000결의 기록은 여기서만 확인된다.

☆ 『무토면세총결수』에서 용동궁의 무토면세 결이 1,904결 9부 6속이므로 『세칙열』을 준거하여 유토면세 결과 총 결부를 원용한 결이다.

☆ 순천 양안(奎 16413)의 舊槪狀(1867)에 용동궁면세 起畓이 각각 50결씩 실려 있고, 己上의 '각양면세' 항에는 용동궁 전답 377결 17부 5속(免稅起畓 29,003.6, 免稅起畓 8,713.9)과 별도로 각각 용동궁 면세기답 50결씩 실려 있다. 新槪狀(1868)에는 둔전 291결 47부 2속 內 舊陳 11복 2속, 今陳 2복, 起畓 291결 34복이며, 둔답 86결 93복 6속 內 今陳 1결 43부 7속, 起畓 85결 4복 9속이다. 따라서 둔전답은 378결 40부 8속이며, 그 起畓畓은 376결 83복 9속이 된다. '각양면세' 항에도 이 결부가 실려 있다.

☆ 新槪狀(1868)에 용동궁면세 起畓이 각각 50결씩 기재되어 있고, 己上의 '각양면세' 항에는 용동궁전답 376결 83복 9속과 별도로 각각 용동궁 屯起畓 50결이 따로 기재되어 있다.

한편 1786년의 順天府 소재 依山 六面의 용동궁 양안은 西面, 黃田面, 月燈面, 雙巖面, 住巖面, 松光面 등 6개면에 소재한 전답을 타량하여 118결 12부 2속(舊陳 5,812.2, 今陳 597, 時起 5,403. 單位; 負)을 실은 깃이다. 양안의 書頭에 화속가경전 557결 11부 3속 '內'에 367결 19부 2속은 '용동궁면세'로, 71결 79부 9속은 '和寧翁主房免稅'로 기록되어 있다. 1년 후 작성된『도안』에는 같은 화속가경전인데 용동궁면세인 367결 19부 2속은 모두 實起로 유토면세질 조에, 화령옹주방면세인 71결 79부 9속은 무토면세질 조에 등재되었는데, 이는 특이하다. 118결 12부 2속은 1868년의 양안에서는 확인되지 않으나, 이보다 앞선 1832년 導掌差帖인 '權載元處'(『慶尙道庄土文績』)에 있다.

『전부고』에는 이 기록이 없으나, 1856~1867년의『정간책』제4책에는 '의산 육면 화속면세 118결 12부 2속 稅錢 130兩'이 등재되어 있다. 같은 책 제5책(1859~68)에는 '火粟實起 80結 稅錢 130兩'으로 바뀌었고, 같은 책 제6책(1859~78), 제7책(1879~88), 제8책(1889~98)에 세전을 같은 액수로 받고 있었다. 그러나『龍洞宮謄錄』(奎 19573 v.1-4, 1857~58. 이하『謄錄』이라 稱)에는 '火粟 55結'에 대한 납부를 독촉한 것이 있다.[125] 하지만『전부고』,『稅則烈』,『무토면세결총수』, 「면세안」과 1868년의 순천부 양안(奎 16413)에도 이는 등재되지 않았다. 화령옹주방에 무토면세로 절수된 화속가경전 71결 79부 9속은『도안』과 아울러 지워진 1815년『전부고』상에서 볼 수 있다. 순천의 무토면세지가 1825년『도안』에서 어떤 이유로 탈락되었는지는 알 수 없다.

이제 순천의 '火粟加耕田結' 367결 19부 2속 면세지에 대하여 검토하고자 한다. 화속가경전의 타량 다음해의『도안』에 내수사 移來 전답

---

[125] 戊午 七月 二十五日 全羅監營營吏處 無他本宮所管 道內順天府依山六面所在火田 本是一百餘結 而從民願以八十結 永爲之定 毋論豐歉 … 昨年未納火粟五十五結及今年條 遵守上納 …(고민정 외 3인, 규장각학술총서『龍洞宮謄錄 脫草本』, 소명출판사, 2014, 80쪽).

인 9결 98부까지 포함하여 용동궁 유토면세질 條에 377결 17부 5속이 기재되어 있다. 그런데 위의 367결 19부 2속과 9결 98부를 집계하면 377결 17부 2속이 된다. 따라서 377결 17부 5속은 기록상의 誤記인지 다른 이유로 3속의 가경지가 늘어났는지 판단하기 어렵다. 이후 용동궁 면세지 기록은 『정간책』에 유토면세 120결과 還屬有土免稅 247결 22부 2속 및 富饒面 전답면세 9결 98부까지 해서 377결 20부 2속이 있는 이외는 일관되게 대부분 377결 17부 5속으로 씌어있다.

또한 1825·1855년의 『전부고』에는 순천 무토면세 366결 74부 4속이 기록되어 있다. 이에 유토면세 10결 43부 1속을 합하면 같은 377결 17부 5속이 등재된 셈이다. 다만 유토면세 결이 무토면세 결로 바뀌어 등재된 것이다. 1875·1885년의 『전부고』에는 유토면세 378결 40부 8속(전의 기록 위에 덧씌운 약간 굵은 글씨)이 등재되어 있다. 이는 순천부의 '戊辰改量 新舊大槩狀成册'(奎16413, 1868)을 반영한 것이다. 즉, 용동궁 둔전답의 진기 결수를 기록한 것으로 둔전 291결 47부 2속 가운데, 舊陳은 11부 2속과 今陳은 2속이고, 起田은 291결 34부인 것이다. 둔답 86결 93부 6속 가운데 금진은 1결 43부 7속이고, 起畓은 85결 49부 9속으로 實起田畓은 376결 83부 9속이다. 둔전답의 총 결부가 378결 40부 8속이다.

무진년 이전 해인 1867년의 舊槩狀 및 '丁卯條收租'에는 '용동궁전답' 377결 17부 5속이 등재되어 있다. '재성별단'에서는 유토면세 631결 76부 7속과 무토면세 1,854결 9부 6속, 총계 2,485결 86부 3속이 용동궁의 유토·무토면세 결수이다. 유토면세 631결 76부 7속은 1855년의 『전부고』의 유토면세 결수와도 일치한다. 아울러 「면세안」의 기록과도 동일하다. 이 「면세안」에는 집계가 잘못되어 있다. 기록 자체는 631결 76부 7속이나 실제 집계하면 581결 76부 7속이 된다. 이 통계에는 순천의 용동궁 면세결 366결 74부 4속이 유토면세질 조가 아닌 무토면세질 조에 포함되었다. 그럼에도 순천의 용동궁면세결은 여전히 유토면세질의 10결 43부 1속과 무토면세 366결 74부 4속과 함께 377결 17부 5속에는 변동이 없다.

그런데 1855·1860년의 용동궁 순천외 유토면세 결 631결 76부 7속에서 50결이 줄어든 581결 76부 7속이 『세칙열』에 실려 있다. 1825년 『전부고』에 전라도 옥과의 유토면세 53결 62부 7속과 무토 50결이던 것이 1855년에는 유토 103결 62부 7속으로 변동되어 있다. 이 유토면세 결은 1875년에는 다시 53결 62부 7속으로 배정된 반면, 1825·1855년의 『전부고』에 무토면세 50결이던 全州는 1875년에는 100결이 배정되었으나, 옥과의 무토면세 50결은 그 기록이 없다. 1885년에도 옥과의 유토면세 결만이 1875년과 동일하였고 전주의 무토는 120결로 증대되었다. 더욱이 이 「면세안」에는 전주의 무토면세 100결과 옥과의 유토면세 53결 62부 7속의 기록이 있는데, 이는 1875년의 『전부고』의 기록과도 일치한다. 다만 옥과의 유토면세 50결이 줄어든 것을 간과하고 과거 통계를 그대로 인용하여 유토면세 결을 631결 76부 7속(實際 集計; [58,176.7])으로 기록한 것으로 추정된다. 하지만 1875·1885년의 『전부고』에는 용동궁의 순천 유토면세 결이 앞에서 기술한 바와 같이 378결 40부 8속이다. 이는 표의 1868년 순천 양안의 수치와도 같다.

1895년의 『세칙열』에는 용동궁 총 결부가 2,485결 86부 3속이며 유토면세 결수는 581결 76부 7속, 무토면세 결수는 1,904결 9부 6속이다. 또한 『無土免稅總結數』[126]에서 용동궁 무토면세결수는 같다. 따라서

126) 『무토면세결총수』에는 義和君이 마지막으로 수록되어 있으며, 다시 '新設'로 상단에 주서하고 雲峴宮이 추록되었다. 의화군이 800결을 절수한 것은 1892년『高宗實錄』卷29, 29.1.17, 2-406쪽)인데, 興宣大院君의 절수 기록은 확인되지 않는다. '흥선 대원군궁'과 '흥선 대원군궁방'의 기록이 각각 1864·1904년의 『고종실록』에서 볼 수 있다. 흥선 대원군이 1898년에 사망하였으므로, 이는 1892년 후 어느 때에 작성되었으나 그 후 운현궁의 1,000결을 추록하여 '新設'이라 頭註한

용동궁의 무토면세 결수는 1,904결 9부 6속으로, 그 가운데 순천의 무토면세 366결 74부 1속이 포함된 것이다.

『만기요람』(1807)에는 용동궁의 총 결부는 2,420결 25부 2속이다. 무토면세는 1,797결 9부 6속이고, 유토면세는 623결 15부 6속이다. 그 가운데 호남지역의 유토면세 결은 133결 36부 2속에 불과하다. 『도안』에 실린 순천의 유토면세 377결 17부 5속이 『만기요람』의 호남 기록에 들어갈 틈새가 없는 점도 중요한 사실이다. 이 『도안』 자체가 일관성이 없이 각 궁방으로부터 수집된 자료를 내수사가 편성한 데도[127] 그 이유가 있겠지만 용동궁이 면세지를 이해하는 시각의 차이에도 있었던 것으로 본다.

1786년 순천의 '火粟加耕 田結數' 557결 11부 2속 가운데 367결 19부 2속이 용동궁 면세결이라고 書頭에 기록된 것이 다음 해의 『도안』에 아무런 수식 없이 實起의 유토면세질 조에 기록된 것도 다소 의아스러운 점이다. 다른 화속전답 71결 79부 9속은 화령옹주방의 무토면세질 조에 실려 있는가 하면, 依山 六面의 118결 12부 2속 가운데 舊·今陳이 64결 9부 2속으로, 이는 전경지의 54% 이상이나 된다. 용동궁이 순천의 면세지 367결 19부 2속에 대해 유토로 파악하여 호조와 견해를 달리 하는 것은 원래 배정 또는 절수는 무토이지만 유토로 冒錄하여 이를 해석한 것으로 추측할 수도 있다. 그렇지 않다면 유토와 무토가 혼용되어 사용된데 그 이유가 있을 수 있다. 유토가 800결을 自備할 수 없는 궁방에 무토로 지급한 사례에서 이를 알 수 있다.

한편 1855년에 납부된 유토면세 200결의 세미 45석과 환속유토면세 247결 22부 2속의 세미 130석이 1849~1898년까지 동일한 액수였다는 것도 이들이 궁방은 유토면세지로 인식하고 있지만 실제는 무토면세지

것은 1898년 이후가 아닌가 짐작된다.

127) 趙映俊, 「18世紀後半~20世紀初 宮房田의 規模, 分布 및 變動」, 『朝鮮時代史學報』 44, 2008, 179쪽.

로 추정할 수 있는 한 요인이 될 수 있다. 궁방은 과거에 무토면세지로 파악하였기 때문에 이를 유토면세지로 하여 '환속'하여 수세를 한 것으로 이해된다. 그런데 유토면세 10결 43부 1속은 무토면세 366결 74부 4속과 십세하여 총 결부 수 '377결 17부 5속'이 되나 유토면세의 그 유래를 확인하기 어렵다. 『정간책』에는 대부분 부요면 전답면세 9결 98부로부터 돈녕지 40권과 백지 225권을 수세함이 기록되어 있다. 이는 같은 책 제1책(1889~1898)에도 실려 있다. 같은 책 제2책(1889~1908)에는 순천의 모든 면세지 기록이 없지만, 유일하게 부요면은 1906년 7월까지 收納하였으며, 『國有地調査書 抄』(國史編纂委員會, KO 中B13G 31, 1908. 이하 『國有地』라 칭)에도 부요면이 住岩面으로 행적구역이 개편되어, 유토면세지 9결 98부가 조사·등재되어 있다. 하지만 「면세안」에는 물론 '재성별단'에도 용동궁 유토면세 총 결수 377결 17부 5속 가운데 순천 유토면세 결 10결 43부 1속과 무토면세 결 366결 74부 4속이 반영되어 있다. 이렇게 본다면 왕패에 의해 절수된 유토면세 결 9결 98부는 정확한 수치라고 할 수 있으나, '10결 43부 1속'은 무토면세 결 366결 74부 4속의 변동에 따른 수치로 해석할 수밖에 없다.

　『등록』의 면세결과 『전부고』, 「면세안」, 『정간책』, 『봉상책』 등의 결의 차이 여부를 검토해보겠다. 『등록』에는 1868년 8월 16일 호조 甘結(상급 관아에서 하급 관아에 보내던 공문)에 의해 용동궁 면세결을 확인한 것이 실려 있다. 한편 과천 유토 3결 43부 옆에 '本宮無'라 기재되어 있다. 『전부고』와 「면세안」에는 유토면세지인데 『정간책』 제3책(1849~1855)과 제4책(1856~67)에는 원결로 기재 되어 있다. 과천 유토 3결 43부가 용동궁의 면세지로는 확인되지 않는다는 의미로 '本宮無'로 기재된 것으로 생각된다. 통진의 유토면세 13결 58부 4속도 『정간책』에는 통진 전답면세 17결 67부 4속인데, 『전부고』와 「면세안」에는 13결 58부 4속의 유토면세지로 기재되어 있다. 『등록』에는 細書로 17결 67부 4속도 함께 씌어

있다. 1825년『전부고』에는 扶安의 용동궁 전답 유토가 1결 98부 5속이
었으나, 1855년『전부고』에서부터 6결 98부 5속으로 5결이 늘어났는데,
이는「면세안」에도 실려 있다. 그러나『정간책』에는 결의 기재는 없고
'稅錢二十兩'만 있다. 1828년『봉상책』제9책에는 같은 내용이 실려 있
고 다른 기록에서는 찾기 어렵다. 한편『등록』에는 세서로 1결 98부 5속
이 씌어 있다. 김해의 면세결 55결 69부 1속의 기록은「면세안」과『전부
고』,『등록』에만 있으나, 호조 면세안과 용동궁 稅案에 차이나는 55결
59부 7속은 細書되어 있다. 김해와 양산은 蘆田이므로 그 결부를『정간
책』에 합하여 기록하였으나,「면세안」에서 두 지역의 결부의 총계와는
다르다.『봉상책』에는 그 세전만이 실려 있다. 순천의 유토면세결은『등
록』에는 378결 40부 8속이나 377결 20부 2속의 세서가 확인된다.『전부
고』의 1825·1855년에는 378결 40부 8속이 무토면세지이다가 1875·
1885년에는 유토면세지로 씌어 있으나,「면세안」에는 377결 17부 5속
(유토 1,043.1. 무토 36,674.4)으로 각각 다르게 기록되었다.

　이와 같이 호조의 수조안과 궁방의 수조안이 각각 다름은 물론 유토
면세지인지, 무토면세지인지도 기록에 따라 다르게 되어 있다. 이를 단
순한 기재의 착오나 실수인지 제도의 전환인지 명확한 판단을 내리기는
어렵다.

　제도의 전환이나 개념의 정의를 신뢰하기 어려운 한 두 자료를 가지
고 중요한 결론을 도출해내는 것은 사실과 다를 수 있다. 더욱이『도안』
에서 대별된 유토면세지와 무토면세지 및 출세지의 개념도 현전하는 가
장 오래된 첫『정간책』제3책(1849~1855)에서부터 분명하게 구분되지
않았다. 즉, 용동궁에는 '元結', '전답면세', '전답출세', '둔답면세', '田
地免稅', '移屬公費'(金浦), '有土免稅', '전답'(結 기록 無), '永作宮
屯'(南海 90결), '蘆田免稅', '田畓屬公出稅', '垌畓免稅', '火田·加火
免稅', '新屬' 등으로 구분되었다.

그렇다면 용동궁의 보성 절수면세 50결이 유토면세지에서 '무토'처럼 전주지역으로 윤회되어 무토로 변한 것인지 혹은 이 장토가 전형적인 제2종 유토인가를 검토해 보고자 한다. 보성의 면세지 50결은 그 기원이 1692년의 타량한 양안에 있다. 이 상안은 3개 면의 무주 전답을 절수 받은 것을 타량한 것이다. 量付 無主의 전답이 어떤 과정을 거쳐『도안』에 起田과 起畓이 각각 25결로 기록되어 있는지 의문의 여지가 있다. 더욱이『도안』에서 유토면세질 조에 기재된 整數 50결은 다소 특이하다고 생각된다.『도안』에 실린 유토면세 전답은 311건인데, 이 중 정수로 기재된 것은 10건이다.[128] 의열궁의 풍덕 5결(田 2결, 畓 3결)과 함께 용동궁의 보성 전답만이 정수의 전답 결부를 기재하는 형태이다. 이를 추정한다면 무토면세로 배정된 것으로 추측도 가능하지만, 모든 무토면세 결은 '田畓'을 구분하여 기재되지 않았다는 점도 유의해 볼만 하다. 그럼에도『정간책』제3책(1849~55)의 '보성 유토면세 50결 세미 28석 3두 5승'에 대하여 관심이 간다. 이 세미는 같은 책 제4책(1856~67), 제5책(1859~68)에 기록되어 있다가, 같은 책 제6책(1869~78)에서는 이 기록은 없다. '順大兀結 30結 稅錢 166兩' 다음에 己巳(1869)年 칸에 '井邑'이 기재되어 있고 '自寶城移來'의 追書와 함께 '庚四納'이 보인다. 또한 '전주 원결 50결의 세미 28석 3두 5승'의 두 개의 기록이 있다. 같은 책 제7책(1879~88)에는 '보성 원결 50결 세미 28석 3두 5승'과 함께 두 건의 '전주 원결 50결 세미 28석 3두 5승'이 실려 있다. 위의 책 제7책에 보성 원결 50결이 기재되어 있을 뿐만 아니라, 원래 보성 유토의 세미와 보성과 전주 원결의 세미가 동일하다. 보성의 유토면세 50결은 밭과 논 각각 25결이란 점에서 '세미 28두 3두 5승'은 동일할 수 없

---

128) 內需司 진안 5결, 명례궁 平山 6결(田 74.8, 畓 525.2), 용동궁 남해 90결(王牌), 의열궁 5결(田 82.9, 畓 417.1), 화순 옹주방 임피 畓 12결(彰義宮 賜與), 載寧 餘勿里 堰畓 23결(彰義宮 賜與), 載寧 三橋 堰畓 11결 (彰義宮 賜與), 25결(田 2,398.7, 畓 101.2) 등이다.

다는 추정도 가능하다.

요는 이 보성의 유토면세지가 전주의 무토면세지로 전환되었다고 보기는 어렵다는 것이다. 즉, 1856~1867의『정간책』제4책에 보성 유토면세 50결의 甲子(1864) 條 세미 28석 3두 5승이 '乙五納'이라 기록되고 그 세주에 '全州'가 기재되어 있다. 거기에 '보성' 邑名 위에 전주가 기록된 붙임종이가 있다. 아울러 辛酉(1861) 條에는 '壬(戌)八(月)納'의 옆에 세주로 '移送乙丑五月'(다른 지면으로 넘어가는 경우에 변동 사항이 있을 때 기록된 세주로 판단된다)이라 되어 있다. 이는 1865년에 50결을 전주에 移送하였다.[129] 보성의 50결이 이송된 해는 1865년이 분명하지만, 이것이 유토가 무토로 전환된 사례로 판단하는 데는 많은 논증이 필요하다.

이제 보성 50결에 관한 자료를 더 검토해 보기로 한다. 이 '유토면세 전답 50결'은『정간책』이외는 오직『도안』에만 있고『전부고』상의 1825·1855년의 기록에 '無土 50결'이 있다. '원결 50결'의 기록마저『정간책』제7책을 제외하고, 어디에도 없다. 하지만『등록』에는 1865년 1월 15일에 '錢條 全州 畓 五十結 畓 五十結 移送寶城'인 반면 '米條 寶城 田 二十五結 畓 二十五結 移送全州'의 기록이 있다.[130] 이는 錢

---

129)『봉상책』제3책(1849~1855)에는 여산 원결 90결이 신해(1851)년에 남원으로 移定된 사실을 '辛亥六月納'의 옆에 '辛亥移定南原'이라 追記하였다. 이 외에 '移定長興', '咸平移定', '庚戌自羅州移定', '庚戌自全州移定', '務安移定' 등이 실려 있고 '樂安'만이 추기된 例도 있다. 그런데『봉상책』제4책(1856~1867)에는 坡州 3결이 '庚申(1860)移劃于金浦'라든가, '安城移定', '辛亥(1851)九月 日 順天移定'이라 추기되어 있다가, '乙(1865)五納' 옆에 '全州' 등이 추기 되어 있다. 이 '전주' 등의 사실을 '移送乙丑五月'이라 辛酉(1861)條 빈칸에 기록하고 있는 것을 확인할 수 있다. 장흥, 정읍 등의 몇 사례가 더 있다.『등록』에서도 결부를 이송한 사실이 확인된다. 즉, '玉果 龍洞宮五十結 移送全州'(고민정 외 3인, 앞의 책, 186쪽)와 같이 표기되어 있다. 따라서 '移送'이 移定, 移去, 移劃 등의 의미로 1860년을 전후하여 사용되었다고 할 수 있다.

130) 고민정 외 3인, 위의 책, 208쪽.

條의 100결과 米條 50결을 상호 이송한 것을 보여준다. 이 보성 전답 50결을 언뜻 1787년『도안』의 유토 전답 50결로 연상할 수 있지만, 이를 유토로 추단할 수 있는 논거가 전혀 없다. 오히려 이 책에서 유토를 이송하는 기록이 없다는 섬은 물론, 1865년 內司 甘結에서 '全羅道各邑所在免稅 移劃他邑成册詳考擧行次'라고 한 데서 이는 무토의 移劃 또는 移定을 의미한다고 판단된다. 같은 전답 100결과 50결에 대한 수세를 쌀과 錢으로 각각 이송한 점에서도 그렇다. 어떤 이유인지 파악하기 어렵지만 처음의 1852年(3쪽 다음 '『謄錄』己酉(1849)三月 日擇日') '扶安三公處'부터 기록되어 있는 이 책에는 三公處, 甘結, 監官○○○處, ○○○處에, '寶城'에 대한 기록은 없다. 1865년에 보성 전답 50결이 전주로 이송된 기록만 있고, '寶城三公兄處'는 '堂上私庄'이란 註書와 함께 있다.

1825년의『捧上册』(23-6) 5월 27일에도, 乙酉(1825) 條의『전부고』와 동일하게 보성 원결 50결의 갑신(1824)년 세미는 28석 3두 5승이다. 같은 책의 제8책(1828)에도 보성 원결 50결과 같은 세미가 실려 있다.『捧上册』의 草册인『(龍洞宮)捧上草册』(奎 19047, 1~35)의 1829년『己丑正月爲始捧上草册』부터 1831년『辛卯正月爲始捧上草册』까지 보성 원결 50결과 동일한 세미이다. 이런 점에서 보성 양안의 기록은 보성 유토 전 25결과 답 25결의『도안』의 기록과는 상반된다고 판단된다. 그 다음 해인 임진(1832)년에는 '六月初二日 寶城有土五十結 辛卯條'로 바뀌어 유토의 세미는 같은 28석 3두 5석이 등재되어, 1851년『辛亥正月爲始捧上草册』까지 변함이 없다. 더구나『정간책』제3책(1849~1856)에는 1850년 무장과 전주의 원결 50결의 세미와 보성의 유토면세 50결의 세미는 28석 3두 5승으로 같다. 다만 아산의 원결 50결의 세미는 31석 13두 5승이나, 다른 옥과 등 원결 50결의 歲錢은 동일하게 166兩이다.『정간책』제4책(1856~1868)에도 보성의 유토면세 50결과 무장과 전주의 원결 50

결의 세미 28석 3두 5승은 동일하다. 같은 시기에도 세미가 서로 다르다.

그렇다면 이 원결과 유토면세지를, 원결(무토)면세지에서 유토면세지로의 전환으로 판단할 수 있는가. 임진(1852)년에는 辛亥 條의 세미 28석 3두 5승이 49石 8升 2슴으로 변동되었으며, 그 후 1864년까지 동일하였다. 요는『정간책』제4책(1856~68)에서 전주 원결 50결과 보성 유토면세 50결의 세미는 동일한 28석 3두 5승이나,『봉상책』과 그 초책에서는 원결(무토)에서 유토면세로 변동은 물론 같은 유토면세지에서도 그 세미가 28석 3두 5승이다가, 49석 8승 5합으로 바뀌어졌다는 것이다.[131] 따라서 자료로서 신빙성을 신뢰하기 어렵고 이를 통한 분석의 타당성도 논하기 어렵다.

'재성별단'의 용동궁 유토면세(63,176.7)나 무토면세(185,409.6)의 結數에도 용동궁의 보성의 무토 또는 유토 50결이 포함되기 어렵다.「면세안」에는 용동궁의 實計 유토 581결 76부 7속(63,176.7)과 무토 1,904결 9속 6속(185,409.6)이다. 두 자료의 용동궁 유토·무토면세지 총 결수는 같다. 다만 50결의 변동이 유토면세 결에 있을 뿐이다. 다행히도「면세안」에는 군현별로 유토와 무토면세지 고을의 결수를 밝히고 있다. 유토·무토면세지를 불문하고 보성의 결부는 등재되어 있지 않다.

위의 용동궁 유토 50결의 변동도 보성의 유토나 무토의 이정에 따른 것이 결코 아니었다.『전부고』에서 어떤 이유인지는 파악하기 어렵지만, 1825년 전라도 玉果 유토 결수가 53결 62부 7속이던 것이 1855년에

---

131) 李榮薰은 1849년 용동궁의 보성 장토가 유토면세지로 수취가 米 28石 3斗 5升이었는데 무장과 전주의 용동궁 무토 50결과 그 수취액이 정확히 일치한 점을 들어 보성 옹동궁 장토는 전형적인 제2종 유토(앞의 책, 137쪽)라고 규정하였으나, 위의 세미가 49석 8승 5합으로 바뀐 사실을 간과하였다. 아울러 순천의 366결 74부 4속이 무토와 유토면세지로 각각 다르게 기록된 점을 들어 "기재상의 착오가 아니라 제2종 유토와 무토의 수취가 다 같이 '세금'의 수준이어서 용동궁 측으로서도 그 구별이 때로는 용이하지 않았음을 의미 한다"(위의 책, 136쪽)라고 하나, 또한 이는 수취액으로 논하기 어려운 문제임을 보여준다고 하겠다.

103결 62부 7속(이전 자료를 지우고 다시 씀)으로 늘어났으나, 1875년에 다시 53결 62부 7속으로 배정되었기 때문이다. 『세칙열』이나 『무토면세 총결수』에도 무토 결수의 통계가 같으므로 「면세안」에서 군현의 각 통계를 그대로 원용해도 된다고 판단된다. 덧붙이면 1855년 『전부고』에서는 유토가 아닌 '寶城無土五十結'이 확인되나, 1875·1885년의 『전부고』 상의 보성의 무토는 물론 유토면세 50결이 등재되어 있지 않다. 이런 현상은 원 호조의 전안과 용동궁의 稅總과 서로 다른 데서 말미암을 수도 있고,[132] 궁방이 원래 궁방의 전답으로 冒錄하여 세를 징수하는 사례일 수도 있다. 궁방이 800결 가운데 600결의 유토를 자급하여 마련하기 어려울 때는 왕이 무토를 유토로 대신하여 지급한 경우일 수도 있다. 이들 자료의 신뢰도나 신빙성과 관련하여 전라도 옥과의 유토면세 결은 『등록』에는 49결 67부 8속(1858, 1859, 1861, 1866, 1868)이나 『정간책』 제4책(1856~1867), 『봉상책』(1825, 1876), 「면세안」 등에 53결 62부 7속인 기록도 아울러 의문이 있다.

이와 같은 기록상의 차이 또는 誤謬는 어의궁의 무토와 유토면세지에서도 검토될 수 있다. 『도안』에는 어의궁에 26개 군현 중 1695년에 別賜興된 것이 15개 군현의 1,000결이고 1743년에도 황주 등 세 군현에서 250결이 別賜興되었다. 그런데 『전부고』에서 1825·1855년의 어의궁의 무토면세 총 결수는 1,789결로 동일하나, 1875년과 1885년의 통계는 다소 다르게 집계되어 있다. 이는 무토면세 결수의 증감에 따른 결과라기보다 유토와 무토를 잘못하여 이를 바꿔서 誤記했거나, 집계에 누락된 데 그 이유가 있다.

황해도 신천의 무토면세 결 232결 57부 2속은 오직 1875년의 『전부

---

132) 1860년 '각궁방면세질' 조에서 용동궁 2,485결 86부 3속 內 유토 637결 76부 7속 무토 1854결 9부 6속의 '追記'(앞의 『용동궁등록 탈초본』, 131쪽)에는 다음과 같은 기록이 있다. 考見戶曹田案 則與此相符 而本宮稅總 則相左 報內司副件 及戶曹考準成冊校見 則可知 而報內司成冊亦未的 實考見元摠錄 則可悉其詳

고』의 기록인 반면,『도안』과 1825·1855·1885년의『전부고』에서 유토
면세 결로 기재되어 있다. 이 '무토면세' 결은 '유토면세' 결 기록의 오
기이다. 강원도 원주의 1825·1855·1875년 유토면세 5결 22부 8속이
1885년 무토면세 결로 기록된 것도 誤記이다. 또한 1825·1855·1885년
의 유토면세인 강화의 1결 98부 2속(붙임종이 아래에서 확인)이 1875년
의 기록에 없는 것은 잘못 누락된 例이다. 1875년『전부고』에서 都數는
유토면세 174결영의 이 수치가 들어가야 바르게 된다. 그대로 집계하면
172결 52부 8속이 되지만 강화 결수(1875년 이전 강화 무토 결은 붙임
종이 아래에서 확인)를 포함하여 집계하면 174결 52부 8속이 되는 점에
서, 이는 분명히 누락이다. 따라서 1885년 어의궁의 무토면세는 총
1,785결 70부 3속이나 원주의 誤記된 유토 5결 22부 8속을 제하면
1,780결 47부 5속이 옳은 것이다. 유토면세는 399결 30부 4속에 5결 22
부 8속이 추가되면, 404결 53부 2속이 된다. 1825·1855·1885년 기록에
서 신천의 유토면세 결은 동일한 232결 57부 2속이므로 1875년의 통계
도 무토면세로 기록된 신천의 232결 57부 2속을 유토면세의 결로 계산
하면 무토면세 총 결부는 2,021結零에서 1,759결영(175,908.2. '負' 單
位 表記)이 되고, 유토면세 총 결부는 174결영에서 407결영(40,708.2)이
된다. 따라서 어의궁의 유토면세 전답 결 407결영은 1825·1855·1875년
의 結과 동일하다.[133]

　『稅則烈』에서 제2종 유토는 '민유지'임을 밝히고 있음에도, 기존의
연구에서 이는 私田에 해당하며 민유지와는 다르다는 결론을 내렸다.
여기서 중요한 것은 무토는 移定 또는 변환되나, 유토는 고정되었다는
것과 제2종 유토는 各 宮에만 해당된다는 사실이다. 더욱이 '제2종 유

---

[133] 趙映俊은 어의궁의 유토면세지를 1824·1854·1874년 각각 407·407·174결로,
　　 같은 해의 무토면세지는 각각 1,789·1,789·2,228결로 〈부록 2〉, 〈부록 3〉(앞의
　　 논문, 222~3쪽)에서 밝혔다.

토'의 기록이 유일하게 『세칙열』(『財政通計』)에서만 그 기록이 있다는 사실도 의미 있다. 이는 당대의 궁방이 유토를 마련하기 어려워 무토인 민결을 유토 800결로 새로운 궁방 등에 획급한 사실과 관련이 있을 것으로 추정된다. 또한 이는 투탁된 민결일 수도 있다.

3. 宮房田 量案 上의 '主·時'樣式의 再檢討

양안 상의 '主·時'양식의 사례를 이미 검토한 적이 있다. 기존 연구에서 언급된 양안—특히 궁방전— 상의 사례를 살펴 '主·時'관계를 정확히 파악했는지, 또한 '지주·소작'관계로 해석함이 바른 것인지를 검토해 보고자 한다.

1) 於義宮 折受 全州府 量案

1684년 어의궁이 全州府 東一道, 南一道面 등지의 양안 상의 無主 전답을 절수 받은 것[134]을 〈표 2〉로 작성하였다.

---

134) 「於義宮折受全羅道全州府東一道南一道等地量無主田畓改打量成册」(『全羅道庄土文績』 34, 奎 19301).

〈表 2〉 於義宮의 全州府 所在 量案 上 無主田畓의 陳起 結과 量·時名의 檢討

(單位; 負.束)

字號	陳田畓 結	起田畓 結	陳起 量名	陳起 時名	細註備考
乃 1	21.5	19.3	無主	時起 趙仁福	
乃 5	0.9		無主 陳	·	
景 西邊	3.9		仲孫	時 太吉	私陳田割入
景 南邊	34.4		海奉	斗山生伊*	時私田割入
蘭 10	243.2		善龍 陳		
蘭 11☆	69.6		仇入隱里☆		陳☆
北4等	7		陳		
乃 22	11		無主	陳時 春福	
衣 3		1.2	無主	起時李起麟	
民浦成陸陳☆	158.4		·	時金致善陳	

☆ 3필지 아래에 '己未年打量時 自願入屬爲有如可 量案付元田畓是如 到今稱寃'이란 細註가 있다.

☆ 蘭 11까지는 李榮薰의 연구에서 〈표〉에 제시된 것이다.

☆ 民☆은 民字의 '新丘背浦成陸伍等陳畓'을 칭한다.

어의궁이 전주부 無主田畓을 타량한 후 망정하여 절수 받은 때는 기미(1679)년 이후로 생각된다. 우선 표에서 기존 연구의 '量主와 時主' 대신, 量名과 時名을 사용한 것은 이미 밝힌 바와 같이,[135] '量' 자체가 군현양안은 물론 궁방전 양안도 해당될 뿐만 아니라 더욱이 '時'에는 주로 時作이 해당되거나, 어떤 경우는 이를 정확히 판단하기 어렵기 때문이다. 양안에 '起 主'나 '量主'로 기재된 경우에도 '主'를 그 전답의 소유자로만 해석할 수 없는 데에 그 원인이 있다.

뒤에서 표의 전주부 東一·南一道面 등지의 개타량한 양안을 우선 그 유형에 따라 살펴보고자 한다. 1679년 타량할 때에 乃字 1은 無主의 묵힌 땅 40부이었으나 개타량할 때에는 그 중 19부 3속이 기경되고 있었으며, 이를 경작한 자가 조인복이었다. 이 양안에서 '時起'와 衣字 3 지번에서처럼 '起時'를 표기하고 있다. 時起는 현재 경작하고 있는 전답으로, 한 고을의 경작지의 세금을 징수함에 있어 크게 雜頉과 時起로 구분

---

135) 朴魯昱, 앞의 논문, 2010, 90쪽 참조.

되며, 時起는 다시 災結과 實結로 구분하였다. 이는 양안 상에서 陳·起
의 대칭관계로 사용되며 時는 당시의 경작자를 의미한다. 乃字 5 지번
은 타량할 때에 양안 상에 무주였고 당시에도 이를 일구어내지 못한 진
전이고 현재도 그러한 것이다. 이 양안 상의 量은 1634년 갑술양안일
수도 있다고 보나 추단하기는 어렵다.

　　景字 西邊과 南邊의 '量仲孫 時太吉'과 '量海奉 時斗山生伊'로 보
건대 그렇게 보기 어려운 점이 있다. 일반적으로 군현양안에서 지번이
없이 동·서·남·북변으로 기재된 사례를 찾을 수 없는데 반해 궁방전 양
안에서는 볼 수 있기 때문이다. 이 양안에서 지번이 없는 사례를 많이
접할 수 있다. 특히 갯가[浦]를 막아 전답으로 만든 경우나 진전으로 民
字 '新丘背浦成陸', 恭字 '九成浦成陸·흘邑浦成陸', 得字 '方木浦西
邊泥生', 景字 '望山橋下方木浦大海至五等直畓 … 內 南·北·西·西·
南邊', 蘭字 '東肆等直田(3件)·東肆等直畓' 등이 이에 해당한다. 현재
진전이지만 新丘背浦와 흘邑浦를 전답으로 만든 것이 각각 1결 54부
8속, 1결 47부 2속인데, 타량 당시는 진전이지만 이의 時作은 김치선으
로 전주 어이궁이 전답을 두 번째로 많이 경작한 인물이다. 그런데 景字
의 望山橋 아래 方木浦의 큰 바다에 이르기까지 묵혀 있는 5등 直畓
4결 36부 2속의 時가 吉巨次里인데, 그 안에 南邊 3부 9속(山立),[136]
北邊 17부 9속(量得奉 時甘春), 西邊 3부 9속(量仲孫 時太吉), 西邊 3
부 2속(量德仁 時生伊), 南邊 34부 4속(量海奉 時斗山生伊)의 私田 63
부 3속이 割入되어 개간되거나 묵혀 있고 그 나머지 3결 72부 9속이 時

---

136) 景字
　　望山橋下方木浦大海至五等直畓長貳千捌百柒拾肆結參拾陸負貳束時吉巨次里陳 內
　　　　　　　　　廣參拾捌尺
　　南邊長壹百柒拾柒尺肆等參負玖束山立私畓割入
　　　　廣陸尺
　　北邊長貳百五拾尺肆等拾柒負玖束量得奉時甘春私陳田割…在參結柒拾貳負玖束時吉巨次里陳
　　　廣拾參尺

吉巨次里 진답으로 남아 있는 것이다. 景字에는 이 내용만이 실려 있는데, 이는 63부 3속의 私田이 타량할 때에 割入되었다는 사실과 그 나머지 3결 72부 9속은 궁방의 진전이란 점이 분명하다. 南邊의 山立은 量名인지 時名인지 확실하지 않으나, 시명으로 볼 수도 있다. 起耕畓인지 진답인지도 알 수 없으나, 개타량할 때 私畓으로 밝혀져서 그 명과 사답의 割入을 기록한 것으로 볼 수 있다. 아울러 북변 '時甘春'과 서변 '時太吉'의 필지는 '私陳田割入'이라 한데 비해 서변 '時生伊'와 南邊 '時斗山'의 필지는 '私田割入'만을 기록한 것은 실제 기경하고 있는 사전으로 생각된다. 이 양안에서 어의궁의 기경전답은 時起, 起時, 起 등으로 표기하고 있다. 하지만 북변 등 4필지의 得奉, 仲孫, 德仁, 海奉의 量名이 군현양안인 갑술양안에 등재된 인물인가 하는 의문이 든다. 다른 例와 달리 지번이 명시되지 않고 막연히 망산교 아래쪽 남쪽, 북쪽 등만을 표기한 점이 그렇다. 이와 달리 갑술양안 상의 私田畓이 割入되었다면 그 지번을 표기되었을 것이다. 이는 어의궁이 이곳을 절수 받아 타량하여 개간할 때 그 양안에 付錄된 자를 '量得奉'이라 표기한 것이고 '時'는 그 후 경작자를 표기한 것인데 개타량할 때에는 진전답인 것이다. 거기에다 時 4결 36부 2속의 진답 내에 사전이 할입된 것으로 어의궁에서 타량하였을 때 확인하여 작성된 것으로 추정된다. 그러나 蘭字 10, 11의 각각 2결 43부 2속과 69부 6속은 기미(1679)년 타량 이후 계속 묵혀 있었기 때문에 양명 밑에 '陳'이 기재되어 있고 그 하단에 다음과 같은 세주가 있다.

己未年打量時 自願入屬爲有如可 量案付元田畓是如 到今稱寃

이 세주는 蘭字 11 지번 다음의 北肆等直畓(7)·東肆等直田(10.8, 18.5, 38.5, 117.4)까지 포함하고 있다. 1679년에 타량할 때에 스스로 어

의궁방 전답에 入屬하기를 원하였다가, 양안에 등재되어 자호와 지번을
받는 元 田畓이라고 하자 지금은 이를 원망하고 있다는 것이다. 언뜻
'양안에 등재된 원 전답'이라고 할 때는 어떤 변화도 없는 사실로 원망
의 대상이 아니 될 것 같다는 생각이 든다.

한편 논 7부에는 양명과 시명의 기재가 없으나, 다음 4필지에는 양명
이 없고 '時廉戒順 陳' 등과 같이 표기되어 있다. 景字의 南邊을 제외하
고 북변 등 4필지에는 '量·時'樣式으로 기재되어 있지만, 蘭字의 4필지
'東肆等直田'에는 '量'이 없고 '時'만 있다는 사실을 어떻게 이해해야
되는가. 양명의 인물과 시명의 인물을 같은 전답에 대한 동일 성격으로
볼 수 있는가 하는 문제도 제기된다. 즉, 蘭字 10 필지의 '量善龍'과 그
다음 필지에 실려 있는 '時廉戒順' 등을 어떻게 해석되어야 하는가라는
문제가 있다.

그런데 1684년 전라도 전주부의 어의궁 절수양안에서, 양안 끝의 통
계는 전답이 29결 44부 1속이나 '量付私田畓' 7결 14부 5속이 이에 포
함되어 있다. 실제 '量付無主田畓'은 22결 29부 6속(陳田 1,053.1, 陳畓
835.6 起田 161.4, 起畓 179.5)임을 밝히고 있다. 한편 『도안』의 어의궁
출세전답질 조에는 기해양전 등에 의해 24결 60부 7속으로 약간 증대되
었다. 起田·畓은 각각 1결 51부 6속(陳田 2154.4)과 1결 54부로 약간
줄어들었다.

다시 '量付私田畓'에 대하여 살펴보고자 한다. 여기서 민전의 침탈여
부를 논하고자 하는 것은 아니다. 東一道面의 量付私田畓은 끝 면 통계
에 1결 46부 2속으로 실려 있으나 양안 상에 '私田·畓'이라고 표기된
기록이 없다. 남일도면도 끝 면의 통계 量付私田畓은 5결 68부 3속인
데, 이는 위에서 기술한 景字의 私田·畓과 궁방에 入屬한 것을 원망한
蘭字 전답을 모두 집계하면 정확히 5결 68부 3속이 된다. 이 양안에서
'量', '時'자를 양주, 시주로, 이를 전답 소유자의 개념으로 파악할 수 없

다. '量' 某는 이전 양안에서 기록된 사람이고, '時' 某는 당시의 경작자를 뜻한다고 해석하여야 옳다고 본다. 따라서 '量'과 '時'는 타량할 때의 시차의 차이가 있을 뿐이라고 판단된다. 『도안』에서도 빠져 있는 이 사전·답 7결 14부 5속을 제한 전답은 모두 '무주' 전답이기 때문이다. 表에서 乃字 22 지번의 11부는 무주전답이었으나 개간하여 다시 개타량할 때는 묵혀 있는 時는 춘복이란 것이다. 요는 '陳'이 時起의 앞이나 시명 뒤에 기록된 전답은 개타량할 당시 모두 묵혀 있었다는 의미이다.

동일도면 끝의 巳上에는 起田 42부 2속(19.3, 1.2, 0.2, 6, 15.5)과 起畓 79부 6속(69.2, 7, 3.2, 0.2)이다. 民字 '新丘背浦'를 막아 논을 만든 1결 58부 4속은 時 金致善 이름 밑에 '陳'을 기재한 것도 개타량 이후 상황을 기재한 것이다. 따라서 많은 여러 지번에 기록된 진전·답의 '時'와 위에서 언급한 蘭字의 '東肆等直田' 등 4지번에 기재된 '時'는 동일 성격의 경작자라고 판단된다. 더욱이 전주부 어의궁 양안의 전답이 有土未免稅(出稅)의 궁방소유전답이란 점에서 더욱 그렇다.

그러면 표의 蘭字 10, 11의 두 지번의 '量 善龍 仇入隱里 陳'의 量과 時는 어떻게 해석하는가는 중요한 문제라고 본다. 일반 궁방전 양안에서도 '量作'의 기록도 볼 수 있다. 또한 '量'이 군현양안만을 의미하는 것이 아님을 밝힌 바 있다. 더구나 이 양안의 끝에 '量付私田畓'이란 기재에서도 이 '量'은 본 양안을 지칭한다고 볼 수 있다. 즉, 절수 받은 궁방전을 타량한 후 작성된 양안일 수도 있고, 개타량한 양안일 수도 있다.

기존의 연구에서는 경자양전 당시 '起 主' 또는 '主'의 등장을 밝히고 있고 이 '主'를 전답의 소유주로 파악한다. 물론 경자양전 이전의 궁방전답 양안에서 '주'의 기록을 예외적인 사례로 볼 수 없을 만큼 많이 있다. 문헌이나 양안을 통한 어떤 연구이든 간에 양안 상에 기재된 主를 소유주로 이해하면 궁방전은 물론 군현양안 상에서도 각각 양안을 해명할 수 없는 문제를 가지고 있다. 蘭字의 11, 12의 두 지번은 1679년 타량할 때에 자호와 지번이 부여된 반면 그 후 개간하였으나 묵혀 있기 때문에 개타량 당시에 '東肆等直畓'의 '時金應西 陳(117.4)'으로 기재된 것이면, 이는 '量善龍 陳'과 같은 사전답인 점에서 量名과 時名을 전답의 소유나 경작을 구분하기보다 경작자의 의미로 해석할 수 있다. 더욱이 동일도면의 전답 16결 69부 2속에서 사전답 1결 46부 2속을 제외한 15결 13부의 64필지 중에 9필지의 起田畓 1결 21부 8속을 '지주·소작'관계로 논하기는 어렵다.

이렇게 볼 때, '量'이란 표시는, '量主'로도 표시되는 말인데 양안 상의 소유주를 의미하는 말이며, '時起' 혹은 '時' 등은 개량 당시의 時主人[137]으로 해석하는 것[138]은 재검토가 요구된다.

2) 黃海道 鳳山郡 崐山·沙院 兩屯 所在 景祐宮田畓 量案

1824년에 정조의 후궁이자 순조의 생모인 綏嬪 朴氏를 봉안한 別廟의 宮號를 景祐宮으로 삼았다.[139] 수빈 박씨는 1787년 後宮에 간택되어 수빈에 봉해지고 嘉順宮이라는 궁호를 받았다. 이 궁에는 1801년부터 원결 면세 1,000결이 劃送되었다.[140] 1825·1855년의 『전부고』·'재성별단' 상의 가순궁(경우궁) 결부 기록에는 유토면세 13결 87부 3속을 더한 1,013결 87부 3속이 실려 있다. 1895년의 『稅則烈』에도 동일 결수가 실려 있으며, 『무토면세총결수』에도 무토면세 1,000결의 기록이 있다. 그러나 1875·1885년의 『전부고』에는 가순궁의 園號인 徽慶園에 양주 전답 6결 91부만이 기재되어 있다. 그런가하면 『국유지』에는 한성의 채전은 물론 양주에 매수한 전답 등이 전국 각지에 많이 산재함을 보여

---

137) 李榮薫, 앞의 책, 148쪽.
138) 朴魯昱, 앞의 논문, 2008, 121쪽 참조.
139) 『純祖實錄』 卷27, 純祖 24.12.1, 48-247쪽.
140) 『純祖實錄』 卷3, 純祖 1.10.27, 47-411쪽.

주고 있다. 1898부터 1904년까지 경우궁은 많은 전답을 매수한 것이다.

그런데 경우궁의 봉산군 두 둔토의 양안에서 20필지를 검토하여, 仁嬪房과 같은 枝宮인 경우, 원래 그 장토가 제2종 유토라면 代盡이 되면 출세되어 자연히 廢庄되는데 이를 피하기 위하여 상급 영구존속궁으로 장토를 투탁하는 경우가 있을 수 있다는 사실을 지적하고 그럴 경우 장토의 소유구조는 '上級宮房(景祐宮)-下級宮房(義昌位宮, 仁嬪房)-地主-小作'의 四多重層的인 것으로 구조화되고 있음을 밝힌 연구가 있다.141)

『국유지』에서 경우궁의 봉산군 舍人·靈泉·萬泉坊의 세 곳 둔토는 각각 50결 73부 5속, 120결 20부 1속, 22결 14부 8속(合 19,308.4)으로서, 전답의 기원은 設宮할 때 付屬된 둔토임을 밝히고 있다. 1887년에 개타량된 경우궁 양안의 嵋山, 沙院의 두 둔토(都已上 951.4)와는 일치되지 않는다. 그런데 1764년 『仁嬪房田畓分屬安興君房字號結數區別成册』(奎 18857)에 沙院·舍人坊에 소재한 전답의 자호가 실려 있다. 미산, 사원에 소재한 경우궁의 두 둔토 양안을 검토하기 위하여 양안 상의 몇 필지를 인용·정리하여 아래에 제시한다.

⑯ 山水坊 覆字
第十四南犯五等句田　南長六十五尺　肆負捌束　北山三　　起主 義昌位
　　　　　　　　　　濶三十七尺　　　　　方梁　　　作 李文當
　龜淵坊 松字
第五十五南犯五等直田 … 貳拾玖負柒　東東北路西崔　主 仁嬪房
　　　　　　　　　…　　　　　　　尙甫田南同田　作 金齊伍
第五十六南犯五等直田　……　　　　東路西鄭學　　主 仁嬪房
　　　　　　　　　　　　　　　　　兼南北同田　　作 李一權
第五十七南犯五等直田　……　　　　東路二方同　　主 仁嬪房
　　　　　　　　　　　　　　　　　田西李必江　　作 鄭學兼
第五十八南犯五等直田　……　　　　東路二方同　　主 仁嬪房

---

141) 李榮薰, 앞의 책, 206쪽.

		田西李必江	作 李弘談
土城坊 拱字			
第十六東犯五等直田東長三十三尺貳負玖束東路西蘭菲			主 李斗滿
	南廣二十二尺	南言開北同田	作 李光烈
第十七東犯四等直田	……	東同田西北李	主 知同 李貞陽
		頭曼南李時行	作 李光烈
第十八北犯四等直田	……	東偃開西得禮	主 李斗滿
		南北路	作 李光烈
第十九西犯四等直田	……	東南李斗滿	主 林德立
		西永萬北路	作 李光烈

이 양안에서 우선 '(起)主·作'관계를 검토하기 전에 仁嬪 金氏(1555~1613)와 義昌君 李珖(1589~1645)의 각 房의 전답관계 기록을 살펴보고자 한다. 인빈 김 씨는 義安君, 信城君, 元宗, 의창군과 다섯 옹주를 낳은 宣祖의 후궁이다. 1688년 숙종은 인빈의 제사를 輪回하던 것을, 선조가 大院君의 집에 賜與하였던 옛 規例에 따라 특별히 전답 100結과 노비 100口를 제사를 받드는 사람에게 주고 윤회의 규례를 폐지하고 절수도 하지 않도록 하였다. 아울러 원하는 바에 따라 여러 곳의 둔전 가운데서 전답을 획급하도록 하였다. 당시 李杭(?~1701, 祖 仁祖 父 崇善君 徵) 집에서 인빈을 봉사하였기 때문에 이런 特恩이 있었다.142) 여기에서 '義昌君位'처럼 위전으로 군현의 數外 둔전이 지급된 것으로 짐작된다. 이 양안의 內題에서 두 곳의 屯田임을 기재하고 있는 점에서 더욱 그렇다.

그런데 1692년 숙종은 즉시 인빈방과 의창군방의 田民을 모두 숭선군(李徵)방에 移屬하게 하였는데, 이는 숭선군이 두 房의 제사를 주관하고 있었기 때문이다.143) 그 후 1756년 의창군방 전답이 이미 앞에서 수진궁과 安興君(李𤩯; 1693~1763) 家에 이속되었다.144) 1764년 '仁嬪

---

142) 『肅宗實錄』 卷19, 肅宗 14.12.24, 39-143쪽.

143) 『肅宗實錄』 卷24, 肅宗 18.2.13, 39-261쪽.

房田畓分屬安興君房'의 양안(結 都數 8,262.5)에서 243지번 모두 인빈방이 기재되어 있다. 사실 안홍군이 義原君의 子로서 麟坪大君(孝宗의 弟)의 後嗣가 되는데[145] 따른 分屬으로 이해된다. 또한 수진궁에 이속된 사실은 『도안』의 수진궁 유토면세질 조에서 확인되고, 의창군방의 1755·1773년의 두 양안에는 각각 延安府 45결 88부 4속, 白川郡 34부 1속이 실려 있다.[146] 황해도 백천군 소재의 전답은 『국유지』에서 같은 결수를 볼 수 있고, 연안에 소재했던 전답은 그 결수에 약간의 차가 있을 뿐이다. 하지만 1682년 의창군방의 장연부 양안에는 已上 51결 60부 9속[147]이나, 『도안』과 『국유지』에는 9결 15부 7속뿐이다. 장연부 大串坊의 의창군 전답이 감소된 이유는 파악하기 어렵지만 그 전답이 수진궁 전답에 이속된 것이라고 짐작된다. 아울러 의창군방의 奴婢(奴 741口, 婢 350口)도 『도안』의 수진궁의 그 秩 條에 실려 있다. 이미 1755년 영조는 李淑儀, 義昌君의 묘를 금후에 한결같이 龍城大君의 前例에 의해서 수진궁에서 거행하도록 명하고 의창군방 전답과 노비는 수진궁에 보내 제수에 보태도록 하는 전교를 내렸다. 또한 안홍군에게는 제사가 많으니 의창군과 樂善君의 사패전답을 이 家에 보내서 제수에 돕도록 하는 하교를 하였는데, 대개 두 왕자 제사는 驪川君 李增(?~1752) 家에서 받들었기 때문이다. 이는 의창군방의 전답을 보내도록 한 사실에서도 알 수 있다.[148]

영조는 1743년 인빈 김 씨 사우를 宋峴 本宮에 移安하였는데, 다시 李增 家에 이안하여 의창·낙선군도 한 사당에 모시게 한 바 있다.[149]

144) 『承政院日記』, 英祖 32.4.3, 元本 1130冊/脫草本 63冊(14/14).

145) 『英祖實錄』 卷29, 英祖 7.6.24, 42-264쪽.

146) 「延安府伏在壽進宮移屬義昌君房田畓打量成冊」(奎 18877). 「黃海道白川郡所在義昌君畓移屬壽進宮打量成冊」(奎 18371).

147) 「長淵府南面大串房伏在義昌君房田畓打量成冊」(奎 18878).

148) 『英祖實錄』 卷85, 英祖 31.6.5, 43-586쪽.

이증은 1748년 본가의 묘당에 괴이한 투서 사건으로 제주에 遊離安置
되어 그곳에서 卒하였다. 이증에 대한 역률의 시행으로 말미암아 1755
년 영조는 元廟(仁祖) 옛집인 송현 본궁에 나아가 인빈 김 씨의 祠宇를
봉안하고서 입궁하여 宮園의 號를 논의하여 올리게 해서 궁을 儲慶, 園
은 順康으로 정하였다.150) 그 해 7월에 左承旨 李永暉가 호조의 啓로
써, 저경궁 전답의 元數 704결 3부 가운데 이전의 전교에 의해 의소묘
齋宮位田 용인 25결, 奉仁寺 위전 양주 10결을 이미 획송하였고, 순강
원 위전 양주 24결 4부 5속, 용인 5결 90부 5속, 香炭山 전답 廣州 20
결, 소녕원 재궁 위전으로 진위의 35결을 전교로 望呈없이 호조가 마련
하여 획송하였다고 아뢰었다. 그 뒤에 나머지 584결 30부를 내수사에
이속하고 그 결을 劃定한 邑名의 결수는 별단에 써서 드리겠다고 아뢰
었다.151) 이로 볼 때, 저경궁 전답의 원수에서 재궁 위전 등을 제외한
580여 결이 내수사에 이속되었던 것이다. 하지만『도안』상에서는 저경
궁의 유토면세지 179결 40부 7속과 무토면세지 100결만이 내수사에 移
來되었다. 이 유토면세 결의 존재를 해명하는 데는 다른 자료의 발굴이
있어야만 가능한 것 같다. 특히 1692년 숙종 때 인빈방의 전답과 노비를
모두 숭선군방에 이속된 사실과도 부합되지 않는다. 인빈의 사우를 봉안
하여 궁호를 저경궁으로 한 시점에서 전답이 획급되었다고 하더라도 유
토의 존재를 추정하기 어렵다.

이 양안을 구체적으로 검토하기 전에 양안을 이해하는데 좋은 시사점
이 있다. 즉, 고종 7(1870)년 왕은 각궁이 별묘를 세운 것은 그 당시로서
는 없어서는 아니 될 것 같아 그렇게 하였겠으나 오늘에 와서는 한 곳의

---

149)『英祖實錄』卷19, 英祖 19.6.13, 43-106쪽.

150)『英祖實錄』卷85, 英祖 31.6.2, 43-585쪽.

151)『承政院日記』, 英祖 31.7.15, 元本 111册/脫草本 62册(21/27).『도안』상의 내수
    사 전답에 179결 40부 7속(起田 5,918.5, 起畓 8,300.8)이 '儲慶宮移來'로 표기
    되어 있다.

별묘에 합쳐 봉안하는 것이 바르고 합리적인 일이라 하여, 인빈 김 씨·
영빈 김 씨·화빈 윤 씨 사우를 경우궁 안의 별묘에 모시고 희빈 장 씨·
영빈 이 씨·의빈 성 씨의 사우는 육상궁 안의 별묘에 모시도록 하였
다.152) 그리하여 인빈 김 씨의 신주를 모신 저경궁과 희빈 장 씨의 신주
를 모신 대빈묘 등 여섯 사우를 함께 봉안할 基址의 첫 공사를 1870년
정월 21일부터 거행하도록 하였다.153)

이렇게 볼 때 인빈 김 씨의 사우가 경우궁 안의 별묘에 이안되면서
경우궁의 둔전과 함께 그 양안 상에 의창군·인빈방의 위전이 등재할 수
있는 배경일 수 있다는 추정이 가능하다. 일반적으로 보면, 궁방전 양안
에 다른 궁방의 이름이 기재되지만 이는 이속이라든가 매매관계에 의한
것이나 경작일 경우가 일반적이다. 여러 가지 상황과 역사적 사실로 볼
때 의창군과 인빈방의 전답은 그 유래 또는 歸屬處에 관한 것을 기록한
것이 분명하므로, 이를 경우궁에 '투탁'한 것으로 추정하는 것은 어렵다
고 본다. 경우궁 양안의 의창군과 인빈방의 전답은 1764년 '仁嬪房田畓
分屬安興君房'양안에서 자호는 물론 결수도 정확히 일치한다.154) 이는
1756년 의창군 전답이 수진궁과 안홍군(李琡; 1693~1763) 가에 이속되
었기 때문이다. 하지만 모두 인빈방으로 기재된 전답이 다시 의창위와
인빈방에 분급되어 그런지 각각 기록된 이유를 추정하기 어렵다.

구체적으로 경우궁 양안을 살펴보면, 1887년에 '改打量'된 이 양안은

---

152) 『高宗實錄』 卷7, 高宗 7.1.2, 1-329쪽.

153) 『承政院日記』, 高宗 7.1.3, 元本 2747册/脫草本 129册(20/25). 『承政院日記』, 高
   宗 7.1.20, 元本 2747册/脫草本 129册(17/19).

154) 景祐宮 둔전양안에 仁嬪房과 義昌位로 기재된 것은 45필지(인빈방 39필지)인데,
   인빈방 분속 양안의 자호와 지번이 일치하는 것은 26필지이다. 그 가운데 결수
   가 동일한 것은 의창위의 覆자 14, 15, 器자 9, 12, 13, 何자 8지번이고, 인빈방
   은 二河(타량할 때 천자문의 순서로 대부분 1字5結하는 것이 원칙인데 천자문이
   끝나고 다시 시작한 두 번째 河자임을 의미. 이하 같음)자 60, 二釗자 13, 感자
   100, 武자 2, 17, 煩 16의 지번이 같다.

嵋山屯都監官 劉漢肇에 의해 작성되었다. 양안에 실린 총 9결 51부 4속[155] 가운데 1결 19부 9속의 전답(강으로 함몰된 것)과 舊陳 屯田 垈地)을 제외한 實田畓은 8결 31부 5속임이 정확하다. 이 전답은 모두 68필지(作, 作 내에서 나누어진 '分內')이므로 한 필지 당 평균 경작 결부수는 약 12부 2속에 불과하다. '(起)主' 란에 기재된 것을 보면 의창위는 6필지(126.2)이고, 인빈방은 39필지(550.4)이며, 위의 토성방 지번과 같

---

155) 경우궁 양안의 已上의 합은 9결 39부 4속이나 '都已上'의 기록은 9결 51부 4속으로, 이는 실제 계산한 통계와 정확히 일치한다. 이 양안은 그 순서가 착종되어 10~12쪽은 都已上의 9쪽 다음에 철해 있는데다가 楚邱房의 感·武·丁·困·煩字(11~12)의 已上은 바로 11쪽의 이상에 포함되어야 한다. 그런가하면 4쪽의 龜淵坊의 尺·非·松·何字의 已上에는 田 2결 29부(實計 232.2)이라 기록되어 있고, 그 細註로 그 결 內에 '武字 舊成川 捌拾負除 實田壹結肆拾玖負 感字新起'임을 밝히고 있는 점에서 당해 기록과는 일치하지 않는다. 즉, 龜淵坊에는 武·感자의 자호가 없고, 楚邱坊에 感·武자의 자호가 있고 감자에는 105 지번 하나인데, 이에는 '新起'라는 기록이 없이 결부는 '伍負伍束'이 실려 있다. 또한 1764년 양안에서 楚丘(邱)坊의 何자 8은 1887년 양안의 龜淵坊 하자로 등재되어 그 결부도 42부 9속으로 동일하다. 경우궁 양안에서 구연방의 已上은 2결 29부[232.2]인데 그 결 내에 武字 舊成川 80부를 除한다고 씌어있지만 5필지의 지번은 동일할 뿐만 아니라 2·17 지번은 각각 11부 2속, 34부 1속으로 변동이 없고 3필지는 약간의 변동이 있어 그 합은 각각 68부 3속, 74부 5속이다. 요는 舊成川 80부가 들어갈 틈새가 없다는 점이다. 그 중간에 어떤 변화로 이해할 수밖에 없다. 感자 新起 5부 5속도 같다. 이 '신기'의 주서가 지번에서 누락되었다면 별개의 문제이다. 별도의 앞의 다른 양안의 내용이 이 양안에 그대로 반영된 것이 아닌지 생각된다. 그런데 이 착종된 양안에 대해 "본래의 순서는 1, 2, 9, 10, 3, 4, 5, 7, 6, 8장의 순이다"(서울대학교 규장각 한국학연구원, 『궁방양안』, 민속원, 2012, 588쪽)라고 하나, 2, 3장은 已上 77부에서, 3장의 松자 55에서 56~59로 연결되는 점에서, 4장 서호방 處자 24 다음 5장 토성방 位자로 이어지는 것이 순서가 맞는지 불분명하다. 또 河자 60에서 8장 35로 기재된 것이 의심스러운 것이나, 처자 24부터 釗자 13까지 已上 1결 13부 8속이 실제 계산과 일치하는 점에서 9장까지의 순서는 바르다고 생각된다. 都已上이 9장에 있는 점에서 끝 장이어야 된다. 그러나 10~12장은 끼워 넣기 난감한 점에서 전사 과정에 이것을 뒤에 넣은 것이 아닌가 짐작된다. 실전답 8결 31부 5속이 모두 합한 결과인 점에서 그렇다. 그 순서에 대한 것은 바르게 재검토되어야 한다.

이 개인 이름이 기재된 것은 23필지(255.3, 起 227.6, 陳 27.7)이다. 主가 개인인 경우 한 필지 당 평균 경작 규모는 약 9부 9속 정도에 불과할 정도로 더 영세하다. 더구나 68필지 중 오직 서호방의 處자 24(12) 한 필지만이 논이고 67필지 모두 밭이다. 개인인 이두만(총 8.2, 이하 같음), 이정양(8.9, 陳田 7.9, 起田 1), 임덕립(2.1), 奴 난이(7.5) 등이 두 필지에, 임극찬(8.7), 奴 영건(54.4) 등의 세 필지에 主로 기재되어 있다. 개인의 主名인 경우 임덕립이 두 필지에 2부 1속이 제일 적으나, 讓자 4필지의 연중창이 85부 5속으로 가장 많다. 그런가하면 拱자 16지번부터 29지번까지 9필지의 46부 7속을 作인 이광열이 경작하였다. 이런 양안 상의 개인 이름의 '主·作'관계를 '지주·소작'관계로 설정하기는 어렵다.

더욱이 '主'인 의창위와 인빈방이 양안의 사표 상에서 그 기록이 없다. 위에 제시된 첫 번째 지번에서처럼 한 지번이나 두 지번만이 있을 때 사표 상에서 주명을 검증하기 어려울 수도 있으나, 두 번째의 구연방 松字처럼 네 지번 이상 지번이 계속 이어질 때는 主의 名이 실려 있어야 된다. 송자에는 55~59, 66, 69 등 지번이 있으나 인빈방의 기록은 없다. 양안의 사표 상에서 반드시 주가 아니더라도 作이라도 기재 되어야 한다. 하지만 궁방전 양안에서는 특히 개타량인 경우 그보다 앞서 행해진 타량의 내용-사표-을 그대로 轉寫한 것이 대부분이다. 이런 관계로 사표 상의 기재 인물과 '主·時'의 인물이 서로 부합되지 않는 경우가 많다. 심지어 사표 상의 '同人田·畓'이 동, 서, 남, 북 다음에 기재된 앞의 인물을 대칭하는 것인지 主 또는 時, 作 란의 인물을 말하는 것인지 파악하기는 대단히 난해하다. 한 지번의 사표의 처음에 '同人田·畓'이 기재된 경우도 있기 때문이다. 이는 군현양안이나 앞의 양안에서 궁방전의 양안 기록 내용만을 전사하였기 때문이라 본다.

그런데 松자와 之자의 '주인빈방'의 作으로 기재(57, 66, 68, 1·泥生田)된 정학겸이 68 필지에서 유일하게 송자 지번 56의 사표-北路西鄭學

兼南北同人田-에 실려 있다. 하지만 송자의 '55 作李齊伍', '56 作 李一權', '58 作李弘談', '59 作金基瓊' 등의 기록은 없다. 개타량된 이 양안의 5필지의 作이 정학겸이기 때문에 사표 상에 정학겸이 기재된 것이 아니라고 판단된다. 이는 양안 상의 사표 기재는 적어도 개타량된 1887년보다 앞선 어느 해의 타량된 내용을 보여준 것이다.

한편 위에 제시된 양안에서 보듯이, 토성방 拱字 16과 18에 '主李斗滿'의 기록이 있고, 지번 17, 21, 22의 사표에는 각각 서북, 동남, 동에서 그의 이름이 실려 있다. 언뜻 보면 개타량할 때 기재된 것으로 생각할 수도 있으나, 공자 17~21, 24, 25, 29의 9 필지 가운데 17, 19, 20, 21, 24, 25, 29의 7 필지의 主 이정양, 임덕립, 임극찬, 임덕립, 임극찬, 조홍열, 이정양 등이 사표 상에 그 이름들이 없다. 어떤 경우라도 19, 21필지의 主 임덕립은 사표에 기록되어 있어야 한다. 오로지 백자 28의 사표에 덕립이 실려 있다. 이는 의창군방의 위전과 인빈방 전답이 경우궁의 둔전과 함께 타량하여 성책하는 과정에서 있을 수도 있지만, 과거 타량된 사표에다가 따로 '主·作'명을 기재한 데에 그 이유가 있을 것이다. 더욱이 작인 가운데 사표에 나타난 인물은 오직 5필지의 정학겸일 뿐이란 데서 그렇다. 拱字의 9필지에 '作李光烈'로 기재되어 있지만 어디에서든 그의 이름이 기록되지 아니 하였다. 인빈방 등의 전답이 경우궁 전답에 실린 계기를 경우궁에 인빈 김 씨의 신주를 합봉할 때로 보면 가장 접근할 수 있는 추론이 된다. 1870년의 작인들은 모두 교체되고 1887년에는 정학겸만 남아 있는 것이 가능하다고 본다.

그러면 공자 등의 20필지에 '主李斗滿' 등을 어떻게 이해해야 할까. 앞의 연구에서도 밝혔지만 양안 상의 主에 대한 개념 문제로 귀결된다. 主를 漢字가 갖고 있는 泛然한 의미에서 찾으면 될 것 같다. 특히 궁방전 양안에서 主는 소유주만을 의미하지 않는다.

그런데 경우궁 양안의 서호·토성방의 處·爲·有·駒·讓·拱·平·章·白자

20필지 已上 2결 40부 4속[實計 252.4]에 기록된 내용은 다음과 같다.

已上田(畓)貳結肆拾肆負肆束 內 貳拾柒負柒束 陳 實田貳結拾貳負柒束 內 伍拾柒
負壹束 免稅 壹結伍拾伍負陸束 有結作人當(橫·二行立書)

위의 자료에서 관심을 끄는 기록이 '免稅'와 '有結作人當'이라고 할
수 있다. 위 20필지 가운데 '주인빈방'으로 기록된 것이 3필지 57부 1속
(實計 72.1)인데, 이를 면세라 기재한 것이다. 나머지 17필지 1결 55부
6속(진전 27.7을 제한 실계와 정확히 일치)에는 개인 主名이 기록되어
있는데, 이를 '有結作人當'이라 한 것이다. 1764년의 '仁嬪房分屬' 위
전은 무토면세임을 배제할 수 없지만 유토면세로 추단할 수 있으며, 개
인 명의의 주명이 기록된 이 필지들의 유토 결세는 작인이 부담했을 것
이다. 즉, 이 필지들은 궁방 소유의 未免稅(出稅)의 밭인 것이다. 더욱이
이 已上 다음의 二河자 35지번의 '拾負壹束' 옆에 細書한 '作人結當'
에서도 이를 알 수 있다. 하지만 그 다음의 5지번에는 생략된 것으로 짐
작된다. 적어도 이 양안에 기재된 전답들은 그 성격이 다른 두 종류일
가능성이 크다고 판단된다. 만약 이런 추론이 타당하다면 개인명의 주는
소유주라기보다 궁방 전답의 경작자인 것이다.

끝으로 이 양안은 궁방전 양안인데 중층관계를 논한다면, 어떤 이유
로 해서 嵋山屯都監官이 作 관계까지 타량하는 지에 대한 논거를 제시
하기 어렵다는 점도 지적하고 싶다. 궁방의 결수와는 별도로 㑒音이 私
耕한 두 夜味의 논 6斗落을 이덕원이 경작하고 있는 데서도 그렇다.

3) 忠淸道 永春縣 車衣谷面의 所在 龍洞宮田畓 量案

1769년 충청도 영춘현의 용동궁 수세 전답을 조사하여 陳起를 타량한
양안에서 已上 田畓은 3결 7부 6속(起田 223, 陳田 45.5, 起畓 39.2)인

데 실제 수세하는 기경전답은 2결 62부 2속이다.[156] 그 후 1822년의 개
타량한 양안에는 전답의 陳起에 약간의 변동이 있어, 起田은 2결 20부
3속이고, 起畓은 42부 4속으로, 기경 전답은 2결 62부 7속이다.[157] 이보
다 앞선 『도안』의 유토미면세질 조에 1789년 양안 기록과 같은 2결 62
부 2속이 기록되어 있으며, 하단에 王牌라고 씌어 있다. 『국유지』에는
영춘현의 전답 2결 62부 5속이 등재되어 있고, 그 전답의 유래는 '不明'
이며 을미(1895)년 이후에는 수세되지 아니함을 비고란에서 밝히고 있다.

그런데 1769년의 영춘현의 일종의 수세 양안에도 그 전답이 사여된
永作 土地임을 알 수 있는 기록의 초고가 간지에 붙어 있다.

永春縣三公兄處
無他 宮屬本縣所在田畓 卽受賜永作之地 雖已出稅於戶曹 其所出地 自是宮家之
物是如乎 昨年 旣送宮差 成册修成 則不可等棄而置之 今年爲始 自本官定色吏
着實收捧 成陳省邸吏處 準授[數]上送 俾無稽滯之弊事惕念 擧行宜當事

이는 용동궁이 영춘현의 三公兄(吏房, 戶長, 首刑吏)에게 보내는 서
찰이다. 우선 본 현의 용동궁 전답이 '왕패'에 의해 사여된 영작물인 점
을 보여주고 있다. 이 전답이 면세전답이었다가 호조에 세금을 내는 출
세지로 전환되었지만, 용동궁의 소유인 己物이므로 작년에 궁차를 파견
하여 타량 성책하였으니 이를 오로지 유념하도록 요청한 것이다. 따라서
금년부터 착실히 수세하여 이를 지체 없이 상송할 것을 요청하고 있다.

그런가하면 1822년 개타량한 양안의 끝에 田穀 236斗와 畓穀 289斗
의 수세곡이 기재되어 있다. 대부분이 6등 전답이고 10필지가 5등 전답
인데도 각 필지마다 다른 수세액이 부과되었다. 우선 전답 1負에 부과된
평균 수세액을 파악하기 위하여 각 필지의 전답곡을 '負' 단위로 환산하

---

156) 「忠淸道永春縣車衣谷面所在龍洞宮收稅田畓摘奸陳起區別成册」, 奎 18297.
157) 「公淸道永春縣所在龍洞宮田畓壬午改量案」, 奎 18398.

고 그것을 합산하여 평균값을 구했다. 이에서 麋字 26-2作처럼 논인데 畓穀으로 수납한 경우와 64~66 필지처럼 밭과 논을 함께 畓穀으로 수납한 恃字 37은 田穀 14斗, 답곡 25두로 혼합된 경우는 제외하였다. 이 결과 전답 곡의 1부 당 평균 1.5斗 이상을 징수한 것이다. 이 평균치에 큰 의미를 부여하기보다 대체적인 永作 궁방전답의 법전 수준에는 좀 미치지 못한 것을 알 수 있다. 하지만 實 전답 2결 62부 2속에서 전답 곡 525斗는 1부 당 2두 이상이 된다. 또한 밭에서 가장 낮은 1부 당 수세는 0.5두인가 하면 가장 높은 것은 2두였다.

반면 논은 2.1斗에서 5.3두까지 이른다. 이는 법전 수준을 훨씬 초과하는 수준인 것이다. 특히 밭의 稅租로 畓穀을 수납한 麋字 26-2作은 2부 1속에 60두, 27-4作에 20두(1769년 양안)를 수납하여, 밭 4필지에 세조액이 1부 당 평균 10.4두인데 그 이유를 이해하기 어렵다. 하여튼 이 전답들은 궁방의 영작지로서 그에 걸맞게 수조가 이루어진 것이다. 하지만 1849년 이후『정간책』에는 '田畓出稅 2결 62부 2속'의 稅錢 13兩 1戔 5分이 기록되어 있다. 1825년의『봉상책』제6책(실은 '捧上草冊'임)에 이 세전을 받아들인 기록이 있다.

그런데 이에 대해 장토의 성립은 賜與에 의하였음이 밝혀진 것으로, 절수와 그 의미가 동일하기 때문에 장토 역시 제2종 유토였다고 할 수 있다는 기존의 연구가 있다.[158] 그 근거로『정간책』제2책(奎 19575)의 이 장토에 대한 '甲午以後不納'이란 註를 제시하였다. 하지만『도안』상에 왕패에 의한 사여는 물론『정간책』제1책에서 출세결 2결 62부 2속의 갑오(1894)년 세조액이 1895년까지 납부된 이 전답을 제2종 유토로 추정하기 어렵다는 것은 위에서 서술한 내용을 보아도 그렇지만,『국유지』('乙未後不取')에 영춘현 전답 2결 62부 5속이 기재되어 있는 사실에서 더욱 그렇다.

---

158) 李榮薰, 앞의 책, 508쪽.

4) 務安 二西面 所在의 宗親府田畓 行審

1812년의 종친부 行審(奎 9752-2)에서 常字丁 上淸川里坪의 25필지를 제시하고, 이는 '전라도 종친부 둔전의 중층적 소유구조'를 반영한 것이며 이를 통해 "'起-時'의 형태로 지주-소작관계가 밝혀져 있다"라는 기존 연구가 있다.[159]

위 행심에서 상청천리평의 16필지와 服字丁, 道代上洞坪 裳字丁의 2·1필지를 정리하여 아래와 같이 〈表 3〉을 만들어 검토하고자 한다.

〈表 3〉 務安 二西面 所在 宗親府田畓의 行審 檢討

(單位; 負.束)

字號	地番	田畓	結	起名	時名
服字丁☆	73	田	3.5	起 千業丹	時 巡化
	75	田	2	起 千業丹	時 巡化 盟同
裳字丁☆	70	田	6.4	起 順化	時 太乙禮
常字丁	30	畓	2.9	起 奴仁太	時 二白
	61	畓	3.6	起 奴二白	時 薏禮
	62	田	1.8	起 少禮	時 二白
	63	田	2.1	起 二白	時 明業
	68	田	2.9	起 同人	時 二白
東(犯)	2作	田	5	起 同人	時 同人
東(犯)	3作	田	1.6	起 同人	時 同人
	69	田	2.2	起 少禮	時 同人
	70	田	2.9	起 二白	時 二白
	71	田	0.8	起 旺龍	時 少禮
	72	田	0.4	起 望金	時 同人
	73	田	4	起 同人	時 同人
	74	田	2.9	起 二白	時 小亥安
	75	田	0.9	起 少禮	時 夯老味
	76	田	1.2	起 同人	時 九月
	77	田	9	起 同人	時 少禮

☆ 道代上洞坪

---

159) 李榮薰, 위의 책, 199~200쪽.

기존의 연구에서 常字丁 68, 68-2作, 68-3作, 70, 77 등 5筆地를 自作 筆地로 추정하였다. '起'는 陣의 대칭으로 사용된 것으로 기경지를 의미한다. 이 양안에서도 '舊陳'이 기재되어 있으며, 服字丁 88 필지 '舊陳 無主 時 之成'처럼 묵힌 땅을 일구어 낸 경우에 그 이름이 씌어 있는 점도 주목된다. 여기서 時는『務安一西面行審』에서 時作으로 사용되었다.160) 만약 이 전답이 종친부의 소유가 아니라면 일반적으로 시작으로 기재되기 어렵다. 물론 '起 主'로 기재되더라도 이를 전답의 소유자로만 추단할 수도 없다. 많은 유토면세지의 궁방전에서 묵힌 땅을 일구어 경작할 때 양안 상에 '起 主' 또는 '還起主'라고 기록된 사례가 너무 많은 데서도 결코 主가 현대의 소유주로만 대입하기 어렵다. 특히 궁방전에서 '起·時' 또는 '起 主·時'의 기재양식을 '지주·소작'관계로 파악하는 데는 면밀한 검토가 필요하다.

위의 자료를 우선 '起·時'의 형태로 '地主·小作'關係를 설정할 수 있는가를 알아보기 위하여 〈表 3〉을 이용하여 〈表 4〉를 만들었다.

〈表 4〉奴 二白과 少禮의 '自·小作'關係

(單位; 負.束)

	奴 二白 結負	少禮 結負	巡化 結負
自作地	12.4	9	·
借耕地	6.9	5.2	5.5☆
貸與地	8.6	6.1	6.4
所有地	19.3	15.1	6.4

☆ 5부 5속 중 2부는 盟同과 共同

첫째로 '起·時'를 '지주·소작'관계로 논하기에는 그 전답 경영 규모가 매우 영세하다. 奴 이백은 '起' 7필지 가운데 自作 4필지 12부 4속을 경영하면서 타인의 전답 6부 9속을 빌려서 경작한 반면 타인에게 8부

---

160)『務安一西面行審』(奎 9752-3)의 앞 여러 장이 마멸되어 자호를 확인할 수 없으나 3-1쪽의 첫 45 지번에는 '起時作白日'만이 기재되어 있다.

6속을 빌려 주고 있다. 소례 또한 자작지는 9부에 불과한데, 타인으로부터 빌려 경작하고 있는 것이 5부 2속인 반면 남에게 빌려 준 전답은 6부 1속이다. 특히 순화는 그나마 소규모인데도 자작하는 전답도 없이 비슷한 규모의 결부를 차경과 대여를 하고 있다. 이런 관계를 지주·소작관계로 보기 어려운 이유의 하나다.

둘째로 같은 지역에 바로 접한 전답을 서로 빌리거나 빌려 주는 사실을 합리적으로 판단하기 어렵다. 즉, 常자 62의 이백은 소례의 1부 8속의 밭을 빌려 경작하면서, 그의 상자 63의 밭 1부 2속을 명업에게 빌려 주고 있는 사실은 사회적 통념이나 관행으로 있기 어렵다.

起名과 時名의 인물들이 모두 종친부 전답을 경작하는 '時作名'일 때만이 이런 문제가 해소된다.

5) 淳昌郡의 宮農所·明禮宮의 양안

전라도 순창군의 복흥면(복흥방)에 소재한 궁농소와 명례궁과 관련된 전답 양안이 아래와 같이 현전한다.

⑰「全羅道淳昌縣福興坊宮農所田畓改打量成册」(奎 20360, 1631)
⑱「全羅道淳昌郡福興面明禮宮公主房折受田畓庫員改打量從實開錄成册」
  (奎 18227, 1679)
⑲「全羅道淳昌郡明禮宮連金田畓打量庫員成册」(奎 18226, 1685)
⑳「明禮宮折受全羅道淳昌郡福興面田畓改打量成册」(內題;「明禮宮已折受全羅
  道淳昌郡福興面田畓元數內貞謹翁主房祭位田五十結自張字罪字至定界劃給
  後改打量成册」, 奎 18230, 1707)
㉑「全羅道淳昌郡福興面所在明禮宮田畓踏驗釐正成册」(奎 20437, 1887)

기존 연구에서 위의 ⑰을 1607년 전라도 순창현에 절수되었던 명례궁 장토가 改量되면서 1631년에 만들어진 양안인 것으로 파악하였다.[161] 분명히 명례궁의 宮號가 있었다면 宮農所라는 泛稱을 사용한 것인가 하는 의문으로 실록의 기록을 검토하였으나, 宮農所와는 달리 1629년의 大君農所만이 확인된다.[162)

순창현 복흥방의 궁농소 전답양안이 명례궁의 양안이라는 해답을 사료에서 확인하기 어렵다. 1623년에 궁호가 실록에서 확인되는데 1631년 개타량 양안의 宮農所에 전답의 절수가 된 것은 1600년 이전일 가능성과 명례궁의 封號가 그 후일 수 있다는 개연성과 관련이 있을 수 있다. 따라서 궁농소 전답은 바로 內農所 전답일 수 있다. 奴 연금이 內奴였다가 명례궁의 奴로 차정되었을 때를 생각할 수 있다. 위의 자료 ⑰, ⑱, ⑲, ⑳에서 그의 이름이 확인된다. 하지만 ⑰과 다른 ⑱, ⑲, ⑳ 자료의 奴 연금은 상호 연관성이 없다.

우선 이들 양안에 대한 자료 검토를 하고자 한다. ⑰과 ㉑이 256년의 간격을 두고 있는데, 이를 가지고 전라도 순창군 명례궁 장토 내의 분화 상태를 비교한 연구가 있다.[163) 이 연구에서 1631년과의 비교에서 1887년의 특징은 역시 상층경영의 감소와 하층경영의 증가로 요약되며, '小某某'·'大某某' 형식의 奴 名 작인이 1631년에는 보이지 않다가 1887년에는 23명이나 나타나고 있음도 농민경영의 구조적 변화와 발전의 유력한 증거가 되고 있다고 밝혔다. ⑰이 궁농소 양안인 점을 언급하지 않더라도, ㉑은 ⑰과는 관련이 없는 다른 양안이다. 같은 복흥방 양안이지만 서로 다른 곳을 타량한 양안이다. 동일 방의 양안으로 간주하고 이를 상호 비교하는 데는 재검토가 필요할 것으로 생각된다. 두 양안을 통해 각각의 분화 상태를 파악할 수는 있어도 변화된 것으로 이해하는 데는 다소 의문을 갖게 된다.

---

161) 李瑩薰, 앞의 책, 155쪽 ; 宮嶋博史, 『朝鮮土地調査事業史の硏究』, 東京大學東洋文化硏究所, 1991, 46~47쪽.
162) 『仁祖實錄』 卷20, 仁祖 7.3.5, 34-319쪽.
163) 李榮薰, 앞의 책, 543~545쪽 참조.

⑰에는 翔·龍·師·河·醎字의 여러 필지 이외에 觀音寺·假殘里洞, 番丘貝, 冷川洞, 當山洞 自單谷, 火字, 馬四郞, 槽洞, 還來防築洞, 防築內, 自抱谷 등에 소재한 여러 필지들이 실려 있다. '丁未年以後仍陳秩' 條에 大坙田貝, 自單谷, 山本貝 등에 소재한 여러 필지가 있다. ㉑에는 休岩坪(現 福興面 農岩里; 以下 面名 省略)·子抱谷·月城里坪(半月里)·德興里·桃花洞坪(鳳德里)·楊林洞·鳳棲里坪(華陽里)·案山·下槽洞坪(東山里)에 소재한 여러 필지들이 기록되어 있다. 이 가운데 ⑰과 ㉑의 坪과 지명이 동일한 것은 유일하게 自抱谷일 뿐이다. 조동과 하조동도 같은 마을로 볼 수 있다. 또한 1914년 군면의 폐합 이전에는 복흥면에 농소가 있었으므로 上農所, 下農所(農岩里)의 마을이 있었다.[164] 이는 ⑰의 宮農所와 관련 있는 지명이다. 하지만 ⑰과 ㉑의 자포곡의 전답은 서로 다르다. 이를 비교하기 위해 아래 〈표 5〉를 작성하였다.

〈表 5〉子抱谷의 田畓 比較

(單位; 負束)

	⑰ 1631年 量案	㉑ 1887年 量案
筆地	18(田 2, 畓 16)	135(田 126, 畓 9)
結負	田 11.5(垈 8.2)	田 700.5, 陳田 76.1
	畓 285.2	畓 84.8
合	296.7	861.4(已上 850.4)

위의 표에서 ⑰양안과 ㉑양안 상의 자포곡의 전답의 결부가 3배 가깝게 변동되었다. 이는 시대에 따른 변동을 감안하더라도 있기 어려운 현상이다. 더욱이 1631년의 자포곡동 전답의 밭과 논의 비율이 1:25인 데 비해, 1887년에는 9:1로 뒤바뀐 데서도 그렇다. 또한 槽洞은 17필지 모두 밭으로 84부(垈田 14.2 포함)인데 비해, 하조동은 34필지에 4결 41부 4속(陳 14.8)의 결부로 밭은 1결 27부 2속이고, 논은 3결 14부 2속이

---

164) 『한국지명총람』 11(전북 편)상, 도문사, 1981.

다. 따라서 두 양안은 같은 지역에 있는 전답을 타량한 것이지만 동일 전답을 타량한 것으로 보기 어렵다. ⑰의 총 결부는 34결 50부 1속(밭 919.7, 논 2,530.4)과 1607년 이후의 '仍陳秩 46결 41부 1속'의 합 80결 91부 2속인데, ㉑의 결부는 都合 47결 19부 3속(流來陳頉 437.9, 實 4,281.4)이다. 그런데 ㉑의 田畓 가운데 논은 10결 17부이고 밭은 32결 64부 4속이 된다. 이 밭과 논의 비율이 1631년 약 1:3에서 1887년 3:1 이상으로 바뀌었다. 전체적으로 보더라도 이를 동일 전답의 변동이라 판단하기 어렵다.

양안 ⑱의 표지에는 '淳昌田畓打量己未四月 日'이라는 副題가 기재되어 있다. 이 양안이 숙종 5(己未, 1679)년에 타량된 것이다.[165] 이 양안에 등재된 전답은 명례궁과 공주방에 절수한 것으로 판단되나 어느 공주인지 추정하기 어렵다. 당시 선조의 딸인 貞明公主는 생존한 반면, ⑳의 貞謹翁主의 제위전이 이미 절수되었지만, 이는 옹주의 전답이기 때문이다.

1679년 양안에는 張자부터 化자까지 42자호에 都數 68결 33부 7속(都已上 全灾 895.4, 量後仍陳 882.7, 成川覆沙 336.3, 實 4,719.3. '負' 單位 이하 같음)인데, 1685년 양안에는 1679년 양안으로부터 弔·罪·周·殷·湯·朝·道·垂·體자와 추가된 坐자 등 10자호의 陳起 56결 59부 2속(時起 744.2, 仍陳 4,915)이 실려 있다. 그런데 1679년 양안 상의 弔자 등 9자호에는 8결 92부 7속(實 768.2, 陳 124.5)이던 것이, 1685년 양안에도 時起 결로 볼 때 거의 비슷한 7결 44부 2속이 실려 있다. 그렇게 보면 1679년 양안의 그 나머지 59결 41부가 바로 공주방 즉, ⑳의 정근옹주방의 전결이 된다. 따라서 1679년의 복흥면 '明禮宮公主房折受田畓' 양안

---

165) 이 양안의 끝에 순창군수 宋의 手決이 있는데, 당시 군수는 宋光淵(在任; 1679.2~1680.10)이었다(李東熙 編著, 『朝鮮時代 全羅道의 監司·守令名單 - 全北 篇 -』, 鮮明出版社, 1995).

은 명례궁과 공주(옹주)방의 양안으로 볼 수도 있다. 이는 1707년의 양안
內題에서 복흥면 전답 내 정근옹주방 제위전답 50결을 張자로부터 罪자
까지 경계를 정해서 획급 후 개타량하여 성책한다는 데서 알 수 있다.

하지만 정근옹주방의 복흥면 양안은 존재하지 않아 그 후 어떤 과정을
거쳐 존폐가 이뤄졌는지 밝힐 수 없다. 다만『탁지지』에 75결 59부의 전
답이 있고, 1825년의『전부고』상에서는 같은 결부가 이때 지워졌다. 그
런데 ⑲의 총 결부는 56결 59부 2속으로, 이에는 ⑱의 弔 등 9자호에
坐자호가 추가되었다. ⑲의 時起 7결 44부 2속은 실제 1679년 양안에서
이들 자호를 합산하면 實起 7결 75부 5속과 거의 비슷하다. 따라서 어떤
이유에서 이들 필지만을 별도로 타량 성책한 것인지 추정하기 어렵지만
명례궁 전답양안에서 별개로 작성된 것이다. 한편 ⑲에는 '明禮宮連金
田畓'이라 기재되어 있지만, 이를 연금의 소유전답으로 해석할 수 없다.
기존의 연구에서는 이런 奴名의 전답을 노명 자체의 소유로 판단하는 연
구 사례가 많았다. 이 연구 결과들은 정확한 검증에 의해 재검토되어야
한다. 여기서 ⑰의 양안이 사실 명례궁 전답의 것이고, 연금이 명례궁
奴라면 '호강한 양반'의 소속 奴로 추정하는 데는 다소 무리가 따른다.

양안 ⑳에는 ⑲에다 훨씬 더 많은 전답이 추가되어 있다. 都已上의
그 결부도 108결 8부 1속[都已上 內 實計; 10,858.1](田; 陳田 5,940.6,
成川田 59, 起田 3,931.1. 畓; 陳畓 200, 起畓 727.4)이나 實起 田畓은
46결 58부 5속이나 된다. 이 양안에는 ⑲의 罪字 등 8자호의 필지와 새
로 추가된 平, 章, 愛의 3자호가 아래의 '柒拾捌負肆束 東山三方渠 內'
처럼, '內' 아래 '量連金'이 기록되어 있다. 어떤 이유인지 알 수 없지만
弔 자호는 빠져 있고 體字에는 '量連金'이 기록되어 있지 않다. 이는
1707년 이전에 이미 개간되었기 때문에 굳이 양명을 기록할 필요가 없
지 않았나 하는 생각이 든다. 특히 垂字 지번 1에는 아래와 같이 天生이
밭 78부 4속의 量名으로 실려 있는 사실도 의미 있다.

垂字
第一 東犯參等渠越 直田 長壹百陸拾尺 柒拾捌負肆束 東山三方 內 量 天生
　　　　　　　　廣柒拾尺　　　　　　　　　　渠
　　一作 田貳負柒束　時 貴德
　　二作 田肆負柒束　時 春禮
　　三作 田伍負參束　時 有今
　　仍陳 陸拾伍負柒束

위의 垂字 지번 1의 '量天生'은 군현양안에 등재된 것을 지칭한 것이
아니다. '量'은 무주 진전 등을 궁방전으로 절수를 받아 타량할 때의 양
안을 말한다. 특히 궁방전 양안에서 '量'이 군현양안만을 지칭할 수 없다
는 사례를 밝힌 바 있다.[166) 어느 양안인지는 확인할 수 없지만 타량하여
절수된 양안에 천생, 연금 등이 이미 기재되어 있고 아직 개간되지 않는
필지들이 이때 와서 기경되기 때문에 '時名' 즉 개간되어 기경하는 자의
이름이 등재되어 있는 것이고 아직 묵혀 있으면 '仍陳'으로 그 나머지를
기록한 것이다. 위의 자료에서 12부 7속은 '시귀덕' 등 3인이 일구어 경
작하고 있으며, 65부 7속이 아직도 계속 미개간지로 남아 있는 것이다.
'量連金'의 전답이 1685년 이후 1707년 사이에 어느 정도 개간이 이뤄
졌는가를 알아보기 위하여 아래와 같이 〈표 6〉을 작성하였다.

〈表 6〉 1685년 이후 1707년까지 '量連金' 田畓의 起耕 結負

(單位; 負束)

字番	⑲總結 內	起耕 結	餘陳田結	⑳總結 內	起耕 結	仍陳 結
罪 1	481.2	117.7	363.5	135.2	22.2	113
周 1	924	47.5	876.5	934	463.3	470.7
殷 1	385	151.7	233.3	385	139.7	245.3
2	218.7	·	218.7	288.7	96.6	192.1
湯 1	415	·	415	495	165	330
坐 1	352	34.1	317.9	352	64.1	287.9
朝 1	·	·	·	96.2	17.2	79
朝 2	165	·	165	165	38.4	126.6

166) 朴魯昱, 앞의 논문, 2010, 53~88쪽 참조.

3	990	143.3	846.7	990	34.9	955.1
垂 2	32.7	·	32.7	32.7	·	32.7
6	402.5	10.5	392	412.5	25.3	387.2
道 1	27.5	·	27.5	27.5	18.3	9.2
4	82.5	.	82.5	82.5	40.8	41.7
5	330	·	330	330	104.8	225.2
平 16	·	·	·	127	99.5	27.5
33	·	·	·	137	131.7	5.3
章 6	·	·	·	115.5	75.2	40.3
愛 1	·	·	·	154	76.4	77.6
計	4,815.1	504.8	4,310.3	5,338.2	1,626.1	3,712.1

　　1707년 양안에는, 1685년의 '명례궁연금' 양안에서의 弗字 6 지번의 田 7결 55부 5속만이 탈락되고, 體字 20(77.6)의 1·2·3作 時克悅(起耕田畓; 8.3)에서 '量連金'의 기록은 없고 '77부 6속 內 實 6부 陳 70부 6속'의 바로 아래에 '時克悅'이 기재되어 있는 것이 다르다. 이는 1679년 양안에서 體字의 '陳 二十 南五等田 七十七卜六束 內 起 三十五卜 戒白'과도 관련이 있다.

　　위의 〈표 6〉은 1707년의 양안에 '量連金'으로 등재되어 있는 것만을 중심으로 작성한 것인데, 1685년 ⑲에 기재된 결부는 48결 15부 1속 가운데 당시 기경된 것이 5결 4부 8속이다. 이는 起耕率이 10%에 조금 넘는 것에 불과하다. 1679년의 개타량된 ⑱양안을 감안한다면 절수된 전지의 개간이 아주 부진하다. 그 후 1707년의 양안에는 '量連金'의 平·章·愛字의 4필지가 추가되어 53결 38부 2속인데, 그 時起 田은 16결 26부 1속이 된다. 이때에 이르러 밭의 약 33%의 개간이 이루어졌다. 하지만 세 자호의 필지를 제외하면 총 결부 48결 4부 7속에서 10결 92부 6속이 時起 전답이다. 이는 약 22%의 起耕率에 그친다. 여기에는 朝, 垂 1의 각 필지는 고려하지 않았다. 덧붙인다면 垂 1 지번 '量天生'의 78부 4속(起耕 12.7)과 3·4 지번에도 '千生 陳'(10.6)을 ⑳양안에서 볼 수 있다. 따라서 앞의 궁방전 양안에 기재된 천생의 전답을 개간할 때는

'… 內 量天生'이라 표기하나, 진전으로 그대로 남아 있을 때는 名 아래 나 위에 '陳起'의 '陳'을 기재하였다고 추단할 수 있다. 그런데 ⑳에는 平 등 3字號 이외에 拱·育·首·臣·伏·戎·羌·遐·邇·壹·體·率·賓·食· 化자의 字號가 등재되어 있다. ⑱양안에서도 이를 그대로 검증된다. 즉, ⑱에서 張·寒·文·字·乃·服·衣·裳·推·位·讓·有·虞·陶·唐·弔·民·伐 자의 자호를 탈락시키고 타량한 것이 ⑳양안이다. ⑲양안에 실리지 않 은 '量連金'과 '量天生'의 자호 지번을 1679년의 양안 ⑱에 그 등재여 부를 확인하기 위하여 이를 〈附錄 1〉로 작성하여 제3장 뒤에 붙였다. 하지만 그 자체의 다른 변동도 있을 뿐만 아니라, ⑱양안에 실리지 않은 것도 있다. 平자 16 지번은 41결 27부의 12作 가운데 1작이라고 할 수 있는 16 지번의 첫 지번에는 덕춘이 4부 8속을 기경이라 기록된 반면, 4작의 밭 28부 6속에서 18부 6속은 실결이고 10부는 다시 묵혀[還陳] 있다. 이는 ⑳양안에서는 '量延金' 하에 다시 19작으로 分作되어 있고 '仍陳田貳拾柒負伍束'이라고 끝 19작 다음에 기록되어 있으나 1~19작 의 개별 작에서는 진전의 이 내용은 실려 있지 않다. 이는 각 지번에는 陳과 起를 구분하였지만 分作된 지번에는 각 作에 기록하지 않고 그 지 번의 끝에 '仍陳田 ○ 負 ○ 束'으로 기재한 것이다. 平자 33 지번은 밭 1결 37부가 33, 33-2~41作으로 모두 기경되었으나, 1707년에는 '量연금' 하 에 1~25작으로 분작되어 이 가운데 5부 3속만이 어느 때부터 계속 묵혀 진 것[仍陳]을 보여준다. 章字 '陳 6'은 밭 1결 15부 2속이 6, 6-2~30작 으로 나뉘어 모두 기경되었으나, ⑳에는 '量연금' 하에 11작으로 합쳐지 고, 40부 3속만이 진전으로 묵혀 있다. 그 결부는 1결 15부 2속이다. 같 은 '量연금'인데도 平자 16 지번 등과는 달리 章자 6 지번의 바로 위에 '陳'이 기록되어 있는데, 이는 묵힌 전지를 1679년 타량 당시에 기경되었 음을 보여준 것이다. 즉, 平자 16 지번 등은 1679년 이전 이미 개간된 것이다.

또한 章자 '陳 20'의 田 2결 31부가 모두 20, 20-2～91作으로 나뉘어 기경되었으나, 1707년에는 91작이 모두 장자 20 지번의 하나로 合錄되어 이에 2결 31부가 기재되어 있다. 이는 모두 묵혀 있음을 '月先 陳'에서 알 수 있다. 밭이지만 2결이 훨씬 넘는 지번에 월선 名이 등재된 이유를 알 수 없으나, 적어도 量名에 대한 중요한 실마리를 제공한다. 바로 '月先 陳'의 전답이 다음에 일구어 질 때에 타량한 양안에는 '貳結參拾壹負 內 量月先'으로 기재될 것이 틀림없다. 이를 반증해 주는 것이 〈附錄 1〉에서 垂자 1 지번의 '柒拾捌負肆束 內 量天生'이다. 우선이 지번은 垂자 6의 '量延金 肆結拾貳負伍束'과 같이 1679년 양안에 등재되지 않은 지번이다. 아울러 다른 자호와 지번도 있는 것으로 보아 1707년 양안에는 1679년과 1685년의 두 양안 이외에 또 하나의 다른 양안의 존재를 짐작할 수 있다.

더욱이 표에서 보는 바와 같이, 垂자의 1에는 '量天生'의 78부 4속은 3작으로 나누어 12부 7속이 개간되고 잉진으로 65부 7속이 남아 있다. 지번 2에는 '年金 陳'은 물론 사표에 '西天生'이 기록되어 있고, 3, 4 지번에 각각 밭 4부 3속, 6부 3속에는 '千生 陳'이 씌어있다. 아울러 6 지번에는 '量延金'의 밭 4결 12부 5속의 6% 정도의 개간(25.3, 3作)이 이뤄졌다. 또한 천생처럼 양명과 時名의 기록을 연금에게도 찾을 수 있다. 즉, 표에서 39부 3속의 首자 95의 '時年金'은 물론 1679년의 양안에서 연금은 戎 42의 밭 6부의 기경자로 등재되어 있음은 물론 전 15부(成川)의 55 지번에도 실려 있다.

1679년 양안에 등재된 인물이 1707년의 양안에 다시 등장하는 인물은 7명에 불과하지만 연금과 천생이 여기에 있다는 것은 '量名'을 이해하는데 좋은 실마리가 된다. 이들의 지번 수와 그 전답 결부 및 기경지의 결 등을 알아보기 위하여 아래와 같이 〈표 7〉을 만들었다.

〈表 7〉 1679년 양안에 등재된 인물이 1707년 量案에도 登載된
인물의 地番 數·結負·起耕地 結數

(單位; 負束)

名	1679年 ⑱量案			1707年 ⑳量案		
	地番數	總 結負	起耕地 結負	地番數	總結負	起耕地 結負
海奉	17	278.7	111.7	9	22.4	11.7
明德	13	8.6	8.6	8	24.4	23.1
山伊	5	28.8	田 17.9	6	48.5	48.5
寶化	8	29.5	29.5	20	67.3	63.3
天生	2	12.6	畓 11.3	2	10.6	
			田 3.1 成川			
連金	6	37.3	田 21.4	2	72	田 39.3
月先	4	6.3	田 6.3	16	1,185.7	田 451.6

위의 자료는 1707년 양안의 855건의 필지에서 7명만이 1679년 양안
상의 등재인물이므로 이에 대한 통계적 해석은 어렵다. 하지만 경작지
규모는 매우 영세하다. 한편 표에서 해봉은 起耕地가 1결 17부 7속이다
가 밭 11부 7속으로 그 경작 규모가 축소된 반면에, 월선은 기경지 밭
6부 3속이 28년 이후에 무려 밭 4결 51부 6속으로 그 규모가 확대된
것이 특이하다. 농업경영 상의 어떤 변화에 의한 것인지 해명하기 어렵
다. 그런데다가 앞에서 언급한 것처럼 章자 20의 2결 31속이 묵혀 있지
만 그의 명으로 되어 있을 뿐만 아니라, 育자 35에는 8결 25부(起耕
325)가 그의 명으로 되어 있다. 월선의 전체 규모가 陳起 포함하여 11결
이상이란 점도 간과할 수 없는 것이지만, 명례궁의 戶奴로서 代錄한 것
으로 추론할 근거도 없다. 1679년의 밭 6부 3속과 대비된 데서 월선 자
체의 경영규모의 확대는 앞으로 더 연구해야할 대상이다. 여기서 '章字
二十貳結 參拾壹負 月先 陳'이 후일 타량할 때에 1707년의 양안 기재
양식이 사용되고 또 이 전답의 기경이 이뤄진다면, '章字 二十貳結 參
拾壹負 內 量月先' 하에 '1作 ○負 ○束 ○○○…'으로 기재되리라고
추단된다. 두 양안의 각각 8지번과 20지번에서 首자 63 지번만이 같은

'田 貳負 陸束'에 보화 명이 기재되어 있다. 두 양안의 동일한 羌자 50 지번에도 같은 보화 명이 기록되어 있지만 논 8부 3속과 8부 1속인 점이 다르다.

요컨대 현존하는 복흥면 양안에는 궁농소 양안 ⑰과, 같은 명례궁 양안인 ⑱, ⑲, ⑳이 있으나 ⑳에는 또 다른 명례궁 양안이 있을 수 있음을 밝혔다. 아울러 '量名'이 처음 타량하거나, 또는 타량할 때에 묵힌 전지에 기록된 인물로 그 후 개간하였을 경우 '內 量 ○○○'로 표기된 것으로 추단하였다. 이는 '量名'을 田地의 소유주로 판단하는 과도한 추론을 하는 데는 신중함이 요하는 바를 보여준 것이다. 1887년 복흥면 명례궁의 양안은 또 다른 하나의 양안이다. 궁방전답 등에서 많이 볼 수 있는 記上(己上)이라 기록된 전답의 노비 名이 이 量名과 관련이 있다고 판단된다. 이를 통해 실록에서의 '買賣, 記上, 傳係, 折受'에서 이 '記上'[167]을 바르게 이해할 수 있다.

이와 같이 1679년 이후 1707년까지의 순창군 복흥면의 명례궁 장토에 대한 그 개간의 추이 등을 파악할 수 있었다. 그 궁방전답의 起耕率이 1707년에도 1/4정도에도 미치지 못한 것을 감안한다면 이 전답 등에

---

167) 記上(己上)이란 잘못된 '선험적 지식'[상식]에 의한 이른바 강제로 이뤄진 '上納'이 아니라, 申告, 登載 등을 의미하는 것으로 전답을 매득하여 등재하는 사례 등을 밝혔다(朴魯昱, 『朝鮮時代 記上田畓의 所有主 研究』, 景仁文化社, 2005, 203~4쪽). 그래도 실록 등의 기록을 이해하기 어려운 점이 있었다. ① … 如賜牌田民 推刷時則已矣 其餘買賣記上傳係折受等 田民 則所當各自推之(『中宗實錄』 卷100, 中宗 38.4.20, 18-671쪽), ② 至於湖西 則良民世耕之地 或稱記上 或稱折受 勒令分半 數百良民 嗷嗷失業 至煩擊皷 該堂宜重推 該郞宜拿問 田租之分半者 宜卽出給(『英祖實錄』 卷37, 英祖 10.2.4, 42-418쪽), ③ 自本館(成均館)勒謂之已上[己上]田畓(『備邊司謄錄』, 英祖 21.1.20. 註 67 參照) 등이 그런 기록이다. 이제 기상 행위가 이뤄진 것은 입안 등을 받아 전답을 개간할 때의 量名 또는 量主, 量作으로 기재된 사실을 지칭한데서 말미암은 것이다. 개인 가문인 경우도 동일하다. 內奴 등의 명으로 기상된 事例가 많은 것도 그런데서 찾을 수 있다고 본다. 記上된 배경 또는 원인을 해명할 수 있게 되었다.

대해 어떤 추정을 하기는 어려울 것이다.

끝으로 1631년 복흥방 궁농소의 양안 ⑰을 살펴보기 전에, 1707·1887년의 명례궁의 복흥면 ⑳과 ㉑양안을 비교·검토하고자 한다. 1707년의 양안에는 罪·周·殷·湯·坐·朝·道·垂·拱·平·章·愛·育·首·臣·伏·戎·羗·遐·邇·壹·體·率·賓·食·化자 등 26 자호에 총 결부 108결 8부 1속 內에 田畓은 46결 58부 5속(起田 3,931.1, 起畓 727.4)이다. 1887년의 양안에는 위의 자호 가운데 殷·湯·坐·朝·食자 등 5자호가 없는 반면, 閒·場·發·黎·來자 등 5자호가 추가 등재되었다. 罪자로부터 80字이상 앞에 있는 자포곡평 來자의 한 필지 밭 1부 9속이 기재되어 있는 것도 ⑳과 ㉑을 서로 다른 양안 전답을 타량한 것이다. 이 자체만을 보면 ⑳과 ㉑이 같은 양안에서 탈락되거나 추가된 것으로 추정할 수도 있다. 하지만 경자(기해)양전을 감안하더라도 ㉑양안에는 都合 47결 19부 3속에 실전답이 流來陳頉 4결 37부 9속을 제한 42결 81부 4속에 논이 10결 17부(集計)인 점에서 그렇게 추정하는 것은 어렵다. 더구나 필지도 각각 855건(作 包含)과 505건인데다가 罪·垂·拱·伏·化자 5자호에 실린 전답을 서로 비교해도 그렇다는 것이다. 5자호에는 쉽게 비교할 수 있는 결부여서 편의상 활용한 것이다.

1707년 양안에서 1결 35부 2속의 罪 1 필지에서 셋의 分作을 통해 기경된 밭이 22부 2속에 불과하나, 180년이 지난 후 81부 4속(罪자 4; 11.1, 25; 4.8·13.1, 29; 9.8·14.2, 30; 22.3, 36; 6.1)이 기경되어 전보다 4배에 가까운 밭을 일구어 넓혔다. 이를 일반적인 사례로 파악하기 어려울 뿐만 아니라 그 나머지 묵힌 밭의 결부의 존재가 확인되지 않는다. 한편 1887년에 덕흥리평의 罪자 지번 25와 28의 각각 필지에 두 작인들(罪 25 田 4.8 業尙·13.1 千수, 28 田 9.8 禮丹·月城里坪 田 石同 14.2)이 있다. 이를 지번이 아닌 작까지도 시작을 중심으로 踏驗釐正된 양안이기 때문인지 확실히 추정하기 어렵다. 또한 拱자 지번 4에서도 3인(자포곡평 田 2.8 小尙化, 덕홍리평 田 4.3 小수·1.9 禮丹)의 시작이 있고, 양림동평의 伏자 7에는 분금이 밭 10부 4속과 7부를, 또한 소록단이 안산평의 논 17부 8속을 경작하였다.

1707년 양안의 垂자(1-1~3작, 2, 3, 4, 5, 6-1~3작)의 38부가 일구어 낸 밭인데 그 仍陳田이 무려 5결 1부 2속이나 된다. 1887년 양안에는 그 결이 19부 7속(덕홍리평 수자 24 지번 2, 31; 1.3 陳, 32; 1.5. 안산평 수자 14 지번 7.6, 7.3 陳)에 불과하여 두 양안은 서로 같은 전답을 타량한 것으로 보기 어렵다.

또한 拱자는 13필지로 2결 89부 4속 內에서 일궈낸 밭이 1결 46부 7속인데 반해, 1887년에는 그 결이 37부 2속(자포곡평 拱자 1 지번 2.6 陳, 4; 2.8, 18; 10.3, 덕홍리평 수자 4 지번 4.3·1.6, 11; 15.6 陳)에 불과하여 동일한 밭을 타량했다고 보기 어렵다. 伏자에 있는 전답은 묵힌 땅이 없이 모두 기경되어 있다는 것이 다른 자호의 필지와는 다르다. 전답이 3결 52부 5속(田 71.9, 畓 280.6)인데 비해, 1887년에는 밭이 17부 4속이고 논이 1결 32부 1속으로 기경 면적이 1707년보다 약 42% 정도로 감소되었다. 당해 양안에서 논이 전답의 실경지에서 1/4 정도도 못 미치는 복홍면에서 이미 기경해 오던 그 많던 논이 묵혔다고 본다면, 이는 합리적인 추정이 못 된다. 化자 지번 11에는 밭 42부만이 실려 있는 데 반해, 1887년에는 밭 26부(자포곡평 小尙化), 논 36부 4속(덕홍리평 36.4 禮丹)의 두 필지로 나눠진 셈이다. 이는 두 필지로 나뉨은 물론 거의 50%에 가까운 전지가 증가된 데다가 反畓의 가능성을 추정하기도 어렵다.

이제 ⑰양안에서의 '量·時'와 '名·時'의 기재 사례를 중심으로, 이를 검토해 보고자 한다. 1631년 순창현 복홍방 궁농소 양안에는 起耕田畓 256필지와 仍陳秩의 16필지를 합하여 272필지에, 각각 實計한 34결 50부 1속과 '仍陳田' 46결 41부 1속의 合 80결 91부 2속이 기재되어 있

다. 하지만 實計한 實田은 9결 19부 7속이며 實畓은 25결 30부 4속이
다. 이는 실답이 실전의 거의 3배란 사실에서, 그와 반대로 밭이 논보다
3배 이상인 ⑱, ⑲, ⑳, ㉑과는 별개의 양안으로 복홍면 지역이지만 같
은 전답을 타량한 양안이 아님이 더욱 자명해진다. 이 양안에는 '時名'
또는 '名(姓名)'으로 기록된 자가 78명이며, 10명이 성명으로, 5명은 奴
로, 그 나머지 63명은 명으로만 기재되어 있다.168) 우선 연금, 수이, 마
이동, 귀실, 남이 등 奴 5명의 전답 결부는 각각 4결 49부 5속,169) 1결
53부 7속, 82부 6속, 5부 6속 등이다. 이 양안에서 奴 연금이 가장 많은
전답을 보유 또는 경작하는 자이며 애춘과 언립이 각각 3결 96부 7속,
3결 28부 3속으로 그 뒤를 잇고 있다. 애춘과 언립이 어떤 신분인지 그
자체로는 추정하기 어렵지만, 경작 규모는 매우 크다. 奴 연금과 언립의
공통점은 그래도 상당히 많은 代田(垈田)을 각각 2결 39부 6속, 88부 2
속씩 보유한데 있다. 애춘은 두 필지에 각각 논 1결 83부 3속, 1결 18부
6속을 보유한 사실도 특이하다. 이는 ⑲양안에서의 '明禮宮連金田畓'
과 ⑳에서의 실결 밭 4결 51부 6속이 등재된 月先을 연상케 한다. 연금
이 궁노이든 명례궁 奴이든, ⑰과 ⑲의 전답 등은 내수사나 명례궁의
전답에 그 명을 기록한 것에 불과하다. 두 연금을 한 인물로 추단하기를

---

168) 양안 상의 已上과 기존의 연구 통계는 각각 34결 46부 2속과 33결 83부 6속이
며, 양안의 仍陳田 통계도 46결 40부 7속이다. 아울러 양안의 都已上에는 80결
86부 9속이 기재되어 있다. 그 연구에서는 4명을 제외한 모두가 奴婢名으로 표
기되었다는 사실로 밝혔으나, 鄭金(11回; 姓名으로 기록된 件數. 이하 같음), 朴
男(1), 宋大(4), 李宗希(1), 李世(1), 李會(1), 李汗(2), 金世(4), 朴順伊(2), 成春(3) 등
10명의 성명을 확인할 수 있다.

169) 翔字.
西參等畓捌束連金
東參等畓玖負彥卜時同人(縱書)
위의 자료에서 '同人'이 우측(앞 칸)의 인물을 대칭한 것으로 판단한 결과로 연
금의 결부가 4결 49부 5속이 된다. 이 양안에서 다른 동인도 우측의 인물을 대
칭한 것으로 판단된다.

유보하는 것은 1631년에 기록된 인물이 76년이 지난 후에도 '時延金'으로 궁방전 양안에 실릴 수 있느냐 하는 문제에 있다.[170] 또한 奴 마이동도 ⑰에서 전답 보유가 11번째로 82부 6속인데, 仍陳秩 條의 實計한 전답 46결 41부 1속(已上 4,640.7)의 16필지가 모두 그에게 실려 있어, 合은 47결 23부 7속이 되는 점도 호강한 양반의 奴라기보다 마이동이 궁노라고 짐작된다.[171] 이 양안이 宮農所 양안이란 점에서 더욱 그렇다.

또한 1631년 양안에서 '量·時' 기재 사례를 검토하여 각각 그들의 전답 총 결부를 파악하기 위하여 양안 상에 '量名·時名'으로 기재된 결부와 '名·時名'으로 기재된 것을 정리하여 아래와 같이 〈表 8〉을 작성하였다.

〈表 8〉 '量名·時名'과 '名·時名'의 結負

(單位; 負束)

字號	量付名·名	時名	時結	時總結	量名·時結
翔字	彦卜	連金	9	449.5	9
	量 李世		15.2		15.2
	量 加之金	守伊	4.9	153.7	175.1
	量 加之金	愛玉	4.3	20.7	
	量 加之金	彦賓	7	7	
	量 李會		33.3		49.4
	量 李會	學希	5.3	81.5	
	量 李會	學希	10.8		
	量 朴世良	海卜	22	57.5	26.7
	量 朴世良	海卜	4.7		
	量 希龍	戒金	7.8	120.5	13.7
	量 希龍	七非	5.9	5.9	
龍字	量 分伊	鄭金	18.7	98.9	18.7
	量 洪卜	鄭金	13.1		42.1

---

170) 고문서에서 상전의 所志를 제출하는 자로 사망한 奴名이 그대로 계속 기록된 사례는 많다.

171) 李榮薰은 25負 미만의 영세한 노비경영은 거의가 이들 호강 양반의 노비적 소작농이었으며, 개간지에는 '양반지주-노비소작'의 관계가 성립되어 있었다고 파악하였다(앞의 책, 156~157쪽).

	量 洪卜	守伊	5.3	153.7	
	量 洪卜	鄭金	15.7		
	量 希進	鄭金	6.5		6.5
師字	量 明代		11.3		11.3
	量 獨女		8.1		8.1
翔字	量 大仁	守伊	11		39.7
翔字	量 大仁	守伊	9.6		
河字	量 銀報	李汗	26	28.3	28.3
	量 銀報	李汗	1.7		
醎字	量 知玄	亇伊同	2.7	82.6	52.9
	量 知玄	亇伊同	16.8		
	量 松伊	守伊	8.7	153.7	17.4
	量 松伊	守伊	8.7		
翔字	量 汗同	守伊	6	13.6	
薑字	愛春	金世	34.7	53.1	49.7
	愛春	金世	15		
番丘貝	京春	學龍	7.9	138.3	21.3
當山洞火	京春	彦立	13.4	328.3	
番丘貝薑	貴丄	忠立	16.6	97.3	16.6
	七男	仁文	23.2	23.2	23.2
	順世	身亞非	14.7	43.3	14.7
	春金	德非	8	8	3.3
	元伊	丒德	2.4	15.2	13.2
冷泉洞	難卜	學龍	40.8	138.3	40.8
當山洞火	大卜	仁陪	8.1	16.2	110.7
自抱谷	大卜	世鶴	6.2	13.4	
	大卜	世鶴	7.2		
防築洞	破回	成春	15.4	43.3	23.3
	破回	成春	2.7		
	破回	忠立	5.2	97.3	
	彦立	儀均	21.8	21.8	328.3
防築內	彦立	忠立	13.2	98.9	
抱谷	終介	彦立	55.3	328.3	21
	之乃	仁陪	5.3	16.2	5.3

☆ 龍字 量 홍복의 결부 중 8부는 民結이 포함된 것이다. 翔字 量 대인 19부 1속과 한동의 7부 6속도 같은 民結이다.

　　1631년 양안에는 '仍陳'을 제외하고 기경지 256필지의 결부 하단에 명(성명)만을 기재한 것이 208건인데, 표에서처럼 '量·時'로 기재된 것이 29건이고 '名·時名'으로 된 것이 19건이다.

우선 '量'은 量付에서 나온 것인데, 이는 어느 때의 타량한 양안에 부록된 것을 의미한다. 여기서는 1607년 또는 그 이전 궁에 절수되어 타량한 양안을 말한다. 대체로 궁방전 양안이 이런 양식일 때 군현양안보다 궁방 자체의 양안을 지칭한 것이다. 설령 양안의 사표에 量名 또는 時名이 실려 있어도 그렇다. 1631년 궁농소 양안에는 자호는 기재되어 있으나, '翔字 量付北參等畓 拾伍負貳束 李世'처럼 모든 필지에 地番이 없는 것도, 이를 군현양안이라 칭할 수 없다는 반증이 된다. 절수되기 전에 등재된 것은 '丁未年(1607)以後仍陳秩' 條에서 보듯이 갑술양안(1634) 보다 앞선 양안이어야만 가능하다는 것도 그렇다. '名·時名'과 '名'만 씌어 있는 것은 1607년이나 1631년의 改打量을 반영한 기록으로 볼 수 있다.

그러면 표에서 '彦卜·連金'의 관계를 어떻게 해석해야 되는가. 이는 언복이 경작하던 9부의 논을 연금이가 작인이 되어 경작하는 것으로 보는 것이 타당할 것이다. 언복을 지주로 본다면 9부만을 소유한 자의 전답을 4결보다 훨씬 많은 전답을 보유한 자가 경작하는 상황이 되는 것이다. 표에서 원이가 번구워 薑자에 있는 논 2부 4속을 빌려 경작하던 것을 이제 돌덕이 빌려서 경작하는 반면, 원이가 냉천동에 있는 밭 13부 2속을 빌려 경작하고 있는 것으로 파악해야 옳은 것이다. 이를 地主 원이가 논 2부 4속을 돌덕에게 대여하고 밭 13부 2속을 궁방으로부터 빌려서 경작한다고 해석하는 것은 사회통념상이나 관행으로 보아도 순리적이지 않다. 또한 火字에 실린 밭 12부 3속을 경작하고 있는 경춘이 표에서처럼 같은 자호의 밭 13부 4속과 강자의 논 7부 9속을 언립과 학룡에게 각각 대여해 주었다고 해석할 수는 없다. 翔자의 量 이회는 두 필지 논 16부 1속은 학희에게 대여해 주고 자신은 같은 자호의 33부 3속의 논을 경작하고 있다고 추정하기에는 너무 무리이다. 79명 가운데 25부 이상을 보유하여 궁방의 전답을 경작하는 자가 27명에 불과하되,

25부 미만을 보유하여 경작하는 자가 53명인 것을 생각한다면, 이회가 그 정도의 논으로 지주로서 역할을 하는 위치는 아니다.

표에서 翔자의 3필지 논 16부 2속을 소유한 가지금이 전답 1결 53부 7속을 보유한 수이 등 3인에게 그 전답을 대여했다고 추정하기도 어렵다. 대복은 차경지가 1결 10부 1속인데, 그가 火자와 자포곡의 3필지 21부 5속을 소유하여 이를 다른 사람에게 대여했다고 판단할 수는 없다고 본다. 지현의 사례도 동일하다. 그는 醎자 두 필지 논 19부 5속을, 仍陳田을 제외하고도 82결 6속이나 차경하고 있는 奴 마이동에게 대여하고 자포곡의 '西肆等畓 52부 9속'을 차경한다는 추정 또한 그 사실 가능성이 희박하다.

요컨대 1631년 순창현 복흥방 궁농소의 양안에서 '量·時' 또는 '名(姓名)·時名'관계를 '지주·소작'관계로 추단하기 어렵다.

6) 水原 忠勳府·昆陽郡 延礽君·高揚郡 明禮宮의 田畓量案

1806년의 『忠勳府田案』(內題; 水原田案冊, 奎 16340)을 통해 '主·時'가 '지주·소작'관계를 의미하며, 모두 56필지에서 37필지(66%)가 이 관계 하에 있으며, 이 둔전의 결당 租 100斗로 정규의 결세를 수취되었다는 연구가 있다. 아울러 '上同'과 '同人'에 의해 自作筆地가 13건임도 밝혔다.[172]

우선 自作 필지와 관련해 충훈부 전안의 宿城 지역의 것을 정리하여 그 결부와 主名 및 時名을 검토해 보고자 한다.

---

172) 李榮薰, 앞의 책, 196쪽.

〈表 9〉『忠勳府田案』上의 結負와 主·時名

(單位; 負.束)

字號 地番	地目	結負	主　名	時　名
階 70	畓	6.4	主 水命	時 論孫
納 28	畓	0.6	主 朴悌中	時 金順建
28-2作	畓	6.8	主 소人	時 儀永
29☆	畓	2.5	主 論孫	時 仝人
30☆	畓	3.4	主 論孫	時 仝人
83	畓	0.8	主 論同	時 儀元
88☆	畓	12.3	主 論同	時 仝人
陸 32	畓	6.6	主 萬卜	時 興立
34☆	畓	2.1	主 仁孫	時 仝人
48	畓	4.5	主 千一	時 二生
64☆	畓	3.2	主 仝人	時 仝人
63☆	畓	1.8	主 李俊	時 仝人
72☆	畓	1.8	主 仝人	時 仝人
7☆	畓	10.1	主 成一	時 仝人
8☆	畓	5.1	主 仁孫	時 仝人
20☆	畓	3.1	主 夫失	時 仝人
弁 21	畓	3.5	主 韓命信	時 塾空
鼓 29☆	畓	5.2	主 夫失	時 夫失
41☆	畓	3.4	主 仝人	時 上同
45☆	畓	4.7	主 仝人	時 上同
59	畓	12.8	主 彦春	時 於屯
肆 29	畓	5.5	主 太先	時 戒生
29-2作	畓	24.2	主 仝人	時 上同

　〈表 9〉에서 보는 바와 같이, 기존의 연구에서 지번 위에 기호 '☆'를 표기한 13필지를 '自作地'로 파악하였다. 橫書로 된 양안에서 '時仝人' 을 바로 위 칸의 時의 인명을 대칭한 것으로 파악하지 않고 '主名'을 대칭한 것[173]으로 판단한 것으로 보인다. 아울러 肆字 29-2作과 같이

---

173) 李榮薰은 『종친부무안이서면행심』의 자작 필지(이영훈 위의 책, 199쪽)를 규정 할 때는 '時名' 란의 동인을 우측의 인물을 대칭한 것으로 파악한 것이라 본다. 하지만 수백 건 이상의 양안을 검토하면서 유일하게 '上同'이 우측을 대칭한 것 이 田畓 3결 2속의 「水原府所在龍洞宮田畓打量成冊」(奎 18295)에서 그 일부만 을 보았을 뿐이다. 물론 古阜의 용동궁 양안에서 자호의 소재에 坪 이름을 쓸 때 앞의 坪을 대칭하면서 '上同坪'을 사용한 例는 있다.

'上同'은 우측의 인물인 戒生을 대칭한 것으로 파악한 것으로 생각된다.
이 양안의 56필지(儀字 量外 畓 2.7 包含)를 전부 이기한 표에서 감암의
潛자 31(主소人 時上同), 39·오질정의 志자 89, 兒자 98, 99, 100, 101,
금육리의 二자 92 등 8필지의 上同을 우측(앞 칸)의 인물을 대칭한 것으
로 파악한 것으로 짐작된다. 물론 鼓자의 41, 45는 자체에서 어떤 해석
을 하든 같은 결과라 논외로 한다. 이런 양안 자료 등의 橫書에서 同人
은 대체로 우측의 인물을 대칭한 것으로 판단된다. 표의 主名 란의 '納
28-2작 소人'은 위의 28 박제중을 대칭한 것이다. 따라서 동인을 우측을
대칭한 것으로 파악하면 鼓자 29, 41, 45의 3필지만이 '자작지'라고 할
수 있다. 여기서 '上同'은 그와는 달리 바로 위의 주명 란의 인물을 대칭
한 것으로 보는 것이 순리적이다. 사실 위의 표에서 보는 바와 같이 納
자 28-2작의 '主소人'은 어떤 경우에도 오른쪽 같은 자호 28 지번의 主
朴涕中을 대칭한 것으로 판단할 수밖에 없다. 그런데 29 지번의 '時同
人'이 위의 主 논손을 대칭한다고 추정한다면, 이는 특히 양안의 동인의
해석에 있어 일관성이 없는 것이다. 충훈부 양안에서 이는 자작지가 존
재했는가 여부를 떠나 형식 논리상으로는 그렇다.

  그런데 궁방전 등에서 '主·時', '起主·時'의 기재양식을 통해 '지주·
소작'관계를 도출해 냈다. 이에 '主·時'名이 일치된 필지를 자작지로 판
단해도 되는가를 구체적으로 검토해 보고자 한다. 우선 이 전안에는 實
計한 전답 5결 68부 2속(已上 588.3, 56필지)이 실려 있으나, 陳畓 7부
5속과 浦落 70부 9속을 제하면 實結은 4결 89부 8속이 된다. 이는 한
필지 당 평균 전답이 10부 1속이 되는 아주 영세한 영농 규모이다. '主·
時'를 '지주·소작'관계로 규정한다면, 이 양안에서 疲자 82-2作의 논 3
속, 納자 28의 논 6부 8속, 83의 논 8속, 公자 49의 밭 7속을 소유한
지주가 4명이 된다. 이들 규모는 지주라고 보기에는 너무나 영세하다.
거기에다가 5부 미만을 가진 지주가 21명(量外 未包含)이나 된다. 단순

한 지번 상의 이 통계는 전체적으로 약 50%가 5부 미만의 지주가 된다.

위의 표에는 옮겨 기록하지 않았지만, 이 충훈부 양안 상에서도 潛·志·兄·二·肆字의 10필지가 이른바 '자작지'로 추정할 수 있다. 潛字 지번 31, 34의 김영남은 논 16부 2속 가운데 9부 2속을 박정화에게 대여해 주고 겨우 7부를 스스로 경작하고 있다. 志字 89의 天京도 논 10부 3속을 스스로 자영하면서 지번 88의 4부 8속을 박의신에게 대여한 것이다. 兄字 97~101까지 5필지에 겨우 18부 4속을 '소유'하고 자영하는 풍립이 97의 악동에게 4부 5속을 대여해 주고 있다. 二字의 최승업은 지번 91의 7부 2속의 답을 김무현에게 소작지로 주고 자신은 지번 92의 논 1부 3속을 자영한 것이다. 肆字 29-2作의 24부 2속을 스스로 경작하는 太先은 29의 결부 5부 5속의 논을 타인에게 경작케 하고 있다. 이들 5인의 사례처럼 아주 영세한 전답에서 자기의 토지를 남에게 빌려주어 경작하게 하고 자신은 비슷한 규모의 토지를 경작한다는 것은 극히 있기 어려운 사실이다. 이는 주와 시를 소유자와 소작인으로 보고 또 '동인'의 대칭을 잘못 해석한 데에 있다.

이 둔전에서 결 당 조 100두를 징수했다는 기록으로 보아, 이 토지는 충훈부의 유토 둔전으로 추정된다. 그렇다면 여기에는 개인의 소유권이 설정될 수 없다. 이는 '주'를 소유자 내지 지주로 보아서는 안 된다는 한 증거도 된다. 그뿐 아니라 이 양안에는 1806년 이후 붙임종이가 있는데, 여기에는 감암의 光字(1806년 陳)부터 오질정 枝字까지 5필지를 묶어 '陳'으로 기재되었고, 第字 38부터 兄字 98까지 12필지, 肆字 29-2作부터 公字 49까지 3필지가 모두 '柴場'으로 기재되었으며, 儀字부터 二字까지 3필지, 納字 28-2作 등 거의 절반에 가깝게 그 필지가 묵혀지고 있다는 것도 '주·시'를 '지주·소작'관계로 보는 데에 의문을 던진다. 붙임종이가 두 장이나 붙여 있는 사실도 이런 관계로 추정하기는 어렵다.

또한 1717년 「慶尙道昆陽郡兩浦面延礽君房起耕量付田打量」(「慶

尙道庄土文績」 7, 奎 19302)을 통해서 芿叱項員의 安·定·篤자 등 42
개 필지를 제시하고, 安자 44의 '奴自隱同 時金時右'의 기재양식을 '量
主·時主'로 파악하여 奴 자은동 등이 사표 상의 인물과 일치함으로 그
가 1634년의 갑술양안 상의 인물이었다고 한 연구가 있다.[174] 하지만
이 양안에는 사표의 기록은 없다. 더구나 이보다 10년 앞선 1707년 「昆
陽郡兩浦面延礽君房折受無主田畓字號庫員負數打量成册」(위와 같음)
이 현전한다. 또한 '折受無主'가 이 양안의 표제에서 확인된다. 양포면
잉질항들에는 35필지에 7결 77부이고, 거기에서 加耕秩 條에 27필지에
73부(始 16은 전품, 결부 기록 無. '長40尺廣三尺 實時 哲金'은 전품의
미기재로 제외)도 기록되어 있다. 이 양안에서 3字號의 35지번에는 '無
主 陳', '無主 實時 以賢', '無主 實時 仁善 今起', '無主 金明石 今起'
와 같은 양식으로 기재되어 있으며 34지번이 모두 '無主'가 기재되어
있다. 단 定자 66 '實時 髙金'에는 이 무주가 빠져 있다. 잉질항들의 가
경질 始字 27필지에는 23과 29의 각각 '畓 4속 陳'과 '田 2부 8속 內
1부 陳 1부 8속 實時 接同'을 제외하고는 25필지에는 '實時名'이 모두
기재되어 있다. 하지만 35지번의 양안에는 사표의 기록이 있다. 1717년
양안 상의 이른바 '量主'에 실린 말동, 계립, 말석, 금하 등이 1707년
양안의 사표에서 확인되나,[175] 이들이 다른 '實時'의 인물로는 등재되
지 않았다.

　따라서 1717년 양안 상의 安자 44 지번의 '奴自隱同 時金時右' 등에
서 '時' 앞에 기록된 자은동 등을 갑술양안 상의 인물인 이른바 '量主'

174) 李榮薰, 위의 책, 535쪽.
　　延礽君房의 양안에는 원래 사표가 기재되지 않았는데, 이를 연구자가 사표가 있
　　는 것(李榮薰, 위와 같음)으로 착각한 것으로 짐작된다.
　　芿叱項員 安字 第肆拾肆肆等直田 長三十三尺 參負參束 奴 自隱洞 時 金時右
　　　　　　　　　　　廣十八尺
175) 始자 36, 41, 52, 58, 63, 77, 79, 84, 89, 111, 118의 地番이다.

인가란 의문과 자은동과 김시우 등을 '양주·시주'로 판단하기는 어렵다. 물론 사표 상의 등재에 따라 '양주' 여부를 판단할 수 없다는 사실도 중요하다. 뿐만 아니라 '양주' 등을 그 전답의 소유주로 판단하기 어렵다는 점도 검토되어야 한다.

또한 「明禮宮屬高陽郡中面伏在田畓打量成册」(奎 18204)에서 '起主·作'을 당시의 지주·소작관계로 볼 수 있는 확실한 근거는 1720년 경자양전 이후 9년 밖에 경과하지 않았는데 '起 主'가 종전의 경자양안을 轉寫한 것이라 하더라도 1729년의 '作'의 등장인물이 모두 교체될 수 없다고 보고 있으나,[176] 이는 재검토의 여지가 있다. 즉, 고양의 4결 99부 3속이 명례궁의 '유토면세' 전답이란 사실이다. 이미 궁방전 양안 등에서 主를 현대적 개념인 전답 소유주로만 파악하는데 문제가 있음을 밝힌 바가 있다. 이는 궁방전 양안에서 '量·時'의 기재양식 등을 '지주·소작'관계로 추정하는데서 오는 결과인 것이다. 궁방전 양안 자체는 그 자체여야 하는데, 이를 다른 시각에서 이를 추정한 데에 그 이유가 있다.

---

176) 1729년 명례궁의 고양군 中面 注葉里 양안은 경자양안으로 비교하는 것(李榮薰, 위의 책 205쪽 참조)은 바르지 않는 것으로 생각된다. 顯宗 3년(1662)부터 경기 양전이 시행되어 陽州를 거쳐 長湍의 양전을 마친 1668년 이후 1737년 경기 양근, 삭녕, 적성, 연천, 마전, 지평 등의 6邑을 타량하였다(宮嶋博史, 앞의 책 43쪽 참조). 아울러 군현양안을 전사한 것이 바르다면 고양군 양안의 사표 인물과 '起主'가 일치될 수 있어야 하는데 體자 8, 8-2作, 9의 3필지에서도 그렇지 아니하다. 더구나 다른 필지도 동일하지만 3필지의 作 洪先奉, 李億萬이 1729년 이후 어느 해인가 崔守奉으로 바뀐 붙임종이를 확인할 수 있는 것도 이는 명례궁의 전답 양안임이 확인된다. '主申日天'과 작인관계의 양안이 명례궁 양안으로 존재하고 거기에 붙임종이를 붙여 작인의 변동 상황을 확인할 이유가 없는 것이다. 『都案』에는 고양에 유토면세 전답 4결 99부 3속이 기록되어 있으며, 이후 1825년 『전부고』 상에도 같은 결부의 유토면세지가 실려 있다. 『국유지』에는 淨土 78부와 洴[注]葉里 (高陽郡 中面 注葉里 現 高陽市 注葉1洞)에 전답 5결 11부 8속이 기재되어 있는데, 그 土地 起源에는 본궁의 庄土로 年代가 오래되어 '不明'이라고 되어 있다. 이 궁방전은 명례궁의 유토였을 것이다.

4. 古阜郡 龍洞宮田畓 量案 上의 '起 主·時作' 檢討

1830년의 『全羅道古阜郡所在龍洞宮田畓量案』(奎 18308)을 검토하여 '起主·時作'의 형태를 '지주·소작'관계로 밝힌 金容燮과 李榮薰의 두 연구가 있다.[177] 김용섭은 이 양안의 전답이 용동궁의 소유임에도 양안 작성 연대(1830)나 내용이 이 시기의 용동궁의 것이 아니고 그 이전 民田 내에서의 '기 주'와 '시작'을 기록한 것이라 추정하고, 이 양안의 時作을 분석하여 '經營型富農'은 물론 '自作農'의 존재를 제시하였다.

이영훈은 전자의 자료 해석에 대한 반론으로 1703년의 「全羅道古阜郡伏在淑寧翁主房田免稅出稅及陳起區別成册」(奎 20364)과 1747년의 「全羅道古阜郡毓祥宮免稅畓庫長廣卜數成册」(奎 18721) 두 양안의 존재에 의해 부정됨을 들었고, 이 장토가 숙녕옹주방 → 육상궁 → 용동궁으로 이속되어 왔음을 짐작할 수 있다고 하였다. 아울러 전자의 분석 결과를 원용하지 않는 것은 장토의 일부인 上同坪, 公長坪만을 삼고 있는데, 이 상동평이란 앞과 동일한 坪이란 뜻에 불과한 것이기 때문이란 것이다. 이에 장토가 속한 3개 면 가운데 德林面만을 그 분석 대상으로 삼는다고 하였다.

하지만 '起主·時作'의 형태를 '지주·소작'관계로 파악한 두 연구는 재검토가 필요하다고 생각한다. 우선 고부 용동궁 장토의 由來 또는 시원이 바르게 규명되었는가를 검토하고자 한다. 두 번째는 덕림면의 장토에 관한 통계 자료를 통해, 이에 걸맞게 바른 추정이 이뤄졌는가를 알아보고자 한다. 세 번째로 고부의 용동궁 양안에서 主 란 다음의 시작 란의 '동인'은 바로 옆 주 란의 인명을 대칭한 것이 바른가, 아니면 시작

---

177) 金容燮, 『朝鮮後期農業史研究』 I, 一潮閣, 1970, 208~294쪽. 『史學研究』 6·7(1960)에서 轉載 ; 李榮薰, 앞의 책, 80~81쪽.

란의 인명을 대칭하는 것이 바른가를 밝히는데 중점을 두고자 한다. 끝으로 이 고부 용동궁 양안에서 '起 主'는 이 전답의 소유자이고 시작이 이른바 소작인으로 규정할 수 있는가를 알아보고자 한다.

용동궁 고부양안에는 德林, 東部, 南部 三面의 合結 295결 83부 7속 (時起 12,507.5, 仍陳 17006.2, 끝의 '買得田畓字號負數謄出'의 已上 108.8은 未包含. 단위; 負.束. 이하 동일)이 등재되어 있다. 그런데 이 양안 상의 전답의 유래를 가장 정확하게 제시하는 것은 아래의 정조 22(1798)년 3월 27일의 『비변사등록』 기록이다.

全羅道暗行御史金履永所啓 臣於今番廉察之行 得聞古阜郡東部面北部面德林面 有御營屯土之稱以移屬於壯勇營者 田畓都數爲二百九十五結零 云 而索其文券 則曰以無有 聞其移屬 則謂之眞的 事甚訝惑 故敢此仰達 盖聞此田畓 本自金淑儀房轉賣于御營廳 自該營一並打量 每一卜定稅一斗 無論豐歉 以代錢三百兩式定上納 已多年所 昨年移屬本營之後 逐庫收稅 所捧都數爲二百七百餘石 比前營納厥數稍多 灾民稱冤至於呼訴 … 而無論移屬與否 旣多查櫛 捧稅之數 且非元來免稅之地 則當自戶曹 有所依例捧稅之擧 令廟堂查實 稟處何如 上曰 前御將今適登筵 詳陳所可見也 前御營大將趙心泰曰 以御營廳屯田事 致有此民說者 誠未可曉也 盖此屯田 自御營廳費萬餘金買得 已過三十餘年 幹事營校見欺於本土屯監 許多收稅盡歸奸竇 在初五六百兩納稅者 十數年來則甚至爲數十餘兩 故自該廳略加查櫛 以三百兩定稅 … 臣於査罪 是任時 行會本道踏驗以來 則陳爲一百五十餘結 起爲一百三十餘結 … 臣之必欲釐弊 期於査實者 專爲軍需所關 而一種奸細之輩 大失所利 谿壑難充 則乃敢從中搆虛 做出移屬壯營之說 以爲歸怨之地 …

위의 내용은 3월 27일에 대신과 유사당상, 병조판서, 이조참판, 어사가 함께 入侍했을 때에 암행어사 김이영이 아뢴 것과 전 어영대장 조심태가 말한 것을 기록한 것이다. 무엇보다도 전답의 結 都數가 용동궁 양안 상의 三面의 295결 83부 7속과 위 기록의 295결영은 서로 일치한다. 아울러 양안 상의 合 時起結 125결 7부 5속, 仍陳 170결과 위의 起

陳 각각 150·170여 결은 서로 비슷하다. 또한 이 전답이 둔전이란 사실
도 1906년의 「龍洞宮全羅北道古阜郡屯土新舊摠成册」(奎 19301-3, 「新
舊摠成册」이라 稱)과도 부합된다. 따라서 위의 내용은 용동궁의 고부
소재 전답의 유래와 형성과정을 잘 보여주는 자료이다.

1760년대에 金淑儀房이 '萬餘金'을 받고 어영청에 이 전답을 轉賣하
였다는 기록은 가장 중요한 사실로 판단된다. 즉, 이 둔전은 궁방의 장토
를 매득하였다는 점에서 그렇다. 전자의 연구에서 1830년 양안 상의 '起
主'를 그 이전의 민전일 때의 '起 主'로 파악한 이유도 그런 데에 있었
다고 본다. 이에 '每 1卜'의 세가 '1斗'로 정해서 代錢으로 三百兩씩 규
정하여 상납해 왔던 것은 바로 어영청의 전답이기 때문이다. 또한 어사
김이영은 이 둔토는 원래 면세지가 아닌 有土이므로 호조의 전례에 의
해 더 많은 세금을 징수하는 조치를 요구하기도 하였다.

한편 이 둔전이 장용영에 이속되었다는 說은 일종의 간세배들이 둔전
으로 오는 이익을 크게 잃고 한없는 욕심을 채울 수 없게 되자 중간에서
말을 만들어 허위로 얽어맨 거짓이었다. 두 연구에서 용동궁 둔전이 한
때 장용영에 속한 것으로 파악한 것은 사실이 아니다.

김용섭의 연구에서는 고부 용동궁 장토의 시원을 金淑媛房이 고부와
扶安의 接界에 있는 덕림면의 전답 100여 결을 매득한 데서 찾고 있
다.[178] 김 숙원은 1705년에 封한 것으로 그 후 1710년에 숙의 김 씨를
貴人으로 삼기를 명[179]한 것으로 볼 때, 어영청에 전답을 전매한 김 숙
의와 같은 인물로 짐작된다. 1708년과 당대 기록에서 김숙의방과 김숙
원방이 각각 존재했으나, 金昌國의 딸인 김 씨는 이미 1686년에 숙의로
봉해졌다. 그 후 바로 昭儀가 되었으며,[180] 후일 爵號가, 1708년의 각

178) 『備邊司謄錄』, 肅宗 34.12.30, 1708.
179) 『肅宗實錄』卷42, 肅宗 31.5.1, 40-157쪽. 같은 책 卷48, 肅宗 36.1.20, 40-342쪽.
180) 위의 책 卷17, 肅宗 12.閏4.20, 39-67쪽. 『承政院日記』, 肅宗 12.5.27, 元本 315

궁방에 절수된 전답에 대한 存置와 혁파할 곳을 기록한 데서도 영빈방
으로 기록되어 있어 김 숙의의 동일 인물은 아니다. 따라서 다른 김 씨
의 숙의와 숙원이 존재하였다고 본다. 1708년의 기록에 김숙의방에는
서천의 龍堂津 船稅, 장수의 量外加耕 200餘 結, 함평 禿楮島, 정주 其
莊垌이, 김숙원방에는 영광 波示坪 漁場, 법성포 岺浦, 物士乃浦, 向化
浦, 덕림면 전답 100餘 結 買得, 칠원 苧浦坪이 절수 또는 매득되어 면
세되었다.181) 1708년에 영광 파시평 어장이 '該宮新設後折受'한 사실
을 통해 분명히 김숙원방이 1705년 창설되었다는 기록이 신뢰를 준다.
따라서 김숙원방이 덕림면 전답을 다른 김숙의방에 매도하여 다시 어영
청에 전매할 가능성을 완전히 배제할 수는 없지만, 김숙의방이 전매했다
는 것은 김 씨가 숙원에서 숙의로 승격되거나 아니면 어영청 대장이 숙
원을 숙의로 착각하여 이렇게 서술된 것일 수 있다.

이영훈의 연구에서는 숙녕옹주방과 육상궁의 전답이 용동궁으로 移
屬된 것으로 추정하였다. 숙녕옹주방의 전답은 덕림면 起畓 9결 81복
(內 今未移秧 295.7, 起耕 685.3), 동부면 起畓 19결 20복 4속(內 今未
移秧 729.4, 起耕 1,191), 동부면 出稅秩 畓 31결 1복 5속(起畓 760.1,
陳畓 2,341.4. 양안 상의 각 字號의 已上을 실제 합산한 통계다. 이하
같음)의 合 59결 29복(起耕畓; 3,929.5)이다. 고부군 소재 육상궁의 전답
은 80결이다. 김숙원방이 매득한 100여 결과 두 궁방의 전답을 합해도
210여 결 정도에 그친다. 이 전답들 모두 김숙의방이 어영청에 轉賣한
295결에는 85결여가 부족하다. 이는 숙녕옹주방, 육상궁의 고부 전답이
모두 이에 매도되었거나 이속되었을 경우에 그런 것이다.

하지만 1719년에 기해양전과 그 후 이 지방의 양전이 이뤄졌기 때문
에 1703년의 양안과 비교하기는 어렵다. 그런데도 숙녕옹주방의 고부

冊/脫草本 16冊(15/24).

181) 『備邊司謄錄』, 肅宗 34.12.30, 1708.

전답 양안에서 적어도 덕림면의 減·號자는 1830년 용동궁 양안지번 수
는 63·15지번으로 너무 차이가 난다. 동부면의 논은 지번과 결부에 등
재된 것과 결부가 거의 대동소이하다. 즉, '減'자 자호는 각각 1~41 지
번의 수가 같고 그 결부도 각각 5결 3속, 5결 36부 9속이다. 또한 '號'자
는 각각 결부는 4결 80부 7속과 4결 72부 9속으로 거의 같은 반면 그에
서 전혀 그 연관성을 파악하기 어렵다. 동부면의 玉자는 2·21지번에 9
부 8속, 4결 6속이고, 出稅秩 條의 옥자에는 12지번에 45부 8속이 실려
있다. 出자는 2·15지번에 각각 7부 4속, 3결 35부 5속이며, 崗자에는 1·
21지번에 각각 2부, 5결 31부 2속이다. 釖자는 29(9~59. 缺番 有), 26이
지만 그 결부는 각각 1결 50부 5속, 5결 64부 9속으로 그 연관성이 있다
고 보기 어렵다. 또한 號자는 3·28지번에 결부는 각각 21부, 6결 21부
9속으로 차가 너무 크다. 동부면의 出稅秩 條의 麗자에는 각각 15·12지
번에 논 4결 97부, 4결 99부 5속인데 이는 매우 근접한 수치이다. 水자
도 32·24지번에 각각 결부 4결 79부 5속, 6결 37부 5속으로 약간 근접
한 수치이다. 이에 따라 동부면 면세질 조의 兩·露·結·爲·巨字의 지번
과 그 출세질의 兩·露·結·爲·霜·金·生자의 지번 전답들이 어디로 移
入되었는지 판단할 길이 없다. 1703년과 1830년 양안의 덕림면과 동부
면의 관련 자호를 모두 같은 것으로 인정해도 그 결부는 21결 86부 2속
에 불과하여, 거의 절반 정도가 1703년 이후 어느 시기에 이 양안에서
탈락된 것으로 추정된다. 더구나 숙녕옹주방의 전답에는 1830년 양안의
북부면 9결 51부 4속도 실려 있지 않다.

또한 1747년의 고부 소재 육상궁의 면세전답 양안에서는, 80결 가운
데 43결 74부 7속이 1830년 용동궁 양안에 移入되었다. 이 양안에는 논
이 489필지인데, 이 가운데 198필지의 논 36결 25부 3속(45.3%)은 여기
에서 탈락되고, 나머지 논만이 1830년 양안에 실려 있다. 여기에는 譽자
15지번이 모두 탈락되었고, 靑자 29지번 가운데 오직 청자 30 한 지번만

이 용동궁 양안에 등재되었다. 州자는 18지번 가운데 州자 7·9·10·12 지번은 약간의 결부 차만 변동되어 1830년 양안에 실렸다. 丹자 또한 13 필지 가운데 8필지가 탈락되고, 단자 34·60의 지번에는 같은 결부가 기록되어 있으나 6·18·61 지번은 약간의 차가 나는 결부가 기록되었다. 이 외에 馳자 7 지번 등 한 자호에 한 지번이 빠져 있거나, 九자 4·禹자 8·秦자 10·宗자 10 지번이 탈락되는 등 그 자호의 일부가 용동궁 양안에 移入되지 않았다. 그런가하면 육상궁의 자호와 지번 그리고 논 결수가 정확히 용동궁 양안에 이입된 것은 87지번이다. 그 나머지 논들은 馳자 1 필지처럼 각각 12부 8속, 12부 5속의 아주 근소한 차의 기록을 볼 수 있는 것이 대부분이나, 禹자 1, 24의 결수가 19부 8속→11부 8속, 25부 7속→6부 2속과 같이 5부 이상 차이가 나는 지번도 19건이나 된다.

이렇게 보면, 숙녕옹주방의 전답은 많아야 15여 결과 육상궁의 전답 43결 74부 7속에 숙원 김 씨방 전답 100여 결이 모두 이입되었다 하더라도 약 159결로, 이는 1830년 용동궁 양안의 전답의 절반을 약간 상회할 뿐이다. 따라서 고부 용동궁 전답의 유래는 '숙녕옹주방→육상궁→용동궁으로 移屬'이나, '숙원 김 씨방'에서 그 일부를 밝힐 수 있을 뿐이다. 이는 1760년대 숙의 김 씨가 어영청에 매도한 三面의 전답 295結零이 연구 분석의 기본 자료임이 더욱 명백하다.

기존의 두 연구에서 덕림면의 통계나 그 일부를 활용하였기 때문에, 그 통계 분석 등을 검토하고자 한다. 우선 三面의 용동궁 전답 295결 83부 7속은 숙의 김 씨방이 어영청에 매도한 중요한 사실은 일단 유보하고 기존의 연구를 살펴보고자 한다.

덕림면의 전답이 양안에 기록된 것은 起陳 각각 94결 81부 7속, 55결 89부 7속의 都己上(總合) 150결 71부 4속이나, 정확히 實計한 것에 의하면 각각 94결 52부 5속, 55결 96부 9속의 합 150결 49부 4속이 된다. 그 연구에서 덕림면 기경 전답의 일부 혹은 전부를 분석 대상으로 삼았으므로 우선 主와 時作의 통계의 정확성은 물론 이를 검증할 수 있게 개인 별로 각 지번에 기재된 각 '起 主'名의 결부 통계 〈附錄 2〉와 각 시작명의 결부 통계 〈附錄 3〉을 작성하였다.

이 통계에 따르면 덕림면의 기경지만의 主와 時作의 전답 결부 총계는 각각 95결 18부 5속이다. 여기서 主는 398명이고 시작은 236명이다. 그런데 기존의 연구에서는 전답 소유자는 397명, 경영자는 395명이라 하였는데,[182] 시작이 이처럼 큰 차이를 보이고 있는 것은 단순한 계산상의 착오가 아니다. 이는 '同人'의 대칭을 달리 해석하였기 때문일 수도 있다. 기존의 연구에서 이 '동인'의 대칭 해석을 어떻게 처리하였는가에 대한 명확한 설명은 없다. 그러나 육상궁 양안의 靑字(外蓼前坪) 29지번 가운데 오직 30 한 지번만이 용동궁에 移入되었는데, 두 연구에서는 '起主可郎金 時作同人'(橫·二行 竝書)의 同人을 主 可郎金으로 파악한 것으로 짐작된다.[183] 그러나 이 時作의 '同人'은 앞 칸의 시작 인물을 대칭해야 되는 것으로 판단된다. 즉, '起主名'은 '起主名'대로 '時作名'은 '時作名'대로 대칭해야 된다.

'同人'의 대칭에 대한 해석이 어느 것이 바른 가를 알아보기 위해 첫째 용동궁 양안의 통계처리의 결과를 통해서 설명하는 방법과, 둘째 고

---

182) '경영자 395명'에 대한 전혀 설명이 없으나 소유변화와 경영분화의 표에서도 동일 결부로 그 상황을 기재하였음은 물론 소유자의 영세성은 각각 '397명, 395명으로서 소유자가 오히려 경영자보다 많은 데서 나타나고 있다'란 점으로 보아, 경영자의 수는 시작 란에 기록된 시작의 수로 본 것이라 생각된다. 순 지주는 178명, 소유와 경영에 겸하는 자 219명(자소작 39명, 자작지주 77명, 자작농 103명))이고 소유 및 경영에 있어서 장토와 관계하는 자 573명을 밝히고 이에 자작농 103명을 제외한 470명이 지주-소작관계에 관련되어 있다고 하지만 이 '경영자 395명'에 대한 구체적인 기술이 없다(李榮薰, 앞의 책 87~88쪽 참조).

183) 李榮薰은 청자 30 지번의 '同人'을 표 1에서 靑字 30番 '24負 5束 起主 可郎金 時作 可郎金'으로 제시하였다.(李榮薰, 위의 책, 81쪽) '上同坪'이 고유 지명이 아니고, 앞에 기재된 같은 坪(李榮薰, 위의 책, 86~87쪽)임을 지적한 것은 바르다고 판단된다.

문서나 양안에서 읽는 관행의 방식을 살펴보는 방법을 통해 입증하는 방식을 취하겠다. 셋째는 기존의 동인의 대칭에 대한 해석이 잘못되었음을 방증하는 방식으로 主와 時作 名이 實名으로 각각 기재된 자료를 검토하여 입증하고자 한다.

첫째 방식으로 살펴보자. 통계 처리의 결과 기존의 연구에서 '起 主' 397명이고 이를 경작하는 경영자가 395명이라고 파악한 것은 주와 시작이 그 숫자에 있어 거의 변동이 없음을 뜻한다. 이것을 397명의 지주가 있고, 경영인이 395명이라고는 이해하기 어려운 일이다. 더구나 궁방전의 경우 지주는 궁방인데 '기 주'를 개인 지주로 파악한 것 자체도 모순이다. 이를 감안한 김용섭은 '기 주'는 1708년 덕림면에 있는 땅이 용동궁 궁방전이 된 해의 민전의 소유주로 해석하고, 시작은 용동궁 양안이 만들어진 1830년의 경작자라고 그 시차를 들어 설명했다. 그러나 同人의 기록이 없이 實名으로 같은 주명이나 시작명이 기록된 예가 57명이다(아래 〈表 11〉 참조). 120년의 시차가 있는데 동일인의 이름이 주명으로도 나오고 시작명으로 나오기 때문에 이는 바른 해석이 아니다. 또한 여기서 主가 전답의 소유주이고 時作이 이른바 소작인을 지칭한다고 볼 수 없다.[184] 특히 시작은 당해 年의 전답을 경작하는 佃夫의 범칭이라고 판단된다. 따라서 군현양안이나 궁방전양안에서, 시작은 전답의 소유주일 수도 있고, 소작인도 될 수 있다.

이 양안 상에 주명이 실명으로 기록되고, 다음의 시작 란에 '동인'으로 기록된 사례 중 한두 번 나오는 경우를 제외하고 여러 차례 나오는 인물이 甲丁 등 25건이 있다. 양안에서 갑정은 14필지에 1결 5부 3속의 전답의 主인데, 그 중 塞字 지번 17-2作·赤 37·城·34-2作의 3필지에만

---

184) … 及時作之名 時作者 今年佃夫之名 於時縣令 親出看坪 以書員執灾之冊 … (『牧民心書』, 戶典 第二條 稅法 上).

臣又按 域中之田 改王田也 其有私主者 不可以書主 宜改錫其名曰 時占 其佃夫曰 時作而已(『經世遺表』卷5, 田制考 六 邦田議).

오로지 '同人'으로 기록되어 있다. 권손의 滅자의 7필지 18부 7속 가운데 24, 26-2작의 두 지번에만 그 시작 란에 '동인'의 기록이 있다. 奴 김복금의 19필지의 1결 47부 9속 중 鷄자 37, 田 19, 田 19-2작, 城 5, 城 38의 5필지의 시작명이 同人으로 기록되어 있다. 11필지의 39부 5속의 서윤화는 4필지에서 동인의 기록이 있다.

또한 主 月化, 主 백운학의 사례도 같다. 월화는 16필지의 1결 4부 7속을 '소유'하였는데, 鬥자 22, 26, 27·碣자 11-4작의 4지번에서만 동인의 기록이 있다. 백운학은 8필지의 73부 2속을 '소유'한 반면에 昆자 45, 45-2작 두 지번 시작 란에 동인의 기록이 있다. 최세유도 8필지 (39.8) 가운데 3필지에만 동인으로 기록되어 있고, 5필지의 主인 김운홍 (50.4)은 한 필지 塞 5의 시작 란에 동인이 기록되어 있다.

이는 시작 란에 기재된 동인을 바로 主 란의 성명을 대칭한 것으로 판단했을 때만이 그들이 시작이 된다는 뜻이다. 25명의 實名의 주명이 다른 필지의 시작 란에서 확인되지 않는다는 뜻이다. 따라서 主名이 同人 이외의 지번의 시작 란에서 찾을 수 없다는 것은 동인의 대칭을 잘못 파악한 결과인 동시에 이들 主들은 당시 타량할 때에 생존하지 아니 하였거나 경작에 참여하지 않았다는 반증도 된다. 이와는 달리 소수이지만 주·시작 란에 동시에 名이 기재된 例도 있다. 연덕은 8필지 가운데 각각 4필지에 주와 시작으로 등재되어 있다. 그와 관계된 시작 란에 同人이 기재된 嶽자 17, 坮 24-2작의 두 필지가 있다. 嶽자 16·17의 주는 김일명이고 시작 란에는 각각 연덕과 동인으로 기재되어 있다. 이 동인이 김일명을 대칭한 것으로 볼 수 있는가 하는 점이다.

아울러 坮 24, 24-2작의 필지에는 今陳主·主 연덕이 각각 등재되어 있는데, 이 경우의 동인을 '今陳主'의 연덕을 대칭한 것으로 볼 수 있는가. 이는 그렇지 않다고 판단된다. 시작 란의 인물을 대칭한 것이 바르다고 본다.

'舊·今陳主'는 그들대로 동인의 대칭을 기록한 것으로 판단된다. 어떻게 연덕은 주와 시작 란에 모두 실려 있을까. 이는 타량할 때에 연덕은 다시 시작이었기 때문에 두 란에 모두 기재되었을 뿐이다. 일금이와 피님도 이에 해당한다. 마음금의 사례도 동일하다. 즉, 그는 百자 44, 4-2작, 郡자 4 지번에서 모두 45부 4속의 主이지만, 精자 7, 百자 35, 36 지번의 41부 5속을 경작하는 시작인 점이다. 坮자 26, 26-2작, 26-3작의 주는 각각 김일진, 김일진, 일금인데, 시작 란에는 각각 일금이, 同人, 일금으로 실려 있다. 이 동인은 主 란의 김일진인가 아니면 시작 란의 일금이를 대칭한 것인가. 또한 跡자 28(21.8), 29(4.4)의 두 필지 주는 박순항인데 그 시작은 각각 一年과 동인으로 되어 있다. 이 동인은 박순항과 일년 가운데 어느 명을 대칭한 것인가. 시작 란의 동인이 主를 대칭한 것이라면, 박순항이 21부 8속은 일년에게 빌려주고 소규모의 4부 4속을 스스로 경작하는 셈이 된다. 主가 박인극인 宗자 32, 32-2작, 34(33 舊陳主 박인극)의 3필지에서 그 시작은 각각 다른 정춘과 고읍례인데, 34 지번만이 시작 란에 동인이 기록되어 있다. 이 동인을 主인 박인극으로 판단할 수 있는가. 池자 23, 25, 26(舊陳主 同人), 26-2작, 28 5필지의 主가 이동이고, 3필지는 일금인데 25 지번의 시작만이 동인으로 기재되어 있다. 이 동인은 시작을 대칭한 것으로 판단하는 것이 바르다. 또한 宗자의 조중정, 號자의 최선봉, 赤자의 백운선, 恒자의 진기, 鷄자의 황산이 각각 主인데, 이들은 2~3지번 가운데 하나의 지번 시작 란에 기재된 '동인'은 바로 앞의 시작 란의 명을 대칭한 것이다.

더욱이 이 양안에서 主를 전답의 '소유주'로 해석한다면, 시작 란에 씌어진 '동인'이 主를 대칭한 것으로 해석할 수 없다.

둘째의 방식 즉, 다른 양안에서의 투식이나 관행을 통해 동인이 주 란을 대칭한 것인가 앞 칸의 시작 란을 대칭한 것인가를 살펴보자.

㉒ 龍字
    加第二十九 ⋯ 壹負參束 東無陳田北同人畓 起 主 今 私奴 梁莫先
                    ⋯   二方同人田
    第三十 ⋯ 南北長肆拾伍尺 陸負參束 三方同人田 起 主 舊 無主
            東西廣參拾伍尺   南渠   今 同人
    (『慶尙道比安縣定東面庚子改量田案』, 奎 15952, 1722)

㉓ 馨字丁
    第一 ⋯ 壹卜 ⋯ 起 主 大嬪房 免稅永作
                作 甘之
    第二.北陸等直畓 ⋯ 貳束 ⋯ 起 主 同房
    犯   作 同人
    (『全羅道羅州牧其佐島己亥量案謄書草成册』, 奎 18983, 1724)

    위의 ㉒에서 ‘舊無主’이므로 ‘今同人’은 ‘今私奴梁莫先’을 대칭할
수밖에 없다. 뿐만 아니라, ㉓에서 주는 대빈방인 데다가 ‘同房’으로 대
칭하고 있으므로 ‘作同人’은 ‘作甘之’를 지칭한 것이다. 요는 ‘主·作’이
나 ‘舊·今’으로 기재된 양식에서, 今主는 바로 앞 지번의 무주(인명)를
대칭한 것이 아니라 主 란의 今의 인명을 대칭하고, 作 란의 동인은 앞
의 작 란의 인명을 대칭하고 있다. 다른 양안에서도 이런 사례를 많이
접할 수 있다.185)

    당시의 관행이나 어떤 투식이든 합리적인 기재양식은 主 란은 앞 칸
의 주 란대로, 시작 란은 시작 란대로 각각 그를 代稱하는 ‘동인’을 사용
한 것이다.

    또한 궁방전 양안에서는 사표 인물은 인물대로 主는 주대로 파악되거
나 한 양안에 시작명을 붙임종이를 통해 따로 붙이거나 기록하는 데서
그런 것이다. 이 덕림면 양안도 사표 상의 인물, 主, 시작이 다른 시점에

---

185)「水原府所在龍洞宮田畓打量成册」(奎 18295, 1731).「忠淸道新昌縣寧嬪房免稅田
    畓打量成册」(奎 18785, 1754).「全羅道羅州牧所在明惠公主房買得免稅田畓飛禽
    全一島己丑改量成册」(奎 18770, 1769).「靈光郡塩所面松耳鞍馬兩島所在宣禧宮
    免稅田畓改打量成册」(奎 18745, 1834).

각각 따로 기록된 것이다. 1747년의 고부군 육상궁 양안의 주와 붙임종이의 時가 같은 시기에 작성된 것으로 이영훈의 연구에서 밝혔지만, 이 양안 상의 主가 사표에나 時에 등재되지 않는 자가 馳字의 婢 先禮 등 98명이나 된다. 이 양안의 馳자에서 主 婢 선례는 사표에 기록되어 있지 않지만 丹자 35 지번이나 主자 34의 사표에 그 기록이 있다. 이런 사례가 몇 있으나 대부분 사표에서 그 名을 찾을 수 없다. 특히 각 지번이 연속으로 되지 않고 빠져 있는 것이 상당 수 있지만, 馳자 8의 主 金望伊는 7·8·9 지번의 사표 상에서 그 명이 없다. 이와 같이 지번 순서 상 결번이 없이 세 지번이 연속되어 있는데도 지번의 主가 사표 상에 기재되어 있지 않는 자가 51명이나 된다. 이는 主의 기재가 1747년이면 사표 상의 인물의 등재는 이보다 앞선 시기에 해당하며, 붙임종이의 時는 그 후 타량할 때의 기록으로 판단된다. 고부군 덕림면 용동궁 양안의 '起 主·時作'의 기재양식을 '지주·소작'관계로 잘못 해석한데서 온 결과일 수도 있다는 추정의 근저에는 바로 이런 例가 있다는 것이다.

셋째는 고부군 소재 용동궁 전답의 양안에서 주명 란에 기재된 '同人' 사례를 검토하여 이 동인의 기존의 해석이 잘못되었음을 밝혀보기 위하여 〈表 10〉을 작성하였다.

〈表 10〉 主名 란에 記載된 '同人'의 檢討 比較

(單位; 負束)

順	字號地番	同 人	實名有無	時名	實名有無	主結	筆地	時結	筆地	
1	沙38	金順弘		三月						
	44	同人	有 三月	同人	有 三月	16.4	2	89.2	20	△
2	45	同人	有 三月	洪德春						△
3	漠50	七同		同人		23.1	3			
	51	同人	有 七同	同人	無 七同					△
4	15-2作	鄭興卜	有 鄭興卜	同人	無 鄭興卜	64.5	5			
	15-3作	同人	無 鄭興卜	同人						×
5	16	同人	無 鄭興卜	同人						×
6	宗26	奴 日今	有	同人	有 日今	48.2	6	142.5	14	

	27	同人		同人						△
7	28	同人		同人						△
8	30	同人		同人						△
9	32-2作	朴仁克		古邑禮	有 古邑禮			24.8	3	
	34	同人	無 古邑禮	同人						×
10	恒21-2作	國永		加郎德	有 加郎德			36.1	5	
	25	同人	無 加郎德	古邑禮						×
11	25-2作	辰己	有 辰己	同人	無 辰己	47.3	6			
	25-3作	同人	無 辰己	忠今						×
12	28-3作	崔世有	有 崔世有	同人	無 崔世有	39.8	8			
	28-4作	同人		同人						×
13	岱19	金一辰	有 金一辰	同人	無 金一辰	41.8	5			
	19-2作	同人		哲山						×
14	20	春禮	有 春禮	同人	無 春禮	26.3	3			
	21	同人		五德						×
15	26-3作	一金		一金伊						
	27	同人		同人						○
16	28	甘德	有	同人	有	70	4	6.3	1	△
	29	同人		一元						
17	主28	老郎春	有 老郎春	同人	無 老郎春	14.2	2			
	28-2作	同人	無 老郎春	同人						×
18	云6	奴 牙化		麻音德	有 亇音德			48.5	3	
	8	同人	無 麻音德	大仁金						×
19	12	李大辰		小丁						
	12-3作	同人	無 小丁	小丁	有 小丁			70.4	7	×
20	13-2作	李大辰		小丁						
	16-3作	同人		同人						×
21	20	中得☆		無						
	24	同人		春三						○
22	25	月江	有 月江	同人	有 月江	166.5	16	61.1	3	
	亭1	同人		同人						△
23	4	仁哲	有 仁哲	同人	無 仁哲	38.9	4			
	4-2作	同人		同人						×
24	6	月化		同人						
	6-2作	同人	有 月化	同人	無 月化	104.7	16			
25	12	井邑老未		奉每						
	13	同人	無 奉每	奉每	有 奉每			52.5	5	×
26	14	成白	有 成白	同人	無 成白	29.9	3			
	15	同人		同人						×
27	雁1	者斤奉	有 者斤奉	汗日	有 汗日	15.9	3	37	5	
	1-5作	同人	無 汗日	同人	無 者斤奉					×

28	12	甲同		豊年金	有 豊年金			44.9	5	
	12-2作	同人☆	無 豊年金	同人						×
29	門7	盧德官	有 盧德官	同人	無 盧德官	64.9	8			
	7-2作	同人☆		同人						×
30	7-3作	同人		同人						×
31	8	尙德	有 尙德	同人	無 尙德	25	5			
	8-2作	同人		禮今						×
32	13	卜金	無 卜金	春三	有 春三					
	14	同人	無 春三	貴尙						×
33	26-2作	永丹		同人		23.3	2	75.2	7	
	26-5作	同人		同人						△
34	紫9	連德		延德						
	10	同人		老郎金						○
35	15	甲丁	有 甲丁	同人	無 甲丁	105.3	14			
	16	同人		同人						×
36	18	元金	有 元金	同人	無 元金	39.5	6			
	19	同人		甘德						×
37	塞5	云興	有 云興	同人	無 云興	50.9	5			
	6	同人		貴福						×
38	29	月江	有 月江	同人	有 月江	166.5	16	61.1	3	
	29-2作	同人		同人						△
39	38-2作	朴卜先		檢嚴金	有 檢嚴金			28.2	5	
	39-2作	同人☆	無 檢嚴金	同人	無 者斤老未	62.9	4			×
40	45	朴卜先		朴卜先						
	46-2作	同人		同人						○
41	鷄22	黃山	有 黃山	同人	無 黃山	13.3	2			
	22-2作	同人		尹今						×
42	24	老德	有 老德	同人	有 老德	8	2	24.6	2	
	24-2作	同人		同人						△
43	田1	九禮	有 九禮	九禮	有 九禮					
	1-2作	同人		梁國						△
44	4	春才		永丹						
	6	同人	有 永丹	同人	有 永丹	23.3	2	75.2	7	△
45	赤30	漢哲	有 漢哲	同人	無 漢哲	13.1	2			
	31	同人		立禮						×
46	49	卜金		立禮						
	城4-2作	同人	無 立禮	辰秋	有 立禮			117.7	13	×
47	11	九禮	有 九禮	同人	有(九禮)	148.1	13	0.6	1	
	12	同人		豊利金						△
48	23	李辰己		同人	無 李辰己					
	27	同人☆	有 李辰己	同人	無 李辰己	47.3	6			×

49	27-2作	同人☆	無 李辰己	成禮						×
50	30	甲丁		三浦德				29	5	
	31	三浦德		同人		19.7	3			
	31-2作	同人		同人						○
51	34-2作	甲丁		同人						
	36-2作	同人		同人	無 甲丁					×
52	36-3作	同人		次今	無 甲丁					×
53	36-4作	卜金	有 卜金	卜尙	有 卜尙	147.9	18	57.1	7	
	38	同人	無 卜尙	同人						×
54	38-2作	同人	無 卜尙	卜尙						×
55	昆2	卜金		貴丁	有 貴丁			16.9	2	
	4	同人	無 貴丁	卜尙						×
56	39	光哲		尙禮	有 尙禮			155	23	△
	40-2作	同人	有 尙禮	一斗		36.6	3			
57	42-2作	光哲		同人	無 光哲					×
	42-4作	同人	無 光哲	立禮						×
58	43-4作	三介		立禮						
	45	白云學	有 白云學	同人	無 白云學	73.2	8			
	45-2作	同人☆		同人						
	45-4作	同人		禮今						×
59	池6	日孫	有 日孫	立禮	有 立禮		6	117.7	13	
	8-2作	同人	無 立禮	同人						×
60	14-3作	莫同	有 三仙	三仙	有 三仙	8.8	2	40.3	7	
	18-2作	同人		同人						△
61	25	二同		同人	無 二同	45.9	6			
	26-2	同人	無 二同	一今						×
62	碼3	春才		尙禮	有 尙禮			155	23	
	3-3作	同人	有 尙禮	尙禮		36.6	3			△
63	石6	元昌	有 元昌	同人	無 元昌					
	6-2作	同人		同人		38.8	6			×
64	6-3作	同人		同人						×
65	6-4作	同人		同人						×
66	10	全一奉	有 全一奉	同人	無 全一奉	35.7	3			
	13	同人	無 全一奉	同人						×
67	18	太金	有 太金	同人	有 太金	20.1	2	8.4	1	
	19	同人		同人						△
68	鉅1	怪男	有 怪男	同人	有 怪男	40.5	3	2.6	1	
	2	同人		同人						△
69	3	啓孫	有 啓孫	同人	無 啓孫	24.7	3			
	3-2作	同人		同人						×
70	4	同人		同人						×

☆ '實名有無'는 '同人'을 해석하였을 때의 인물이 다른 필지에 실명으로 기재되어 있는지 없는지를 밝히는 것이다. 有·無
　　옆에 기재된 인명은 바로 有·無에 관계된 인물이다.
☆ '中得☆'은 '還起主 中得'을 칭한다
☆ '同人☆'은 '還起主 同人'을 칭한다.
'○' 기존 연구자들의 연구방식으로 '동인'의 대칭을 앞 칸의 시작이라고 할 수 있는 경우로 이른바 '자작농'이란 사례에
　　서, 이를 주로 판단되는 경우.
'△' 기존 연구자들이 발식으로 '독인'의 대칭을 위 칸의 시작 명이라고만 추단을 할 수 없는 경우.
'╳' 기존 연구자들의 방식으로는 '동인'의 대칭 이외는 時作의 實名이 확인뇌지 않는 경우

　　용동궁의 고부군 덕림면 소재 전답의 전체 기경지는 869필지이다. 이
가운데 주명 란에 '동인'으로 기재된 것이 위의 표에서 보는 바와 같이
모두 70건이다. 三月은 曾자 24 지번 7부 9속과 百자 47-2작 8부 5속의
主로 기재된 반면 시작 란에는 實名의 14필지와 '동인'(시작 란은 시작
란끼리 동인 해석)의 6필지의 결부 89부 2속이 실려 있다. 〈表 10〉에서
기존 연구의 해석처럼, 1의 三月이 沙자 44의 주명 란의 '동인'이 '主
金順弘' 다음 시작 란의 '삼월'을 대칭한 것으로 추단할 수만은 없다.
이런 사례가 모두 삼월 등 18건이다. 이 판단을 보류한다는 생각에서
'△' 기호를 표에 기재하였다. 삼월(1, 2), 一今(6, 7, 8), 월강(22, 38),
영단(33, 44), 구례(47), 상례(52, 62) 등은 실명의 主로서 기경지는 물론
시작으로서의 많은 진답을 耕作하는 경우로, 삼월 등이 '동인'의 대칭일
수도 있다는 의문을 배제할 수 없어 이를 분류하였다. 표에서처럼 3의
칠동은 3필지 23부 1속의 主로서만 현록되어 있다. 16의 감덕은 4필지
의 70부의 主인 동시에 한 필지의 실명의 시작으로 기재된 점에서 이
분류에 넣었다. 노덕(42), 삼선(60), 태금(67), 괴남(69) 등도 이런 사례에
해당된다.
　　표에서 15는 '주 일금 시작 일금이'는 동일 인물이 기재되어 있기 때
문에 '동인'의 해석을 어떻게 하든 같은 결과가 나오므로 '○' 기호로
표기하였다. 연덕(34), 박복선(40), 삼포덕(50) 등의 이른바 '자작농' 사례
가 여기에 해당된다. 다만 21의 '還起主中得'은 이에 포함시켰지만 다
소 의문이 든다. 오직 굵은 글씨로 '환기 주 중득'만 기재되어 있기 때문

이다. 시작 칸이 없는 데서, 일단 기재된 후에 다시 수정한 것으로 생각
된다.

하지만 무엇보다 중요한 사실은 70건 가운데 위에서 설명한 23건을
제외한 47건의 '동인'의 사례에서 그 실명의 주들이 어떤 경우에도 시작
란에 실명으로 등재되어 있지 않다는 점이다. 4의 정홍복이 秦자 제
25(19.4)와 幷자 4(12.2) 지번의 주로, 시작 란에는 각각 연금과 언상의
실명이 기재되어 있다. 또한 정홍복은 幷자 지번 15-2作 22부 9속의 主
로 실려 있지만, 2작(22.9)의 시작 란은 물론 3작(9.3), 16 지번(0.7)의 주
와 시작 란에 모두 '동인'이라고 씌어 있다. 즉, 2작의 '동인'을 기존의
연구자들처럼 주 정홍복을 대칭한 것으로 해석할 때만이 9부 3속과 7속
의 주가 되는 동시에 시작이 된다. 이 외는 시작 란에서 실명으로 나오
는 사례가 없다. 이는 기존의 연구에서 '동인'의 해석을 잘못한 데서 오
는 결과라고 판단된다. 10의 可郞德의 경우도 동일하다. 아래에 제시한
표처럼 그는 5필지의 시작인이나 한 필지의 '동인'을 그의 대칭으로 기
존의 연구자들처럼 해석할 때 恒자 25 지번 1부 4속의 '主'가 된다는
사실이다. 이는 있기 어려운 일이다.

〈表 11〉 時作 可郞德과 主 란의 同人 檢討

(單位; 負.束)

字號 地番	結負	主	時作
宗 9	3.8	劉士一	可郞德
10	21	劉士一	可郞德
11	0.8	劉士一	可郞德
恒 21	9.1	國永	可郞德
21-2作	1.4	國永	可郞德
25	1.4	同人	同人

한편, 恒자 22지번의 舊陳主는 이진기이고, 제23, 24, 24-2作의 구진
主는 정시장이지만 그는 다른 기경지 필지에 기록되어 있지 않다.

또한 12의 최세유도 5필지의 실명으로 기재된 31부의 主인데, 恒자
26의 '主崔世有 時作同人'에서 '동인'을 최세유의 대칭으로 해석할 때
만이 항자 26 필지와 더불어 28-3作, 28-4作의 3필지 8부 8속의 시작이
되며, 그 외는 시작의 □의 실명이 실려 있지 않다. 53의 복상은 57부
1속(50.3)의 시작이다. 성자 38 지번의 '동인'은 성자 36-4작의 복상을
대칭한 것이라면, 복상은 성자 38의 동인의 대칭 해석에 따라 2부 4속의
주가 될 수 있다. 하지만 이는 있을 수 없는 것이라 생각된다. 이처럼
47건 사례에서 주명이나 시작명의 실명이 확인되지 않는 것은 이 '동인'
의 해석이 잘못되었음을 보여준다고 하겠다.

그렇다고 이 용동궁 양안에서 원거리 전답을 근거리 전답과 교환하여
경작하는 이른바 '자작농'의 추정이 가능한가. 양안 상에서 奴 보음금은
덕림면의 율포평에 滅자 지번 40의 논 18부 5속을 '소유' 또는 '보유'한
것이다. 그는 이를 스스로 경작하지 않고 소복남에게 빌려주고 공장리평
에 있는 郡자 지번 20의 31부 2속(〈附錄 3〉 참조)의 논을 李允으로부터
빌려 경작했다고 할 수 있다. 즉, 보음금은 18부 2속을 타인에게 대여해
두는 사모시 동시에 다른 토지를 차경하는 소작인이 된 것이다. 또한 보
음금이 차경하는 경지는 '동인'과는 상관없이 이 필지뿐이다.

한편 1914년 행정구역의 폐합에 따라 부안군 주산면 덕림리는 과거
공장리 등의 일부, 하동면 구덕리 일부, 고부군 덕림면의 매산리와 율포
리 등의 일부를 병합[186]한 것으로 대부분의 마을과 들[坪]은 같은 생활
경작권에 있다. 위의 율포평과 공장리평은 덕림리에 속한다. 이 기록 가
운데 外寥前坪은 원래 하동면의 지역으로 현 부안읍 내료리에 속한 자
연부락 外寥上·下의 들로 짐작된다. 또한 野里, 新野(也)里는 현재 백산
면 죽림리에 있는 마을로 바로 현 덕림리의 이웃 마을이다. 구체적인 예
를 통해서도 검토해야 되겠지만 이 양안에서 적어도 主가 전답이 원거

---

186) 한국지명총람』11(전북 편) 상, 한글학회, 1981.

리에 있는 이유로 서로 경지를 교환하여 '지주·소작'관계가 이뤄졌다고 할 수 없다.

예를 들어 분화는 율포평의 號자 15-2作, 會자 5, 弊자 19 필지의 각각 29부 8속, 19부 1속, 9부 6속 도합 58부 5속을 時作 오용, 성노, 유상에게 빌려주고 野里前坪의 田자 20 지번의 15부 8속, 赤자 8·41·42 지번의 4부 3속, 8부, 3부 8속과 야리평의 池자 21 지번의 29부 7속 도합 61부 6속의 전답을 차경하고 있다. 율포평과 야리평은 같은 경작권 내에 있는 전답이다. 이는 '동인'이 시작 란은 시작 란대로 대칭했다는 입장에서 해석한 것이다. 하지만 기존의 연구가들의 해석으로 하면 號자 15-2작, 폐자 19의 39부 4속을 오용, 유상에게 빌려주는 대신 그는 회자 5의 19부 1속만을 자작하고 15부 8속, 4부 3속, 8부, 29부 7속 도합 57부 8속을 각각 구례와 백운학으로부터 빌려 경작하는 것이 된다. 이 '자작'을 '자작농'이라 규정할 수 있는가. 더욱이 이 양안의 전답이 매득된 점과 기재된 主가 전답의 소유주를 지칭할 수 없다는 사실을 간과할 수 없다.

우선 아래의 〈표 13〉에서의 夢先, 千金, 奴 文成 등의 기록을 정리하면 다음과 같다.

〈表 12〉 夢先·千金·奴 文成의 田畓地域 坪 比較

(單位; 負束)

字號地番	結負	主	時作	坪	쪽
精 17	5.7	夢先	福西未	梅山前坪	12
17-2作	16.8	夢先	連德	梅山前坪	12
九 16	17.2	五用	夢先	外蔘前坪	18
18-2作	11	光德	同人	外蔘前坪	18
18		舊陳主 光德			18
馳 8	4.9	千金	小乭尙	公長坪	18
鷄 29	16	古莫	千今	野里前坪	53
29-2作	16.8	古莫	千今	野里前坪	53
秦 29	15.6	奴 文成		光德坪	30

30	7.9	奴 文成		光德坪	30
33	14.4	崔達儀	文成	光德坪	31
恒 8	12.5	鄭明大	文成	光德里坪	34
赤 18	5.5	甲丁	文成	野里前坪	55

이 고부군 용동궁 양안에서 덕림면의 전답이 수록된 것은 저음에서 65쪽까지인데, 공장평과 야리전평의 위치를 파악할 수 없다고 하더라도 천금의 경작지로 볼 때 덕림면 전체가 하나의 경작권에 있다. 매산전평과 외료전평은 가까운 마을들이다. 특히 표에서 奴 문성은 秦字 29·30 필지의 23부 5속을 연단에게 빌려주는 主인데, 바로 옆 필지의 14부 4속을 최달의로부터 빌려 경작하는 시작이 되는 셈이다. 이러한 사실로 미루어 원거리 경작지와 근거리 경작지를 교환하여 경작했다고 할 수 없다. 팔금도 매산전평의 오직 한 필지 精字 46-2作의 46부 2속의 논을 포재에게 대어하고, 외료전평의 丹字 17의 4부 8속의 논을 차경 하는 전례나 사회적 관행이 있을 수 있는가 하는 문제와 이를 합리적으로 해석할 수 있는가 하는 문제로도 귀착된다.

여기에서 同人이 바로 앞의 인물을 대칭해야 하는가, 아니면 主 란은 앞의 主를, 시작 란의 동인은 앞의 시작을 대칭해야 하는가라는 문세를 일단 제외하고 살펴보는 것도 의미 있다.

또한 기존의 동인 해석이 잘못되었음을 방증하였던 방식으로 주와 시작 명이 각각 실명으로 기재된 자료를 검토하고자 한다. 주 란에 실명의 主 57명이 같은 실명으로 다른 필지의 시작 란에 표기되어 있다. 이들의 주 전답 결부와 같은 실명으로 다른 필지의 시작 란에 기재된 결부의 총계를 각각 알아보고자 한다. 아울러 '동인'으로 기재된 필지를 주 란은 주 란대로, 시작 란은 시작 란대로 그 동인이 대칭된 것을 판단하여, 그 결부를 실명 주와 그 주의 시작 란의 결부에 합산하여 그 변화를 판단하고자 한다. 그러면서도 '동인'의 문제가 여기에 어느 정도 반영되는

가를 파악하기 위하여 별도로 그 결부와 필지를 확인하였다. 이를 위해
작성된 것이 〈表 13〉이다.

〈表 13〉 量案 상의 實名 主와 그 實名時作의 結負 檢討 比較

(單位; 負.束)

順	主名	結	數	同人結	數	時作結	數	同人結	數
1	分辰	2.4	2			32.3	1		
2	莫每	3.1	1			72	4	11.8	1
3	玉今	3.5	1			38.4	2		
4	成禮	3.6	1			1.8	1		
5	千金	4.9	1			32.8	2		
6	次今	5.5	1			55.9	7	11	2
7	李西未	5.7	2			70.4	6	20.2	1
8	松化	6.4	1			116.4	6	62.9	3
9	安心	7.2	1			86.3	7	27.2	3
10	李順天	7.4	1			27.8	1		
11	老德	8	2	6	1	24.6	2	18.1	1
12	乙禮	8.5	2			30.3	2		
13	允今	8.6	1			51.9	6	8	2
14	三先	8.8	2			40.3	7		
15	時今	11.1	2			37.3	2	3.1	1
16	彦尙	12.1	1			109.2	6	38.4	2
17	百萬	12.3	1			12.3	1		
18	占山	13.2	2			222.5	12	187.5	9
19	任己用	13.9	1			70.8	4	16.3	2
20	順丹	14.7	1			17.9	1		
21	三月	16.4	2			89.2	20	34.7	6
22	三浦德	16.7	3	8.4	1	29	5	19.8	3
23	奴禮化	17.2	1			46.5	2		
24	李水元	17.3	2			4.6	2		
25	順石	17.4	1			43.1	3	3.2	1
26	丁每	18.3	1			39.4	2		
27	順每	19.3	2			79	5	9.5	2
28	奴乭只	19.5	1			15.8	1		
29	太今	20.1	2	16.3	1	8.4	1		
30	奴卜丹	21.3	2			96.7	10	10.1	3
31	夢先	22.5	2			28.2	2	11	1
32	奴玉尙	22.6	1			3.4	1		
33	德禮	23.2	1			14.5	1		
34	永丹	23.3	2	17.3	1	75.2	7	51.8	4
35	奴文成	23.5	2			32.4	3		

36	屈同	23.7	2			27.3	5	20.5	3
37	乙尙	23.9	1			36.4	3	7.7	1
38	朴卜先	26.5	5	11.7	2	7.5	2	4.1	1
39	姜官得	26.9	3			24.1	2	12.9	1
40	陸先	27.5	3			23.1	2	5.8	1
41	白貴同	28.8	2			35.5	2	30.7	1
42	尙禮	36.6	3			155	23	69.1	10
43	奴二日	40.4	4			22.9	2		
44	怪男	40.5	4			2.6	1		
45	金一辰	41.8	5			33.4	3	2	1
46	占玉	42.6	2			51.1	3		
47	甫音今	44.4	2			31.2	1		
48	麻音今	45.4	3			41.5	3		
49	八金	46.2	1			4.8	1		
50	奴一金	48.2	6	2.3	1	142.5	14	63.9	7
51	分化	58.5	3			61.6	5	3.8	1
52	連德	61.5	4			107.6	7	31.6	3
53	占春	62.2	3			3.8	1		
54	甘德	70	4	10.6	1	6.3	1		
55	孫甲同	91.5	8	2.1	1	3.2	1		
56	九禮	148.8	13	24.7	2	0.6	1		
57	月江	166.5	16	57.5	3	61.1	3	2.2	1
計		1,662.1	149	156.9	14	2,639.7	231	798.9	78
計	同人1	1,502.2				1,840.8			
計	同人2	1,660				2,455.2			

☆ 표의 작성 상 불가피하여 '필지 수'를 '數'로 표기한 것이다.

　표의 통계를 읽으면 實名의 主名으로 기록된 57명의 전답의 총계가 149필지 16결 62부 1속이다. 分辰 등 실명의 주들이 다른 필지의 時作 란에 그들 이름으로 기록된 전답의 총계가 231필지 26결 39부 7속이다. 이는 주명과 다음 칸의 '주' 란에 동인이 기록된 경우를 주명으로, 시작 명 다음 칸에 동인이 기록된 경우를 시작명으로 해석하여 통계를 낸 것이다. 하지만 이 통계에서 동인의 해석이 그렇게 큰 의미가 없다고 본다. 즉, 실명의 주명과 관련된 동인의 결부는 1결 56부 9속에 불과하고 그 주명의 실명으로 된 시작과 관계된 동인의 결부는 7결 98부 9속인 점이 다. 따라서 이를 제외한 실명 주와 그 주명의 실명 시작의 결부는 각각

15결 2부 2속과 18결 40부 8속이 된다. 또한 기존의 연구에서 한 방식으로 해석하여 동인을 바로 위 칸의 주 란의 실명과 시작 란의 실명을 대칭한 것으로 보면, 그 동인의 결부는 6결 14부 4속이 된다.187) 이에 18결 40부 8속을 더 하면 24결 55부 2속이 되나, 실명 주의 결부는 雁자 12-2작의 2부 1속만이 줄어든 16결 60부가 된다.

요컨대 '同人'의 대칭을 主는 주 란대로 해석하면 16결 62부 1속이고 時作의 結負는 26결 36부 7속으로 증가하고, 기존의 연구 방식으로 해석해도 주 결부는 16결 60부이고 시작의 결부도 크게 증가된 24결 55부 2속이 된다는 사실이다. 어떤 경우에도 주가 '소유'하는 결부보다 월등히 많은 전답을 그들이 다른 사람에게서 빌려 경작하고 있는 것이다. 主의 전답은 거의 모두 타인에게 빌려주고188) 그보다 거의 배에 가까운 전답을 빌려 경작한다는 사실을 합리적으로 논증할 수 없다는 모순점을 갖고 있다. 특히 〈表 11〉에서 1필지나 2필지를 경작하는 主 14명은 각각 결부 8부 8속 미만자이며, 그들은 83부 6속의 전답을 타인에게 빌려주고 그 8배가 넘는 6결 81부 2속을 타인으로부터 빌려서 경작하는 셈이 된다.

이는 동인의 해석 문제라기보다 이 '起 主·時作'관계를 이른바 '地主·小作'관계로 규정할 수 없다는 모순점을 갖고 있는 것이다. 기존의 연구자의 견해에 의하면, 주와 시작의 실명은 같은 시기의 기록이고, 主는

---

187) '主甫音今 時作同人'의 時作 結負 '25부 9속'을 25.9(이하 同一. 負 . 束만 기록),
   占山 13.2, 占春 62.4, 分化 19.1, 次今 5.5, 朴貴同 19.3, 彦尙 12.1, 任己用 13.9,
   李水元, 4.9, 玉尙 28, 麻音金 30.3, 順每 19.3, 占玉 42.5, 分辰 2.4, 安心 7.2, 金
   一辰 4.2, 連德 3, 甘德 44.1, 一金 2.3, 陸先 20.9, 怪男 21.5, 太金 20.1, 月江
   63.1, 永丹 23.3, 朴卜先 6.9, 甲同 15.8, 老德 8, 三先 4.7, 三禮 33.8, 九禮 27,
   三浦德 15의 통계이다. 이 중 일금 2.3, 삼포덕 15, 박복선 4.1, 월강 28의 결부는
   동인을 어떻게 해석하든 그 결부는 일금 등의 결부와 같이 동일하게 된다.
188) 이른바 '자작농'이라 하는 安心(恒자 12 地番 結負 7.2), 延德(紫자 제19 30.4),
   朴卜先(塞자 45, 46-2作 7.5), 尙禮(田자 16 11.4), 三浦德(城자 31 6.6, 32 8.4)
   등이 경작한 결부 71부 5속만이 제외된다.

전답의 소유자이고 시작은 소작인으로 파악하였다. 主를 전답 소유주인 地主, 시작을 小作人으로 해석할 수 없는 것은 57명이 자기 소유의 토지 주로서 기록되어 있으면서 이를 타인에게 모두 빌려 주고 다른 사람의 소자인이 되었다고 볼 수 없기 때문이다. 주명과 시작명을 기존의 연구자들의 해석대로 하면 위와 같은 모순이 생긴다. 여기서 主와 時作은 성격이 다른 개념의 표현이 아니고, 동질의 것이며 주는 前 耕作者이고 시작은 타량 당시의 경작자일 뿐이다.

이는 단지 주와 시작으로 기록할 당시의 시간적인 差를 나타낸다. 시작은 1830년 타량 당시의 기록임이 확실하다. 그럼 주에 기록된 사람은 언제부터일까? 고부군 소재 용동궁 양안은 1760년대 김숙의방이 어용청에 전매한 295결영은 분명히 용동궁 양안의 기록과 일치한다. 따라서 1708년의 기록에서 김숙원방이 덕림면의 100결을 매입한 것이 포함되었다 하더라도 민간 전답과는 다른 성격의 것이다. 민간 소유주의 '주'가 기록될 수 없는데, 그것은 '주'와 '시작'이 동질의 의미로 사용될 때만이 가능하다.

하여튼 主는 정조 22(1798)년 이후 1830년 사이, 양안에 등재된 인물일 수밖에 없다. 주가 많이 교체된 것으로 보아 그 시기는 1798년 이후 얼마 되지 않는 시점으로 추정된다. 즉, 어영청으로부터 용동궁으로 둔토로서 이래된 이후에 등재된 인물이라 하겠다.

그런데 主는 主대로 시작은 시작대로 해석하면, 이 양안에서 主인 동시에 시작인 자가 모두 57명이다. 하지만 이 추정이나 분석이 바른 것인가. 우선 위의 〈표 10〉의 통계 자료를 결코 과소평가할 수 없다. 고부군 덕림면 양안의 主가 398명 가운데 약 12%에 해당되는 47건의 사례를 단순히 예외적인 것으로 판단할 수 없다. 더구나 시작은 236명 가운데 57명으로 전체의 약 25%에 해당된다. 이는 '起 主·時作'의 분석은 바르지만, 이를 '지주·소작'관계로 분석하는 데는 재검토가 요구되는 요인이 있는 것이다.

더구나 이 양안 상의 主가 '소유' 또는 '보유'한 평균 전답 결수는 23
부 9속인데, 〈附錄 2〉에서 설옥의 최저 1속부터 10부 미만의 主가 398
명 가운데 102명이나 된다. 이는 전체의 약 26%에 해당될 뿐만 아니라
평균 23부 9속 미만인 자가 158명으로 전체의 약 67% 즉 2/3 이상이
된다는 사실에서, 이 '主'를 '地主인 소유주'로 추단하는 데는 문제가 있
다. 단적인 예로 1속만을 '소유' 또는 '보유'하고, 이를 다른 사람에게
빌려주어 경작하게 한다는 추정이 가능한가. 그런가하면 시작은 그 경작
규모에 있어 오히려 主보다 나은 편이다. 덕림면 소재의 용동궁 전답 95
결 18부 5속을 시작 236명이 경작하여 그 평균 전답 규모는 40부 3속
이상이 된다. 이는 主의 평균 '소유' 규모보다 월등히 많은 것이다. 그런
데 전답 1결 이상을 '소유' 또는 '보유'한 主는 석덕, 월화, 박종혁, 구례,
김복쇠, 월강 등 6명인데 비해, 1830년의 시작은 제일 많은 전답 2결 47
부 8속의 경작자인 대시산을 비롯하여 1결 이상인 자가 22명인 것이다
(〈附錄 3〉 참조).

그러면 主와 時作을 용동궁 둔전을 경작하는 자로 추정하면 어떤가.
이른바 '자작농'이라 하는 主 7명 가운데 앞에서 언급한 월강, 구례 2명
만이 시작에서 그 전답 결부가 실려 있다. 〈표 13〉에서 월강은 77부 2속
을 타인에게 대여한 반면 타인의 百자 6 지번의 40부 8속을 빌려서 경
작하고 있고, 구례는 1결 21부 2속 가운데 오직 6속만 자작한 것으로
된다. 하지만 同人으로 기록된 자의 전답까지 포함하면 월강은 1결 66
부 5속이나 되는데 타인의 전답 40부 8속을 빌려 경작하는 것이다. 이를
주와 시작을 같은 경작자라고 추정하면 월강은 1결 66부 5속의 전답을
경작하다가 61부 1속(主 월강 전답; 18.1·2.2 경작)만을 경작하는 자가
되고, 구례는 同人까지 포함한 전답 1결 48부 8속 가운데 6속만을 경작
하는 영세농으로 전락하는 격이 된다. 1결 이상의 전답을 빌려 경작하는

자를 이른바 '經營型富農'으로 칭한다면, 이런 변동 현상을 어떻게 해석해야 하는 문제가 남는다.

특히 갑정(105.3), 석덕(111.7), 박종혁(124.6), 김복쇠(147.9) 등 4명은 시작 란에 등재되어 있지 않는 사실도 더욱 그렇다. 표에서 연덕만이 61부 5속을 경작하다가 1결(107.6) 이상의 경작자 대열에 들어갔다. 시작으로서 70부 이상을 경작하는 자 38명 가운데 主에서 확인되는 자는 연덕을 비롯하여 10명에 불과하다.[189] 이 가운데 송화(主 結負 6.4→時作 結負 116.4), 상례(36.6→155), 점산(13.2→222.5) 등은 1결 이상의 전답을 경작하는 대변동을 보여주고 있다는 사실에서, 용동궁 궁방에 의한 전답 대여의 일면도 검토 대상이 된다.

이제 김숙의방이 어영청에 전매하였던 고부군 양안에 대해 다시 거론하고자 한다. 고부군에 소재한 용동궁 전답 양안의 끝 도수는 295결 83부 7속이고, 1760년대의 어영청이 매입한 고부군 덕림, 동부, 북면 三面의 전답 결 도수도 295결영인 점에서 서로 일치한다. 거기에다 1907년 고부의 「신구총성책」에는 자호와 지번이 거의 동일하고 한 자호에 지번이 바뀌거나 그 결부기 변동이 된 것이 한두 건 정도에 불과하다. 그러나 이 양안의 기경지가 143결 51부 4속이지만 재해 등으로 묵혀서 당시 기경하는 전답은 약 29% 정도인 41결 9부 6속에 불과하며 각 지번에는 시작명은 물론 그 名 바로 위에 거주 마을까지 기재한 것도 특이하다. 이 둔토는 그만큼 전답지로서 적합하지 못한 결과에 따른 것이겠지만, 둔토경영의 문제점도 있었던 것으로 짐작된다. 한편 같은 시기(1908)의 『국유지』에는 결부 57결 8부 2속이 기재되어 있으며 결세 수준으로 수납함을 밝히고 있다. 아울러 이 전답의 유래는 '屯土移來'라고 밝힌 점

---

189) 이서미(主 5.7→時作 70.4; 以下 主, 時作 省略)·막매(3.1→72)·영단(23.3→75.2)·순매(19.3→79)·안심(7.2→86.3)·삼월(16.4→89.2)·송화(6.4→116.4)·상례(36.6→155)·점산(13.2→222.5) 등의 기록을 볼 수 있다.

으로 보아 어영청에 김숙의방이 매도한 후 1798년 이후 어느 시기에 어
영청으로부터 용동궁에 移來된 둔토라고 판단된다.

따라서 숙녕옹주방의 15여 결, 육상궁의 전답 43결 74부 7속, 숙원김
씨방 전답 100여 결이 매도 또는 이속에 의해 고부군의 덕림·동부·북부
면의 용동궁 전답에 이입된 이들 전토와 그 나머지 전토에는 다른 민간
소유주 즉 地主가 들어갈 공간이 없다.

그렇다면 양안 상의 '起 主', 이를 어떻게 해석하느냐 하는 문제에 직
면하게 된다.[190] '還起主'인 경우는 더욱 그렇다. '환기주'는 전답이 기
경되었다가 다시 묵힌 것을 일구어내어 경작하는 主를 말한다. 그런데
이 主를 전답의 소유주로만 추정할 수는 없다. 1830년 고부 용동궁 양안
에도 '환기주' 7건이 있다.[191] 이 양안의 '기주·시작'을 '지주·소작'관계
로 추단할 수 없다면 '환기주'의 主 또한 소유주 또는 지주의 지위로 볼
수 없다. 특히 云字의 中得은 시작이 없이 굵은 글씨로 '還起主'로 기록
되어 있다. 3부 5속의 논을 還起한 것이 1830년일 수도 있다. 그런 이유
로 통계 처리를 위해 이를 시작에도 포함시켰다. 다른 궁방의 유토면세
전답 양안에서도 검토되지만 이때의 主는 용동궁의 전답을 경작하는 자
에 불과하다.

---

190) 양안에 기재된 主에 대해서 이미 다른 견해를 밝힌 바 있다(朴魯昱, 앞의 논문,
    2010, 124~125쪽 참조).
191) 樊 18 朱善昌(5.9, 時作 白同), 云 20 中得(3.5, 時作 無記載), 雁 12-2作 甲同(2.1,
    時作 豊年金), 門 7-2作 盧德官(2.1, 時作 福德), 門 16-2作 巳每(2.8, 時作 順業),
    昆 5 九禮(10, 時作 卜尙), 昆 45-2作 白云學(6, 時作 立禮).

5. 文獻과 量案 및 法典에서의 主에 대한 再檢討

1) 文獻의 主에 대한 再檢討

'起 主'란 용어는 양안 상의 전답 소유자를 의미하는 것이 옳은 것인가란 의문을 제기하여 양안 상의 '主'는 主였을 뿐이라 하였다.[192] 아울러 일반 문헌 기록에 '起主'가 기록된 전거로 『(용동궁)사례절목』 등을 제시한 바 있다. 특히 궁방전 양안 상의 '主·時'양식을 통해서 '主'를 전답의 所有主로만 보기는 어렵다고 하였다. 궁방전 등에서 '起 主(主)'와 '時'로 기재되어 있으면 대부분 이를 '地主·小作'관계로 파악하여 통계·처리하여 분석함이 옳은 지에 대해 이의를 제기하였다. '主'자의 대칭으로 사용될 때의 '時'는 단순히 경작자만을 의미하기 보다는 경작하는 주체나 수조를 담당하는 자이거나 또한 전답의 소유관계를 표현하는 뜻으로 기재되고 있다고 밝혔다. 여기서 量은 곧 量主, 양안 상에 등재된 소유자명을 가리킨다. 즉, 기해양안에 기록되어 있는 起主의 이름이라고 하였다. 다시 이 '量'은 양안 자체를 가리키는 것으로 그 뒤에 기록된 명이 主라고 주장하였다. 이는 양안에 타량 내용을 기록할 때 '主'를 생략하고 소유주 명만을 기록한 것이라고 하였다.[193] 하지만 필자의 연구에서 主를 소유주로만 판단한 것은 바른 해석이 아니었다.

'量' 다음에 등재된 名이나 姓名을 量名으로 칭하고자 한다(起名과 時名도 이와 같음). 양안 상의 '主名' 또는 '起名'이 그 필지의 소유주가 아닐 수도 있다. 아울러 군현양안 상의 '주'가 당시 전답 소유주만을 기록한 것이 아니라고 밝혔다.[194] 우선 '主'는 사전적인 의미로 소유자의

---

192) 朴魯昱, 앞의 논문, 2008, 81~94쪽 참조.
193) 朴魯昱, 위의 논문, 2008, 130~131쪽 참조.
194) 朴魯昱, 앞의 논문, 2010, 166쪽 참조.

의미를 갖고 있고 어떤 대상에 대하여 주된 책임을 갖고 행동하는 주체
로서 파악할 수 있다.

그렇다면 일반 문헌사료 등에서는 '起 主' 또는 '主'가 어떤 의미로
사용되었는가를 구체적인 자료를 검토하여 보자.

㉔鎧馬塚
塚主着鎧馬之像[195]

㉕京畿公私田 四標內 有荒閑地 聽民樵牧漁獵 禁者理罪 田主奪佃客 所耕田 一
負至五負 苔二十 每五負 加一等 罪至杖八十 職牒不收 一結以上 其丁 許人遞受
佃客毋得將所耕田 擅賣擅與 別戶之人 如有死亡移徙戶絶者 多占餘田 故令荒燕
者 其田聽從田主任意區處[196]

㉖…乃量其長廣而標其四方曰 東營室 南瀛洲 西大海 長嚴擁後地無 其北所見惟
天 故北曰天 然後問主時 則景物本無主 將以無主懸錄 則寧有起無主之理乎 欲
以起耕者重卅者懸主 則眞師洪公忽焉 欲以時執者懸主 則一盂生涯朝集夕散者
不堪受言 而其如如脫履而逃何 … 第未知甲戌量時 何不載錄於量案 而致民有今
日之憂耶 意者 其時量任 亦如民之所見告于官而漏落歟 漏落者固非執任者之所
敢爲也 無已則有一言 願沒以佛垈懸錄 一如屯田樣 勿爲徵稅 則庶使靈境永保
矣[197]

㉗… 而第瘠薄磽确之田 年久陳廢 未免白徵 且無主閑陳 可合起墾 而一入稅案
則後雖陳廢 猶且徵稅於當初起主 故不敢生意於耕墾者多 今若遍審此等處 磽确
薄土 則加以續字於元帳 許其隨起收稅 無主閑陳 亦許是例 則民無所冤 而墾陳
者 必將逐年漸多 此亦爲務農政之一道矣[198]

㉘(節目) 一 通津海邊亂草場 賜牌定界 伊時柴場矣以來 數百有餘年之間 變爲反
畓 居土地民 潛自暗作 自稱起主 造成僞券 轉賣京鄕 多年偸稅 仍爲私橐之罪 固
當刑配 而稅納年條 這這徵捧 事理當然[199]

㉙六日 墾陳荒土地闢田野治 此王政之本也 今此聖明之世 墾陳之令累下 又有起

---

195) 韓國古代社會硏究所 編, 『譯註 韓國古代金石文』 第1卷(高句麗·百濟·樂浪 編), 財
     團法人 駕洛國史籍開發硏究院, 1992, 104쪽.
196) 『高麗史』 卷78, 志 卷32 食貨 1 田制 祿科田.
197) 『靈光郡毋岳山佛甲寺古蹟』, 量田別有司 李萬馘 己亥量田時上書 草.
198) 『千一錄』 田制論, 상백 고 951·053-C421.
199) 『(龍洞宮)事例節目』, 奎 18343.

耕三年免稅之法 無田之民 宜其樂就耕之 而極目平野荒蕪陳棄者 處處有之 …
盖有田則有稅 陳則免之 此古之道也 我國則不然 若以起耕載於量案 則雖陳棄數
十百年 必徵稅於量案起主 間有人墾其陳荒 一二年耕食 則乃以此人移作起主 無
論陳起 每歲徵稅 人不敢着手於陳田者 此也 … 今之計 逐年查田起耕者 征之
…200)

　위의 ㉔는 평안남도 大同郡 魯山里에 있는 고구려 벽화 고분에 있는
내용이다. 이 고분은 羨道(고분의 입구에서 시신을 안치한 壙中까지 이
르는 길)와 玄室(梓室을 묻은 壙中)로 이루어진 단실묘인데, 이는 후실
의 천정 받침 제1실에 있는 묵서 내용이다. 塚主가 투구를 쓰고 말을
타고 있는 상이라고 해석할 수 있다. 이 ‘塚主’에서 ‘主’는 역사 기록물
등에서 최초의 기록으로 생각된다. 이 ‘주’는 소유주의 개념보다는 主人
또는 주인공으로 해석된다. 즉, 무덤의 주체를 의미한다. 『삼국유사』에
서 화랑의 별칭인 ‘風月主’에서의 ‘주’ 또한 그렇다고 하겠다. 조선시대
貢物主人, 京主人, 營主人 등의 ‘主人’ 등도 어떤 역할의 주인공 또는
주체로 파악된다. 더욱이 각양 면세에서 結錢이 田主한테서 나왔으므로
이 역리들이 復戶의 결전을 전주에게서 징수하는 것이 마땅하고 復主에
게 책징해서는 안 된다는 기록201)을 통해서도, 이 ‘주’는 복호된 사람을
뜻한다. 여기서 復主는 전주의 대칭으로 사용된 점에서, 전주의 ‘主’도
전답과 관련된 그런 사람으로 볼 수도 있다.

　그런가하면 主가 주관한다든가, 주재한다는 동사로 사용되는 경우도
있다.202) 자료 ㉕는 고려 공왕양 3(1391)년 과전법 실시 내용의 일부로,
전주와 佃客과의 관계를 설명한 것이다. 여기서 전주는 수조권 즉 과전

---

200) 趙有善, 『蘿山集』 卷9, 擬應旨農政策, 奎 1751, 1858.

201) … 而以各樣免稅言之 結錢出自田主 則今此驛復戶 與此無異 結錢宜徵於田主 不
　　宜責於復主 使之依狀請 施行何如 令曰 右相之意亦何乎 右議政李曰 臣意亦與領
　　相同矣 令曰 依爲之(『備邊司謄錄』, 英祖 35.12.2).

202) 『宣祖實錄』 卷218, 宣祖 40.11.13, 25-373쪽. 『承政院日記』, 英祖 27.5.23, 元本
　　1068冊/脫草本 58冊(24/24).

을 받은 관료를 뜻한다. 그러므로 이는 토지 소유권을 갖는다고 할 수
없다. 전주가 전객이 경작하고 있는 전지를 빼앗을 때 태형을 받아야 한
다. 1결 이상을 빼앗을 때는 전주가 받은 그 '丁'(단위 면적)을 다른 사람
이 돌려받도록 하였다. 만일 전객이 전답을 많이 차지하여 경작이 부실
할 때에는 그 전지를 임의로 처분하는 것을 전주에게 허용한다는 것이
다. 전객은 자기가 경작하는 전지를 타인에게 매매 또는 증여할 수 없을
뿐만 아니라, 전주에게도 그 전지의 소유권이나 임의 처분권이 없고 땅
이 묵혀질 때만 임의 처분권을 주었을 뿐이다.

자료 ㉖은 기해(1719)년 당시 別有司(田監)인 李萬賦이 전라도 영광
군 불갑사의 양전에 대한 上書 草에서 정리한 것이다. 불갑사는 景物이
므로 양안에 원래 주인이 있을 수 없는데, 양안에 이를 無主로 등재해
두었다가 개간하고도 땅을 무주로 해야 할 이유가 있겠는가. 起耕者와
절을 重刱한 者를 主로 懸錄하고자 하면 眞師洪公[203]인데, 그는 이미
죽은 인물이고, 현재의 時執者를 主로 올리고자 하면, 바리 하나 가진
승려여서 아침에 모였다가 저녁에 흩어지므로 이를 감당하기 어렵다는
것이다. 이 땅이 갑술양안의 등재에 빠졌는데 그 이유는 모르겠지만 …
모두[沒] 불갑사의 佛垈로서 양안에 기록하여 둔전처럼 똑같이 면세하
여 주면 좋겠다는 뜻으로 상서를 작성한 것이다.

이 자료는 물론 수사적인 표현이 있기는 하지만, 양전에서는 경작하
고 있는 토지에 대하여 양안에 반드시 主를 표기하는 것을 원칙으로 함
을 보여준다. 그런데 이 주는 소유자도 될 수 있고 그 토지를 개간하는
자도 될 수 있고, 세금을 담당하는 자일 수 있다.

자료 ㉗은 조선후기 실학자인 禹夏永(1741~1812)의 『千一錄』의 전
제론에 실린 것이다. 자갈밭으로 오랫동안 묵혀 있었는데도 농사짓지 않

---

203) 眞師는 '상서 초'의 '昔麗朝國師覺眞創三甲於湖南'에서 國師覺眞을 칭한 것으로
판단되나 '眞師 洪公'인지 진사와 홍공인지 파악하기 어렵다.

는 땅에 대한 수세[白徵]를 면하기 어렵고, 無主閑陳이지만 일구어 개
간하여 수세대장에 일단 등재되면 비록 뒷날 陳廢가 되더라도 오히려
당초의 '起主'에게서 세금을 징수하므로 백성들이 개간하여 경작할 생
각을 갖지 못함을 밝히고 있다. 비록 이 '起主'를 일구어 내어 경작하는
主로 보지만, 主가 당초의 전답소유자라기 보다 처음 경작하는 사람 또
는 경작의 주체로 파악하는 것이 자연스럽다. 이는 묵혀있는 땅이나 無
主閑陳處가 개간되지 않는 이유를, 일단 일구어 내어 경작하여 양안 등
에 正田으로 등재되면 재해 등이 있어도 그대로 수세하는 데에 두고 있
기 때문이다. 이런 무주한진에 대해서 隨起收稅를 통해서 개간을 권장
해야 한다고 주장하고 있는 점에서도 그렇다고 할 수 있다. 즉, 기간한
전답을 정전으로 편입시키지 않고 '續田'으로 하여 기경할 때만 세금을
징수하도록 하는 견해라 하겠다.

위의 ㉘은 龍洞宮의 『事例節目』에 실린 기록이다. 通津 해변의 완
초(물억새풀)장은 사패로 받은 柴場인데 수백 년을 거치면서 논으로 바
뀌기도 하였다. 그 지역의 백성들이 그것을 몰래 경작하면서 스스로 '起
主'라 칭하고 허위이 文券을 만들어 경향 각지에 轉賣하여 여러 해에
걸쳐 세금을 훔쳤기에 刑配하고 세금도 추징해야 한다는 내용이다. 여
기서 '自稱起主'는 '起主'를 하나의 단어로 이해되는 용례이다.

'起主'는 토지를 일구어 갈아먹는 主임에는 틀림없으나, 스스로 일구
어 낸 '起'가 '主' 앞에 수식되어 있다. 이 主를 이 토지의 소유자로 판
단하기에는 다소 문제가 있다. 이 '起主'들이 '多年偸稅'한 점만 거론하
고 세금을 추징하는 문제를 제기하나, 전답의 매매에 대한 언급이 없는
사실과 전답을 회수한다는 기록도 없는 것으로 보아 그들이 일구어 낸
전답의 '경작권'을 판 것으로 판단할 수 있다. 또한 '轉賣'와 '多年偸
稅', 이에 대한 수세도 그런 추정을 가능케 한다.[204] 따라서 '주'는 경작

---

204) 『(龍洞宮)事例節目』에는 '一 水源廣州通津等所在田土 皆是王土 宣仁朝賜與懿親之

하는 주체 또는 사람이다.

자료 ㉙는 趙有善의 『蘿山集』에 실린 '擬應旨農政策'에서 정리한
것이다. 이는 양전할 때 전토가 起耕地로 양안에 등재되면 이 전답이
비록 수십 년, 백 년까지 묵혀서 버려져 있더라도 양안 상의 '起主'에게
수세하며, 중간에 그 진황지를 개간하여 1·2년 耕食하면 이 사람을 경
작하는 '기 주'로 판단하여 그 땅이 묵히거나 경작하는 것을 논하지 않
고 매년 수세함으로써 백성들이 진전을 개간할 생각을 가질 수 없다는
것이다. 그는 매년 전답의 기경 여부를 조사하여 세금을 징수해야 진황
지의 개간이 이뤄진다고 주장하였다. 요는 묵혀서 황폐한 전답을 백성이
1·2년 갈아먹으면 이 사람을 '起主'로 바꿔놓고서 세금을 징수한다는
것이다. 즉, 세금징수 대상은 기경하는 사람인 것이 분명하다. 매년 전답
을 조사하여 기경한 것에 따라 세금을 징수한다는 기록에서, 起主는 전
답 소유자가 아니라 그 경작자이다.

이제 '主'와 관련된 『承政院日記』에서의 몇 기록을 더 검토해 보고
자 한다.

㉚慶尙左兵虞侯李英萬疏曰 … 一 量田 … 第以量田時 土豪或有結卜太多 務輕
徭役之輩 及其量田之擧 悶其徭役之難堪 一字缺(以)(引用者. 以下 同一)其無主
陳荒處所起田畓 據作己物 懇囑移給于無田 二字缺 (畓之)民 則其民慮有還奪 而
不肯願受 故至於立證 … 公然還奪 五字缺 者 至於相訟 而至曰量田時 只借名移
錄而已 初無永給之事 … 以臣妄意行會三南 摘發其還奪之人 論以豪强律 痛懲
還奪之習 以量案所錄之人 使得耕食 則必無呼冤之弊 災異可消矣 一 武斷兼幷
之輩 不有三尺之典 豪富爲勢 不顧自己田畓之太多 兼幷太勝 冒占無主陳荒處
大者百有餘石 少[小]者五六石之地 圖出立案 自稱本主而許於人 又不自耕 使公
家之地 枉作己物 … 以臣妄意 陳荒處凡受立案者 勿論久近 竝取火燒 自今以後
大小陳荒處 許人隨起爲主 使無賴貧民 得耕曠起之地 俾免餓死之冤 則小民之行
此莫大焉 … 啓下備邊司 回啓 李英萬 … 自今以後 凡空閑田土當年起耕者 錄其

物也'라 하여 통진 등의 전답 등이 宣·仁祖 때의 사여된 것임을 밝히고 있다. 또한
완초장의 불법 행위에 대하여 '姑爲容恕' 하거니와 이제부터는 본관[수령]으로 하
여금 四標를 살펴 기준을 정해서 수세하고 거부한 자는 엄징하도록 하였다.

名字 使爲己物 自諸宮家土豪以下 不 五字缺又二行缺 於民結 … 傳曰 允205)

㉛慶尙道監司黃璿疏曰 … 庚子改量時 面任輩 爲其苟充實結 或以累十年未墾處 勒令懸主 或有貧民之無田者 見其礓确之處 猶倖日後之敷菑 遂以其名懸主 凡係 量案懸主之地 例入於新起之中 至今七八年 白地徵稅 黎民之冤苦 莫甚於此206)

㉜慶尙道監司朴文秀疏曰 … 陳田則當初改量時 朝家勿論田畓之陳起 使之懸主 而其時均田使 以爲陳許懸主 非但後來有爭端 且有其主 則人雖欲耕食 而以其薄 土公私收稅之多 必不起耕 然則後來大弊 必在於此 乃作節目 以陳田則 使之勿 爲懸主 故田主慮其土之全失 皆以陳爲起而懸主曰 雖今於陳田 以起懸主 將來田 政之時 官家豈不懸頉以陳乎 由是爭以起懸主 而其後朝家 不以其陳而許頉 白地 徵稅之弊 邑皆有之 道臣及檢田官 以此連次狀請許頉 而朝家亦知其事狀 今年爲 始 量田時 果有以陳懸起白地徵稅者 則以續田許頉 而隨起收稅之意 丁未冬有備 局關文各邑 於去秋因此而所頉報者 至於一千三百八十結零207)

위의 ㉚은 현종 2년 求言傳旨에 대해 양전 등 8條를 진언한 경상좌 병우후 이영만의 상소 기사를 정리한 것이다. 특히 이영만은 무주진황한 곳의 기경한 전답을 자기의 물건인 己物로 하여 전답이 없는 백성에게 이를 移給할 것을 간곡히 부탁하였다가 양전할 때에 이르러서는 단지 이름을 빌려 이록하였을 뿐임을 주장하고 다시 빼앗아 가는 관습을 철저 히 응징하고 양안에 현록된 사람에게 정식도록 히지고 하였다. 아울러 무단겸병의 무리들이 三尺典208)도 없이 무주 진황한 곳을 허위로 많이 차지하여 입안을 받아내서 本主라 자칭하고 다른 사람에게 경작을 허용 하고, 게다가 스스로는 경작하지 않고 公家의 토지를 억지로 己物로 함 으로써 많은 폐단이 있다는 것이다. 따라서 입안을 모두 모아 불태우고 지금부터는 크거나 작거나 진황한 곳을 백성들이 기경함에 따라 '主'가

---

205) 『承政院日記』, 顯宗 2.6.5, 元本 168册/脫草本 9册(24/25).

206) 『承政院日記』, 英祖 3.10.24, 元本 648册/脫草本 35册(17/28).

207) 『承政院日記』, 英祖 5.1.23, 元本 677册/脫草本 37册(35/37).

208) 三尺之典과 三尺法은 동일한 것으로 法律을 의미한다. 指法律. 古代以三尺竹簡 書法律 故稱 [史記 杜周傳] 君爲天子決平 不盾三尺法 [集解]以三尺竹簡書法律 也(『漢語大詞典』, 上海辭書出版社, 1986)

되도록 해야 된다고 上書한 것이다.

적어도 양안에 借名移錄이 가능하여 양안에 등재된 사람에게만 耕食하도록 한 기록과 진황처를 '隨起爲主'한다는 내용에서도 主209)를 전답의 소유자로 보기보다는 '起耕하는 자' 또는 '경작권을 가진 자'로 보는 것이 더욱 타당할 것이다. 특히 비어 묵혀 있는 전토는 그 해 일구어 경작하는 경우에 그 이름을 기록하여 己物로 삼도록 한 데서, 소유권의 가변성을 볼 수 있다. 따라서 이 主는 전답을 일구어 경작하는 자에게 그 경작권을 준 것을 기물로 보아도 된다. 진전이나 진황지 개간책의 한 수단이지만 이런 主를 전답 소유자로 판단한다면 소유권을 부여하는 것이 너무 느슨한 것이다. 또한 양안과 고문서 등에서 主의 代錄과 偸錄이나 作者가 양안에 등재한 사실로도 이를 짐작할 수 있다.

자료 ㉛은 경상감사 黃璿이 영조 3년에 陳田 문제가 道內의 거대한 폐단임을 상소한 것이다. 그는 이른바 量後 진전은 타량한 후의 묵힌 것만이 아니라, 경자년 개량할 때에 양전을 담당하는 면임들이 그 實結을 구차하게 충당하기 위하여 혹은 수십 년 개간하지 않는 곳을 억지로 主로 현록한 사실을 밝히고 있다. 또한 혹 토지가 없는 가난한 자들도 메마른 자갈밭이 뒷날 기경됨을 요행으로 기대해서 주로 등재하여 그 폐단이 크다고 했다. 즉, 모든 양안에 주가 기록된 것과 관계된 토지는 으레

---

209) 庚子量田 이후 양안 상에 비로소 '主'가 등장한다는 주장은 '(慶尙道) 監司兪橚 馳啓言 量案雖以無主見錄 而其時事目 有無主陳田起耕者爲主之文 則先已開墾而 收稅者 自當還給其民'(『仁祖實錄』卷46, 仁祖 23.10.29, 35-246쪽), '凡無主陳荒 之處 立案起耕者爲主 乃是法典也'(『承政院日記』, 肅宗 8.5.22, 元本 290冊/脫草 本 15冊(13/28) 등에 의해서 그 설득력이 없을 것 같다.
顯宗朝의 몇 기록에서도 陳荒된 토지나 無主의 전답은 '起耕者爲主'로 하는 것이 '國中通行之例'나 '京外通用之常典'이라 기술되고 있다.(위의 책, 顯宗 3.5.15, 元本 173冊/脫草本 9冊(18/26), 위의 책, 顯宗 7.3.5, 元本 193冊/脫草本 10冊(7/9), 위의 책, 顯宗 7.3.7, 元本 193冊/脫草本 10冊(9/16), 위의 책, 顯宗 7.4.3, 元本 194冊/脫草本 10冊(6/18), 위의 책, 顯宗 7.4.27, 元本 194冊/脫草本 10冊(16/26)).

새로 기경[新起]210)된 토지에 들어가 7·8년 동안 이에 백징됨으로써
백성들의 원통함과 고통이 이루 말할 수 없는 지경이 되었다는 것이다.
그런데 '勒令懸主'한 대상이 '磽确之處'이고 그 토지가 '新起'에 들어
간 사실에서, '主'는 진답을 기경하는 사람 또는 그 주체를 뜻한다. 국가
의 양전 목표가 수세 대상을 파악한 데 있다는 점에서도 그렇게 이해할
수 있다.

위의 ㉜는 경상감사 朴文秀가 영조 5년에 올린 상소의 일부를 정리
한 것이다. 박문수는 진전은 처음 개량할 때에는 朝家에서 전답의 陳起
를 물론하고 主를 현록토록 하였으나 당시 양전 균전사가 主로 등재하
는 것은 뒤에 爭端이 있음은 물론 또한 진전에 主가 있으면 사람들이
비록 경식하고자 하여도 그 척박한 토지로서 公私의 수세가 과다하여
필히 기경하지 않을 뿐만 아니라, 뒷날 오는 큰 폐가 반드시 있을 것을
생각하여 主를 양안에 기록하지 않도록 한 것이라고 하였다. 하지만 당
시 진전의 전주는 땅을 모두 잃을 것을 염려하여 모두 '陳'을 '起'로 하
여 主를 등재하게 되었다는 것이다. 무엇보다도 진전이면 '懸主'하지 않
도록 한 사실에서 전답의 소유권 여부의 主로 추정하기 어렵다. 전답의
陳起 여부에 主의 등재가 결정되었다면 분명 主는 경작과 관계있는 인
물임에 틀림없다. 따라서 그 主는 전답을 일구어 경작한 자이거나, 이를
할 수 있는 권한을 가진 사람일 수 있다. 진전의 田主가 땅을 잃을 것을
염려하여 '진'인 것을 '기'로 기록하고 '主'를 현록하였다는 사실도 '주'
가 그 전답의 소유자로서 판단하기에는 논리적으로 부족함이 있다.

하지만 조선왕조실록 등에서 田主를 살펴보면, 10戶의 마을에서 전
답을 가진 자는 한두 사람도 없고 그 절반은 남의 전답을 빌려 경작하는
자들로 수확의 반을 전주에게 실어 보내야 한다든가,211) 각 아문의 둔전

---

210) 『備邊司謄錄』, 仁祖 23.4.23.
211) 『景宗實錄』 卷4, 景宗 1.9.6, 41-172쪽.

가운데 민전에서 募入된 것은 본래 전주의 병작지로 公賦를 除減한 고
로 단지 軍門에 결복세만 납부함이 당연하여 일반 병작과는 다르다고
하고, 다소 과장된 표현으로 보이지만 가난한 백성 중에 자기의 전답을
갈아먹는 자는 천 명 중에 한두 사람도 없이 모두 부호의 전답을 並作하
고 있다고 한다든가,212) 世業도 없고 전토도 없이 다른 사람의 전답을
경작하여 1년에 수확하는 것이 10석이 넘지 못하는데 그 반을 전주에게
돌아간다든가213) 등에서 병작제의 존재를 알 수 있다. 그렇지만 전주가
전답의 소유자라고 생각하기는 어렵다.

  그런데 태조 1년, 왕이 田禾 두 이랑[畝]이 말에 의해 짓밟아 엉망으
로 된 것을 보고 말 주인에게 베를 거두어 전주에게 주도록 한 것이 실
록의 田主에 대한 첫 기록이다.214) 세종 12년에는 호조에서 貢法에 대한
여러 의견을 갖추어 아뢰었는데, 그 중에 都官 正郎 柳之涵 등이 다만
척박한 山田은 필히 매년 경작하지 못하고 서로 번갈아 묵혀 황폐해 질
것이므로 平田의 例와 같이 논한다면 실로 큰 폐단이 될 것이니, 마땅히
먼저 田主의 신고를 받고 몸소 기진 여부를 살핀 후에 收租하도록 아뢰
었다. 양주 府使 陳仲誠은 加耕·舊陳田은 전주의 신고장을 취해서 몸소
진·가경의 결부 수를 살펴서 전답의 등급을 분류하여 양안에 '續'자를
기록하도록 하였다. 전라도 낙안 都事 權克和는 8월에 전주가 묵힌 곳과
가경한 곳을 신고하면 수령이 몸소 살펴서 묵힌 곳의 결부 수를 제하고
오로지 기경한 전답에 풍년이면 1결에 15斗, 中年이면 10斗, 凶年이면
7두를 수세하도록 아뢰었다.215) 세조 4년에는 호조에서 강원도 관찰사의

---

212) 『備邊司謄錄』, 英祖 16.閏6.26.
213) 『英祖實錄』 卷75, 英祖 28.1.13, 43-426쪽.
214) 次歧灘 … 次天神山洞 見田禾二畝 爲馬所損 命趙琦(同知中樞院事)徵馬主布 以
    給田主 仍命曰 自今如有放馬害穀者 雖予子弟 亦不貰(『太祖實錄』 卷1, 太祖
    1.8.22, 1-27쪽).
215) 『世宗實錄』 卷49, 世宗 12.8.10, 3-250쪽.

啓本에 의거하여, 개간한 전답이 깊은 산골짜기에 있는 것은 勸農과 委官 등이 왕래하여 실제 조사하는 것을 꺼려하고, 踏驗하더라도 전주와 서로 짜고 관에 알리지 않으며 혹은 수령이 사사로이 조세를 수납하는 것에 이익을 얻고자 관찰사에 보고하지 않는다고 하였다.216) 연산군 11년에 왕은 연분의 登第를 정할 때에 敬差官을 파견하지 말고 各處의 災傷 파악은 전주가 스스로 신고하는 것을 듣고, 해당 고을 수령이 몸소 가서 그 虛實을 살피어 감사에게 移牒하고 감사는 다시 살펴서 啓聞토록 전교하기도 하였다.217) 이 '田主'의 '主'의 공통점은 전답의 소유보다는 경작 또는 경작하여 얻은 소득과 연관된 것으로 추정할 수 있다.

한편 인조 2년 왕이 죄인의 田庄이라 해도 반드시 빼앗은 물건은 아니므로 그 가운데 명백히 '主'가 있는 곳은 충훈부가 이미 절수하였더라도 '其主'에게 還給토록 한다든가,218) 영조 7년 왕이 내수사에서 本道의 민전을 사들인 것을 '其主'에게 還給토록 명한 데서,219) '其主'를 소유한 전답의 주로 파악할 수 있다.

2) 量案에서의 主에 대한 再檢討

이제 「寧嬪房宮屯臨陂縣所在庫員成册」(奎 18782. 寧嬪 金氏; 숙종의 後宮)을 통해서 궁방전 양안 상의 '主'를 검토하고자 한다.

㉝淡字 卯山坪
　第四十九二作西三等直田南北三十八尺⊏七卜一束⊃五卜八束東同人田南山起主 朴愛丹
　　　犯　　　　光二十二尺　　　　　　　　　　　　　　　　西北時凡畓
㉞(第五十三南二作四(等)圭田 … 一卜六束 起 量 朴愛丹 東同人田二方山
　　　　　　　　　　　　　時⊏李景⊃西萬先田

216) 『世祖實錄』 卷14, 世祖 4.9.19, 7-295쪽.
217) 『燕山君實錄』 卷58, 燕山君 11.6.16, 14-7쪽.
218) 『仁祖實錄』 卷6, 仁祖 2.7.3, 33-626쪽.
219) 『英祖實錄』 卷29, 英祖 7.6.16, 42-262쪽.

第五十八北四梯田 …… 三卜八束 量 今陳 無主 …)

1748년 타량 성책된 양안의 기재는 대체로 '量·時'樣式에 의한 것으로 생각된다. 처음의 몇 필지는 '量起時'로 하여 量名과 時名이 기록되어 있고, 그 이외는 모두 '起量時'로 하여 橫·2行 竝書로 쓰고 있는 것은 다른 궁방전 양안과 같다. 이 양안에는 丁樟失洞의 衣자의 제16 지번에 '起量時奴崟金'과 같이 量名과 時名이 동일 인물로 일치된 사례가 17건이나 된다. 따라서 양안에서 양명이나 시명에 기록된 인물을 量作이나 時作으로 보아야 하는지, 또는 量主나 時主로 추정해야 하는지 이 자체로는 매우 어렵다.

그런데 1748년 이후 어느 시기에 타량한 내용을 붙임종이의 지번을 통해서 볼 수 있다. 이런 사례가 14건이다. 위의 자료 ㉝은 査陳을 통해 바로 ㉞의 53·58 지번을 통합하여 개타량한 내용을 등재한 것이다. 1748년 '起量'의 朴愛丹이 '起 主'로 실려 있다. '起'는 묵힌 전답과 기경하는 것을 구분한 데에 불과하고 廣자 대신 同音異字인 '光'자로 썼는데, 붙임종이의 모든 지번에서 동일하다. 이 양안의 지번들이 대부분 진전으로 기록되어 있고, 기경한 경우에 '起 主' 하에 인명이 기록된 것이다. 묵혀 있는 전답이어서 대부분 결부 수가 감소된 경우가 많다. '主' 박애단의 전답은 담자 지번 53의 1부 6속과 58의 今陳無主인 3복 8속 등을 함께 기경하여 7복 1속인 결부를 査陳을 통하여 降等되어 5복 8속으로 査定된 것이다. 하지만 이 밭은 4등 규전에서 3등 직전으로 전품이 상등되었다.

그러면 이 양안에서 '起 主 朴愛丹' 등의 14건 사례의 '主'들이 과연 이 전답을 경작하는 소유주라고 볼 수 있는가?

이를 전답의 소유주로 판단한다면, 1748년의 양안 상의 양명과 시명 또한 그렇게 보아야 하는 것이다. 하지만 이 궁둔양안 끝의 '巳上己亥

(1719)量' 95결 91복 5속과 같은 95결 91복 5속이『도안』의 유토면세질 조에 실려 있고,『국유지』의 별표 '내수사' 기록에 있다. 따라서 위의 양 안 상의 '주'는 소유와는 전혀 관련이 없는 궁토를 경작하는 '소작인'임 이 분명하다

한편 김해부의 용동궁 전답 양안 가운데 1803년 12월에 작성된 두 부가 현전한다. 그 중 하나는「金海府所在各面龍洞宮蘆田泥生處打量 成冊」(奎 18310, ㉟로 稱. 이하 같음)이고, 다른 하나는「慶尙道金海府 各面所在龍洞宮蘆田泥生打量成冊」(奎 18311, ㊱)이다.

두 양안 끝의 통계에서 蘆田 결부가 동일한 243결 56부 2속(陳 14,334, 實結 10,022.2; 진전 143결 34부를 표의 작성과 기재의 편의상 '負.束' 단위로 환산. 이하 동일)이나, 실제 두 양안에는 차이가 매우 크 다. 우선 ㉟양안의 칠산면 교항원 和자 56 지번(南北長肆拾伍尺東西廣 玖尺) 다음의 第加 直蘆田 2부(南北長參拾貳尺東西廣貳拾陸尺)는 빠 지고 ㊱ 본 56의 지번(南北長柒拾柒尺東西廣貳拾陸尺)에 통합되었다. 그런 사례가 매우 많다. 隨자 32 지번(1.1)과 加蘆田(2.3)이 통합(3.4)된 것이 ㊱양안에서 검증되는데, 이런 사례도 몇 건이 더 있다. 그 결부의 통합에는 약간 변동된 것도 있다. 가락면 남벌원 維자 3·4·5(207) 필지 와 賢자 2·3·4(52.9) 필지를 통합하여 維자 3(259.9)으로 통합되어 그 결부가 정확히 일치한다. 이와 달리 태야면 범방원 沈자 17(1)과 유등야 장유원 畝자 1(16.1)은 새로 추가된 자호이다. 하동면 정도원 三黃자 93 金振五의 '第東犯陸等加圭蘆田'(陸等; 橫·二行竝書. 이하 같음) 22부 는 하동면 水峰島 日자의 제1 지번 앞에 金振五의 '第坪越加陸等圭蘆 田' 22부가, 그 나머지 지번 '第加陸等', '第加南犯陸等', '第加南犯陸 等'(15, 70, 21.6)과 함께 등재되어 있다. 이는 타량할 때에 5결이 넘치면 다음 자호로 넘어가 餘結로 등재된 것으로 이해된다. 또한 三黃字 15부 8속의 '第東犯陸等加直蘆田'은 黃자 제92의 지번을 부여 받았다. 녹산

면 녹도원의 '論' 50 지번은 '慮' 50으로 자호가 바뀌기도 하였다. ㊱양안의 끝의 결부를 實計하면 173결 92부 8속(陳 6,815.1, 실결 10,577.7)에 그치는데, 이는 이 양안에서 축소나 탈락된 결부를 빼고 통계를 산출한 결과이다. 끝의 통계 다음 쪽에 七山·台也·菜山·駕洛·河東面, 右部, 柳 等也, 名旨島 등에 소재한 蘆田 起結의 총계를 별도로 각각 기록하였는데, 그 집계는 106결 21부 6속이 된다. 이는 끝의 통계에서 가락면 남벌원의 통계가 31결 54부 2속이나 실제 각 지번의 결부를 집계하면 31결 1부 3속이 된다. 아마 德자 6의 陳蘆田 43부 9속(10,621.6-10,577.7=43.9)이 잘못 집계된 결과이다.

두 양안은 모두 1803년에 타량된 것으로 기록되어 있으나 ㉟양안은 1803년 이전의 타량된 내용을 그대로 1803년에 전사한 것에 불과하고, 이를 제대로 타량하여 등재한 것이 바로 ㊱양안이다.220) 이에는 사실상 많은 변동이 있다. 1803년 陳起는 물론 主의 변동이 많이 있었다. 또한 面 등의 타량한 순서도 바뀌어 실려 있고,221) '第南犯陸等加直蘆田'이 '第加南犯陸等直蘆田'으로 '加'가 犯標인 '南犯' 앞에 기재되어 있는 사례가 많다. ㉟양안에서 22사례가 ㊱양안에서는 102건으로 약 5배가 늘어났다. 그런데 ㉟양안의 22건 중에 '화자 56'과 '第加北犯'이, ㊱양안에서 화자 56 지번에 통합된 것과 같이 된 것이 15건이고 7건은 그대로 '第加'의 기재가 남아 있다. 우선 같은 가경노전의 지목인데, 이를 어떻게 해석해야 하는 문제가 제기된다. '加直蘆田' 등은 새로 갈대밭 노전을 만든

---

220) 두 양안의 卷頭書名에 '嘉慶八年十二月 日'로 동일함을 알 수 있으나, ㉟양안의 표지에 '甲子正月十六日'(『奎章閣圖書韓國本綜合目錄』)이 기재되어 있다. 이는 다음해인 1804년에 양안을 발송한 날짜로 생각된다. ㊱양안의 표지에는 용동궁의 보관용임을 '宮上'으로 표기하고 있다.

221) ㉟양안은 칠산, 우부, 가락, 태야, 하동, 명지도, 유등야, 녹산면 順으로 打量成册한 것이고 ㊱양안은 칠산, 태야, 가락, 우부, 유등야, 하동면, 명지도 순으로 타량 성책한 것이다.

것으로 이해된다. 그것이 농사짓는 밭으로 일구어낼 때, 이를 '第加東犯'
이라 기재하다가 다음에 다시 정식 자호의 지번에 편입된 것이다.

㉟양안의 昆池員 '弗7 主 崔尙德(0.5) 第北犯加 李永采(2.7)'(合 3.2)
가 같은 1803년에 타량한 ㊱양안에는 '弗7 主 李永采(3.1)'로 변경되었
다. 이런 主의 변동은 ㉟양안의 369지번 가운데 36명의 새로운 主名이
등재된 데서 알 수 있다. 또한 ㉟양안에는 '加耕蘆田'의 지번 수도 197
개이나 ㊱양안에는 74개의 지번으로 축소되었다. 이는 가경노전이 본
자호 지번에 통합되어 수록된 것이다. 각 지번마다 약간의 차이는 있지
만 통합 결부 수는 거의 비슷하다. 그러나 정확히 똑같은 지번도 있다.
즉, 위의 七山面 橋項員 隨字 32와 더불어, 같은 들의 傳字 44와 그 가
경노전이 각각 2부, 1부 3속이 傳字 44 지번 3부 3속으로 정확히 일치한
결부가 확인된다. 가경노전이 본 지번에 통합되었다는 것은 통합된 자호
의 지번이 수록된 양안이 이보다 뒤에 작성된 것을 뜻한다.[222]

그럼에도 ㊱양안이 먼저 타량된 것으로 추정하여 傳字 55 金順厚가
㉟양안에 奴 順厚로 표기된 것을 '임의의 성씨를 붙여 준 것에 불과하
다'[223]고 하나, 이는 사실과 다른 것으로 이런 사례는 모두 29건이다.

---

222) "두 양안 사이의 작성 시기의 先後 관계를 확인할 수 있다. 결론부터 설명하자면
〈奎 18311〉을 작성하고 난 다음에 몇 가지 과정을 거친 다음 〈奎 18310〉을 御
覽用으로 제작한 것"(서울대학교규장각 한국학연구원, 앞의 책 1 宮房量案, 324
쪽)으로 파악하고 있다. 특히 ㉟의 '內 ○負 ○束' 기재양식을 매우 독특한 것
으로 이해하여 和字 56 지번을 ㊱과 비교하여 같은 자호 내에 ㊱의 長廣尺數
(77×26)가 제56 지번과 分作 이렇게 두 지번으로 나누어 진 것으로 밝히고 있
다. 그러나 56의 '第加北犯'은 '분작'이 아니며 가경노전일 뿐이다. 따라서 정식
자호의 필지가 다시 가경노전으로 기록된다는 것은 사리에 어긋나는 것이다. 장
광척수가 5부이지만 '內 壹負'인 것은 노전을 현재 이용·경작할 수 있는 결부이
며 나머지는 아직 수세할 수 있는 노전이 아닌 것이다. 이는 다른 궁방 양안에서
도 흔히 볼 수 있는 사례이다. 따라서 위의 책의 322~324쪽 내용은 재검토되어
야 한다.

223) "姓을 갖지 못하고 있던 노예가 갑자기 성이 생긴 것으로 보기는 어렵기 때문에

이에는 離字 지번 4의 孫萬九가 奴 秋白과 같이 교체된 경우 3건은 제외되었다. 일반 군현양안은 물론 궁방전양안에서 성명의 기재 방식은 다양하고 어떤 기본적인 전형이 없이 이뤄진 경우가 많다. 같은 쪽이나 두 지번에서도 성명으로 기재하다 名만을 기록하기도 하고, 성명이 기재된 인물이 다음 양안에서는 '奴名'으로 되기도 하는 많은 사례를 접할 수 있다. 특히 앞의 양안보다 뒤에 타량한 양안에 奴와 婢를 添記한 것이 많은데, 이는 당시 작인들의 신분을 정확히 파악할 수 있는데서 그런 것이다. 아래 〈표 14〉의 붙임종이에 기재된 작인의 이름이 ㉟양안의 기록에 등재되어 있어야 하나, 사실 그렇지 않다는 점도 그 선후관계를 분명하게 보여준다.

그런데 무엇보다 중요한 사실은 1803년 이후 어느 시기에 타량한지는 알 수 없으나, ㊱에 붙여 있는 '붙임종이'에서 '作者'를 확인할 수 있다는 데에 있다. 〈표 14〉는 ㉟, ㊱의 主名과 그 결부 및 ㊱ 붙임종이의 作者와 그 결부를 제시한 것이다.

〈表 14〉 金海府所在各面 龍洞宮蘆田泥生處의 打量 成冊의 主와 作

(單位; 負.束)

字 號	㉟主名 結負	㊱主名 結負	作者(붙임종이) 結負
七山面 次 37	睦尙用 10.3	睦尙用 10.9	內 睦尙用·金秀岩回
弗 10	金盟三 62	11 金盟三 109.8	內 金振三 30
			金用孫 5 金仁福 14.8
			崔日用·崔用今 10
			徐甘德 20
第加西犯	同人 47.3. 109.3		崔番長·金守長 10
離 1	河德右 58.7	金德殷 105.4	內 金建元 22.3
第加西犯	同人 46.6		洪永淑·金千石 10
			金時丹·韓德奉 12.3

〈奎18311〉의 기재 내용에 등장하는 인명은 〈奎 18310〉에 나오는 인명 가운데 奴名을 임의로 바꾼 것, 즉 임의의 성씨를 붙여준 것에 불과하다고 볼 수밖에 없다"(서울대학교 규장각한국학연구원, 위의 책, 2012, 324쪽)라고 한 서술은 재검토되어야 한다.

第加南犯	同人 18.4	金德殷 18.4	韓德圭·孫孝大 22.3
	(合 123.7)	(合 123.8)	河萬大 12.4
節 1	裵守三 96.3	裵守三 96.2	內 裵守三·金順乭
3	朴德石 40.5		
第加南犯	同人 19		
第加西犯	陳主 洪日才 108	4 洪日才 94.4	金儀金儀連 19.4
		加西犯 同人 13.5	金應連·金宗伊 19.4
6	李進好 54	李進好 102	金斗男·金作支 19.4
第加西犯	同人 48		金今發·金守卜 19.4
	(合 102)		金守奉·朴宗守 19.4
第加南犯	同人 141.8	加陳 同人 141.8	陳 141.8
第加東犯	李汗永 20.3	加 李汗永 20.3	朴戒守·李汗永 19.4
第加東犯	同人 9.9	加 同人 9.9	朴進太·鄭正孫 19.4
12	金重寶 11	金仲甫 34.7	申順男·李達萬 19.4
第加北犯	同人 23.8	(合 34.8)	鄭云白·李振輝 19.4
13	同人 16.6	金聖元 50.1	李作亂·裵月梅 19.4
第南犯加☆	陳 同人 33.5	(合 50.1)	丁先奉 19.4
第加東犯	同人 37.7	金致默 37.7	金致默 58.2
第加南犯	起 同人 14.7	朴成三 14.7	朴尙才 38.8
第加南犯	同人 2.6	金致默 2.6	
第加南犯	同人 21.6	李作亂 21.6	
第加南犯	陳 同人 67.5	金日甫 67.5	金日富 18.6
第加西犯	同人 54	金守奉 54	
17	崔才三 21	崔才三 84.7	內 崔日文 21.2
第加西犯	同人 63.3	(合 84.3)	崔甲用 26.5 金用彥 37
台也面 畝 46	李三昧 56.6	李三昧 56.6	內 李連儀 14.6
			李三昧·李千金 14
			朴堂伊 14
古 58 第加東犯	曺奉大 5.3	曺奉大 5.3	裵允成 5.3
駕洛面 作 19-2作	19 東辰 117	朴東辰 98	內 朴東辰·姜士奉 22
			姜卜三 22 文長守 14
			朴春成·朴五作 10
聖 6	金斗海 9.8	金斗化 9.6	買主 文成得 9.6
7	金仲玉 15.8	金仲玉 47.4	買主 同人 47.4
第加西犯	同人 31.2 (合 47)		
9	李仰沙里 83.2	李仰沙里 188.2	內 仰沙里 43.4
第加南犯	同人 105		奴 荅德 57.8
	(合 188.2)		李有白·朴致長·李卜守 29
建 4	文今大 52.9	張又良 262.2	內 張又良 116.4
			文今發 58.3
5	同人 36.5		文今大 87.5
6	同人 20.9		

7	同人 45.1		
第加南犯	同人 106(合261.4)	(合 262.2)	
8	金乭立 10.1	金乭立 48.4	文今大 48.4
第加北犯	同人 31.5(41.6)		
第加北犯	陳 同人 31.5	陳 同人 31.5	陳 同人(文今大) 31.5
名 2 第加東犯	文今大 83.8	孫洞大☆ 83.8	文今大 83.8
傳 2	張遇良 42	張又良 42.2	內 張又良 27.8
			河正乞·裵檢金 7.2
因 7	金元甲 2.6	金元甲 23.7	內 權福三 (右部)
第南犯加	金元甲 95.1		

☆ 第南犯加☆는 1803년 양안(奎 18311) 자호의 기재 내용이다.
☆ 孫洞大☆는 붙임종이의 문금대 밑에 씌어 있다

위의 〈表 14〉에서 主가 변동된 지번은 30건이지만 여기에는 63명의
'作者'가 등장한다. 한 지번의 主에 다른 인물이 作者로 변동된 古자 58
의 '第加東犯'의 主 曺奉大가 같은 결부를 경작하는 裵允成으로 바뀌
어졌다. 次자 지번 37의 睦尙用처럼 주와 함께 다른 인물 金秀岩回가
작자로 등재되기도 하였다. 즉, 목상룡이 10부 3속의 노전을 경작하였으
나, �36양안에서는 次자 37-2作의 '長貳百陸拾捌尺廣壹百陸拾尺' 內
10부 9속의 노전을 함께 경작한 것이다.

그런가하면 主인 자가 포함되어 분급되는 사례도 다수 있다. 猷자 46
의 56부 6속은 李三味가 주였는데, 이를 이삼미 등 3인에게 각각 14부
씩 분배되어 경작하게 하고 그 나머지 14부 6속은 李連儀의 몫으로 한
것이다. 文今大가 主인 建자 4·5·6·7 지번과 7의 가경노전 등 5필지(合
261.4)가 �36양안에는 지번과 그 결부가 建자 4와, 2결 62부 2속으로 통
합되어 그 主도 張又良으로 기재되어 있다. 즉, '內 貳結陸拾貳負貳束'
아래에 붙임종이를 붙여 '內 壹結十六負四束 張又良 五十八負三束 文
今發 八十七負五束 文今大'로 기재하여 3인에게 분급되었음을 보여준
다. 특히 장우량은 결부가 1결이 넘을 뿐만 아니라 駕洛面 傳자 2에서
도 27부 8속을 분급 받고 있다.

한편 �36양안에서 長廣尺數 등 다음에 기재된 '內'는 그 척수로 결부

를 解負하고 아직 진전이나 다른 사유로 해부되지 않은 泥生處로 남아 있을 때 사용되고 있는 것이다. 장광척수에 의해 정확한 해부가 이뤄진 필지에는 '內'의 기재가 없는 사례도 많다. 즉, 弗 1加와 그 가경지 3필 지에서 이를 볼 수 있고, 離자 3의 가경노전 2결 28부 1속(主 金莫山) 등 모두 63건이 된다.

1803년의 ㊱양안을 정리한 표에서 더 많은 사례를 볼 수 있는 바와 같이, 1803년에 경작하던 主의 蘆田이 일정한 규모로 作者에게 분급한 사례가 많다. 그 중에서도 節자 3의 '第加西犯'의 主 洪日才로부터 金 守奉까지 기재되어 있는 '붙임종이'에서 볼 수 있는 다음의 기록은, 더 욱 분명하게 노전을 소유주인 主가 아니라 궁방의 전답을 경작하는 작 자에게 분급하였음을 보여준다.

自洪日才至金守奉 結卜五結二十三負 作者二十四人分衿

이 기록 아래에 洪日才 등 24명의 이름이 씌어 있다. 이는 主 홍일재 의 94부 4속부터 節자 13 지번의 '第加西犯' 主 金守奉의 54부까지 모 두 5결 23부를 作者 24인에게 각각 몫을 나누어 준다는 내용이다. ㄱ (523) 아래에 內를 표기하고 金儀 등 21명에게 각각 19부 4속을 분급하 고 金日富, 金致默, 朴尙才에게는 각각 18부 6속, 58부 2속, 38부 8속을 나누어 주었다. 이 분급은 정확히 5결 23부를 나누어 준 것이다. 다만 陳主 李辰好 節자 6의 1결 41부 8속은 '붙임종이'에 '陳'만 기록되고 이 결부는 빠져 있다. 결부는 ㉟에는 '起蘆田'으로 실려 있다. 위의 표 에서 보는 바와 같이, 11명의 主 가운데 李汗永(30.2), 金致默(40.3), 李 作亂(21.6), 金日甫(67.5), 金守奉(54) 등 5인만이 각각 19부 4속, 58부 2속, 19부 4속, 18부 6속, 19부 4속의 노전을 그대로 경작하는 작인으로 남아 있다.

이와 같이 위 양안 상의 '主'도 타인의 전답을 경작하는 '作者'의 개념으로 사용되었다. 즉, 조선후기 양안—특히 궁방전 양안— 상에 기록된 主가 그 전답의 소유자를 의미하는 '主'로만 추단할 수 없다는 것이다. 김해에 소재한 용동궁의 1803년 노전의 양안 상의 주는 용동궁의 노전을 경작하는 자에 불과한 것이다. 이제까지 유토면세전답의 궁방전의 양안 상의 '主'가 결코 그 전답의 소유주만을 의미할 수 없을 것으로 추정해 온 것을 더욱 사실로 확인되는 중요한 사례다.

김해부 소재의 용동궁 전답양안과 더불어 연구 대상이 되는 자료가 4건이 있다. 이를 아래에 제시하여 상호 검토는 물론 좀 더 자료를 꼼꼼히 살펴보고자 한다.

㊲道光十三年癸巳正月十五日前明文(『慶尙道庄土文績』, v.12-11, 奎 19302, 1833)
㊳癸巳正月 日金海府駕洛帳南伐員蘆田字號卜數成册(『慶尙道庄土文績』, v.12-11, 奎 19302, 1833)
㊴道光十三년三月 日金海府駕洛帳南伐員蘆田字號卜數成册(奎 18569, 1833)
㊵道光二十六年四月 日慶尙道金海府所在龍洞宮屬駕洛七山右部德島帳蘆田字號卜數量案(奎 18316, 1846)

우선 ㊲은 매매문기임에 틀림없으나, 매입자의 성명이 빠져 있어 누구에게 매도되었는지 검증되지 않는다.[224] 김해부 가락면 大帳의 남벌원에 있는 次知의 '合庫 35作', 宣禧宮과 용동궁 두 궁의 '執卜 18결 89부 8속'을 錢文 3,000兩을 받고 매도하되 노전의 本文記(舊文記)는 전답 문서에 함께 붙여 있으므로 '蘆田字號卜數成册'만을 許上한다는 내용이다. 이것을 '蘆田主' 張錫源이 작성하였다.[225] 이 명문에서 次知

---

[224] 이성임은 幼學 張錫源이 대구 徐氏 家의 徐 判書 집안에 토지를 매도한 것으로 서술하였으나(『조선후기~대한제국기 양안의 종합적 검토』, 「19세기 大邱徐氏 家의 김해·양산 지역 노전 집적과 경영」, 조선후기~대한제국기 양안의 정리 및 해설팀 종합적 검토 공개자료, 2010, 206쪽), 이의 서술 자료는 검증이 되지 않는다.

는 일을 담당하거나 담당하는 사람, 또는 현대어의 '차지'와도 같은 의
미로 사용되고 있다. 이렇게 본다면 이 차지 또한 용동궁의 노전을 담당
하는 자로 해석된다. 더욱이 장석원은 1830년 所志[226)를 통해 '右謹言
民之次知蘆田龍洞宮稅納之地'가 가락면 남벌원에 소재하는데 이 노전
의 守直 張東俊이 작년(1829)에 禾草價 250兩을 盜食하고 不給한 사실
을 金海城主에게 진정하고 있는 점이라든가, 3년 후인 계사(1833)년에
다시 그의 奴로 추정되는 首作者 張奴順丹이 巡使道主에게 용동궁 노
전의 땅이 김해, 양산, 동래 세 고을의 信地(屯田, 任地)에 있는데 그 상
납액이 수 천여 량이 되나 화초를 베어가고 宮家次知의 화초가를 지급
하지 않고 있음으로 해당 各人을 불러들여 용동궁의 상납 노전가를 手
記에 의해서 해에 따라 이익을 계산하여 推給할 수 있도록 진정[227)한
데서 次知라고 하겠다.

정확한 연대를 추정할 수 없지만 1830~1833년 사이 수작자 張奴順
丹이 비슷한 내용의 소지를 올리면서 '本宮次知'의 稅納 노전이 김해,
양산, 동래 세 고을의 신지에 있는데, 그 화초를 베어가고 오랫동안 화초
가를 납부하지 않아, 家庄을 척매하여 공연히 바로 納付[隨納]하고 있
음을 아뢰고, 邑呈訴와 各人들의 수기 및 노전가를 後錄, 점련하여 仰
訴하였다. 후록에는 '張東俊戊子(1828)本文一百五十兩'과 같이 장동준

---

225) 道光十三년癸巳正月十五日　　　　前明文
　　　右文爲放賣事 切有移買處 金海府駕洛帳南伐員所在 次知流來植蘆培養泥生蘆田
　　　及自己買得蘆田 合庫三十五作 宣禧宮龍洞宮兩宮執卜十八結八十九負八束 周回
　　　數十里 犯標 則東竹島防堰 西南浦 北泥生伐中央庫乙 價折錢文三千兩 依數捧上
　　　爲遣 右宅前永永放賣爲去乎 本文記段 田畓文書幷付 故不得許給 右蘆田字號卜
　　　數成册 幷永爲許上 日後若有雜談之弊 將此文卞正事
　　　　　　　蘆田主 幼學 張錫源(手決)
　　　　　　　證 幼學 安哲源(手決)
　　　　　　　筆執 幼學 朴擎華(手決)
226) 「梁山寓民張錫源」(『慶尙道庄土文績』, 奎 19302, v.12-11).
227) 「梁山郡居龍洞宮上納蘆田首作者張奴順丹」(위의 책).

등 4명이 기재되어 있다.[228] 그런데 1830년 '梁山寓民張錫源'의 소지에는 장동준의 작년(1829) 禾草價가 250兩인 반면, 張奴順丹의 소지 後錄에는 1830년(金相龍庚寅本文一百四十六兩三錢) 이후 어느 때인가 1828년의 本文 150兩이 不給된 것으로 기재되어 있다. 이를 어떻게 이해해야 되는지 난감하다.[229] 만약 순단이 장석원의 대리인으로 그의 奴였다면 기록의 착오로 생각할 수밖에 없다. 그런데 장석원의 소지와 순단의 소지의 문투가 다르고 글씨체도 분명히 다르다. 더욱이 감사에게 제출하는 소지를 순단이 올리는 것도 그렇고, 상전 奴의 이름으로 소지를 올릴 때 '矣上典'이나 '矣宅'이 없는 것은 물론 '斥賣家庄 空然隨納'을 기술한 내용에서도 순단의 '家庄'으로 보여 진다는 것 등이 다소 의아스러운 것이다.

거기에다 ㊲의 명문에서 선희궁과 용동궁의 執卜 合이 18결 89부 8속임을 분명히 밝히고 있는 점에서 '차지'가 소유의 의미는 아니다. 따라서 '蘆田主 張錫源'은 소유주가 아니다. 이 명문에는 노전의 자호와 卜數의 성책이 점련되어 있지 않고, '낱장으로' 되어 있는 자료 ㊳이 존재하고 있다. 하지만 已上 合 18결 89부 8속은 本卜秩 條의 9결 24부 7속, 加卜秩 條의 7결 95부 1속, 洛水浦 建字 3結 40부의 실제 합계 20결 59부 8속과는 차이가 나며 ㊴에서의 '他作' 1결 14부 4속을 除하

228) 「慶尙左道梁山郡居龍洞宮上納蘆田首作者張奴順丹」(위의 책).

229) 박준성이 1833년 「梁山郡首作者張奴順丹」의 所志와 연대 미상의 「慶尙左道梁山郡居龍洞宮上納蘆田首作者張奴順丹」의 소지를 동일한 것으로 간주하여 후자에 '癸巳(1833)年'을 넣어 자료를 인용·해석하고 있으나(박준성, 「조선후기 김해·양산 노전지대의 노전소유와 경영」, 『國史館論叢』 63, 1995, 266쪽), 이는 서로 다른 자료이다. 우선 題辭 내용이 다르다는 점이다. 문투는 거의 그대로 옮겨 썼으나 후자가 전자의 문투를 간결하게 정리하여 사용하고 있는 점이 차이가 난다. '近年以來'를 '近來'로, '右由欲訴本宮 則千里外往復極難 以致上納衍期之弊若此不已 則宮家所重之法'을 '若此不已 則宮家所重之法'으로 간결하게 한 것이다. 무엇보다도 '邑呈訴外各人等手記'보다는 전자의 '前呈與各人等手記'의 기록이 시기가 더 뒤인 것으로 짐작된다.

더라도 19결 45부 4속이 된다. 그러나 실제 35作의 부수를 계산하면 20
결 59부 8속이 아니라 21결 43부 6속이 된다.[230] 또한 명문은 계사년
정월 15일에 작성되었지만 ㉘은 '癸巳正月 日'로 날짜가 비어 있다.
'蘆田主張錫源'이 ㉘에는 '舊蘆田主張錫源'으로 기재된 점에서, 점련
문서로 보기는 어렵다. 이 성책의 已上 다음 行에 매 1결마다 잡비와
더불어 5량 4전 5분씩 하되 卜價는 노전 수직자가 담당하여 김해부가
정한 色吏가 이를 거두어 들여 4월에 두 궁에 상납할 것과, 蘆田 화초가
는 錢文 3,000兩頭[231]로 하되 매년 4월에 600兩을 바치는 것을 정식으
로 한다는 내용이다. 舊蘆田主 張錫源 등이 바로 그 뒤에 있고 끝에 '金
海官'이 다른 글씨보다 굵고 큰 것인데서, 김해부에 제출 또는 확인 받
는 문서라고 하겠다.

　그렇다면 자료 ㉙는 어떤 내용인가. 자료 ㉘과 ㉙는 表·內題에서
'癸巳正月 日'과 '道光十三年三月 日'로 되어 있을 뿐, 그 내용에 차이
가 없는 成册이다. 1833년 두 달여 사이에 ㉙가 어떤 이유로 작성되었
는가를 명쾌히 해명하기 어렵다. 이 작성자도 기록되어 있지 않다. 그렇
지만 끝의 已上은 18결 89부 8속으로 자료 ㉗과 정확히 일치한다. 이
卜數를 실제 계산하면 20결 74부 2속이나 洛水浦員의 建·名字 合 3결
68부 9속 內의 註 '壹結捌拾肆負伍束 壹結捌拾肆負肆束 他作'(橫·2
行竝書)에서 他作 결부를 제하면 1,889.8이 된다. ㉘의 加卜秩 建字 4
의 加 33부와 낙수포 건자 3결 40부가, ㉙의 建字 4의 加 19부 1속과
낙수포원 建·名字 1결 84부 5속(368.9에서 他作 184.4를 除)으로 바뀐
것 이외는 통합된 것은 있어도 다른 자호의 복수는 ㉘과 ㉙에서 모두

---

230) 作은 여러 의미로 사용되는데, '두락 또는 夜味에 비견할 수 있는 것'(박준성,
　　 위의 논문, 254쪽)이 아니라 필지 또는 경작지의 의미로 사용된 것이다(朴魯昱,
　　 앞의 논문, 1990, 92쪽 참조).
231) 頭가 牛馬의 數를 稱하는 단위이듯이 兩에 따르는 단위로 볼 수 있다. 또는 頭는
　　 '씩'으로 볼 수 있다.

일치한다. 따라서 ㊳(本卜秩 924.7, 加卜秩 795.1, 洛水浦 建자 340)과 ㊴의 결부 차 1결 70부는 바로 여기에 기인한 것이다.

자료의 양식에도 큰 차이를 보인다. ㊳의 本卜秩과 加卜秩로 나누어 負數만 기록하고 계약에 따른 지불관계 등을 명시하였을 뿐이다. 문기나 명문에 따른 점련문서 중의 하나로 추정되는 것이다. 그러나 ㊴는 무엇보다도 장광척수와 사표가 실려 있는 점이 크게 다르다. 어떤 이유인지 짐작하기 어렵지만, 건자 4의 加蘆田(19.1)과 낙수포원 건자 10 가노전(40.3)에는 장광척수와 사표가 없다. '가노전'과 같은 칸에 '自九浦'라 細註 되어 있고 사표 칸에는 '戊子還起'라고 되어 있다. 이는 1828년에 다시 일구어냈다는 것임을 보여준 것이다. 그러나 지번이 등재되지 않은 것을 이의 누락으로 판단하기도 어렵다. 즉, ㊳에서 가복질 조의 正자 6, 10은 각각 13부, 9부 8속인데, ㊴에서는 지번이 없는 加蘆田으로 기재된 것이다. 낙수포의 건자 '加北犯直蘆田' 48부 4속과 名자 '加東犯直蘆田' 83부 8속도 지번이 없다. 正자 6과 10, 名자(2加) 지번은 1803년의 ㊳양안에서도 정식 지번으로 확인되나, ㊴의 용동궁 노전은 장광척수가 확인되는 같은 1803년의 ㊱양안에서 필사한 것으로 보인다. 하지만 후자인 경상도 김해부 양안에서 자호와 지번이 부여된 노전이 ㊴의 성책에서는 加蘆田으로 등재되고 ㊳에서 가복질 조의 자호의 결부는 ㊴에서 자호가 부여되어 서로 뒤바뀐 이유를 해명하기 어렵다. 이를테면 聖자 6 '加南犯直蘆田' 9부 6속은 두 양안에서 제6 지번으로 확인되나(김해양안 9부 8속은 9부 6속의 誤記로 판단), ㊳의 가복질 조에 등재되어 있고 다른 6 지번 21부도 있다. 이 성자 6 지번이 ㊴에서 6 지번 21부, 가경 노전 9부 6속으로 기재되어 있다. 성자 7 지번도 두 양안에 47부 4속이 있지만, 이 결부는 '加南犯'으로 씌어 있고 ㊳의 加卜秩 條에 기재된 聖자 7 지번의 38부 2속이 제7 지번에 기록되어 있다. 德자 1 지번의 76부는 ㊳의 본복질 조에 기재되어 있는 반면, 경상도 김해부 양안에는 제1 지번에서 볼 수 있다. ㊴의 덕자 1 지번에는 76부가 등재되어 있고 양안의 제1 지번에 실린 1결 19부 4속은 제1의 '加西犯' 아래에 등재되어 있다. 다른 용동궁 노전에도 1803년의 본 자호의 결부가 가경전으로 기재되어 있다.[232)]

분명히 ㊴문서는 타량한 양안의 성격을 갖고 있는데도 이에는 많은 의문이 제기된다. 우선 1803년의 양안의 자호 지번에 실린 결부가 1833년의 ㊴에는 가경전에 기재될 수 있는가 하는 점이다. 이는 기존 노전이 묵힌 후 그 주변에 蘆草를 배양하여 새로운 노전을 만들었고, 그 후 다시 과거의 노전을 일구어 노초를 배양한다는 의미로 가경전으로 기재한 것으로 추정된다. 노전을 밭으로 전환한 것이 본 자호의 지번으로 등재한 반면 과거의 노전은 가경전으로 기재한 것인지에 대한 의문이 든다. 더욱이 ㊴의 성책이 왜 작성되었는가에 대한 의문도 일어난다. ㊲, ㊳, ㊴문서가 다소 불완전하기도 하고 ㊲과 ㊳에서 착오는 있어도 표면상으로 35作의 선희궁과 용동궁의 집복 18결 89부 8속을 매도한 것으로 판단할 수 있다. 물론 두 궁 信地의 執卜이기 때문에, 이 매도는 노전의 화초가를 징수 관리하는 수작인의 권한을 파는 일종의 전매 행위라고 본다.[233)] 어떤 경우가 되더라도 매도한 지 두 달 정도에 그 노전을 타량하고 자호 필지와 가경전을 재구분하거나 필지의 통합을 이룬 ㊴를 작성

232) 建자 4 지번 63부 2속 加東犯 2결 62부 2속은 1803년 양안에서는 건자 4 지번 2결 62부 2속인데, ㊳에는 본복질 조에 건자 4 지번 63부 2속과 가복질 조에 건자 1결 74복 6속(合 262.2)이 기재되어 있고, 그 다음의 건자 4 지번에는 87부 6속과 그 가경전 33부 6속이 실려 있다. ㊴에는 건자 4 지번 63부 2속과 가경전 '內 2결 62부 2속'과 19부 1속이 기록되어 있다. 건자 11 지번, 명자 1·6 지번, 立자 16 지번도 동일하다.

233) ㊱양안에 가락면 남벌원 聖자 6(9.6)과 7 지번(47.4)의 文成得은 '買主'로 등재되어 있으나, 30년이 지난 ㊳·㊴양안에 그 결부에는 변동이 없이 기재되어 있다. 노전의 매입, 매도가 그 경작권을 팔았다는 것을 단적으로 보여주는 한 例라 할 수 있다.

하여 金海官에 제출·확인하는 이유를 언뜻 이해하기 어렵다. ㊳문서가
'철해져 있지 않고 낱장으로 되어 있음'[234]이 '특기사항'으로 기재된 사
실도 검토의 대상이 될 수 있다. 즉, ㊲과 ㊳이 연결이 잘 안 될 뿐만
아니라 철하지 않은 문서가 관에 제출 되었다고 보기 어렵기 때문이다.
매도 계약이 실현되지 않았을 가능성도 생각할 수 있다. 이런 추정이 가
능하면 ㊵의 '작 장순단' 문제까지 쉽게 접근할 수 있다. 더구나 ㊴의
已上 18결 89부 8속 바로 아래에 '稅錢每結伍兩肆錢伍分 雜費幷'이라
기재한 것은 세전을 받기 위해 만든 것임을 보여준다. ㊳에서는 매 1결
마다 잡비와 더불어 5兩 4錢 5分씩을 징수하는 것으로만 되어 있다.

   이제 자료 ㊵을 살펴보자. 이것은 ㊲, ㊳, ㊴와는 달리 1846에 金海
都護府使 金漢益이 용동궁의 宮屬인 駕洛·七山·右部·德島面의 大帳
(일반 군현양안과 다른 별도의 泥田 대장으로 추정)에 등재된 노전의 자
호와 복수를 성책한 것이다. 총계에 해당되는 끝의 已上에는 76결 72부
2속이 등재되어 있다. 선희궁, 용동궁, 화령궁의 결부가 각각 24결 45부
8속, 22결 6속, 40부 3속임을 밝히고 있고, 이생의 蘆草가 아직 제대로
성장하지 못한 29결 85부 5속도 기록되어 있다. ㊳과는 달리 두 필지(聖
字 6, 正子 19)만을 제외하고 각 자호마다 '泥生'을 기재하고 있는데,
2속부터 가장 많은 것은 6결 91부 3속이다. 선희궁과 화령궁의 노전이
이 양안에 기재된 것은 내제에 '용동궁속'이라 표기된 것과 같이 이를
용동궁이 관리한 데서 그런 것이다.

   그런데 용동궁의 수작자인 장순단이 양안의 전체 52필지 가운데 38
필지에 作으로 기재되어 있고, 그 결부도 35결 81부 8속이다.[235] 그 가
운데 선희궁은 11결 86부 2속, 용동궁은 13결 96부 3속, 화령궁은 40부

---

234) 심재우, 「庄土文績目錄」第11册, 慶尙南道金海郡梁山所在龍洞宮明禮宮提出圖書
      文績類 No.191.

235) '총 51筆地 中'(서울대학교 규장각한국학연구원, 앞의 책, 325쪽)에서, 51필지는
      52필지가 바르다.

3속이며 이생처는 9결 58부 6속, '泥生新打量'의 가경노전은 1결 22부 6속이다. 또한 ㉟와 ㊵양안을 비교해 보면, ㉟의 名字 5·7 지번의 '加 21부, 加 21부 5속'(合 42.5)이 ㊵에서 탈락되었다. 또한 正字 加北犯直 蘆田 9부 8속이 正字 10 지번의 18부 8속(선희궁)과 이생 10부 1속으로 기재되어 있어 착오인지 그 변동인지 밝힐 수 없다. 무엇보다도 ㊵에는 지번이 많이 늘어났다. 즉, 선희궁의 建字 8 지번의 6부 7속과 泥生 3속, 正字 6 지번의 21부 8속과 이생 7부 1속, 10 지번의 18부 8속과 이생 10부 1속·15 지번의 11부 4속과 이생 6부 8속, 19 지번의 6부 2속, 용동궁의 正字 19 지번의 3부 7속, 日字 5결 9속이 추가되었다.

㉟의 결부는 18결 89부 8속으로 등재된 반면, ㊵에는 37결 14부 8속이 수록되어 17결 25부 2속이 증가되었다. 증가된 결에는 본복질 조의 노전 6결 33부 2속(탈락된 다른 필지 결 84.4)과 泥生新打量蘆田 1결 22부 6속, 아직 제대로 화초로 자라지 못한 이생처 9결 64부 4속이 포함된다.

한편 '작 장순단'을 장석원이 노전을 팔고서도 그의 대리인으로 계속 누전음 관리·이용하고 있다고 파악하고 있으나, ㊲의 매매와는 상관없이 수작인의 위치를 유지한 것이다. ㊲의 '次知'를 궁방의 임무를 대행하는 자로 해석할 수 있다. 거기에다가 17결 25부 2속이 추가로 등재된 ㊵양안에서 ㉟의 18결 89부 8속과 구분하여 작을 판단하는 것은 어딘지 어색하다. "궁방절수지의 노전민들은 노세전의 귀속처가 다를 뿐, 절수지를 민전 노전과 다름없이 자기 노전으로 인식하고 상속, 전당 등 소유권을 행사하고 있었다. 궁방에서도 그 권리를 인정하였으며, 양안에도 실질적인 노전 소유주들을 '起主'로 표시하였다"라고 하고, 1690년의 용동궁의 양산 소재 전답양안에 "'김일생'으로만 표시되었던 것이 1721년 양안에는 '기주' 란을 두고 김일생을 '舊 金日生'으로 표시하여 '舊 起主'임을 밝히고, 아울러 '今某'가 현재의 기주임을 분명히 하였다. 또

한 … 30여 년 한 세대가 지나는 동안 김일생의 노전은 상속, 매매 또는
타인의 개간으로 몇 필지로 분할되었을 것이며, 궁방은 새로운 소유자를
양안에 '기주'로 밝히고 있는 것이다"란 기존의 연구가 있다. 아울러
"노전을 팔기 전에 장석원은 실제 노전 소유자였으며 궁과의 관계에서
는 '작'자로서 명목상 궁 상납의 담당자였다"236)라고 규정하였다.

하지만 여기서 실제 노전 소유자가 어떤 의미인지를 논하기보다 '主'
자체가 소유자가 아닐 수 있음을 밝히고자 한다. 앞에서 이미 경상도 김해
부 소재 용동궁 蘆田泥生을 타량한 양안에서 '主' 홍일재부터 '주' 김수
봉까지 5결 23부에 붙임종이를 붙여 이를 '作者' 24인에게 분급하는 등
여러 사례를 통해 '주'와 '작자'의 성격을 같은 의미로 검증한 바 있다.

이제 양산군의 용동궁 전답 양안을 통해 主와 作者(人)의 기재관계를
검토해보고자 한다. 경상도 양산군에 소재한 용동궁의 노전 등을 타량한
양안은 아래에 제시한 바와 같다.

---

236) 박준성, 앞의 논문, 1995, 261·262·266쪽.
　　또한 박준성은 "양안에 起主로 기재된 사람과 매매문기의 노전주 또는 매득자
　　의 이름이 겹치는 사람으로 김해에 김성천, 김진오, 박칠근, 안성도, 장우량, 천
　　화이금, 박윤백, 박정갑, 안성조가 나타나며, 양산에 김상옥, 김철문, 신치담, 신
　　삭선이 확인된다. 이를 보면 1803년 용동궁 양안의 기주들은 실 소유자라 할 수
　　있으며, 이 용동궁 노전의 기주는 민결노전의 노전주와 소유권의 성격에서 별
　　차이가 없었다"(위의 책, 275쪽) 라고 하였으나, 그 연구의 〈부록〉 자료를 비교
　　해도 '실 소유자'와 구체적 관련성을 발견하기 어렵다. 장우량은 1799년 德島大
　　帳의 남직원에 있는 蘆草 刈取處 9隻과 皮牟田 3石落只를 매입하였다가 1801년
　　에 이를 매도하였는데, 明文에는 피모지가 全伍石落只로 기재되었고 '合一作'해
　　서 龍屯宮卜이 4결 53부라고 밝히고 있다. 1803년 용동궁의 김해 양안에 장우
　　량은 駕洛面 南伐員에 德자 1·建자 4·傳자 2 필지에 각각 1결 19부 4속, 2결
　　62부 2속, 42부 2속(合 423.8)이 기재되어 있으나, 위의 매입, 매도와 관련이 없
　　을 뿐만 아니라 관련이 있더라도 '실 소유자'와 연관되지 않는다고 생각된다. 더
　　구나 장우량의 2결 62부 2속, 42부는 각각 3인들에게 分作시키고 있음을 그 붙
　　임종이에서 알 수 있다.

㊶ 「慶尙道梁山郡龍洞宮折受蘆田打量成冊」(奎 18329, 1685)

㊷ 「慶尙道梁山郡龍洞宮蘆田改打量成冊」(奎 18328, 1690)

㊸ 「慶尙道梁山郡龍洞宮蘆田追打量成冊」(奎 18330, 1707)

㊹ 『慶尙道梁山郡龍洞宮屯田畓庚子量案』(內題;『慶尙道梁山郡龍洞宮折受田畓打量成冊』)(奎 18327, 1721)

㊺ 「慶尙道梁山郡所在龍洞宮屯田畓泥生蘆田改量成冊」(內題; 「慶尙道梁山郡所在龍洞宮折受田畓泥生蘆田量案」)(奎 18326, 1803)

　　우선 ㊶양안의 表·內題를 통해, 이는 1685년 절수된 용동궁 소유의 蘆田임을 알 수 있다. 절수 자체가 궁방의 소유임을 밝히고 있다[237]고 해도 무리가 없다. '절수'된 전답들을 '제2종 유토'로 파악하는 시각은 재검토되어야 한다고 생각된다. 가장 중요한 사실은 어떤 이유로 관이나 궁방이 民田을 타량하여 그 양안을 보관하고 있을 합리적인 이유가 없다는 데 있다. 더욱이 ㊹·㊺양안의 표제에는 '龍洞宮屯田畓', 내제에는 '龍洞宮折受田畓'으로 기재된 사실에서, 이 전답의 소유주가 용동궁임을 분명하게 보여준다. 양안 상의 사표를 살펴보면, ㊶양안의 奉字 '南犯 1' 지번의 사표 상에는 '西金進立田', '南同蘆田', '北張德益田'이 기재되어 있다. 하지만 量名 또는 起名 란에는 다른 인명이 기재되어 있지 않아 노전의 소유를 추정할 수 있는 근거조차 없다. 표제는 물론 아래 〈表 15〉에서, ㊶양안을 개타량한 ㊷양안의 거의 모든 필지에 起名 등이 기재되어 있고 아울러 사표에는 그 명이 '東金日生屯(田)', '趙太云同屯畓' 등으로 되어 있다. 이는 분명히 용동궁의 屯田畓과 屯蘆田이다.

---

237) 1685년 양안에 대해 "절수 받은 본 양안에 蘆田들이 용동궁의 소유였는지 불분명하다"(서울대학교 규장각한국학연구원, 앞의 책, 333쪽)라고 기술하고, 1707년의 용동궁 양안을 설명하면서, "앞서 살펴본 〈奎 18329〉(1685년 양안; 인용자)는 折受 받은 노전을 改打量한 양안으로 主名, 作人名 기재란 자체가 빠져 있지만 해당 전답이 용동궁의 소유지임이 분명하다"(위의 책, 336쪽)라고 하여 같은 양안에 대하여 다른 기술을 하고 있다.

한편 유일하게 3명의 '時作'이 기재된 1707년 ㊸양안은 용동궁의 노전을 '追打量'한 점에서 이 노전이 용동궁의 소유임을 부인할 수 없다. 뿐만 아니라 이 양안이 아닌 '다른 양안'의 존재를 추정케 한다. 양안의 古里林島員의 서변에 있는 이생처는 아래 〈表 15〉에서 보는 바와 같이 ㊷양안의 古里林島員과 일치한다. 이렇게 보면 '다른 양안'은 바로 ㊷양안이라기보다 1707년 정월이나 1706년에 개타량한 양안으로 추단된다. 양안에는 모든 필지의 사표 아래 시작과 인명이 기재된 것으로 추정해도 된다. ㊹양안의 서변 고리원과 ㊸양안의 서변 고리임도는 정확히 강에 있는 섬인지 바다에 있는 섬인지 검토를 못하지만 같은 섬이나 갯벌에 있는 전답임에는 틀림없다. 따라서 ㊶·㊷·㊸·㊹양안은 용동궁에서 절수된 둔전답을 타량한 것으로 모두 용동궁의 소유였다. 이는 ㊷양안의 용동궁 노전이 그 소유라는 사실을 뒷받침해 준다.

먼저 ㊹양안을 개타량한 것이 ㊺양안인가를 알아보고자 한다. ㊺양안에서 용동궁의 田畓과 泥生蘆田(泥生·蘆田)은 절수와 둔전에 의해서 용동궁이 소유자임을 알 수 있다. 마지막 결부의 통계는 154결 50부 5속으로, 진전은 74결 22부 5속, 起田은 80결 28부이다.[238]

그런데 ㊺양안은 ㊹양안과는 별개임을 알 수 있다. 즉, 1803년 ㊺양안의 소랑원 心·志·滿·物·堅자 5字號의 15필지 2결 79부 6속은 物자 99의 가경답 7부 9속을 제외하고 모두 노전이다. 하지만 1721년 ㊹양안의 소랑원 逐·物자 두 자호는 각각 28·104필지에 그 已上도 각각 3결 12부 9속(起田 3, 畓 309.9), 232.2속(田; 陳 50.9 起 69.4, 畓; 111.9)인

---

238) 已上 結負의 통계가 정확한가 여부는 확인하지 않았으나, 標題와 內題의 전답은 실제 노전이 아닌 경작하는 전답을 의미한 것으로 본다. 즉, 所浪·南筏·蛇頭·桃島員에는 17필지에 전답 1결 47부 8속(밭 128.4, 논 19.4)이 기재되어 있다. 또한 용동궁과 선희궁의 김해 전답의 성책에서 泥生處와 노전을 구분하여 기재된 경우도 있다. 한편 "양산군에 소재한 용동궁 절수 전답 가운데 노전을 개량하여 작성한 양안이다"(위의 책, 338쪽)라는 기술은 이런 점에서 아쉽다.

점이 ㉟양안과는 대조된다. 그런가 하면 ㊹양안의 나림도(頭註)의 不·息·淵·澄·取자의 자호에는 不자 已上 4결 42부 5속을 제외하고 각각 5결로 모두 24결 42부 5속의 起田인 반면, 1803년 양안에는 羅林島는 확인되지는 않지만 본맥도원에는 위의 나림도의 같은 字號 순으로 5字가 배열되어 7결 78부 7속의 노전이 기재되어 있다는 점이 두 양안의 커다란 차이다. 이런 이유로 ㊺양안이 ㊹양안을 개타량한 것으로 추정하기 어렵다. 두 양안의 결부 자체도 다르지만, ㊹양안은 양안 상의 지번에 지목이 '田畓'으로 기재되어 있으나, ㊺양안은 物자 한 지번만 '畓'이고 다른 14필지는 '蘆田'이어서 그렇다고 할 수 있다.

이제 ㊷양안의 기재 내용이 ㊹양안에 어떻게 반영되었는가를 알아보기 위하여 ㊹양안에서 전답 소재지의 지명과 결부 起名 등을 정리하여 아래에 〈표 15〉를 만들었다. 우선 ㊹양안에서 성격이 다른 전답을 세 종류의 기재양식으로 나누어 있다. 이를 아래와 같이 제시한다.

㊻羅林島(頭註; 以下 同一 省略)不字
第貳東犯 … 陸拾柒負捌束 東小浦西永祐田
                    南得連田北小浦 起主 芊先奉 蘆田
㊼所浪員 逐字
第伍拾參南犯陸等直畓…拾負壹束 東江西路   起主 舊陳 無主
        …   南貴用畓北五作畓 今 金貴用
㊽猪浦員 令字
第拾壹西犯陸等…拾負肆束 東命今畓西圼   起主 舊 (金)日生
        …   南小浦北元日畓   今 金命金

위의 ㊼은 구진 무주의 토지를 절수한 궁방이 민인에게 기경토록 하는 사례이다. ㊷양안에는 북쪽에서 남쪽으로 양전을 하는데, 浦를 건너 소랑포 끝에 노전이 3지번에 1결 76부 5속이 기재되어 있다. 자호나 量·起·作名이 기재되어 있지 않아 절수 받은 당시의 형태 그대로 갈대를 재배한 것이 아닌가 생각된다. 사실 이런 필지는 作(筆地, 耕作地, 分作)

의 개념 중 한 의미로 사용된 것이다. 반면 아래 〈표 15〉에서 보는 바와 같이 ㊹양안의 所浪員 逐·物자의 5결 45부 1속이 실려 있다. 양산군 용동궁 전답의 소재 지명과 그 결부를 ㊶·㊷·㊹·㊸양안 순으로 표시하였다.

〈表 15〉 梁山郡 龍洞宮 전답의 소재 지명(員)과 그 結負

(單位; 負.束)

㊶量案地名結負	㊷量案 地名 結負	㊹量案 地名 結負	㊸量案 地名 結負
所郎浦奉字 162	所郎浦末端 176.5	所浪員 545.1	
古里林子 365.9	古里林島員 1,001.6	西邊古林員 1,586.3	古里林☆23.4 時作張德漢
萬立島 200	萬立島員 280.8	河萬立島 2,162.8	
羅林島 500	羅林島員 1,120	羅林島 2,067.7	
	猪浦島員 1,837.9	猪浦島員 2,853.6	中島☆15.7 時作 金永得
			東邊中島泥生處 26.2
			時作 金命發 時戶奴眞石
	桃島員 193.4	桃島員 709.5	
	所件浦 21		
	(所~羅林島員)	(2,578.9)	
已上 2,856.5	已上 4,631.2	已上 10,010.5	已上 65.3
(1,227.9	起田 88.1☆	田 5,789.7	
	起畓 726.2	陳 104 起 5,649.7	
	蘆田 3,816.9	畓 4,220.8	
別件成冊	白長壽蘆田 1,006.7		

☆ '古里林島西邊泥生處'가 바른 표기이다. 23부 4속의 지목은 梯田이고 전품은 6등이다.

☆ '設萬里末端中島'가 바른 표기이다. 이 중도는 ㊸양안의 저포도원의 끝 지번 '西行小浦越中島陸等直蘆田'에서 확인된다. 15부 7속의 지목은 제전이고 전품은 6등이다.

☆ 北犯越江猪浦島員의 지목이 直田과 方田인 지번 3, 4, 7, 8, 9의 결부는 각각 4부 1속, 2부 5속, 5속, 2부 3속, 8부 4속이다. 또한 同員의 지번 1의 지목이 노전이지만 24부 4속 內 '拾貳負貳束起'라 細註되어 있고, 羅林島員의 1 지번의 지목도 노전이지만 8결 60부 內 '伍拾捌負壹束 起'라 細註되어 있고, 이들 노전이 기경되어 已上에 '起田 88부 1속'이라 실려 있다.

㊹양안 逐·物자 두 자호에는 무려 132지번이 실려 있다. 1690년 양안과 1721년 양안은 같은 들을 타량한 것임에도, 31년이 지난 시점에 이뤄진 이 양안에서 결부는 3배 이상, 필지는 44배 늘었다. 결부의 증가는 표에서 ㊶양안의 결부가 實計하면 12결 27부 9속인데 已上은 28결 56부 5속인 것과 같이 숨겨 있는 노전 등의 표출일 수도 있거나, 泥生處

가 노전으로 된 것이라고 추정할 수 있다. 거기에다 장광척수 다음 '內
○負 ○束'에서 보는 바와 같이, 묵혀 있는 이유 등으로 尺數測量을 하
지 않는 노전 등이 있다고 본다. 그렇지 않다면, 궁방이 이미 절수 받은
지역 주변에서 절수를 핑계 삼아 그 전답 등을 늘린 데서 오는 결과이다.
㊹에서 사표 상의 '南貴用畓'과 '今金貴用'[239]은 동일 인물임에 틀림없
다. 逐字 지번이 연속된 40부터 67까지의 18필지에서, 이외도 지번 48과
49의 두 사표에 '西貴用畓'이 기재되어 있다. 따라서 적어도 두 지번 이
상에서 '금 김귀용'이 등장해야 한다. 하지만 이 이름이 등재되어 있지 않
다. 특별한 경우를 제외하고는 지번 53의 '南貴用畓'은 52·54지번의 '今
主'가 김귀용이란 사실을 보여준다. 또한 지번 54, 67의 '北九用畓'의 김
구용은 18필지 내에서는 그를 '今主'로 기재된 것이 없고 지번 67 다음
이어서 타량한 物字 제1에서 검증된다. 거기에다 지번 63 '今金命發'은
18필지의 사표에 기재되어 있지 않다. 김명발을 ㊸양안의 저포도원의 中
島에 등재된 시작 인물과 동일하다고 추정하는 데는 어려움이 있다.

  그런데 양안 상의 수의 인물이 사표 이름과 일치되지 않는 것은 무엇
을 보여주고 있다고 할 수 있는가. 적어도 소랑원에 기재된 타량 전답은
단정적으로 추정하기는 어렵지만, 어느 때인가는 사표를 작성한 것과 起
主 '수○○○'을 실려 올린 시점이 다를 수 있다는 것이다. 이미 작성된
사표에 교체된 起·作名을 기재한 것이다. 더 이상의 검증은 피하지만
'수○○○'과 사표 상 인명과 일치하지 않는 것도 그런 이유인 것이다.
궁방전 양안에 '起 主' 밑에 인명이 기재되어 있고 사표에 동일 인물이
기록되어 있으면 자기의 전답을 소유한 '主'로 해석하는 것은 잘못된 추

---

239) '今金貴用'은 분명 현재의 경작자 김귀용으로 판단된다. 그런데 "본 양안의 수
    다음에 등장하는 인명은 太云, 益化, 春卜 등으로 한정되었는데, 이 점은 경상도
    경자양안과 본 기재양식에 찾아볼 수 있는 차이이다"(서울대학교 규장각한국학
    연구원, 위의 책, 337쪽)라고 하였으나, 太云 등은 '舊'에 등재된 인물이다. 舊
    란에도 3명 이외에 다른 인물이 다수 있다.

정이 되기 쉽다. 많은 궁방전 양안의 사례에서 사표 상의 인물과 작이 일치되는 사례도 많이 있다. '無主 陳田'에서 기경된 전답을 그 지번 아래 기재된 '今主'의 인물이 그 소유자라고 추단할 수 있는가. 대부분의 궁방들이 무주 진전 등을 절수하여 이를 개간하여 경작시키고 있는데 기경하는 자를 구체적인 자료 검증 없이 전답 소유자인 '主'로 추단하는 것은 매우 신중함이 요한다.

　표에서 字號나 量·起·作名이 기재되어 있지 않는 한 1690년 ㊷양안에서 나림도원의 3필지 11결 20부는 1721년 ㊹양안의 같은 나림도에서 27필지 19결 42부 5속으로 증가되었다. 여기에는 字號(不, 息, 淵, 澄, 取)의 부여는 물론 각각 필지에 기명이 기재되어 있다. 그 아래에 '蘆田'이 기재된 점이 다른 들의 전답 기재 사항과는 다르다. 또한 '起主 舊名 今名' 없이 起名만 기록된 것도 차이가 난다. 위의 ㊻은 이 지번 가운데 하나인데, 사표 상의 '西永沽田'의 영우는 제일 지번의 '조영우'임을 눈여겨 봐야할 것 같다.

　1721년의 ㊹양안 상의 슈·榮·業·所·基·籍·甚자에 실린 결부 23결 49부 1속은 1690년의 ㊷양안 상의 猪浦員에 소재하는 전답을 타량한 것이다. ㊽은 ㊹에 실린 한 필지이다. 용동궁 전답은 지번 1~18과 같은 들 끝에 기재된 中島까지 19지번에 18결 37부 9속이다. 이 중 노전은 11지번(지번 1은 起 12.2와 蘆田 12.2이므로 한 지번 중복)의 10결 81부 7속이고, 나머지 起田畓은 9지번으로 7결 56부 2속이다. 기전·답은 2지번의 梯畓 아래 '趙太云 起'처럼 인명 아래 '起'를 기재하고 있다. 이는 다른 궁방전 양안[240]에서도 볼 수 있는데, '起 主'란 용어가 양안 상

---

240) 北犯第十五直長六十六尺六等田二負五束金成及二方同人田西陳田北戒永田 起
　　　廣十五尺(「明安公主房慶尙道梁山郡南面屯田折受免稅御覽成冊」, 奎 18880)
　第一 十參畓肆斗落只 …… 柒負捌束 …… 作者 金明石 起
　(「慶尙道梁山郡 朴貴人房買得田畓打量成冊」, 奎 18852, 1702)
　左字第捌拾貳西犯陸等圭畓 …… 壹負陸束 … 起

에서 '起'와 '主'가 별개로 사용되었음을 보여주는 사례다. 게다가 '起'
란 '蘆田'이 아니라 다른 지번과는 달리 작물을 심을 수 있는 지목이 부
여된 '전답'을 의미한다. 나머지 11지번은 田品 다음에 '蘆田'을 기재하
고 있다. 이는 농경지가 아니라 '노전'이다.

㊷양안에 기재되지 않은 舊主 인명과 결부가 ㊹양안에 추가된 것은
다음과 같다. 즉, 도도원의 '起 主' 舊 정몽의인데, 東字 32의 지번에는
田 5결 8부 4속(內 352.2는 '西字去'로, 156.2)과 西字의 28부 2속을 합
해서 모두 5결 36부 6속이다(東자는 156.2이고 西字는 5결. 餘田畓의
移去移來는 단순히 남은 전답 결부로 결정하는 것이 아니라 앞 자호와
뒤의 자호의 1字5結을 만드는 데에 따라서 조정되었다). 김익화는 저포
원 業字 40~78의 2결 67부 4속과 도도원 西字 4·5 지번의 각각 37부
3속, 26부 2속으로 모두 3결 30부 9속이 된다. ㊷양안에 등재되지 않았
던 '舊主' 정몽의·김익화의 결부 8결 67부 5속은 상당히 많은 量인데
언제 용동궁 전답에 추입 되었는지는 알 수 없다. ㊸양안의 1707년 전
후에 용동궁의 전답 타량에 의한 것으로도 볼 수 있지만, 1690년의 別件
成册된 백장수의 漏卜 10결 6부 7속에 기재된 것과도 관련이 있는 것으
로 짐작된다. 하지만 1721년 용동궁 양산군 경자양안 끝 已上에는 전답
100결 10부 5속(田 5,789.7 陳 140 起 5,649.7, 畓 4,220.8)이 실려 있다.
이는 1690년 결부의 두 배가 넘는다는 점에서 경자양전에서 타량되어
증가된 것으로 보기 어렵다. '起主 舊·今 姓名'에 기재된 전답 결부는
분명히 경자타량 이전의 전답임이 의문의 여지가 없다. 나림도원의 不·
息·淵·澄·取자의 20결 67부 7속, 하만림도의 暎·客·若·止자의 15결,
강 건너[越江] 若자 2결 88부로 합하여 38결 55부 7속이 되는데, 위의
㊽과 같은 양식으로 기재되어 있다. ㊻이 ㊼, ㊽과 다른 점은 '起 主
芋先奉 蘆田'이 기재된 데 있다. ㊻에 아직도 전답으로 전환되지 못한

노전이 존재하는 데서 그런 차이가 나는 것으로 추정된다. 하지만 1690
년 ㊷양안에는 만립도원의 두 지번 중 1의 김시달과 최금선(225.8)의 두
사람이 탈락된 점과 나림도원의 3필지와 함께 모두 5필지에는 전품 다
음 '蘆田'이 기록되어 있다. 또한 저포도원 소재지 노전답에는 起·作名
으로 기재된 박춘복 등의 16지번(24명. 한 지번에 2·3명 기재 인물 포
함)과 起·作名이 실려 있지 않은 저포도원 '第壹陸等蘆田' 등 3필지와
강을 건너 있는 古里林島員 1필지, 소랑포 3필지, 소건포 1필지 모두
7필지도 나림도원과 만립도원의 5필지와 어떤 차이를 발견할 수 없다.
아직 노전이 전답으로 전환할 수 없는 지대여서 단지 '起 主'와 '起名'
을 기재하고 그 밑에 노전을 부기한 것에 불과한 것이다. 노전에는 '舊·
今'으로 구분할 이유가 없었던 것이다. 하지만 박춘복 등의 16필지는 바
로 주위 9필지가 기경전답으로 이미 전환되어 있는 바와 같이, 저포도원
등은 노전을 전답으로 기경화하기 좋은 지역인 것이다. 그 후 1721년 양
안에 舊主로 신인발, 가아지, 박춘복, 강재중, 강익주 등과 桃島員의 김
만천의 성명이 기재되어 있다. 이는 1690년의 노전이 거의 개간된 사실
인 것을 보여주는 것이다. 그들은 이런 이유로 『도안』에 '노전'으로 기
재된 것으로 생각된다. 이 노전은 실제 갈대밭을 뜻하는 것이 아니라 그
전답의 유래를 밝히는 데서 기록된 것이라 본다. 하지만 「免稅案」과
'裁省別單'의 已上 2,485결 86부 3속(有土 63,176.7, 無土 185,409.6)
가운데, 「免稅案」에서 ㊸양안의 梁山 100결 10부 5속이 용동궁의 有土
免稅地로 기록되어 있다.

그렇다면 ㊶·㊷·㊸양안의 최종편이라 할 수 있는 ㊸양안에서 ㊽의
'起 主舊(金)日生 今金命金'과 같은 舊主와 今主를 어떻게 이해할 것
인가. 이미 서술한 바와 같이 起名으로서 ㊷양안에 등재된 인물이 사표
에 실려 있고, 그들이 舊主로서 ㊸양안에 모두(한 필지의 두 번째 인물
인 鄭成龍과 崔介山은 미기재) 기록되어 있다. 또한 ㊸의 今主도 일치

되지는 않지만 다른 필지의 사표에는 있다.

그러면 양안에 기재된 '舊主'의 인물이 용동궁 양산 소재 전답의 소유주로 규정할 수 있는가에 문제의 핵심이 있다. 기존의 연구에서 "양안에도 실질적인 노전 소유주들을 '起主'로 표시하였다"고 전제하고 1690년 양안에 起·作名으로 기재된 김일성 노전 24부 4속이 저포도원 1 지번에 실려 있는데, 1721년 저포원 슈자 10~14의 5지번에 '舊 金日生' 이름으로 35부 8속이 기재되어 있다. 이를 두고 "궁방은 새로운 소유자를 양안에 '起 主'를 밝히고 있는 것"[241]으로 규정하고 있다. '起 主'나 '主'를 '소유자'로 이해하는 한 당연한 귀결일지 모르겠으나, 이제까지 1685년 양안의 표제의 '折受', 1690년 양안의 사표 상의 '둔전답', 1707년 양안의 張德漢 등 時作 3명, 1721년 양안의 '궁둔전답'과 '절수'에서, 이 '起 主'나 '主'를 소유자나 소유주로 규정할 수 없다.

특히 1690년 양산 소재의 용동궁 전답양안에서 전답 소재지의 들과 蘆田 結負, 起耕 田畓, 起·起耕 전답을 제외한 蘆田結負, 作名, 起 등을 정리한 것이 〈表 16〉이다.

〈表 16〉 1690년 龍洞宮 梁山 所在 田畓量案의 員과 結負 및 作名, 起

(單位; 負束)

員		結負	起 田畓	蘆田	作名·起
羅林島員	1	860	58.1 田	801.9	58.1 起
	2	200		200	.
	3	60		60	.
萬立島員	1	225.8		225.8	崔今善 金時達
	2	55			.
猪浦島員	1	24.4	12.2 田	12.2	金日生 起
	2	629.9	629.9 畓		趙太云 起
	3	4.1	4.1 田		金好明 起
	4	2.5	2.5 田		白長守 起
	5	8.8	8.8 畓		鄭莫男 起
	6	87.5	87.5 畓		徐正祿 起

241) 박준성, 앞의 논문, 1995, 261쪽.

	7	0.5	0.5 田		千落金 起
	8	2.3	2.3 田		金之己同 起
	9	8.4	8.4 田		朴毛來 起
	10	19.4		19.4	朴毛來
	11	12.1		12.1	金之己同
	12	68.8		68.8	.
	13	45.4		45.4	朴春福
	14	101.3		101.3	辛仁發
	15	93.8		93.8	尹仲益
	16	244		244	姜翊周 鄭成龍
	17	76.5		76.5	奴 加牙之
	18	357.5		357.5	崔介山 姜載重
小浦越中島		50.7		50.7	.
擬島員	1	18.8		18.8	.
	2	83.3		83.3	金萬千
	3	32.5		32.5	.
	4	13.8		13.8	.
	5	45		45	姜載重 金迪伊
古里林島員	1	13.1		13.1	安世宗
	2	38.3		38.3	梁進海
	3	300		300	金二成 金戒民 安時民
	4	616.3		616.3	同人
	5	15.1		15.1	.
	6	18.8		18.8	金九石 金赤伊
所郎浦	1	32.5		32.5	.
	2	45.2		45.2	.
	3	98.8		98.8	.
所件浦	1	21	(蘆畓)	21	石奉仇 戒好 李祿明

우선 1685년 양안을 보면 만립·나림도의 2결과 5결 등 백성의 노전을, 용동궁에게 절수하여 타량한 것을 양산군수 文獻徵이 확인한 것으로 판단되지 않는다. 1690년 타량에서는 起·作名을 불문하고 사표 상에는 거의 모두 '屯' 또는 '同屯'이 함께 씌어 있다. 위의 〈표 16〉에서 저포도원 2 조태운은 한 지번에 실려 있는 6결 29부 9속의 매우 넓은 梯畓을 경작하고 있다. 하지만 그가 단순한 경작자인지 首作者인지는 판단하기는 어렵다. 그런데 이 전답은 1721년에는 令·榮자 두 자호에 걸쳐 조태운이 舊主로 기재된 것이 6결 61부 3속이다. 논은 127필지이나

끝의 4필지의 밭을 제외한 地目이 모두 논이다. 또한 奴 加牙之는 17 지번에 76부 5속의 노전을 경작하였으나 그 후 기경하는 전답이 전환되어 1721년 타량할 때는 籍字 7 지번 등 10지번의 92부 8속의 舊主로 등재되어 있다. 이 결부는 1690년의 결부보다 21% 이상이 증가한 것이다. 그런가하면 金萬千은 도도원 2 지번의 83부 3속이 1721년 양안에는 西字 2·3 지번의 56부 9속의 구주로 등재되어 그 결부가 꽤 줄어들었다. 表의 김시달, 최금선, 정성룡, 최계산, 김이성, 안시민, 奴 石奉仇, 戒好, 李祿明은 사표에 기록이 안 된 인물인데, 경자양안에서 이들은 모두 탈락된 것인지 분명하지 않다. 하지만 蘆田 2결 44부의 지번 15의 尹中益은 지번 16의 사표에 '東中益屯蘆田'에 실려 있는 자이나 ⑬경자양안에는 등재되어 있지 않는 것은 그런 이유로 짐작된다. 즉, 표에서 '起'가 기록된 것은 기경되고 있는 전답을 의미하지만 또한 기경한 자도 된다. 이른바 '起 主'일 수 있다. 전답으로 기경된 필지의 경작자가 경자양안에 구주로 등재된 것에 불과하다. 한편 ⑫양안에 기재되지 않은 舊主의 인명과 결부가 ⑭양안에 다음과 같이 추가되었다. 즉, 도도원의 정몽의인데 東字 32의 지번에는 밭 5결 8부 4속(內 352.2는 '西字去'로, 156.2)과 西字 1의 28부 2속으로 모두 5결 36부 6속이 된다(西字 5결. 餘田畓의 移去移來는 단순히 남은 전답을 移去하는 것이 아니라 앞 자호와 뒤 자호의 1字5結을 만드는 데에 따라서 조정되었다). 김익화는 저포원 業字 40~78의 39(垈主 12)필지 2결 67부 4속과 도도원 4·5 지번 63부 5속으로 計 3결 30부 9속에 舊主로 기재되어 있다. 1690년 등재되지 않았던 정몽의와 김익화의 결부 8결 67부 5속은 상당히 많은 양인데, 언제 용동궁 전답에 追入되었는 지는 파악할 방법이 없다. 또한 나림도의 止字 6 지번 34부 9속이 '起 主 金益化 蘆田'으로 기재되어 있다.

그런데 1690년 저포도원의 전답은 18결 37부 9속인데, 30여 년이 지난 경자양안에 인명이 기재된 '舊·今主'에 저포·도도원의 133필지 28

결 53부 6속이 실려 있다. 하지만 도도원의 정몽의와 김익화의 결부 8결 59부 3속과 業字 40~78까지의 39필지의 김익화 2결 67부 4속의 합 11결 34부 9속은 사실상 1690년 양안과는 관계없다. 따라서 1721년 양안의 저포원 결부는 28결 70부 6속이지만 1690년 양안에 실려 있지 않은 정몽의와 김익화의 결부 11결 26부 3속을 제외하면 17결 18부 7속이 된다. 이는 1690년 양안의 저포도원 18결 37부 9속과 거의 비슷하다. 적어도 용동궁 둔전답은 1721년에 그대로 이어진 '절수둔전답'인 것이다. 1707년의 西邊 古里林島 등지의 시작 張德漢의 '時作'을 1721년의 '主'로 치환하더라도 그 성격이나 개념에 변함이 없는 것이다. 소랑원의 逐·物자 5결 52부 9속의 132필지에 기재된 '今主' 아래 쓰인 인물은 '시작'으로 해석해도 무리가 없다. 나림도·하만립도의 지번에 쓰인 '主'도 같은 해석이 된다.

1721년 양산군 소재 용동궁(蘆田)의 전답 100결 10부 5속은 『도안』에 용동궁의 유토면세질 조에 등재되어 있고, 「면세안」의 유토면세지로 실려 있는 사실에서 1721년의 양안 상의 '舊主'나 '今主'를 '소유주'로 해석할 수 있는 공간이 없다. 즉, 이 主는 궁방전을 경작하는 소작인에 불과하다는 뜻이다.

앞에서 이미 경상도 김해부 소재 용동궁 蘆田, 泥生을 타량한 양안에서 붙임종이를 붙여 主 홍일재로부터 主 김수봉까지 5결 23부를 作者 24인에게 분급하는 등 여러 사례를 보여준 바와 같이, 이를 통해 '主'와 '作者'의 성격을 같은 의미로 확인한 바 있다. 또한 시기가 다른 1740·1745·1783년의 전라도 장성 소재 내수사 전답을 통해서 이미 주와 시작이 같은 의미로 사용되었음을 밝혔다. 아울러 1672년 명혜공주방의 매득전답 양안(奎 18762)에서 '主石只代丁日'과 '主同人代戒生'의 기록을 통해 主가 시작일 수 있다는 사실도 검토하였다.[242] 따라서 궁방양안

---

242) 朴魯昱, 앞의 논문, 2010, 119~120·91쪽 참조.

의 '量主' 또는 '起 主(主)' 인명이 그 양안의 사표에 등재되어 있으면, 그 전답의 소유주로 추정하는 것도 신중을 기해야 한다.

또한 경상도 昌原에 소재한 용동궁의 둔전답 양안에서 '起 主'와 '作'을 검토해 볼 수 있다. 이를 위해 1674·1722년의 양안에서 아래와 같이 정리하여 살펴보고자 한다.

　⑭退村員 臨字(1674)
　東犯九百二三等梯畓二夜長三十一尺小五尺 參負 作 金小生
　　　　　　　大二十三尺
　⑮(南面退村員; 頭註)(1722)
　業字第五十三 … 貳夜 … 參負壹束 東西聖轉畓南 起主 龍洞宮
　　　　　　　…　　　　　　　尙九畓北宮畓　時 私奴 義仁

1674년 「慶尙道昌原府所在龍洞宮田畓改打量成册」(奎 18317)은 경상좌도의 갑술양안의 양식을 볼 수 있는 것으로 호남, 호서와는 달리 員[들]을 위주로 타량된 대표적인 양안이라 할 수 있다. 군현양안이 아닌 궁방전 양안이어서 실체를 정확히 파악하기는 어렵지만 『量田謄錄』의 기록 내용[243]과도 일치 된다는 사실이 중요하다.

---

243) (慶尙)左道 甲量規式 與兩湖有異 面不管字號 字不管第次 只以所謂員者爲主 漫無要領 不成文書(『量田謄錄』, 經古 333. 335 Y17, 91쪽). 한편, 이 양안에 대해 "또한 경우에 따라서는 자호는 변경이 없는데도 들판명이 바뀌어 기재된 사례도 있다. 이러한 점은 들판의 변동을 기준으로 字號를 배정하는 것이 아니라, 자호마다 배정된 일정한 결부 수 즉 5결 단위로 자호를 변화시키고 있기 때문에 나타나는 현상으로 보인다"(서울대학교 규장각한국학연구원, 앞의 책, 347쪽)라고 하였으나, 경상좌도에서는 면에 있어 자호를 管掌하지(구애받지) 않고, 字도 지번을 관장하지 않고 員을 爲主로 타량한 사실과는 배치된다. '1字5結'이 아닌 사실과 더불어 자호 변경이 없이 들판명이 바뀌어 기재된 사례에 대한 기술도 재검토되어야 한다. 즉, 10개 員 가운데 자호가 누락된 것과 다소 이해하기 어렵게 기재된 例도 있으나 면밀히 검토하면 들 이름이 바뀌어 기재되었다고 추정하기는 어려운 경우라고 할 수 있다. 더구나 睦 3, 甚 1088, 而 524, 526, 受 341, 切 514, 824 자호 지번이 누락된 점도 간과할 수 없다. 高山員은 처음 '東犯 3,

　위의 ㊾는 慶尙道 昌原府에 소재한 龍洞宮 전답을 改打量한 成册에 수록된 첫 地番인데, 이 성책에는 퇴촌원 臨字 이외에 盤松員의 息·淵· 澄자 등이 실려 있다. 마지막의 都巳上 전답 73결 99부 3속 가운데 '起 69결 36부 3속'으로 전답 起耕律이 약 94%로, 매우 높다. ㊿은 「慶尙 道昌原府所在龍洞宮田畓庚子量案」(奎 18324, 1722)에 수록된 첫 지번 이다. 이 경자양안에는 결부가 약간 증가되어 77결 23부인데, 起田 8결 9부 1속과 畓 66결 24부 1속, 合 74결 33부 2속으로 기경율이 96%를 초과한다. 하지만 같은 '主·時'樣式이지만 '주'가 용동궁이란 점이 다르 고, 그 다음 자호와 지번에는 모두 줄여서 '主宮'이라 기재되어 있다.

　그런데 무엇보다도 1674년 퇴촌원의 臨, 溫, 淸의 세 자호에는 모두 6필지 68부가 기재되어 있고, 경자양안에는 南面 퇴촌원(頭註) 業, 優, 登의 세 자호 5필지에 66부 6속이 실려 있다. 같은 들판에 거의 비슷하 거나 같은 결부로 타량되었으나, 다만 1674년 두 번째 필지인 '東犯九 百三'의 '壹負陸束'만 빠져 있다. 타량한 순서도 1722년에는 퇴촌원 登 자 다음인 반송원 詠자부터 이다.

　南犯 2作' 두 필지 다음에 '從 南犯 33'으로 이어진다. 앞의 龍池員 마지막 지번 은 職자 東犯 1488인데, 職 다음이 바로 從자이다. 一遷善員은 '北犯 2'로 시작 하여 夫자 '北犯 8'로 이어진다. 이 員의 앞들은 頭應加應員인데, 下자 '東犯 557'이 끝 필지이다. 그런데 하자와 부자의 가운데 睦자는 누락될 條에 '睦자 3'을 볼 수 있다. 이 '北犯 2'는 '睦자 2'로 짐작할 수도 있다. 南山員은 '東犯 25'로 시작되고 26, 26-2作, 29 다음에 '諸字 南犯 32'로 이어지고 있다. 반면 앞들인 大把員의 끝 자호와 그 지번은 '儀字 南犯 423'이고 의자 다음 자호는 남산원의 諸자이다. 加應亭員은 '東犯 2等 圭畓'부터 시작되고 南犯 12, 13, 西 犯 17 다음에 '孔字 西犯 36'으로 이어진다. 하지만 앞 남산원의 끝 자호와 지번 은 兒자 410과 410-2作이며 兒자 다음 자호는 바로 孔자이다. 이천선원에는 '西 犯 14'로 시작되어 28개의 지번에는 자호가 등재되어 있지 않고 바로 '次字 西 犯 222'로 이어진다. 28개의 지번 끝은 '南犯 128'이므로 이 사이에 다른 지번 이 있을 수 있으므로 누락된 자호는 佛母山員의 끝 자호 仁(南犯 1091)을 제외 하고 慈·隱·惻·造字 등 네 자에 불과하다. 따라서 앞의 員 자호의 지번이 뒤의 員 지번과 연결되었다고 보기 어렵다.

1674년의 양안은 '改打量成冊'이란 점에서 앞의 타량 양안이 존재했던 것으로 짐작되지만, 이를 검증할 수는 없다. 양안은 아니지만 1671년 「昌原府龍洞宮屯田畓物故作者姓名數懸錄成冊」(奎 18604)을 통해서 전답 필지의 物故한 作者 名과 石數의 기록은 물론 內題 「康熙十年辛亥十月 日 眼同摘奸災陳頉成冊」에서 보는 바와 같이, 이것은 궁답의 재해와 陳頉을 함께 찾아 조사하여 작성한 문서이다. 이의 말미에 '己酉條物故未捧秩'이 있는데, '己酉'는 1669년이다. 또한 1678년 「昌原府所在龍洞宮屯田畓收稅穀物數成冊」(奎 20350)에는 1670~1677년까지 8년간 둔전답의 곡물 수를 연도별로 간결하게 기록하였다. 즉, '(庚戌)條未捧租伍石柒斗陸升' 등과 같이 씌어 있다. 그리고 丁巳 條 다음 行에 '合 75결 11부 2속'의 기록이 있고, 이어 구진, 잉진 등으로 구분하여 결수를 파악하였다. 1791년 「慶尙道昌原府所在龍洞宮田畓改量成冊」(奎 18325)의 都已上 결부는 77결 23부로 기재되어 있다. 하지만 '改量成冊'이어서 그런지 앞에서 언급된 퇴촌원 자호 지번은 '投字 第29'인데, 경자양안의 業·優·登자 3字號의 5필지 66부 6속과는 달리 舊優(頭註) 아래 29 지번에는 15부 6속만이 기록되어 있고 起名 란에는 '起 主 舊龍洞宮 今龍洞宮'(橫·二行竝書)으로 씌어 있다.

이렇게 보면 용동궁 둔전답은 1674·1678·1722·1791년의 成冊과 量案에는 각각 73결 99부 3속, 75결 11부 2속, 77결 23부, 77결 23부임을 보여준다. 따라서 이 전답들은 용동궁 소유지였음이 분명하다. 더욱이 『도안』에는 77결 23부가 유토면세질 조에 기재되었음은 물론 王牌에 의해 절수된 전답임을 밝히는 註도 있다. 「면세안」에서도 77결 23부가 유토면세지이다. 1785년 書員 趙福顯이 써서 8월 26일 刑房에 보낸 '龍洞宮手本'에 '宮屬慶尙道昌原府所在有土免稅宮屯處卽孝廟朝賜與田畓'(『內需司庄土文績』, 奎 19307, v.18-141)이라 한 사실에서, 용동궁 전답은 孝宗 때에 사여된 유토면세지인 궁둔인 것이다.

그런데 1693년 용동궁 둔전답 漏落處 등의 양안에는 漏落·陳還起·
加耕秩이 수록되어 있는데, 이는 '主·時' 문제를 더욱 분명하게 이해할
수 있게 하는 자료이다. 이를 정리하면 〈표 17〉과 같다.

〈表 17〉 慶尙道 昌原府 所在 龍洞宮 屯田畓 두 量案 比較☆

(單位; 負束)

員 名	字號 地番	① 結	② 結	① 主名	① 時名	② 作名	備 考
漏落秩							
一遷善員	睦 3	22.6			進化		字號記錄無
		22.5			蔡守貴		
龍池員	甚 1088	3.0		大君房	金仁奉		字號記錄無
	無 1108	1.0		大君房	李小日	李小日☆	1112·3作
		4.3		大君房	莫福		
	竟 1165	7.1		大君房	李亐進		1159
	攝 1470	1.9		舊陳無主	朴哲益		1469·1471
	職 1480	3.3		舊陳無主	鄭厚元		1482
高山員	政 147	1.5		大君房	黃儀奉		141
	以 238	4.4		大君房	鄭來萬		237·239
	270	9.1		大君房	黃儀奉		
	而 524	1.1		陳玉	閔成發		字號記錄無
	526	0.2		舊陳無主	閔成發		
豆加應員	賤 40	0.7		舊陳無主	朴以明		41
	禮 92	0.7		李之	朴昌業		93
	和 439	0.1		舊陳無主	李己擇	438李己擇	
	下 488	2.8		大君房	朴昌業		492
一遷善員	婦 118	9.5		大君房	蔡永哲		108
	受 341	1.1		舊陳無主	應先		340, 342
二遷善員	節 460	6.8		福男	壬辰	崔德立☆	
	神 1405	9.2		大君房	鄭應男		[1404]☆
	操 2322	2.1		愛代	愛代		2323·4·5
大把員	毋 390	0.1		奉守	僧雙旭		389·391
南山員	諸 56	0.6		舊陳無主	占金		55·57
加應亭	懷 87	2.0		大君房	僧守正		86-2作
	254	0.9		李㤫	金彔先		133
	262-2作	3.0		大君房	金己澤		133
佛毋山	切 564	1.3		大君房	崔汗朱		字號記錄無
	824	0.2		大君房	徐從發		
陳還起秩							

龍池員	取 1	7 還起	12.1	他福	金正哲	金厚哲	作 1, 3, 4, 5
		5.1☆ 舊					6.6.1[5.1]
	容 96	5.5	5.5	加之	日尙	舊陳 5.5	
	辭 269	8.1 仍陳	16.1	舊陳無主	李善發	仍陳 16.1	
		8.0			李連發		
	愼 647	11.2	11.2	應春	應春	甘來 11.2	
	648	5.6		應春	應春		649 作應春
	652	3	30.8	舊陳無主	僧守晶	信成 30.8	
		27.8☆舊					
	籍 1054-2作	10.6	10.6	大君房	金斗花	仍陳 10.6	
	甚 1088	3		大君房	李小日		字號記錄無
	優 1289	5.5	5.50	舊陳無主	朴承善	徐正金☆	
高山員	從 61	5.3	5.30	大君房	連福	作名無	舊仍陳記錄無
	存 192	6.0	6	舊陳無主	金時憲	車得生☆	5.5
豆加應員	賤 24	1.3	1.3	延男	金奉上	奉連	作 24, 25, 26
	41	2.1	5.4	䒠禮	日福	己生仍陳	
		3.3☆ 仍					
	43	1.5		種同	朴以明	己生仍陳	
		1.7☆ 仍				3.2	
一遷善員	婦 152	5.3	5.3	大君房	安福	舊陳 5.3	
	158	6.1	6.1	連金	朴山云	崔杰立	
	161	9.2	12	舊陳無主	蔡進化	舊陳	
	180	2.4	2.4	白銀金	朴世鶴	白體用仍陳	2.4
加應亭員	同 255	5.1	7.1	大君房	金時成	舊陳	
		2☆ 舊					
加耕秩							
加應亭員	第 214	1.7		舊陳無主	金時成		213, 215
		5.5			金亘未		
	216	0.8		李院	金時成		218

☆ 두 양안은 『慶尙道昌原府所在龍洞宮屯田畓漏落處及陳還起加耕庫員改打量成册』(奎 18315, 18319, 1693, ①量案)과 「慶尙道昌原府所在龍洞宮田畓改打量成册」(奎 18317, 1674, ②量案)을 칭한다.
☆ 李小日은 1674년의 1107·1112·1123 필지의 作이다.
☆ 崔德立은 箭字 454·456·457·460의 4필지의 作으로 기재되어 있다.
☆ 神字 1405 지번은 1403·1405(3.1)·1406·1407 지번이 있는 것으로 보아 1404의 誤記인 것으로 생각된다.
☆ 徐正金은 앞 字號인 學字 1262·1263·1264 지번과 優字 1289 지번에 작으로 실려 있다.
☆ 車得生은 앞 字號인 政字 162~165, 存字 192 지번까지 작으로 실려 있다.

　1693년의 성책에는 모두 49필지로 已上 2결 82부 8속[2결 79부 8속]이 실려 있다.244) 개량 성책의 49필지의 '時' 평균 결부는 약 5부 7

244) 이 양안에는 50필지가 수록되어 있으나 漏落秩 條의 甚자 지번 1088에 '主大君

속이지만 主名의 기재가 없는 漏落秩 條의 睦자 '東犯 3' 필지의 45부
1속과 陳還起秩 條의 5필지 80부 8속[245)과 陳田 40부 9속의 합 1결
66부 8속을 2결 79부 8속에서 제외하면 1결 13부가 되는데, 앞의 6필지
를 제외한 43필지의 평균 결부는 2부 6속이 될 정도로 매우 영세한 경작
필지이다. 심지어 和 439·母 390자 두 필지는 결부가 1속에 지나지 않
으며 화자 필지는 主名 란에 舊陳 無主로 기록되어 있고 時名 란에는
李己擇이 씌어 있다.

한편 〈표 17〉에서 1693년의 성책에 등재된 49필지의 主名 란을 검토
해 보면 구진 무주로 기재된 것이 13건, 姓名 또는 名인 것이 16건, 大
君房으로 된 것은 18건이며 주명이 없이 時名만 기재된 것이 2건이다.
구진 무주는 여기서 논할 필요가 없지만, 오랫동안 묵혀 있던 主가 없던
땅을 일으켜 경작한 자를 攝字 1475(1부 9속) 지번의 '時朴哲益'과 같
이 기재되어 있기도 하다. 하지만 大君房과 姓名 또는 名이 起名 란에
기록된 것은 검토의 필요성이 있다고 본다. 이를 위해 성책의 몇 필지의
내용을 정리하여 아래에 제시한다.

　○漏落秩
　　�[51]甚字西犯壹千拾捌參等直畓貳夜長貳拾肆尺參負 主 大君房 時 金仁奉
　　　　　　　　　　　　廣拾捌尺
　　�[52]操字 2322 …… 貳負 壹束 …… 主 愛代 時 愛代
　　�[52]操字 2322 …… 貳負 壹束 …… 主 愛代 時 愛代

───────────────

房 時金仁奉'인데, 陳還起秩 條에도 같은 자호 지번에 '主大君房 時李小日'로
실려 있기 때문에 1필지를 뺀 49필지이다. 따라서 已上의 實計는 정확히 2결 82
부 8속이지만 중복된 한 필지의 3부를 제외하면 2결 79부 8결이 바른 것이다.
已上 2결 82부 8속의 陳起 등을 기록한 내역을 실계하면 3결 23부 7속이 된다.
이는 끝의 '陳田肆拾負玖束'은 이미 전답의 陳起 란에 기록한 것을 중복 게재한
데 그 이유가 있다. 아울러 '起畓' 26부는 3부를 뺀 23부가 바른 표기이다.
245) 字號 取 1·辭 269·愼 647·愼 652·籍 1054-2作 필지는 각각 12부 1속, 16부 1
속, 11부 2속, 30부 8속, 10부 6속으로, 이는 10부 이상의 필지이다.

○陳還起秩
　53愼字 647 …… 拾壹負 貳束 …… (作 甘來. 1674) 主 應春 時 應春
　54愼字 648 …… 伍負 陸束 …… 主 應春 時 應春
　(愼字 649 …… 捌束 作 應春)
○加耕秩
　55弟字 貳百拾陸參等直畓參夜 捌束 土 李皖 時 金時成

　우선 51에서 경자양전 이전까지 창녕 소재 용동궁 둔전답의 양안에
는 양전의 방향을 표시하는 '西犯' 등이 모든 지번 앞에 기재되어 있다.
다른 지역의 궁방양안에서도 많이 접할 수 있는데, 어느 지역, 어느 시대
의 특성인지 검토할 필요가 있다. 창녕부 소재의 1674·1693·1722·1791
년 용동궁 둔전 양안에는 地目 다음에 위의 51의 '貳夜'처럼 한 夜味
[배미, 다랑이]부터 20夜味를 기재한 예를 많이 볼 수 있다. 창녕 지역
양안의 그 기재양식이 관행적으로 지속된 것이다.

　1693년 용동궁 둔전답 성책에는 '主大君房'으로 기재된 것이 18필지
이고 그 결부는 86부 7속인데, 대군방 아래 時名이 기록되어 있다. 한편
용지원 無字 1108 필지의 5부 3속을 이소일과 막복이 각각 1부, 4부 3
속씩 나누이 경작하는 경우도 있다. 용동궁 둔전답은 전체 양안이 아니
고, 漏落處 등을 개타량하는 성책에 '主 大君房'이 등재된 것을 어떻게
판단해야 되는지 난해한 문제라고 하겠다. 물론 다른 궁방전 양안에서도
볼 수 있는 사례이다. 앞에서 용동궁의 둔전답은 왕패에 의해 절수된 유
토면세지임을 밝혔다. 궁방의 名이 등재된 것은 대부분 封爵된 名인데,
이 대군방은 봉작되지 않은 대군에게 용동궁이 재원을 부담하는 상황에
서 기록된 것으로 본다.

　그러면 '주대군방'과 '時이소일막복' 등의 관계를 어떻게 판단해야 되
는가. 대군방은 용동궁과의 관계에 의해서 판단될 문제이지만 '時'는 時
作, 作者임이 분명하다. 즉, 이소일 등은 대군방이든 용동궁이든 이 궁
의 전답을 경작하는 자로 판단할 수 있다. 하지만 '主·時樣式에서 이것

을 '지주·소작'관계로 판단될 수 있는 문제는 아니다. 위의 ⑤, ⑤, ⑤의 3필지를 보면 '主·時'의 名이 각각 동일하다. 操자 畓 2부 1속의 主인 愛代가 시작으로 이 논을 경작하는 것으로 되어 있고, 愼자 647과 648 두 필지 11부 2속, 5부 6속의 主인 應春도 이 전답을 경작하는 자로서 등재된 것이다. 더욱이 1674년 양안의 愼자 649의 8속을 경작하는 자인 作이 응춘이라는 사실이다. 이 '主·時'關係를 전답의 소유자와 소작자로 파악할 수 없다. 뿐만 아니라 주명과 시명이 다르지만 名이나 姓名이 기록된 13건도 동일하다고 판단할 수밖에 없다. 그 중 禮자 92 필지의 7속의 '主'인 李之가 時作 박창업에게 전지를 대여했다고 판단하기에는 사회통념이나 관행으로 볼 때 어렵다.

그런데 누락질 조의 일천선원 睦자 3, 용지원 甚자 1088, 고산원 而자 524, 526, 불무산원 切자 564, 824의 6필지의 字號는 1674년 양안에서 검증되지 않는다. 다른 員에서도 한 자호에 한 필지만 기재된 사례가 많은 것으로 보아 이들 자호가 1674년 양안에서 빠진 것이다.

1693년 용동궁 전답양안을 중심으로 1674년의 전답양안을 대비시킨 〈表 17〉에서 陳還起秩 條의 용지원에 있는 取자 1의 主 타복의 田 7부 (12.1 중 5.1은 구진)를 時 김정철이 경작한 것이다. 물론 타복이 묵혀 있던 것을 다시 일구었을 수 있다. 하지만 1674년의 용동궁 개타량 양안에서 같은 자호와 지번 및 그 결부가 동일한 필지 取자 1의 作이 김후철 (3·4·5·6 지번의 作)이다. 이는 19년 전 작인이 김후철이었고 그 후 어느 때인가 '主' 타복이 경작자이었으며 누락처, 진환기, 가경고원의 필지를 개타량 성책할 시점의 어느 때에 '時'가 김정철인 것이다.

표에서 용지원의 愼자 647, 두가응원의 賤자 24·41, 일천선원 婦자 158, 180 등 지번에서도 作과 時, 主는 동일 성격의 용동궁의 둔전답을 경작하는 자임이 틀림없다.

다시 〈표 17〉의 용지원 容자 96의 畓 5부 5속의 主 가지와 時 일상을 검토해 보고자 한다. 1674년 용동궁 둔전답 양안에는 용지원 容자 96의 논 5부 5속의 陳起관계가 구진으로 기재되어 있다. 이는 가지가 오랫동안 묵혀 있는 것을 개간하여 경작하다가, 경작자가 교체되어 현재는 일상인 것이다. 또한 1694년 개타량 이전부터 계속 묵혀온 仍陳인 전답도 어느 때 일구어 내 경작하는 경우도 있다. 즉, 辭자 269의 16부 1속은 잉진인 논이 개간되었다가 묵혀져서 구진인 것을 이선발과 이연발이 각각 8부 1속과 8부를 일구어 경작하고 있는 것이다. 일천선원의 婦자 161의 12부는 구진, 구진 무주이었으나, 그 후 타량 이전 어느 때 일구어내어 경작하고 있었던 것이다.

하지만 용지원의 愼자 652·優자 1289 지번과 고산원의 存자 192 지번은 1674년 각각 신성, 서정김, 차득생 등이 '작'자임이 분명하다. 이들이 경작하던 밭들이 그 후 오랫동안 묵혀져 온 것을 구진이라 기재된 것이나, 이것을 다시 일구어 경작함으로써 기경지가 되어 僧 수정, 박승선, 김시헌 등이 1693년 양안에 時作으로 기재된 것이다.

그렇다면 1693년의 용동궁 둔전답 양안 누락질 조의 용지원 甚字 '主大君房 時金仁奉' 등과 陳還起秩 條 등의 18필지에 기재되어 있는 '主大君房'을 어떻게 이해하여야 하는가. 이를 정확히 파악하기 위한 전답의 전래를 알 수 있는 것은 〈表 17〉에 있는 5건에 불과하다. 그 중에도 용지원의 甚자 1088의 논 3부와 고산원의 從 61의 밭 5부 3속은 자호와 필지가 員에는 없다. 따라서 이를 활용할 수 있는 것은 용지원의 籍자 1054-2作 논 10부 6속 '主大君房 時金斗化 仍陳'과 일천선원의 婦자 152 밭 5부 3속 '主大君房 時安福 舊陳' 및 가응정원의 同자 255 田 7부 1속 大君房 時金時成 舊陳)' 3건에 불과하다. 하지만 중요한 것은 모두 구진과 잉진을 일구어 낸 경지란 사실이다. 이는 구진이나 잉진의 전지를 일구어서 개간한 주체가 대군방일 수도 있으나, 대군방을 전답의 소유주로 추단하기 어렵다. 漏落秩 條 등에 '주대군방'이 등재된 사유는 추정하기 어렵지만 적어도 主가 전답소유자로 판단할 근거가 없다고 본다. 물론 진전을 다시 일구어 낼 때 '還起主'로 기재되지만 결코 전답소유자로서 '主'가 아닌 많은 궁방전답 사례가 있다.246)

아울러 누락질 조의 ⑤ 操字 2322 지번의 밭 2부 1속은 1693년에는 '主愛大 時愛大'로 기재되어 있지만 1674년 그 필지의 作은 충립이다. 操자 2316~2318과 操자 2322의 다음 지번인 2323, 2324에도 모두 '作忠立'인 사실에서 操자 2322의 작도 충립으로 추정된다. 이는 '作忠立·主愛代·時愛代'에서 主와 時를 각각 논의 소유주와 소작인의 관계로 판단할 수는 없는 것이다. 동일 인물인 愛代가 '주'와 '시'로 기재된 점에서는 더욱 그렇다.

1674년 양안의 ⑤ 愼자 647의 田 2부 1속의 작은 감례이다. 그러나 1693 진환기질 조에는 愼자 647의 결부에 '主應春 時應春'으로 기재되어 있다. '作甘禮·主應春·時應春'에서 주와 시를 전답의 소유자인 주와 타인의 전답을 경작하는 시작인으로 추단할 수 없다. 愼자 648의 '主應春 時應春' 또한 동일 인물을 논의 소유주와 그 작인으로 해석하기 어렵다. 愼자 지번은 1674년 양안에는 누락되어 있으나, 타량된 후에 묵혀서 다시 환기된 것으로 추정된다. 한편 1674년 양안에서 논 8속의 愼자 649 필지의 작은 웅춘이다. 당시 웅춘이 作인데서 1693년 누락질의 愼자 648 필지의 1674년 작도 웅춘일 가능성을 배제할 수 없다

무엇보다도 〈표 17〉의 '主·時'樣式으로 기재된 1693년의 양안을 통해, 이 양안은 1674년의 양안의 누락처와 진환기 및 加耕庫員을 개타량

---

246) 「全羅道靈巖郡宮屬陣地田畓打量後陳起區別總數成册」(奎 18302, 1783)을 통해 391필지(5,965.2) 가운데 41필지가 '還起主'이고 모두 일구어 진 전답이 1결 15부 9속임을 밝힌 바 있다. 그 이외 모든 필지가 진전이고 '舊主龍洞宮'으로 기재된 점에서 용동궁 전답임이 확실함과 이 환기된 전답 1결 15부 8속이 정확히 『도안』의 용동궁 유토미면세질(出稅) 條에 실려 있음이 확인된다(朴魯昱, 앞의 논문, 2010, 124~125쪽 참조).

하여 성책한 것이 아니다. 즉, 누락질 조 이천선원의 節 46 지번의 1674
년의 작은 최덕립인데, 1693년 양안에서 그 주는 복남, 시는 임진인 점
은 물론 진환기질 조의 취자 1의 '김후철-타복-김정철' 등 여러 사례가
이를 보여주고 있다. 이 '主·時'樣式의 기재에서 '주'는 바로 1674
~1693년 사이 타량한 것을 반영한 것이다. 따라서 '主'는 어느 시기 전
답을 경작하고 있던 자이며, 개타량할 때의 경작자를 '時'로 기재한 것
이다.

이 양안이 용동궁의 유토면세지나 왕패에 의한 절수전답임을 거론하
지 않아도 主가 전답 소유주를 의미한다고 할 수 없다.

사실 主의 개념을 정확히 파악하기 어려운 경우가 많다. 1727년의
「慶尙道尙州牧靖嬪房買得田畓打量成册」(奎 18811)도 이에 해당한다.
이 양안의 한 지번을 아래에 제시한다.

　　左字第壹西犯肆等直畓…貳拾柒負玖束 東吐三方 起主 舊 官屯
　　　　　　　…　　　　　　淑明宮畓　　今 淑明公主房折受

이 양안에 실린 총 결부는 13필지에 4결 1부 8속이다. 각 필지의 끝에
표기하는 '起 主' 란에는 '起 主 舊官屯 今淑明公主房折受'(橫·二行幷
書)라고 동일하게 씌어 있다. 거기에다 13필지 중 10필지의 사료 상에는
'淑明宮田·畓'이 기록되어 있다. 영조의 후궁인 靖嬪 李氏의 생졸년대
가 정확히 확인되지 않지만 영조 원년(1725) 2월에 '贈靖嬪'이 봉작되어
그 후 5월에 원결 200결의 割屬과 아울러 銀子 4,000兩이 '을해정식'에
의해 수송된 기록[247]으로 볼 때 1727년에 정빈방이, 숙명공주(1640~
1699)방에서 경상도 상주의 관둔 전답을 절수 받은 전답을 매득하여 타
량한 것은 분명한 사실이다. 하지만 '起 主 今淑明公主房折受'에는 다

247)『承政院日記』, 英祖 元年.5.27, 元本 593册/脫草本 31册(15/20).

소 의문이 든다. 즉, '主 今淑明公主房'을 현재의 전답의 主로 숙명 공
주방으로 판단할 수가 없다. 정빈방이 매득한 전답의 사표 상에도 그대
로 숙명궁 田畓이라 기재되어 있는 것은 매득전답을 타량한 것이 아니
라 원래 숙명공주방이 타량한 양안에 표제만 정빈방의 매득전답으로 바
꿔 기재한 것이 아닌가 생각된다. 이후 1778년에 정빈방이 延祐宮[248] 궁
호로 격상되었으며, 이 전답 4결 1부 8속은 내수사에 이속되었음을 『도
안』의 출세전답질 조에서 확인된다.

3) 法典 자료에 대한 檢討

『大典通編』戶典 收稅條를 통해 조선시대 法典에서 이 '主' 등은 어
떤 의미로 해석될 수 있는가를 검토하고자 한다.

> 每年陳田起墾處 一一開錄 報本曹減半稅 增 減三年之稅 旣墾還陳者 勿稅 如有
> 奸僞混雜者 … 翌年堀沙後 收稅 增 陳田起耕者 許民告官墾種 三年後 始令收稅
> 或田主來爭 則以所耕三分之一給田主 三分之二以給起墾者 耕食十年 方許均分

3년이 지난 전지를 관에 신고해서 경작하는 것을 허용한 『경국대전』
호전 전택조의 내용이 『각사수교』 한성부 수교와 『속대전』 호전 전택
조에서는 '許人告耕'은 일시 경식케 한다고 보완되었다. 1786년에 간행
된 『대전통편』 호전 수세 조에는 진전을 개간한 경우에는 3년 동안 세
를 감해 준다고 한 세주가 있다. 진전을 일구어 내고자 할 때는 관에 신
고하면 파종하는 것을 허용토록 해서 3년 후에 비로소 수세한다고 규정
한 것이다. 아울러 전답을 묵힌 田主와 이를 개간한 자와의 분쟁을 막고
이를 조정하는 규정을 두었다. 즉, 전주가 이의를 제기하여 분쟁이 있을

---

248) 『承政院日記』의 脫草本에는 '延祐宮'이 延祜宮으로 거의 대부분 잘못 脫草되어
있다.

때는 경작하고 있는 전답의 1/3을 그 전주에게 주고, 2/3는 기간하는 자에게 주며, 묵힌 땅을 일구어 경작한 지 10년이 지나면 전주와 기간한 자 간에 1/2씩 균분하는 것을 허용한다는 것이다.

조선후기 사회의 사회경제적 의미를 함의한 이 '主'에 대해 학계의 연구 결과나 해석이 서로 다르다. 우선 '所耕'의 1/3을 전주에게 준다는 기록이다.[249] 이는 경작하고 있는 전답을 그 전주에게 준다는 내용과 경작해서 얻은 소출의 1/3을 田主에게 주는 것으로 대별된다.[250] 이런 결과가 나온 것은 '所耕'에 대한 국역 또는 해석이 다른 데서 연유한다고 볼 수 있지만, 조선후기 사회의 '主'를 이해하는 준거를 보여준다고 생각된다. '소경'이란 개념은 '경작지' 또는 '경작 하는 바' 등으로 국역함이 바르고, 이를 결부나 전세[251]로 대칭할 수 있다. 『대전통편』이 편찬

---

249) 고려 광종 24(973)년에 私田의 진전을 개간할 때는 첫 해는 거두어 드린 것(所收)은 起耕人에게 全給하고 두 번째 해에는 田主와 分半하였다. 또한 睿宗 6(1111)년 8월에는 진전 개간의 受取率이 정해져 3년 이상 진전인 것을 개간하여 所收한 것은 2년간은 모두 佃戶에게 주고 3년째에는 전주와 더불어 分半하였음을 『高麗史』에서 확인된다.

250) ① '新耕地의 三分之一을 田主에 주고'(『國譯 大典會通』, 高大民族文化硏究所, 1982 再版, 208쪽). ② '경작하는 선시의 3분의 1을 진주에게 주고'(國譯 『憲宗實錄』 卷5, 憲宗 4.11.20, 48-460). ③ "소출의 1/3을 田主에게 지급하고 2/3를 기경자가 차지하도록 하고 10년 후에는 1/2씩 均分하도록 하여 田主의 소유권을 보호하는 규정이 그것이다."(崔潤晤, 「17세기 土地所有權 發達과 起主의 등장」, 『東方學志』 113, 2001, 181쪽 ; 『朝鮮後期 土地所有權의 발달과 地主制』, 혜안, 2006, 51쪽 載錄). ④ '경작하는 것의 3분의 1을 田主에게 주고'(국사편찬위원회 한국사데이터베이스, [조선시대 개간에 관한 법령]). ⑤ '수확한 것의 3분의 1을 田主에게 주고'(국역 『備邊司謄錄』, 憲宗 4.11.20). ⑥ '경지의 1/3을 전주에게 주고 2/3를 개간자에게 주며'(이헌창, 「조선시대 경지소유권의 성장」, Naksungdae Institute of Economic Research Working Paper Series, 2014, 29쪽).

251) 부안김씨 우반고문서의 토지매매문기 142건 중 '所耕 몇 부 몇 속'의 표기는 96건으로 『경북지방고문서집성』, 『광산김씨오천고문서』, 『고문서집성』 3 등의 매매문기에서의 '負數'로 환치될 수 있는 용어로 소경은 결부처럼 田稅와 같은 의미이고, 소경은 어의적으로 '경작하는 땅[경작지]', '경작 하는 바'로 해석할 수 있다(朴魯昱, 앞의 논문, 1988 참조). 다음 자료도 참고된다.

되기 9년 전인 영조 51(1775)년에 '仍以本田 給其陳告者'252)에서 진전을 신고하는 자에게 전답을 지급하도록 한 기록으로, 이 '所耕'이 전지임을 명쾌하게 확인할 수 있다.

그렇다면 여기서 전주는 어떤 의미로 규정할 수 있는가가 중요한 문제이다. 전주를 전답의 소유자로 규정한다면 陳告者에게 1/3 또는 1/2을 주는 전토에 대하여 진고자는 전답의 소유권을 갖는다는 의미로 해석할 수밖에 없다. 하지만 그렇게 느슨한 전답의 소유권253)을 상정한다고 해

焚蕩之餘 凡千文籍 一無餘存 上年時用所耕 則使各坊有司 除倭損卜數成册 以爲差役 今年則又令有司委官書員 巡審酌其種落每一斗結三卜 操縱之際 民弊無窮 (趙慶男 撰,『亂中雜錄』卷三(v.2), 宣祖 31(戊戌).7.16, 97(196쪽).

家舍統記田畓衿記憑考 佃夫所耕單子 謂之衿記(『朝鮮民政資料 牧民篇』, 政要抄 刑典, 152쪽).

252) (戶曹判書具)允鈺曰 … 許人陳告起耕之法 載於大典 而民不肯耕墾者 以其田主之隨卽還推也 若依中國開荒之法 凡有久陳田土 許民告官耕種 三年後 始納賦稅 若其地主來爭 以三分之一給其主 二分卽仍請陳告者耕植 十年之後 方許均分 敢有强奪者 卽以重律治之 仍以本田 給其陳告者 則無田之民 其將爭來起耕 陳荒之土 可使漸就墾壁 此誠勸耕開陣之要道 下詢大臣而處之 何如(『承政院日記』, 英祖 51.1.23, 元本 1359册/脫草本 76册(32/34)).

1775년의 위의 기록은, 1786년의『대전통편』의 增註 내용과 거의 비슷하나, 그 후의 실록(헌종 4.11.20, 1838)과『승정원일기』(헌종 4.11.20)는 같은 기록이지만 그 增註 내용과, 이들이 더 차이가 난다. 그 이유를 밝히지는 못하였다.

253) 이헌창은 "경지소유권이라는 권리의 신장을, 경작 이용에 기초한 소유로부터 관념적 소유로의 변화라는 관점에 입각하여 고찰"(앞의 논문, 2014)하였다.『경국대전』에서 토지소유의 관념적 가치를 제약하는 최대 요소를 3년을 넘은 진전의 경작자가 소유권을 가지게 되는 규정이라고 하고,『대전통편』의 호전 수세 條의 내용을 진전의 개간 경작자에게 소유권과 본주의 관념적 토지소유권을 주는 조화와 균형의 조치로 파악하였다. 하지만『경국대전』에서 진전 경작자가 소유권을 갖는 문제, '姑許耕食' 등 앞으로 더 많은 해명이 요구되지 않나 생각된다. 이 보다 앞서 趙允旋은 이 규정은 '점유자에 대한 소유권의 대폭적인 허용이다'라고 하였으나, 같은 자료를 가지고 '경작하는 토지의 삼분의 일을 전주에게 주고 삼분의 2는 起墾者에게 주며 경작한 지 10년이면 균분케 한다'라고 해석하거나, '경작한 지 3년 후면 경작물의 3분의 2를 점유자가 차지할 수 있었고, 10년의 점유가 있으면 半分할 수 있었다'(趙允旋,「조선 후기의 田畓訟과 法的 대응

도 여러 의문이 제기된다. 전주에게 전답의 소유권이 부여되었다면, 起墾하는 자에게는 경작권만이 주어졌다고 할 수 있는가 하는 문제에 직면하게 된다. 전주와 기간하는 자에게 주는 권한에 어떤 질적 차이를 발견하기 어렵다.

지금까지 양안과 문헌에서 살핀 바와 같이, '主'란 용어는 바로 어느 시기에 당시 전답을 경작하고 있던 자이며, 또한 경작하는 주체나 사람이라고 할 수 있다. 이는 조선 시대에 사용된 田主 또는 主를 토지소유권의 개념만으로 파악하기 어려움을 보여준 것이다. 佃夫, 佃客 등도 마찬가지이다. 이들이 국가가 전답의 경작측면이나 수세측면에서 파악한 용어에 불과한데 그 원인이 있는 것이다.

6. 結論

본 연구 내용을 아래와 같이 논제별로 요약·정리히어 결론에 가름하고자 한다.

기존의 연구에서는 임진왜란 후 절수가 시작되었다든가, 어염, 시장, 진전이 궁방 등에 절수되거나 陳告法을 통해 이뤄진 사례에서 연유되었다고 한다. 그러나 궁방전은 어떤 제도적 근거를 두고 시행된 것이 아니라, '先朝定式'으로 내려오다가 현종 4(1663)년에 궁방면세전의 '定限'이 마련되었기 때문에 '절수제'의 시작은 1663년 이후로 보는 것이 타당하다. 그런데 임진왜란 이전에도 절수가 광범위하게 행해졌음은 일일이

책 -19世紀 民狀을 중심으로 -」, 『민족문화연구』 29, 고려대학교 민족문화연구원, 1996, 317쪽)라고 함으로써 소유권에 대한 판단을 오히려 어렵게 한 것으로 본다.

매거할 수 없을 정도로 실록 자료에 많이 보인다. 임란 이전의 절수와 이후의 절수에는 어떤 질적 차이점이 없다. 즉, 중종과 명종 때의 인천 삼목도나 죄인의 전지를 추쇄 속공하여 재상에게 절수하는 등의 전답 '절수'나 '소유'관계에서 변동이 없었다. 직전법이 유야무야 되면서 절수가 이뤄지고 그 후 면세절수가 이어지나, 이를 '절수-면세'등식으로 보는 것은 지나친 해석이라고 논했다.

명종 때에 윤원형이 강제로 빼앗은 민결이 거의 전국에 두루 퍼져 있다는 기록에서 '민결'이란 용어가 처음으로 보인다. 민결면세는 『비변사등록』의 숙종 14·45년의 두 기록에서만 확인된다는 사실에서, 경자양전(1720)이 실시될 때까지도 보편적으로 사용되지 않은 것으로 판단된다. 숙종 34(1708)년 궁방에서 세금을 받는 것을 '免稅受出地'로 통칭하면서, 이를 '免稅折受' 또는 '免稅受出'로 기술하였다.

1695년 '을해정식'에서 궁방에 200결을 절수하는 것이 공식적으로 확인되었다. 민결은 元結 또는 전결로도 표현되었다. 백성들이 호조에 내는 세금을 호조에 납부하지 않고 궁방이 받는다는 의미로 '민결면세'란 용어가 생긴 것이다. 그 후 영조 5(1729)년 기유정식에 의해서 원결 200결과 신결 600결이 확인되는데, 후대 기록에서 200결은 무토면세, 600결은 유토면세로 대칭되었다.

1750년에 사용된 무토(면세)라는 용어는 궁방의 전답을 무토면세질과 유토면세질로 나누어 보고된 무토성책에서 볼 수 있다. 그 후 『도안』에는 유토면세질과 무토면세질로 분류되었다. 그런데 무토면세는 민결이 궁방에 賜給되었을 때부터 시작되었을 것이지만, '무토면세'란 용어의 기록이 나타난 때는 명확하지 않다. '을해정식' 이후 각 궁방에 민결 200결의 면세를 허용하는 것은 분명히 무토면세이다. 물론 그 이전에도 민결면세가 행해진 것은 무토면세로 이해할 수 있다. 이를 '무토'에 대한 면세로 이해할 수 있는 것은 각 궁방에 대한 면세전 정수 외는 應稅

토록한 1729년 '己酉定式' 이후로 추정된다.

기존의 연구에서는 궁방이 절수한 '무주지'를 개간한 이후 전답의 소유권을 법률적 소유와 실질적 소유로 해석하였다. 궁방이 절수한 전토를 기간하였을 때 그런 관계가 성립될 수 있는지 의문이 든다. 제2종 유토는 민유지인데, 법적인 권한은 궁방에 있고 백성이 실질적인 소유권의 행사를 할 수 있는 전답으로 해석한 것은 납득하기 어렵다.

그런데 연구자들은 이런 무토면세 결 중 『도안』상에 整數가 아닌 기록으로 남아 있는 3,541결 87부[3541결 86부 9속]는 '대부분 절수 면세지에서 전화된 형태였다'든가, '이들 무토가 원래 양안무주지=기경지=제2종 유토였음을 의미 한다'라고 밝혀 '유토의 무토화'의 증거로 삼았다. 『도안』과 『전부고』에서, 우선 검토한 영속궁인 어의궁과 용동궁에는 '부·속'단위가 기재된 사례가 각각 13·17건에 불과하다. 1725년 이후 창설된 비영속궁인 옹주방과 군주방 그리고 군방에 절수된 무토면세지에는 대부분 '결-부-속'단위로 되어 있다. 이를 예외적인 현상으로 판단하기 어렵다.

기존의 연구에서 『경세유표』와 『균역청사목』의 '유토면세'를 '제2종 유토'로 추정한 것으로 판단되지만, 이 유토에는 궁방이 매득한 전답이나 양외가경지를 망정하여 절수 면세되는 600결을 간과한 것으로 보인다. 순조 이후 숙선옹주 등에게 이 600결을 궁방이 스스로 마련하지 못하여 민결로 지급했을 경우, 이런 전답이 제2종 유토로 판단된다.

기존의 연구에서 전형적인 제2종 유토와 유토의 무토로의 전환의 예로 1692년 보성 소재의 용동궁 장토를 든다. 하지만 그 후 『도안』에는 보성 논과 밭이 각각 25결이 실려 있다. 이 50결의 유토면세지는 『井間册』제3책에 기재되어 있다. 제4책과 제5책에는 보성 유토면세 세미 28석 3두 5승도 실려 있다.

그런가하면 『田賦考』에는 1825년과 1855년에 용동궁의 보성 무토면

세 50결이 각각 실려 있다. 『봉상책』 제6책, 8책 등에서도 원결 50결이
다. 더욱이 1825년의 『봉상책』 乙酉 條에서 『전부고』와 동일하게 보성
원결 50결의 갑신(1824)년 세미는 28석 3두 5승이다. 같은 책의 제8책
(1828)에도 보성 원결 50결과 동일한 세미가 기재되어 있다. 『(龍洞宮)
捧上草冊』에도 1829~1831년의 보성 원결 50결의 세미는 동일하다.

이런 점에서 보성 양안은 물론 보성 유토 밭 25결과 논 25결의 『도안』
상의 기록과 상반된다. 1832년에는 '有土五十結'로 바뀌었고, 세미는
28석 3두 5석이 등재되어 1851년까지 변함이 없다. 하지만 1852년에는
辛亥 條의 세미 28석 3두 5승이 49석 8승 2합으로 변동되었으며, 그 후
1864년까지는 같다. 기존의 연구에서 세미 등이 경감되어 유토에서 무
토로 전환한 것으로 추정했으나, 유토면세지의 세미가 49석 8승 5합으
로 인상된 사실은 간과하였다. 1865년에 보성 50결이 전주로 이송된 것
은 분명하지만, 어느 자료도 이 전답이 무토인가 유토인가를 명확히 보
여 주지는 않는다.

순천 소재 용동궁의 전답이 유토면세지인가 무토면세지인가도 자료
상에서 뚜렷이 판명되지 않는다. 1876년 순천 양안에서 367결 19부 2속
이 용동궁 면세지이나, 『도안』에는 367결 19부 5속이 유토면세질 조에
실려 있다. 1807년의 『만기요람』에는 용동궁의 호남의 유토면세 전답
결이 133결 15부 6속이다. 순천의 유토면세지 367결 19부 2속이 그 안
에 들어갈 틈새가 없다. 그런데 1825·1855년의 『전부고』 상에 순천의
용동궁 전답 366결 74부 4속이 무토면세지, 10결 43부 1속은 유토면세
지로 실려 있다. 또한 「면세안」에는 순천의 용동궁 무토면세 전답 366
결 74부 4속과 유토면세 전답 10결 43부 1속이 기재되어 있다. 이와 같
이 호조의 수조안과 궁방의 수조안이 각각 다르고, 유토면세지인지 무토
면세지인지 시대에 따라 다르게 기록되어 있다. 이를 단순한 기재의 착
오나 실수인지 제도의 전환인지 명확한 판단을 내리기 어렵다.

기존의 연구에서 언급된 양안-특히 궁방전- 상의 사례를 중심으로, '主·時'관계를 정확히 파악한 것인가, '지주·소작'관계로 해석함이 바른 것인가를 사례별로 검토하였다. 기존의 연구에서 '주·시'관계를 '소작' 관계로 판단한 것은 잘못이다. 우선 어의궁의 전주 소재 전답양안에서 '양주·시주'의 규정은 바르지 않는 것 같다. 『도안』에 실려 있지 않은 私田畓 7결 14부 5속을 제외하면 모두 '무주' 전답인 점에서 더욱 그렇 다. 또한 '量'이란 표시는 '量主'로 표시되는 말인데 양안 상의 소유주를 의미한다는 해석과 '時起' 혹은 '時' 등은 개량 당시의 時主人으로 해석 하는 것도 재검토할 필요가 있다. 따라서 이 양안에서 '주·시'관계를 '지 주·소작'관계로 추단할 수 없다.

황해도 봉산군 소재 경우궁 전답 양안에서도 장토가 '상급궁방(경우 궁)-하급궁방(의창위궁, 인빈방)-지주-소작'의 '四多層的인' 구조로 파악 하기 어려움을 밝혔다. 인빈 김 씨의 祠宇가 경우궁 안의 別廟에 移安 되면서 경우궁의 둔전과 함께 의창군, 인빈방의 위전이 양안에 등재된 것으로 추정하였다.

충청도 영춘현 소재 용동궁 영작궁둔 전답 2결 62부 5속은 『도안』의 유토미면세(출세)질 조에 실려 있다. 출세전답을 제2종 유토로 추정하기 에는 그 가능성이 없다고 본다. 『국유지』에 그 전답이 실려 있는 점에서 도 더욱 그렇다. 종친부의 무안소재 전답 行審도 '起·時'를 '지주·소작' 관계로 보기에는 그 전답 규모가 매우 영세하다는 점과 같은 지역 혹은 옆 필지의 전답을 서로 빌려서 경작하면서 자기 전답을 빌려주는 사실을 합리적으로 판단할 수 없다고 보았다.

순창군 소재 궁농소 양안과 명례궁 양안을 비교·검토하여 분석하였 다. 1631년 궁농소 양안에는 仍陳을 제외한 기경지 256필지에는 그 결 부 하단에 명(성명)만을 기재한 것이 208건인데, '量·時'로 기재된 것이 29건이고 '名·時名'으로 된 것이 19건이다. 이 '量·時'와 '名·時'의 기재 사례를 검토·분석하여, 이들이 '지주·소작'관계로 판단할 수 없다고 밝혔다.

덧붙인다면 용동궁 등의 양안이 어떤 과정을 거쳐 이른바 제2종 유토가 되었거나 '무토'가 되었다면 어떤 이유로 궁방 등이 타량한 양안이 용동궁 등 양안으로 존재할 수 있는가이다. 그런 양안을 궁방 등이 궁방명 등으로 타량하여 전존할 합리적인 이유가 없다는 것이다.

아울러 '量名'이란 처음 타량하거나, 또는 타량할 때에 묵힌 전지에 기록된 인물로 그 후 개간하였을 경우 '內 量 ○○'로 표기된 이름으로 추단하였다. 궁방전답 등에서 많이 볼 수 있는 記上(己上)된 전답의 노비 名이 이 양명과 관련이 있다고 본다. 궁방 전답은 물론 개인 전답에서 '記上田畓'이라 기재된 이유나 배경을 해명할 수 있게 되었다. 이는 잘못된 상식으로 記上이란 용어를 '上納'으로 해석한 것이 잘못되었다는 반증도 된다. 특히 이제 '買賣, 記上, 傳係, 折受'의 실록 기록에서 이 記上을 이해할 수 있게 된 것이다.

1830년의 古阜郡 所在 龍洞宮 田畓量案을 중심으로 '起 主·時作'의 형태를 '지주·소작'관계로 밝힌 두 연구가 있다. 하지만 '起 主·時作'의 형태를 '지주·소작'관계로 파악한 두 연구는 재검토가 필요함을 밝혔다. 우선, 이 양안의 전답 유래는 원래 김숙의방의 토지였는데 1760년대에 '萬餘金'을 받고 어영청에 전매하였다는 것을 정조 22(1798)년『비변사등록』기록에서 확인된다. 그 이후의 유래는 분명히 밝혀주는 자료가 없다.

고부군 덕림면의 기경지의 主와 時作 전답은 95결 18부 5속이다. 主는 398명이고 시작은 236명이다. 기존의 연구에서는 전답 소유자는 모두 397명, 경영자는 모두 395명이라 하였는데, 시작이 각각 236명과 395명이라는 사실은 계산상의 착오가 아니라 '同人'을 바로 앞 칸이 주명으로 해석한 결과에도 기인한다. 본고에서는 양안 상의 時作의 '同人'은 앞 칸의 '시작'란의 인물을 대칭한 것으로 보아야 된다고 밝혔다.

즉, '起 主名'은 '기 주명'대로 '時作名'은 '시작명'대로 대칭한 것이다. 이는 통계 처리의 기본 방향의 차이에서 시작의 수에 큰 차이를 보인 것이다. 사실 '기 주'가 397명이고 이를 경작하는 경영자가 395명이란 것도 '지주 소작'관계에서 있을 수 없다고 생각된다.

기존의 연구에서 고부군 덕림면 용동궁 전답양안이 중요하게 다루어졌다. 그 연구에서, '동인'의 대칭 해석이 옳은 가를 용동궁 양안의 통계 처리의 결과를 통해서 설명하는 방법과 양안 상의 기록을 읽는 관행의 방식을 살펴보는 방법을 통해 입증하였다. 기존의 '동인'에 대한 대칭 해석이 잘못되었음을 방증하는 방식으로 主와 시작명이 실명으로 기재된 자료를 검토하여 입증하였다.

궁방전에서 이른바 '主'는 해당 궁방인데 '기 주'를 개인 지주로 파악한 자체도 모순이다. 양안 상의 '기 주'는 1708년 덕림면 소재의 전답이 용동궁의 궁방전이 된 민전의 소유주로 해석하고 '시작'은 이 전답이 타랑된 1830년의 소작인이라 시차를 두고 파악하였으나, 동인의 기록이 없이 동일 인물이 주명이나 시작명이 실명으로 기록된 것이 57명이다. 120년의 시차가 있는데, 같은 이름의 주명과 시작명이 실려 있는 사실에서 '민전'의 소유자로 보는 것은 타당하지 않다. 또한 주가 전답의 소유자이고 시작이 이른바 '소작인'을 지칭한다고 볼 수 없다. 특히 시작은 당해 년의 전답을 경작하는 佃夫의 범칭에 불과하다.

덕림면 양안에서 '主' 란에만 실명으로 나오고 '시작' 란에는 '동인'으로 연달아 기재된 인물로 甲丁 등 25명을 들어 설명했다. '시작' 란의 '동인'이 바로 위의 주명을 대칭한 것이 아니라 앞의 시작 란의 명을 지칭했음을 밝혔다. 시작 란에 기재된 '동인'은 주 란의 인물을 대칭한 것으로 해석할 때만이 그들이 시작이 된다는 뜻이다. 25명의 실명의 주명이 다른 지번의 시작 란에서는 찾을 수 없다는 뜻이다. 이는 '동인'의 대칭을 잘못 해석한 결과이다. 더구나 이 양안에서 '기 주'를 '소유주'로 해석한다면 시작 란에 씌어진 '同人'이 主를 대칭한 것이라 판단할 수 없는 논리적 결함을 갖고 있다.

다른 궁방전 양안에서의 '동인'에서 '주' 란은 '주' 란대로 '시작' 란은 '시작' 란을 대칭한 사례도 제시하였다. 거기에다 덕림면 양안의 사표 상의 인물인 주, 시작이 다른 시점에 각각 따로 기록되었다고 추단하였다.

양안 상의 주명 란에 기재된 '동인' 사례 70건(〈表 10〉)을 검토하여, 이 가운데 47건의 '동인'의 대칭에 대한 기존 해석이 잘못되었다고 보았다. 전체 869필지 중에서 47건이지만 무엇보다도 중요한 것은 그 실명의 주들이 어떤 경우에도 시작 란에서 실명으로 등재된 인물이 없다는 사실이다.

본 연구에서 主와 時作은 성격이 다른 개념의 표현이 아니고 동질의 것이며 주는 前 경작자이고 시작은 타량 당시의 경작자인 것이다. 덕림면 양안의 '주'는 1798~1830년 사이의 양안에 등재된 인물 또는 경작자일 수밖에 없다. 주가 많이 교체된 것으로 보아 기재된 시기는 1798년 이후 얼마 되지 않는 가까운 시기로 추정된다. 즉, 어영청으로부터 용동궁의 전답으로 이래된 이후에 등재된 것으로 추정된다.

덕림면 양안의 주 란에 實名의 主 57명(〈表 13〉)이 같은 실명으로 다른 필지의 시작 란에 실려 있다. 이들의 주 전답 결부와 필지의 시작 란에 기재된 결부의 총계를 살펴보았다. 주 란의 '동인'의 대칭을 주는 주 란대로 해석하면 주는 16결 62부 1속이고, 시작 결부는 26결 36부 9속으로 증가되었다. '동인'의 대칭을 어떤 식으로 해석해도 主의 전답은 대부분을 (이른바 '자작'이라 하는 6필지의 68.1만 제외) 타인에게 빌려주고 그보다 두 배에 가까운 전답을 빌려 경작한다는 사실을 합리적으로 논증할 수 없다. 특히 57명 가운데 主 14명은 결부 8부 8속 미만자인데, 그들은 83부의 전답을 모두 타인에게 빌려주고 그것의 8배가 넘는 6결

81부 2속을 타인으로부터 빌려서 경작하는 셈이 된다.

이는 주와 시작관계를 이른바 '지주·소작'관계로 규정할 수 없는 모순을 보여준 것이다. 더욱이 시작 236명 가운데 57명은 전체 25%에 해당된다. 236명 시작의 전답 경작 평균규모는 40부 3속인데, 398명 主의 '소유' 또는 '보유' 평균규모는 약 24부 밖에 안 된다. 더구나 10부 미만의 主가 102명으로 전체의 약 26%에 해당된다. 평균 24부 미만인 자가 158명으로 전체의 약 67% 즉 2/3 이상이 된다는 사실이, 이 모순을 입증하고 있다고 본다. 원거리 농지를 근거리 농지와 교환하여 경작한다는 논거도 구체적 사실에 의해서 부인될 수밖에 없다. 거기에다 이른바 '자작농'이란 개념도 이 양안을 통해서는 입증될 수 없다. 三面의 전답 295 結零이 전매된 사실을 논외로 하더라도 그렇다.

따라서 양안 상의 主와 時作은 성격이 다른 개념의 표현이 아니고 동질의 것이며 主는 前 경작자이고 時作은 타량 당시의 경작자로 판단할 수 있다.

또한 조선시대 '主'라는 용례가 어떤 의미를 가졌는가를 일반 문헌을 통해 살펴보았다. 이는 소유주라는 뜻만이 아니라 관리의 주체, 즉 토지의 경작자에게도 사용되었음을 구체적 용례를 통해 밝혔다.

아울러 궁방전 양안을 통해 주와 시작이 동질의 성격을 지녔음을 입증하였다. 1833년의 김해부 소재 용동궁 蘆田 양안의 '붙임종이'를 통해 '主'와 '作者'가 같은 의미로 사용되었음을 밝혔다. '自洪日才至金守奉 結卜五結二十三負 作者二十四人分衿'은 이를 입증하는 가장 중요한 기록이다. 또한 김해부 駕洛帳 성책을 통해, 양안의 '주'가 노전의 소유자가 아니고 경작자임도 밝혔다.

양산군의 전답 양안을 검토하여, 1685년 양안 표제의 '折受', 1690년 양안의 사표 상의 '둔전답', 1707년 양안의 張德漢 등 時作 3명, 1721년 양안의 '궁둔전답'과 '절수'에서 '起 主'나 '主'를 소유자나 소유주로 규정해서는 이를 해명될 수 없다. 더욱이 1721년 양안의 '起 主 舊(金)日生 今金命金'과 1803년의 양안의 '舊主'와 '수主'를, 이 양안의 전결이 『도안』과 『면세안』의 유토면세질 조에 실려 있는 사실에서, 전답의 소유주가 아니고 그 전답을 경작하는 소작인에 불과하다는 것을 입증하였다. 창원 소재 용동궁 전답 77결 23부는 『도안』과 「면세안」, 그리고 왕패 등에 의해서 유토면세 전답임을 입증하였다. 1674년 타량성책과 1693년의 漏落處 등의 양안에서 '作甘醴(1674)·主應春(1693)·時應春(1693)', '主愛大·時愛大(1693)' 등의 사례를 비교·검토하여 '주'는 어느 시기의 경작자이며, 이후 개타량할 때의 경작자를 '시'로 기재한 것이라고 판단된다.

끝으로, 『대전통편』에서 田主 등을 검토하여, 진전을 개간하였을 때 起耕한 자에게 주는 '所耕의 2/3'는 耕作地의 2/3임을 밝혔다. 田主 또는 主는 느슨한 개념의 소유자를 의미하지만 '경작자'도 함축되었다고 하겠다.

특히 궁방전 양안 상의 '起 主, 主, 量名·時(時作), 作(作者·作人)'관계를 '지주·소작'관계로 판단할 수 없다. 이 '주·시작'의 '主'는 궁방전 타량 이전의 경작자를 표기한 것에 불과하다. 또한 시작은 궁방전을 경작하는 자임이 분명하다. 즉, '주'와 '작자' 및 '시작'이 같은 개념으로 사용되었다. 한편, 영암군 소재 용동궁 양안의 '還起主'는 물론 高山縣 己卯査陳 양안의 '主'도 경작자에 해당됨을 밝힌 바가 있다. 따라서 '主·時'관계를 '지주·소작'관계로 해석한 기존의 연구들은 재검토되어야 된다. '主'를 철저한 검증에 의해 그 '전답의 소유자'로 판별되지 않는 한 그 연구는 虛構的일 수밖에 없기 때문이다.

主와 時作 및 同人에 대한 실증적인 검토와 재해석의 본 연구 성과가 바른 것이라면, 추후의 새로운 과제는 조선 후기 농민의 전답 耕作規模를 밝히는 점이라 하겠다. 이는 己亥·庚子量案으로, 현전하는 전라·경상도의 30여 군현양안의 통계, 분석을 통해서 이뤄질 수 있다고 판단된다. 이 과제가 이뤄진다면 量案史는 물론 조선후기 農業史에 대한 새로운 지평이 열릴 것이다.

〈附錄 1〉 1679년 量案 上의 起와 1707년 量案 上의 量과 時 比較

(單位; 負束)

字番	1679年 量案	1707年 量案
平 16	127 內 1~12作	127 內 1~19作 量 連金
1作	4.8 起 德春	8.6 時 貴業
4作	28.6 內 起 18.6 乙春 還陳 10	
		仍陳 27.5
平 33	137 內 1~22作	137 內 1~25作 量 延金
1作	62.2 起 永代	15.4 時 月先
		仍陳 5.3
章 4	1.3 千生　成川	1.3 明德 陳
5	3.1 七男　成川	3.1 月先 陳
6	陳 115.2 內 1-30作	115.5 內 1-11作 量 延金
1作	3.9 起 德明	2.2 時 古邑介
		仍陳 40.3
20	陳 231 內 1-91作	231 月先 陳
1作	2.1 起 明先	
垂 1	筆地 登載 無	78.4 內 量 天生
1作		2.7 時 有德
2作		4.7 時 春禮
3作		5.3 時 有今
		仍陳 65.7
2		32.7 年金 陳
3	4.2 起 順生	4.3 千生 陳
4	6.3 起 順生	6.3 千生 陳
5	5　起 順生	5 莫春 陳
6		412.5 內 量 延金
1作		22 時 民生
2作		1.3 時 貴業
3作		2 時 金伊今
		仍陳 3-87-2
首 95	陳 39.3 內 起 3 同人(承男)	39.3 內 實 25
		陳 14.3 時 延金
戎 42	6 起 延金	6 時 萬化

〈附錄 2〉 龍洞宮 量案 上의 德林面 所在田畓의 主 結數

(單位; 負-束)

主 名	各 地番 結負											個別 計
雪玉	0.1											0.1
金太明	0.5											0.5
金湜	1											1
老松	1											1
梁乭破只	1.1											1.1
吳啓同	1.3											1.3
金水宅	1.7											1.7
雪云金	1.7											1.7
朴宗顯	1.8											1.8
貴德	2.1											2.1
魯興昌	2.2											2.2
分辰	0.6	1.8										2.4
吳斗世	2.4											2.4
禮奉	2.5											2.5
乭毛致	2.6											2.6
朴順奉	2.6											2.6
白良	2.7											2.7
四月	2.2	0.5										2.7
順山	2.8											2.8
金奉卓	2.3	0.6										2.9
李萬郁	2.9											2.9
官興	3.1											3.1
莫每	3.1											3.1
朴卜男	3.2											3.2
李宅甫	3.2											3.2
金先金	3.3											3.3
鄭用大	3.4											3.4
興成	3.4											3.4
玉金	3.5											3.5
成禮	3.6											3.6
鄭仁卜	3.9											3.9
介金	4											4
李承伊	4											4
金德八	4.2											4.2
金五卜	4.2											4.2
權秋成	0.8	3.5										4.3
奴 唯明	4.3											4.3

宋善昌	4.5											4.5
興哲	4.5											4.5
劉進碩	3.1	1.5										4.6
李尙采	4.6											4.6
崔元福	2.7	1.9										4.6
宣一得	4.7											4.7
李昌宗	4.7											4.7
斗音伐	4.8											4.8
李千益	4.8											4.8
一軍	4.9											4.9
千金	4.9											4.9
鄭道成	5											5
李希文	5.3											5.3
次金	5.5											5.5
上丹	5.6											5.6
李西未	5.3	0.4										5.7
順節	5.8											5.8
朱益昌	5.9											5.9
宅山	6.1											6.1
吳萬用	6.1											6.1
春伊	4.8	1.4										6.2
達成	6.2											6.2
鄭明卜	2	4.2										6.2
金成乃	6.3											6.3
松化	6.4											6.4
宋永達	3.3	3.3										6.6
朴小男	6.8											6.8
吳啓奉	1.9	5.1										7
李辰興	7.1											7.1
安心	7.2											7.2
占化	7.2											7.2
李太竹	7.3											7.3
金順弘	4.7	2.7										7.4
貴金	7.4											7.4
李順天	7.4											7.4
厚必	7.8											7.8
加沙里	7.9											7.9
老德	2	6										8
白軍	8											8
李光模	5.9	2.1										8
奴 右赤	8.1											8.1
李得才	8.3											8.3

奴 貴才	8.4												8.4
李官永	8.4												8.4
乙禮	4.1	4.4											8.5
尹金	8.6												8.6
朴明哲	8.8												8.8
三先	4.1	4.7											8.8
月山	9												9
任禮	7.5	1.5											9
得官	3.1	6.1											9.2
朴刀明	9.2												9.2
金士光	6.2	3.1											9.3
朴丁孫	9.3												9.3
徐宗宜	5.9	3.4											9.3
介乭	9.4												9.4
春茂	9.5												9.5
金東贊	8.4	1.2											9.6
中老未	9.6												9.6
金元得	9.8												9.8
占同	6.6	3.2											9.8
崔辰邦	9.9												9.9
朴三成	10												10
金斗金	10.1												10.1
朴卜同	10.3												10.3
順己	10.3												10.3
朴成采	10.4												10.4
朴順太	10.4												10.4
李尙化	10.5												10.5
孝同	4.8	5.8											10.6
權輯	10.8												10.8
朴尙今	10.8												10.8
朴水京	10.9												10.9
光德	11												11
宣小同	11												11
李大分	11												11
時金	2.6	8.5											11.1
雨日金	11.1												11.1
李世長	11.3												11.3
介德	11.5												11.5
丁化	11.7												11.7
金順弘	4.7	2.7	4.4										11.8
國永	9.1	1.4	1.4										11.9
德貴	2.5	9.5											12

奴 彦上	12.1										12.1
奴 栗金	12.1										12.1
徐太貴	3.5	8.6									12.1
奴 亐夢	12.2										12.2
宋相	9.8	2.4									12.2
白萬	12.3										12.3
盧厚三	12.5										12.5
孝良	12.5										12.5
權永汗	12.7										12.7
小良	8.2	4.6									12.8
儉金	12.9										12.9
李宅水	8.4	4.5									12.9
宋刀甲	2.2	1.1	9.7								13
足干	13										13
漢哲	9.1	4									13.1
朴厚成	13.2										13.2
占山	6.2	7									13.2
朴仁克	1.3	8	4								13.3
黃山	11.5	1.8									13.3
李二才	13.4										13.4
三介	4.5	8.9									13.4
中山	13.6										13.6
金惡金	13.7										13.7
元哲	13.7										13.7
謫仙	13.8										13.8
南山	10.2	3.7									13.9
李世春	13.9										13.9
任己用	13.9										13.9
朴啓用	14										14
老郎春	8.6	5.6									14.2
萬君	14.2										14.2
山玉	6.5	7.7									14.2
李世元	4.5	3.5	2.5	3.8							14.3
李右永	14.3										14.3
雪云尙	11.7	2.7									14.4
安孟孫	12.5	1.9									14.4
朴孟甲	14.5										14.5
日得	14.5										14.5
溫大官	9.9	4.7									14.6
所乙德	8.6	6.1									14.7
順丹	14.7										14.7
丁德	2.9	1.1	4.1	2.4	4.2						14.7

申得云	2.9	8.1	4									15
有根	9.7	5.3										15
李友春	13.1	2.2										15.3
者斤金	12.1	3.3										15.4
梁世元	5.9	9.6										15.5
萬卜	13.8											15.8
奉今金	15.8											15.8
於仁老未	7.2	8.7										15.9
者斤奉	4.7	7.1	4.1									15.9
宣得昌	4.2	11.8										16
中金	6.3											16.3
莫同	6.5	1.3	8.5									16.3
三月	7.9	8.5										16.4
朴文一	16.6											16.6
安上立	16.7											16.7
李俊老	16.7											16.7
七金	16.8											16.8
哲興	17.1											17.1
奴 禮化	17.2											17.2
五月	17.2											17.2
朴山	17.3											17.3
李水元	12.4	4.9										17.3
朴春己	17.4											17.4
順石	17.4											17.4
尹元甲	17.4											17.4
安尙	17.5											17.5
宗變	17.9											17.9
朴興孫	18											18
李大根	13.3	1.5	3.2									18
奴 春金	3.3	14.8										18.1
徐亐毛捉	18.1											18.1
丁每	18.3											18.3
孫水卜	18.4											18.4
日禮	18.5											18.5
李快得	18.6											18.6
權孫	5.9	1.1	0.9	1.4	2.7	0.4	6.3					18.7
興世	11.8	6.9										18.7
金尙奉	17	1.9										18.9
朴世良	15.2	3.7										18.9
金貴太	19											19
奴 牙化	11.3	7.8										19.1
民德	19.2											19.2

李仁西	19.2												19.2
好用	19.2												19.2
興西	19.2												19.2
順每	13.8	5.5											19.3
趙中丁	1.4	3.9	14										19.3
德册	8.2	11.2											19.4
崔三辰	19.4												19.4
奴 乭只	19.5												19.5
成回	19.5												19.5
金得秋	10.3	9.3											19.6
朴刀宗	19.6												19.6
中得	3.5	16.1											19.6
邑金	17.9	1.8											19.7
三浦德	4.7	6.6	8.4										19.7
朴仁伊	19.9												19.9
朴得石	20.1												20.1
太金	3.8	16.3											20.1
奴五先	20.3												20.3
李卜延	2.7	17.6											20.3
末叱男	21												21
宋奉	2.9	18.2											21.1
金在得	11.2	9.9											21.1
吳得周	21.2												21.2
奴卜丹	21.3												21.3
李德采	14.8	6.5											21.3
不乙男	21.6												21.6
李世甲	21.6												21.6
小三浦	4.5	17.3											21.8
趙止中	21.8												21.8
李厚永	22.2												22.2
金達萬	22.3												22.3
李永達	22.3												22.3
日册	22.4												22.4
貢山	22.5												22.5
夢先	5.7	16.8											22.5
奴 玉上	22.6												22.6
井邑老未	6.9	15.7											22.6
崔辰己	6	8.8	7.8										22.6
朴春得	18.7	4											22.7
朴道興	11.8	4.5	6.6										22.9
朴民成	22.9												22.9
金延	17.3	5.8											23.1

七同	5.8	6.8	10.5									23.1
德禮	23.2											23.2
仁金	23.2											23.2
永丹	6	17.3										23.3
吳德三	23.3											23.3
文成	15.6	7.9										23.5
益哲	2.2	21.3										23.5
金時孫	5	9	9.6									23.6
屈同	9.5	14.2										23.7
日玉得	23.8											23.8
乙尙	23.9											23.9
金一明	6.2	17.8										24
夢良	24.2											24.2
李汝得	18.4	5.8										24.2
加郎老未	24.4											24.4
可朗金	24.5											24.5
啓孫	15.7	1.9	7.1									24.7
朴木	11.2	13.5										24.7
朴守恒	2.4	22.4										24.8
朴萬己	2.9	12.3	9.7									24.9
尙德	13.3	2.2	5.8	1.7	2							25
小甲丁	1.4	1	0.7	4.1	3.8	1.5	12.7					25.2
宋興達	25.2											25.2
安德安	19.2	6										25.2
好得	25.3											25.3
劉士一	3.8	21	0.8									25.6
士今	25.7											25.7
權萬朶	25.9											25.9
亡宗金	26											26
李末得	26.2											26.2
朴順恒	21.8	4.4										26.2
春禮	1.1	22.4	2.8									26.3
李元植	26.5											26.5
李白髮	14	12.7										26.7
林昌大	26.8											26.8
姜官得	12.3	4.4	10.2									26.9
六(陸)先	5.5	20.9	1									27.4
貴得	10.8		16.8									27.6
趙金	16.3	5.1	6.3									27.7
金日大	28											28
朴元興	28											28
宋益杓	3.1	1.1	1.1	22.8								28.1

金光哲	11.9	6.5	1.6	2.8	0.9	4.5						28.2
白貴同	9.5	19.3										28.8
白云先	22.6	4.1	2.3									29
萬山	29.3											29.3
李千分	2.1	25	2.2									29.3
加五德	10.4	19.1										29.5
朴得宗	29.8											29.8
成白	23.1	4.1	2.7									29.9
申光必	30											30
李萬山	30											30
李允	31.2											31.2
林主亥	31.9											31.9
張淑	7.7	10.9	13.3									31.9
朴世太	32											32
業同	18.5	14.2										32.7
古莫	16	16.8										32.8
韓己德	32.8											32.8
安相爛	32.9											32.9
仍邑足	24.4	4.4	4.1									32.9
春丹	23.9	9.1										33
金水長	33.1											33.1
金日中	18.1	15.4										33.5
朴卜先	2.8	14.2	2	7	3.4	4.1						33.5
得云	15.4	18.2										33.6
金上業	17.6	16.2										33.8
朴元奉	5.1	28.9										34
賓一昌	15.7	18.3										34
沈相仁	34.2											34.2
朴宗得	15.2	19.2										34.4
朴尙玉	34.6											34.6
金大友	8.1	26.9										35
李永云	32.3	3.3										35.6
鄭先興	18.7	16.9										35.6
全一奉	18.8	14	2.9									35.7
尙禮	22.4	11.4	2.8									36.6
金道亨	36.7											36.7
金作大	22.9	5.4	8.5									36.8
奴 今化	4.9	32										36.9
李春必	18.7	2.1	7.4	9.2								37.4
賓守贊	17.5	9.6	10.6									37.7
老郎德	38.8											38.8
元昌	5.1	7.8	1.8	1.2	5.6	17.3						38.8

金仁哲	19.2	3	11.8	4.9								38.9
李世中	2.5	18.2	14.5	3.8								39
奴 癸得	6.8	21	11.5									39.3
元金	13.7	6.3	6.2	6.8	3.3	3.2						39.5
徐允化	3.2	1.7	0.7	4.3	2	0.2	6.2	5.1	5	7	4.1	39.5
奴豆ㄱ男	17.2	22.4										39.6
崔世有	8.9	6.4	6.5	1.6	7.6	2	1.2	5.6				39.8
奴 二日	4	4.7	11.2	20.5								40.4
怪男	19	2.3	11.5	7.7								40.5
李宗永	9.2	31.6										40.8
奴 夢化	41.1											41.1
金一辰	4.2	2.8	9	7	18.8							41.8
林回百	20.9	16.9	4.2									42
禮尙	5	4.6	9.7	1.7	20.2	1						42.2
小德	10.4	1.7	20.3	10.1								42.5
春才	3.9	2.4	6.9	4.2	2.4	17.7	5					42.5
占玉	34.1	8.5										42.6
千石	44.2											44.2
金三可	1.4	7.1	35.8									44.3
奴甫音金	25.9	18.5										44.4
麻音今	15.1	16.1	14.2									45.4
鄭明大	12.5	33.2										45.7
張二同	2.5	4.1	1.5	2.3	33.5	2						45.9
八金	46.2											46.2
朴孫)	5.5	17.6	8.9	15.2								47.2
李五德	47.2											47.2
李辰己	12.1	11.4	14.8	2	5.2	1.8						47.3
權京采	5.2	15	27.3									47.5
權同采	12.5	16.1	20.7									49.3
朴萬世	10.4	31.1	7.8									49.3
李大辰	1.8	15.8	19.7	8.2	4.8							50.3
金云興	6.5	7.5	30.5	4.6	1.3							50.4
朴貴男	10.2	12.6	27.8									50.6
奴 一今	3.9	22.3	5.3	11.5	2.9	2.9	2.3					51.1
崔達宜	6.9	4.1	25.9	14.4								51.3
朴次用	46.8	5.3										52.1
夢吉	28.4	8.5	15.6									52.5
朴斗甲	24.6	5.4	23.6									53.6
二德	47.5	6.6										54.1
業金	56.1											56.1
郭宗夏	15.4	9.4	4	11.4	6.4	9.6						56.2
朴萬業	51.7	6.1										57.8

分化	29.8	19.1	9.6										58.5
崔先奉	34.3	24.7											59
崔達孫	12	9.9	8.9	9	21.3								61.1
次禮	32.8	28.4											61.2
延德	3	16.4	30.4	11.7									61.5
占春	24.3	19	19.1										62.4
者斤老未	17.1	20.9	17.9	7									62.9
朴福萬	12.4	28.4	2.4	18.8	1.5								63.5
鄭興卜	19.4	12.2	22.9	9.3	0.7								64.5
盧德官	11	12.4	3.1	2.8	1.3	7.5	23	3.8					64.9
日孫	8.9	30	9.8	4.3	4.2	9.2	3.2						69.6
甘德	5.4	10.9	44.1	10.6									71
白云學	8	6.3	3.2	2.3	2.3	6	15.4	29.7					73.2
朴仁成	26	28.8	9.6	19.8	1.7								85.9
己每	30.7	4.5	23.2	5	4.2	3	12.3	4.2					87.1
奴 哲奉	3.3	0.6	23.6	25.9	25.5	12.5							91.4
孫甲同	37.3	10	2.1	4.3	19	1.6	1.4	15.8					91.5
甲丁☆	4.5	18.1	3.3	18.9	3.7	5.5	4.6	7.5	4.8	16.4	4.7	1.2	93.2
甲丁	6.3	5.8											12.1
													計105.3
李一申	12.4	43.2	40.8										96.4
月化☆	3.6	7.2	0.9	3.2	16.8	0.9	5.9	19.6	4.4	21.1	1.9	3.4	88.9
月化	9.4	3.7	1.3	1.4									15.8
													計104.7
石德	29	11.2	5.1	9.4	8.1	3.7	12.2	5.8	9.4	17.8			111.7
朴宗燜	29	7.4	24.2	3.8	8.8	26.7	23.1	1.6					124.6
金卜金☆	14.4	1.4	1.8	14.1	22.1	2.4	9.3	3.6	1	14.3		2.1	90.7
金卜金	6.3	2.4	16.8	7.6	13.7	3.2	7.2						57.2
													計147.9
九禮☆	18	0.6	5.5	15.8	17	4.3	27	9.2	1.8	4	2.7	10	125.9
九禮	22.9												22.9
													計148.8
月江☆	2.4	15.5	28	9.3	18.1	4.4	2.8	15.8	10.8	26.2	5.2	5.3	143.8
月江	12.4	5.9	1.1	3.3									22.7
													計166.5
總計 398													9518.5

☆ 甲丁☆ 등은 결수가 칸을 넘치므로 다음 칸에 따로 기재하였다. 이를 아래 칸에 計 105.3과 같이 기록하였다.
기호가 표기된 다른 主들도 이와 동일하다. 〈附錄 3〉에서도 같다.

〈附錄 3〉 龍洞宮 量案 上의 德林面 所在田畓의 時作 結數

(單位; 負.束)

時作 名	各 地番 結負										個別計
九禮	0.6										0.6
水浪	1.1										1.1
一斗	1.6										1.6
夢致	1.8										1.8
成禮	1.8										1.8
李暹	1.8										1.8
怪男	2.6										2.6
丁丹	2.7										2.7
龍得	2.9										2.9
時山	2.1	1									3.1
孫甲同	3.2										3.2
得春	3.3										3.3
奴玉尙	3.4										3.4
中得	3.5										3.5
占春	3.8										3.8
李水元	2.7	1.9									4.6
八金	4.8										4.8
小今化	4.9										4.9
小於叱尙	4.9										4.9
雪每	5.1										5.1
月每	5.1										5.1
福西未	5.7										5.7
白同	5.9										5.9
卜男	1.1	0.9	1.4	2.7							6.1
小太金	6.2										6.2
占金	6.2										6.2
甘德	6.3										6.3
春德	6.9										6.9
朴卜先	3.4	4.1									7.5
小同	4.5	3.2									7.7
己尙	3.4	4.5									7.9
崔三辰	8.3										8.3
太金	8.4										8.4
斗月	8.5										8.5
通甫	8.9										8.9
豊里今	9.2										9.2
太仁金	7.8	1.7									9.5
禿春	9.6										9.6

順得	2.8	7											9.8
得用	5.3	0.4	4.9										10.6
仁奉	11.3												11.3
於叱男	12.5												11.5
山成金	1.5	1	9.1										11.6
道成	8.1	4											12.1
白萬	12.3												12.3
連奉	12.3												12.3
石丹	6.6	6.2											12.8
李文中金	7.3	5.9											13.2
汗堯	13.5												13.5
牙丹	13.6												13.6
小傑	3.7	10.2											13.9
貴福	7.5	4.7	1.8										14
大奉	14.2												14.2
小九月	14.2												14.2
德禮	14.5												14.5
一秋	4.4	10.2											14.6
㖿丹	10.8	0.6	1.8	1.4									14.6
化德	10.9	4.2											15.1
小萬實	15.4												15.4
㖿只	15.8												15.8
足德	16.1												16.1
許葉	16.3												16.3
小卜丹	16.4												16.4
道元	11	5.5											16.5
貴丁	13.7	3.2											16.9
元才	17												17
白金伊	17.1												17.1
癸良	17.4												17.4
興太	17.5												17.5
汗平	17.6												17.6
梁同	15.5	2.3											17.8
順丹	17.9												17.9
萬實	18.2												18.2
米乙禮	18.5												18.5
小禮	18.7												18.7
小順丹	18.8												18.8
二哲	4.2	8.6	6.1										18.9
小占春	8.2	11.2											19.4
大玉每	19.5												19.5
順業	4.5	3.1	6.1	3	2.8								19.5
小三德	19.9												19.9

忠今	14.8	2	3.1										19.9
山中金	8.1	12.1											20.2
萬發	20.3												20.3
厚昌	19.2	1.6											20.8
大興	6.6	14.5											21.1
順萬	21.2												21.2
小連德	11.8	9.8											21.6
丁春	14.7	1.3	5.9										21.9
有尙	9.5	2.9	9.6										22
山金	22.1												22.1
五德	22.4												22.4
二日	19.5	3.4											22.9
實每	8.8	6.5	7.7										23
陸先	17.3	5.8											23.1
權尙	23.2												23.2
崔奉	23.2												23.2
化彬	23.2												23.2
許德令	9.5	14.2											23.7
今丹	4.8	11.5	7.7										24
宮得	11.2	12.9											24.1
小件里尙	24.2												24.2
魯德	6.5	18.1											24.6
古邑禮	8	4	1.4	11.4									24.8
先同	2.9	12.3	9.7										24.9
明玉	4	11.4	6.4	3.3									25.1
光金	25.5												25.5
平生	21.8	3.9											25.7
小有尙	25.9												25.9
啓每	3.2	19.6	3.8										26.6
屈同	5.8	6	6.1	1	8.4								27.3
啓月	4	6.3	2	5.2	3.6	4.8	1.4						27.3
甘卜	13.7	13.7											27.4
李順千	27.8												27.8
檢巖金	3.7	1.3	14.2	2	7								28.2
夢先	17.2	11											28.2
三浦德	7.5	6.6	8.4	4.8	1.7								29
尙先	9.7	5.3	14.1										29.1
加仁金	2.7	13.7	11.7	1.4									29.5
先良	10.4	19.1											29.5
文甫	30												30
乙禮	23.1	7.2											30.3
得金	8.1	22.6											30.7
哲山	2.3	0.6	6.4	6.5	1.6	7.6	1.9	2.8	1.1				30.8

名												計
順禮	18.5	12.4										30.9
小時山	16.7	12.5	1.9									31.1
成宅	9.4	2.6	4.9	6.9	1.9	3.7	1.8					31.2
甫音金	31.2											31.2
得福	31.6											31.6
分辰	32.3											32.3
文成	14.4	12.5	5.5									32.4
千今	16	16.8										32.8
辰秋	4.2	2.1	27									33.3
劉可	5.8	5.5	20.9	1	0.1							33.3
一辰	10.3	2	21.1									33.4
仁禮	23	1	3.8	5.8								33.6
先伊	6	8.8	7.8	4.5	6.6							33.7
好德	19	5.4	9.3									33.7
千己	14	9.9	9.9									33.8
海昌	15.7	18.3										34
貴每	9.5	15.7	1.9	7.1								34.2
三德	22.2	12.1										34.3
光禮	4.2	25.9	4.7									34.8
小三孫	3.1	2.2	19.2	1.1	9.7							35.3
白貴同	4.8	30.7										35.5
尙化	18.7	16.9										35.6
可郎德	3.8	21	0.8	9.1	1.4							36.1
乙尙	16.3	12.4	7.7									36.4
啓尙	10.5	3.3	0.6	18.6	3.5							36.5
成老	2.5	9.5	19.1	5.5								36.6
連今	19.4	14.8	2.8									37
汗日	4.7	7.1	4.1	3.2	17.9							37
長城金	32	5.1										37.1
時今	34.2	3.1										37.3
宋今	12.7	15.4	9.4									37.5
小禮化	4	10.8	22.8									37.6
夢今	4.1	4.4	18.3	2.4	8.8							38
玉今	28.8	9.6										38.4
外長金	12.2	26.5										38.7
丁每	33.1	6.3										39.4
三先	6.5	2.5	7.5	1.5	1.3	8.5	12.5					40.3
大德	3.1	9.2	18.7	2.1	7.4							40.5
五用	29.8	10.8										40.6
升男	41.1											41.1
麻音今	23.6	16.7	1.2									41.5
洪德春	7	3.5	4.4	0.5	4.5	4	4.3	0.8	3.5	10.4		42.9
順石	13	26.9	3.2									43.1

이름												합계
小玉每	26.7	6.8	10.5									44
豊年今	2.5	11.8	16.8	10	2.1	1.7						44.9
奉元	8.2	22.6	9.9	4.6								45.3
禮化	17.2	29.3										46.5
時德	8.7	5.6	23.8	8.6								46.7
翁德	14.3	24.5	9.2									48
麻音德	17.4	19.8	11.3									48.5
崔平	32.8	7.8	1.8	1.2	5.6							49.2
七月	9.3	2.4	7.1	28.4	2.4							49.6
尙每	18.8	5	8	19.2								51
占玉	11.9	16.8	22.4									51.1
小仁化	19.2	14.2	18.2									51.6
允今	9.4	11.5	2	6	18.9	4.1						51.9
奉每	6.9	15.7	23.1	4.1	2.7							52.5
小時今	8.5	28.9	3.9	12.5								53.8
次今	5.9	15.8	1	16.4	4.7	6.3	5.8					55.9
卜尙	6.3	2.4	16.8	7.6	7.2	10	6.8					57.1
海化	17.1	19.2	20.9									57.2
小麻音今	15.1	16.1	12.7	13.4								57.3
石今	26	13.3	14.4	4.5								58.2
抱才	46.2	13.9										60.1
月江	40.8	18.1	2.2									61.1
分化	15.8	4.3	8	3.8	29.7							61.6
延丹	15.6	7.9	15.4	12.1	7.4	3.3						61.7
尙金	10.9	7.1	9.6	10.6	16.6	8.9						63.7
無每	10.4	56.1										66.5
月丹	29	11.2	5.1	9.4	12.7	0.7						68.1
一年	11.2	13.3	1.5	10.1	21.8	4.4	5.9					68.2
大卜男	37.3	3.6	19.2	8.5								68.6
貴尙	24.2	11.8	5	4.4	1.8	19	1.6	1.4				69.2
金同	26.8	43.2										70
小丁	14	1.8	15.8	19.7	8.2	6.1	4.8					70.4
李西未	10.9	13.3	2.6	11	12.4	20.2						70.4
任己用	22.5	32	2.4	13.9								70.8
莫每	31.1	7.8	21.3	11.8								72
中德	15.2	3.7	23.9	29.8								72.6
論俠	20.9	16.9	12.5	13.2	4.2	7.2						74.9
永丹	2.4	17.7	22.4	18.2	2.4	9.3	2.8					75.2
順每	8.6	51.7	6.8	9.2	2.7							79
艺暹	26.2	12.3	4.4	6	17.3	1.9	4.1	4.7	4.6			81.5
一元	11	18.4	22.3	5.3	11.5	2.9	10.6					82
小二德	32.8	25.9	7.9	19.1								85.7
安心	22.3	22.9	5.4	7.2	17	8.5	3					86.3

															計
三月☆	3.2	1.7	0.7	3.1	4.3	2.2	2		0.2	5.1	5	3.2	1.5	0.5	32.7
三月	4.7	2.7	12	9.9	8.9	9	9.3								56.5
(計)															89.2
夢老	5.6	31.9	25.2	23.6	8.1										94.4
奴卜丹	18	18	18.1	8.9	5	9	3.3	9.6	1.2	5.6					96.7
金啓達	21.3	22.9	9.3	0.7	11.5	14.8	16.2								96.7
水月	17.3	14	2.9	24.4	15.8	6.3	3.8	16.3							100.8
卜德☆	6.4	4.7	4.1	8.6	8.4	22.4	17.9	4.6	9.7	3.1	0.9	2.8	1.3		94.9
卜德	7.5														7.5
(計)															102.4
件里尙	15.6	28	29	1.7	20.3	10.1									104.7
連德	16.8	4.2	13.8	6.2	17.8	18.4	30.4								107.6
彥尙	17.5	24.6	5.4	26.2	12.2	23.3									109.2
九月	14	19	2.3	23.9	10.8	4.9	22.9	2.3	6.9	2.7	4.1				113.8
松化	22.3	21.6	21.6	9.6	38.8	2.5									116.4
立禮	4.7	9.1	4	14.3	30	4.5	17.3	8.9	2.3	6	4.2	9.2	3.2		117.7
順德☆	3.3	3.7	4.2	12.2	4.7	11.2	17.2	22.4	4	5.8	9.4	2.9	1.1		102.1
順德	4.1	2.4	4.2	5.9											16.6
(計)															118.7
春三	16.1	15.5	28	19.2	3	7.2	0.9	24.4	1.4	4.2					119.9
老朗金☆	5.2	5.3	19.6	3.4	11.7	12.4	4.5	18.1	3.5	3.3	1.7	2.5	5.1		96.3
老朗金	4.2	2.2	1.1	3.3	2.8	1.3	4.1	12.1							31.1
(計)															127.4
小丁每	25.7	5.8	12.4	8.4	7.9	7.4	19.3	13.1	2.2	6.8	21				130
一丹	11.7	46.8	5.3	36.7	33.2										133.7
小哲山☆	10.3	2.1	25	2.2	1.1	1.1	3.3	17.4	9.8	2.4	5.9	3.3	2.1		86
小哲山	20.1	25.3	6.5												51.9
															137.9
禮今	16.8	5.8	1.7	9	4.3	44.2	30.5	15.4	1.3	4.4	4.6				138
一金☆	4.1	9	7	2.9	2.3	44.1	33.5	21.3	6.2	4.1	1.5	2.2	2.3		140.5
一金	2														2
(計)															142.5
金金伊	22.9	7.8	12.5	17.6	30	15.2	14.5	20.7	5.5						146.7
小卜男	34.	10.4	6.3	20.5	17.8	10.2	12.6	18.5	21	0.4					152
旕金	24.7	47.5	47.2	5.3	13.8	10.4	3.9								152.8
尚禮☆	3.9	11.1	1.4	35.8	15.8	11.4	2.9	3.6	1.2	9.8	4.3	6.5	2.8		110.5
尚禮	4.5	0.9	4.2	2.4	5	18.8	3.8	2	1.4	1.5					44.5
(計)															155
占山	10.3	6.2	34.1	17.3	28.4	28.4	34.6	24.3	7.4	19	8.5	4			222.5
大時山☆	32.9	28	25.9	9.6	15.2	17.6	27.3	15	4.6	10	5	5.2	6.1		202.4
大時山	26	19.4													45.4
(計)															247.8
總計	(236)														9518.5

‖ 參考文獻 ‖

1. 資料

『嘉林報草』

『各宮房折受無土免稅結摠數』

『各宮房折受無土免稅結摠數』

『結戶貨法稅則烈』(奎 古5127-10)

『結戶貨法稅則』(奎 상백 古351.71G989)

『經國大典』

『慶尙道昆陽郡兩浦面延芿君房起耕量付田打量成册』(『慶尙道庄土文績』 7, 奎
        19302)

『慶尙道梁山郡龍洞宮屯田畓庚子量案』(奎 18327, 1721)

『慶尙道彦陽縣加川洞田畓改量野草』(奎 15019, 1871)

『慶尙道彦陽縣慶尙道彦陽縣南三洞田畓結量案』(奎 15008·15013, 1871)

『慶尙道彦陽縣北三洞田畓結量案』(奎 15016, 1871)

『慶尙道昌原府所在龍洞宮田畓庚子量案』(奎 18324, 1722)

『經世遺表』

『庚辰 正月 日 改量錄』(延世大學校 中央圖書館)

『高麗史』

『古文書集成-靈光 寧越辛氏篇(二)-』28(韓國韓國精神文化研究院, 1996)

『古文書集成-海南尹氏篇 正書本-』3(韓國精神文化研究院, 1986)

『國有地調査書 抄』(國史編纂委員會, 中13G31)

『均役廳事目』(古 4256-23, 1752)

『南海縣(南面)庚子改量量案』(奎 14714, 1720)

『南海縣(三東面)庚子改量量案』(奎 14713, 1720)

『南海縣(邑內面)庚子改量量案』(奎 14717, 1720)

『南海縣庚子改量田案』奎 14714, 1720)

『內需司及各宮房田畓摠結與奴婢摠口都案』(奎 9823, 1787)

『大典通編』

『大典會通』

『羅山集』(奎 1751, 1858)

『龍洞宮捧上井間册』(奎 19575)

『龍洞宮捧上册』(奎 19042)

『龍洞宮捧上册』(奎 19042)

『龍洞宮全羅北道古阜郡屯土新舊摠成册』(奎 19301-3, 1906)

『萬機要覽』

『牧民心書』

『務安一西面行審』(奎 9752-3)

『(龍洞宮)捧上草册』(奎 19047)

『佛甲寺量案』

『佛甲寺量案』

『備邊司謄錄』

『(龍洞宮)事例節目』(奎 18343)

『續大典』

『順天府戊辰改量新舊大槩狀成册』(奎 16413, 1868)

『承政院日記』

『量田謄錄』(經古 333.335 Y17)

『量田謄錄』(奎 經古 333.395 Y 17)

『烏山文牒』, 韓國精神文化硏究院 藏書閣(Mf. 2-336

『義城縣庚子改量田案』(奎 14951, 1726)

『仁嬪房田畓分屬安興君房字號結數區別成册』(奎 18857, 1764)

『財政統計』(國立中央圖書館 6807-2)

『田畓等別記』(國史編纂委員會, B13G86)

『全羅道古阜郡伏在淑寧翁主房免稅出稅及陳起區別成册』(奎 20364, 1703)

『全羅道古阜郡所在龍洞宮田畓量案』(奎 18308, 1830)

『全羅道古阜郡所在龍洞宮田畓量案』(奎 18308.

『全羅道古阜郡毓祥宮免稅畓庫長廣卜數成册』(奎 18721, 1747)

『全羅道高山縣己卯降續降等陳田正案』(奎 15031, 1759)

『全羅道綾州牧己卯降續陳田正案』奎 15041, 1759)

『全羅道羅州牧其佐島己亥量案謄書草成册』(奎 18983, 1724)

『全羅道長興府所在諸島田畓量案』(奎 18639)

『全羅道和順縣己卯降續陳田正案』(奎 15039)

『全羅右道高山縣己亥量田導行帳』(奎 15033)

『全羅右道高山縣己亥量田導行帳』(奎 15034, 1719)

『全羅右道高山縣戊辰改量田導行帳』(奎 15030, 1748)

『全羅右道靈光郡己卯降等降續陳田正案』(奎 15140).

『全羅左道南原縣己亥量田導行帳』(奎 15028)

『全羅左道南原縣己亥量田導行帳』(奎 15028, 1720)

『全羅左道綾州牧西一面己亥量田導行帳』(奎 15040, 1719)

『全羅左道綾州牧陳田戊辰改量正案』(奎 15041, 1748)

『全羅左道寶城郡己亥量田內需司位田畓成册』(奎 18479)

『全羅左道任實縣己巳改量陳大帳』(奎 15027, 1749)

『全羅左道任實縣己亥量田導行帳』(奎 15026, 10-2, 1719)

『全羅左道和順縣己亥量田導行帳』(奎 15037, 1720)

『田制詳定所遵守條劃』(奎 15362·15363, 9915·9916)

『朝鮮民政資料 牧民篇』

趙慶男 撰, 『亂中雜錄』

『朝鮮王朝實錄』

『宗親府務安二西面行審』(奎 9752-2, 1812)

『千一錄』(상백 고 951·053-c421)

『忠勳府謄錄』(奎 15048-1)

『忠勳府田案』(奎 16340, 1806)

『度支田賦考』

『度支志』

『韓國地方史料叢書 報牒篇 4(烏山文牒)』, 驪江出版社, 1987.

『華城城役儀軌』(奎 古951.2 J466 Mf.v.2)

「江原道江陵府珍富面所在明禮宮位田畓戊子量案付庫員字號第次長廣犯標卜數
        謄出懸錄成册」(奎 26228, 1772)

「江原道橫城縣所在明禮宮田畓打量陳起區別懸錄成册」(奎 28256, 1721)

「江華府伏在龍洞宮畓打量成册」(奎 18290, 1713)

「江華府伏在龍洞宮買得田畓打量成册」(奎 18290)

「江華府毓祥宮畓量案修正册」(奎 18728, 1748)

「慶尙道慶州南面內瓦里伏在內需司無後奴壬秋記上田畓改打量成册」(奎 18618)

「慶尙道慶州南面内瓦里伏在内需司無後奴壬秋己上田畓改打量成册」(奎 18618,
　　　　1712)

「慶尙道慶州府 司無後奴壬秋田畓乙亥條陳起區別成册」(奎 18615)

「慶尙道慶州府 司無後奴壬秋田畓乙亥條陳起區別成册」(奎 18615, 1696)

「慶尙道慶州府内奴壬秋田畓摘奸成册」(奎 20492, 1693)

「慶尙道固城縣所在本司田畓査覈成册」(奎 18570, 1685)

「慶尙道昆陽郡兩浦面延礽君房起耕量付田打量成册」(『慶尙道庄土文績』 7, 奎
　　　　19302, 1717)

「(内藏院庚子)慶尙道金海郡生林面馬沙貝素史兩字泥生田打量記」(奎 20251, 1900)

「慶尙道金海府所在各面龍洞宮蘆田泥生打量成册」(奎 18311, 1803)

「慶尙道金海府所在朴貴人房屯田畓庚子改量成册」(奎 18853, 1721)

「慶尙道梁山郡龍洞宮蘆田改打量成册」(奎 18328, 1690)

「慶尙道梁山郡龍洞宮蘆田追打量成册」(奎 18330, 1707)

「慶尙道梁山郡龍洞宮折受蘆田打量成册」(奎 18329, 1685)

「慶尙道梁山郡龍洞宮折受處蘆田打量成册」(奎 18329, 1685)

「慶尙道比安縣定東面庚子改量田案」(奎 15952, 1722)

「慶尙道尙州牧靖嬪房買得田畓打量成册」(奎 18811, 1727)

「慶尙道善山府内需司奴金伊田畓記上成册」(奎 18616, 1708)

「慶尙道善山府内需司屯田畓改打量成册」(奎 19497, 1675)

「慶尙道善山府内需司屯田畓字號庫員打量成册」(奎 19498, 1713)

「慶尙道善山府内需司田畓量案」(奎 19496, 1783)

「慶尙道星州牧伏在内需司屯田畓改打量成册」(奎 18503, 1713)

「慶尙道晉州牧内需司畓打量陳起區別案」(奎 18489, 1783)

「慶尙道昌原府所在龍洞宮屯田畓漏落處及陳還起加耕庫員改打量成册」(奎
　　　　1693)

「慶尙道昌原府所在龍洞宮屯田畓漏落處及陳還起加耕庫員改打量成册」(奎
　　　　18318·18319, 1693)

「慶尙道昌原府所在龍洞宮田畓改量成册」(奎 18325, 1791)

「慶尙道昌原府所在龍洞宮田畓改打量成册」(奎 18317, 1674)

「慶尙左道梁山郡居民龍洞宮上納蘆田首作者張奴順丹」(『慶尙道庄土文績』,
　　　　v.12-11, 奎 19302, 1833)

「癸巳正月 日金海府駕洛帳南伐貝蘆田字號卜數成册」(『慶尙道庄土文績』, v.12-11,

奎 19302, 1833)

「昆陽郡兩浦面延礽君房折受無主田畓字號庫員負數打量成冊」(『慶尙道庄土文
　　　績』 7, 奎 19302, 1707)

「公淸道永春縣所在龍洞宮田畓壬午改量案」(奎 18398, 1822)

「公忠道禮山縣吾元里豆村面今坪面壽進宮新買田畓打量成冊」(奎 18356, 1805)

「公洪道大興郡內需司婢金伊德田畓改打量成冊」(奎 18610, 1740)

「公洪道恩津縣所在內需司屯田畓卜數改打量御覽成冊」(奎 18432, 1739)

「公洪道天安郡內需司田畓改打量成冊」(奎 18423)

「廣州府所在內需司田畓打量陳實區別成冊」(奎 18508, 1783)

「龜城府伏在無後內奴田畓已上屬公打量成冊」(奎 18607, 1706)

「宮屬慶尙道昌原府所在有土免稅宮屯處卽孝廟朝賜與田畓」(奎 19307, v.18-141,
　　　1785)

「宮屬慶尙道昌原府所在有土免稅宮屯處卽孝廟朝賜與田畓」(『內需司庄土文績』,
　　　奎 19307, v.18-141)

「金海府所在各面龍洞宮蘆田泥生處打量成冊」(奎 18310, 1803)

「內需司(金海府)屯田畓量案」(奎 18995, 1790)

「寧嬪房宮屯臨陂縣所在庫員成冊」(奎 18782, 1748)

「寧陽縣伏在宮奴自仲屬公屯田畓改打量成冊」(奎 18912, 1713)

「綺州牧西一面內需司位畓」(奎 20518, 1719)

「大靜縣案內需司己上田案中混入私田畓別件成冊」(奎 20592, 1726)

「大靜縣案付內需司己上田案中文券混入私田畓別件成冊」(奎 21958, 1726)

「大靜縣案付內需司奴婢無後己上田畓陳起打量成冊」(奎 20400, 1726)

「道光十三年癸巳正月十五日　　前明文」(『慶尙道庄土文績』, v.12-11, 奎 19302,
　　　1833)

「道光十三年三月　日金海府駕洛帳南伐員蘆田字號卜數成冊」(『慶尙道庄土文績』,
　　　v.12-11, 奎18569, 1833)

「梁山郡居民龍洞宮上納蘆田首作者張奴順丹」(『慶尙道庄土文績』, v.12-11, 奎
　　　19302, 1833)

「梁山寓民張錫源」(『慶尙道庄土文績』, v.12-11, 奎 19302, 1833)

「驪州牧壽進宮田畓打量陳起竝錄成冊」(奎 20397, 1680)

「明禮宮屬高陽郡中面伏在田畓打量成冊」(奎 18204, 1729)

「明禮宮折受全羅道淳昌郡福興面田畓改打量成冊」(奎 18230, 1707)

「明惠公主房買得田畓及內需司移屬田畓等改打量成冊」(奎 18766)

「文化縣於義宮劉同等田畓改量成冊」(奎 18404, 1731)

「寶城郡龍洞宮折受參面量付無主田畓打量成冊」(奎 18303, 1692)

「成川府無後內奴日立婢丁介(屬公)田打量成冊」(奎 18618, 1695)

「成川府無後內婢丁介屬公田畓摘奸成冊」(奎 20493, 1677)

「成川府無後內婢丁介屬公田畓摘奸成冊」(奎 20493, 1677)

「成川府案付無後內奴莫孫奴應哲奴應信等屬公田打量成冊」(奎 18633, 1696)

「水原府所在龍洞宮田畓打量成冊」(奎 18295, 1731)

「淳昌郡明禮宮連金田打量庫貝成冊」(奎 18226 1685)

「(平安道)順川郡無後內奴田打量成冊」(奎 20494, 1706)

「順川郡無後內奴田打量成冊」(奎 20494, 1706)

「安城郡靖嬪房買得田畓字號等次負數成冊」(奎 18810, 1728)

「楊州牧東十里牛耳洞伏在龍洞宮位田畓打量成冊」(奎 18292, 1770)

「楊州牧明善公主房買得田畓打量成冊」(奎 18756, 1683)

「於義宮折受全羅道全州府東一道南一道等地量無主田畓改打量成冊」(『全羅道
　　　庄土文績』 34, 奎 19301)

「延安府伏在壽進宮移屬義昌君房田畓打量成冊」(奎 18877, 1755)

「靈光郡塩所面松耳鞍馬兩島所在宣禧宮免稅田畓改打量成冊」(奎 18745, 1834).

「甕津府所在樂善君田畓移屬壽進宮田畓打量成冊(奎 18377, 1773)」

「仁川府卜在內需司田畓打量 御覽成冊」(奎 18410, 1783)

「仁川府伏在明善公主房移來內需司田畓打量 御覽成冊」(奎 18411, 1783)

「長湍府上道面大嬪房田畓打量成冊」(奎 18859, 1783)

「長湍府上道面大嬪房田打量陳起區別成冊」(奎 18859, 1783)

「長淵府南面大串坊伏在義昌君房田畓打量成冊」(奎 18878)

「長淵府南面大串坊伏在義昌君房田畓打量成冊」(奎 18878, 1682)

「積城縣內需司田畓陳起區別打量成冊」(奎 18600, 1783)

「全羅道高山縣所在壽進宮房田畓打量成冊」(奎 18361, 1824)

「全羅道谷城縣所在內需司田畓改打量御覽成冊」(奎 18461, 1745)

「全羅道谷城縣所在內需司田畓改打量御覽成冊」((奎 18461, 1745)

「全羅道光州牧內需司田畓庫貝改打量成冊」(奎 18495, 1740)

「全羅道錦山郡所在內需司免稅位田畓改打量 御覽成冊」(奎 18434, 1745)

「全羅道金堤郡內需司折收量案無主田畓時起打量成冊」(奎 18459, 1693)

「全羅道金堤郡所在內需司屯田畓陳起區別打量成冊」(奎 18456, 1783)

「全羅道金堤君所在內需司位田畓 御覽成冊」(奎 18457, 1746)

「全羅道羅州牧所在明惠公主房買得免稅田畓飛禽全一島己丑改量成冊」(奎 18770, 1769)

「全羅道南平縣內需司畓打量成冊」(奎 18474, 1783)

「全羅道綾州牧內需司田畓打量成冊」(奎 18485, 1740)

「全羅道綾州牧所在內需司田畓打量成冊」(奎 18484, 1783)

「全羅道潭陽府所在內需司畓改打量成冊」(奎 18469, 1740)

「全羅道潭陽府所在內需司位畓改打量 御覽成冊(奎 18470, 1745)

「全羅道羅州牧其佐島己亥量案謄書草成冊」(奎 18983, 第二卷)

「全羅道羅州牧安昌島己亥量案謄書草成冊」(奎 18983)

「全羅道龍潭縣句管內需司田畓免稅出稅區別成冊」(奎 18445, 1783)

「全羅道茂長縣內需司免稅畓改打量成冊」(奎 18435, 1740)

「全羅道茂朱府內需司畓打量案」(奎 18440, 1783)

「全羅道茂朱府伏在內需司位田畓打量成冊」(奎 18440, 1713)

「全羅道茂朱府伏在內需司田畓打量成冊」(奎 18437, 1713)

「全羅道茂朱府所在內需司免稅畓打量 御覽成冊」(奎 18438, 1745)

「全羅道寶城郡所在內需司畓陳實區別打量成冊」((奎 18482, 1783)

「全羅道寶城郡所在內需司田畓庫員改打量成冊」((奎 18481, 1740)

「全羅道寶城郡所在內需司田畓庫員改打量成冊」(奎 18442, 1783)

「全羅道寶城郡所在內需司田畓陳實區別打量成冊」((奎 18448, 1740)

「全羅道扶安縣所在內需司買得田畓打量成冊」(奎 18442, 1792)

「全羅道淳昌郡福興面明禮宮公主房折受田畓庫員改打量從實開錄成冊」(奎 18227, 1679)

「全羅道淳昌郡福興面所在明禮宮田畓踏驗釐正成冊」(奎 20437, 1887)

「全羅道淳昌縣福興房宮農所田畓改打量成冊」(奎 20360, 1631)

「全羅道順天府龍洞宮舊設屯處改打量成冊」(奎 18306, 1678)

「全羅道順天府所在依山六面龍洞宮火粟加耕打量陳雜頉時起區別成冊」(奎 18305, 1786)

「全羅道靈巖郡宮屬陣地田畓打量後陳起區別摠數成冊」(奎 18302, 1783)

「全羅道玉果縣內需司位田畓改打量 御覽」(奎 18463, 1745)

「全羅道玉果縣內需司位田畓改打量成冊」(奎 18464, 1740)

「全羅道玉果縣內需司位田畓改打量成册」(奎 18464, 1740)

「全羅道玉果縣內需司位田畓改打量案」(奎 18462, 1783)

「全羅道玉果縣無子息內婢加之介己上田畓庫員及庚子辛丑丙午條作木開錄成册」
　　　(奎 20489,1663)

「全羅道沃溝縣內需司元田畓改打量御覽成册」(奎 18452, 1783)

「全羅道龍潭縣所在內需司位田畓改打量 御覽成册」(奎 18446, 1745)

「全羅道龍安縣所在內需司免稅田畓打量成册」(奎 18444, 1783)

「全羅道雲峯顯所在內需司位田畓改打量 御覽成册」(奎 18443, 1745)

「全羅道任實縣內需司位田畓 御覽成册」(奎 18472, 1740)

「全羅道任實縣所在內需司位田畓陳實打量成册」(奎 18471, 1783)

「全羅道臨陂縣所在內需司田畓改打量成册」(奎 18447, 1739)

「全羅道長城府內需司位田畓打量御覽成册」(奎 18473, 1745)

「全羅道長城府所在內需司免稅田畓頉實區別成册」(18478, 1740)

「全羅道長城府所在內需司田畓打量陳起區別成册」(奎 18477, 1783)

「全羅道長水縣所在內需司畓改量御覽成册」(奎 18450, 1745)

「全羅道長水縣所在內需司位畓改量御覽成册」(奎 18451, 1783)

「全羅道長興府所在陸畓量案」(奎 18638)

「全羅道長興府所在諸島田畓量案」(奎 18637)

「全羅道全州府漏落無後身死內奴加外屬公田畓打量成册」(奎 20467, 1689)

「全羅道全州府陳田畓丁卯條改量田畓」(奎 15032)

「全羅道井邑縣所在內需司免稅田畓改打量成册」(奎 18448, 1740)

「全羅道井邑縣所在內需司位畓打量御覽成册」(奎 18449, 1746)

「全羅道井邑縣所在內需司田畓改打量案」(奎 19568, 1783)

「全羅道井邑縣所在儲慶宮所在改打量成册」(奎 18862, 1755)

「全羅道鎭安縣內需司畓打量成册」(奎 18458, 1783)

「全羅道咸悅縣內需司免稅畓改打量成册」(奎 18455, 1739)

「全羅道和順縣甲戌許頉陳改量大帳」(奎 15038)

「全羅道和順縣己卯降續陳田正案」(奎 15140, 1759)

「全羅道興陽郡內需司田畓打量成册」(奎 18466)

「全羅道興陽縣所在內需司田畓量案簿庫員成册」(奎 18467, 1746)

「全羅道興陽縣所在內需司田畓打量陳起區別成册」(奎 18468, 1783)

「全羅右道沃溝縣所在內需司位田畓改打量案」(奎 18453, 1739)

「全羅右道全州府己亥量案導行帳」(奎 15035, 1720)

「全羅左道寶城郡己亥量田內需司位田畓御覽成册」(奎 18479, 1720)

「全羅左道任實縣己巳改量陳大帳」(奎 15027, 1749)

「鎭安縣內需司畓甲戌量案(所付改打量)庫員卜數開錄成册」(奎 20361, 1685)

「(全羅道)鎭安縣內需司畓甲戌量案庫員卜數開錄成册」(奎 20361).

「振威縣西面檜花亭伏在內需司屬儲慶宮田畓打量成册」(奎 18861, 1756)

「振威縣所在壯勇營屯田畓打量成册」(奎 18670, 1789)

「振威縣所在壯勇營移屬田畓打量成册」(奎 18671, 1789)

「昌原府龍洞宮屯田畓物故作者姓名數懸錄成册」(奎 18604, 1671)

「昌原府所在龍洞宮屯田畓收稅穀物數成册」(奎 20350, 1678)

「天安郡內需司田畓改打量成册」(奎 18423, 1685)

「忠淸道大興郡內需司金伊德等記上田畓字號庫員改打量成册」(奎 18661, 1716)

「忠淸道大興郡內需司逃亡婢金伊德記上田畓打量區別成册」(奎 18609, 1692)

「忠淸道德山縣」禧嬪房李世雋處買得田畓打量成册」(奎 18875, 1696)

「忠淸道德山縣伏在海棠草換浦成陸處分畓打量成册」(奎 18583, 1723)

「忠淸道德山縣非方串面淑嬪房堀浦成陸處打量成册」(奎 18796, 18797, 1716)

「忠淸道德山縣淑嬪房買得田畓改打量成册」(奎 18799, 1723)

「忠淸道新昌縣寧嬪房免稅田畓打量成册」(奎 18785, 1754)

「忠淸道永春縣車衣谷面所在龍洞宮收稅田畓摘奸陳起區別成册」(奎 18297, 1763)

「忠淸道淸州牧壽進宮奴世吉田畓打量成册」(奎 18350, 1635)

「忠淸道淸州牧壽進宮奴世吉田畓打量成册」(奎 18350, 1695)

「平安道三和府無後內奴等田庫己上打量成册」(奎 18634, 1701)

「平安道三和府所在內需司無後奴婢田畓改打量成册」(奎 18635, 1783)

「平安道祥原郡無後內奴婢亂玉等田庫打量成册」(奎 18623, 1706)

「平安道祥原郡無後內奴婢田庫記上改打量成册」(奎 18625, 1764)

「平安道祥原郡無後內奴孝立奴哀垣婢亂玉等田庫打量成册」(奎 18624, 1701)

「平安道成川府所在內需司宮屬無後內奴建介等田畓打量成册」(奎 18632, 1783)

「平安道順安縣公田面內需司祀位田打量成册」(奎 18523, 1725)

「平安道定州牧內奴金興立所告學位畓內需司屬公打量成册」(奎 18626, 1696)」

「平安道中和府故內奴順業等田畓打量成册」(奎 18630, 1737)

「平安道中和府所在內奴婢照惡古里等屬公田畓打量成册」(奎 18632, 1764)

「平壤府所在內需司田畓打量成册」(奎 18521, 1783)

「黃州所在各坊各里田畓續量案謄書冊」(奎 18211, 1887)

「黃海道文化縣內需司田畓打量成冊」(奎 18515, 1770)

「黃海道白川君所在義昌君移屬壽進宮打量成冊」(奎 18371, 1773)

「黃海道鳳山郡嵋山沙院兩屯所在景祐宮田畓改打量成冊」(奎 18896, 1887)

「黃海道新川郡故無後內奴朴奉守田畓打量成冊」(奎 18621, 1699)

「黃海道新川郡無後內奴等名付田畓打量成冊」(奎 20590, 1706)

「黃海道新川郡所在內需司田畓改打量御覽成冊」(奎 18512, 1783)

「黃海道新川郡所在無後內奴朴奉守田畓改打量成冊」(奎 18621, 1700)

「黃海道新川郡所在無後內奴朴奉守田畓打量成冊」(奎 20448, 1731)

「黃海道新川郡所在無後內奴朴奉守韓應見等田畓去丁卯改打量後查實打量成冊」
    (奎18619, 1754)

「黃海道長淵縣朽般坊所在內需司買得訓局堰畓打量成冊」(奎 18513, 1794)

「禧嬪房長湍地上道面伏在泥生築垌處及時起耕畓打量成冊」(奎 18876, 1700)」

심재우, 「庄土文績目錄」第11冊, 慶尙南道金海郡梁山所在龍洞宮明禮宮提出圖
    書文績類 No.191

2. 論著

金容燮, 「古阜郡聲浦面量案」의 분석-1791년 古阜民의 農地所有-」, 『東方學志』
    76, 1992

金載昊, 「한말궁방전의 지대 -『국유지조사서 초』의 분석-」, 『조선토지조사사
    업의 연구』, 민음사, 1997.

김건태, 「경자양전 시기 가경전과 진전 파악 실태」, 『역사와 현실』 38, 2000

김건태, 「戶名을 통해 본 19세기 職役과 率下奴婢」, 『朝鮮史研究』 144, 2009

김경숙, 「소송을 통해 본 조선후기 노비의 記上抵抗 - 1718년 求禮縣 決訟立
    案을 중심으로 - 」, 『歷史學研究』 36, 2009

廉定燮, 「숙종대 후반 양전론의 추이와 경자양전의 성격」, 『역사와 현실』 36,
    2000

李景植, 「17世紀 土地折受制와 職田復舊論」, 『東方學志』 54~56, 延世大學校
    國學研究院, 1987

朴魯昱, 「朝鮮後期 量案에 대한 理解」, 『朝鮮史研究』 17, 朝鮮史研究會, 2008

朴魯昱,「朝鮮時代 古文書 上의 用語檢討 -土地·奴婢文記를 중심으로-」,『東方學志』68, 延世大學校 國學研究院, 1990.

朴魯昱,「朝鮮後期 宮房田畓 量案 上의 記錄에 대한 再檢討」,『朝鮮史研究』24, 朝鮮史研究會, 2015

朴魯昱, ‘朝鮮後期 量案에 대한 再檢討」,『朝鮮史研究』19, 朝鮮史研究會, 2010

朴準成,「17·18세기 궁방전의 확대와 소유형태의 변화」,『한국사론』11, 1984

심재우,「조선후기 宣禧宮의 연혁과 소속 庄土의 변화」,『朝鮮時代史學報』50, 2009

吳仁澤,「17·18세기 量田事業 研究」, 釜山大學校 大學院 博士學位論文, 1996

吳仁澤,「경자양안의 시행 조직과 양안의 기재형식」,『역사와 현실』, 2000·『조선후기 경자양전 연구』, 혜안, 2008 再收錄

吳仁澤,「肅宗代 量田의 推移와 庚子量田의 性格」,『釜山史學』23, 1992

吳仁澤,「朝鮮後期 癸卯甲戌量田의 推移와 性格」,『釜大史學』19, 1995

吳仁澤,「朝鮮後期 新田開墾의 性格-肅宗代 海南縣 庚子量案의 加耕田을 중심으로-」,『釜大史學』18, 1994

吳仁澤,「朝鮮後期의 量案과 土地文書」,『釜大史學』20, 1996

왕현종,「18세기 후반 양전의 변화와 ‘시주’의 성격-충청도 회인현(懷仁縣) 사례를 중심으로-」,『역사와 현실』41, 2001·『조선후기 경자양전 연구』, 혜안, 2008 再收錄

李榮薰,「量案 上의 主 規定과 主名 記載方式의 推移」,『조선토지조사사업의 연구』, 민음사, 1997

李榮薰,「朝鮮後期 八結作夫制에 대한 研究」,『韓國史研究』29, 1980

李載龒,「16세기의 量田과 陳田收稅」『孫寶基博士停年紀念韓國史學論叢』, 知識産業社, 1988

李政炯,「17·18세기 궁방의 민전 침탈」,『釜大史學』20, 1996

이헌창,「조선시대 경지소유권의 성장」, Naksungdae Institute of Resear Working Paper Series, 2014

全炯澤,「朝鮮後期 內奴婢의 土地所有」,『歷史教育』35, 1984

趙映俊,「18世紀後半~20世紀初 宮房田의 規模, 分布 및 變動」,『朝鮮時代史學報』44, 2008

趙映俊,「19世紀 王室財政의 危機狀況과 轉嫁實態: 壽進宮 財政의 事例分析」,

『經濟史學』 44, 2008

趙暎俊, 「宮房 會計帳簿의 體系와 性格」, 『古文書研究』 32, 2008

趙允旋, 「조선 후기의 田畓訟과 法的 대응책-19世紀 民狀을 중심으로-」, 『민족문화연구』 29, 고려대학교 민족문화연구원, 1996

崔潤晤, 「17세기 土地所有權 發達과 起主의 등장」, 『東方學志』 113, 2001

崔潤晤, 「조선후기 양안과 행심책」, 『韓國史의 構造와 展開』, 혜안, 2000

崔潤晤, 「朝鮮後期 量案의 기능과 역할」, 『역사와 현실』 36, 2000

高叐廷 外 3人, 『龍洞宮謄錄 脫草本』, 소명출판, 2015

宮嶋博史, 『朝鮮土地調査事業史の研究』, 汲古書院, 1991

金容燮, 『朝鮮後期農業史研究』 I, 一潮閣, 1970

柳永博, 『韓國近代社會經濟史研究』, 東方圖書, 1990

李東熙 編著, 『朝鮮時代 全羅道의 監司·守令名單-全北 篇-』, 鮮明出版社, 1995

朴魯昱, 『朝鮮時代 記上田畓의 所有主 研究』, 景仁文化社, 2005

朴秉濠, 『韓國法制史攷-近世의 法과 社會-』, 法文社, 1974

박준호, 『예의 패턴: 조선시대 문서 행정의 역사』, 소와당, 2009

서울대학교 규장각 한국학연구원, 『宮房量案』, 민속원, 2012

서울大學校 出版部, 『奎章閣圖書解題』, 1994

宋亮燮, 『朝鮮後期 屯田 研究』, 景仁文化社, 2006

宋洙煥, 『朝鮮前期 王室財政 研究』, 集文堂, 2002

李樹健 編著, 『慶北地方古文書集成』, 嶺南大學校 出判部, 1981.

李榮薰, 『朝鮮後期 社會經濟史』, 한길사, 1988

이정수·이희호, 『조선시대 노비와 토지소유방식』, 경북대학교 출판부, 2006

中樞院調査課 編, 『朝鮮田制考』, 1940.

崔承熙, 『韓國古文書研究』, 韓國精神文化研究院, 1983 重版

崔潤旿, 『朝鮮後期 土地所有權의 發達과 地主制』, 혜안, 2006

韓國古代史研究所 篇, 『譯註 韓國古代金石文』 第一卷, 1992

和田一郎, 『朝鮮土地地稅制度調査報告書』, 宗高書房, 1967 覆刻(1920 初版).

『한국지명총람』 11(전북 편) 상, 도문사, 1981

ㅇ

박노욱(朴魯旭)

1941년 광주광역시 출생
서울대학교 사범대학 역사교육과 졸업
충남대학교 대학원 국사과 문학석사
충남대학교 대하원 국사과 문학박사
대전대학교 강사
서울중학교, 숭인여자중학교, 서초중학교,
영등포고등학교 교사
금천고등학교 교감(명퇴)

논저
「中·高教用 國史教科書 修正 補完을 위한 調査研究」
「16~18世紀 扶安金氏의 財産實態研究-扶安金氏 愚磻古文書를 中心으로-」
「朝鮮時代 古文書 上의 用語檢討-土地·奴婢文記를 中心으로-」
「朝鮮時代 無後人의 財産處理 法制와 記上田畓의 所有主 研究」
「朝鮮後期 量案에 대한 理解」
「朝鮮後期 量案에 대한 再檢討」
「朝鮮後期 宮房田畓 量案 上의 記錄에 대한 再檢討-主와 同人을 중심으로-」
『朝鮮時代 記上田畓의 所有主 研究』, 景仁文化社, 2005

朝鮮後期 量案 研究에 대한 批判的 檢討　　값 37,000원

2016년 6월 10일 초판 인쇄
2016년 6월 17일 초판 발행

　　저　　자 : 박 노 욱
　　발 행 인 : 한 정 희
　　발 행 처 : 경인문화사
　　　　　　　파주시 회동길 445-1 경인빌딩 B동 4층
　　　　　　　전화 : 031 - 955 - 9300　팩스 : 031 - 955 - 9310
　　　　　　　이메일 : kyunginp@chol.com
　　　　　　　홈페이지 : http://www.kyunginp.co.kr/
　　등록번호 : 제406 - 1973 - 000003호(1973. 11. 8)

ISBN : 978-89-499-4202-5　93910
© 2016, Kyung-in Publishing Co, Printed in Korea
* 파본 및 훼손된 책은 교환해 드립니다.